Treasures for Scholars Worldwide

師顧堂叢書

蔣鵬翔 沈楠 主編

宋版玉篇二種

下

〔梁〕顧野王 原撰
〔唐〕孫强 增字
〔宋〕陳彭年 重修

廣西師範大學出版社
GUANGXI NORMAL UNIVERSITY PRESS
·桂林·

内閣文庫本

師顧堂據南宋建安刊本
景印原書框高一八五毫
米寬一二一毫米

卷一至卷五原闕

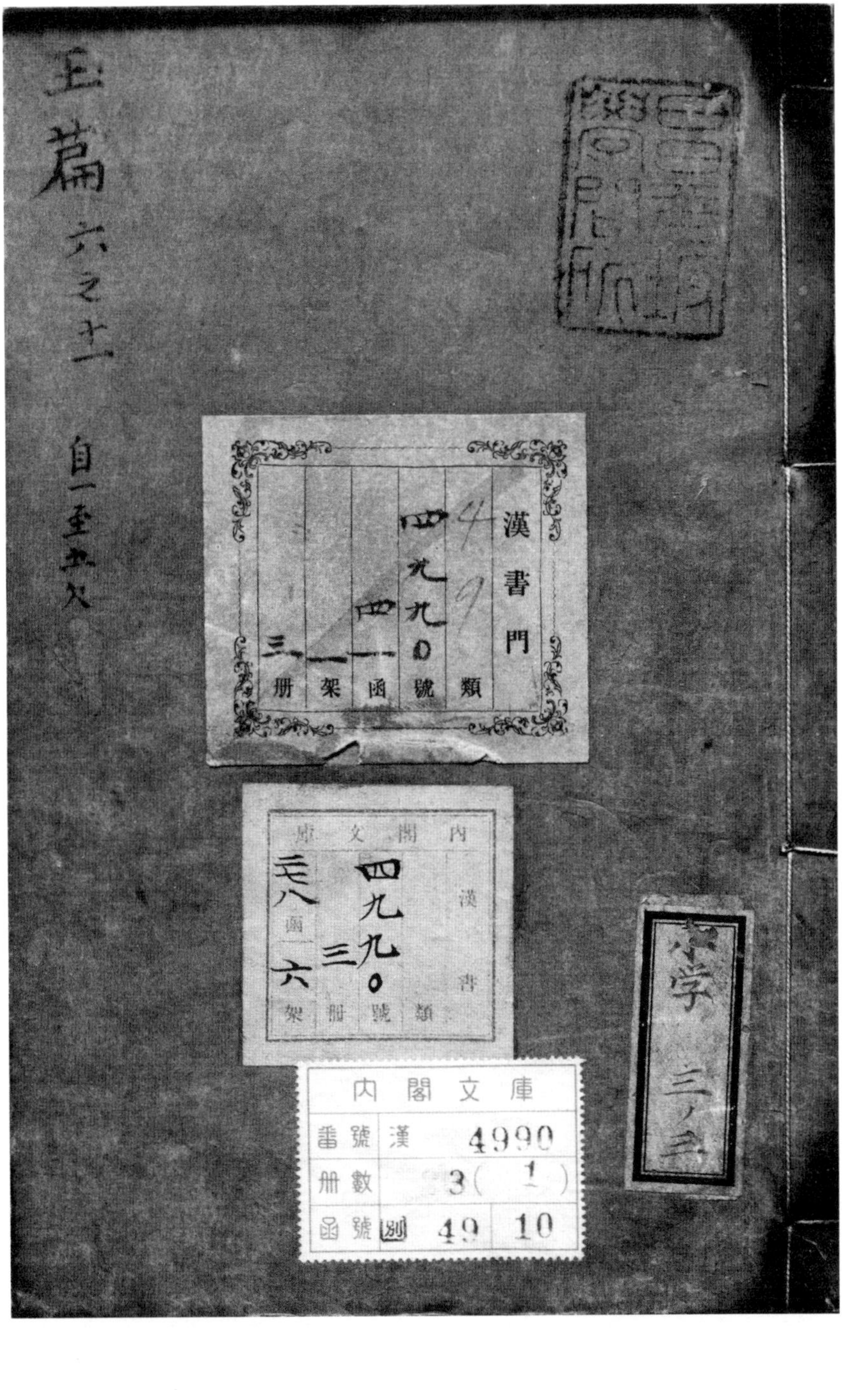
玉篇
漢書門
類
號
函
架
冊
内閣文庫
漢
書
類
號
冊
函
架
四九九〇
内閣文庫
番號 漢 4990
冊數 3(1)
函號 別 49 10
小学

大廣益會玉篇卷第六　凡十部

舒酉手部第六十六　居竦収部第六十七
普姦𠬜部第六十八　與居舁部第六十九
居六臼部第七十　壯巧爪部第七十一
居逆丮部第七十二　都豆鬥部第七十三
作可𠂇部第七十四　有救又部第七十五

○手部第六十六　凡六百四十五字

手　舒酉切說文云拳也易曰艮爲手　𠂿　古文

𢬵　七咨切挐也　掌　諸養切論語曰指其掌掌手中也　掔　於煥切儀禮鉤中指結于掔掌後節　捥　同上

𢪛　並同上　摯　諸貳切持也周禮以禽作六摯摯之言至也　㨖　充世切㨖牽也說文曰引縱曰㨖　𢪷　同上

𢪘　並同上　摲　山湛切斬取也又才甘切[illegible]暫也　擁　於勇切儀禮云擁簋蓋粱擁抱也亦作擁同　𢹜　同上

揄　𢹄　古文　𢪱　[illegible]切詩曰助我舉柴[illegible]　擥　力甘切又力敢切二[illegible]

拳生手也 舉居與切說文曰對舉也今文作擧 掔卻閑去賢二切固也 𢪃子羊切扶也今作將 摪同上

𢪛居男切擁也 攣力全切攣綴也周易曰有孚攣如 擪烏協切指按亦作擫 撆普滅切擊也 撇同上

挈苦結切提挈也 擊經歷切打也尚書曰予擊石拊石 撽口弔切說文旁擊也 摩莫羅切研也 擵同上

拏尼牙切手拏也 揱色角切又相邀切長也又長臂貌 挐女緒切說文云持也 搫步波步丘二切手不正也

搴居輦切取也 攑同上出說文 掔魚賢切掔摩也 摮五交五高二切擊貌 摹莫奴切規摹也亦作摸

擘補革切擘裂也 攀普姦切援引也 扳同上又布間切 拜居竦切說文與收同 承署陵切收也奉也受也

撝呼爲切指麾也 擎渠京切持也 揦力葛切研破也 撎烟利切拜舉手下手 攐丘連切說文云摳衣也

㩓許委切擊壞也 拲居勇切恭也 搳胡瞎切手搳 撿良冉切說文曰拱也 操七刀切把持也又倉到切

捃居運切拾也 攓起爲切縮也 搯他勞切搯搯也 捾於活切搯捾也拱也 抩人詹乃含二切併持也

拇莫口切手指拇 持直之切握也 拑渠廉切脅持也 據居豫切依也又持也 撩力條切手取物又撩理也

攫九縛切搏也 搏補洛切手擊也 抪卜路切相持也 擥力古力敢二切持也 㨚居燃切清也說文拭也

揖 伊入切說文曰攘也一曰手著胷曰揖周禮司儀掌詔王儀南鄉見諸侯土揖庶姓

簎 初格切疾弈二切周禮鼈人掌以時簎魚鼈龜蜃鄭司農云簎謂以杈剌泥中搏取之

揠 烏拔切孟子云宋人有閔其苗之不長而揠之者揠拔也今呼云拔草心為揠也

攘 仁尚切揖讓也又汝羊切攘竊也

推 出唯他雷二切排也易曰剛柔相推

挾 戶頰切懷也持也儀禮曰兼挾乘矢

掾 與絹切公府掾史也又曰太尉屬

批 子爾子米二切說文捽也又匹氐切

搣 民烈切摩也莊子云揃搣拔除也

揣 初委丁果二切度高下曰揣又試也

投 徒侯切說文擿也詩曰投我以木挑

攕 所咸切說文曰好手貌詩曰攕攕女手

摳 苦溝切摳衣曲禮曰兩手摳衣去齊尺

掇 豬劣都活二切詩曰薄言掇之掇拾也

挏 達孔切呂氏春秋云百官挏擾挏動也

擭 黃路切擊擭也一曰布擭也又乙蒦切

扜 神□切說文云挹也又大圭杼上終葵首

揮 詡歸切易曰發揮於剛柔而生爻揮動也

摧 在回切折也詩曰室人交徧摧我摧沮也

挋 之刃切拭也爾雅云清也

捉 側角切搤也一曰握也

⿱𢪃示 或摕字又兩措總持人也

拮 居鐵切手口共有所作也

摺 力合之涉二切敗也折也

攓 九山丘山二切相援也

搦 女卓女革二切正也持也

扺 多禮切擲也說文云擠也

摍 所六切說文曰蹴就也

撮 子活七活二切三指取也

捈 他損同都二切臥引也

摘 多革切[illegible]果樹實也一曰指近之也　扐 陵得切易曰歸奇於扐凡數之餘謂之扐　揙 甫善甫延二切揙也擊也

擣 丁道切說文云手推也一曰築也　技 渠綺切禮記曰毋竹奇技淫巧技藝也　挌 柯額切舉也擊也止也

揄 與珠切揄揚也又抒臼也又音由　扤 虞厥午骨二切詩曰天之扤我扤動也　撤 直列切剝也治也警也

擬 魚理切說文曰度也易曰擬諸形容　捲 渠負切說文曰氣勢也國語曰予有捲勇　掠 力尚力酌二切掠劫財物

挹 於入切詩曰不可以挹酒漿挹𣂺也　擗 脾役切拊心也詩曰寤擗有摽亦作辟　撏 徐林切取也又視占切

括 古奪切易曰括囊无咎括結否閉也　抑 於陟切美也意也究也疑辭也朐也按也　捌 輔別切物不捌又音八

拙 之說切不巧也書曰作僞心勞日拙　撙 祖本切曲禮曰君子恭敬撙節撙猶趨也　扢 柯礙何代二切摩也取也

挃 竹栗切說文穫禾聲詩云穫之挃挃　摏 舒庸切左氏傳云以戈摏其喉摏衝也　掐 口洽切掐抓也爪按曰掐

抵 之是切側擊也戰國策曰抵掌而言　掜 吾禮切莊子曰兒子終日握手而不掜　抾 丘之丘居二切兩手挹也

撲 普鹿切書曰其猶可撲滅又音雹僕　摐 士凶楚江二切子虛賦云摐金鼓從撞也　擈 蒲角切又匹角切擊也

掤 秘矜切詩曰抑釋掤忌所以覆矢也　𢹂 普麥切西京賦云流鏑𢹂擽謂中物聲也　搎 蘇昆切捫搎猶摸搎也

拱 駒家切書曰克拱明刑拱執也
指 諸視切手指也春秋傳曰食指動謂第二指也
攜 戶圭切貳也又持也
捫 莫昆切詩曰莫捫朕舌捫持也
捘 子寸切又子對切左傳曰捘衛侯之手捘擠也
捨 尸社切弛也去也
按 於旦切詩曰以按徂旅按止也
拾 時立切掇也詩曰決拾既佽拾所以引弦也
措 且故切領也置也
控 枯桐切詩曰控于大邦控引也
揜 衣檢切說文曰自關以東謂取曰揜一曰覆也
揗 食尹詳遵二切摩也
捋 力括切詩曰薄言捋之捋取也
捊 步溝切說文引聚也詩原隰捊矣捊聚也本亦作裒
抱 說文同上今薄保切
拊 芳武切拍也書傳云拊亦擊也
据 據於切戟挶也詩曰予手拮据拮据手病也
抔 步侯切手掬物也
掩 於斂切說文曰斂也小上曰掩
摽 匹叫孚堯抪交三切摽擊也又符少切落也
接 子葉切說文交也
撫 孚武切說文云安也一曰循也
捀 扶容切灼龜觀兆也又扶用切說文云奉也
挻 丑連式連二切長也
揃 子踐切搣也史記西夷揃剃
揭 起計起竭渠列三切詩曰淺則揭揭謂揭衣也
摜 古遐切習也又擐也
擖 公八口八二切刮也一曰揵也
捎 所交切周禮輪人以其圍之阞捎其藪捎除也
抉 一穴切說文挑也
搉 達卓切去也敲也說文云引也
撟 紀消凡小二切說文云擧手也一曰撟擅也
搳 枯瞎切說[illegible]

揫　子由切聚也說文束也
揆　渠癸切詩云揆之以日揆度也
捝　徒括切又兎奪切說文解也
擾　如紹切書曰俶擾天紀擾亂也
探　他含切書曰探天之威探取也
搑　如容切推而擣也又而勇切
撝　呼皮切說文裂也一曰手指也
捄　居于切詩曰捄之陑陑捄虆也
掘　渠勿其月二切易云掘地爲臼
扱　初洽切婦拜扱地手至地也
撅　居越切說文曰手有所把也

擹　力問切掃除也亦作拚禮記曰埽席前曰拚
失　舒逸切說文云縱逸也周書曰時哉弗可失
擐　胡慣公患二切左氏傳曰擐甲執兵擐貫也
挼　儒佳奴和二切說文摧也一曰兩手相切摩也
[扌毘]　㢈結普雞二切反手擊也左氏傳曰[扌毘]而殺之
摶　徒桓切周禮矢人凡相笴欲生而摶摶謂圜也
摡　許氣切詩云頃筐摡之本亦作塈又古代切滌也
播　補過切揚也種也周書曰乃屑播天命播棄也
揥　敕細切詩云象之揥矣所以摘髮又都[阝弟]切
摝　力穀切周禮曰三鼓摝鐸謂掩上振之爲摝
攍　余征切擔也莊子云攍糧而趣之本亦作贏

抎　于粉切有所失也
[扌貳]　直異切當也亦作值
扛　古尨切橫關對舉也
扮　伏粉切握也動也
挺　達鼎切說文拔也
擠　子詣子稽二切排也
扔　人蒸切說文云因也
援　禹蟠切引也又音援
抰　於掌切以車鞅擊
捶　諸累切杖擊也
拂　撫勿切去也擊也

扶　防無切扶持也又府俞切公羊傳曰扶寸而合側手曰扶
撣　徒安切觸也太玄經云遭逢並合撣繫其名撣觸也
掊　蒲溝切把也易曰君子以掊多益寡掊猶減也本亦作裒
抗　可狼切舉也扞也
攕　亡結切攕揳不方正也
摟　力珠切詩曰弗曳弗摟摟亦曳也本亦作婁又落侯切
揤　子習沮栗二切拭也
搸　手人切琴瑟聲又音臻
披　敷羈切開也又彼寄切禮大喪士執披持棺者也又四美切
扣　枯後切擊也又音寇
扼　乃果切扼摘顛魏云也
撢　他甘他紺二切周禮有撢人掌誦王志主探序王意以語天下
捷　疾葉切剋也勝也
抯　壯加才野子野二切取也
搰　胡沒切掘也左氏傳曰搰褚師定子之墓焚之本亦作搰
換　胡館切易也貿也
撖　口檻切桂也一曰危也
掖　余石切扶持也小掖門也以手持人臂也又臂下曰掖
撰　助䜌切數也又持也
捂　吾故切受也又斜拄也
攡　力支切太玄經云攡者幽攡萬物而不見其形攡張也
拌　普槃切弃也又音伴
揀　初革切馬箠也又扶揀
抄　素何切禮記注煮鬱和以盎齊摩抄泲之出其香汁亦作沙
撈　路高切取也辭也
折　士列切斷也又之舌切
扜　於娛口孤二切持也說文曰指麾也
攝　書涉切引持也
摋　蘇割切側手擊曰摋
攞　力多力可二切揀攞也
揤　揤九子侯一切行夜設火以備也
捪　亡巾切撫也
抆　武粉切拭也拒也
振　之仁切又之刃切動也

抻 古押切，輔也，檢也。又烏甲切，押署也。
撖 記部切。漢書注云：撖謂拘持之也。
拺 呼高切，除也。亦拔田草。或作薅、茠。
攙 仕銜切，攙搶，貫刺之也。又楚銜切。
搒 博盲切，搒略也。說文：此孟切，掩也。
搨 他蠟切，拹搨也。又都盍切，手打也。
搓挪 上士何、下奴多切，搓挪也。
揓⿰扌啻 二同。式至切，把皃。
托⿰扌橐 二同。他落切，推也。
𢷬搽 二同。乃叶切，攝搽也。
攕摑 二同。古獲切，掌耳。

擸 呂盍切，擇持也。
搱 於角切，搤持也。
把 百馬切，把握也。
提 徒兮切，挈也。
抓 竹涉切，拈也。
搌 丑善切，搌⿰扌善。
拈 乃兼切，指取也。
摛 恥離切，舒也。
插 初洽切，刺入也。
拍 普格切，拊也。
授 時霤切，付也。

扽 都困切，引也，撼也。
揀 力見切，釋也。又音簡。
抹 莫葛切，抹摋，滅也。
⿰扌雔 俞桂切，裂也，桂也。
⿰扌爵 子藥切，掘也，捎也。
⿰扌善 紀善切，搌⿰扌善，醜長皃。
抭 子筆切，抭揘，擊也。
揘 胡盲切，抭揘，拔也。
㧓 古華切，引也，擊也。
𢷬 莫規切，𢷬拘，山名。
⿰扌奚 下街切，挾也，扶也。

⿰扌玄 □研切，縣名。又胡堅切。
掆 古郎切，掆舉。又古浪切。
撐 丑庚切，撐拄。又丑孟切。
搊 楚尤切，手搊也。俗作㨀。
掔 去賢、去見二切，撐挩也。
撱 他果切，俗云。又羊捶切。落
捖 胡款切，打也。又若管切。
摲 初鑑切，拔也。又山檻切。
揙 式戰切，動也。又失然切。
搭 多蠟切。又他蠟切，摸搭。
揲 丈甲切。又時列切，數蓍也。

攩 胡廣切搥打也
擩 而專而誰而主三切說文云染也周禮九祭六曰擩祭鄭司農云擩祭以肝肺菹擩鹽醢中以祭也
招 諸遙切招要也
擇 儲格切簡選也
挑 他堯切撥也詩曰蠶月挑桑枝落之采其葉本亦作條又徒了切挑戰也
搕 於責切握也
摕 丁計切撮取也
撟 居足切戟持也
搔 蘇年切刮也
攤 奴旦切按也又他丹切開也
抲 火何切撝也
掉 徒弔切搖也
揯 公鄧切引急也
搖 餘昭切動也
扭 竹有切按也又音紐手轉貌
搈 與種切動搈也
揂 子由切聚也
攑 丘言切舉也
揚 與章切舉也
摸 亡胡切手摸也又音莫摸[illegible]也
攗 居運切拾也
摭 之石切取也拾也
拓 同上又他各切
擅 視戰切專也
撓 乃飽乃教二切撓亂也又音蒿
損 孫本切減少也
撋 如專切撋物也
撼 胡感切搖也
掎 居蟻切偏引也
揕 知鴆切右手揕其胷揕擽也
批 普迷切擊也
撞 徒江切擊也
捆 於身切就也
排 薄階切推排也
搶 初庚切攙搶妖星也又七良切
捇 呼虢切裂也
搭 達合切擊鬬也
捆 侯本切手推也
抇 音骨穿也
搚 呂闔虛業二切摺也
拹 同上
揟 相如切取水具
擳 知利切挃也
掤 仕緘切折也
挫 祖過切摧也
抨 普耕補耕二切撣也
拼 同上
摷 側交切擊也
抶 丑栗切擊也
㨐 布[illegible]切[illegible]擊也
搉 苦角切敲擊也
捭 補買切兩手擊也
擺 同上

挨 乙駭切推也
摼 苦耕切[illegible]也
摬 乙慶切傷擊也
捕 蒲布切逐也
抴 余世切數拕又羊列切
拽 同上

拫 胡根切輓也
扚 丁激切引也
撚 乃殄切蹂也
挂 古賣切懸也
揔 子孔切將領也合也
捴 同上俗

攎 力胡切張也
捽 存兀切擊也
搵 烏困切沒也
捐 余專切棄也
擭 古莫切張引之意
擲 同上

掍 胡本切同也
挍 古效切報也
拭 書翼切清淨也
搢 子信切插也
攦 公殄切拭面
挸 同上

挴 莫改切貪也
摫 居垂切裁也
㧙 扶畢切推擊也
㧾 苦忽切推擊也
执 渠鳩切緩也
⿰扌后 古文

搪 達郎切搪揬也
摙 力剪切運也
攖 伊成切結也
扒 鄙殺切擘也
拕 託何切拕曳也
拖 同上俗

攄 丑於切擬也
挬 蒲骨切拔也
挰 丈生切墾也
⿰扌肅 所育切擊也
掬 居陸切撮也
⿱匊手 同上

⿱⺮捅 並同上
摶 先全切引也
捻 乃協切指捻
⿰扌於 於旅切擊也
搯 丑由切引也
抽 同上

⿰扌秀 並同上
⿰扌旬 呼縣切擊也
拋 普交切擲也
⿰扌我 吾哥切差也
扞 阿旦切衛也
捍 同上

抮 火典切引戾也
搙 女角切搵也
抐 乃兀切搵抐也
搹 於責切儀禮喪服傳苴絰大搹鄭氏云盈手曰搹又音隔

抏 同上史記曰天下之士莫不扼捥而言之
揞 於感切藏也
擡 大才切動振也
擨 余遮弋之二切擨揄弄笑皃

撳 弋朱切撳撳
攄 虛偃切疑也
揈 呼宏切擊聲
摖 千計切挑取也
擓 口淮切摩拭也
揃 自緣切

𢭃 胡改切撼動也
摅 口居切擊也
揊 普力切擊也
撍 側林切急疾也
捍 子篤切早熟
揎 息全切捋

揬 達骨切衝揬也
捸 素各切摸捸也
挮 他弟切去涕淚
捳 吳角切拼也
擷 下結切束縛也
掁 自庚切犄

摵 呼麥切摵裂也
攎 都管切轉篗也
揮 禹鬼切逆追也
挂 古攜切中鉤也
揩 可皆切摩拭也
挳 口耕切打

扨 七没切摩也
掓 舒育切拾也
擾 乃鳥切擿也
損 先火切揣擊也
挃 徒結切擿也
㨂 都籠切打

撦 充野切撦開也
搩 渠列切猛暴也
搔 先盍切破聲
擆 竹略切擊也
捋 他德切拳打
㩗 許宜切

捏 乃結切捻也
捺 乃曷切搦也
擷 恪頡切竟也
擫 五咸切擊也
折 旨熱之上聲救助也
撜 拯同上

承 聲類云拼字
擖 渠列切負揭也
扴 公八切刮也
授 寺劣切拈也
擔 丁甘切負也
揰 都統切弃

𢧵 公懷切擾也
拍 莫格切擊也
抳 尼倚切掎抳
扑 普卜切打也
㨟 下哀切觸也
撖 名影切

搷 達年切揚也
𢷐 之珍切塗也
摞 力戈切理也
採 當果切量度也
擷 何結切扱衽也
搢 子感切

攘 公懷切毀也
担 丁但切拂也
挒 呂結切捩也
攢 子幹切解也
摷 子了切剿截也
捰 烏果切

抦 悲景切 執持也
搥 丁回切 [illegible]也
⿰扌旋 因絹切 長引也
⿰扌丂 苦絞切 古文巧
⿰扌囱 次然切 遷延徙也
⿰扌希 徒[illegible]切

掎 俱爲切 戴也
⿰扌曾 古會切 收也
掅 且定切 捽也
捧 孚勇切 兩手持
摣 仄加切 取也
扭 士个切 [illegible]

⿰扌戎 如勇切 推車也
攏 力同切 馬攏頭
⿰扌愛 子公切 數也
⿰扌牙 客加切 將也
扠 楚牙切 擿扠也
⿰扌艮 力宕切 擊

抓 側交切 抓痒也
掀 許言切 擧也
⿰扌頻 扶表切 ⿰扌頻擾也
⿰扌雋 甘魚切 ⿰扌雋蒲也
批 許[illegible]切 批爲也
揍 七奏切 投

⿰扌鯀 桑孤切 摸⿰扌鯀也
撾 陟瓜切 打鼓也
搛 力瞻切 打鼓也
摱 莫辦切 打也
⿰扌集 居言切 ⿰扌雋蒲彩
扰 于救切 福

攔 力丹切 遮攔也
⿰扌炭 他丹切 搫也
揁 知盈切 揁引也
⿰扌緣 余專切 把⿰扌緣也
⿰扌毳 去兗切 ⿰扌毳舉也
⿰扌𠬶 子鴆切

⿰扌戲 去寄切 擊也
擂 力堆切 研物也
⿰扌微 芳無切 張也
⿰扌桼 蒲摩切 斂聚也
⿰扌而 日之切 拏也
搞 口告切

抷 匹眉切 披也
⿰扌尚 竹萌切 引也
⿰扌隶 筆永切 執也
⿰扌州 側九切 執⿰扌州也
⿰扌朱 口減切 不安
擳 前薛切

⿰扌丩 口犯切 取也
揔 方刎切 動揔也
⿰扌款 苦卯切 ⿰扌款挺也
⿰扌危 語鬼切 懸也
⿰扌遺 羊水切 ⿰扌遺弃
⿰扌疊 徒[illegible]切 排

⿰扌㬎 許[illegible]切 突也
⿰扌剽 匹眇切 落也
拷 苦老切 打也
揇 奴感切 揇搦也
⿰扌景 户猛切 横也
拆 齒隻切 擊

⿰扌蚩 丑善切 擊⿰扌蚩也
⿰扌筍 思尹切 拒也
拃 側板切 摸拃也
㧳 芳隴切 㧳[illegible]也
⿰扌雙 先勇切 執也
抧 側買切 擊

⿰扌宗 口滅切乃安
扎 口犯切取也
⿰扌宭 巨隕切⿰扌宭束
摉 色流切數也聚也求也勁疾也閱也
搜 同上

⿰爿癸 古文揆
拄 張庚切揨拄也
⿰扌則 阻色切打也
拉 力荅切折也左傳曰拉公幹而殺之
掄 同上

⿰扌學 下巧切擾也
扻 苦敢切打扻也
採 七宰切採摘也
揌 先才切振也擡揌也
擽 郎的切揩也舒也

拗 烏絞切拗折也
拶 子葛切逼拶也
⿰扌頁 火講切擔⿰扌頁也
⿰扌壬 如甚女甚二切撏也
拸 與紙與支二切加也

摻 所斬切執袂也
抌 丁感切擊也
挭 古杏切挭槩也
⿰扌者 諸野尺野二切擊也
撨 先弔先凋二切撣也

⿰扌畚 蒲本切車弓也
擂 力對切擂鼓也
撛 力刃切扶也
扯 子一子列二切摘也
抻 九鬻切以巾覆物也

揚 他浪切推
⿰扌㥯 於靳切⿰扌㥯齊也
拒 強舉切抵也
挽 亡遠切引也與輓同
擯 畀振切相排斥也

掟 陟猛切撐張
摒 公政切摒除
擋 丁浪切摒擋
揨 宅耕切刺也撞也
㧻 知朔切刺木也擊也

摦 胡化切寬也
挎 去鳳切捺挎也
⿰扌隸 力帝切⿰扌隸裂也
捒 先勇切古悚字敬也
抖 書由切古收字聚也

掚 而撓切扨也
⿰扌段 丁亂切打⿰扌段
擐 初患切摜擐也
摵 子育所六二切到也
捅 先孔切搏捅引也

扲 渠嚴切記也
[illegible] 口合切擊也
⿰扌脊 慈昔切擊也
挼 奴和奴迴二切擊也
⿰扌朱 止史切又章俞切

揟 忽節切 出物也
⿰扌畟 使育切 擊也
扎 州戞切 俗扎字
搵 彌谷切 拭也
⿰扌胃 于勿切 擲⿰扌胃也
攦 力的切 指畫
搕 口合切 打也
摢 古獲切 批摢也
折 星歷切 俗析字
扒 祈巾切 從上挍
掏 徒刀切 掏擇

抴 壁切 伐撊也
⿰扌秃 他谷切 拭指
⿰扌就 序六切 打甚兒
揄 古岳切 掎揄
⿰扌華 古鎋切 敗也
⿰扌萑 彬密切 刺也
攉 火郭切 揮攉
擆 張略切 打也
技 匹角切 打也
授 子結切 斷絕也
攃 七察切 斂攃也
擛 初責切 扶擛也
捆 口衮切 取也 齊等也 紙也 捋也 纂組也
揳 苦八切 揳擊柷敔所以止樂也 本亦作戞
掃 蘇道切 除也 禮記曰汛掃曰掃 作埽同
⿰扌衍 余忍切 西京賦曰⿰扌衍地絡⿰扌衍謂申布也
捦 渠林切 急持衣衿行也
㩒 同上

掄 力昆力均二切 擇也
搋 丑皆切 又拳加人也
攤 他丹切 攤蒲賭錢也
⿰扌周 徒聊切 又去周切
拎 力丁切 手懸捻物也
捵 丑忍切 又他典切
⿰扌乾 居偃切 屋上⿰扌乾也
撥 補末切 說文曰治也
⿰扌聿 力沒切 捽也 捋也
捩 力計力結二切 拗捩也
⿰扌巿 普活切 說文曰推也
拔 蒲八切 擢也 又蒲末切
捖 乎官切 摶圓也 周禮注去捖摩之工謂王工也
擉 初朔切 指也 莊子曰冬則擉鼈于江 刺鼈也
⿰扌身 口耕切 琴聲 論語曰⿰扌身爾捨瑟而作 與鏗同
掗攞 上烏可切 又烏寡切 下力可切 搖也
抖擻 上多口切 下思口投 抖擻起物也

擿 雉戟切投也莊子曰擿玉毀珠 擲 同上 拚 皮援切說文云拊手也 抃 同上 撻 他達切笞也書撻以記之 遽 古文

攪 古巧切詩曰祇攪我心攪亂也 捁 同上 抭 弋選弋贅二切動也搖也 捥 同上 摎 力周居幽二切絞也喪服傳曰殤之絰不摎垂不絞其帶之垂者 ⿰扌劉 同上 抵 ⿰扌底 二同丁弟切

○収部第六十七 凡二十六字

収 居竦切說文云竦手也亦作廾 ⿱登廾 多曾切籀文登 ⿱公廾 公到切古文告 ⿱罒⿱夂廾 豬吏切古文置 奉 扶拱切承也 丞 侍陵切繼也說文⿱丞廾也 奐 呼館切禮記曰美哉奐焉奐眾多也 畀 渠記渠基二切舉也 戒 居鞬切防患也 睪 余石切引給也說文作𦋔 弆 余六切說文曰兩手盛也又居六切 异 余吏余之二切舉也 龔 紀庸切 ⿱类廾 記倦切說文曰摶飯也 兵 彼榮切說文曰械也從斤斤兵也 ⿱癸廾 渠追切持弩關拊也 ⿱將廾 子養切助也 弄 良棟切玩也詩云載弄之璋 弃 去至切古文棄廢也 ⿱罯廾 豬利切置也 具 渠句切說文共置也 獘 毗制切俗斃字 弈 余石切說文云圍碁也 𢍻 渠京切舉也 弇 於檢切蓋也又古南切 ⿱穴廾 古文

○癶部第六十八 凡三字

癶 普葛切說文云引也 𤼽 肎

鷙不行今作樊縈攀繁

○舁部第六十九　凡八字

舁與居切共舉也䙴且延切說文云升高也

䙴同上與古文興虛凝切盛也起也又許應切託事也臾苦蒐切古文舁與余舉余據二切用也說文

云黨與也异古文

○臼部第七十　凡四字

臼居六切叉手也又兩手捧物曰臼要於宵切說文曰身中也象

人要自臼之形今為要約字又於笑切䙳同上𡡾古文

○爪部第七十一　凡六字

爪壯巧切說文云丮也覆手曰爪象形𠂧諸養切說文云亦丮也从反爪

孚撫俱切說文云卵孚也一曰信也𤔔古文孚爲子嬀切爾雅曰造作爲也俗作為𤔬古文

○丮部第七十二　凡十字

丮居逆切說文持也象手有所丮據也𠃨居玉切說文云亦持也从反丮

埶魚制切種也巩記奉切抱也或為拲孰示六切說文云食飪也爾雅云誰也谻其虐紀逆二切扟蹞谻也

踝胡瓦切擊踝也𩚏咨代切始也設食也秇朱立切古文執拘也𠠒竹角切斫也削也亦作斲

○鬥部第七十三 凡十二字

鬥 都豆切說文云兩士相對兵杖在後象鬥之形今作門同 鬭 當候切鬪爭也 鬪 上同 鬪俗 鬨 胡絳切鬬也 𩰲 匹賓切爭亂也 䦱 撫文切說文云鬬連結䦱紛相牽也 𩰚 同上

鬮 居黝居稠二切手取也 𩰫 吉弓九求二切殺也 鬩 乎犬切試力士錘也 鬩 呼狄切爭訟也狠也 鬫 莫氏乃第二切褊狹也

○𠂇部第七十四 凡二字

𠂇 作可切說文云左手也今文作左 卑 補支切下也易曰天尊地卑

○又部第七十五 凡三十九字

又 有救切說文手也象形 𠭴 側家切取也 尹 于準切治也 𦾔 古文

右 于救切說文曰手口相助也又于幺切 叉 測加切指相交也 取 且宇切資也收也 反 非遠切反覆也 𠬡 古文

𠬸 莫骨切古沒字說文曰入水有所取也 夬 公快切決也易卦名 㕞 所劣切拭也 及 渠立切逮也 𠃓 古文

曼 亡販切長也呂氏去目不視靡曼之色 𠬛 古文曼字也 𠭩 力尸切引也 叚 居馬切借也 𠬋 同上

度 徒故切尺曰度說文云法制也又徒各切揆也 𠬝 扶目切服治也 秉 布永切持也 燮 素協切和也大熟也 𤏩 籀文

父 符府切說文云矩也家長率教者也 㕚 仄巧切說文手足甲 𠭊 苦懷切𠭊息也 叜 蘇后切老也或作叟 𡨥 籀文

𡭔 救芳切縮也一[illegible]未也 𣪌 諸芮切卜問吉凶曰𣪌 厷 古薨切說文云臂上也亦作肱 𠃋 古文

彗 祥歲切掃竹也或作篲 叔 舒六切說文云拾也俗作𢛛 㕛 于九切同志為㕛也今作友 友 同上

𢍜習 並古文

大廣益會玉篇卷第六

大廣益會玉篇卷第七 凡十一部

子谷 足部第七十六　山居 疋部第七十七
公懷 乖部第七十八　古没 骨部第七十九
呼穴 血部第八十　如六 肉部第八十一
居勤 筋部第八十二　呂職 力部第八十三
胡頰 劦部第八十四　良諸 呂部第八十五
莫洞 㝱部第八十六

足部第七十六 凡二百九十一字

足 子欲切說文云人之足也在體下从口易云震爲足

跖 音迹

踻 徒闔切，跋也。
[illegible] □□切，蹩足也。
⿰𧾷䍃 餘昭切，跳也。
踏 他合切，蹹跋也。
跌 徒結切，仆也。
踼 徒郎切，跌踼也。
蹁 蒲堅切，足不正也。
⿰𧾷冏 □衣切，瘃足也。
距 渠呂切，雞距也。
趹 古穴切，疾也。
⿰𧾷斤 丑厲切，踰也。

蹛 部□切，二切，跛也，例。
踉 之仁切，動也，又□。
蹞 補支切，步行獵跋也。
⿰𧾷殳 先合切，進足有所拾。
⿰𧾷叚 胡加切，所履也，足。
⿰𧾷龠 餘灼切，跋也，登。
跁 蒲尾切，跁𨁈不肯前。
踥 且獵切，踥踥往來皃。
踡 具負切，踡跼不伸也。
踓 千水切，踓也，亦遂字。
⿱豊足 □□切，□行皃。

踤 則律切，編也，駮也。
⿰𧾷署 從加切，□時不前。
跲 渠劫、居業二切，躓也。
蹲 在昆切，說文云踞也。
躛 尚袂切，許文云衛也。
⿰𧾷出 渠勿切，足多力也。
跐 徂解切，二切，□也。
踉 呂唐切，踉蹡行皃。
蹣 蒲安切，蹣跚行皃。
𨁋 渠幼切，𨁋□皃。
跉 力呈切，跉行皃。

⿱茲足 七□切，行皃。
踸 丑甚切，踸踔。
躅 馳錄切，蹢躅也。
⿰𧾷虒 □美切，說文云足也。
跬 羌□切，一舉足。
⿰𧾷盧 才他切，蹋聲。
蹸 呂振切，蹸轢也。
⿰𧾷癸 □□切，□□。
跚 先安切，蹣跚。
⿰𧾷臭 丘幼切，□□。
⿰𧾷丁 丑丁切，跉盯。

⿰𧾷今 上同。
⿰𧾷尤 上同。
躅 上同。
蹄 上同。
⿰𧾷頁 上同。
蹟 上同。
⿰𧾷間 步般切。
⿰𧾷辛 千來切。
⿰𧾷柰 口交切。
⿰𧾷高 渠□切，□安。
[illegible] □□□。

二切拜也聲
類六跽也
也左氏傳云
曲踊三百
文云蹴也一
曰卑也拳也
躅行不進文
都歷切蹢也
戴禮曰獨處
而踞踞蹲也
二切說文云
曲脛馬也
雅曰室中謂
之跱跱上也
郎謂跪曰張
蹇踆拜也
踆蚑龍動兒
出靈光殿賦
又近聲又初
六切謹兒
也又丁佐切
小兒行也

䟴踁跤蹄踦踧躣蹻跛䠊跰

足行兒一切
何定切脛同
踁與脛同
苦交切
也亦作
他各切
蹄亦作蹏
去奇切
身迂乃心
達的切說
詩六跛跛周道
渠俱切說文云
龢六右倉龍之躣
渠略切
足行高也詩
補火切跛足
語云立無跛
扶謂切刖足也
刖具罰倍差
補孟切散走也
星晨出為蹡踵

躩踽躁蹴

先卷切
獸足
胡唐切
與迒同
沛與
都果切
行兒
上列切
直列切
二切恐人
避也
曲迂避易也
文六行平
又子六切
文云行兒
一切說文
小子
不正寄也
又碑寄切
亦作刵
書曰跳辟
史記云
或作䟐

路跮蹟跦躐踆跓蹥踛𨄅

道路也
遇也
長跪也
協也
疾也
足齊也
徒俱切
行兒
涉也
適也
市也
諸也
他達切
亦字書云
子六切
二切

蹌蹢踛踫跱跈踲跽䠢蹴

上同

頭用俞切　蹊胡雞切徑也　踇莫后切踇隅也　蹎丁千切蹎跋也　躡女輒切兩足不相過楚謂之躡

跬古王切　蹉采何切蹉跎也　跎達何切蹉跎　踒於卧切足跌也　踳姝允尺轉二切踳駮色雜不同

䟦策路切　蹀徒頰切躞蹀　躞蘇協切躞蹀　蹭才含才合二切止也　趗且欲切迫也速也促促越

蹈七内切　𨁃如樂切蹈足皃　蹬徒[?]切走聲也　蹇居偃切跛也　躟仁羊仁養二切躟躟行疾皃

躚相然切行　趵方卓切足擊聲　蹁普方切蹁[?]聲　蹨乃珍切蹨跡也　跮丑利丑栗二切跮踱乍前乍却

跧在亰切　𨂂普胡切馬蹀踊　跉呂紀切蹈踰也　蹍女展切足蹈皃　踽九禹區禹二切行皃詩獨行踽踽

𨀖式延切行　跒口尾切跒阿　跈乃珍切蹈也　踼[?]流切[?]足　踶徒計切蹋也莊子馬怒則分背相踶

䠷都婁切跌　踏他市切足著地　䟘公朗切伸脛也　𨆪芳昭切輕行也　跂[?]跂切有跂踵國其人行脚跟不著地

蹦步登切走　踦[?]切蹴踦　𨃭餘歛切疾趨也　踺他怨切蹤也　蹟子亦切詩念彼不蹟不循道也

跈匕今切　䟧達堅切蹎地聲　跨苦下切踞也　𨃹[?]役切踞皃　跙才與切行不進大玄經云四馬跙跙

踛巨皎切行　𨂣於合切跛蹇　𨂐力柳切踐也　跃下戾切蹈也　躒令的切躒動也大戴[?]

一蹸人能千步 躝 六安切踰也 ⿰足奈 子禾切走皃 踃 先聊切跳踃 蹌 七羊切說文曰動也書云鳥獸

蹌蹌相率舞也 ⿰足兒 普計切偈也 蹭 七亘切蹭蹬 ⿰足契 丑世切渡也 踣 蒲北匹豆二切尸殺人者踣諸

市踣僵尸也 ⿰足叕 徵劣切跳也 ⿰足亶 他殄切行皃 蹤 子龍切跡也 跔 渠俱居劬二切天寒足跔寒凍

手足跔不伸也 跆 達來切蹋跆也 ⿰足區 去俱切跛行也 躨 渠追切躨跜 趼 畢見切爾雅曰騉蹄趼謂蹄如

趼而健上山 踈 色魚切慢也 ⿰足具 擧愚切足跔痛 踚 力迍切行也 蹕 卑栗切周禮隸僕掌蹕宮中之

事蹕謂止行也 ⿰足般 步般切⿰足般蹣 ⿰足同 他紅切走皃 ⿰足弟 他兮切蹄蹋 ⿰足朮 楮律切獸跡也山海經云赤水

之西流沙之東有獸左右有首名曰⿰足朮踢 蹮 布眠切行不正 蹺 去尭切擧足 躧 所倚所買二切說文云舞履也

蹝 與上同 跠 旨指切跠踞 跏 古牙切結跏坐 踜 魯登切蹶也 跗 方俱切儀禮曰綦結于跗跗足上也

趺 與跗同 ⿰足羊 寺羊切趨行 ⿰足嵐 傳甘切急行 跁 蒲郎切 蹗 ⿰足彔 二同力谷切又力玉切行皃

跙 蜜去切跙 ⿰足巠 烏貫切行不正 ⿰足奎 去弭切足開皃 跓 直主切勇足 蹯 補袁切熊也左氏傳曰宰夫

胹熊蹯不熟 ⿰足頁 與蹯同 ⿰足冋 丑犯切跛足 躺 尺兩切蹌也 蹷 渠月居月居衛三切說文僵也

一曰跳也
蹶 同上
躝 說文亦同上
跀 五刮五厥二切司寇掌跀罪五百跀斷足也亦作刖
⿰𧾷兀 同上
踇 莫后切大踇指
踠 於遠切曲腳也
⿰𧾷產 初產切騎馬
躓 知利切跲也
⿰𧾷癸 葵淚切足
⿰𧾷奏 則候切蹋⿰𧾷奏也
⿰𧾷屚 盧候切蹋也
⿰𧾷詹 昌占切馬急行
⿰𧾷臬 牛幼切跛行
踼 與恐切
⿰𧾷弗 甫味切急行皃
⿰𧾷厲 落帶切跛行也
⿰𧾷最 七外切行皃
⿰𧾷余 徒故切不復也
⿰𧾷于 口故切
⿰𧾷甲 古狎切行聲
⿰𧾷㝵 多則切行皃
蹕 彼律切走皃
⿰𧾷舌 苦活切蹩趉也
⿰𧾷軍 胡困切
⿰𧾷虎 九六切足也
⿰𧾷匡 魚曲切行不正
躊 徒沃切行不正
蹫 圭律切跛皃
⿰𧾷亥 户愛切
⿱足是 初角切行⿱足是也
踛 力竹切翹踛也
蹳 普末切行也
跋 步末切跋躠行皃
蹘 力交切走
⿰𧾷伏 父六切行皃
跫 苦紅切蹋聲
⿱即足 子力切蹙也
⿰𧾷吉 許吉切行也
⿰𧾷丑 女六切行
蹬 徒亘切蹭蹬

○疋部第七十七 凡四字

疋 山居山慮二切說文云足也上象腓腸下從止弟子職曰問疋何止古文以爲詩大疋字亦以爲足字一曰疋記也
𤴓 山於切門户青疏窻也
⿰疋疋 山於切⿰疋疋通也達也日令其器⿰疋疋以達今作疏

𧺆之世切姓也又蒫蓊時有𧺆疌痺

○巫部第七十八凡四字

巫八公懷切巫背呂今作乖　脊子亦切背脊今作脊　傘音散蓋也

華若媧切華巫科也

○骨部第七十九凡八十六字

骨古沒切說文曰肉之覈也　髑徒木切髑髏頭也　髏力侯切髑髏

髃牛口切說文曰肩前也　髖苦官苦昆二切髀上　𩪋丘愧切膝脛間骨　髓先委切骨中脂也　𩨗說文同上

髆丑歷切骨間黃汁也　𩩲胡葛切𩩲䯞肩骨　骬羽俱切𩨷骬缺盆骨　骿蒲田切骿脅也　髝口高切骨

𩨇渠月切𩨇骨也　髺光末切骨端也　體他禮切形體也　髍亡何切痛病　𩪢去俱切

𩨆於老切要骨　𩩷乙呂切肩骨也　骯五丸切骼骯也　𩪒五高切𩪒骼也　䯫式車切骨

髕蒲忍切膝端也大戴禮曰人生朞而髕　骭遐諫切脛也爾雅曰骭瘍為微亦作骭　𩨶徒對切

骴前賜切周禮蜡氏掌除骴死人骨也作骴同　骲蒲交平剝二切骨骲也又蒲校切骲擊也　髼府貢切

𩩍公本切世本顓頊生鯀鯀生高密是為禹也　髗虛玉切聲類云亦作頊髗顱也謂髑髏也　𩩴胡代切骨

髆補各切說文曰肩甲也 髁口卧口禾二切髀骨又胡瓦切 䯆於力切胷骨亦作臆 髎力條切髖也
髀補爾切又步米切股也 骼柯額切說文曰禽獸骨曰骼 ⿰骨戔亡八切⿰骨戔⿰骨有小骨 骱古八切髂骱
骾柯杏切食骨留咽中也 骹苦交切脛也爾雅曰馬四骹皆白驓 ⿰骨光若光切⿰骨光⿰骨良股骨也 ⿰骨辟蒲益切弓弭
骶丁計切背謂之骶又臋也 骸何皆切骨也左氏傳曰析骸而爨 ⿰骨咼口瓜切⿰骨咼髖骼上骨 ⿰骨危五瓜切⿰骨咼⿰骨危
⿰骨圭口圭切六畜頭中骨也 髊前賜切殘骨也髊類去此亦骴字 髈補朗切膀也又音旁 骺下蒲切骺⿰骨斤也
骻口化切又口瓦切膀骻 ⿺辶骨胡骨切膝病聲鞘云骨差也 ⿰骨空苦紅切又口江切 ⿰骨犮蒲葛切肩髆也
⿰虫骨都骨切鳥鳴豫知吉凶 骰孤骨切或股字肶本也俗又音投 骯口朗切骯髒體盤 ⿰骨會公外切五綵束髮說
文曰骨擿可會髮者詩曰髻弁如星 ⿸雁骨於仍切因也親也受也亦作膺胷 ⿰骨戈與力切⿰骨戈小骨也 骭古岸切左氏傳
云拉公骭而殺之以手拉折其骭 髇呼交切髇箭 骽他罪切骽股也 ⿱殿骨徒昆切與臋同 ⿰骨良曽唐切股骨也
⿰骨可口亞切髂骨 骼上同 ⿰骨叚並同上 髐火交切髐箭也 ⿰骨巠戶經切脛也 ⿰骨牙五加切骼也
⿰骨鬼口會切[illegible]說 ⿰骨隹比角[illegible]切 ⿰骨奇巨綺切小[illegible] [illegible]五駕切 ⿰骨業匹角切 [illegible]

⿰骨叕知劣切續骨也 ⿰骨蒦胡郭切[illegible] 骨[illegible]於[illegible]骨也 骨[illegible][illegible]肯切用力也 髒子朗切骯髒 骪郁詭切骨曲也

髗力胡切頭髗也

○血部第八十凡二十三字

血呼穴切說文云祭所薦牲血也易曰龍戰于野其血玄黃

衃匹尤匹才二切凝血也 盡子仁切氣液也 衁呼黄切盁也左氏傳曰士刲羊亦無衁 蕰於切周禮醢人掌供七菹蕰酢清菜 ⿱艹盇同上 衈如志切耳血也 衋許力切傷痛也周書曰民罔不衋傷心 盇羊獵切說文曰覆也又何不也 盍同上 卹思律切憂也 衊莫結切汙血也 醓吐感切周禮醢人掌朝事之豆其實醓醢肉汁也又曰[illegible]蒲藍醢 監同上 ⿺幾血居衣切說文曰以血有所刏涂祭也 盜之承切蒩也 衄女鞠切鼻出血也 衉空紺切羊凝血 [illegible]同上 衅虛鎮切牲血塗器祭也亦作釁 䘖達零切說文定息也 盥奴冬切說文云腫血也亦作膿 ⿱浦皿補胡切申時食籀文餔字

○肉部第八十一凡四百十七字

肉如六切骨肉也說文云胾肉也象形 ⿵冂仌同上 月同上

肧匹尤普回二切婦孕一月 腜莫回切說文曰婦始孕腜兆也 胎他來切婦孕三月 肌居夷切肌膚也

肫 之春切面頄也又鳥藏也
膽 都敢切肝之府也
腎 是忍切水藏也
肊 於力切匈骨也
臆 同上

䐅 巨衣居衣二切頰肉也
胷 許恭切膺也亦作匈
脣 食倫切口脣也
頤 古文出說文
⿰月艮 宮恩切

膀 步方切說文脅也亦作髈
䑋 如掌切方言䑋肥也
腸 直良切腸胃也
脬 普交切膀胱也
⿰月尨 莫江切

背 補對切背脊又步內切
⿰月皆 口駭公埋二切臞也
腴 臾俱切腹下肥也
肘 張柳切臂節也
⿰月丑 同上

脅 虛業切身左右膀脇也
腫 之勇切說文云癰也
膰 扶袁切膰肝也
胤 余振切嗣也
胄 古文

脟 力輟切說文曰腸間肥也
朓 通堯他召二切祭也
膺 於陵切胷也
腆 他殄切厚也
背 古文

股 公戶切髀也易曰巽爲股
腯 徒骨切豕曰腯肥也
胱 古黃切膀胱也
膍 婢脂切鳥膍胵
肶 同上

胻 戶當切說文曰脛耑也
胲 何千切牛百葉也
肋 盧得切脅骨也
臊 蘇召切豕膏臭也
⿰月蚤 同上

肥 扶非切說文云多肉也
肒 渠留切熟肉醬也
胂 舒仁切夾脊肉
腩 奴坎切煑肉也
⿰月甚 同上

脘 胡玩切說文曰搔生創也
脠 始蟬切生肉醬也
肪 府防切脂肪
⿰月胥 先結切臆中脂
⿰月血 同上

⿰月引 餘忍切脊肉也又文忍切
膹 扶吻切說[illegible]
腹 弗鞠切腹肚
䐹 子六切[illegible]䐹
[illegible]

胙 在故切說文曰祭福肉也
腥 桑[illegible]息肉也
膲 子遥切三膲
朦 莫孔切大也豐[illegible]也
⿰月尨 [illegible]上

肴 戶交切組實又啖肉也
胜 桑丁切犬膏臭也
脽 是惟切尻也
⿰月戔 在安切獸食之餘也
⿰歹月 同上

腒 巨於記於二切乾雉也
膜 密各切肉間膜也
⿰月夬 古穴切⿰月夬孔也
⿰月與 羊攺切肥也又音庾
腁 同上

膷 虛羊切今肉中生息肉也
䐑 治輒切薄切肉也
肩 居妍切肩髆也
腦 奴倒切頭腦也
⿰月⿱巛凶 同上

散 蘇旦切說文曰雜肉也
⿰月弱 如灼切肉表革裏
胳 公洛切腋下也
⿰月冓 呼講切肥皃
⿰月皮 陂美切

腏 知劣切挑取骨間肉也
膎 戶皆切說文曰脯也
臂 補致切手臂也
膧 多捅切膧肥也
腀 力民切皮

⿰月冘 他感切說文曰肉汁滓也
⿰月臽 胡監切食肉不猒也
腝 奴到切臂節也
膪 防嫁切腔膪也
⿰月反 蒲半切肉

肙 烏衒切小蟲一曰空也
臝 郎弋郎果二切獸名
脚 紀略切脚脛也
⿰月巂 羊水切瘠也
腖 都弄切

胔 疾移七移二切人子腸
⿰月奇 居義切肉四⿰月奇也
腓 扶非切脛腨也
膇 直偽切重膇病
⿰月多 奴下切

膝 思疾切脛頭也亦作厀
⿰月韱 初減切臉⿰月韱羹美也
腨 時兗切腓腸也
腤 於含切煑魚肉
⿰月荒 呼光切

胞 補交匹交二切胞胎也
腲 烏罪切腲腇肥皃
胉 普各切脅也
⿰月芻 仄究切⿰月芻脯也
胠 去劫切亦遶

丘閭三切晈下也
胄直又切裔也　膻徒亶切肉膻也　肵渠衣切俎也敬也　脰徒姤切公羊傳曰宋萬搏
閔公絶其脰脰頸也　肸許乞切振肸也　膌才亦切臞也　胮薄江切胮肛脹大皃　脾步彌切上藏也白虎
通曰脾之爲言裨也　臞渠駒切少肉也　胥之仍切騃也　肛呼江切腫也胮肛也　肝居寒切木藏也白虎
通云肝之爲言行也　胗章忍切脣瘍也　胝竹尼切胼胝　⿰月雚渠圓切⿰月雚膹醜皃　膏古勞切說文曰肥也周禮
曰春行羔豚膳膏香　肬羽流切贅也　胅大結切骨差也　⿰月乇丁胡切⿰月乇胍大腹也　臍在奚切臍臍左氏傳
曰後君噬臍亦作齎　脪香靳切腫起也　腬爾由切肥美也　⿰月盈餘声切魯大夫名　胯口故切史記曰不能
死出我胯下胯股也　⿰月必苍結切肥肉也　胵充脂切鳥胃也　胓蒲京切胓膷牛羊脯　脛胡定切脚腨前骨也
史記曰斮朝涉之脛　脯方武切脯腊也　胥思餘切蟹醢也　肚徒古都古二切腹肚　肖先醮切似也書曰說
築傅巖之野惟肖　⿰月咅蒲候切豕肉醬　胹尒之切煑熟也　䏴都罪切䏴腲大腫皃　膱之盍切說文云冬至後三
戊爲膱祭百神也　膩女致切垢膩也　胾側吏切大臠也　䐃渠隕切腹中䐃脂也　膢力侯切飲食祭也冀
州八月楚俗二月　臛呼各切羹臛也　脼良切　胲古才切足指毛肉　胡護徒切何也書曰弗

獲說文云牛領垂也脡敕鼎切脯胎也腍如甚切熟也䏙丁安切脾胡大腹𦢊所六切周禮庖人夏
行腒鱐鱐乾魚也⿰月耳如志切筋腱也腠倉奏切膚腠也⿰月者陟於切豕也亦作豬臐呼雲切儀禮注云臐
今時臛也羊曰臐⿰月匽於偃切久脂也𣪊胡木切足跗也⿱厥月渠月切厥也亦作⿰月厥腌於贍於劫二切青肉
蒼頡篇云醃淹肉也⿰月臣餘之切豬脂也胋徒兼切大羹也⿰月壽除有切小腹痛也腐扶甫切說文曰爛也
月令云腐草化為螢脾匹備切盛肥也⿰月息相力切⿰月息肉⿱台月直基切古治字理也脒千代切山海經云耳鼠食
之不脒脒大腹也腋羊益切肘腋也⿰月是丁奚切⿸厤月⿰月是⿸厤月郎狄切⿸厤月⿰月是強脂膂力佇切脊骨□書曰為股
肱心膂古與呂同膭胡對切肥大皃⿰月強記兩切筋⿰月強也⿰月犀倉奚切鳥尾上肉也⿰月奧於六於告二切鳥胃也禮
記鵝⿰月奧卒骨⿰月奧⿰月鬲⿰月巠骨烏酷切膏⿰月賁⿰月貨先卧切膏⿰月貨骨腶丁貫切腶鍛脯也⿰月閻詳廉切禮記曰三獻
⿰月閻沈肉於湯中也⿰月烝之承切俎實也⿰月辜故胡切大脯⿰月即子力切腳⿰月戚膏澤也脞倉果切書曰元首叢脞哉
叢脞細碎無大略也⿰月曷乙罽切臆也胺一曷切肉敗也胨達冬切古疼字痛也脫無阮[illegible]二切色肥澤也
又音問新生草也脥達盍切脅也⿰月皐虛聊切膮⿰月皐⿰月睪大各切肔⿰月睪無檢限胖普江普降二切胖脹也

膾古外切肉細切者爲膾　肒虚放切水名　⿰月冊先安切脂肪　膚府隅切皮也易曰噬膚滅鼻　肤同上

⿰月縣巨久切胸脯也或臑乾也　⿰月癸渠追切膗⿰月癸　胿古攜切胇胿　胃禹貴切白虎通曰胃者脾之府　⿱罒月說文胃

⿰月絜下結下計二切喉膜也　胍故胡切肞胍　胴徒棟切大腸也　胑至移切體四肢手足也　肢同上

朏苦骨切臀也一曰肸出也　肵上列切肸肵　膕古麥切曲脚也　膟力述切膟膋腸間脂也　⿱射月同上

膨蒲行切膨脝皃　脝許庚切膨脝　豚[illegible]胡切豕也　膋力彫切詩取其血膋膋脂膏也　膫同上

脖蒲骨切臍胦脖臍　胦於良切脖胦　⿱益月餘職切鈌益胃　脃青歲切說文曰小耎易斷也　脆同上俗

膬亦同上又七絕切　臀許證切臀痛也　臒烏郭切善肉也　肰而然切犬肉也然字從此　⿱⺈肋古文肰

膃乙八烏没二切膃肭肥也　⿰月春尸尹切腯肥也　⿰月豈五哀切⿰月豈肥也　腱渠言渠建二切筋本也　腹同上

肭女滑奴骨二切膃肭　胶下交切骹也　⿰月賢胡典切肥也　⿰月辛先恐先進二切肉⿰月辛腦蓋也　胴同上

⿱谷月古服切胃腹不容　⿰月參知架切胥⿰月參　牉匹見切半體　朐渠俱切脯也禮記曰左朐右末　腪于鄆切膜

⿰月畾力[illegible]切⿰月畾腲腫皃　胭於田切胭喉也　⿰月旲呼役切[illegible]也　⿰月貞桑究切熟肉中於血中和也　⿰月韋于貴[illegible]支

臑 ……煑魚也
[illegible]
[illegible] 如振切堅肉也
脂 之伊切脂膏詩云膚如凝脂
[illegible]

腧 式注切五藏腧也
脥 居協切俗頰字
胆 俎立切和也
䐈 充人切起也埤蒼云引起也
[illegible] 舌骨切爵

腰 於消切髀也李作要
䐩 時至切俗嗜字
肦 扶云切大首皃
臚 力居切鄭玄注周禮云臚陳也
朐 ㄐ居六

腑 方武切藏腑本作府
䐹 息流切或脩字
𦢊 余證切或孕字
臅 齒欲切臅膏謂臆中膏也
𦙫 丞貫切

腿 他偏切腿脛也本作骸
臀 公對切腰痛也
胛 古狎切背胛
膉 於亦切肥肉也埤蒼云豕伏禮
𦙞 上華切肉

膸 相觜切骨髓本從骨
肛 丁定切肛食也
腛 於角切厚脂也
臉 七廉切臉腌又力減切臉臁
臑 女洽切

䐐 烏價切膗膗肥也
𦝫 魚矜切肥𦝫也
腔 去江切羊腔也
腇 乃罪切魚敗又他罪切腲腇
䏦 古滑切

腕 烏段切手腕亦作捥
𦛨 去王切𦛨腔也
脜 如由切脜輭也
[illegible] 古禮切肥腸也東有魚……
𦜠 慈叶切接

𦙃 息兔切肥也亦與嗉同
䏷 余真切夾脊肉也
肝 許干切鄉名
腡 力戈古……聲類云手理也
䐫 七用切

脩 息流切脯也又長也
脘 古卵切胃脘
肮 同上文人陰異呼
腤 ……治輒二切腤……生熟半也禮記云腤……
[illegible]

䐋 楚佳切䐋暇脯瘠也
膎 胡皆切膎脯也
腮 七公切病也
膴 亡古切土地腴美膴膴然也又訶姑切無骨腊
[illegible]

朧力董切肥皃　朡七恭切肥病　臠力兖切肉臠也又力官切臠臠瘠骨　脗莫粉切口邊也與吻同
膧丑容切切也　肥烏茄切疟病也　膌子含切膌膌又子荏切膌脣病也　膿乃公切癰疽潰也亦作盥
䏵莫波切偏病也　腈子盈切腈肉也　肣胡男切舌也又胡敢切牛腹也　脵許梨切臀之別名或呻也
腶古鷄切腸病也　膿奴多切又乃罪切　腰居杳切或骬食骨留咽中也本從魚　膻壯加切皇上皰也本作皻
䏿古魂切穴蟲　腦七由切遒腦　腄竹垂切說文瘢胝也又馳偽切縣名　胃於井切頭腫也或作癭
膝市金切病也　胖莫浮切脊胖也　胼步田切皮厚也史記曰手足胼胝　胕扶付切太玄經肺胕之行
膧徒聾切肥皃　朧扶聾切姑朧　隋他果切說文曰裂肉也又徒果切　腂力水切腂皮起也又作
膃側師切膌膃也　膃力由切又去聲　膘扶小切又乎小二切牛脅後髀前草肉　膹之力切膹脾也刀箭瘡
膹弋隹切肥也　膅徒郎切肥也　腊思亦切乾肉也周禮腊人掌乾肉　膞旨兖切說文云切肉也
膛他郎切肥皃　腆戶覓切膜腆也　胏仄里切脯有骨也易曰噬乾胏　䏦同上又說文云食所遺也
膭古横切肥皃　脝徒冷切□也　臡奴雞切麋鹿臡有骨醢也又□　臗口丸切□□

臁力鹽切亢臁也　膎□海切肥膎也　臇子選子遺二切…少汁也亦作熼　肓□光切…曰心上鬲下

也左氏傳曰居肓之上　髓辛水切髓孔也　胆七據旦居二切蠅乳肉中也俗作蛆　肺芳吠切金…太玄經火藏肺…

之言數也詩云自有肺腸　䐮初産切皮起　胘古虒切胃也書曰𠂤作肱股肱耳目　脫徒活吐活二…切肉去骨左

氏傳曰無禮則脫脫易也　臕七小切脊臕　臄渠略切口上阿也詩曰嘉肴脾臄　脤時忍切以脤膰之禮親兄弟之

國皆社稷宗廟之肉也　肔弋紙切引腸也　臀徒昆切臀類云冗也尻曰臀無膚　膠古爻切膠者考工記注云

皆謂煑用其皮或用角　胺而煑切魚敗　脥匹遙甫遙二切脥脾腫欲潰也　脹豬亮切左…傳將食脹…

廁脹痛也字書亦作痮　䐣蘇木切切肉也　腣多計切又徒黎切腣胿胅腹也　䐈之力切周禮注膠䐈之類不能

方如脂膏敗䐈䐈黏也　膯烏孔切肥也　𦢊補角切皮破又蒲角切肉胅起　膱之力切油敗也儀禮曰薦膱五

膱膱長尺有寸膱猶脡也　腀必忍切腀子肉　臏毗忍切臏骨也又大膝蓋刑名　肑伯卓切毛足指筋之鳴…

作箹又音的腹下肉也　𦛗之曳切魚醬　脧子雷切赤子陰也亦作鮻聲類又作夋　膳時扇切具食也周禮…

夫掌王之食飲膳羞膳之言善也又六牲肉也　胖普半切牲之半體周…人掌…膴胖胖宜爲脯而腥胖之言半也

肞普嵆切吹肉也 肎口等切說文曰骨間肉肎肎著也一曰骨無肉也詩曰惠然肎來可也今作肯 肯同上

肸許訖切肸蠁 肐許訖切身振也 肊丑一切滑皃 脤莫革切血理也周禮瘍醫以鹹養脤 脉同上

腟丑一切肉生 肌叱涉切肉動也 膈古額切胷膈 脙呼□渠尤二切瘠也齊人謂瘠腹為脙 胳同上

膌祕夾切肉腊膌 肰許律切牛肉也 臠縷迦切臠腸胃 脢莫回切易曰咸其脢脢者心之上口之下 胦同上又烏載切

炙之夜切炙肉也 胈蒲末切禹治水腓無胈胈股上小毛也 膁魚兼切美也又口簟切脅左右虛肉處 腂力鑿切腯

膊普各切周禮掌戮掌斬殺賊諜而膊之膊謂去衣磔之 䏶字書同上 膮呼幺切豕肉也 䐞火罪切腲腇也

○筋部第八十二凡三字

筋居勤切說文曰肉之力也周禮瘍醫以辛養筋 箹俏角切手足指節鳴也或作肑 笏渠建巨言二切筋之本亦作腱

○力部第八十三凡八十五字

力呂職切勳也強也說文曰筋也象人筋之形 助鉏據切佐也

劼苦八切固也 劭上召切勉也 勉彌辨切[illegible]也 𠢢渠月切說文曰強力也 勑力代切說文曰勞也

[illegible]豬列切發也 劣力拙切 勥渠像切務也 勨餘掌切緜緩也又勉也 勦楚交子小二切勞也

勊枯勒切勊勝也　劵巨眷[illegible]勞也　[illegible]也[illegible]亍切　勴力對切推也一曰懔也　[illegible]柴俱切劬勞病也
募莫故切求也　加古瑕切益也　⿰皃力丈結切大也　劤居僅切埤蒼云多力也　勬九員切九嫚二切勤也
⿱敖力吾高切健也　勇俞種切果決也　勃蒲沒切卒也　⿰干力居偃切難也吃也或作讓　⿱夌力力徵切俗陵字侵也
勡匹照切劫也　劫居業切強取也　飭丑力切正也　扐疾來切聲類云古材字　⿰方左祖賀切助也副也
勵呂勢切勸也　勢舒曳切形勢也　勘若紺切覆定也　劾胡蓋胡勒二切推劾也　劻曲王切劻勷遽也
勔彌殄切勉也　⿰并力方萌切大也　劮餘質切豫也　勱莫夬切勉也書曰勱相我邦家　勴力御切又力胡切助
⿰釆力莫候切勸勵也　⿰骨力苦兀切勤也　⿰兩力呂強切勢也　勖呼玉切勉也書曰勖哉夫子　⿰𠦝力何蒲切勤也
⿰乖力苦乖切劥也　劥口庚切動也　勣子亦切功也　勸丘萬切勉也書曰勸之以九歌　⿰火力竹甚切用力也
⿰㡀力符沸切勇壯也　⿱弗力支筆切古弼字　⿰翁力於孔切屈強也　勝舒陵切任也又舒證切剋也　⿰曷力[illegible]
劜倚駭切[illegible]　⿰矛力與章切勸也　勷如羊切走兒　勍渠京切彊也左傳曰勍敵之人　勒[illegible]抑勒也
⿰商力丘白當切　勌居員切　勨余兩切勸也　勁吉聖切彊也左傳曰中權後勁　⿱害力何瞎切用力也

功古同切說文曰以勞定國也書曰惟帑念功　助莫角切勤也　勞力刀切說文曰劇也又力到切　勞古文

勠呂竹切書曰聿求元聖與之勠力陳力於人也　勎力竹切　動徒孔切作也易曰六二之動直以方也

勳許軍切說文曰能成王功也書曰其克有勳　勛古文　務亡句切強也書曰樹德務滋　勥巨兩切說文曰迫也　勥同上　効胡孝切俗效字　勴呂庶切助也　勴同上　勩與制切勞也　勩同上

○劦部第八十四凡三字

劦胡頰切同力也山海經云惟號之山其風若劦急也　勰乎頰切說文云同心之和也　協胡頰切合也書曰協和萬邦

○呂部第八十五凡二字

呂良渚切說文作呂脊骨也象形昔太嶽為禹心呂之臣故封呂侯亦作膂　躳居雄切躳身也易曰不有躳无攸利或作躬

○㝱部第八十六凡十八字

㝱莫洞切說文云寐而有覺也周禮太卜三㝱之法㝱者人精神所寤　寱魚祭切寱言也眠言也　寐彌冀切臥也　寤牛故切說文寐覺而有信曰寤一曰晝見而夜㝱也　寤籀文

寎補命況命二切臥驚病也　𥧶[illegible]莫李切孰寐也　𡫲明彼莫禮二切寐不覺而大　㝯呼甘切寐偃也一曰寐不脫冠帶也

[?]且往切論語曰寢不言也　寢寑並同上　寣[?]骨切臥驚也一曰小兒啼寣也　寱牛世切瞋言也　寱同上

[?]思鄰切新覺　[?][?]合切寐語　[?]人者乙庶二切說文云楚人謂寐曰[?]

大廣益會玉篇卷第七

大廣益會玉篇卷第八 凡三部

心部第八十七 思林　思部第八十八 息茲

㣿部第八十九 桑果

○心部第八十七 凡六百二十九字

心 思林切說文云火藏也　小 同上　性 思淨切命也質也說文曰人之陽气性善者也　愼 市振切謹也思也　悰 聀宗切樂也一曰慮也　快 若夬切可也喜也

悈 居薤切疾也急也飾也　愷 空改切樂也可也　憮 亡斧切愛也說文曰撫也　忻 喜斤切察也喜也

慕 莫故切思也習也本作慕　悃 苦本切志純一也　懮 於九切懮受舒遲之皃　惲 紆粉切謀也議也

恌 他彫切爾雅曰恌偷也　恬 徒兼切安也靜也　慢 莫諫切輕侮也不畏也　愊 普力切悃愊至誠也

懈 古賣切倦也嬾也怠也　怡 翼之切悅也樂也　懌 羊石切悅也服也改也　怞 丈又切朗也憂恐也

[illegible] 虎姑切恐也怯也憂也　⿰忄胥 相依切才智之稱也　⿰忄頁 亡善亡婢二切屬也止也　愞 乃亂乃過二切弱也

懫 之日切止也塞也滿也　怫 扶勿切意不舒怡也　怵 恥律切悚懼也悽[illegible]　怗 他頰切服也靜也

怍 疾各切慙也顔色變也
⿰忄咼 胡圭切變也異也
怊 敕憍切□□也又尺昭切
𡨄 □□切說文曰實也
忳 徒昆切悶也亂也憂也
怋 莫昆切悶也不明也
⿰忄癸 衹隹衹癸二切悖也揀也
惛 呼昆切亂也痴也
惃 古混古魂二切惛也亂也
忆 公在切恃也仰也
⿰忄咸 古廉古減二切不安皃
惆 敕周切惆悵悲愁也
忬 餘據切緩也安也早也
悔 呼對切攺也恨也
悜 丑井切愼悜意不盡也
怩 女飢切忸怩慙也
惀 力迍切又力尹切思也
悵 敕亮切惆悵失志也
憺 徒敢徒監二切安也靜也
愴 楚亮切悲也傷也
慓 匹姚蒲小二切疾也急也
惻 楚力切悲也痛也
懱 莫結切輕也易也侮也
懠 在細切怒也疾也
憪 戶間切突也說文曰愉也
愔 於斟切安和皃悅皃
怚 秦呂切驕也又子御切
⿰忄弱 奴的切思也又憂皃
愓 式諒切憂也痛也念也
⿰忄粟 西足切承上顏色也
憫 眉殞切憫默也又憂也
慽 且的切親也痛也
憶 於力切意不定往來念也
懹 人向切憚也相畏也
惂 口感切說文曰憂困也
惶 胡光切憂惶也恐也
⿰忄彖 胡皆切恚也恨也怨也
憐 力田切矜之也撫也
悅 余拙切樂也經典通用說
忝 恥簟切辱也本作忝
愾 口代許氣二切息也
惵 徒頰切恐懼也盈也
㥄 力升切憐也京也慄也
愧 居位切慙也亦作媿

懾　章涉切，怯也，懼也。
恉　之以切，意也。
慨　可載切，大息也。
惇　丁昆切，樸也，信也，大也，厚也。
𢡟　同上。

恬　徒兼切，安也，靜也。
恢　苦回切，大也。
忱　時林切，誠也。
忼　苦莽切，忼慨，壯士不得志也。
慷　同上。

恤　思律切，憂也，救也。
⿰忄奎　又很切，全德也。
悒　於急切，憂也。
悟　魚故切，覺悟也，心解也。
慞　古文。

⿰忄并　普行切，謫也，忼慨也。
悗　武桓切，惑也。
悍　胡旦切，勇也。
⿰忄宅　徒各切，忠也，匡也，又他陌切。
⿰忄乇　同上。

慺　同上，又村慺也，懲也。
怭　蒲必切，慢也。
⿰忄㒼　莫蘭切，忘也。
悁　於緣切，說文曰忿也，一曰憂也。
⿱肙心　籒文。

⿰忄寽　力拙切，少也，與劣同。
憿　古堯切，行險也。
恑　居毀切，異也。
⿰忄隶　他對、他沒二切，肆也，忘也，忽也。
怢𢚬　嵩上。

愐　彌兖切，想也，又勉也。
惏　力南切，貪也。
懤　丈又切，愁毒也。
慏　彌井切，慏悜。
恔　吉了切，憭也，又胡巧切，黠也。

執　畢沔切，憂也，急也。
憾　胡紺切，恨也。
恎　徒結切，惡性也。
恍　火廣切，恍惚。
惝　尺掌切，惝怳，失志不悅皃。

⿰忄采　七海切，恨也，急也。
悱　孚匪切，口悱悱。
憎　子登切，惡也。
惚　呼骨切，怳惚。
⿰忄詈　力低切，楚大慢言輕易也。

⿰忄象　徒朗切，說文曰放也。
憒　公對切，亂也。
恨　胡艮切，怨也。
憰　古穴切，變詐也。
⿰忄也　呼奚切，⿰忄詈⿰忄也，欺慢之語。

忨　五亂切，貪也，愛也。
憍　居喬切，逸也。
憤　扶粉切，懣也。
悸　其季切，心動也。
㤕　竹律切，憂心也，又丑律切。

怖孚吠普大二切怒也　忸女六切忸怩　忉都勞切憂心皃　怛丁割切悲也　𢘅徒冬切又憂也怪也悸遽也
恇徒候切誑也　忧于救切心動也　惴之睡切憂懼也　怮於虯切憂慼也　𢥮力與切同憂憂也出楚辭
悽七奚切悽愴也傷也　惔徒甘切憂也　憔昨遙切憔悴　㤦力志切憂也　懀烏外切惡也憎也悶也
憯七感切說文曰痛也　怦普耕切心急也　慴之涉切懾也　忡丑中切憂也　惸葵營切獨也單也或作煢
惜私積切吝也貪也　㤨記奉切恐也　㤥下代切恨苦也　恂巨營切憂也　𢘆巨王切進取皃古文狂字
惙陟雪切疲也又憂也　悑蒲戒切極也　怽莫達切忘也　悿他點切弱也　㤆芳萬切惡心也急性也
忏况于切痛也憂也　憢呼條切懼也　憬九永切遠行皃　㤟之吏切志也　憴食陵切止譽也或作譝
怲丘永切憂也懼也　愎蒲逼切很也　㤝齒終切心動也　㥲楚革切小痛也　恘丑糞切心動皃又休也
恇曲王切怯也怖也　悻胡頂切恨也　㦜胡郭切驚也　㥚羊朱切憂也　恒胡登切常也人也亦作恆
㥞辭遂切意思深也　𢡟同上見說文　㤧胡溝切恐也　慛脵回切悲傷也　𢜰古紅切心動也又古弄切
愯息拱切說文心懼也　㦒同上又所江切　悚息拱切懼也　㦨力甘切貪惏　慱徒桓切爾雅曰慱慱憂也

憭 力弔力彫二切惠也意精明也
恭 居庸切法也事也恪也本作恭
悏 苦協切快也
㦛 公厄切智也

懂 渠斤居近二切憂也煩也慇也
懷 胡乖切歸也思也安也至也
悙 許庚切憉悙
㤞 尺紅切恀恃也

愮 余招切憂也詩曰憂心愮愮
怙 胡古切恃也詩曰無父何怙
㦔 胡典切意難也
㦝 盧董切㦝㑂

恃 時止切賴也詩曰無母何恃
慔 莫固切爾雅曰懋懋慔慔勉也
愇 韋鬼切怨恨也
懶 力旱切俗嬾字

悛 且泉切改也又敬皃亦止也
悖 蒲突切逆也亂也又蒲輩切
愖 市任切信也
愕 五各切驚也

㥛 居力切說文疾也一曰謹重皃
懊 於報切悔也又於六切貪也
惿 承紙切審也
忪 尺㦝切恐也

悌 徒計切孝悌又徒禮切愷悌也
慅 蘇勞切憂心也愁也又音草
悁 烏縣切狼戾也
恟 許卬切恐也

愅 公翮切更也變也飾也或作謹
懝 牛力切女有所識也又五溉切
怜 曽丁切心了也
慵 尺容切慵嬾也

情 疾盈切說文曰人之陰气有欲者
忯 渠支是支二切敬也亦愛也
恔 胡交切快也
懅 巨魚切心急也

慉 丑六切恨也又許六切興也
愒 去例切貪羨也說文曰息也
㤉 口牙切恐懼也
慞 之羊切慞惶也

懜 莫公切慙也不明也又武亘切
忮 支豉切懻忮害心又不媢[illegible]很
懰 力尤切[illegible]
恈 莫侯切貪愛

愓 杜郎切。說文曰：放也。一曰平也。
怳 呼往切。說文曰：狂之皃。又怳忽。
⿰忄囚 寺周切，憂也。
忴 巨淹，心急也。

怓 女交切，亂也。詩曰：以謹惛怓。
慍 於吻、於問二切，恚也，怒也，恨也。
㦖 士咸切，恪也。
惍 居吟切，利也。

怏 於兩、於亮二切，懟也，不服也。
懆 七刀、七老二切，憂愁也，不樂也。
⿰忄留 力尤切，怨也。
⿰忄方 孚亡切，邑也。

恫 他東切，呻吟也，痛也。又徒弄切。
悾 苦工切，愨也。又空弄切，誠心也。
⿰忄宏 乎宏切，㥊⿰忄宏。
憽 蘇公切，惺憽。

慄 力質切，謹敬也，懍也，不息也。
悇 丑慮切，憂也。又他姑、余熙二切。
⿰忄閭 力魚切，憂也。
⿰忄虛 去魚切，怯也。

悷 盧帝切，儱悷多惡。又㦤悷悲吟。
懪 蒲角、匹角二切，煩悶也，悖也。
⿰忄丕 孚悲切，恐也。
⿰忄夆 古巷切，恨也。

⿰忄賓 毋民切，伏也。又匹人切，敬也。
⿰忄勺 都了切，憂也。又之藥切，痛也。
⿰忄工 古紅切，心急也。
⿰忄東 德紅切，愚也。

戄 許縛、具縛二切，驚也。又遽視也。
愲 古忽切，憂也，憒也，悶也，心亂也。
⿰忄畏 方迷切，通也。
⿰忄行 戶剛切，悇也。

忪 職容切，心動不定，驚也，遑遽也。
恂 思巡切，信也，均也，慄也，溫恭皃也。
⿰忄母 莫胡切，愛也。
慳 口閑切，慳悋也。

怕 普駕切，恐怕也。說文匹白切，無為也。
⿰忄卻 去逆切，疲力也。說文其略切，勞也。
⿰忄見 呼典切，惰⿰忄見也。
懽 呼官切，悅也。又

八公玩切。爾雅曰：懽懽、愮愮，憂無告也。
慥 七到切。禮注云：守實言行相應之皃。
惀 尺極切，惀懍。
⿰忄栗 五極切，愚皃。

悎胡老切，心動也。 悻胡耿切，忿心也。 忆符彼切，劣也。 憛他組切，憛悆，懷憂也。 懼渠句切，恐也。 愳古文。

慊口玷切，慊恨也。 愐彌遣切，想也。 㥏他典切，慙皃。 㥜羽魏切，怫㥜，不安皃。 怈余世切，習也，明也。 忕同上。

㤓芳九切，怒也。 㤑於六切，心動也。 㤗之爽切，不悦也。 悺古官切，憂皃，又作悹。 惰徒果切，怠也，惕也。 憜同上。

㦗同上，古文也。 怙侯古切，恃也。 𢤫女里切，快性也。 恜恥力切，從也，慎也。 𢥈力支切，多端也。 𢡫同上。

𢤱息淺切，漸也。 㥴余氏、余支二切，不憂事。又徒低切，怍也。 忊竹與切，知也，愚也。 憚徒旦切，難也，畏憚也。 𢡮同上。

㥮初卯切，心㥮也。 憧昌容切，行意，往來不定皃。又直巷切，愚也。 憉步行切，憉悙，自強也。 悑普布切，惶也。 怖同上。

愰胡櫎切，心明。 憮無斧切，憮然失意皃，又不動皃，又荒烏切。 恞羊指切，悅也，忻也。 愜起頰切，服也，又快也。 㥦同上。

怉布絞切，悖也。 惟弋隹切，思也，有也，辭也，為也，謀也，伊也。 悀與恐切，怒也，忿也。 怪古壞切，異也，非常也。 恠俗。

忏七典切，怒也。 悴有季切，說文曰：憂也。又七沒切，心急也。 𢥠他朗切，𢥠慌，無思皃。 恾莫郎切，憂也。 忙同上。

㦤乙利切，古文懿。 㤦去奇、去倚二切，慽㤦，儉急，又儉意也。 慌呼愰切，𢥠慌，亦慌然。 㤸許激切，心不安。 憪同上。

□許異切，忻也。 憕直陵切，心平也。又□更切，失志也。 惈古火切，女勇，勝也，敢也。 恪口各切，敬也。 愙說文，同上。

[illegible]與世 ⿰忄盧 許遠切寬心也又息緣切語快也 ⿰忄盧 呼麥切諕戾也頑也 忟 [illegible]切 恪 大刃
切鄙也俗又作悋 忓 古安切擾也又胡旦切抵也善也 怯 去劫切懼畏也 慟 徒貢切哀也論語曰
顛淵死子哭之慟 惗 乃叶切愛也又暗聲憶也又音綿 忔 許衣切恨也忘也 慒 昨遭切亂也又徂各切謀
也又憂也文音囚 懁 火還切慢也輕也又古縣切心急也 ⿰忄桼 秦栗切毒也或作誺 憸 七廉息廉二切說文曰詖
也憸利於上佞人也 愉 弋朱切悅也顏色樂也又羊堅切 ⿰忄米 彌婢切安也或作⿰忄采 慘 千感切痛也愁也恨也款
文曰毒也又初錦切 悝 力止切憂也悲也疾也又口回切 ⿰忄是 陟利切怒也恨也 忦 古黠切恨也又八厶大
切懼也又五拜切 悼 徒到切懼也傷也禮云七年曰悼 ⿰忄責 楚革切情也耿介也 悢 力黨切懭悢不得志也又
力尚切恨悢惆悵也 怐 古遇切恐也又苦候切怐愗愚皃 愡 七弄切愡恫不得志 懍 力荏切危懼也敬也
又巨禁切心怯也 ⿰忄坒 必迷切誤也又四比博計二切慎也 憀 力周力彫二切賴也且也 ⿰忄匿 女力切⿰忄匿也方言曰
梁宋之間謂嫽曰憪 ⿰忄酋 字秋切怚也傲也又子由切慮也 ⿰忄奄 於檢切愛也俺檢多意氣也又甘心也 ⿰忄斉 同上
⿰忄奮 宮功切[illegible] 懻 几利切北方名強直為懻又懻忮也 慺 洛侯切謹敬也不輕也下情也又力朱切 ⿰忄婁 同上

忤五故切逆也　慣古患切習也　慉孚殷切怒也　忕他盖切習也　愭翹移切敬也順也

⿰忄焉於斷切依心也　慖古對切心亂也　怰户絹切賣也　惋烏貫切驚歎也　慪口侯切慪也悋也

惓巨眷切悶也　慠五告切慢也　懞莫奉切懞心也　⿰忄厲力割切⿰忄厲惡　慆他刀切喜也又慢也

憱初乂切　忭皮面切喜悅也　憆烏定切[illegible]也　恦尸樣切念也　憤王分切憂也又手[illegible]切

⿰忄延私箭切憐念也　⿰忄巽息戀切悅也　⿰忄爵子妙切急性也　⿰忄夋許到切快性也　怔之成切忪懼皃

⿰忄乂十鴆切側也　㤞初訝切　⿰忄家古夏切不安也　⿰忄羕余亮切恨也　⿰忄朋步行切⿰忄朋惆好怒也

⿰忄彗囚歲切謹惶也　⿰忄忌巨記切敬也　⿰忄建初去切心利也　⿰忄害胡代切快也　惺桑經切惺惺了慧也

怟都禮切悶也　⿰忄若而灼切亂也　懎所力切恨也　⿰忄弋與力切心動也　悕許祈切念也顧也

⿰忄節子結切心貞皃　⿰忄有與六切心動也　⿰忄吉許吉切怵也　⿰忄帶徒結切不安也　愢息台切[illegible]不合也

⿰忄蜀他卓切心不安　⿰忄率呂恤切憂悶也　⿰忄殳鬱婁切所心也　[illegible][illegible]切盡得　⿰忄匽於典切⿰忄匽懱性狹

惐手[illegible]切痛也　⿰忄戌許律切[illegible]也　⿰忄牢力造切草[illegible]　[illegible]七老切[illegible]憚　惼方顯切不[illegible]皃

忖□□切　[illegible]□□心熱也　[illegible]戶甲切狎樂也　[illegible]□□□也　惵□□切□□□音全

恰苦□切用心也　懵牟孔切心亂心迷也　愀在九子小二切色變也　悲筆眉切痛也　愶許劫切以威力相恐愶

㥋衣豈切痛聲也　愁仕尤切憂也　怗尺霑切怗懘也　[illegible]女版切俗赧字　悠弋周切思悠悠悠皃

憌巨營切憂也　恧女六切慙皃　慩力延切泣血也　[illegible]莫皆切慧也　[illegible]得漢切喪也

惹人者切亂也　[illegible]同上又音若　愗莫候切怐愗也　[illegible]羊季切忘也　憨火含切愚也癡也

憑皮明切投託也　懰力牛切定意也　[illegible]式六切疾也　戀力絹切慕也　悊知列切智也與哲同

[illegible]時羊切古常字　[illegible]而欲切古辱字　憼居影切敬也　恚於睡切恨怒也　忎而眞切親也仁愛也

懃巨斤切慇懃　恥敕理切恥辱也　[illegible]力結切憂皃　[illegible]渠久切怨咎也　忿孚粉切恨也怒也

怠徒改切懈怠也　[illegible]何堅切急也　忍魚既切怒也　悶莫頓切懣也　怒奴古切說文云恚也

愿娛萬切謹也　懤直由切籌箸也　[illegible]同上見說文　息思力切喘息也　悆余[illegible]切豫也悅也

[illegible]呼□切言□也　慝他得切惡也　念奴怗切思也　忽呼沒切忘也

態　他戴切，意美也。嬌態也。亦作[illegible]。
[illegible]　九放切，誑也，詐也。又巨望切。
忒　他得切，差也。說文云失常也。
恁　如針切，信也。又如甚切，念也。
愨　生角切，謹也，愿也，誠也，志也。
[illegible]　許氣切，息也。說文云古文㤅。
慇　於斤切，慇懃，憐兒。說文云痛也。
慫　息勇切，悚也，動也，敬也，惡也，慫也。
懟　直類切，說文云怨也。又徒對切，愚也。
恿　與恐切，猛也，氣果也。說文云古文勇。
恚　[illegible]

[illegible]　於牛切，說文云[illegible]愁也。
忦　呼介切，不和皃。說文忽也。
[illegible]　詰計切，備也，袖也，怖也。
懲　直陵切，戒也，止也，畏也。
[illegible]　魚肺切，困患也。又懲也。
㤎　古餓切，措也，知也，法也。
忒　他得切，疑也。說文云更也。
憠　巨月切，強也，直也。或作勞。
[illegible]　皮筆切，輕也。或與佛同。
[illegible]　戶界切，頑心也，果敢也。
[illegible]　子俱切，[illegible]也。[illegible]樂也。

懣　莫本、亡困、莫旱三切，煩也。
懘　同上。又尺制切，怢懘，音不和也。
懋　莫候切，勉也。書曰時惟懋哉。
惕　他的切，憂也，疾也，懼也。
悄　七小切，心無慘也。又憂也。
恐　去拱切，懼也。又丘用切。
愍　眉隕切，悲也。說文曰痛也。
惡　於各切，不善。又烏路切，憎惡也。
惎　渠記切，教也。說文云毒也。
懇　口很切，悲也，誠也，信也。
[illegible]　口[illegible]切，[illegible]苦謗二[illegible]

懑　同上
[illegible]　同上
[illegible]　同上
惖　同上
[illegible]　同上
[illegible]　古文
[illegible]　同上
悪　同上
[illegible]　古文
[illegible]　莫備切
[illegible]　同

患戶慣切惡咲也憂也 𢝊古文也 同上 愆去乾切失也 𢚓上也 同上 㥶上

憩去例切安息也 憧尺容切又昌容切說文曰意不定也 𢤱胡桂切愛也羨也 憝徒對切惡也怨也亂也 悛且緣切又子眷切謹也

○思部第八十八 凡五字

思息茲切願也念也深謀遠慮曰思 恖古文

慮力據切謀也思也 崽子改山皆二切方言云江湘之間凡言是子曰崽 𢚦眉殞切傷也痛也古文愍

○㣻部第八十九 凡二字

㣻桑果切又才累才規二切心疑也 繠如累切聚也垂也左傳曰佩玉繠兮杜注云繠繠然服飾備也

大廣益會玉篇卷第八

想息兩切思 𢤞楚芮切謹也 忞莫巾切自勉強也 急居立切迫也說文作𢚩褊也 𢚩說文急

𢣮胡桂切 慾余玉切貪也 懕於廉切安也靜也 憲許建切法也誠也制也說文曰敏也 𢡎同上

𢥞胡桂切 惻初力切古惻字 𢙟衣近切憂也謹也 悹古桓切又公玩公緩二切悹悹憂無告也 悺同上

𢚔市由切 憊蒲拜切贏也 意於記切志也思也 悆余呂切說文趣步悆悆也又以諸切謹敬皃 忎古文

𢘓去勇切 慗丑力切從也 惄乃歷切飢意也憂也 𢛳都勒切說文曰外得於人內得於已今通用德 𢡅古文

㤐奴店切 𢙢桑戈切縣名 懸户涓切桂也本作縣 愬蘇故切譖也又斯革切驚皃說文與訴同 㤕許氣切癡

悟五故切 怗尺占切不和皃 怓苦交切恐怓伏態 𢟰私列切不安皃 慙仕咸切慙醜也 慚同上

愚魚俱切𢡗 懕莫甚切懕懸 悘户加切悘難語 𢘆去計切心事也 𢤖陟綠切𢤖𢤖 𢥳同上

𢛿丁制切驚 𢢎古械切古文懈 愜苦協切說文曰思皃 感古坎切傷也 憝徒對切惡也怨也 懟同上

𢡏丑[illegible]切憂 𢝵普狄切急速也 𢤩卑沔切憂也迫也 𢥃丁例切寐也 慁户困切患也辱也 惆同

𢣐[illegible]樂 恩烏痕切[illegible]且[illegible]也 憃動[illegible]切[illegible]之吏切息 [illegible]

怘 胡故切□□也常也安也
瘱 於計切密也安也靜也
惌 □□□也今作□
□ □□
憪 古限切說文云存也或作僩又音萌明
慰 於貴切安也居也問也
□ 於元切□□又於阮切
□ 奴古切
慈 疾之切愛也左氏傳曰父慈子孝
憥 力高切心□之也疾也
怨 於願切恨也望也恚也
□ 古文
應 於陵切說文作應當也又於證切
惑 戶國切迷也說文太亂也
□ 力本切睴怨行無廉隅
懖 古活切愚人無知也說文曰善自用之意也
忌 渠記切畏也惡也
悐 他歷切勞也說文與惕同
慹 之涉切司馬彪莊子注云慹不動皃又之入切怖也
□ 力之切也一曰急也
惄 奴歷切思也愁也或作愵也
愈 余主切差也又勝也孔子謂子貢曰汝與回也孰愈
恣 子利切說文太縱也
懝 五代切惶也病也騃也
慶 丘映切說文行賀人也吉禮以鹿皮爲贄故從鹿省
憋 卑列匹列二切急性也
忍 如軫切含忍也仁也強也
憖 魚覲切說文問也一曰說也一曰且也左傳曰昊天不憖
忠 陟隆切敬也直也
□ 古顏切私也慢也古奸字
慗 力之切愁憂皃又力質切說文太楚潁間謂憂曰慗
戁 女板切忌也敬也
憻 直緣切憨憻皃頑皃也
意 於力切度也安也仁也說文滿也十萬曰意人之作億
惁 先歷切□也憂也
忘 無方切不憶也說文曰不識也又□武切

大廣益會玉篇卷第九 凡二十九部

五鞬言部第九十　乾仂誩部第九十一
禹月曰部第九十二　奴改乃部第九十三
苦道丂部第九十四　口我可部第九十五
胡雞兮部第九十六　胡到号部第九十七
禹俱亏部第九十八　于君云部第九十九
於今音部第一百　古号告部第一百一
口范凵部第一百二　火表吅部第一百三
披錦品部第一百四　先到喿部第一百五
余酌龠部第一百六　楚責冊部第一百七
壯立㗊部第一百八　之移只部第一百九

奴沒㕯部第一百十　丘劒欠部第一百十一

是力食部第一百十二　古藍甘部第一百十三

支耳旨部第一百十四　徐仙次部第一百十五

女涉㚔部第一百十六　丑高羊部第一百十七

公道夰部第一百十八

○言部第九十　凡四百八十二字

言魚鞬切言辭也我也問也說文云直言曰言論語曰語　[illegible]古文　[illegible]古文　謂禹沸切信也道也說文曰報也　語魚巨切言語也說也　譻於耕切說文曰聲也　談徒甘切論言也戲調也　詵所陳切衆多也說文曰致言也　謁於歇切告也白也　謹居隱切敬也慎也　諒力尚切信也相也勆也　讖楚蔭切讖言也說文曰驗也　諮子辭切問也謀也　許虛語切進也聽也從也　論力昆力困二切思理也議也　詁姑五切訓故言也　諗口枕切念也告也　諾那各切荅也說文曰譍也　議魚寄切法有八議也謀也語也　訢許殷切樂也喜也　訓許運切教訓也誡也　訔古文

謦 枯鼎切欬聲也
譬 匹臂切喻也
誦 徐用切暗誦也
讀 徒鹿切讀誦也
誨 呼績切教示也
誎 且録切從也
諦 都計切審也
謄 達曾切傳也
詥 胡荅切諧也
証 之盛切諫也
[illegible] 與周切從也

諸 至如切非一也皆言也
譔 仕卷切又此專切專教也
訰 之閏切又之純切亂也
諏 子須切問正事也聚謀也
訒 如陵切厚也就也重也
誡 居拜切警也命也告也
誥 古到切爾雅云誥告也
譪 於害切止也臣盡力也
詮 七全切具也治亂之體也
誼 宜寄切理也人所宜也
諓 疾箭疾淺二切巧言也

諷 方鳳切諷誦也譬喻也
詇 於竟於仗二切早知也
詻 魚格切論訟也教令嚴也
訂 他丁唐頂二切平議也
誠 是征切審也信也敬也
譣 虛儉息廉二切問也詖也
詧 楚黠切說文曰言微親詧
諫 柯鴈切正也間也更也
計 居詣切會也筭也謀也
謙 苦嫌切輕也讓也敬也
詷 徒貢切譀詷又共同也

詖 彼寄切佞諂也辯論也慧也
訦 時林市荏二切信也亦與諶同
詳 似良切審也論也諟也又音羊詳也
誓 時世切命也謹也說文曰約束也
課 枯過切議也試也又苦訛切
諧 胡階切和也合也調也偶也或作龤
譮 許界切怒聲說文云籀文話
諈 竹恚切託也爾雅曰諈諉累也
詡 虛甫切普也大也徧也人語也
譽 余怒切稱也聲美也又音余
詠 為命切長言也歌[illegible]

誰 是推切何也不知其名也
說 [illegible]交切[illegible]也恚[illegible]也
諠 虛袁切諠譁
譁 呼[illegible]諠譁
[illegible]

誅 知俞切責也殺也罰也討也
譟 蘇到切羣呼煩擾也
諣 呼卦切疾言也
讘 之涉切多言也
讋 同上

討 他倒切治也誅也去也
諼 許園切忘也詐也
⿰言進 徒回切謀也
詘 丘物切枉曲也
誳 同上

諱 許貴切隱也避也忌也
謾 莫般馬諫二切欺也
訆 公弔切妄言也
謑 胡啓切謑詬恥辱
⿰言隻 同上

詔 諸曜切告也教也道也
謰 力前切謰謱繁拏也
⿱頻言 符真切多言
訞 於嬌切訞災又巧言皃
⿰言芺 說文訞

註 之喻切竹喻切二切疏也解也
謱 洛由切謰謱囒哰也
⿱隋言 虛規切言相毀
譓 胡桂切材智也察也
譿 同上

譠 他丹切譠謾欺也謾言也
誑 俱放切誑惑也欺也
⿰臣言 之耳切訂也
詑 丑嫁切誇也
⿰言夌 同上

譚 徒耽切大也著也誕也
譸 竹尤切譸張誑也
誚 才妙切責也
誇 口瓜切逞也
⿱夸言 古文

謌 烏羅切長言也亦作歌
訄 去牛集牛二切迫也
⿰言望 勿放切相責也
譊 火許切譊也
譯 同上

讜 丁朗切直言也善言也
誒 虛宜切可惡之辭也
訧 有求切過也
⿰言歰 色立切⿰言歰言甚多也
⿰言歮 同上

⿰言疾 自栗切毒苦也又作㤥
⿰言遝 達合切⿰言遝誻語相及
誻 徒合切⿰言遝誻妄語也
⿰言就 子就切臾也
諴 火禁切

謊　虛光呼晃二切夢言也
警　居影切戒也敕也
謜　魚園切徐語也
詢　息遵切咨也
諄　同上
訬　楚交切撓也健也疾也
謥　且送切謥詷言急
訕　所晏切毀語也
謨　莫胡切說文議謀也
謩　同上
謬　靡幼切誤也亂也詐也
諰　思理切思之意也
誣　武虞切欺罔也
訊　思進切問也辭也
𧦝　古文
誋　渠記切禁也告也誡也
讃　胡退切中止也譯也
誹　甫尾切誹謗也
話　胡卦切善言也調也
語　同上
訏　況俱切大也張口鳴也
託　他各切寄也依憑也
䛆　丈又切祝也
謝　詞夜切辭也去也
[illegible]　說文謝
謓　昌仁切怒也恚也今作嗔
記　居意切錄也識也
誤　牛故切謬也
讇　丑冉切佞也
諂　同上
訐　居謁切攻人之陰私也
訖　居迄切畢也止也
註　古賣切誤也
誃　弋移直移二切離也
謻　同上
訶　呼多切怒也大言而怒也
謳　於侯切喜也齊歌也
譪　胡夾切疾言皃
詍　餘世切多言也
[illegible]　同上
詰　溪吉切治也問罪也譴也
諍　側迸切諫也止也諍也
譄　子恒切加也
䜐　子邪切咨也憂嘆辭
䜐　同上
讂　呼縣切流言也有所求也
訒　而振切難也鈍也
謔　虎虐切喜樂也
讋　章葉切言不正也
[illegible]　同上
詆　都禮切訶也法也呰也
講　古項切論也習也
識　乎昏切聲也
訟　似縱切爭訟
訟　古

令也陪也……歌曰謠……柏……

謐 莫橘切靜也
詣 魚計切往也到也至也
訥 奴骨切遲鈍也言難也
謯 子斜切詠也又側雅切謯訝訶皃
譞 呼緣切慧也
譥 古弔切大呼也又痛呼也
謍 余瓔切往來皃又小聲也
諐 祛言切過失也籒文愆字俗作僁
諺 魚建切傳言也
謲 千紺切說文曰相怒使也
謘 直梨直利二切語謘評也
詒 與支切說文曰相欺詒也一曰遺也
評 火吳切喚也
譖 莊賃切讒也說文云愬也
譏 居依切嫌也說文曰誹也
謵 叱涉丑涉二切謵讋言不正也
⿰亻⿱口言 下啓切待也
詜 他刀切詜謟言不節也
讙 虛元呼丸二切讙嚾之聲
譺 魚記五界二切欺也啁調也
諛 與珠切諂也
⿰言桼 丑脂丑利二切不知也
誺 同上又力代切誤也
謗 補浪切毀也誹也對也人道其惡也
訹 思聿切誘也
詩 舒之切詩序云詩者志之所之也在心爲志發言爲詩
詶 時遊切詶荅也說文職又切詛也
讋 之涉切拾也
詑 湯何切又達可切詑謾而不疑兗州人謂欺曰詑俗作訑
䜌 力官力全二切亂也理也不絕也
⿰言衣 仕亞切暫語也
詛 側助切周禮注云盟詛主於要誓大事曰盟小事曰詛
譆 許其切懼聲也歎也悲恨之聲也
⿰言哭 古罵切欺也
誄 力水切累也周禮大祝作六辭六曰誄禮記曰賤不誄貴
謧 力支力泥二切欺慢之言也

諜徒頰切伺也　誽女佳切詉誽言不正　䛭許孟切瞋語也又下孟切　詀陟咸切多言也又知陷尺占二切

諲之神切敬也　譴詰戰切謫問也責也　評皮柄切平言也又音平　諅渠記切忌也書曰上不諅于凶德

謏小六切起皃　謕息移切諒也數諫也　訷呼甲切多言也或作嗑　譎公穴切詐也譎諫依違不直言也

諻呼橫切音也　𧥢空後切說文曰扣也　諊居六切諊窮也治罪也　讓如尚切責讓又謙讓書曰允恭克讓

詅力丁切衒也　讕徒盍切讕嗑言也　謉居位切慙恥也與媿同　䛄於萬於阮二切慰也從也亦作婉

譡丁浪切言中也　謵他盍切謵譶多言也　䛩胡臘切靜也又古盍切多言也　該古來切盛也皆也說文曰軍中約也

譝視陵切譽也　䛳於劒切居也言輕也　訃芳付切告喪也又至也　䛺呼歷切私訟也恨也內侮也亦作鬩

䜅羊照切誤言也　諑猪角切訴也責也　䛆卑密切止行也本作趩蹕　詨許教切大嘷也呼也噢也又呼交切

䛟古協切妄語也　𧪨於題切是也發聲也　譈徒對切怨也惡也又作懟　𧦝居宥切古今字音義一云止也禁也助也

𧪐以醉切恨言也　謖先斛切言疾也古文　𧮭楚父切代人諍也與勸同　譩於熙切不平之聲也恨辭也一作意同

響許亮切[illegible]久也　訡魚金切呻[illegible]也亦音吟　䛐之豉切向為不[illegible]也快也　詆他狄切[illegible]

詝知呂切智也 䜪于歲切夢言不慧也 誰以隹切又十惟切就也 譜布列見

𧪉公核切智慧也 𧧑必奚切誤也謬也 諭楊樹切譬也他口切諭

調徒聊切和合也又大弔切選調也又度也求也 謞火角火各二切譹嘆悲也 訮呼田切五閑切

請且井疾盈二切問也求也乞也又疾性切 𧦝以喘切笑皃又善言也 諞步連符善二巧佞之言也

識詩力切識認也說文云常也一曰知也 譇知加切譇拏著窮也怒也 詄徒結切忘也天門開詄蕩也

讎視周切匹也對也詩曰無言不讎讎用也 詉女加切譇詉言不可解也 誂徒了切弄也說文曰相呼誘也

詯胡內切膽氣滿聲在人上也又胡市也 認而振而證二切識認也 𧫬蒲剌切說文曰大呼自冤也

訌胡東切敗也潰也諍訟相陷入之言也 誏郎宕切閑言亦與朗同 諆居疑切謀也欺也又去其切

讞魚列牛箭二切獄也說文作讞議辠也 誐五歌切吟也又牛可切 謫知革切咎也罪也過也怒也

諽柯核切說文云飾也一曰更也或作褘 誧滂古切大言又匹布切謀也 諯尺絹至緣二切數也又相讓也

證諸孕切證驗也論語曰其父攘羊而子證之 𧮪魚寒切山形出皃又人名 謷五勞五交二切不肖人也一曰

訶 詐也 □延切　譇 之閣切 多言也　訴 桑故切 訟也 諸訴廣相也 論語曰公伯寮訴子路亦作　詡 上同

□ 厂回切 謫也　訪 孚望切 謀也 問也 周書曰王訪于箕子 孔安國曰問道也　□ 奇交切

闇 魚巾切 論語曰誾誾如也 誾誾中正之皃 又云和敬皃　□ 上同

諵 女函切 諵語聲也　譨 奴豆切 譨譨　譩 於計切 譩譆　許 自醉切 言也 止也 罵也　譎 □入

諸 昌脂切 詞怒也　誂 他鹿切 詆誂　譩 於報切 語也　詭 俱毀切 欺也 怪也 □□□也　譔 □切 數各

譑 居夭切 多言也　誀 如志切 誘也　謣 羽俱切 妄言也　謇 居展切 難也 吃也　護 並同

譍 於陵切 譍對也　諀 匹爾切 訾言也　訵 丑利切 陰知也　詾 許恭切 □也　說 上　訩 並同

訽 古候切 欺也　訜 筆云切 入不知　謕 呼乞切 謕聲　誘 余手切 誘引也 進也 相勸動也　諄 同上 亦

謶 之藥切 謫也　訙 集留切 留也 謀也　訋 都叫切 挐也　詬 許遘 胡遘二切 罵也 恥辱也

詨 口回切 調戲也　謟 他勞切 疑也　詤 尺支切 多言　謳 力求切 功德 □求 □□也

□ 茲惟切　□ □□切　□ □□□

詐 [illegible]連切 欺也
[illegible]
[illegible]
[illegible]

[illegible] 口亞切 [illegible]也
⿰言壬 女林切 多言
讒 士銜切 佞也
諄 之閏之淳二[illegible] 曰忠也告曉之[illegible]
諄 同上

誴 祖冬切 謀也
⿰言夆 宅江切 賛也
誧 普布切 諫也
誖 補潰切又步[illegible]切 亂也 逆也
[illegible] 同上

設 附夫切 詞也
諃 丑林切 善言
⿰言斯 息移切 諒也
訇 呼宏切 駭言聲也 又鄉名也
訇 籀文

⿰言冉 如詹切 多言
記 奴奚切 呼人也
⿰言甹 匹丁切 言也
譌 五戈切 化也 偽也 動也 [illegible]妖言曰譌
訛 同上

⿰言乏 方凡切 言急也
詠 胡戈切 [illegible]也
頣 宜巾切 頑也
誕 [illegible]二切 天[illegible]
這 籀文

[illegible] 五駭切 謹也
⿰言舟 陟由切 多言也
謅 初卯切 弄人言
[illegible]

譯 餘石切 傳言也
誎 疾歷切 靜也
⿰言斗 他口切 [illegible]誘

譚 何[illegible]切 [illegible]也
訨 [illegible]是切 [illegible]也
誢 乎典切 諍語也

言 言脣[illegible]
[illegible] 魚鄒切 言言
[illegible] 下大切 誇也
[illegible]

訡 子禁切 怒言
[illegible] 同[illegible] 不止
[illegible] 魚句切 止也
諳 烏含切 [illegible]也
[illegible] 同[illegible]

誷無紡切誣也　[言民]尺兖切謀訛也　[言致]丑利切笑也　諤五各切正直之言也　詗呼政火迥二切知也告言之也

[言制]之勢切言不正　諢五困切弄言　[言矦]胡溝切言皃　譈直類切怨也或作懟　謚時志切謚臣言也謚者行之迹也

諡同上又伊昔笑貌　謚同上說文謚　[言鬧]火介切譀[言鬧]　謮側革切怒也讓也　讚子旦切解也哀也發揚美德也

[言馬]莫駕切多言　詐之訝切詐偽　[言鳥]司夜切詁[言鳥]　[言帶]大計切蔕[言帶]審諦　謏蘇口切小也又思了切亦作謏

諎七个切壓言也　誹府味切多言　[言素]先護切譇[言素]　[言月]魚利切怒也[?]也　[?]古衛古滔二切視也臨下見也

[言介]胡介切善也　誎七賜切數諫也　[言戉]七賜切諆諫也　訿囚尒切具也今作庀　誯初障切導也發歌向也亦作唱

誌之吏切記誌也　謎米閉切隱言也　詫初稼切異言　訒式忍切況也或作[?]　詎其呂渠據二切上也至也格也

讌烏見切讌設也　[言皐]胡到切相欺也　誆巨妄切狂言也　訑弋支切訑訑自得也　[言亘]丁…切詛譳詁說也…作…

[言夋]所化切俊言　詺名聘切詺譗也　詋職救切詋咀也　譒補過切敷也譒譒也　[言竟]集…逐…白女…也

[言厲]力制切言美也　護胡故切救護也　訉扶泛切多言　詉奴刀切喜也讙也　譖古…不正言…

訣古穴切死別也　[言刎]亡列切分決也　[?]許及切疾言也　[言坐]蘇戈切倭也動也　[?]古…

……言也　謐居力切訥言也　詻扶……偽辯字　諝相呂切才智之稱也　諆……又余……切

誣莫故切誣也怨也　詗戶對切胡市也　訨烏古切相毀皃　譭許委切譭也怒言也　說於悅切言也又音稅歎說也擇

也又余髮切憚也　詅於禮切應聲　試始志切用也　讀以往切譯也惡言也　詗火內切……與詔同　讋

力約切美言也　譈荒鳥切大叫也　詻巳久切毀也　讐蘇奚切聲振也呻也　諟水紙切也諦也　諃

虎伯切讌然亦作謔　詡直嚴切利美也　信思刃切明也敬也論語曰信近於義言可復也　訃……又作仆

○誩部第九十一　凡七字

誩渠仰切競言也　善是闡切大也說文曰吉也

善同上今作善　譶徒合切疾言也　讟徒木切謗讟說文痛怨也左氏傳曰民無怨讟　競渠慶切彊語也一曰逐也

競同上

○曰部第九十二　凡十二字

曰禹月切言辭也語端也　曹楚華切告也　冊文……

曷何葛切何也逐也盍也爾雅曰止也　曹昨勞切共也輩也羣也說文曰獄之兩曹也　曹同上今……

也發語辭也又音偕　曶呼骨切出氣詞也　曶同上見說文　曺乃經切乃定二切告也　沓徒合切重疊也多言也合也又縣名

遷 思廉切進也長也

○乃部第九十三 凡八字

乃 奴改切大也往也說文曰曳詞之難也 𠄎 古文 𠄏 籀文 𠧟 亦與乃字同 𠧞 以周切說文曰氣行皃 𠧞 文曰驚聲也 𠧚 𨒪 並古文

○丂部第九十四 凡四字

丂 苦道切說文曰氣欲舒出丂上礙於一也古文以為丂字又以為巧字 甹 普經切說文曰亟詞也或曰甹俠也三輔謂輕財者為甹爾雅曰甹夆掣曳也謂牽挽也 寧 奴庭切願詞也 [illegible] 呼多切反丂也

○可部第九十五 凡四字

可 口我切肯也 奇 渠羈切異也又居儀切不偶也 哿 公可切嘉也說文曰可也 哥 古何切說文曰聲也古文以為謌字

○兮部第九十六 凡五字

兮 胡雞切兮語所稽也 羲 虛奇切羲和氏說文曰气也 兮 户楷切說文曰語之餘也 乎 同上今文 [illegible] 九尹切驚詞也

○号部第九十七 凡二字

号 胡刀切号令也召也 [illegible] 號 胡高 [illegible]

…第九十八凡七字

亏況俱切於也曰也歔也　于…也…

…也說文云气損也俗作虧　粵有月切說文于也審慎之詞者　𢀖皮并切成也正也齊等也和也易也直也舒也均也　平同上今文

𠄍古文

○云部第九十九凡四字

云于君切言云也說文曰古文雲字　𠄍古文　霒於今切說文曰雲覆日也今作陰　侌古文

○音部第一百凡一十六字

音於今切說文曰聲也生於心有節於外謂之音宮商角徵羽聲也絲竹金石匏土革木音也　⿰音今牛金切呻吟也與吟同　韽於林於南二切聲小不成也　竟凡慶切終也　護胡故切湯樂名亦作濩　韸薄公切和也鼓聲也　韶視招切繼也紹也舜樂名也　響虛兩切應聲也　章諸羊切章句也又明也采也書曰天命有德五服五章哉　韺於迎切帝嚳樂名六韺亦作英　韹胡觥切樂聲也　⿰音乚除音切黃帝樂名亦作咸　韻為鎮切聲音和曰韻　⿰音巠駭耕切韺刑也顓頊樂名五韺亦作莖　⿰音巿才市切斷聲　[illegible]乙壁切苦

○告部第一百一凡二字

告公号切語也請告也說文曰牛觸人角著橫木所以告人也又公篤

周易曰初筮告　嚳口篤切高辛氏爲帝嚳說文曰急告之甚也

○凵部第一百二　凡一字　凵口範切張口也象形

○吅部第一百三　凡十六字　吅火袁切囂也驚呼也與讙通　哭口木切哀之發聲　⿱吅攴古文

喌之六切呼雞聲　單丁安切大也一也隻也　⿱吅⿱爻攴女耕切說文云亂也一曰窒穰　⿱吅⿱豕攴同上籒文也　⿱吅殳古文

⿱吅貝許驍切聲也或爲囂字　⿱吅亞魚巾切頑語聲也亦嚚字　嚴魚杴切威也畏也敬也　咢五各切驚咢也　⿱吅屰說文咢

⿱吅⿱畢一乃多切除殘與儺同　喪思浪思唐二切亡也　⿱吅亡說文喪

○品部第一百四　凡四字　品披錦切齊也官品說文曰衆庶也　曐蘇丁切曐辰也今作星

曑所金切星名又七耽切今作參　喦女涉切喦爭言也

○喿部第一百五　凡三字　喿先到切鳥群鳴又七俏切臿屬今作鍬　⿰喿包部巧切鮑也色鈍刀也

⿰喿九才心切插地也臿屬也亦作鍬

○龠部第一百六　凡八字　龠余酌切樂之竹管三……以和衆聲……也詩云左手執……

切籥音龠今作和 [illegible]充尚切尊也充也今作唱 龤胡皆切說文曰樂和龤今作諧 [illegible]……部……字[illegible]……切……

器之聲東方音今作角 [illegible]思條切[illegible]韶今作[illegible] 龡充垂充瑞二切樂人以吹管中氣今作吹

○冊部第一百七凡五字 冊楚責切立也簡也說文曰符命也諸侯進受於王也象其札一長一短中有二編之形 笧古文 [illegible]力乎切空也 嗣似利切嗣續也繼也習也 扁補淺切署門戶之文也又音篇音辯

○㗊部第一百八凡十六字 㗊壯立切衆口也 嚚彥陳切語聲也又愚也書曰父頑母嚚 [illegible]古文嚚 [illegible]思唐切亡也古喪字 囂許朝切喧譁也又五高切 [illegible]荒旦切呼也或喚字 噩魚各切驚也 [illegible]荒貫切呼也與喚同 嘂古弔切大呼也高聲也 器祛記切說文曰皿也象器之口犬所以守之 噐同上 器俗

○只部第一百九凡二字 只之移之尒二切說文曰語已辭也从口象气下引之形 䡆平丁切聲也

○㕯部第一百十凡六字 㕯奴沒切又女滑如劣二切下聲也言不出口也 矞余出

[illegible]也又泥出切飛皃也 商 舒羊切五音金首也 𧶜 籀文 𠷎 並古文

○欠部第一百十一 凡二百四十八字 欠 去劒切張口氣悟也 欽 去金切敬也說文曰欠皃

歑 虎胡切出氣息也出曰歑入曰噏或呼字 歟 羊於切語末辭 𣢋 火麥於六二切吹氣也 𣤶 力丸切欠皃一曰不解理

歕 普門普悶二切歕氣也以含物歕散也 欯 火一切喜皃 欸 呼來切笑不壞顏也 歂 視專視兖二切口氣引也

𣢑 子移子賜二切歐也嘔也嗟歎也 歙 欣業切翕氣也 歊 呼驕切歊歊氣出皃 欲 余燭切貪也願也邪婬也

𣤊 呼秉公廉公函三切堅持意口閉也 歡 呼官切喜樂也 歗 蘇弔切蹙口而出聲 歌 古何切詠聲也與謌同

𣤧 呼叔切說文曰且唾聲一曰小笑也 𣢈 許之切戲笑皃 㰮 時忍切指而笑也 欦 呼南切含笑也貪欲也

㰽 於建切大呼用力也怒腹也或作躽 欣 虛殷切喜也 歁 口感切食不滿也 歔 欣居切歔欷也又啼皃

歖 欣疑切卒喜也 歜 尺燭切怒氣也 欻 呼物切忽也 歍 屋徒切口相就也 𣣏 公的公弔二切所歌也

㰻 余九切言意也 𣤚 所力切悲意 歃 所洽切歃血也 次 且吏切敘也遁也 㵣 可達切欲飲也今作渴

欶 所角切吮也 欱 呼合切歠也 欭 於利切噎聲[illegible] 歐 於口切吐也 𣤬 子笑切盡酒也亦作釂

⿰幼欠 於糾切 愁皃
欪 丑律切 訶也
歉 苦□切 飢虛也
歆 義今切 歆羨也 貪也
⿰骨欠 於骨切 咽中氣出不利也

欺 去其切 欺妄也
欥 由律切 詮辭也
欱 呼洽切 氣逆也
歛 呼監呼甘二切 欲也
欿 口感口含二切 貪惏曰欿

⿰兄欠 呼飢切 欷吹
⿰黑欠 呼勤切 欬也
歖 虛紀切 樂也
㰲 呼世切句切 㰲笑大意也
歈 大侯切 歌也 又羊朱切

欮 居月切 掘也
欲 丘凡切 多智也
⿰憂欠 於牛切 逆氣也
⿰亞欠 於雅切 歐啞驢鳴
⿰豆欠 妨走他豆二切 歕唾也

㱿 許角切 嘔吐也
⿰幸欠 虛娛切 喜樂也
⿰客欠 客加切 出氣也
㰦 丘庶切 欠㰦張口也
⿰圭欠 於佳切 欯聲 又居攜切

⿰开欠 口莖切 咳也
⿰臺欠 徒來切 歖歖
⿰蚩欠 尺脂切 笑也
⿰可欠 丘服切 大張口笑也
歄 古蛙切 歄佽 猶歄姬也

⿰化欠 五瓜切 歄⿰化欠
⿰奚欠 呼兮切 歎息也
⿰毚欠 助咸切 笑也
⿰昏欠 呼昆切 不可知也
⿰申欠 舒臣切 ⿰申欠吟也 亦作呻

⿰台欠 許來切 飲也
⿰無欠 胡沼切 出氣也
⿰后欠 烏口切 吐也
⿰光欠 恥南切 欲也 惏也
⿰旬欠 息均切 信也 又逆氣也

⿰嬰欠 於郢切 怒氣也
㱃 一錦切 古文飲
⿰危欠 居委切 疲極也
欹 於宜切 欹歟歎辭
炊 去斤切 又口孚切 噫也

欳 口怪切 太息也
⿰祟欠 思萃切 問也
⿰亢欠 火郎切 ⿰亢欠⿰亢欠
⿰良欠 來當切 ⿰良欠貪皃
歠 昌悅切 又嘗悅切 大飲也

⿰令欠 詡攺切 含笑皃
⿱欠欠 去劒切 古文
⿰皀欠 秦力切 汁錯皃
歜 子合才六二切 鳴歜也 亦作□ 又□敢切 菖蒲菹也

欯昔曰切　歞丘囷切又苦逆切　𣢟居乞切幸也口不便也亦作吃　歋以離切以人相笑相歋瘉也　𣤵同上

欥余甲切欶　欿口甘切沆相人言也　欨況娛呼禹二切吹欨又笑意也　款口緩切誠也叩也俗作欵　欵同上

𣢖呼介切　𣤧於伯烏陌二切吐聲　歇虛謁切竭也臭味消息散也　𩼪公溫切鰥子不可知也　𩽲同上

㱌於葉切　欭許秋切出鼻涕　𣤹苦協切欲也　𣢴求六切驚辭也　歎他旦切吟也歎美也　𪭿同上

𣢗子律切吮也　𣤴秦力切錯鍱　𣢔羊支切又四婢切　𧖴私律切嗚也　𣢾羊朱切歈歈呼大聲　歈同上

欸烏來切歎也訾也一曰恚聲　欬口載切欬瘶也　𣤬丑歷敕力切痛也　欱呼括切與歆同　𣣃同上

欷欣衣於既二切悲也泣餘聲也　𣢮毗必切吹也　𣢰舌刮切飮聲　欪許脂切呻吟也　欲同上

歉口簟切恨不出也食不飽也　𣢁許勿切虛記切　欽輕廉切吹聲也　歀丁鍊切呻也　歟同上

歙呼及尸葉二切縮鼻也又縣名　𣢊子六切欶悲皃　𣤻於六切愁皃　歈餘䬼切氣出皃　歜同上

弞式忍切笑不壞顏也又音引　赥許迪切笑皃　𣤯火盍切歁歁　歅一辛切人名方歅能相馬者　𣣦同上

歐平表於姤二切歐吐也說文[illegible]　歡去勤切又丘[illegible]

食部第一百十二　凡二百二十字

食 是力切飲食說文曰亼米也
飠 說食
饊 先但切饊飯說文曰熬稻粻程也
餾 力救切飯氣蒸也
饔 於恭切熟食也
饟 式尚切又式羊二切饋食也
餔 補胡切日加申時食也亦作脯瀘
餳 徒當切飴和饊也
餠 卑井切麪餈也
䭡 於寸切又於根切食飫飽也
䭑 力冉切說文云嘰也一曰廉潔也
餱 胡溝切乾食也
⿰食丑 女又切雜飯也
餘 與居切殘也饒也非也皆也
饛 莫東切說文曰盛器滿皃詩曰饛也簋飧
饁 為輒切餉田食也
餉 式亮切饋也
餟 張芮切祭酹也餽也亦作醊
飵 在各族故二切楚人相謂食麥曰飵
餇 於縣切猒也
餀 呼帶切食臭也
⿰食青 思累弋累二切亘胥維糖也
饒 如燒切多也飽也豐也厚也餘也
⿰食息 胥弋切氣息也
餞 自翦切送也
⿰食睪 余石切祭之明日又祭曰⿰食睪
餕 力凱力慨二切馬食穀多氣流四下也
餓 五賀切飢也
䬴 莫達切食馬穀
⿱立食 力拾切糝也說文云古文粒
餽 居位求位二切說文曰吳人謂祭曰餽
餗 思穀切鼎實也
⿰食恙 餘障切餌也
饙 甫云切半蒸飯
⿰食夆 同上
餴 並同上
餭 戶光切乾飴也
䬡 力丁切餌也
餣 於劫切養也
飴 翼之切於也
饌 同上
⿱食異 籒文飴
⿰食以 古文飴
餛 戶昆切餛飩
飩 徒昆切餛飩飽也
饡 子旦切以羹澆飯也
⿱𠂉良 上白十八

䭘 普力切飽也
餄 公洽切餌也
餼 虚氣切饋餉也
䭓 五恨五寸二切䭓也
饈 思流切饋也
䭫 同上

䬴 五乞切餌也
䬾 徒奚切䬾餬也
䭐 奴營切䭐女也
餫 于問切野饋曰餫也
飪 如甚切大熟也
餁 同上

䬬 於仰切一飽也
餺 蒲突切餺飥
餋 金媛切飫也
館 古換切舍也逆旅名
饘 之延切糜也
䭡 同上

𩛰 之庶切家食也
䭌 胡郭切無味也
䬻 子也切無味也
餤 弋廉徒甘二切進也
䬮 式掌切晝食也
餳 同上

䭠 視豔切亦贍也
餂 達兼切古甛字
䭑 思敢切[illegible]也
餦 豬良切餦餭
饕 他高切貪財也
𩟧 籀文

䭛 苦到切勞也
𩚯 亡鬼切微也
𩛠 居六切饋也
䬵 古來切曰䬵餘
飻 徒結切貪食也
餮 同上

饐 於廿切噎也
餕 子殉切熟食也
䭂 倚及切[illegible]也
饉 奇㨯切蔬不熟也
飢 几夷切饑也
𩚪 古文

䭕 疾核切嫌食皃
䬼 於元切貪也
餚 胡交切饌也
饑 紀衣切穀不熟也
飽 補狡切飽滿也
䭋 古文

餐 並古文
餬 丘烏切餅也
䭅 徒兮切餹䭅
餹 徒當切餹餅餌也
𩚩 夂悠切食也
飼 同上

餻 古刀切餻糜
𩛟 古侯切牛飽也
䭢 奴耕切內充實
𩟖 女江切䭢饟強食也
䭞 乙景切飽滿也
䭊 同上

饞 去咸切不女也
𩟉 蜀容切[illegible]也
𩜠 杜刀切餌也
𩚸 去善切[illegible]
䬶 尸野切[illegible]也
𩚬 同

饇於遇切飽也　䭜素高切䬼也　䬡直知切飴䬡也　䬣古戶切或作䐻䤃　饘記言切粥也　飦同上

餜古火切餅子　䭞口敢切飢也　餇古迴切飽也　飧蘇昆切水和飯也　飫於據切食多也　䬼同上

餧奴罪切餓也　䭤丑善切長味　𩚬郎外切門祭名　饀杜刀切又他刀切　䬶於革切飽聲也　䬷同上

䬦並同上　飣丁定切貯食　餖徒候切飣餖　䭕之例切臭敗之味　餈疾資切餈䭐也　餎同上

𩞣烏告切飴食　饋渠位切餉也　䭿於利切飽也　饝莫波切哺小兒也　饌士眷切飲食也　籑同上

饎尺志切酒食多　饍時戰切食也與膳同　䭠火蓋切食臭　飳之句切又於句切　餕邑求切飯囊也　餿同上

饜於豔切飽也　𩚵九右切飽也　餋居戀切饌也　𩜃奴到切熟食　餒鋤吏切嗜食　𩝐同上

𩞅古臥切食也　𩝾人又切餾也　𩚸去毅切食怒　餼許氣切同上訓　䬲古洽切餅也　䬵同上

𩚳五艮切餓也　䭯徒屋切粥也　𩞑直六切食皃　𩜳胡瞎切飽也　飾舒弋切修飾也　餝同上俗

餳都朧切餳餹　𩚨奴盍切食皃　餺蒲莫切餺餅也　餑蒲沒切麵餑　餐七安切說文曰吞也　湌同上

飭恥力切謹皃　饆卑吉切饆饠　饠洛河切饆饠　𩟝眠結切食也　饐於利切饐餲臭味變　𩚘古文

餥 甫鬼切說文曰餱也陳楚之間相謁食麥飯曰餥又甫違切 䭇 於勿於月二切饐也[illegible]和豆也亦作[illegible] [illegible]同上

養 餘掌切育也字也樂也[illegible]也長也又弋尚切供養也 饗 許掌切設盛禮以飲賓也 饎 充志切酒食也黍稷也 ⿰飠毘 同上

餧 奴罪切飢也一曰魚敗曰餧又於偽切餧飼也 ⿰飠占 女兼切相謁而食麥曰⿰飠占 飯 扶晚切餐飯也又符萬切食也 ⿰飠弁 同上

飰 並同上俗 ⿱臤食 女厄切炙餅餌 飶 蒲結蒲必二切食香也 餬 戶吾切寄食也或作糊粘 ⿰飠古 同上

⿰飠冗 而勇切食也 ⿱敢食 徒敢切無味也 餲 於利於介二切飯臭也 ⿰飠兌 始銳切小餟也又力外切 ⿰飠巂 同上

⿰飠念 如枕切飽也 ⿱今食 古文飲亦作㱃 餌 如至切食也餅也餻也 䭔 丁回切蜀人呼蒸餅爲䭔 ⿰飠㠯 同上

餺 補各切餺飥 飥 他各切餺飥 ⿱斬食 子敢切無味也又慙濫切 ⿰飠壹 於結切或噎字食不下也 ⿰飠登 都滕切

飲 於錦切咽水也亦歠也 ⿰飠青 止盈切 ⿱麻食 莫彼切𪎭食也出異字苑 ⿰飠叉 魚據切以酒食[illegible]也 ⿰飠示 而至切

⿰飠耆 視利切貪欲也與嗜同 餇 徒紅切 ⿰飠彔 力谷切 ⿰飠曹 昨糟切 ⿰飠半 方滿切

○甘部第一百十三 凡十二字

甘 古藍切甘心快意也樂也說文曰美也从口含一一道也

[illegible] 說文甘[illegible]字也 甚 [illegible]荏切孔也安[illegible]甘[illegible]也 [illegible] 古[illegible] 猒 於豔於鹽二切足也飽也又[illegible]方[illegible]切於涉二切

䣈與上同　甚[illegible]紺徒含二切長味也或作醰　甛徒兼切美也　嗛[illegible]兼切香也或作𪊟　磿古[illegible]
切又紅談切和也　嘗山揚切誠也又祭也　𤮺徒戴切甘也
○旨部第一百十四　字凡四　旨支耳切美也意也志也　𠮛古文　𣅀並古文
嘗市羊切說文曰口味之也與甞同
○次部第一百十五　字凡五　次徐仙切說文曰慕欲口液也亦作涎㳄　𣵽籒文次
𣢨弋之切[illegible]歠也　盜徒到切逃也說文曰私利物也　羨徐箭切饒也貪欲也道也
○㚔部第一百十六　字凡八　㚔女陟切盜不正也說文曰所以驚人也一曰大聲也今作幸
報補到切酬也答也　鞫居六切窮治罪人也　𥶵上同　睪余石切同人也捕罪也睪睪生也樂也好也　執之入
切持也守也結也　圉魚距切養馬者又垂也退也禁也使也　盩張流切引擊又盩厔縣名
○夲部第一百十七　字凡九　夲丑高切往來見皃說文曰進趣也从大从十大十猶兼十人也
𠦍上同　奏子漏切進奏也書也　𡙸說文奏　𡕢呼物切又呼貴切疾也　臯古刀切澤也　皐上同

宋版玉篇二種　内閣文庫本　卷九　旨次㚔夲

昦 步刀切昦猶耗也作㚖今作昦 𡗿 余準切進也或作允

○夰部第一百十八 凡六字

夰 公道切放也 昦 乎老切昦天元氣廣大也 昊 同上

𡘜 居遇切舉同驚𡘜然也 奡 牛到切慢也亦作傲 𡘠 俱永切驚走也又往來皃

大廣益會玉篇卷第九

大廣益會玉篇卷第十

凡十九部

丑亦彳部一百一十九　下庚行部一百二十
余針冘部一百二十一　竹几夂部一百二十二
居柳久部一百二十三　思佳夊部一百二十四
尺兖舛部一百二十五　子后走部一百二十六
丑略辵部一百二十七　余忍廴部一百二十八
補葛癶部一百二十九　蒲故步部一百三十
之市止部一百三十一　充與處部一百三十二
力急立部一百三十三　蒲茗竝部一百三十四
七爾此部一百三十五　之盛正部一百三十六
時紙是部一百三十七

○彳部第一百十九 凡一百十字

彳 丑亦切小步也
[illegible]行六扶救三七[illegible]也彶復也

程 力整丈井二切徑也
德 都勒切惠也福也升也
徑 古定切小路也
微 無非切不明也說文曰隱行也

衢 居遇渠虞二切行皃
徬 蒲郎蒲盎二切附行也
彶 居及切急行也
徐 似居切威儀也說文曰安行也

彼 補髲切對此之偁
假 柯額公雅二切至也來也
循 似遵切次序也
⿰彳習 先合且立二切行皃與馺同或趿字

徥 丈爾切則也又行貌
後 胡苟切前後也說文遲也
𢓭 孚逢切使也
徯 胡啓切待也書徯我后或爲蹊

徠 與而切行平易也
很 胡懇切很戾也諍訟也
徧 甫見切周匝也
種 之勇切相迹也亦作踵又古文動字

⿰彳戔 疾淺切跡也履也
⿰彳向 似閏切止也亦同徇字
徦 柯額切至也
徛 丘奇居義二切舉足以渡也

待 徒改切擬也俟也
徙 思爾切移也遷也避也
⿰彳奚 大奚切久也
徇 辭峻切徇師宣令也說文曰行示也

律 力出切六律也始也
從 才用切隨行也又在蹤切
得 都勒切獲也
征 之盈切行也書曰南征北狄怨

彽 除飢切祗徊徘徊也
徊 胡灰切徘徊猶彷徨也
徘 步回切徘徊
⿰彳甹 匹丁切使也
⿰彳㝵 同上

徼 古幺切要也求也相如封禪書徼麋鹿之怪獸徼遮也又古弔切邊徼也
⿰彳⿱日夂 他對切古退字
⿰彳内 同上

𢓊徐又切古往今來無極之名也與宙同說文徒歷切行𢓊𢓊也 徉余章切彷徉也 徾麋彼切徾徾衜遲遲也今作靡

彷薄光切彷徨也詩曰彷徨不忍去 ⿰彳西息兮切行也 ⿰彳賛昨九切失途貌 ⿰彳㚇子紅切數也詩曰⿰彳㚇以⿰彳㚇邁

亍丑録切彳亍說文曰步止也从反彳 ⿰彳東德紅切行貌 ⿰彳元五丸切⿰彳賛⿰彳元 御魚據切治也侍也 ⿰彳柔女九切復也習也休也正也或與狃同

徂在胡切往也 徨胡光切彷徨 徒達胡切衆也步行也 儴先羊切儴徉也楚辭曰聊逍遙以儴徉

徝竹志切施也 彴之約切徛渡也 ⿰彳反甫晚切還也歸也 徠力哀切就也還也今爲來又力代切勞也

⿰彳繇以周切行繇也 ⿰彳麃甫遙切行也 ⿰彳知直知切行也 ⿰彳卑方示切使也與俾同

⿰彳兆徒凋切獨行 役營隻切使役也 ⿰彳憂於尤切優游也 ⿰彳丞諸膺切行不正也 ⿰彳巳音范侵也古文犯字

⿰彳俞羊朱切行皃 往羽狂切急行也 ⿰彳毚士咸切不齊 ⿰彳占余箴切行皃亦作先 徜食羊切徜徉猶徘徊

徸昌容切行貌 徭余招切 ⿰彳䙴相然切行貌 ⿰彳松先恭切小行恐貌 ⿰彳龍良用切行不正也

⿰彳喬巨夭切行貌 ⿰彳比七尒切行貌 徍巨往切翁徍 ⿰彳开古禮切行 ⿰彳區尺主切行

⿰彳妥湯果切行貌 彾力郢切兩後巠 ⿰彳复于習切古文 彵他可安行 ⿰彳夊古文復字 ⿰彳敝火陷力

⿰彳卜 臼八切行貌　⿰彳奄 於劒切匿也　徖 作紅切安也　⿰彳賣 松贖[illegible]行不[illegible]　[illegible] 職救切行[illegible]　⿰彳弗 [illegible]切[illegible]

⿰彳复 七殺切小行貌　⿰彳立 蘇合切行貌　⿰彳合 他合切行貌　⿰彳爭 山冷切行貌　御 巨略切倦　⿰彳胃 于盧切行

⿰彳幸 跡聿切行也　⿰彳咠 七入切行貌　⿰彳弋 與力切行也　⿰彳肖 相焦切行皃　往 禹倣切古往也行也去也

⿰彳崔 古文

○行部第一百二十　凡二十一字

行 下庚切說文曰人之步趨也又胡剛切行伍也又胡孟切行迹也又乎浪切次第也論語曰子路行行如也行行剛強之貌　⿴行戔 疾演切蹈也　⿴行率 所律切循也導也今或作率

術 食聿切法術也說文曰邑中道也　街 古膎切四通道也　衢 近虞切四通道也　⿴行九 古鮪切術跡也古文軌字

衎 口旦切樂也詩曰嘉賓式宴以衎　衞 韋歲切護也垂也　衜 徒老切古文道　衕 徒東切下也亦通街又徒弄切

衖 胡絳切爾雅曰衖門謂之閎亦作巷　⿴行東 古縣切車擔　⿴行咅 火衡切開皃　衙 魚加切衙參也又牛居魚舉二切行貌楚辭曰𤇯導飛廉之衙衙又踈遠貌

⿴行口 魯丁切道也　⿴行开 戶經切行貌　⿴行童 齒龍切交道也向也突也動也

衝 上同　衒 胡絹切賣也說文曰行且賣也　⿴行幺 上同

宂部第一百二十一 凡二字
宂 余針切宂宂行皃 㰳 徒含切㰳㰳宮室深邃皃

○夊部第一百二十二 凡六字
夊 竹几切從後至也 夆 胡蓋切相遮要害也新野有夆亭

夃 公覩公乎二切且也說文曰秦以市買多得為夃論語曰求善價而夃諸今作沽 夆 赴恭扶恭二切爾雅曰甹夆掣曳也

夅 胡江切伏也今作降 㐄 口化口瓦二切跨步也與跨同

○夂部第一百二十三 凡二字
夂 居柳切遠也長也易曰有親則可夂 玖 同上

○夊部第一百二十四 凡二十一字
夊 思隹切行遲皃詩雄狐夊夊今作綏 憂 於尤切愁也

复 扶弻切行故道也今作復 夋 且旬切行夋夋也一曰倨也 愛 烏代切仁愛也說文作㤅行皃 㤅 說文愛

夌 力蒸切越也遲也今作陵 竷 苦感切和悅之響也今作坎 夏 胡假切中國也大也又胡嫁切冬夏也又口下切陽夏縣名

夓 說文夏 𡕰 古文 㚇 子公切飛而斂足也聚也最也 夔 巨追切夔夔悚懼也黃帝時獸也以其皮為鼓聲聞五百里

𡖂 同上俗夔字 夒 奴刀切貪獸也一曰母猴似人 夎 子對相卧二切拜失容也又詐也亦作挫禮記云無挫拜

[illegible] [illegible]化切說文[illegible]盡也 致 陟利切至也說文曰送詣也 [illegible] 蒲卜切行[illegible] [illegible] 同上 畟 初力切[illegible]

文曰□稼畟畟進也詩曰畟畟良耜

○舛部第一百二十五 凡四字

舛 尺兖切相背也說文曰對卧也从夊𡕩相背 舞 亡禹切足相背

舝 胡戛切車軸端鐵也 斝 古雅切玉爵也

○走部第一百二十六 凡一百五十七字

走 子后切去也奔也僕也又子豆切 趮 子到切疾也

趛 牛欽切低頭行疾 趨 且俞切疾行貌禮曰堂上不趨 趞 且藥切說文曰趞趞也一曰行貌 趯 驃歷切跳踊也

趙 除小切說文趨趙也 赳 居柳切武也輕勁有才力也 趫 去驕切善緣木之工也善走也又舉足也 ⿺走玄 胡千切急走也

趥 且仲千牛二切行貌 起 丘紀切興也發也立也作也 ⿺走支 渠之切⿺走支⿺走支鹿走也緣大木也行貌也 ⿺走票 芳消切輕行也

⿺走瞿 渠俱切走顧貌 ⿺走句 同上又丘甫切使也治也近也健也 ⿺走厥 居越切跳起也 ⿺走屈 同上 ⿺走蜀 之玉切小兒行

⿱𡨄走 丘言虛言二切走貌 ⿺走才 千才楚皆二切□之等趑而去 ⿺走并 方孟切走也 ⿺走屏 同上 ⿺走薊 公節切走意也

趌 起逆切趌⿺走曷怒走也 ⿺走曼 莫頑莫官二切行遲也 ⿺走埶 丑世切度也超特也 ⿺走世 同上 ⿺走困 丘忿切走意

⿺走屈 渠月切行越⿺走屈也 ⿺走雚 巨員切行⿺走雚⿺走彔也一曰曲脊也 ⿺走厤 力的切⿺走厤趚行貌 ⿺走歷 同上 ⿺走憲 許建切走貌

⿺走虒 直知切⿺走虒鷩輕薄皃　赴 匹遇切告也奔也或作訃　䞖 雌紙切踐渡也　趰 弋者切安行也　⿺走里 乎來切留意也

⿺走樂 令的切動也或作躒　超 恥驕切超越也出前也　⿺走烏 於杜切走輕也　⿺走有 于救切走皃　⿺走臭 香仲切行也

⿺走亘 禹煩切⿺走亘田易居也　趍 直離切說文曰趍趙久也　⿺走曷 起謁切趌⿺走曷也　⿺走睘 呼泉切疾行也　⿺走龠 弋約切趯⿺走龠也

⿺走余 他胡切⿺走甫⿺走余伏地也　⿺走亶 除連張連二切移也趣也　⿺走矍 凡縛切大步也　⿺走幾 居依切走也　⿺走弗 扶勿切走皃

⿺走參 七含切⿺走參⿺走覃驅步　趚 千尺千私二切倉卒也　趜 九六切窮困也　⿺走豦 求閭切小走也　⿺走虔 去虔切蹇行

⿺走截 才結切傍出前也　⿺走臤 去刃切又巨人切行皃　赶 渠言切舉尾走　⿺走甫 補胡切匍匐也　⿺走桼 山格切⿺走各⿺走桼

⿺走差 初緇七才二切走也　⿺走矞 余律居聿二切狂走也　⿺走覃 徒含切⿺走參⿺走覃　⿺走叕 九劣切小跳也　⿺走巨 居語切行皃

趠 丑孝日角二切行皃　趉 渠詘九勿二切卒起走也　⿺走巨 居語切行皃　⿺走夋 且雷切進皃　⿺走朮 丑律切走也

⿺走奄 烏合切⿺走奄⿺走匝走皃　趑 七私切趑趄行不進皃　趄 七余切趑趄也　⿺走斤 時曳切踰也　⿺走豖 丑足切小兒行

⿺走豈 胡該切走也　趡 且水切動也走也又地名也　⿺走俞 式句切馬跳也　⿺走夌 力登切⿺走夌越也　⿺走廛 直連切移也

⿺走叟 [illegible]　⿺走畢 卑逸切止行也[illegible]　⿺走崔 七回切[illegible]也　⿺走先 先過切走皃　⿺走章 之陽切走[illegible]

趝 □□八切
䞪 都年切，走頓也。說文……
𧾈 力沼切，脚長貌。
趵 巨□切，獨行貌。
𧻲 慈棣切，行貌。
趹 古穴切，走也。
𧼿 余腫切，喪躃，踊也，與踊同。
趤 他郎切，前走。
趻 古藍切，牛錦切。
𧺠 直□切，走也。
趯 移力切，趨進貌。
趒 他弔、徒聊二切，雀行也。
趭 子妙切，走貌。
赾 丘謹切，行謹貌。
趏 乎句切，倒也。
𧺸 胡谷切，走也。
𧽤 竹交、竹教二切，𧽤𧽤，跟踔也。
𧽤 竹庚、竹孟二切，𧽤𧽤。
𧺆 丑亦切，超也。
䟃 杞傳切，走也。
𧼐 山狎切，行𧼐𧼐。
趲 藏但、子旦二切，散走也。
𧼦 他念切，疾行也。
趆 都禮切，走貌。
𧻚 胡溝切，蹇行。
趬 牽遙、丘照二切，起也，高也。說文曰：行輕貌。一曰趬，舉足也。
𧺧 他闕切，走也。
𧼈 許聿切，走也。
𧽬 弋笑切，走貌。
趢 力足切，趢趗，小兒貌。東京賦曰：狹三王之趢趗。
𧾲 所六切，走也。
𧻔 魚曲切，跛也。
𧽐 户八切，走也。
趪 胡光切。西京賦曰：猛虡趪趪。趪趪，謂作力貌。又趪趪，武貌。
𧺘 章筆切，走也。
𧺛 則多切，走貌。
𧾖 許交切，起也。
趚 子亦切，小行貌。詩曰：謂地蓋厚，不敢不趚。今作蹐。
𧺮 莫百切，走貌。
𧺁 子合切，走貌。
䞎 私立切，走貌。
越 于厥切，遠也，踰也。又胡括切。左氏傳曰：大路越席。
䞘 其乞切，欲跳貌。
趩 丑力切，走貌。說文曰：行聲也。一曰不行貌。
趣 且句切，趨趣也，遽也。又倉后切。詩曰：來朝趣馬。言早且疾也。鄭玄曰：馬七十二匹也。
𧺶 尺亦切，怒也。一曰牽也。又丁格切，半步也。

趗 且足切迫也速也或作促
⿺走夐 揆筍九聿呼衛三切走意
趁 除珍切蹍也履也又丑刃切
⿺走亦 同上俗
⿺走童 徒孔切走也又徒弄切
趏 古滑切走貌又户括切
⿺走咅 蒲北孚豆二切僵⿺走咅也或作踣
⿺走爲 五和切
趃 徒結切大走也又夷質切
趇 烏合切跛也又胡甲切
趧 都奚切趧鞻氏四夷之樂也
⿺走它 巨詭切
⿺走臿 山洽士洽二切行疾也
越 市玉切晉時四公子名
⿺走各 胡百切往走也又趦⿺走豦僵仆
⿺走旦 仲旱切行
⿺走夢 與蒸切行
⿺走齊 子禮切走
⿺走孚 孚務切疾也及期也亦作赴
⿺走斬 才濫才冉二切不久也趨忽而騰疾也又進也
趐 許劣切
趞 子昔切

○辵部第一百二十七 凡二百五十五字

辵 丑略切乍行乍止也又走也
⿺辶卸 五慣切迎
辻 達乎切步行也今作徒
⿺辶率 山律切先導也引也今為帥
邁 莫芥切往也說文曰遠行也
⿺辶蠆 同上
過 古貨古禾二切度也越也
造 祖皓切為也又七到切至也
遂 辭類切進也又也安也信也
⿺辶奉 古文
逾 與朱切越也遠也進也
逪 且各切亂也逪逪也今為錯
述 視律切循也作也論語曰述而不作
⿺辶求 籀文
遇 牛具切見也相逢也
逆 魚戟切迎也也又不從也
送 蘇貢切說文曰遣也詩曰遠送于野
⿺辶关 籀文

迻 [illegible]之切徙也遷也[illegible]移
通 他東切達也無所不流曰通也
遠 于阮切遐也極也又于勸切離也
[illegible] 古文

邌 力奚切徐也遲也[illegible]貌也
遷 且錢切徙也去也易也移也
遁 徒頓徒昆二切逃也退還也隱也
遯 同上

逮 徒戴切及也又徒計切
還 胡關徐宣二切退也返也復也
[illegible] 徒鹿切賈也易也[illegible]也亦爲媟嬻字
逌 以手切

遰 徒計切迢遰也往也去也
遣 去善切送也去也又去戰切
選 先兗切擇也迅也數也又先絹切
[illegible] 丑善切行

[illegible] 竹句切不行也又丑凶切
达 他計切達也迭也亦與達同
遹 以出切循也述也自也迴也避也
[illegible] 力罪切

逗 徒鬭切留也住也止也
遺 余佳切亡也又余恚切貽也
近 其謹切不遠也又其靳切附近也
遚 初救切

逶 於危切逶迤又逶迤行貌
迾 旅際旅結二切說文曰遮也
迣 之世切迾也超踰也古文以爲迾字
[illegible] 以喘切

[illegible] 知栗切近也重也至也
逴 敕角切驚也蹇也又丑略切
遡 蘇故切行也逆流而上也與泝同
[illegible] 丑絹切

逐 除六切競也追也從也
透 他候切跳也又式六切驚貌
逨 力材切來也至也就也又力代切
[illegible] 孚武切

迫 補格切逼迫也附也急也
迋 尢放切說文曰往也春秋傳曰子無我迋又具往切詩云人實迋女迋誑也

遏 於曷切止也遮也病也
逞 丑井切快也極也盡也解也說文云通也楚謂疾行爲逞春秋傳曰何所不逞

隨 辭隹切隨從也　迋 具往切走貌　延 上盈切行也今作征　迹 子亦切跡也理也　⿺辶朿 籀文

适 古活切疾也　迎 宜京切逢迎也　逝 視制切去也往也　⿺辶且 昨胡切往也與徂同　⿺辶虘 籀文

遭 祖勞切遇也　遘 古候切遇也　⿺辶交 古交切會也今作交　速 思鹿切疾也召也　遬 籀文

邐 力紙切邐迆也　遛 力周切逗遛也　遦 古患切習也或作串　迒 胡郎切迹也長道也　⿺辶更 同上

逃 徒勞切亡也避也　遝 徒合切迨遝　迨 胡荅切迨遝行相及　退 他潰切卻也去也　𢓴 古文

⿺辶內 同上並古文　逼 碑棘切迫也　遄 視專切疾也速也　⿺辶止 斯子切移也今作徙　⿺辶走 同上

⿺辶侃 綺虔切過也亦作諐　遱 力侯切連遱也　迅 綏閏切疾也又音信　遲 除梨切晚也舒行貌也　遟 籀文

迡 同上又奴計切近也　迁 且堅切行進也　逢 扶恭切遇也迎也　遵 子倫切循也率也行也　選 古文

遮 之蛇切遏也斷也　迀 古寒切進也　運 于愠切動也轉也　進 子信切前也升也登也　⿺辶藺 古文

⿺辶羨 余戰切移也羨也　⿺辶戉 胡殿切散走也　返 甫晚切還也復也　逋 補胡切亡也竄也不到也　⿺辶浦 籀文

遂 [illegible]遠也　遼 力條切遠也　迟 丘戟切迟曲行也　遊 余周切遨遊也與游同　⿺辶⿱巛子 古文

迴 胡雷[illegible]山也[illegible]
逌 田[illegible]表[illegible]
亞 烏[illegible]切[illegible]次也或作亞
遑 胡光切急也又暇也
邀 居祐切恭謹行貌
迎 於忍切迎逓赤也
逕 吉定切路逕也近也
邂 胡懈切邂逅不期而會也
迬 之句切又竹句切
邊 補眠切畔也邊境也
遫 于后切走又七庚切

迥 胡頂切遠也
迄 呼乙切至也
遐 乎家切遠也
逍 思遥切逍遥也
迨 徒改切及也
逓 許忍切迎逓
遫 丑力切張也
逅 胡講切邂逅
迟 丘致切避也
逡 胡奇切古文後
迟 丘紀切古文起

遳 婢致切避也去也迴
遴 旅振切行難也貪也
達 他割切通也又音闥
迭 徒結切代也更迭也
迷 莫雞切惑也亂也
連 力錢切合也及也
逑 渠鳩切匹也合也
逷 蒲邁切壞也散走也
逳 余六切轉也行也
邋 力涉切訛文曰脅也
遜 先困切遁也去也

邎 以周切疾行也又音遥
遞 徒禮切遠也又徒戾切
邇 而紙切近也移也
迦 古遐切迦牙令不得進也
迦 古牙居伽二切釋迦如來
逮 子干切至也自進極也
道 徒老切理也路也仁義也
逌 丁狄切至也又都叫切
遽 渠庶切急也疾也卒也
逡 且旬切逡巡也退也卻也
𨑩 無弗切遠也又呼骨切

邎 同上
逮 同上
迩 同上
迶 手救切行
遉 殊句切走
遈 時職切行
适 居列切跳
遹 吉穴切遠
邊 布千切
週 職由切
迸 尸制切

適 尸亦切之也女子出嫁也又之亦切得也往也又音滴從也
迺 徒的切作也教也導也進也道也青州之閒相正謂之迪也
追 株佳切及也送也救也又都雷切治玉名也詩曰追琢其章
巡 似倫切徧也又巡守也說文曰視行也
迮 子各切起也今爲作又阻格切迫迮也
迡 丁計切驚不進也向不及也驚驚也駭也
逯 力谷力屬二切行也衆也行謹逯逯也
迆 余紙切邐迆水曲流也又以支切逶迆也
𨗦 渠級切至也連也古文及字又作洽切
迂 羽俱切廣大也遠也又憶俱切
邍 …說文曰高平曰邍或作原

迬 禹兩切古文往
𨓼 徒董切古文動
這 宜箭切迎也
𨒭 茅教切古文貌
迸 彼諍切散也
邀 於堯切遮也
迶 余周切氣行貌
[illegible] 於緣切…貌

逭 胡館切逃也迭也易也轉也步也行也
迺 疾留切固也終也追也盡也迫迫也忽也
𨓆 魚偃切行貌
逹 他達切古文撻
逵 奇歸切九達道
過 乎果切過也
𨗦 五歷切躍也
迓 午嫁切迎也
逜 吾故切干逜也
迍 張倫切迍邅也
遨 …尚切…遊也

𨗊 古文
遒 同上
逖 許歷切遠也
逷 古文
邈 亡卓切遠也
𨗨 同上
迕 吳故切遇也
遻 同上
迱 徒何切逶迱
迤 同俗
邅 張連除連二切轉也移也
迿 思俊切出表詞也
𨑹 古鮪切古文軌字
逬 補耕切又補幸切
𨓚 余述切分布也又行貌

迢□□切　□五加切遠遠貌　□□禾切行貌　適苦禾切寬大也　迺乃□□□同□與

違于□切背□　途度胡切途路也　逿徒浪切過也　⿺辶其五半切過也　⿺辶此七爾切與跐字同

迵徒東切通達也　⿺辶寬胡見切遠也　⿺辶方防罔切隱行也　⿺辶希許忽切迎遹　遙翼招切遠也又弋周切

⿺辶象寺兩切行也　⿺辶焦子小切走貌　⿺辶矣魚幾切進也　⿺辶會胡外切迹也　⿺辶譱初救切□卒又齊也充也

遉丑聖切邏候也　邏力佐切遊兵也　⿺辶亥戶愛切走也　⿺辶夬火決切走也　遢吐盍切□行貌也

遪于合切裹遪也　逽女略切走逽也　迠吐涉切行也　⿺辶聶而涉切行貌　⿺辶疌疾接切⿺辶疌疾走也

⿺辶畜丑六切行貌　迊博朱切急走　⿺辶龠以斫切違也　⿺辶日防栗切近也　遝徒合切遝遝遝行貌

⿺辶冃他沒切詑誘貌　⿺辶筆士洽切行書貌　⿺辶叟初側切古文　⿺辶羊與章切進退貌　⿺辶業口點切竹季切前頓也

⿺辶華為委切姌也　⿺辶丌居忌切　邃雖遂切深邃

◯廴部第一百二十八　凡六字

廴余忍切長行也今作引　延諸盈切行也

建居堰切竪立也　延余旃切進也長也　㢟丑延切㢟㢟安步也　廷徒聽往聽二切朝廷也

○癶部第一百二十九　凡四字

癶 補葛切說文作癶足有所剌也　發 以葛扶葛二切以足蹋夷草也

登 都稜切升也上也進也　𤼷 古文

○步部第一百三十　凡二字

步 蒲故切步行也六尺爲步　歲 思惠切載名說文曰木星也越歷二十八宿宣徧陰陽十二月一次

止部第一百三十一　凡三十字

止 之市切止息也住也容止也　𣥂 他達切說文蹈也从反止

𣦃 醜庚切岠也　𣥺 古恩切足踵也　𣥒 疾醉切待也　峙 直里切躇也止不前也　歷 郎的切遠也過也

𣦈 充祝切至也　歧 翹移切歧路也　𡸸 七旬切舞也　𧾽 女輒切機下足所履者　𨀤 補赤切人不能行也

疌 辭接切疾也　𡹣 徒沃切不止貌　𣦦 符逼切止也　𣥞 之隴切說文曰足跟也今作踵　𣥃 良與切古文旅字

𣥠 之膳切古文戰　址 武放切谷在京　𣦇 香幽切　歬 在先切不行而進也今作前　𣥊 巨謹切古文近字

𣥐 胡古切古又　𣥷 呼多切古文訶　𣦐 彼義切　𣦸 山立切難轉也說文曰不滑也　𣦏 子淺切古文前字

歫 渠呂切違也戾也至也說文止也一曰搶也　歸 居暉切……還也說文……也　帰 籒文

○䖒部第一百三十二 凡三字

䖒 [illegible]也[illegible]也 居[illegible]

虪 胡計切[illegible]孫相繫也 說文曰與系同

𧇟 古胡切𧇟息也

○立部第一百三十三 凡四十九字

立 力[illegible]切說文曰住也易曰立天之道曰陰與陽

竨 丁罪切磊竨重聚也

竱 旨兖切等齊也

靖 疾郢切謀也

⿰立隶 力季力至二切臨也從也蹤也

端 都丸切緒也直也[illegible]

竫 疾郢切亭安也

竦 息龍切敬也

⿰立爾 呼龜切不正也

竣 [illegible]切止也[illegible]也

竘 丘[illegible]切[illegible]二切健[illegible]

⿰立贏 力卧切㛲也

⿰立委 於卧切羸也

竪 古蘺切極也

⿰立录 [illegible]切見鬼貌扶福二[illegible]

竭 巨列切敗也盡力也

䇋 魚奇切古儀字

竴 七旬切喜貌

⿰立足 又六切等也

竚 除呂切企也久也今作佇

䇌 且略切踈也驚也

⿱立⿰重頁 徒凍切鍾聲

竜 力鍾切

䇍 居綺切立正也

⿰立支 居委切掎也載也枕也

竛 力丁切竛竮行不正

⿰立主 直庚直句二切

⿰立禹 丘主切立也

⿰立忝 他點切

竑 胡萌切廣也量度也又古弘切

⿰立夾 力涉切⿰立夾⿰立贏行不正

⿰立亥 胡改胡代二切

⿰立几 昌御切

竎 方文切

⿰立孛 蒲没切按物聲亦作誖

⿰立奚 胡奚切待也亦作徯

⿰立巴 四馬切⿰立亞貌

⿰立且 七雀切恐懼

竞 魚遠切

䇑 普支切行不止也說文曰傍下切短人立䇑䇑貌

竲 又仕耕二切巢也說文曰山地高樓無屋者 𥩰 房越切竚也 𥫃 房六切邪也 𥪮 相臾切待也 𥫖

𥫎 並同上須字 竮 扶丁切竛竮 竢 事紀切待也亦作俟 𥩟 同上

○竝部第一百三十四 凡四字 竝 毗名切竝坐也又縣名 竝 同上

替 他計切廢也今作替 普 同上亦作替

○此部第一百三十五 凡四字 此 七爾切止也 呰 子斯子爾二切安說

云呰呰窳偷生謂苟且也 些 息計息箇二切此也辭也 𣓌 子累切𣓌口也鳥喙也說文云識也一曰藏也

○正部第一百三十六 凡六字 正 之盛切長也定也是也又音征 𤴓 同

𤴔 同上並古文 乏 扶法切从反正為乏又無資曰乏今作乏 𤴽 助革切正也齊也好也亦作賾 整 之郢

切整齊也

○是部第一百三十七 是 時紙切是非也說文曰直也 昰 古文

韙 于匪切是也 尟 思踐切少也尠俱作

大廣益會玉篇卷第十

○新加偏旁正俗不同例

北丘同　几人同　百首皆首同　ナ屮皆左同　辵辶同　肉月同　鬥門鬭同

○類隔更音和切

嘆敕旦切今他旦切　啄丁角切今中角切　縹扶小孚小二切今頻小疋小二切

大廣益會玉篇卷第十一

彌仙 宀部一百三十八
居雄 宮部一百三十九
直旅 宁部一百四十
莫昆 門部一百四十一
胡古 戶部一百四十二
式脂 尸部一百四十三
無匪 尾部一百四十四
齒亦 尺部一百四十五
力几 履部一百四十六
力道 老部一百四十七
女亮 疒部一百四十八
在安 𣦼部一百四十九
午逹 歹部一百五十
息姊 死部一百五十一
古瓦 冎部一百五十二
許恭 凶部一百五十三
胡決 穴部一百五十四
思二 丨部一百五十五
雉列 屮部一百五十六

宀部第一百三十八　凡一百二十二字

宀 彌仙切交覆深屋也
宧 [illegible]切爾雅曰[illegible]隅謂之宧
宏 胡萌切大也
寷 孚雄切大屋也
寪 胡彼切屋貌
宬 是征切屋所容受也
宖 戶萌切安也說文曰屋響音也
寔 時弋切止也
安 於寒切安定也
宴 於見切安也
㝩 苦郎切虛也空也
宓 [illegible]筆切止也靜默也今作[illegible]
富 甫也切豐於財
[宀丏] 莫見切冥合也
宂 如勇切人散也
寍 奴庭切安也今作寧
守 舒[illegible]酉[illegible]收也視也
宥 禹究切寬也
寬 苦完切緩也
[宀吾] 五故切寤也
察 楚黠切也也或作詧
[宀余] 耿價切[illegible]貌又宅加切
寡 古瓦切少也
寒 何丹切冬時也
寯 子峻切才寯也
完 戶端切保守也全也
[宀交] 居薦切[illegible]說文曰[illegible]病也
[宀圭] 古娃切[宀圭]樓也
寏 火誶切寏隙也
[宀方] 步扺切古文旁
宲 補道切藏也或作寶
[宀銃] 丁念丁甲二切下也或為墊
[宀甹] 卑民切古文賓
宭 竒魚切宭舍也
[宀秝] 力釗切[宀秝]深也
寇 苦候切賊寇也亦姓
宋 蘇洞切說文曰居也亦國名
[宀采] 食質切古實字
[宀莫] 莫[illegible]切古文[illegible]
寏 戶官切周地名
[宀求] 渠留切[illegible]也與求同
[宀巟] 呼晃切宂寬也蒼頡篇寬廣也
[宀郲] 力豆切[宀郲]地也
[宀合] 口合切合容也
寘 支義切置也
宷 戶枕切古文審字
[宀危] 居毀居偽二切毀也或作垝
[宀并] [illegible]省[illegible][illegible]中也
客 口格切賓也
寄 居義切託也
寓 愚句切寄也亦作庽
寁 子感切速也詩云不寁故也

㝗說文並、宛同又周禮注云㝗小孔貌　寏戶官切周垣也或作院　家古牙切居也家人所居通曰家　家古文

㝥亡田切冥寡不見人白不省人也　定徒聽切安也住也息也　宣思元切說文曰天子宣室也　宣古文

索式白切說文曰入家搜也與索同　窫於細切說文安也蒼頡篇云安也　宇于甫切方也四方上下也又屋宇　寓籀文

宔之庾切宗廟宔祏也今為主又䂋字　宭九文仇文二切羣居也　宅除格切人之居舍曰宅　宅古文

宙除霤切居也往古來今曰宙或為作　寵丑冢切說文尊居也　寴且仁切至也又且僅切　寀同上

寰胡絹胡關二切王者封畿內縣也　寫思也切盡也除也置物也　宗前的切无聲也又作詠　寂　㝊並同上

㝗力蕩切空虛也又曾堂切屋康㝗也　寮力彫切也與僚同官寮　宕徒浪切過也一曰洞屋也　[illegible]

室詩逸切說文實也古者㠯氏春秋高元作室　𡧤烏價切懸皃又於加切　宄古洧切說文姦也外為盜內為宄　宄古文

窓並古文　寲魚基切　寥力彫切空也寂也廓也　宜魚奇切當也所安也今作宜　宐同

窒並古文　穷攸彬切古文寥　宗子彤切說文曰尊祖廟也　𡪙其驕切寄也僑寄也　害何賴

……切傷也……作寔　[illegible]鸝雍切方言穷待也亦畱無偶　曰……郭璞云……逢澤……介麋也　宵不……　寨古文

[illegible]古文居[illegible]古牧切夜也毛詩曰中冓之言[illegible]夜之言也本亦作冓
容[illegible]儀也
公古文
寗奴定切姓也
[illegible]濘寗
宦胡串切仕也漢書曰大有宦者皇故閹官名宦人
宰子殆切治也山制也
[illegible]古文
宵思摇切夜也
𡪌作曾叻
向許亮切詩曰塞向墐戶向窗也又式尚切地名
寑且審切臥也今作寢
[illegible]籀文
[illegible]千外切寮也
[illegible]穴桂叻
宧於弔於鳥二切爾雅東南隅謂之宧宧亦隱闇本亦作窔又戶樞聲
窔同上
宎同上俗
寀千改切寮寀
奧於報切爾雅曰西南隅謂之奧謂室中隱奧之處論語曰與其媚於奧
[illegible]
宂切貧陋也又空也
官古丸切官官
宸時真切賈逵曰室之奧者說文云屋宇也
寶補道切珍也
[illegible]古文
[illegible]於田切古文煙
[illegible]居肴切古文究
宿思六切住也止也舍也又思救切星宿宿留也
㝛同上古文也
[illegible]苦陸
竆切窮也本或作竆躳
[illegible]禹俱切[illegible]迂也
宛於阮切屈草自覆也爾雅曰宛中宛[illegible]云中央隆高又於原切縣名

○宫部第一百三十九　凡二字

宫居雄切室也中也也六所居也
營弋瓊切度也市居也

○宀部第一百四十　凡三字

宁紵旅紵居二切爾雅云門屏之間謂之宁
[illegible]知與

切說文同䗐也所以盛米　虰上

○門部第一百四十一　凡一百三十字　門　莫昆　戶　堂房

說文曰聞也从二戶象形　門　古文　閘　乙甲切說文開閉門也　閈　胡旦切垣也閭也汝南平輿里門

曰閈左氏傳曰高其閈閎　閎　戶萠切說文云門翁也一曰閉也　閶　尺羊切閶闔天門也說文云楚人名門曰閶闔

𨳊　除刃切登也　閻　余占切閻巷也說文曰里中門也　閨　古攜切宮中門小者曰閨特立之門上圜下方

闈　戶歸切宮中之門也　闉　於神切城曲重門也詩曰出其闉闍　闒　徒臘切樓上戶也又臘切定意也下意也

閣　胡𩑶切巷頭門也　閜　呼雅切大也說文曰大開也大杯亦為閜　閣　公鄂切樓也揚雄校書天祿閣說文所以止扉

闓　苦亥切開也又音開　闟　余酌切固關令不可開也或作籥　閼　於達切說文遮擁也又於虔切漢書云閼氏單于妻

閟　鄙冀切慎也閉也　闐　徒堅切詩云振旅闐闐闐闐盛貌或作窴　閻　余占切語林大夫向閻而說文閻所之摘適閻門

閡　五載切止也與礙同　闌　力安切安也無符傳出入為闌令作闌　閜　於可切說文曰門傾也上林賦坑閜砢

闊　口活切　闑　結切闑鄭與城　左傳　閌　恪浪切貌詩

…否…方木也闞口陷…臨也又呼㖃…嚴如虓虎

四限切門…中視也閫…但切闑也門傍…所以止扉也闕祛月切…闕也又失也少也又仇月切春秋

氏傳曰若闕地及泉閤公荅切小閨謂之閤門旁戶也闛徒郎切說文曰闛闛盛皃也又他郎切上

林賦云闛鞈若鼓聲也闇於紺切閉門也幽也與暗同閽呼昆切周禮注云閽人司晨昏以啓閉者也刑

人墨者使守門周御苑也閃式斂切闚頭門中也或作睒閱余說切簡軍實也史記云人臣之功有五

明其等曰伐積代曰閱闋苦穴切止也訖也息也終也闖敕蔭切馬出門皃公羊傳曰開之則闖然

何休云闖出頭皃亦作覘閍補行切宮中門也亦巷門也閭旅居切里門也周禮曰五家為比五比為閭閭

侶也二十五家相羣侶也又船首之閭今江東呼船頭爲飛閭也閿□公切說文曰低目視也弘農…閿鄉故

南西平有閿亭閿同上俗𨳒女九切門關閧也又女押切關古鐶切以持門戶也…俗

闠胡對切市門外也闢之義止交二坊開門戶利也閒居閑切隙也又居莧切迭也又音閑閇…十古

閬尸蘭切俗爲門…閥扶月切在左曰閥在右曰閱閦初六切衆也出字統釋典有閦閦閖

閞皮變切門欂櫨
⿵門启[illegible]體切與啓同
⿵門失徒結切閭閾
閫苦本切門限也
闍市遮當胡二切以城門臺

閼於[illegible]切門聲也
⿵門廷徒丁切門閮也
⿵門右于救切古佑字
⿵門石徒浪切門不開
⿵門介胡計胡介二切門扇也

⿵門倉七羊切門聲也
闤胡關切市垣也
⿵門[illegible]孚幟切門火氣
⿵門秦升合切閉也
闑魚列切門[illegible]亦門橛也

⿵門兄所進切
⿵門薦在倩切門次也
⿵門内而睡切内入也
⿵門華呼瓜切開門也
闃苦壁古[illegible]切靜無人也

⿵門希地胡切地名
⿵門甬余腫切門人也
⿵門甫博古切[illegible]門也
⿵門豕式旨切[illegible]門也
闌力安切[illegible]也年也又[illegible]闌

⿵門遂夕醉切門偏也
闠吐[illegible]切[illegible]也
⿵門向圭[illegible]切不開也
⿵門电徒[illegible]切[illegible]門也
[illegible][illegible]山切[illegible][illegible]也[illegible]也

⿵門俞羊朱切窺也
⿵門烏烏古切[illegible]門也
⿵門魚語居切[illegible]門名
⿵門甘[illegible]敢切[illegible]門也
閹於檢切[illegible]也門[illegible]若也

⿵門[illegible]許勿切小門也
⿵門它余支切門臼也
⿵門占丑占切[illegible]也
⿵門占側[illegible]切立待也
闚[illegible]規切相視也與窺同

閜火加切門[illegible]也
⿵門[illegible]所景切水府也
⿵門同先[illegible]切門臼也
⿵門[illegible][illegible]上切門開也
閔[illegible]切病也傷痛為閔

⿵門英於迎切門中也
⿵門[illegible]於[illegible]切[illegible]也
⿵門[illegible]敕尹切中門也
⿵門[illegible]呼急切[illegible]名
⿵門建其偃切古文鍵門木也

[illegible]直連切市門[illegible]
[illegible][illegible]切直開也
[illegible][illegible]胡[illegible]切[illegible]
[illegible]徒郎切高門也
[illegible][illegible]吾切大也明也

闁[illegible]隋上闕[illegible]與日[illegible]門聲[illegible]切 闟[illegible]闟也 閬盧宕切[illegible]又地名在蜀

閿古亏切[illegible]之降殺也 閔[illegible]沙切闞閔 闊胡官切 閛普耕切門扉聲 闢步役切開也 闢古文

閾[illegible]逼況域二切門限也 闔古[illegible]文 開口垓切張也說文作開 闓古文 閉必計切闔門也塞也說文 閇俗

闋古穴切闋閉無門戶也 闀許尚切門頭也說文曰門響也 閬 兄又亮

○戶部第一百四十二 凡二十一字

戶 胡古切所以出入也一扉曰戶兩扉曰門 𢨤 古文

扉 甫違切爾雅曰闔謂之扉說文云戶扇也 房 扶方切室在旁 扇 尸戰切扉也又箑也或竹或素作羽下毛用取風

戾 徒泰他厲二切說文輜車旁推也亦作軑 戺 弋之切[illegible]外也 扊 余染切扊扅戶牡也 居 同上又徒泰切閉門也

𢨦 牀巳切砌也爾雅曰落時謂之𢨦亦作戺 𢩆 士萌切屋上也 扅 渠立切戶牡也 扅 余之切扊扅 扈 同上

扆 於豈切鄭玄注儀禮扆如綈素屏風畫斧文以示威亦天子所居也 𢩃 治嬌切嬌[illegible]也說也 屏 羌據切[illegible]二合二

扃 古熒切說文曰外閉之關也 扄 書冒切戶耳也 扂 盍切苦合 戹 倚革切困也從乙也亦作厄

○尸部第一百四十三 凡五十三字

尸 式脂切主也說文曰陳也象臥之形 𡰣

必郢二切屛蔽也放去也又卑營切廣雅云屛營怔忪也國語云屛營猶彷徨也 尻苦高切髖也說文曰脽也

尼奴啓女飢二切安也止也和也息也 ⿸尸自許介切臥息也 屓許器切曰屓作力也 ⿸尸奠丁挺大練二切重也展也

屟先牒切說文曰履中薦也或作屧 屆居薤切至也極也 ⿸尸之直立切屬屖也 ⿸尸⿰𠂤帚楚立所甲二切從後相躡也

𡰥餘脂切古文夷字說文曰古文仁字 ⿸尸旨詰地口奚二切尻也 ⿸尸叉儒兖切弱也或爲耎 層自登子登二切重也累也 ⿸尸⿰食乞去罽切人息也今爲憩

屖先啼切屖遲也今文作栖亦作犀 屠達胡切殺也刳也 ⿸尸死弛紙切从牀曰屍 ⿸尸⿰𥄉此結切屟屧盜視與䁥同

⿸尸果口外切又口外切臀骨也亦作髁 屎許夷切呻也 ⿸尸異以之切踞也 ⿸尸盧力諸切 ⿸尸⿱𠂎夊子茆切七小切陰亦作[illegible]

⿸尸矢施視切糞也與矢同俗文又作屎 ⿸尸疊比踣切與覶同 屇徒連切屇穴也 ⿸尸辟初簡切又初限切出釋典

居舉魚切處也安也 ⿸尸丘古文 孱士連切不肖也 ⿸尸肙火天切⿸尸肙尻也 ⿸尸夅古巷切差也今爲降字

屋於鹿切居也舍也 ⿸尸至籀文 ⿸尸圭苦永切屖空穴也 ⿸尸口都谷切俗豚字 ⿸尸兄徒昆切與臀同

展知演切傳也伸也適也 ⿸尸襄說文展字 屁匹避切泄氣也 ⿸尸兵同上

屑先結切[illegible]碎也[illegible] [illegible] ⿸尸勿余隻切[illegible]也 ⿸尸又玆力切玉也 屙烏何切上廁也 ⿸尸亞同上

屩 [illegible]屩也[illegible]草屩也 屐 侍[illegible]重屐也說文[illegible]忍切伏貌一曰屋宇此[illegible]

○尾部第一百四十四 凡七字

尾 無匪切鳥獸魚蟲皆有之又末後梢也又星名 尾 古文

𡱂 尾𡳾切出釋典 𡲅 微电切出釋典 屈 巨律切短尾也 屬 時欲之欲二切說文曰連也俗作属 尿 乃[illegible]切人小便今作尿

○尺部第一百四十五 凡二字

尺 齒亦切尺十寸也十寸為尺 咫 之爾切中婦人手長八寸也

○履部第一百四十六 凡十七字

履 力几切皮曰履又踐也禄也詩云福履將之 屨 說文屨屨 屧 今的切履下也 屐 渠戟切履屐也 𡳍 他回切履也西南梁益謂履曰屧 𡳒 同上

屣 所倚切又所解切屣履也亦作躧鞿 屟 余去切又徐呂切說文曰履屬也 𡲪 時戈切或作靴字 𡳭 同上

屩 居略切屩字屩履也史記云躡屩屩也 𡳗 居倚切赤舄也 屎 光叶切履中薦 𡳗 他歷切履中薦 𡳔 同上

𡳎 居芋切屩屬麻作謂之𡳎也 屨 渠虞切履頭飾也或為約

老部第一百四十七 凡十四字

老 力道切壽也說文云七十曰老从人毛化言須髮變白也

[illegible]人[illegible]耒若垢也文曰老　考口老切壽考延年也亦[illegible]淮南子身后之蹟不能無老釋名云父死曰考

耆渠伊切長也老也詩曰耆定爾功　耇觀句切老人行則相逮也　𦒱徒到切七年曰𦒱今爲悼　孝

呼教切孝順也說文曰善事父母從子承老省　耋徒結切八十曰耋亦作耊　耄莫報切迈也九十曰耄　[illegible]同上

壽食呪食酉二切說文久也　[illegible]古文　𦒷都忝切老人面如黑點也　者之也切語助也

○疒部第一百四十八凡二百七十二字　疒女戹切說文曰倚也人有疾病也象倚著

之形又音牀　疔[illegible]　病皮命切疾甚也說文曰疾加也　疘古紅切下病也　[illegible]直余切瘀也又治[illegible]切

痛聽棟切病也傷也　瘣胡罪切病也詩云譬彼瘣木　瘵文加切瘢瘵也　[illegible]咀切頭搖也與顫同

疵疾資切病也亦瑕疵　瘏唐胡切病也詩云我馬瘏矣　[illegible]余周切病也　瘚俱越切逆氣也與欮同

[illegible]扶問扶粉二切病也　疣羽求切結病也今疣贅之腫也　瘽渠謹切病也　[illegible]思力切寄肉也亦作瘜

癇亥閒切小兒癇病　[illegible]附俱夫禹二切腫也俛病也　瘵側界切病也　痎公諧切瘧疾二日一發

[illegible]名[illegible]瘕[illegible]病[illegible]　[illegible]切[illegible]酸也說[illegible]小腫也　[illegible]部賢切　痹脾至切[illegible]不至轉筋

[illegible]

[illegible]寒或熱病

痳 力金切小便難也

疻 之移之氏二切歐傷也

痏 胡軌切疻痏又瘡也

痙 渠井切風強病也

疲 被爲切乏也勞也

痥 徒活切馬脛傷也

⿸疒反 孚萬切惡也叫疲也

痴 丑之切癡瘵不達也

[illegible]

[illegible]切脉病也[illegible]深也

瘥 楚懈切疾愈也又才何切病也

瘉 弋乳切小輕也又音俞病也

⿸疒里 力子切病也詩云悠悠我⿸疒里

⿸疒曷 於歇切中熱亦作暍又音謁

⿸疒夾 古洽苦洽二切羊蹄間瘡疾

⿸疒胡 戶徒切⿸疒胡瘻也物蚰咽中也

⿸疒复 扶又切勞也再病也亦作復

⿸疒備 蒲戒切極也疲勞也或作憊

⿸疒希 向勒切創肉反腫起也亦作脪

⿸疒由 徒木切怨痛也誹也亦作讟

[illegible]

瘖 於深切不能言

瘿 於郢切頸腫也

瘻 力鬬切瘡也

瘀 於豫切積血也

痀 渠俱切曲脊也

疽 且余切癰疽也

癬 思踐切乾瘍也

疥 公薤切瘙也

⿸疒丩 居幽切腹中急

痂 古瑕切瘡痂也

⿸疒盍 於[illegible]切跛病也又[illegible]

⿸疒雋 羊水切創裂也一曰疾也

痞 補彼平凡二切腹內結病

⿸疒及 呼合判立二切病劣也

⿸疒殷 於之[illegible]於賁二切[illegible]申聲也

瘌 力[illegible]也亦痛瘌也

⿸疒齊 在細切病也物生不長也

[illegible] 恩移恩兮二切[illegible]也

[illegible] 步結切不能飛[illegible]病也

⿸疒尃 薄[illegible]痔瘻[illegible]音[illegible]

痦 匹杯切痂也瘡也弱也

[illegible]搖也
痔　治里切　後病也
痹　卑利切　濕病也
疛　除又切　心腹疾也　呂氏春秋云　身盡疛腫　又知有切
𤺄　[illegible]文[illegible]老切　病也
[illegible]　陟仙切　斗估也
𤸷　乃送切　痛也
瘇　時種切　足腫也　詩云　既微且瘇　籀文作尰　或作㾓
痍　餘脂切　傷也
瘢　薄官切　瘡痕也
疼　徒冬切　痛也
𤺋　直偽切　[illegible]蒼云病也　左傳云　有重膇之疾　與膇同
[illegible]　[illegible]憐切　病息也
[疒木]　虎發切　狂走貌
[疒巿]　壯里切　瘕病也
瘕　公遐公訝二切　久病也　腹中病也　說文本音遐
痼　古護切　久病也
[疒古]　同上　又[illegible]　兒口瘡
疫　俞壁切　癘鬼也
[疒衰]　所惟切　瘦損　說文云　減也　一曰耗也　今作衰
癆　力到切　癆瘌
瘳　敕周切　病愈也
疚　居又切　病也
[疒帶]　竹世切　牛頭瘡也　亦作[illegible]　瘌也　又音帶[illegible]也
癙　式與切　病也
瘐　俞乳切　病也
瘁　秦醉切　病也
疾　才栗切　患也[illegible]　說文曰　病也
[illegible]　古文
疞　詡于切　病也
瘝　公玩切　病也
瘣　呼回切　馬病
痒　餘兩切　痛痒也　說文曰　瘍也
癢　同上
[illegible]　火卵切　膿瘡潰
瘭　布昭切　瘭疽病
[illegible]　竹故切　乳癰也
[illegible]　匹備切　氣滿也　說文作[illegible]　音備
[illegible]　說文
[疒來]　力代切　惡病也
痠　先丸切　痠瘆
[疒翟]　弋灼切　病也
瘛　尺世胡計二切　癡也　小兒瘛瘲病也
[illegible]　同上
癖　[illegible]
[illegible]　於[illegible]
[illegible]　[illegible]移切　[illegible]也
[疒焦]　[illegible]校切　[illegible]縮也
痾　於何切　病也
[illegible]　同上

𤹪 瘦[…]　㾢 如[…]病也　疙 魚乞切 𤸽貌　𤺴 乎郭切 胡瘦也　癰 於恭切 臃腫也　𤻂 同

㾾 呼兼切 瘷㾾也　瘵 奴骨切 痛貌　𤸎 牛具切 疣病也　瘹 都叫切 狂也　痈 齒占切 皮剝也　瘕 籀文

痓 充至切 惡也　𤺺 扶吻切 病悶也　㾬 於假切 瘖㾬也　𤻌 才交切 大痒也　癃 力中切 病也　𤻅 同上

㾐 慈翦切 小痒也　瘷 莊救切 瘷縮也　𤸬 渠軍切 瘽也　㾍 女才切 疾也　𤻋 見箴切 腹病也　疣 同上

疷 女黠切 瘡病也　疦 谷西切 病也　疳 居酣切 疾也　瘄 武巾切 病也　瘰 力果切 瘯瘰病　瘰 同上

疸 都旱切 病也　𤺥 徒同切 下腫也　痕 口恩切 瘢痕也　痃 胡堅切 痃癖也　瘙 先到切 疥瘙　瘦 同上

癐 渠負切 手屈病　痟 烏玄切 骨節[…]　痊 七緣切 病瘳也　瘑 古禾切 疽瘡也　瘻 力故切 瘻瘻　瘻 同上

蘇 桑孤切 病也　瘽 役疰切 疾行　痊 余針切 病也　𤷒 胡鉤切 疾病也　𤸱 山錦切 寒病　痒 同上

𤺚 […] 病也又徒丹切風在　𤹛 披盤切 死也　𤻯 才亦切 瘦也　瘯 古文

𤶭 […]切火癉小兒病也　瘴 都雷切 瘴腫也　𤺌 子結切 癰也 瘡也　癎 同上

𤷣 […]云皮膚病左傳云不　痞 補回切 癥結痛　𤼃 力員切 體攣曲　𤺛 同上

瘱 […]　说文云目病

瘼 […] 者身丁一曰蝕創也

……病……痛矣疢丑刃切熱病也左氏傳曰季孫之愛我也如美疢[illegible]疢俗

[illegible]……一切癰……度黑也[illegible]呼來切病也痱扶非步罪二切……病也詩百卉具……[illegible]同

疷渠……借一切病也……俾我疷兮⿸疒舄息邪切癢也癡丑之切不慧也癡也⿸疒樂力[illegible]切……文俗……

痗莫隊切病也詩云使我心痗又音每⿸疒今渠吟切寒也⿸疒韋於幾切⿸疒韋弱也痮知釀切[illegible]也亦作脹

痷於劫切痷殜半臥半起病也亦作殗⿸疒牙五加切[illegible][illegible]⿸疒登都綾切病也⿸疒彖許穢切困極也亦作喙

⿸疒呂力與切埤蒼云晉大夫冀叔⿸疒呂也⿸疒雷力罪切皮起也⿸疒夾自高切[illegible]疾也瘡楚羊切瘡痍也古作

癘力誓切疫氣也說文又力大切惡病也⿸疒甬知力切腸痛也⿸疒閔眉殞切⿸疒閔病也⿸疒瓜古禾切[illegible]又古花切

痾力誓切公羊傳曰大痾何休云民病疫也⿸疒朮尸類切病也⿸疒鳥烏古切[illegible]也⿸疒休許尤切[illegible][illegible]息下痢病也

[illegible]於范切不能行也[illegible][illegible]病也說文音[illegible]疺符法切[illegible][illegible]也⿸疒交古[illegible]切[illegible]痛也⿸疒朋北騰切婦人[illegible]血不止也

疹之忍切癮疹皮外小起也說文曰籀文胗癮許偃切病也⿸疒各戶古切病也⿸疒圭五圭切凝貌又五皆切

[illegible]吐[illegible]又[illegible]切[illegible]十年六痢力地切[illegible]利也⿸疒遂忠醉切[illegible]⿸疒遂也⿸疒相思將切又[illegible][illegible]大切⿸疒相[illegible]也

……瘀龍筋

痾 說文曰頭痛貌 多□切又□戒切

疸 疸疽生瘍於頭疸疽惡創也亦作瘤又首曰

瘃 陟□切 中寒□□

瘦 所又切 說文曰臞也

瘍 以章切 說文曰頭創也

□ 時夜切 多病也

□ 弋廉切 □也 □病□也

□ 〔上〕同

□ 〔上〕同

瘝 古頑切 病也

瘳 力竹切 病也

癥 知陵切 結病也

□ 仕加切 □病甚也

瘁 □□切 瘡瘍也

疱 蒲教切 疱瘡也

□ 女於切 □病也

瘷 丑董切 瘷寒病

痟 思焦切 渴病也

瘝 古頑切 病也 眠也

□ 去叶切 病少氣

瘥 呼郭切 瘥亂也

□ 都勒切 □病也

□ 于波切 口喝也

□ 忠烈切 刺也

痺 薄寐切 手冷也

癐 古會切 病也

□ 力□切 病也

□ 口盍切 瘷疾也

瘵 苦卧切 凡瘵病

□ 五合切 病寒也

癔 於戒切 病也

癈 方吠切 痼疾也

□ 莫六切 病也

□ 五才切 癡疾也 本作獃

疸 多但切 黃病也 左氏傳云苟偃

□ 尺夜切又丈下切 □病也

□ 私□切 力小□ 也又許□切

痓 口合切又□ 惡寒痕也

瘲 子用切 瘛瘲小兒病 又□

痌 大□切 □也 亦作恫

□ □□切 □□

□ □□切 □□

□ □□切 肺病也

□ □□切 氣不定也

□ 也 亦作悖

□

□

卷十一 𠬪部至中部原闕

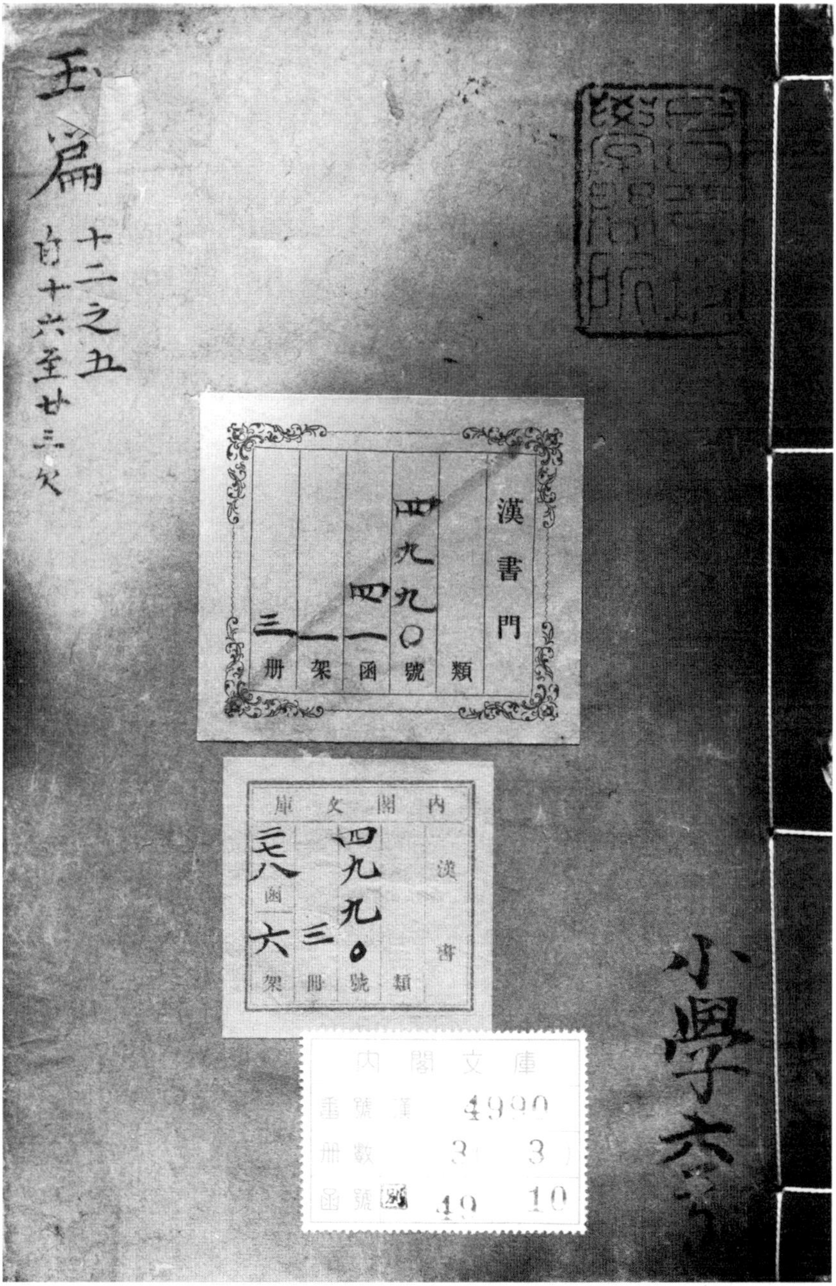
玉篇
十二之五
自十六至廿三欠
漢書門
類
號
函
架
册
四九九〇
四一
一
三
内閣文庫
漢
書
類
號
册
架
四九九〇
三
三七八
函
六
内閣文庫
函號
漢
4990
册數
3
3
函號
10
小學
六

大廣益會玉篇卷第十二 凡五部

莫穀 木部一百五十七　德紅 東部一百五十八
力金 林部一百五十九　仕交 巢部一百六十
而酌 叒部一百六十一

○木部第一百五十七 凡八百一十二字

木 莫穀切位居東方[illegible]乙也燧人氏鑽[illegible]也說文曰冒也冒地而生東方之行从屮下象其根　橘 居責切大車軏也　橙 除耕切橘屬上林賦云黃甘橙榛

條 徒彫切小枝也　樤 徒彫切柚樤也亦作條　椋 力將切材中車輞也　椲 禹鬼切木名皮如韋可屈以爲盂

樆 力枝切山梨也　㮕 而兖切紅藍曰棗似柹也　楀 俱禹于矩二切木名　榗 子賤切說文曰木名書曰竹箭如[illegible]

柹 鉏几切赤實果　杍 古文李又音子木工也　栝 亡京於丘於二切槽也　梢 所交切木[illegible]也淮南曳[illegible]

楧 倚明切楧梅也　榹 息移切山桃也似桃而小　樻 丘貴切木可爲杖　權 巨員切黃[illegible]又權錘也

桃 徒高切毛果也　杜 徒古切赤棠也又塞也　杼 持渚切梱也今爲杼　棣 徒計切詩之華唐棣

棠 徒郎切棠梨木　㭉 力制力薛二切㭉栭也　桔 居屑切桔梗藥名　楇 古和切車者又紡車

桂 古惠切木名　棪 餘冉切實似柰色赤可食　柞 才落子各二切木名　梂 渠鳩切說文曰櫟實一曰鑿首也

槢 似立切堅木也　柀 碑詭切杉木也理之不腐　[木寽] 力說力活二切木名　樠 武官莫昆二切木名左傳又音朗

柳 渠容切柜柳柳　杙 余力切果名如梨又橜也　楛 胡古切木名中矢笴　果 古禍切木實也又果敢也信也能也

柜 居旅切柜柳也　柃 力丁力井二切木名可染　枋 甫亡切木可作車　格 柯頟切式也量也度也至也來也

棆 理均切木名　槭 子六切木可作大車輮　柘 之夜切木名亦作樜　櫙 於侯切木名爾雅云櫙荎今之刺榆

楈 先呂切木名　檉 敕貞切說文云河柳也　[木鄉] 千栗切木可以爲杖　櫺 力庭切屋椙也說文曰楯間子也

[木咎] 公道切木名　橁 似荀切木可以爲鉏柄　檈 徐沿切檈味棯棗　楎 呼歸切杙也在牆曰楎又犁轅頭也

椆 之幼切木名　栘 余支成兮二切棠棣也　橎 甫袁甫遠二切木名　柶 思至切角上也渦禮曰大喪其角柶

[木彝] 余脂切木名　枳 居紙諸氏二切似橘也　檜 古會切栢葉松身　梋 古玄切捥謂之梋盂屬也又餅玄切

槲 胡木切槲樕木　楝 來見切木名子可以浣衣　机 飢雉切木出蜀中　杓 甫遙都歷二切斗柄也又市若切

枇 婢脂切枇杷果木冬花夏熟上林賦云枇杷燃柹
燃 於堅切燃支香草也說文丙善切酸小棗也一曰染也
柚 羊宙切似橘而大呂氏春秋果之美者有雲夢之柚
柖 時昭切樹搖皃淮南子死而弃其柖責絡牀爲柖
楣 母悲切說文云秦謂屋聯櫋也齊謂之檐楚謂之梠
榱 所龜切說文曰秦名爲屋椽周謂之榱齊魯謂之桷
楯 時允切闌檻也漢書有鉤楯主近苑囿木亦作盾
杝 直紙切詩云析薪杝矣謂隨其理也又音移木名
桄 古黃切充也廣志云桄榔樹如椶櫚木中有屑如麵
椹 豬金切鈇椹斫木櫍也或作戡又時枕切桑子也
榽 [illegible]雞切榽橀木細葉似檀[illegible]東有之又山溪也

櫻 於耕切含桃上林賦云櫻桃也
李 力子切果名又左氏傳云行李
樿 之善切木名白理者可爲節
棆 相倫切說文曰杶也亦丑倫切
栩 吁羽切說文云柔也一曰樣也
椵 加馬切說文曰木可作牀几
櫅 子兮切白棗可以爲大車軸
樲 如至切酸棗孟子云樲棘是也
柅 女几奴禮二切木名又絡絲柎
梭 甘泉切木名又元和切織具也
樜 之夜舒預二切大木出發鳩山

棌 千代切楡也
椃 胡勞切木名
棶 力才切椋也
檍 於力切木名
樻 芳味切木名
樗 敕於切惡木也
桋 餘脂切杝桋也
栟 俾名切栟櫚木
楸 且留切梓屬
椅 於宜切楸也
[illegible]

[illegible]□力切棪棪華赤實味如李無核食之使人不弱可衛水　栢 補白切木名詩曰汎彼栢舟　[illegible]

子冢蓋之樹又楷式也禮記曰今出之行後世以爲楷又音皆　栟 力棟切木名益州有栟棟縣　栯 於六切九二

山海經太室山有木葉狀如梨而赤理名曰栯木服之不妒　榙 胡荅切榙㯼果名似李又音荅　檹 於宜切長皃說

文曰木檹施也賈侍中說檹即椅也可作琴又檹椸不正皃　㮨 子力切木名似松有刺細理也　楨 知京切堅木也山海

經曰大山多楨木郭璞云女楨也冬不凋又楨幹築垣版也　枵 許朝切玄枵虛危之次亦木皃　栽 子來切說文云築牆

長版也左氏傳曰楚子圍蔡里而栽杜預云設板築又昨代切　梴 丑連切木長皃詩曰松桷有梴　檥 義奇切儀倚二切

史記曰烏江亭長檥舟待項羽應劭曰檥止也孟康曰檥附也　榑 附俱切榑桑神木日所出也　杇 於胡切說文曰

所以涂也秦謂之杇關東謂之槾論語曰糞土之牆不可杇也　杳 於鳥切深廣冥皃說文曰冥也　杠 古尨切爾雅曰

素錦綢杠以白地錦韜旗之竿又石杠今之石橋又牀前橫也　築 徵六切擣也刺也古文作篁　欋 紀録切史記山

行乘欋謂以鐵如錐頭長半寸施之屐下以上山又丘喬切　柱 雉縷切楹也又株主切[illegible]也　槐 戶灰切爾雅槐

木葉而黑爲櫰又守宫槐葉晝日聶合而夜炕布者又戶乖切　㭓 皮變切門柱上欂櫨也亦作閞　榛 仕銀切木叢生

周又楚今史今二切木長皃
槍 千羊切歫也木兩頭銳也莊子槍猶抵也漢書云見獄吏則頭槍地又楚庚切欃槍也
枸 俱禹切其木可以爲醬出蜀中亦作蒟
梒 胡諳切今謂之櫻桃也亦作含
櫎 胡廣切所以支器一曰帷櫎屏風屬
末 莫曷切端也顛也盡也說文曰木上曰末
榮 爲明切草榮也又桐木也
柎 附俱切江東人呼草木子房爲柎
標 俾饒切木末也顛也又標舉也又卑小切
梗 何杏切梗直也又桔梗
桊 居奉居辱二切兩手同桊亦作拲
橑 綠道切椽也楚辭曰欄橑以木欄爲橑亦
榣 餘招切木名又樹動皃
橃 補達切海中大船也附也亦作䑺
楂 侯加切水中浮木也柴門也柵也亦作查
朱 之瑜切赤心木松栢屬
杌 五骨切樹無枝也又春秋傳曰檮杌
楔 革鎋切荊桃也亦門兩傍木又先結切
柳 五浪五郎二切繫馬柱也
檻 下𥻘切闌也櫳也楚辭云檻楯也
桻 所銀切方言云杠南楚之間謂之桻齊海岱之間謂之桻
柔 如周切弱也木曲直也
橎 步本切即畚車也又拘簍車弓也
檑 力回切刻木爲雲雷象謂之檑又作櫑
楶 子結切說文曰欂櫨也
桁 下庚切屋桁也又胡郎切大械也
檇 遵爲子遂二切左氏傳曰越敗吳於檇李
枅 結奚結賢二切方木也
桾 居君切桾櫏木出交阯子如雞子
楟 徒丁切上楓人楟柰厚樸楟
梍 婢脂裨低二切屋梠也
檛 竹華切箠也魏志檛折其腳與撾同

杗武方莫當二切屋大梁也
樾禹月切楚謂兩樹交陰之下曰樾
槎仕雅切國[illegible]槎斫也[illegible]與查同

槾莫干亡旦二切杇槾也
椑扶支切椑榹木下枝也又方奚切
枘而銳切柄枘楚辭曰不量鑿而正枘兮

欂補各弼戟二切欂櫨枅也
榅於渾切柱也又於勃切榅桲果名
棋居家渠綦二切爾雅曰栻大者謂之棋

欂弼戟切說文曰壁柱也
杺思林切木名其心黄又車鉤心木
桲蒲骨切今連枷所以打穀也又榅桲果名

楗渠偃切關楗也與鍵同
杋扶嚴切北木皮俗呼爲水浮木也
橉力進力盡二切木名又楚人呼門限曰橉

桯戶經他丁二切牀前几也
槙多運切樹梢也又之忍切木密也
櫞尹全切枸櫞出交阯埤蒼云果名似橘

榍恥臘切牀狹而長謂之榍
椏於加切木椏杈又烏可切搖椏樹斜
棑皮拜切船後棑木也又步街切棑筏也

苿胡瓜切兩刃臿也今爲鏵
棸直流側鳩二切姓也又士久切木名
檿呼覽胡黤二切周禮曰彊檿謂彊堅者

案於旦切几屬也食器也
枸吉口切枸杞也根爲地骨皮本作枸
梡息典切梡木子赤如大豆俗云雷鳴子也

檷奴底切木也絡絲柎也
樺胡化切木皮可以爲燭又戶瓜切
櫓力覩切城上守禦望樓說文曰大盾也

棚步萌部登二切閣也棧也
槱余宙切積木燎以祭天也與梄同
楘音木說文曰車歷録也詩云五楘梁輈

枒 魚嫁切木名又弋賒切木出交阯高數千丈葉在其末也

樅 子庸七恭二切松葉栢身詩云虡業維樅樅謂崇牙也

⿰木甫 皮秘切木名出蜀中八月中吐穗如鹽狀可食味酸美也

榦 柯旦切書曰杶榦栝栢榦柘也下楨榦築垣版也又柄也

栭 如之切栭栗也又屋栟上標也爾雅曰栭謂之䈂即櫨也

橦 徒江切說文曰帳極也西京賦都盧尋橦橦竿也或作幢

櫌 於求切說文曰摩田器也呂氏春秋曰鉏櫌白梃櫌椎也

椑 薄雞切齊人謂斧柯爲椑又圓榼也漢書曰美酒一椑

棧 仕板切說文云棚也一曰竹木之車曰棧詩曰有棧之車

枰 皮兵皮柄二切枰仲木名上林賦曰華楓枰櫨又博局也

楄 扶[illegible]切左氏傳曰唯是楄柎[illegible]中靈[illegible]也又方木也

楢 以周赤沼二切說文曰柔木也工官以爲輭輪

梔 之移切黃木實可以染爾雅曰桑辨有葚梔

⿱驫木 所臻切說文曰衆盛也逸周書曰⿱驫木⿱驫木疑沮事

朸 旅得切韓詩云如矢斯朸木理也平原有朸縣

橝 大玷切屋梠前也一曰蚕槌又大耽切木名

槈 奴遘切說文曰薅器也國語曰挾其槍刈槈鎛

枕 之甚切臥頭所薦也又車後橫林又之賃切

枱 居業公荅二切劒柙也莊子云枱而藏之

欘 知錄切枝上曲一曰斤柄也又斫也或作斸字

槿 渠巾切柄也又居隱切木槿朝生夕隕可食

樏 力追切山行所[illegible]力詭切扁盛[illegible]

榜 蒲□切說文所□□弓弩也又北孟切榜人□也

橘 規述切大曰柚小曰橘呂氏春秋曰果之美者有江浦之橘

椿 丑倫切木名莊子云上古有大椿以八千歲爲春八千歲爲秋

橈 奴教切說文曰曲木也易云棟橈本末弱也又如昭切小楫也

極 渠憶切棟也書曰建用皇極極中也又至也盡也遠也高也

楅 甫六切持牛不令觝觸人也說文又彼力切以木有所逼束也

棺 古丸切棺櫬之言完所以藏屍令完也又古亂切棺斂也

樸 補木普木二切堅也苞也叢也又步卜切樸樕小木又作樸縣名

梐 蒲禮切周禮掌舍設梐枑梐枑謂行馬也家語周梐王肅曰獄牢也

櫕 爲綴才丸二切漢書給櫕櫝□埋師古云□櫕櫝謂小棺又音□

槮 所錦切木實也爾雅曰槮謂之涔注云今之作罧者聚積柴木於水中魚得寒入其裏藏隱因以薄圍捕取之作□

橋 巨驕切梁也□禮記曰奉席如□□

欐 力底力計二切小船也又梁棟名又所宜切

柮 當骨切榾柮木頭說文五滑切斷也一曰給也

校 胡教切械也周禮校人掌王馬之政又古效切

棬 去權切屈木盂也又居媛切拘牛鼻亦作桊

㮧 戶孤切今江東呼棗大而銳上者曰㮧亦作壺

杓 子各切凡織先經以杓梳絲使不亂出埤蒼

杬 魚表切木名出豫章煎汁藏果及卵不壞也

桅 俱彼切黃木可染也又五回切船上檣竿也

櫱 魚割切餘也

欁 不 𣓌 枿 並上同

櫨 來都切，柱上枅也。呂氏春秋曰：果之美者箕山之東青馬之所有甘櫨焉。一曰宅櫨木，出弘農山。
桴 芳無、扶留二切，屋櫋也。又論語：乘桴浮于海。注云：編竹木大者曰筏，小者曰桴。
杞 祛巳切，苟杞也。
梫 如佳切，小木也。
橇 丘喬切。史記曰：泥行乘橇。孟康云：橇形如箕，擿行泥上。亦作鞽。又子絕切。
棫 胡逼切，白桵也。
欏 力多切，欏木也。
榷 古學切，水上橫木渡，今之略約也。漢書云：初榷酒酤。注謂榷者步渡橋。
橞 胡桂切，木名。
棃 力之切，果名。
梨 同上。
龒 力同切，房室之疏也。亦作櫳。
楰 俞主切，楸屬，鼠梓也。
朷 如陵切，木名。
楘 莫力切，冬桃也。
枆 同上。
梀 丑足、七足二切，短椽也。亦木名。
柊 之戎切，柊楑，椎也。
楑 渠惟切，柊楑。
枇 疾貲切，無枇木。
榹 同上。
桓 胡端切，桓木，葉似柳，皮黃白色。
朴 普角、普木二切，木也。
栺 至而切，木名。
栲 苦道切，山樗也。
杭 同上。
槭 於歸切，槭窬，褻器。又決碧切，木也。
枚 莫回切，枚也。又箇也。
棈 才見切，木名。
檆 所咸切，木名。
杉 同上。
樛 居秋切。詩曰：南有樛木。木下曲曰樛。
朻 同上。爾雅曰：下句曰朻。
櫇 婢賓切，木名。
樌 柯惟切，山楸也。
椱 同上。
杸 胡的切，又胡革切，燒麥柃殺也。
枎 輔虞切，扶疏，四布也。
棣 里計切，木名。
杶 敕倫切，木似樗。
櫄 同上。
柫 甫物切，連枷也，所以打穀者也。
朴 子了切，木忽高也。
椑 俾質切，木名。
梓 咨里切，木[illegible]。
榟 同上。

橢 叔果切狹長也車笭中橢器也
㥯 於靳切棼也棟也
楋 力達切木名
樣 辝兩切栩實
[illegible]

桫 先和切織桫也緯也亦作梭
櫋 弥堅切屋櫋聯也
椇 俱禹切枳椇也
楮 丑呂切木名
桺 說文柳字

桊 居媛切牛鼻環也一曰牛枸
梠 力語切說文曰楣也
枌 扶云切白楡也
柳 力酒切小楊也
㮤 古文

樴 之力徒得二切杙也所以繫牛
樀 都歷切檐也屋梠也
檗 補革切黃木也
松 徐容切木名
尌 籀文

欘 時燭切木名大葉似柳而赤
楣 莫到切門樞之橫梁
樧 所黠切似茱萸
樹 時注切木摠名
尌 籀文

楺 如酉切屈木易曰楺木為耒
櫼 子廉切楔也或鑯字
楊 余章切楊柳也
朶 都果切木上垂
朶 同上

朮 時聿切穀名又直律切藥名
杷 步牙切收麥器也
榶 徒郎切棣也
榾 呼骨切髙也
榾 同上

槩 柯愛切平斗斛也又梗槩也
杚 同上說文古没切平也
欒 魯官切木似欄
槸 魚制切木相摩
槸 同上

欚 力底切江中大船也又作𦪇
桱 公定切桯也又木名
榖 古斛切惡木也
槀 苦道切木枯也
槁 同上

椓 都角切擊也詩云椓之橐橐
檕 公渫切繘耑木也
𣏾 去諸切𣏾极也
檐 余瞻切屋檐也
櫩 同上

梡 口管胡管二切木名又束薪
槌 結槐切植也蠶槌也
檵 故詣切枸杞也
楥 吁万切履法也
楦 同上俗

柹 蒲會孚吠二切削朴也枝附也
楬 渠列切有表識謂之楬櫫也
橧 才陵切豕所寢也又子登切
槤 力煎切簃也又横關木又木名
梮 居錄切輿食器也又土轝也
櫼 力葉切又弋涉切栅大端也
櫖 力豫切上櫐也似葛而麄大
榞 魚袁切木皮可食實如甘焦
栺 五計切栲栺又旨夷切栺栭木
橛 渠月切橛株山名也亦作橜
椿 陟江切椿橛也又書容切撞也

檀 達丹切木名
梧 午徒切梧桐也
楰 庾朱切白枌也
樵 昨焦切薪也
⿰木遝 杜沓切榙⿰木遝
株 陟俱切木根也
根 柯恩切株也
杈 楚加切枝也
枖 於驕切木盛皃
橌 下板切大木皃
[illegible] [illegible]梗切[illegible]也

檿 於簟切山桑也
桐 徒東切木名
棻 妨云切香木也
杒 如振切木名
櫾 余舟切木名
柢 丁計切根也
枝 之移切枝柯也
栠 如甚切木弱皃
桹 力唐切高木也
枉 紆往切衺曲也
橚 息六切木長皃

桭 之仁切屋梠也
杻 敕九切槭也
椁 古莫切棺槨
櫂 馳效切檝也
枻 余世切楫也
櫏 且連切椙櫏木
榼 乎奚切榽榼木
杴 許嚴切鍬屬
檖 夕醉切木名
柄 必命切柯柄也
㮇 他念切木杖也

栕 同上
杽 同上
槨 同上
棹 同上
栧 同上
⿰木䙴 同上
⿰木盇 同上俗
⿰木匳 同上
⿰木㒸 同上
棅 同上
栝 說文㮇字

棲 …臬也爾雅曰棲謂之棲
尽 …栵也…
杕 徒計切木盛皃
条 辰上說文女凡切
梁 音良水橋也
㴀 古文
梘 魚矜切車轅端持衡木與軏同
構 古候切架屋也
楂 側加切似梨而酸
柤 同上
棯 而審切果木爾雅曰還味棯棗
棟 都貢切屋極也
楹 餘成切柱也
梅 莫回切說文枏也
棋 同上
梋 吉緣切木皮似絹可以爲衣
榰 之移切柱也
槉 慈栗切枅也
亲 側詵切實似小栗
榛 同上
棨 音啓兵闌也說文曰傳信也
椽 馳宣切榱也
桷 古學切榱也
榍 先結切木名說文帳
楔 同上
柴 仕佳切說文曰小木散材也
槏 去減切戶也
杫 思漬切肉几也
楷 同上又思井切
樅 同上
柆 力合切才也說文曰折木也
樓 落侯切重屋也
植 時職切根生之屬也樹也置也又除吏切養蠶器也
檲 同上
槧 才敢切削版牘也又七豔切
栜 山革切赤栜木
櫁 亡質切香木也取香皆當豫斫之久乃香出
榓 同上
柎 方無切花萼足也說文闌足也
椳 郁回切戶樞也
栒 思尹切栒虡…鐘磬橫者曰栒亦…異
栔 同上
檄 戶狄切符檄說文曰二尺書也
柝 他洛切擊木也…木謂之柝今江東斫木爲柝亦作析
㯿 同上
枹 縛謀切鼓槌也爾雅曰楊枹薊似薊而肥大又百交切爾雅曰枹遒木魁瘣㿌樹木叢生枝節盤結磈磊
櫟 來的

木名左氏傳曰鄭伯突入于櫟杜預曰鄭別都也又舒灼切又余灼切櫟陽縣名　欇時葉切且也一名虎櫐　𣡽同上

樸普角切眞也木素也　樣餘章子朗二切槌也　榺詩證切機持經者　柰那賴切果名又柰何也　㮈同上

杼持呂切機持緯者　椱扶富切機持繒者　棖宅行切門兩傍木也　枱弋之切耒耑木也亦作鈶　辝籀文

棴扶木切木出崐崘也　檣才羊切船檣帆柱也　⿰木肴下交切楮桃杷子也　槃步干切器名或作盤鎜　柈同上

棢無兩切車棢與輞同　榏牛狄切榏舟亦作艗　⿰木哀於可切橠橠木盛皃　梭先刀切船總名或作艘　⿰木叟同上

朾徒丁切撞也又音汀　柧古胡切柧稜木也　⿰木圂胡本切木未破也　櫛側瑟切梳枇之捴名　楖同上

楪餘涉切牖也又楪榆縣名　枼與涉切薄也亦同上　桓古鄧切竟也今作亘　相詳里切臿也與耜同　梩同上

休虛鳩切息也定也　桎之實切在足曰桎　梏古篤切在手曰梏　栝博同切說文曰隱也　杯同上

櫪力狄切櫪⿰木斯柙指也　⿰木斯先奚切櫪⿰木斯也　柛始神切木自斃曰柛　模莫奴切法也規也　橅同上

櫳力東切檻也牢也　櫬楚鎮切親身棺也　榭辭夜切臺有木曰榭　樕桑屋切詩傳樸樕小木也　⿰木速同上

[illegible]渠殺切戶臼樞　⿰木是是支切匕名亦作匙　⿰木挐女閭切涤挐把也　本補衮切始也說文木下曰本　⿱本品古文

[illegible][illegible]也亦盂也　梗臯[illegible]切梗木似豫樟　[illegible]達胡切木枝四布　樘達郎丑庚切柱又車樘　[illegible]同上

橨扶云切枰仲木別名　[illegible]力煑切木名中箭笴　樍子狄切[illegible]木別名　櫝徒穀切匱亦木名又小棺　[illegible]同上

樢思野切案之別名　榯是之切樹木立也　[illegible]都債切車箱亦作轛　椒子姚切木名爾雅檓大椒　朴同上

櫧之餘切木名冬不凋　檽乃亘切木名皮可染　楉如灼切楉榴柰屬　[illegible]古昆押貫二切[illegible]子老人杖　枴同上

桸虛衣切木名汁可食　枍於計切枍指宮名　[illegible]力戈切木中箭笴　牀仕良切說文安身之坐者　床俗同上

櫨弋占切木膠可作香　槙亡零切槙樝果名　杁如神切屋上閒杁也　檴胡霸胡郭二切木名　檇同上

[illegible]才弋切[illegible]李亦作[illegible]　楤土紅切尖頭檐也　极其輒切驢上負版　棳之悅切梁上楹也　梲同上

柁徒可切正船木也　橿寄良切橿鉏柄　栴章延切栴檀香木　棓步項切杖也　棒同上

棓同上棒又連枷也　樶子回切木樶節也　檎其吟切林檎果似柰　棉彌氈切木名　榪　[illegible]並同上

橾居言切橾子檇棈彩　橅先胡切橅枌可染緋　橊力舟切扶橊藤名　櫐力軌切木名　櫐同上　[illegible]籀文

栐于丙切木可用為笏　楮丑呂切說文曰穀也　檔都郎切牀也又木名　梣昨今切青皮木　[illegible]　[illegible]並同上

欈 亦同上又音岑 欃 仕衫切木蘭也又楚咸切爾雅云彗星爲欃槍又鋭也 槖 同上說文音許落也與籜同

楃 烏角切木帳也 梳 所於切理髮也 梱 苦本切門橛也 [illegible] 句娛切茱萸也 桺 何格切角械也一曰木也

檈 似宣切圜案也 杵 齒與切舂杵也 榼 苦閤切酒器也 𣖾 俱録切舉食者 核 在見切? 爲革戶骨二切果實中也

栚 直荏切槌也 機 居衣切弩牙也 槶 古誨切筐也 梯 他奚切木階也 栫 在見切柴木壅水也

柌 似咨切鎌柄也 𣘚 楚愁切牛桊也 椎 直追切木椎也 枑 胡故切梐枑 棤 思亦切棤皵也謂皮甲錯

欀 人向切道木也 枹 乙交切桐也 桵 於皮切田器也 楱 且豆切橘類也 楛 胡懶切輔木轉也所以

朽 虛卯切腐也 框 去狂切棺門也 檫 先葛切檫聲也 村 千昆切聚坊也 欋 具俱切齊魯謂四齒杷也

穎 古迥切籤也 杭 胡剛切州名 柭 蒲葛切大木也 𣞑 距於切藩落籬 柚 弋周切木更生也與由同

枺 武賴切木名 柢 上支切碓衡也 樢 丁了切亦鳥字 楓 甫紅切楓香木 棝 公路切可以射鼠也棝斗

椀 於管切小盂也 樟 之揚切木名 楑 待骨切槌也 朱 口朔切古文閑 楫 才立子葉二切行舟具也

[illegible] 烏各切 央 於兩切木實 櫰 乃可切櫰檬 梜 公洽切檢押也 橫 胡孟胡盲二切小也

[illegible] 机朳[illegible]
[illegible] 徒勞[illegible]斷木也
析 [illegible]切分也
柟 [illegible]檻也
栫 [illegible]

椈 居六切栢椈也
櫫 竹余切楬也
槳 子兩切楫屬
[illegible] [illegible]切大栝也
救 古忽切[illegible]和也柴也

[illegible] 居蔭切格也
棜 於據切几屬也
[illegible] 子忽切盂也
[illegible] 思計切[illegible]陽山
樔 仕交切澤中守草樓也

槔 古刀切桔槔也
[illegible] 徒的切[illegible]槔也
梌 丈加切刺木也
欄 力寒切木欄也
械 亥誡切器仗也又桎梏也

[illegible] 猗儉切[illegible]柰也
[illegible] 因廉切木細葉
榑 普庚切木弩也
欓 多朗切茱萸類
榬 禹元切絡絲篗也或作籆

槁 古勞切進船
柂 弋之切船舟斗
栓 山全切木丁也
[illegible] 巨列切木釘也
采 旦在切色也事也又取也

椊 [illegible]骨切柱頭內
槦 余鍾切木名
杔 丁格切杔櫨也
杆 公旦切檀木也
棲 思奚切鳥棲也亦作栖

[illegible] 子田切古文棧
[illegible] 午載切[illegible]艤同
橔 大回切棺覆也
椷 古咸切又胡緘切木名又杯也篋也
[illegible] 同上

櫍 之逸切椹也
栻 丑力切局也
[illegible] 力桃切木名
栞 口寒切說文槎識也夏書隨山栞木
[illegible] 同上

樇 息流切木名
檞 佳買切松檞也
[illegible] 都和切木株也
某 莫回切酸果又音母不知名者云某
槑 古文

[illegible] 沘力切古直字
[illegible] 且接切飯臬也
柟 奴含而鹽而剡三切葉似桑子似杏而酸爾雅云梅柟
楠 同上俗

樆 蓮感切 木名
樈 渠京切 鑿柄
枔 才心切 木葉也
樿 之善切 木瘤也
檇 子移切欈構 木實可食
欈 俞規切 構欈也
⿰木革 公八切 ⿰木革鼓也
榴 力周切 石榴
槊 所角切 木名
橄 古覽切橄欖 果木出交阯
欖 盧敢切 橄欖
⿰木茶 丈加切 苦⿰木茶也
⿰木斯 斯兮切 椑⿰木斯也
棦 又耕切 木束也
欆 瞿龍切小舟也亦作艭
樏 力追切 木實也
櫰 奴多切 或郍字
桶 他董切 木桶
桻 芳容切 木上也
槄 他刀他活二切 山榎也
槻 吉維切 木名
⿰木足 與支切 ⿰木足船名
楒 自茲切 相楒木
椔 側師切 木枯死
橭 古胡切木名 木四布也
⿰木銀 魚巾切 木名
欀 所還切 木欀
⿰木遣 依蔦切 木名
⿰木焉 戶恩切 平量也
櫰 古回戶乖二切 榎別名
槽 祖毫切 馬槽
櫕 昨官切 木叢最也
梛 余遮切 梛子木
樘 徒郎切 車樘
櫔 力制切木名 實如栗也
橩 巨營切 木名
棈 七精切 木名
⿰木尤 于牛切 木名
⿰木冋 主營切 木名
橜 [illegible]
樳 詞林切 [illegible]
橊 力由切
[illegible] 息邪切 [illegible]
[illegible]

檯 徒來切木名
檑 力堆切木名
榕 余鍾切木名
梆 必尨切木名
樽 子昆切酒器也亦作鐏
欆 疎窻切棹船羽
栦 時斿切木也
⿱斯木 息咨切木柴
⿰木芘 則此切木名
⿰木賫 公揀切杯也亦作[illegible]
榘 居羽切與矩同
櫸 居語切木名
椼 余闡切木名
枓 覩口切栱枓
㮧 於胡切槝槦木中箭笴
⿰木兩 力掌切松脂
⿰木盥 戶巧切器名
樉 色養切木名
榥 胡廣切讀書牀
⿱妻木 於[illegible]切[illegible]木也
橎 式荏切木名
榼 呼盍切酒榼也
橤 如累切木名
⿰木產 色盞切木名
栝 古活切木名栢葉松身
棔 說文曰檃栝也
⿰木緊 吉忍切⿰木緊木
柲 筆媚切戟柄也
櫃 巨位切櫃篋
樌 古換切木叢生也今作灌
㮣 古會切㮣杖
槵 胡慣切木名
榨 側嫁切打油具
⿰木卂 息進切木名
⿰木挈 公節切⿰木挈槔所以汲水也
枛 側孝切木刺也
⿰木事 側吏切木名
⿰木啻 式志切木名
檅 自銳切小棺也
檬 亡公切木名似槐葉黃
⿰木臝 郎臥切木名
櫼 子眠切小栗名
棒 口練切棒木
棩 烏縣切木曲也
朹 渠鳩切爾雅曰朹檕梅
⿰木路 力渡切⿰木路柌也
⿰木閉 薄計切木名
橓 式閏切木名
[illegible] 胡夾切[illegible]艦也
柉 扶嚴切木皮可以爲索

棣力篤切木名
楞力登切木楞也亦作棱
栫陟革切槌横木也關西謂之栫
樳同上
櫶古文

榒尼革切木名
棎時占切果名似柰而酸
椯市專切木名又丁果切
⿱業木同上
[illegible]同上

栿符目切梁栿也
椶祖東切椶櫚也一名蒲葵
櫚力居切椶櫚亦曰栟櫚也
椵大館切木似白楊

⿰木禿他祿切杖指也
檰彌連切檰木有子似栗
杊詞倫切木名一曰鉏柄
檳卑民切檳榔木

棊音其博棊也
梭子回切梭節木亦作檇
檴苦角切木有實似柚
榪莫霸切榪頭横木

杪彌紹切木末也
梬以整切梬棗似柿而小
樐力古切彭排也亦與櫓同
⿰木協力帝切似枇杷子果

杖音丈說文持也
梫七荏切木名又子禁切
枷音加枷鎖又連枷打穀具
杕唐左切船[illegible]小艄也

椸音移衣架也
柯音哥枝也說文曰斧柄也
檢居儉切說文曰書署也
枯苦胡切說文曰槀也

棁朱說切栭也
櫡陟略切說文曰斫謂之櫡
栙下江切說文曰栙雙也
檃於謹切說文檃栝也

樞齒朱切戶樞也
杰渠薛切梁四公子名也
椄子捷切說文曰續木也
椌口江切椌楬柷敔也

[illegible]戶火切鐘槌[illegible]
橄直[illegible][illegible]方尾
柣馳栗切門限也又音佚
柷昌六切柷敔樂器

椺徂治切木雒也　棫亡絃切　㭎古郎切　櫟音桀杙也　寨柴夬切羊宿處　朳布拔切無齒杷也

梃達頂切木也　柵楚格切偏豎木

○東部第一百五十八凡二字

東德紅切春方也　𣗥昨遭切說文曰二東也曹从此

○林部第一百五十九凡十八字

林力金切說文平土有叢木曰林　⿱林九巨尤切荊楚亭名

⿱林囟且賴切古文蔡　森所今切長木皃或作槮　⿱林云烏候切地名又市由切　棼扶云切複屋棟也

埜移者切古文野　楙莫候切木瓜又木盛也亦作茂　棽敕林切說文枝條棽儷皃　梵扶風扶泛二切木得風皃

⿱林風南弓切古文風　麓力木切山足也說文曰守山林之吏也一曰林屬於山為麓　⿱林隶古文　楚初舉切說文叢木一名荊也又國名

鬱於屈切木叢生　𣡗同上俗　橆文甫切緐橆豐盛也今作無無為有無字　⿱林色指切木皃盛也

○巢部第一百六十凡二字

巢仕交切說文曰鳥在木上曰巢　𡿺悲儉切貶損也與貶同

○叒部第一百六十一凡五字

叒而灼切說文曰日出東方湯谷所登榑桑叒木也

⿱叒巴籀文 ⿱叒糸丑利切蠶⿱叒糸 ⿰車⿱叒糸力見切⿱竹奐蠶 桑思郎切蠶所食葉俗作桒

大廣益會玉篇卷第十二

大廣益會玉篇卷第十三

十十　艸部第一百六十二

○艸部第一百六十二凡一千五十四字

艸 七老切百艸揔名說文曰百卉也今作艹 草 同上說文音早草斗櫟實一曰樣斗 蘼 靡飢亡彼二切蘼蕪虋冬也 萇 除良切詩曰隰有萇楚銚弋也 茵 敘留切茵芝也一年三秀爲瑞草 蘭 力干切香草易曰其臭如蘭 菘 思雄切方言曰豐江東曰菘蕪菁也 莙 其隕俱云二切牛藻也一云馬藻 萁 居疑切菜也又渠疑切豆莖也 藩 輔園切蕃茂藩又甫煩切屏也籬也 虇 丘遠切江東人呼蘆筍爲蘆虇也 銚 余招切銚芅羊桃也詩亦作銚 蘻 公詣切狗毒草樊光云俗語苦如蘻 荂 許俱妨俱二切草華別名又荂榮也 苺 莫罪切說文曰馬苺又音茂 芐 胡古切地黃也又何嫁切蒲華草 茇 蒲達切草木根也又補末切草茇 茥 桂攜切蒛盆即蕿盆也又音睽 蓑 素和切草衣也又素回切草垂皃 藈 古畦苦畦二切鉤藈姑一名王瓜 菔 扶福切蘆菔也江東呼菘菜 薄 蒲各切厚薄說文林薄也一曰蠶薄 [illegible]力[illegible]蟲也今揔[illegible]如[illegible] 苢 [illegible]又切小苢四[illegible]貢秀也 蓩 莫屋莫老二切毒草[illegible]又[illegible]耳也

[illegible]也[illegible]下𨰻切[illegible]
[illegible]切希[illegible]而葉小
荵　如軫切[illegible]江東呼為隱[illegible]

[illegible]二切江[illegible]爲藏藏也
藐　亡角切茈草又彌紹切遠也
蘄　居衣渠之二切草也又縣名又音芹

[illegible]江湖之間[illegible]之棐也
苦　枯嘗切苦菜說文曰大苦苓也
落　郎閣切墮也草曰零木曰落又始也

蒤　達胡切[illegible]杸似紅草可[illegible]赤
苞　博交切叢生也又積也豐也
葐　扶文切葐蒀盛皃又蒲昆切蕡葐草

蒩　貲都切[illegible]蒩耤封諸侯[illegible]亡豆耤也
蔦　都了切寄生也詩曰蔦與女蘿
蔣　子羊切其實[illegible]也又子兩切國名

蓨　[illegible]垂二切說文曰[illegible]秀也
苦　公乎切苦蔞也齊人謂之爪蔞
蓡　舒臨切蓡猶苫也草自藉也或作[illegible]

萎　於危切說文於偽切食牛也
葑　匪庸切蕪菁也詩曰采葑采菲
芻　楚俱切茭草說文云刈草也俗作蒭

蘢　[illegible]爲彼偽二切草也旄牛尾也
萌　麥耕切始也說文曰草木芽也
莜　徒吊切論語曰以杖荷莜草器名

蓗　相維切說文曰薑屬可以香口
莖　余更切枝本說文曰草木幹也
蔽　所革切以穀飼草餧馬也又小兒皃

蔽　徂庚切牂蔽可以作摩絭纓也
蓍　胡刹切長沙人呼野蘇爲蓍
芁　勤牛切詩云至于芁野遠荒之野曰芁

芆　平表吡小二切落也正作𦬸
蔡　且蓋切草芥也法也草際也
蕃　縛袁切滋也息也又甫煩切蕃屛也

菰 與蛇切草名
艾 五大切蕭也又老也耒也
莣 罔方切杜榮也今惹草
蓀 息昆切香草也
䕲 同上

菋 無貴切荎藸也
芴 亡弗切菲芴即土瓜也
蕵 蘇昆切爾雅曰蕵烏蕵
莥 女紂切鹿藿實
莥 同上

荎 雉之切荎藸
莿 七漬切芒也草木針也
薋 疾兹切蒺藜也三角刺人
葵 渠追切菜名
葵 同上

蒟 渠俱切蒟芋醬
蔏 舒羊切字書蔏陸蓫薚也
蕣 師閏切木槿花朝生暮落
薸 毗招切萍屬
⿱艹瓢 同上

芫 牛袁切芫花藥
茁 側劣側滑二切草出皃
萛 是支切萛是母草即知母也
蓡 所金切人蓡藥
蔘 同上

蘧 其居切蘧麥
蒢 直居切蘧蒢又黃蒢也
葇 汝游切香葇菜蘇類也
蕁 徒含切蕁莐藩
⿱艹㝷 同上

蕈 慈荏切地菌也
萉 扶沸切果實也或作贊
蒜 蘇亂切葷菜也俗作蒜
藡 徒歷切蓷也
⿰氵芺 同上

菌 奇隕切地菌
蔞 力俱力侯二切蔞蒿也
葴 至諶切馬藍也一曰蒹蔣
菂 徒敵切菡菂
⿱艹⿵門啇 同上

萋 且稽切草茂皃
蒙 莫公切唐蒙女蘿別名
葹 舒移切卷葹草拔心不死
藕 五後切荷根
蕅 同上

葼 子公切木細枝
蕤 汝誰切葳蕤草木實垂皃
苙 閭及切白芷也又音及
苡 余止切芣苡
苢 同上

[illegible]
荅 都合切小豆也
蓷 以追切菜名似韭而黃
[illegible] 叫切……也
藋 同上

宮女寺也 葰 芺矣……說文二云十毌中也 菩 防誘切香草也又音蒲 ……草二…… 苺 ……

茉 力消切耕多草 蔁 之羊切蔁柳蔏陸別名 莦 所交切草根又根遙切 莤 有救切草名 蘭 同上

芟 所巖切除草也 薉 於吠切行之蕪也又竹葳 蔽 甫制切障也隱也暗也 蕈 公奄切香章 芑 同上

莝 且臥切斬草 茷 符廢博賴二切草葉多也 茜 丈例切草補缺或爲綴 茋 諸尸切茲也 茋 ……

薪 自秦切柴也 莘 莊里切說文云羹菜也 蘢 胡罪公回二切懷羊也 薟 力撿切白薟也 蘞 同上

藿 齒六切山韭也 荲 奴結切菜似蒜生水旁 蕛 臺雞切蕛苵地生穢草也 苵 徒結切蕛苵 蕺 同上

藶 力狄切葶藶也 莨 胡墾切草名似著耳青白 菊 居六切說文云大菊蘧麥 菡 胡敢切菡萏荷華也 菡 同上

荅 同上又花開 薠 扶蕃切青蘋也似蘋而大 艼 禿鼎禿亮二切艼熒也 蘀 他落切落也 蘀 同上

蕨 居越切菜也 薖 苦戈切草也又寬大皃 蓁 疾陳切衆也又草盛皃 芁 居包切秦艽藥 艽 同上

蘨 與招切茂也 芃 扶戎步同二切草茂盛皃 荋 讓之切草多皃又亭名 蓖 邊兮切蓖麻 蓖 同上

苫 舒鹽切蓋苫也 蓋 胡臘切苫蓋也又古害切 蔟 青木切巢也亦蠶蔟也 蘜 辭征切蘜菊花 葢 同上

蘵　諸身切爾雅云前蘵豕首郭璞云本草曰彘盧一名蟦蠐蘭今江東呼稀首可以煼蠶蛹

蘺　力支切香草芎藭苗也

薔　所力切澤蓼也一曰虞蓼又音牆薔薇也又東薔實如葵似蓬草子虛賦曰東薔彫胡

苗　丘玉切苗植也養蠶器也

茹　而預而與而諸三切柔也貪也菜茹也度也飯牛也又相牽引皃易曰拔茅連茹

莎　素戈切草也蒿雜樹也

荼　杜胡切苦菜也又爾雅曰檟苦荼注云樹小似梔子冬生葉可煑作羹飲又除加切

薃　胡暠切薃莎草一名莎茷

菲　孚尾切菜名又薄也論語云菲飲食而致孝於鬼神又芳肥切芳菲也又父未切

芨　居及切芨堇草即烏頭也

蒚　良激切山蒜也又蒲蒚謂今蒲頭有臺臺上有重臺中出黃即蒲黃又曰山蒚也

蒫　昨何祖邪二切薺實也

萹　布緜切萹竹草爾雅曰竹萹蓄郭璞云似小藜赤莖節好生道傍可食也又殺蟲

葟　胡光切葟榮亦花之美也

茈　自移切爾雅曰芍鳧茈也郭璞云生下田苗似龍須而細根如指頭可食或從疵

蓽　補密切以荊爲戶爲之蓽

蔜　古豪切草名其實似瓜食之治瘧又云白蔜草食之不飢

莓　亡救亡佩二切莓似棋可食又音梅莓莓美田也

蒳　奴荅切字統云香草異物志云蒳子似栟櫚而小子似檳榔

莞　古桓胡官二切似藺而圓可爲席詩曰上莞下簟

薘　特[illegible]切說文薘[illegible]也東方朔曰[illegible]可發也

蒟　俱羽切蒟醬[illegible]其草[illegible]桑實似[illegible]

苜 [illegible]切苜蓿漢[illegible]賓國多 苜[illegible]宛馬所嗜本作目宿

葶 都莛切毒魚草熊耳山有細 草名曰葶薴又音亭葶藶也

蘠 才良切爾雅蘠蘼虋冬一名 蒲冬又莁荑殺蘠一名曰蕢

茿 豬鞠切萹茿也似小藜赤莖 節好生道旁可食亦作竹

葯 營窘切葯𦿆也今江東人呼 藕根為𦿆說文曰芺根也

苴 七閭切苴麻也又子閭切苞苴 也又苴杖又子旅切履中薦也

蔋 徒的切詩云旱既大甚蔋蔋 山川蔋蔋旱氣也本亦作滌

葷 呼云切禮記云膳於君有葷 桃茢葷葉所以辟凶邪也

⿱艹底 之履切蒻也芑實也書數重⿱艹底 席孔安國曰⿱艹底蒻莖也本作底

蘈 他雷切牛蘈江東有高尺餘葉 長而銳花紫縹色可淋以為飲

芍 都歷切蓮子又時灼切芍藥又 七略切芍陂又下了切鳧茈也

蓈 力當切莠也說[illegible]曰[illegible]之 穗生而不成謂之童蓈

⿱艹麗 力計切易曰百穀草木⿱艹麗 乎地⿱艹麗附著也本亦作麗

蔀 步口切易曰豐其蔀王弼 云蔀覆曖鄣光明之物也

蔜 五高切爾雅蔜蕿蔞注云 金繁蔞也一曰雞腸草

菸 於去切臭草也楚辭曰 菸邑而無色兮菸鬱也

蓫 抽陸切詩曰言采其蓫牛 蘈也又音逐馬尾草也

蕆 敕展切解也備也左氏傳 曰寡君願以蕆事蕆敕也

芏 他護切又徒扈切生海邊 似莞藺越人以為席也

苶 [illegible]奴結切莊子云苶然疲役 [illegible]其所歸又月英切

莤 [illegible]水草也一名軒于 [illegible]六切苞茅莤酒也

薙 託計切周禮薙氏掌殺草 謂以鉤鎌迫地芟之也

萐 所洽切萐莆瑞草也王者孝德至則萐莆生於廚其葉大如門不搖自扇於飲食中清涼助供養也 莆 方禹切萐莆

薢 古諧庚買二切爾雅薢茩英茪郭璞云英明也葉黃銳赤華實如山茱萸或曰陵也關西謂之薢茩 茩 古后切薢茩

蓂 莫丁切蓂莢也堯時得其分度則蓂莢生於階月一日一莢生十六日一莢落又音覓菥蓂大薺也 菌 奇卷切鹿豆莖

薰 許云切似蘼蕪香草也 蘇 先胡切荏屬 莧 胡辨切菜名 茝 齒改切香草也 芞 去訖切香草也

蕙 胡桂切香草生下濕地 茖 音格山葱也 芄 胡官切芄蘭草 藍 力甘切染草 蒲 蒲胡切草也

葯 於略切白芷葉則藥也 苷 古酣切甘草 蒛 苦決切蒛盆也 蒻 如灼切蒲蒻 葦 禹鬼切大葭也

芷 支視切白芷藥名一名[illegible] 薍 魚患切烏蓲也 蒹 古廉切蒹薕也 薕 力鹽切荻也 萑 胡官切[illegible]葦

荏 而錦切荏菽荏又蘇屬 茭 古交切草名 葖 他忽切蘆服也 芥 假拜切菜名 荷 賀多切荷芙蕖

葸 私力切非葸菜似蕪菁 蕸 何加切荷葉也 芙 附俱切芙蓉 蓉 俞鍾切芙蓉 蓮 力堅切荷實也

苹 皮明切草也又藾蕭也 [illegible] 下了切蔦蔗也 菁 子丁切蕪菁也 菅 賈顏切茅屬也 茙 如終切茙葵也

[illegible]姚弋 [illegible] 所[illegible] 蕕 與周切臭草也 蕧 扶福切[illegible] 蓯 子孔切[illegible]

藻 …白生水中…組…
莀 慈栗切 蒺藜
蔾 力脂切 蒺蔾
[illegible] 旅題切 蒺類
芹 渠斤切 芹菜

蘦 於于去尤二切 烏蘦也
茱 時朱切 茱萸
萸 與朱切 茱萸
芽 語家切 萌芽也
[illegible] 弋芮切 草生狀

蘆 力胡切 葦未秀者為蘆
[illegible] 芳扶切 華盛也
菩 五都切 草似艾
莠 余受切 草也
[illegible] 餘記切 連翹草

茄 古遐切 荷莖 又巨迦切
蘘 如章切 蘘荷
葫 户都切 大蒜也
藭 巨弓切 营藭
葸 救立切 [illegible]葸草也

荍 祁招切 蚍衃也 今荊葵
蔗 之夜切 甘蔗也
藷 之餘切 藷蔗也
蕑 何蘭切 [illegible]也
菡 [illegible]切 小[illegible]草

菺 居賢切 戎葵也 今蜀葵
菦 居隱切 蔓葛也
蔿 于委切 草也
藟 力水切 藟藤也
荃 此緣切 香草也

蔩 餘紳余善二切 菟瓜也
萃 疾醉切 集也
蘫 來甘切 瓜葅也
[illegible] 來道切 乾梅也
薵 自流切 藸薵也

綦 勤之切 紫綦 似蕨可食
蔬 所居切 菜蔬也
蒘 汝豬切 草也
萼 五各切 花萼也
蓇 古突切 不實草

茯 音伏 茯苓藥也 又車茯兔
苓 郎丁切 茯苓
[illegible] 餘招切 蒲葉也
茫 莫唐切 [illegible]速也
蓨 他彫切 [illegible]也

蕀 居力切 蕀蒬 繞遠志也
蒬 於元切 蕀蒬
蓨 他笛切 蓨也
[illegible] 渠周切 白芷也
蒩 組加切 蒩藥

茈 積豕切 草可染 又音疵
茞 時人切 草名
[illegible] 來密切 草也
[illegible] 來計切 紫草也
萬 于矩切 草也

蕑 阻力切蕑子藥名一歲爲蕑子二歲爲烏喙三歲爲附子四歲爲烏頭五歲爲大雄或楚力切

薂 胡狄切菂薂蓮實也

蓷 敕雷切萑蓷茺蔚也詩曰中谷有蓷

萑 至維切萑蓷

藨 平表切蒯屬可爲席

菂 丁歷切菂薂亦作的

葍 甫鞠切葍蕌大菜白華根如指可食

蕌 甫又切葍蕌

董 德孔切藕根又正也

蕦 相俞切蕦蕪似羊蹄

菈 洛合切方言云東齊人呼蘆菔爲菈遝子

遝 度合切菈遝也

茦 楚革切說文莿也

葎 陵出切似葛有刺

菁 與鞠切草名

葚 市枕切桑實也

蓖 鼻姿切蒿似蓍

蘴 孚雄切蕪菁苗也

苑 於遠切養禽獸園也

薾 奴禮切草盛皃

蕤 弋支切草菨萎蕤

薣 公狄切草也

蘮 居謁切蘮蒘如芹

蕡 扶云切草木多實

蓴 不後切花宗作

蔇 九利切草多皃

幹 姑但切草莖也

蓴 作緄切本蓴草叢生

蘉 莫耕切菪可爲[illegible]

蕪 亡乎切薉也

榮 於營切委蒙也

虉 胥漬切草名

夢 莫公切草可爲帚也

敲 呼到[illegible]也縮也

蔎 舒列切香草也

蓆 祥亦切大也

荌 於旦切草也

苖 他六徒歷二切蓨也

莜 莫老切細草叢生

茷 故發切制也

酤 康路切醋[illegible]也

蕺 疾立切蕺菩草

茽 陟隆直隆二切草名

兹 後堅切說文云草名

[illegible] [illegible]五切[illegible]草[illegible]

[illegible] [illegible]久切

[illegible] [illegible]力切

贛 公禫公林二切草名

[illegible] 丁消切菜具[illegible]

菉□丁切芊□貝也　曹□草也　芪巨支切芪母也　蘺如𢹂名又芏　□二丘切□□藿

苕巾昭切草也　蓋雇后切草也　蘇亡候切草也　蒝五袁切葉布也　芭卜加切芭又香草也

蕉子消切芭蕉　苳丁形切草也　萶齒允切雜也　茲子支切草木多益也　蔫於焉切菸也黜也

茗宜頃切茗荈　茠呼豪切除田草　薅同上出說文　苣勤侶切苣藤胡麻也　蕁匹各切何首□□囊

蓴常倫切蓴菜　莀奴冬切古文農　蘹胡拜切烏喙草　薶莫皆切與埋同　苟公□切□也又苟且

萖惟戀切雀弁也　蕑落見切白蘞也　蓁居輦切蹇蓁訓　荈尺兗切荼葉老者　菆阻留切草也叢生也

藅扶發切蓁藅訓　芃胡唐切芃東蘺　芊七年切草盛皃　薌許良切穀氣亦作香　蕢閭遂切蕢蕫似蒲而細也

薡都頂切薡蕫　蘩輔袁切白蒿也　蕭蘇條切香蒿也　薝丁敢切□谷多薝蘇　蓋於去切盇盎盛盎皃

蒿呼豪切蒿蔽也　𦬼息夷切茅秀也　蘥余灼切雀麥也　䓖巨凶切莢實也　蔻呼候切蔻藥名

薆素老切藪薆藪　蘽力主切藪薆蘽　芰巨寄切蔆也　茤說林云杜林說芰从多　蔌桑□切菜茹之總名

藗桑鹿切白茅也　芀郎聊切葦花也　茚五唐切菖蒲也　草功勞切如葛白華也　莨來唐切莨□也亦粱也

菹 材餘切
蓏 力果切草實說文云在木曰果在地曰蓏
虋 莫溫切詩傳云赤苗也即今赤粱粟也
蘴 同上俗

⿱艹柴 仕街切
⿱艹睆 胡組胡官二切爾雅曰莞苻蘺其上蒚
蓾 來伍切杜蘅也郭璞曰杜衡也似葵而香
⿱艹魯 說文同上

蕬 音絲蕬茨
芣 伏丘切芣苡馬舃一名車前又名蝦蟇長
芩 渠炎渠今二切黃芩也詩云食野之芩
⿱艹金 同上

萓 音豈萓蒇
蔖 千古切爾雅曰蓾蔖郭璞云作履苴草
虉 魚激切小草有雜色似綬詩曰卬有旨虉
⿱艹鷊 同上

⿱艹業 音誅地名
芑 去紀切白粱粟爾雅曰芑白苗又菜也
葥 子賤子踐二切王彗草可爲帚又音前
⿱艹湔 同上

蘢 音龍古文
藇 徐與切酒之美也詩云釃酒有藇亦作醑
莊 阻陽切草盛皃又莊敬也又六達道曰莊
⿱艹⿰禾壯 古文

⿱艹莧 音符蒐此
芾 方味方大二切蔽芾小皃詩曰蔽芾甘棠
苽 古胡切禮記曰魚宜苽鄭玄曰彫胡也
菰 同上

⿱艹敷 音孚花敷
藎 疾刃切進也詩曰王之藎臣一曰草名
藙 魚既切禮記三牲用藙鄭玄云煎茱萸也
⿱艹⿰豙頁 同上

⿱艹乇 音乇藥名
苛 賀多切小草生皃又政煩也怒也訶也
蒸 章繩切麤曰薪細曰蒸又炬也衆也君也塵也
⿱艹丞 同上

苝 音北草名
茵 於仁切茵蓐詩曰文茵暢轂文茵虎蓐
蓼 力鳥切詩曰蓼彼蕭斯蓼長大皃又音了
⿱艹⿰阝參 同上

⿱艹都 [illegible]切草[illegible]
[illegible] 渠歛切雞頭也周禮加籩之實菱芡栗脯
芛 惟畢羊箠二切芛華榮也草木華初生者
華 古文

[illegible]扌[illegible]　葮弋箽[illegible]方言云芡雞頭也[illegible]燕謂之葮　虈許嬌切香草也[illegible]曰[illegible]芳[illegible]亦[illegible]也　⿱艹基音基

蕺作才切草　蘢盧功切馬蘽也爾雅曰紅蘢古文又音龍　藫杜含切海藻也又名海羅如乱髮生海水中　葝音[illegible]

蕍律春切草　蘊紆文切積也聚也蓄也聚草以爇火也　萩且留切蒿也左氏傳曰伐雍門之萩又七肖切　莮奴含切

蘡於盈切草　菿都角切韓詩菿彼甫田毛作倬又音到　蓳丑力切一名蒬似冬藍食之醋也又丑六切　芺于夭切

葋許俱切芋　蘮里列切蔽蘮也紫綦也初生無葉可食　茸而容切茸茸乱皃又艹生也又而勇切不肖也　莧音覓

蘳渠焉切草　蕎居妖切蕎邛鉅大戟也又音喬蕎麥也　蔽苦怪切草中爲索也左氏傳云無管蒯　蒯上同

苢苦婁切草　蘧渠魚切今之苦蘧江東呼爲苦蕒又音渠　蔤美筆切芙蕖本也莖下白蒻在泥中者　苾上同

䕱徒侯切草　著直閭切味莖著又中恕馳略知略三切　蔵慈郎切藏莨草名又隱匿也又才浪切庫藏　葤音紂

䒿力彫切草　艿音仍說文曰舊草不芟新草又生曰艿　荑大奚切始生茅也又荑桑也又音夷莁荑也　⿱艹屑先結切

蕔傳蒿切草　⿱艹豈音潰說文菜之美者有雲夢之⿱艹豈又音豈　藪桑後切澤無水曰藪數周禮有九藪大澤曰藪　⿱艹戛古八切

茿祝由切草　葝居政其聲二切葝山䪥又葝鼠尾可以染皂　蕇丁殄切爾雅云蕇亭歷實葉皆似芥一名狗薺　⿱艹爪莊巧切

葭 古遐切，葭華未秀也。李陵與蘇武書云：胡葭互動。卷蘆葉吹之也。今作茄。 薑 居良切，辛而不葷也。 薑 同上
藸 致如切，藸藸草。又音除。爾雅曰：味荎藸。郭璞云：五味也。蔓生，子叢在莖頭。 藒 去竭切，藒車，香草。 藒 同上
菥 思擊切，析蓂，大薺。又息移切，蔵菥，草，似燕麥。子虛賦曰：高燥則生蔵菥。 蔦 思亦切，馬舃，車前。 蕮 同上
莩 芳俱切，葭莩，葭中白皮也。 蘅 胡庚切，杜蘅，香草。 茖 音格，山葱也。 菹 側於切，奄菜爲菹也。 葅 同上
萸 而究切，木耳生枯木也。 萆 姘赤切，雨衣，一曰蓑衣。 葛 功遏切，蔓草也。 芧 直與切，草，可以爲繩。 苧 同上
藺 旅進切，似莞而細，可爲席。 菶 補動切，菶菶多實也。 萊 旅灾切，藜草也。 藾 力蓋切，藾蕭也，蒿也。 莿 同上
菑 阻飢切，一歲田。又子來切，害也。 葘 同上。又側吏切，輜入載也。 蓴 時均切，牛膏也。 荆 景貞切，楚木名。 荊 古文
莁 武俱切，莁荑，一名白蕢。 藹 於蓋切，腌藹，樹繁茂。 葒 胡公切，葒蘢也。 藻 子道切，水中菜也。 薻 同上
𦱃 於亦切，益母草，本作益。 茨 疾資切，以茅覆屋也。 蕼 相利切，菫也。 荅 他帀切，菜生水中也。 䓉 古文
蘭 餘鞠切，葉似竹，生水中。 蘆 旅居切，蘆茹，茅蒐。 苨 奴禮切，薺苨也。 荑 以穎切，草名，亦作䔢。 蘈 同上
[illegible]周切，草木[illegible]跡也。 戟 居逆切，大戟，藥名。 苻 輔俱切，鬼目也。 芩 巨金切，似蒜，生水中。 蕨 古文

蕪□金□切□□□□又音皆　[illegible]呼瓜切今為華考字　蕍□俱切澤瀉也　䕺才紅切草叢生皃　藂同上俗

蓊烏公烏孔二切木茂也　薳為彼切薳草楚大夫　蓄丑六切蓄積也　菣去刃切爾雅曰蒿菣　[illegible]同上

䔑以遮切皂䔑皮可以為索　𦯓竹亞切菇蒩蕎菾也　葞亡此切春草　薊古麗切芙也　蒯同上俗

藮莊卓切藮葵毒即附子也　𦭜禹俱切蒩𦭜草似非　葩普華切華也　蓬薄紅切蒿草也　莑籀文

蒃徐季切蓫蒢也亦作蒃　苰胡肱切藤苰胡麻也　蔈芳焼切黃花也　薛胥列切莎也　蘖說文薛

蓧思俠切草名又徒協切　薱達潰切草木茂也　葜苦八切菝葜　蕕與周切草也　蕕說

蒘音如蒘藘草也亦作茹　蔛胡鹿切蔛菜生水中　蘤為詭切華榮也　菤九轉切菤耳也　蔨□

荄古來切草根也又音皆　蕡□移切蕡菜生水中　萮庾俱切蒠萮　蔳同上又音去青　蔳亦同上

蘿盧多切女蘿託松而生　蘲力戈切菜生水中也　䕡呂居切菴䕡　蘋音頻大萍也　薲同上

茺齒戎切茺蔚即益母也　蔚烏貴於勿二切茺蔚　蕓禹軍切蕓薹菜　荾音綏胡荾香菜　荽並同上

莤祥由切浟也亦與糟同　蔔孚陸切蔔子也可食　蒥力牛切香草　莔音盲貝母也　蝱並同上

[illegible]子巢切茖蒌水草叢生水中葉圓在莖端長短隨水深淺江東食之
萍部丁切萍草無根水上浮
蓱同上
芤苦侯切徐氏脉訣云按之即無舉之來至兩傍實中央空者名曰芤
葱且公切[illegible]菜也又淺[illegible]
蔥同上俗
菀於遠切紫菀藥名又菀茂木也
菥牛斤切草也又江夏郡有菥亭
营去弓切营藭葉似江蘺也
芎同上
茀敷勿切茀蘺猶蒙蘢也又草多
蕝子悅子芮二切東茅以表位
虊力官力卷二切蔦莬葵也
⿱艹攣同上
[illegible]舒理切糞也亦作矢俗為屎
葆補道切草茂盛皃又羽葆也
⿱艹朮儲律切⿱艹朮山薊與朮同
⿱艹術同上
莘所巾切衆也亦長皃又地名
艻郎得切蘿艻香菜亦云胡荽屬
菭徒來切生水中綠色也
苔同上
苕徒彫切草也詩去卬有旨苕
⿱艹斯思移切草生水中其花可食
蔪疾斂切草相蔪苞稟也
⿱蔪木同上
蘦來丁切大苦菜或云蘦似地黃
葽於燒切草也詩曰四月秀葽
芔許胃許偉二切草揔名
卉同上
薿言紀切薿薿茂盛皃又牛力切
蓻子習切茅牙也又草木生皃
⿱艹織諸翼切織草葉似酸漿水
蘵同上
蒔石至切相立也更種也又音時
藥與灼切說文曰治疾之草總名
菴倚廉切菴蕳蒿也又音諳
⿱艹斉古文
[illegible]粉切藏也[illegible]蓄[illegible]也
荹蒲故切[illegible]馬草亂稾也[illegible]蒲
芖古穴切芖光芖明也苑黃
⿱艹決同

蕘 切草薪也 詩云詢于芻蕘
菉 閭燭切王芻也 今呼鴟腳莎
茺 他活徒活二切草生江南
⿱艹脫 同上

藚 似玉切牛脣也 詩傳曰水舄也
蒐 所留切茅蒐也 又春獵爲蒐
藿 呼郭切昜華說文曰赤之少也
⿱艹雈 同上

萿 古活切萿𦶃古 春生葉似舌
英 猗京切華也榮 而不實曰英
菼 他敢切萑初生 也一曰薍也
⿱艹剡 同上

蔫 力戈切盛土草 器也或作蔂
蔜 浦骨切葧蔜繁 母也又作蔜
茜 此見切說文曰 茅蒐可以染緋
⿱艹晋 同上

蓒 虛言切蓒于蕕 草也生水中
藷 直居切又上余二切 根似茅可食
若 如灼切杜若香 草又如也汝也
𦱶 籀文

⿱艹琴 奇金切草生水 中根可以緣器
⿱艹釀 女亮切菜也蒩 也說文而文切
芸 右軍切香草也 說文曰似目宿
⿱艹員 同上

⿱艹斜 弋蛇切穗也蓄 積也又似嗟切
莧 許往切敝莧也 又許永切莧草
⿱艹音 乙吏切薏苡又 蓮的中又音億
薏 同上

菩 薄胡切菩薩又 步亥切草也
菏 乎哥切菏服草 又音柯菏澤名
蘜 居六切說文云 日精也似秋華
蓺 同上

藏 慈郎切隱也又 慈浪切庫藏
芮 而銳切芮芮草生 皃又芮國名
莕 向梗切荇菜也 俗呼為豬蓴
荇 同上

葺 七入切修補也 又子入切茨也
薈 烏會切草盛皃 詩曰薈兮蔚兮
茭 古爻切草可供 牛馬又下絞切
⿱艹⿰龺攵 古文

茌 仕之切草盛皃 濟北有茌平縣
艿 而證切草芟陳 者又生新者
蘬 丘非丘誄丘追 三切大龍古也
⿱艹楑 古文

茆 䏐酉切茂盛皃又鳧葵也詩云言采其茆或亡絞切　茆 同上出說文　芓 疾餌切麻母也說文芓即枲也　茡 同上
莐 丁敢切莐也又除林切蕁莐藩生山上葉如韭一名知母　[艹沈] 同上見爾雅　𣂚 之列切斷也今作折又常列切　𣃔 籀文同上
蕢 奇愧切爾雅云蕢赤莧又草器也又枯怪切　蓿 私六切苜蓿　[艹粦] 力振力因二切鬼火或作燐　[艹燐] 同上
萆 補位補婢二切萆鼠莞也纖細於龍須可爲席　蕞 在會切小皃　[艹敎] 音交黃茭根煎取汁治消渴也　茭 同上
菝 蒲達切菝葀草又蒲八切菝蘜狗脊根也　葀 古活切菝葀　[艹敢] 公著切芋莖也　菇 故吳切蔛菇
芏 他護徒古二切生海邊似莞蘭𦿸人以爲席也　葿 亡悲切蘪葿也　藺 力益切藺蒚藥　蒚 莫益切藺蒚
[艹劒] 居欠切[艹劒]草時人取根呼爲蜀疙千合切治喉痛　蘿 才币切户籬也　蒿 九出切草也　芧 疾來切草也
葾 怨元切敗也萎葾也　萳 乃感切草長弱皃　蔺 力臣切蔺蘆藥　莒 卑魚切苜莒草　[艹燹] 因鐵切茅也
蒨 此見切青蔥之皃　[艹矞] 餘出切似蘇而赤　[艹鶍] 眈皃切草木盛　[艹忄羊] 以羊切菜也　[艹憂] 一丘切菜也
[艹依] 才六才各二切茹草　芚 徒昆切菜似莧可食　萃 呂編切草子甲　[艹嬔] 呼角切草聲也　[艹挹] 乙卓切要葯也
[艹鳥] 徐衍切似水中　[艹習] 似入切菖水草也　蕒 埋解切蕒菜　[艹孟] 亡更切狼尾草　[艹庾] 俞主切草名

蒠撫□□芥前□凡　蓪□叙切禾秀與穟同　蓪□公切藥草　葚諸飦切桑葚也　蕻□□□菻子菜

莒居呂切草也亦国名　𦾴甫俱切藥草　蘆力胡切蘆菔藥　䕒目巳切即莫耳　葏才千切草戎根

葵阿雞切蘷兗葵也　蕗力故切蕗菈薮蕗　䓢文牛切苗䓢菜　莘負疾切草也　𦯧公玄切𦯧明草

蔦悦宣切蔦尾射干也　𦬕興良切葲藥名　葲音泉辛葲也　𦽅普莫切落也　苪秘永切明著也

㚇亡泛切草木无蔓也　蓭音庵草也又火角切　芺徐雞切蒿也　荁胡故切草名　蓸子栓切昆香草

蔕都計切草木綴實也　芒罔良切稻麥芒也　䓯徒篤切古文毒　𦭘魚鞬切草名　茪古黃切英茪

萪苦過切萪藤生海邊　莪五哥切草似斜蒿　蓙力鞠切蔏蓙　蒗力當切蒗毒草　蓢他甘切蔥也

蓎徒郎切蓎蒙女蘿　蘽力匪切蘽藟也又音纍　䔧且栗切葉似蘇　蘀除格切蘀蒿藥　䕢奴加切䕢諸蔽

藞力尾切藞礧不平皃　薴奴頂切葶薴䔥毋草　𦸶去用切𦸶蕙蘭　𦽻升諸切急齊也　葳於歸切葳蕤

𦽟胡感切又胡紺切　𦮙語兩切草出也水皃　䕎充受切拔菩也　蕢有貴切草也　蔶他口切好皃

蒼七岡切蒼蒼然　芳孚方切芬芳香氣皃　蓺魚制切種蒔也　藙所曼切似茱萸　薆於戴切隱也

菁 徂益切 菁茅也 萿 徒兼切 蘞草 藐 彌紹切 草細 葯 於皎切 草長 芓 或虞切 草盛皃 又王遇切

藻 子了切 似薜菜 萯 之仁切 布也 蕻 音洪水 草也 茳 音江 芏 蘼香草 董 音童 草名也 又多動切

芘 防脂切 蕃也 蕖 音渠 荷 芙蕖 䔢 香手切 草華 蒎 匹給切 蒎草 蔃 渠兩切 偷年 又食其根

䕯 音蒲雉 有膊肉 茂 莫遘切 草木盛 薹 音臺 芸薹 菜名 菝 素朴切 菝葜也 苯 畢衮切 苯蕁 草叢生也

蕸 得田切 草頭 蔯 音陳 茵蔯也 萄 徒勞切 蒲萄也 菖 尺良切 昌蒲也 苗 靡驕切 田苗 又夏獵曰苗

芝 止而切 瑞草 蕟 音發 金蕟草 蒢 徒廉切 菜名 菠 博何切 菠薐 萊 力哉切 草可食者 皆名萊

薐 勒登切 菠薐 莑 亦馬切 草名 蘡 五姑切 吳草 莃 方儒切 草也 藉 慈夜切 又秦昔切 狼藉也

蒓 食均切 草也 藷 識余切 草也 蒢 祥余切 草也 蕢 子隨切 地英 荐 在見切 重也 數也 再也

蕤 汝佳切 蘁蔆 芣 鋪悲切 花盛 蒼 鋤邪切 水草也 菾 胡戈切 草名 蓿 子合切 又音 雜草名也

葙 許狩切 青葙 䔿 借清切 仙草 萋 居良切 山草 蕿 徒頓切 蕿草 䕩 桑落切 又責切 草名

䕯 祇□切 連翹草 茴 湖□切 □□ 菫 □□□切 □□ 蓮 徒頓切 □□ 蘼 即□切 鹿蹄

自容切古文從
菭 [illegible]
[illegible]
有毒用殺魚

蔖 除[illegible]切蒫蔖
蒠 胥里切畏懼也
藆 九輦切藆草
葍 [illegible]切[illegible]
菽 升六切豆名也亦作菽

苲 阻假切草也
蔁 之兩切蔁草
蕒 胡降切似蕨也
䕒 [illegible]鬼切[illegible]草
蔭 於鴆切說文曰草陰地也

䕻 息觜切䕻草也
𦽍 古郎切𦽍草
芠 無分切芠草
藰 力九切藰草[illegible]
蘳 呼晃切黃[illegible]又果實[illegible]兒

𦬊 許小切𦬊草
苨 奴低切草根露
落 之步切蕗子藥
款 苦管切款冬
菟 音兔菟絲藥名又音徒地名

菲 蒲猛切菲草
蘡 亘矩切蘡葽草
蘰 亡板切蘰草
苴 徒爛切苴草
蓓 薄[illegible]切蓓蕾又[illegible]蓓草名

苪 亡典切草也
苾 蒲結切芬香也
荒 呼黄切荒蕪也
蕺 阻立切蕺菜[illegible]

䔲 仕耕切䔲薴草
薴 狃耕切草亂也
葻 台弓切草動兒
菴 古幸切[illegible]也

蘻 與職切蘱薊也
苭 胡慣切草名
蒡 盧到切勞蒡也
莚 以翦切蔓延

蔢 傍个切蔢蔄也
蔄 火个切蔢蔄
若 徒閔切草名
膳 步[illegible]切蘋也

荵 奴佐切草名
莡 [illegible]各切草聲
䒶 [illegible]作切草名
䓭 楚夏切剎草

鄭 [illegible]切[illegible]姓王充[illegible]

芙 烏老切苦芙也說文曰味苦江南食之以下氣又乙矯切爾雅曰鉤芙郭璞云大如拇指中空莖頭有臺似薊初生可食之

薜 補革切山芹也又蒲細切薜荔也　荔 力計切薜荔香草也又說文曰似蒲而小根可爲刷　芊 魚斤切芊草

荓 薄丁切荓馬帚又楚辭注云荓翳羽師名　𦬸 古和切草　⿱艹鍵 渠焉切草　⿱艹亶 徒蘭切　⿱艹小 私沼切⿱艹小草遠志也

蘜 居六切治蘠也爾雅注今之秋華菊　萓 魚飢切　蔓 莫半切草　荿 時忍切草　⿱艹乏 孚劒切草浮出水皃

蕄 莫耕切爾雅云存存蕄蕄在也　⿱艹⿱目心 同上本或作萌　⿱艹頓 都昆切草　⿱艹斿 余舟切草　⿱艹穀 胡木切水草可食

⿱艹耑 都官切　⿱艹亙 古恒切　⿱艹戋 古文天字　⿱艹开 老蘭切　⿱艹壺 杭姑切　蒴 始卓切蒴藋有五葉

⿱艹叟 烏回切草　菄 得洪切　⿱艹𦰩 邐隆切　⿱艹公 辭龍切　⿱艹雙 成江切　莂 彼列切種穊移蒔也

⿱艹嘉 古牙切草　⿱艹邦 直离切草　莉 力奚切草　⿱艹⿰禾昜 與章切草　⿱艹去 音佉草器　蘪 音麋蘪蕪香草也

⿱艹銜 胡監切草　⿱艹羺 乃侯切草　⿱艹尚 時羊切　⿱艹婦 防久切　蔆 力升切芰也　⿱艹遴 同上司馬相如說蔆从遴

⿱艹陵 同上亦作[illegible]　⿱艹⿸厂子 以頊切　⿱艹羽 于矩切　芦 胡古切　⿱艹冒 莫後切草　莅 力至切臨也與涖同

[illegible] 都郎切草　[illegible] 息紫切　蓷 [illegible]　[illegible] 式止切草　蕊 如累切草

蒞 蒲蒙切 蘚 而[illegible]切 𦯬 巨[illegible]切 蔞 [illegible]養切草 [illegible] [illegible]救切 苟 [illegible]名亦姓 [illegible]草

蒝 平古切草 蘧 [illegible]切 蕠 女兩切草 莦 千九切 蕃 尸尤切 蓬 根雜也

蓶 徒罪切草 芗 移軫切草 蒟 無粉切 草 胡但切 蓖 亡匪切草 莬 音問草木新生者

蔵 蘇翦切草 蔥 於蓮切 萺 英報切草 藏 薏翁切 蒻 許戰切草 萝 音低繅絲蔦緒也

莧 居覽切草 蕖 渠列切 蔵 千歷切 蕟 莫勒切 蘠 南祿切草 韓 [illegible]曰韓草也

蕃 子昔切 蕇 力質切 蘫 眞栗切 蘋 伊立切草 蘞 丸勤切草 藏 [illegible]也

薇 音微菜也 芬 音紛芬芳 荁 音桓堇類 蕢 音潰蕢蕢 茝 音佩山蘸 蒙 音[illegible]纏[illegible]也

芠 尺加切 萋 居良切草 菱 側刮切菜也 菋 莫卜切草也 鬱 於律切香草 蔓 音蔓說文曰冒也

蓭 於立切菴蓭 菕 尼立切菴菕 蒚 傍北切蘆蒚 薢 胡鹿切石草 莯 普木切草生皃 蘄 音衛[illegible]

薁 於六切蘡薁也 蔽 莫卜切菜名 蘿 仗卓切蘺蘿 蕐 池華切蕐蔦 莢 公協切豆莢也 藤 詩證切藤[illegible]

蕷 胡昳切草也 葢 許決切草名 蒯 居滑切草名 菰 渠立切冬瓜也 葩 於及切茹熟 蘸 仄陷切以物内水

菥蒔歷切草盛 蓍舒夷切說文云生千歲三百莖易以爲數天子九尺諸侯七尺大夫五尺士三尺 ⿱艹旨古文

薺才禮切甘菜也 蔄方莧切姓也 茢來桀切萑苕也禮記注云桃茢可以爲帚除不祥也 ⿱艹冏同上

蒒色淄切草名 ⿱艹幾音機盾⿱艹幾草 ⿱艹昜吐郎丑良二切遂⿱艹昜馬尾蔏陸說文枝枝相值葉葉相當 薚同上

蔦音鳥蔦蘆菝也 苐音題說文草也 苮音仙草名似莞 蕿虛袁切令人善忘憂草 藼萱並同上

⿱艹綢音周胡葵實 葵音表章草名也 薯音著又音署薯蕷藥 蘷于縛切蘷子菜 蔧十歲切爾雅王蔧王帚佛也

蘵子廉切百足也 蕯桑葛切釋典菩蕯也 ⿱艹膝音悉牛膝藥名 ⿱艹悉同上

大廣益會玉篇卷第十三

大廣益會玉篇卷第十四　凡二十九部

乳屬蓐部一百六十三　莫朗茻部一百六十四
尸閏舜部一百六十五　知六竹部一百六十六
居疑箕部一百六十七　在來才部一百六十八
甫味巿部一百六十九　竹尼乇部一百七十
市規𠂹部一百七十一　火子𠌶部一百七十二
胡瓜華部一百七十三　五懺禾部一百七十四
古奚稽部一百七十五　且栗桼部一百七十六
仕角丵部一百七十七　方屋菐部一百七十八
胡感𢎘部一百七十九　胡感𣐺部一百八十
徒幺𠧪部一百八十一　七賜朿部一百八十二

匹刃朮部一[...]　四賣𣏟部一百[...]

加麻部一百八十五　書六尗部一百八十六

居有韭部一百八十七　古華瓜部一百八十八

胡故瓠部一百八十九　柯邁丯部一百九十

力才來部一百九十一

○蓐部第一百六十三凡三字

蓐乳蜀切，厚也，薦也。說文曰：陳草復生也。一曰蔟也。

薅呼勞切，拔田草也。詩云：以薅荼蓼。或作茠。𦿎籀文。

○茻部第一百六十四凡六字

茻莫朗切，草木冬生不死。說文云：衆艸也。茻同上。

莽莫黨切，茂草，可以毒魚也。說文：南昌謂犬善逐兔於艸中爲莽。𦱤無各切，無也。今文作莫。說文音慕。葬子浪切，藏也。𦵯古文。

○舜部第一百六十五凡四字

舜尸閏切。仁聖盛明曰舜。說文作䑞，艸也。楚人謂之[...]

謂之[illegible]也連華象形　舜 說文舜字　𡕒 古文　䑞 胡光切草木華榮也

○竹部第一百六十八 凡五百六十六字

竹 知六切說文作竹冬生艸也象形下垂者箁箬也　箭 子賤切矢也　簜 徒黨切大竹也　簴 其舉切簨簴　箁 蒲侯切竹箬也　節 子結切竹約也竹木不通　笿 力各切籠笿也　笢 亡忍切竹表也　笨 蒲本切竹裏也　箹 於孔切竹皃　箋 子堅切表識書也與牋同　[illegible] 餘涉切葉籥篇也　簡 古限切牒也　[illegible] 居疑切蟣蝨梳　筍 先尹切竹萌也　箄 同上又箄律以捕鳥也　[illegible] 古文筍字也　竽 無于切筵也　笫 壯几切牀簀也　筵 餘旃切席也　等 都肯都怠二切類也輩也　篝 古侯切籠篝也　簟 徒點切竹席也　篨 直於切籧篨　箄 補計切甑箄也　籆 于縛切所以絡絲也　[illegible] 古弄切栝箸也　箱 所交切飯帚也　筲 同上又斗筲竹器　筤 力桑切籃也　籅 於六切所以漉米也　籩 補堅切竹器也　[illegible] 徒本切篅[illegible]也　筩 徒東切竹筩也　竿 公安切竹竿也　籫 子矩切竹器也箸箭也　箯 婢連切竹輿也　策 楚革切馬箠也　笞 丑之切擊也　籤 七尖切[illegible]也　簠 方武甫娛二切黍稷圜器　簋 古美切黍稷方器　[illegible] 大[illegible]伏切[illegible]　[illegible] [illegible]切[illegible]　[illegible] 徒黨切竹器也可以盛酒　[illegible]

[illegible]名[illegible]籲[illegible]鮮[illegible]切[illegible]籍也 笆[illegible]切竹有刺 籠力公切竹籠也又力董切 ⿱竹劉
力周切竹名 ⿱竹甘古酣切竹名 ⿱竹減古斬切竹名 ⿱竹都丁胡切竹名 ⿱竹襄如張切⿱竹襄篔漉米竹器也 ⿱竹冏
莫耕切竹名 ⿱竹胡護都切竹名 ⿱竹科口禾切竹名 ⿱竹真之人切竹箭也 箱思羊切車箱也竹器也 ⿱竹敝
苦怪切竹箭也 ⿱竹至弋林切竹名 ⿱竹燕於田切竹名 ⿱竹然如旃切竹名 ⿱竹剡特甘切馬⿱竹剡也所以刮馬 篪
徒奚切竹名 ⿱竹無莫胡切竹名 ⿱竹浮扶留切竹名 ⿱竹肥扶非切竹名 箠之蘂市委二切擊馬箠也 ⿱竹端
丁九切竹名 ⿱竹隋徒果切竹名 ⿱竹冉如琰切竹弱也 ⿱竹閵力印切揃也 ⿱竹過竹瓜切箠也亦作檛築 築
同上又徒果切竹名 ⿱竹蠶子含切⿱竹蠶籃也 ⿱竹度徒故切⿱竹蠶也 第徒計切次第 筒音洞簫無底也又音同 箵
先鼎切笭也 ⿱竹雙所江切榜⿱竹雙也 籛子踐切姓也 ⿱竹英於莽切⿱竹英無色 竽禹俱切三十六簧樂也 笙
音生十三簧樂也 篎亡小切小管也 筬時盈切竹名 ⿱竹畐甫六切織⿱竹畐也 簧户光切笙中簧女媧作也 ⿱竹是
上支切簧屬 ⿱竹嚴音嚴⿱竹嚴籞也翳也 箳畀星切箳篁車轓 篂桑經切箳篂 籊他的切詩云籊籊竹竿 笡
士夜切⿱竹逆也 ⿱竹龟移世切合板際 笐胡庚切笐篖竹筐 篖徒當切笐篖 ⿱竹鉤古侯切⿱竹鉤篝竹籠[illegible]

力鎮切竹實中也
簥 几妖切大管也
箈 徒改切筍皮也又竹萌也又音臺
笮 側伯切迫也壓也矢箙也亦作筵又反乍切笮酒也
笶 他計切車筤
筡 達胡切竹中空也亦析竹又丑於切
籯 弋成切筥箱謂之籯漢書遺子黃金滿籯籯籯竹器亦作籯
篖 徒郎切罜罩也
籧 距於切籧篨竹席也江東人呼籧也
笯 奴家乃胡切籠客也楚辭云鳳皇在笯兮雞鶩翱舞
⿱竹斫 之若切溢米具
筥 九呂切盛米器也方曰筐圓曰筥
筑 張六切拾也樂器也說文曰以竹曲五弦之樂也
篣 步庚切籠也
箄 必匙必是二切江東呼小籠為箄
籈 之人切割木長尺擽敔背爾雅曰所以鼓敔謂之籈
⿱竹衛 于歲切箭也
⿱竹刪 所間蘇干二切竹器也似箱而麤
⿱竹散 蘇旱切[illegible]散又桑葛切
⿱竹匆 七忽切笑皃
篋 口叶切笥也
筰 才各切竹索也引舟竹筊也又作笮
⿱竹宁 直與切織⿱竹宁也亦作杼
⿱竹典 丁殄切經也
⿱竹童 猪六切古文築
笪 丁但切笞也又丁達切麤籧篨也
⿱竹般 補丹切筏也又捕魚筍也
箽 都總切竹器也
䈫 子公切林枝細
箾 山卓切以干擊人也又蘇尭切舜樂
笈 楚洽奇立二切負書箱也
笲 蒲變切竹器也
䇮 音任單席也
簫 先幺切仲呂之氣樂器象鳳之翼
簹 都郎切車簹畢管又篔簹竹名
篔 王分切篔簹竹
筌 且沿切捕[illegible]
[illegible] [illegible]去中去龍二切篕[illegible]也即車弓也
⿱竹楬 口錯切柷敔也亦作揭

巻先管切器名　簰白佳切箄筏　筡…芳二…纖竹爲剡笓箄也　箌豬效切捕具也又作罩

箖力尋切箖箊竹名　箊殃魚切箖箊　䇲莊雅切炭籠束炭爲䇲也又音齹　䇾語軒切管長一尺四寸

⿱竹建渠言切筋鳴也　籉徒來切筞子　笓毗利切次也又捭之步雞二切箳笓也　⿱竹巢側交切大笙有十九簧

籬力支切藩籬　⿱竹皮步悲切古文皮　⿱竹去丘於切關也山谷遮獸也又飯器也　⿱竹奉扶隴切竹作又持悅切

箆方迷切鈚箆也　⿱竹胥息魚切竹也　簇楚角切矢金也又七木切小竹也　筠有旻切如竹箭之有筠

筋居勤切俗筋字　篻莫遥切竹門也　篞奴結切爾雅曰大管曰簥其中曰篞　笠力及切簦笠以竹爲也

⿱竹聊力彫切竹名　⿱竹咎許勞切牛筐也　⿱竹尋寺林切竹長千丈爲大船也生海畔　⿱竹卓陟孝貞角二切捕魚具

⿱竹涵胡南切竹名　簪側林切冠簪也　篌先果切竹名漢書有篌人縣本作葰　⿱竹迮側格切屋上版亦作笮

⿱竹盲莫庚切竹也　⿱竹甍莫耕切竹也　篸楚金切篸參差不齊也又子紺切討篸　篁音皇竹名説文云竹田也

篘初婁切酒籠　箜苦紅切箜篌樂　⿱竹思息兹切竹有毒傷人即死生海畔有毛　篵山奇切篵…

⿱竹隨辭爲切籠也　箔蒲涸切簾也　笐姑郎切似琴有弦爾雅曰仲無笐竹類也　笱…恩切…

箣子兩切剖竹未去節謂之箣　筦古短切說文曰筟也　筊胡交切小簫也十六管長尺二寸又竹索也　[illegible]同上

筳徒丁切小破竹也小簪也籠也　簀側革切牀簀又棧也　箈才田子田二切說文曰蔽絮簀也又昨鹽切　[illegible]同上

管古短切樂器如篪六孔亦作筦　簾力占切編竹帷也　箮虛袁切竹花也　簬力固切美竹中箭也　簵同上

簞丁安切䈞器也論語曰一簞食　筭蘇亂切計筭也數也　笇同上亦竹器　籓甫袁切蔽也亦箕也　[illegible]同上

箸除庶切筴也飯具也又陟慮切　笿口各切栝也笿籠也　筊胡交切[illegible]管也　[illegible]力者切盛飯器也　[illegible]同上

箇古賀切凡竹筴也數之一枚也　籃力三切大籠也筐也　篢古紅切笠名　笛徒的切七孔籥用也　篴同上

簍力甬切車弓籠也又落侯切　笍陟衛切小車具也　[illegible]盧各切篧也　笒胡男切[illegible]竹貫也　[illegible]同上

笭力丁切箵籝也篚也舟中牀也　[illegible]胡故切可以收繩也　篊胡公切[illegible]水也　[illegible]子六切[illegible]　[illegible]同上

籣力單切所以盛弩矢人所負也　篼丁侯切飼馬器也　[illegible]徂紅切籠也　篪除奇切管有七孔也　竾同上

箙扶福切矢器也藏弩箭器為箙　籚力胡切筐也籃也　籦之容切竹也　簂公誨切[illegible]也亦作[illegible]　[illegible]同上

箴之深切規也戒也刺也或作鍼　笘丁占切折竹[illegible]　[illegible]戶多切竹[illegible]　[illegible]吕恤切角以射鳥　[illegible]同上

篃美祕切竹長節深根筍冬生　籟力大切三孔籥也　笗都宗切竹也　簊居其切竹名　笄同上

笰甫勿切輿後笰詩曰簟笰朱鞹　箏側耕切似瑟十三弦　䉅居希切竹也　箝渠廉切鎖頭　𥳁同上

簝力彫切宗廟盛肉器又竹也　籌除牛切筭也筴也　箃側鳩切竹黃也　箬而灼切竹大葉　篛同上

箳音并竹也　笎語袁切竹　算桑管切數也擇也　𥬀相然切竹也　簲匹賣切竹片也　𥱞同上

篜之升切竹　䈊梨登切竹　笳古牙切卷葭葉吹之　䈉七和切織物　篲詳惠切掃帚　𥳼古文

䈬音曹竹名　𥳙竹融切竹　䉥古禫切竹也又箱類　籋莫卑切竹箬茂也　𥳟大員切椽也　䉋同上

䇢古缸切　䉙力魚切竹　䇹之恭切長節竹也　笓浦彌切籠也　簢眉隕切竹中空　䉑同上

𥮊五姑切竹　䈐七然切竹　䈓公達切篙簳桃枝竹　𥶉杜回切竹筆也　䉠亡非切竹名　𥳛籒文

𥲅府逢切竹　𥶭蒲包切竹　箐七見切棺車上覆也　筅蘇典切筅帚　𥴩亡支切竹篾也　𥸀同上

𥷾曾丁切　𥵨力求切竹　笑私召切喜也亦作咲　箒之有切俗帚字　簦都滕切籉也　𥳏音褑

𥲑色求切竹　𥫽丑弓切竹　笚都臘切竹相擊也　簅所簡切大籥　籐徒棱切[illegible]　䈅音域

笣 音包揩式也與鞄同 籑 息卷切竹緣 箘 奇隕切竹名說文曰箘簬也一曰博棊也又音囷桂也 箬 同上

篦 亦同卜楚辭音古塊切 篶 土委切筍皮 篧 苦郭陟角二切魚籠也爾雅云篧謂之罩又仕角切 籗 同上

䇯 如鍾切竹也頭有丈 ⿱⺮義 魚綺切竹作也 箑 所洽切翣也自關而東謂之箑自關而西謂之翣 ⿱⺮妾 同上

筐 去王切蠶筐方曰筐 ⿱⺮委心 女委切筍初生 ⿱⺮攴 知委切生筍 筱 先鳥切筱箭也小竹也 篠 同上

筏 布達切箄也又音伐 ⿱⺮癸 巨規切竹名 箷 眞支切衣架 篰 芳後蒲口二切竹牘也 ⿱⺮剖 同上

筃 丈例切以竹補缺也 ⿱⺮發 甫吠切籧篨 ⿱⺮鳥 先夜切笞呂鳥 簏 力木切說文曰竹高篋也 箓 同上

⿱⺮曲 去玉切養蠶具也 篾 亡結切竹皮也 ⿱⺮隸 力計切⿱⺮鳥也 篷 步公切船連帳也亦夆車也 ⿱⺮夆 同上

篙 古勞切竹刺船行也 ⿱⺮㒼 莫伴切竹器也 ⿱⺮折 之厲切簟草也 ⿱⺮奠 先尹切簨虡所以縣鍾鼓也 簨 同上

⿱⺮袁 禹煩切籆也亦作榬 籚 胡籠切籧篨也 ⿱⺮鬼 乎罪切竹脉節 符 父于切符節也分欲兩邊各持其一合之爲信

筯 直據切匙筯與箸同 ⿱⺮累 力委切法也 笶 式氏切俗矢字 笄 古奚切婦人之笄則今之簪也女子許嫁而笄

簷 余廉切屋簷與檐同 篚 方尾切筐篚 ⿱⺮直 直遇切[illegible]竹 籢 力鹽切器名也鏡籢也列女傳[illegible]鏡籢中

䈬汝余切，竹䈬，以㨿舟。簳各旱切，箭簳。笴上同，又公但切。篅市規市專二切，篅也。說文曰：以判竹圜以盛穀。

䉕慈稜切，簦䉕，笠也。範扶錽切，法也。⿱竹盞七忍切，小竹。簃余之切，樓閣邊小屋。爾雅云：連謂之簃。又音池。

笏呼骨切，字書云：笏，珽也。⿱竹選息亂切，器也。⿱竹毳初稅切，重擣也。䈰山樞切，說文曰：飯筥也，受五升，秦謂筥曰䈰。

筧古典切，以竹通水也。⿱竹氏以枝切，⿱竹氏籬。⿱竹毅魚器切，竹節。籒直救切，說文云：讀書也。又史籒，周太史，造大篆。

箛古胡切，破箛爲圓。簉叉又切，衝也。⿱竹怱千弄切，竹名。筴楚革切，謀也，筭籌也。又古協古洽二切，箸也。

⿱竹紂直柳切，竹易根而死。簣其貴切，土籠也。笱居遇切，織具。篿之緣切，楚人謂折竹卜曰篿，亦圓竹器也。

⿱竹虎呼古切，竹大高百丈。⿱竹辟薄計切，竹辟也。⿱竹爵居偈切，竹海邊。⿱竹豦居諸切，飬蠶器也。又飼牛筐也，亦作筥。

⿱竹質陟利切，又之日切。⿱竹奏桑豆切，小竹。⿱竹絎胡浪切，竹笮。箹於卓切，小籥也，籟也。又□□切，竹節也。

⿱竹復府救切，竹絶復以蓋也。⿱竹卷丘卞切，曲竹。⿱竹南奴感切，竹弱。⿱竹搏補各切，簙弈，局戲也。謂行棊也，亦作博。

籋音躡，箝也。又音捻。⿱竹勁古政切，勁節竹。⿱竹甬虛誑切，覓魚具。籭所街所飢二切，竹器也。可以除麤取細。

簛上同。篩上同。筮時世切，蓍曰筮。簭上同。⿱竹𢍰說文筮。篳布質切，荆竹織門也。蔽也，籓也。春秋傳曰

簞門上窬前亦作簞 筌七和切竹 箂魯台切竹 箘於人切竹 篍七周七召二切吹簫也 箛
公都切竹名又吹鞭 笱敷求切竹 筀尺之切竹 篃莫悲切竹 簺先代切行棋相塞謂之簺 筄
餘照餘昭二切屋危 𥫳余良切竹 䈬式余切竹 笉余軫切竹 䈇呼擊切籬屬形小而高 簙
蒲各切簙也又裴古切 䉫而兖切竹 𥸕上冉切竹 笑丘卜切竹 䈶於載切隱也蔽也亦作薆 筀
古惠切竹名傷人則死 𥳚自移切竹 䈃之少切竹 䇲兹耳切竹 篆直兖切史籀造篆書似符 簚
莫辟切箹簣篢帶也 𥶕直利切竹 笫脂市切竹 䈕于鬼切竹 䉅力中切篁 箮常式切筮
篬七羊切 𥸔徒朗切竹 𥲥想总切竹 筶口魯切竹 笌五加切筍 竽他頂切函
笔亡匪切 笅初雅切竹 𥳜之養切竹 䉼郎古切竹 筳直經切筵 籭所解切瑟
䈝盧啓切 𥶽胡買切竹 笚施忍切竹 𥳞七養切竹 䇯千春切斷 笆伯巴切篳
𥮐武粉切 筗直衆切竹 𥳍之利切竹 𥲗侯外切竹 𥳟失御切筌 𥬪音豆禮器
𥳞以日切 𥰬丁細切竹 䇮烏縣切竹 𥶍蘇見切竹 簾詰儉切籠 𥱧力日切梨

簩□切 篟□見切竹 䉖□切竹 篰尺偏切竹 簣胡□切枯 簙□切器

箟其利切 簪徒合切竹 篋胡夾切竹 籊池卓切竹 籑子線切 笏盧得切竹根

篆似醉切 篺五各切桂 籮俎匝切籭 篛徒盍切篾 籧其句切 簞丑沙切

簃式戰切 簡慈緝切籊 箕伊入切杓 箤才恤切笭 篗王縛切取魚具 籰同上絡絲具

箊乃叶切 筀丁律切笱 簶古木切簏 箙符木切 簶音祿胡簶箭室 䈤七余切

簺烏谷切 篧江學切椽 箣兵列切分 籍慈昔切簙籍也 篙所力切飾篙 籜他各切竹籜

箛胡谷切 篷士洽切行書 箚竹洽切以針刺也 篕古忽切 笯余繖切竹索 筈口括切箭筈

笈晋末切筊 篇匹連切篇什也 簜徒敢切竹 簝力低切竹 籔先后切十六斗曰籔又數數也

篟篓並同上 篽魚呂切說文曰禁苑也漢書注篽者折竹以繩綿連禁篽使人不得往來 籞與上同

籥以灼切樂器似笛

○箕部第一百六十七凡八字

箕居宜切簸箕也 𠀠𠁗𥫮𠔚並古文

其籀文箕
簸補我切去糠也
𥳑以黛徒協二切簸也

○才部第一百六十八　凡一字
才在來切說文曰草木之初也又才能也

○市部第一百六十九　凡十字
市甫味切蔽市小皃說文普活切艸木市市然象形
孛步對切彗星也孛孛不明皃也
南奴含切方名
𡴭古文
𠂔差似切止也姊柹字從此
枝巨宜切木別生
索蘇各切散也又繩索又山責切求也
𣎵有來切草木𣎵字皃也
𣗥同
敊步皆切紂緋取物曰敊

○乇部第一百七十　凡一字
乇竹戹切草葉也託宅字從此

○𠂹部第一百七十一　凡二字
𠂹市規切草木華葉𠂹象形今作垂
𡍮古文

○𠩺部第一百七十二　凡二字
𠩺火于切又芳于切草木垂也
韡禹鬼切盛皃

○華部第一百七十三　凡三字
華胡瓜切榮也三千五百里曰華夏也今作華又呼瓜切
䔢說文華
皣于劫切草木花

○禾部第一百七十四　[illegible]
禾[illegible]五穀古[illegible]

…蹊也又曲支身今作…　居度切木曲支也小果名也今作椇

○稽部第一百七十五字凡三

稽 古奚切留也治也考也合也計當也 䅬 都角切說文曰特止也 𥠻 胡道切說文曰𥠻跙而止也賈侍中說稽䅬𥠻三字皆木名

○桼部第一百七十六字凡四

桼 且栗切木汁可以髤物今爲漆字 柒 俗

髤 火尢切桼赤黑也 䰍 步交切說文曰桼垸已復桼之

○丵部第一百七十七字凡

丵 仕角切說文叢生艸也象丵嶽相竝出也 叢 在公切草木叢聚也俗作藂 業 魚劫切業業危懼也高大也動也又大版 𤇾 古文 對 都内切荅也 對 同上漢文帝以爲責對而爲言多非誠故去其口以從士

○菐部第一百七十八字凡四

菐 方屋步下二切瀆菐也 ⿱八菐 補顭甫尾二切賦事也

僕 步穀切馭車也 ⿰臣菐 古文

○马部第一百七十九字凡六

马 胡感切說文曰嘾也草木之華實未發圅然象形

圅胡男切舌也 ⿵𢎘合胡閤切會也 𢎗胡先切草木盛 ⿱由丂弋周切草木更生條 甬余隴切鍾柄也又斛也

○𣐺部第一百八十凡三字

𣐺胡感切說文曰草木垂華實 ⿰韋𣐺于非切束也 ⿰𣐺幵公矜切小束也亦作⿱幵𣐺

○卤部第一百八十一凡七字

卤徒幺切草木實垂卤卤然也 𠧪籀文 ⿱卤米思錄切穀也今作粟 ⿱𠧪米古文 㮚力日切榛栗今作栗 ⿱𠧪木籀文 ⿰⿱卤米産又萬切⿰石非粟也舂米未精也

○朿部第一百八十二凡三字

朿七債切木芒也 ⿱朿朿子老切果名俗爲棗 棘居力切急也棘箴也

○𣏟部第一百八十三凡十二字

𣏟匹刃切說文曰分枲皮也今作木 枲司子切麻也有子曰苴無子曰枲 ⿰枲辛籀文枲 ⿰枲致除利切編緻也 ⿰枲勞力到切旄紩於編 ⿰枲焦子由似由二切收束也堅縛也 ⿰枲卷渠眷切緣編也 ⿰枲失除栗切帆索也 ⿰枲眞尺人切縕也 ⿰枲聶乎侯切麻屬 ⿰枲隶徒改切及也說文與逮同

⿰枲[illegible]□□卦切

○𣏟部第一百八十四凡三字

𣏟 匹賣切說文曰葩之總名也今作林亦與麻同

㪔 先曰切分離也放也亦作散又先但切 𦃞 口頭口迴二切枲屬

○麻部第一百八十五凡十四字

麻 莫加切枲屬也 𪎭 大侯切𪎭麻一曰麻一絜也

𪎊 與上同 𪎺 步本切麻𪎺麻也 𪎌 𪎌五切 𪎼 力牛切𪎼𪎼麻也 𪏂 扶沸文云二切枲實也

𪎍 空木切未練治纑也姑枲也 𪎫 及留切麻莖也 𪏀 古文𪎫 𪎽 先的切細布也亦作緆

𪎕 音宛 𪎶 立又切 𪎘 許爲切指麾也亦作摩

○尗部第一百八十六凡三字

尗 書六切豆也 叔 同上又叔伯也 敊 下眞切以調五味也今作豉

○韭部第一百八十七凡七字

韭 居有切菜名一種而久者故謂之韭 䪢 唐對切韲菹

韲 子兮切韲蒜爲之 齏 與上同 𩐄 扶袁切乙合蒜 韱 思廉切山韭或作韱 韰 胡戒切葷菜也俗作薤

○瓜部第一百八十八凡十六字

瓜 古華切說文曰蓏也 瓣 白莧白見二切瓜中實

𤬶尸姚切瓜名 𤬪于居切小瓜也 𤮊力侯切𤬫𤮊 𤬫公侯切𤬫𤮊王瓜也 瓤女良汝陽二切瓜實也

𤬷柔丑切冬瓜也 𤬰乃罪切傷熱瓜 𤮃力玷切瓜也 𤬳古胡切瓜也亦瓠字 𤬵蒲旦切小瓜也 瓝上同

𤬛扶日切白瓠瓜 𤭤苦攜切瓠𤭤子 𤬯徒門切瓠𤬯 𤭴於寬切𤭴古瓜名 瓞大結切小瓜也 𤬿上同

瓢女亦切瓠瓜也 𤮐丁郎切瓜中實 瓟蒲包切瓟杓也 𤮕魚偃切瓢也 𤮎或都切瓠𤮎 𤬯口括切瓜

㼌弋主切勞病也

○瓠部第一百八十九凡二字

瓠胡故切匏也 𤮷婢姚切瓢也或作瓢𤮦

○丰部第一百九十凡二字

丰柯邁切草丰也草芥也 挌柯額切枝柯也

○來部第一百九十一凡三字

來力該切來麰瑞麥也行來也歸也又力載切勤也

来俗 𥞐助紀切竢也

大廣益會玉篇卷第十四

大廣益會玉篇卷第十五　凡三十九部

麥部一百九十二　莫革
黍部一百九十三　式與
禾部一百九十四　胡戈
秝部一百九十五　郎的
耒部一百九十六　力對
香部一百九十七　許良
皀部一百九十八　許良
鬯部一百九十九　敕亮
米部二百　莫禮
毇部二百一　許委
臼部二百二　渠九
倉部二百三　且郎
向部二百四　力甚
嗇部二百五　使力
亼部二百六　疾立
會部二百七　胡外
亯部二百八　虛掌
旱部二百九　胡苟
畐部二百十　普逼
入部二百十一　如[illegible]

冂莫歷部二百十二
冃亡保部二百十三
冃莫報部二百十四
㒳力掌部二百十五
㡀婢世部二百十六
襾於稼部二百十七
网無倣部二百十八
華俾窓部二百十九
冓古侯部二百二十
厶立於部二百二十一
去羌據部二百二十二
北布墨部二百二十三
卥先兮部二百二十四
鹵力古部二百二十五
鹽余占部二百二十六
壬他井部二百二十七
皿明丙部二百二十八
臥五過部二百二十九
㐆於機部二百三十

○麥部第二百九十一　凡五十三字

麥　莫革切有芒之穀也秋種夏熟
麦　俗同上

⿺麥肖充呆切⿺麥差麥屑　⿺麥殼古鹿切飼麴也　⿺麥差祚何切說文曰穬麥也一曰小擣也　麩妨娛切麥皮也　麱同上

麮丘舉切麮麥也　⿺麥穴呼八切麴麥　麧下没切堅麥也孟康曰麥糠中不破者也　⿺麥胥先忽切麥屑也　⿺麥肖同上

⿺麥卑鼻皮切細餅麴　⿺麥比婢之切⿺麥比⿺麥卑⿺麥啇　⿺麥啇徒赤切麥屑也　⿺麥山所諫切⿺麥台⿺麥山麥也　⿺麥棘力該切小麥也　麳同上

⿺麥留力尸切⿺麥比⿺麥留也　⿺麥各古額切麥碎也　⿺麥夆乎力切亦熱字煎也　⿺麥粦力堅切⿺麥粦⿺麥虒餅也　麴丘竹切麴蘖　鞠同上

⿺麥婁力口切⿺麥粦⿺麥婁　⿺麥果胡尾切⿺麥胡也　⿺麥孚芳無切俗麩字　⿺麥胡戶姑切俗黏字　⿺麥酋充小切糗也　麨同上

⿺麥見尔諫切　⿺麥才組來切⿺麥胡也　⿺麥利力尸切麥酒也　⿺麥瞏胡關切⿺麥瞏餅也　⿺麥圭他口切⿺麥立⿺麥圭　⿺麥俞同上

⿺麥并博頓切索⿺麥并也　⿺麥戔初簡初鳥二切⿺麥戔麥　麯丘竹切俗麴字　⿺麥戈與力切麥⿺麥戈　⿺麥廣古猛切大麥也　⿺麥黃同上

麰莫侯切春麥也亦作牟　⿺麥麥同上　⿺麥空呼谷切麥[illegible]也　麪亡見切麥麪蜀以桄榔木屑爲麪　麵同上

麷芳充芳鳳二切熬麥曰麷　⿺麥完胡昆切麥麴也又戶版切　⿺麥念乃帖切⿺麥念頭　⿺麥末莫達切麪也今呼米屑爲⿺麥末

⿺麥冡莫公切有衣麴也女麴也　⿺麥音蒲口蒲没二切⿺麥音⿺麥圭餅也

○黍部第一百九十二　一七二十

黍式與切禾屬也　香許羊切香芳也今作香

⿸麻黍 □皮切 穄也
⿰黍□ □廉切 相著也
黏 □□切 黏也
⿰黍畐 步北切 黍豆也
⿱臤黍 口見切又殄切⿱臤黍也
⿰黍啇 竹革切 黏飯也
⿰黍朱 張俱切 黏也
⿰黍女 而與切 黏也
⿰黍卷 丘遠切 博也
⿰黍卑 平懈切又必介切 黍屬
⿰黍必 步結切 香也
⿰黍易 所懈切 亦作⿰黍麗
⿰黍斤 居近切 黏也
⿰黍奉 方奉切
⿰黍連 旅典切穤禾也又音連
⿰黍農 乃董切
⿰黍尼 奴禮切 黏也
⿰黍力 力兮切 眾也 亦作黎
⿰黍离 力支丑知二切 粘也
⿰黍日 女栗切 黏也
⿰黍刃 同上

○禾部第一百九十四 凡二百三十五字

禾 胡戈切 嘉穀也
稯 子公切 禾束也
⿰禾兇 籒文
秀 思救切 出也榮也
稼 古暇切 樹五穀
穡 所力切 斂曰穡
稙 竹力切 早種也
秣 莫葛切 秣養也
⿱艹秣 同上
穊 居致切 稠也
稠 直留切 穊也
⿰禾蔑 亡結切 禾也
稀 香衣切 稀踈也
⿰禾羸 力科切 穀積也
稞 同上
稌 通古切 稌稻也
秜 力尸切 小麥也
⿰禾來 力該切 或作
穟 敘類切 穟苗
稹 之忍切叢緻也又之仁切
稻 徒老切 稌也
穎 役餅切 禾末也
秒 亡紹切 禾芒也
穖 居豈切 禾□
穆 莫卜切 和也 古文⿰禾敫
穋 說文穆字也
穮 彼調切 耘也
秄 茲里切 壅禾本
租 □□切 田賦也
私 息夷厶不公也又禾也
穫 胡郭切 刈禾也
⿰禾資 在資切 積也
稛 口本切 成熟
秅 下沒切 秸也
秫 時聿切 說文曰稷之黏也

科 口和切程也
稍 公淵切麥莖也
秏 呼到切減也敗也詩云秏斁下土又稻屬[illegible]

稔 如枕切年熟也
秬 渠與切黑黍也
稭 公八切稭稾也去其皮祭天以爲席也
[illegible] [illegible]亦[illegible]

稍 所教切斷也
稰 相呂切食也
穰 如羊切黍穰也又如掌切衆多也
[illegible] 丁[illegible]切[illegible]

秿 扶甫切禾積也
[illegible] 普胡切臼[illegible]也
[illegible] 呼光切凶年也空也果不熟也今作荒
[illegible] [illegible]

[illegible] 時爲切小積也
[illegible] 蒲木切[illegible]積也
䄷 視亦切百二十斤曰䄷鈞衡也四鈞爲一䄷
[illegible] [illegible]兒[illegible]二

秎 扶問切秎穧也
[illegible] 之善切禾束也
[illegible] 壯力切[illegible]也
秠 披鄙切一稃二米
穧 才計切又才詣切穧穫也

稡 子骨切[illegible]稡也
[illegible] 丑向切[illegible]也
[illegible] 女雖切禾
稃 妨俱切甲也[illegible]
秩 陟栗切積也程也[illegible]

[illegible] 士林切禾欲秀
秈 息延切秔稻也
[illegible] 章移切
秳 胡栝切舂粟不潰也
稾 公道切禾稈也又稾草

穚 羈謡切禾長也
秸 口篤切禾大熟
[illegible] 於鄰切花
秕 卑几切穀不成也
秭 咨李切數億至萬曰秭也

[illegible] 吕恭切稍也
秛 普吹切禾租也
[illegible] 力周切
[illegible] 步唐切[illegible]穄名
穠 力公切穠[illegible]也禾病也

[illegible] 胡元切[illegible]
[illegible] 直就切[illegible]也
[illegible] 先生切
秧 於兩切禾秧穰也
[illegible] 力支切長[illegible]禾把也

穩[illegible]　[illegible]米皮也　穇[illegible]弄切　秦疾[illegible]切國名亦禾名　⿰禾黑亡禾切黑也禾傷雨也

⿰禾茸如勇切稻稍也　⿰禾空口東切稻稈也　⿰禾乚側買切禾　程除京切去也式也　⿰禾賁蒲本切穇穦穀未熟皃

⿰禾芻上于切稷穰也　穭力與切自生稻　⿰禾白匹各切　种直中切人姓亦稚也　⿰禾臱博眠切籬上豆又方豍切

穢於吠切不淨也　稸抽陸切稸聚也　⿰禾薦祖殿切草　秅丁故切四百秉為秅　⿰禾匕託芳切、蘖聊切稍也

秷竹栗切秷穫也　秢力經切羊也　⿰禾致直利切稠　⿰禾各胡各切黍而小　⿰禾片胡戈戶臥二切稽頭也

秲時至切亦作蒔　秱徒聾切禾盛皃　⿰禾恩安很切草　⿰禾發息唯切天四把也　⿰禾茲子辭切稵益也與滋同

⿰禾昷紆云切香也　稜盧登切俗棱字　⿰禾昆戶衮切草　秖竹尸切始熟也穀　⿰禾疑言紀切[illegible]黍稷盛皃

⿰禾圭古攜切田器也　秂而真切欲結米　秺得路切東　秞餘周切禾黍盛也　穬古猛切穬說文芒粟也

秥女占切禾也　穔胡光切野穀也　⿰禾荼時預切章　⿰禾开古殄切十把曰⿰禾开　稓[illegible]

⿰禾朋蒲庚切禾密也　⿰禾如女魚切臭草也　⿰禾存徂悶切　穠而容切花木盛也　[illegible]

⿰禾夫方無切稱生稻　⿰禾雚渠元切禾黃也　⿰禾交蒲活切　稄息俊切又阻力切

穮亡紹切　䆂丑江切禾不秀　穳扶畏扶非二切䅳紫莖不黏也　稺除致切幼禾也　稚同上　穉同上

秔古衡切秔稻也　秄竹俱切不秀也　齍子黎切黍稷在器曰齍亦作粢　𥝤良計切黍穄　𥢸同上　𥣐同上

䅡側移切禾死也　𥢩息荅切𥢩𥢫禾　穜除恭切先種後熟曰穜又音童　稑力竹切後種先熟曰稑　穋同上

䄾人久切葉䄾也　𥣰支用切古文　稗蒲懈切稗秕也琅邪有稗縣　稬乃嬾切黏也又乃卧切秫名　穤同上俗

稭苦桃切禾槀　䅏方尾切䅏皃　穛之弱古督二切禾皮也又齊地名　移余支切易也說文禾相倚移也　𥝢同上

䅚丘阮切相近　𥝰抱默切鄉名　稅尸銳切租稅也舍車也放置也　𥡏居孽切又居謁切長禾也　𥣋同上

𥢉火貫切禾也　𥞇勿利切䆰䅟也　䆃徒到切䆃一莖六穗瑞禾也　稈古旱切槀也穰謂之稈　秆同上

秙口故切秙穅　稧苦列切禾稈　穌先乎切穌息也死而更生也　秊奴顛切載也禾取一熟也　年同上

䅄力帝切長禾　𥢲子計切𥢲樓也　穪齒證切又齒陵切說文云銓也　秋且周切說文曰禾穀熟也　秌同上

龝籀文秋字　𥢝七浪切禾𥢝頭　稘居之切稈也又周年今作朞　穳在官切又在管切禾補也　篹同上

稒古護切[illegible]名　𥠆側角切禾先熟　種之勇切種類也又之用切種植也　稕之閏切稕緣也束稈也　稃同上

[illegible]子笑切物細小 [illegible]莫半切不蒔田 [illegible]蒲骨切[illegible]稡禾秀不成聚向上皃 稷子力切五穀長也 [illegible]文
[illegible]徒卧切積也 [illegible]余力切[illegible]番蕪 稂力當切稂童梁禾秀不成也 采徐醉切禾成秀也 穗上同
[illegible]力出切[illegible]木也 秴古蠟切秴[illegible]也 穱側角切小也又早熟亦作穛 [illegible]古八切祭神席也 秸上同
[illegible]子入切稠[illegible]也 [illegible]初乙切稠[illegible]也 稪方木切又音複 [illegible]式聿切呎 [illegible]丁歷直炙二切 [illegible]苦谷切禾熟
[illegible][illegible]窑切生稻也 [illegible]蒲結切禾香 稰居筋切[illegible]稰也 [illegible]鳥禄切芒 [illegible]丕力切稷蒲皃 [illegible]如叔切又如勇切
[illegible]初立切種也 [illegible]武妄切或作芒 粱力畺切米名 [illegible]羊職切穀 穈亡皮切穈粥也 穲力支切穲[illegible]苗也
[illegible]於糊切茂盛皃 [illegible]居協切[illegible]也 秅直家切張開室 [illegible]餘潔切美 [illegible]於旦切[illegible]禾也
○秝部第二百九十五凡二字 秝郎的切稀疏秝秝然 [illegible]昨鄰切籒文秦 兼古甜
切并也兩也說文云兼持二禾秉持一禾
○耒部第二百九十六凡五十三字 耒力對切耕曲木也 耕古萌切牟犂也 耦午后
切不[illegible]也又二耜也 耡俟據俟呂二切說文云殷人七十而耡耡耤稅也 [illegible]禹軍切除[illegible]也 耘[illegible]並同上

耤　才亦切　耤借也　䎄　古攜切　田器也　耜　詳以切　耒耑也　耨　乃豆切　耘也　[illegible]　飢切耕也　田一歲也

䎙　於劫切　犁種也　耩　公頂切　[illegible]也　䆁　余石切　耕[illegible]　䎛　徒兀切　耕木開　𦔵　楚棘切　耕也　亦與畟同

𦓾　余力切　耕也　𦔉　渠録切　耕麥地　䎱　步溝切　耜屬　䎮　他的切　種也　[illegible]　匹皮切　亦作[illegible]　耕也小高也

䎡　亡旦切　不蒔田也　𦔍　仕革切　耎中種　[illegible]　叉江切　種也　[illegible]　上祗切　種麥　機　音機　耕也　[illegible]　骨本切

稍　山校切　䎡種　[illegible]　方朝切　耘也　[illegible]　呼旦切　冬耕也　耠　胡荅切　耕也　[illegible]　巨尹切　[illegible]　扶路切

[illegible]　於爲切　田器也　耬　力兜切　耬犁也　[illegible]　於尤切　覆種也　[illegible]　呂蝿切　耒也　[illegible]　骨外切　[illegible]　[illegible]

[illegible]　側耕切　犁上木　[illegible]　六臺切　耕也　[illegible]　力尹切　束禾也　[illegible]　以斂切　耕也　[illegible]　祛乙切　[illegible]　盈歷切　耕

耔　借以切　雍苗本　頪　力外切　鮮皃　耗　虎告切　正作秏　[illegible]　上黠切　又音徹　[illegible]　口郭切　禾　[illegible]　符逼切　禾

[illegible]　庚伯切　耕

○香部第一百九十七　凡十七字

香　許良切　芳也　與香同　馨　虚廷切　香之遠聞也

馦　許兼切　香味　[illegible]　呼合切　衣香也　馣　於含切　香氣　[illegible]　皮逼扶福切　香也　馝　蒲結切　大香也　或[illegible]

馞蒲骨切大香也　䭯□小□□切　馛扶末切大香　馥□弋切香氣衝也　馡匹結切小香　馝同上

馧於云切盦馧今作盦　䭐步結切　馤於蓋切香也　𩡩同上

○皀部第一百九十八凡四字

皀許良方立二切穀皀也　[illegible]詩亦切飯堅□調也今作適

卽子弋切就也今也食也今作即　既居毅切小食也又已也

○鬯部第一百九十九凡六字

鬯敕亮切香草　爵子削切竹器所以酌酒今作爵

𩰪山吏切鬯使列也　𩰫音巨黑黍也今作秬　鬱於物切芳草也鬱金香也亦鬱陶　𩰬同上

○米部第二百凡一百二十五字

米莫禮切粟實也　粱力羊切米名　𥼶側角切早取穀也

粲且旦切鮮好皃　糲力葛切麤糲也　棐鄙真切惡米也　精子盈切說文曰擇也　粗在古米胡二切麤大也

粒良揖切米粒也　粺蒲賣切精米也　𥽴式亦切漬米也　𥽵徒感切糜和也　糱魚列切牙生穀也

麤莫卑切見上注　糟子刀切酒滓　糒蒲秘切乾飯　𥼫同上俗糒字　[illegible]譜華姑亦二切飯半生也

糗丘九尺沼二切精也　𥻨渠九切舂糗米　糈先旅切祠神米　粉俌憤切可飾面　[illegible]丘六切酒母

粹 先類切精也
糏 思列切糏糵也
竊 且結切竊盜也
糴 徒的徒弔二切穀也
粠 胡同切陳臭米也或作紅

粻 陟良切糧也
粥 之育切糜也
䊵 匹顧切粉䊵
𥼞 亡達切䴷也或作麩
粃 補履切不成穀也俗秕字

糒 亡原切糒粉澤
𥼎 特翅切𥼎黏也
糠 口郎切俗穅字
䊳 亡皮切䊳碎也屑也
𥽦 先達切𥽦放也書作蔡字

䊭 徒到切覆也
粰 扶牟切粰䊯也
䊯 且罪切䊯粗也
粔 其呂切粔籹膏環也
籸 山人切粥類也又粉滓也

籹 尼呂切粔籹
𥹋 同上俗籹字
糦 充志切與饎同
𥼠 力的切𥼠食也
粕 普各切糟粕也酒滓也

𥻧 陟厄切𥻧粘也
粘 女廉切與黏同
𥺊 撫俱切與稃同
䊍 力鳩切䊍精鐵也
粳 柯彭切不粘稻亦作秔

𥹙 力外切鮮白也
𥹦 力割切亦作𥹦
𥹩 千堅切亦作研
糙 七竈切粗米未舂
粢 在茲切稻餅又音咨祭米也

粙 子又切亦䊆字
𥽸 胡雞切饘也
䊗 胡咸切䊗粥也
粞 桑來切碎米又音西
粖 亡達亡結二切糵也說文作蘗

𥼶 女亮切雜也
䊧 孚謂切失氣也
𥺵 亡結切粖也
糖 徒郎切飴也
糧 力薑切穀也
粮 同上

𥻭 音環餅也
粡 徒龔切
䊡 莫官切䊡頭
粷 居六切粷粉也
粈 女救切雜飯也
糅 同上

[illegible] 胡公切
[illegible] 之井切[illegible]也
粧 側牀切飾也
粱 [illegible]切粱精米
糂 息感切以米和羹
糝

糟 籒文糟字
粬 [illegible]酒[illegible]也
⿰米幾 巨希切 小食也
⿰米亘 呼官切 白米也
⿰米卷 丘遠切 粉也
粇 同上

⿰米奥 於卯切
⿰米氏 渠梨切 赤米也
糤 朱旱切 糤米
粄 補滿切 米餅
⿱畏米 亡畏切 粥糜也
⿰米尾 同上

粿 古火切 淨米
糖 徒郎切 精米
糔 息酉切 又音脩
糞 夫問切 穢也
⿰米建 之延切 亦作饘
⿰米亶 同上

糯 奴過切 俗稬字
⿰米非 必媚切 惡米
⿰米眞 莫片切 屑米
⿰米丁 曲籥切 米食
糉 子貢切蘆葉裹米
粽 同上

⿰米孛 蒲鶻切 米⿰米孛
⿰米責 仕革切 白米
糏 先結切 碎米也
⿰米隻 之亦切 ⿰米隻營也
糰 徒丸切 糰⿰米婁
⿰米追 得迴切

⿰米兌 徒類切
⿰米曷 胡達切 白米也
粍 竹革切 黏也
⿰米剌 力達切 麤糲飯
⿰米兼 胡兼胡緘二切 亦⿰米兼字又赤黍

籺 胡骨切
⿰米束 丑厄切字書糒糠損 米又所責切餅相粘
氣 虛旣切說文曰饋客芻米也今豈旣切氣息也

⿱⿰𠂤乇米 說文同上 亦作餼
⿱龹乇 亡丁切漬米也交阯有[illegible]又音彌亦作麊
粊 音秘說文曰惡米也又地名
⿱⿰丨匕米 同上

糷 力旦落旱二 埤蒼云飯相着
⿰米東 同上

○毇部第二百 一字

毇 許委切米一斛舂為八斗也
糳 子各切左氏傳云粢食不糳 精也一斛舂為九斗也

○臼部第二百三十一凡二十一字

臼渠九切說文曰舂也古者掘地爲臼其後穿木石象形中米也　舂舒庸切雍父作舂黄帝臣也又擣也　𦥺背各切齊謂舂爲𦥺　舀翼珠弋周二切抒臼也亦作揄又以沼切　臿楚洽切舂麥也　𣋀同上

𦦁孚[illegible]切舂[illegible]暘　𦦖丁老切舂也亦作擣　函胡眈切函鎧也又胡緘切函書也　臽音陷坑也　𦥽同上

𦦗才何切舂擣也　𦦙移[illegible]切古文　𦦟初眼切小舂也　𦦤羊少切臼也　𦦩之睡切杵擊也　𦦺同上

𦦝七漏切舂也　𦦗以各切舂也　𦦚徒黨切舂也　𦦟初夾切米去皮也俗臿字

○倉部第二百三十三凡三字

倉且郎切倉庚也　仓古文　牄七羊切鳥獸來食聲

○嗇部第二百三十五凡六字

嗇使力切愛也悋也貪也又嗇夫農夫也　𤲞古文嗇　牆疾將切牆垣也　廧同上　牆籀文　牆古文

○亼部第二百三十六凡八字

亼疾立切說文云三合也　僉且廉切皆也　合胡荅切同也又古荅切

今居林切是時也　舍舒夜切營也處也　侖力旬切思也　𠕋籀文侖　畣都合切當也對也然也今作荅

○會部第二百三十七凡五字

會胡外切歲計會也對也又古外切　[illegible]並古[illegible]

婢支切增益也又作埤 [illegible] 今作[illegible]

○亯部第一百八　凡七字

亯 許掌切獻也當也獻也孝經曰祭則鬼亯之今作享　亨 同上俗[illegible] 許庚切

亯 籀文亯　篤 都沃切厚也又作竺篤　𩫖 余鍾切今作庸　𩫓 市倫切孰也　𩫓 同

○𣆪部第一百九　凡三字

𣆪 胡苟切厚也　覃 大含切長味也今爲覃　𩫸 古文

○畐部第二百十　凡四字

畐 普逼扶六二切腹滿謂之偪腸滿謂之畐　良 力張切良善也　[illegible]

[illegible] 並古文

○入部第二百十一　凡八字

入 如立切納也進也　糴 徒的切入米也　罙 士林切入山谷之深也

从 力掌切說文云二入也兩字從此　内 奴對切裏也　全 疾緣切具也完也　仝 同上　𠓜 古文

○冂部第二百十二　凡五字

冂 亡狄切覆覆也以巾覆物也今爲冪　冠 古完切冠冕也又古亂切禮記二十曰弱冠

同 徒籠切同圓蓋　[illegible] 息累切[illegible]頸　託 丁故丁嫁二切周書曰王宿三祭三吒孔安國曰王三進爵三祭酒三奠爵本或作吒

○冂部第二百十三　凡四字

冂亡保亡狄二切重覆也　同徒東切共也

冡莫公切覆也　⿱止冂口江切又口握切幬帳也

○冃部第二百十四　凡一十五字

冃亡報切小兒蠻夷頭衣也或作帽　⿱冃見莫得切突前也

⿱冃木側狡切　冑除救切兜鍪也　最子會切冣也聚也　冔況羽切覆也殷之冕也　⿱冃卷丘權切小兒帽

冕靡蹇切冠冕也　⿱冃俞羊句切⿱冃俞⿱冃施面衣　⿱冃施餘豉切⿱冃俞⿱冃施　⿱冃爾市紙切古文侈　⿱冃多同上　⿱冃㿽口洽切帽也亦作帢

冒亡到切覆也食巾也　⿱冃鬲古文

○网部第二百十五　凡三字

网力掌切网再也今作兩　兩同上易曰兼三才而兩之又匹耦也又二十四銖爲兩也　㒼亡殄切又亡安切平也欲明也當也

○㡀部第二百十六　凡三字

㡀婢世切敗衣也與敝同　敝上同壞也敗也極也頓仆也或作斃　弊同上俗

○襾部第二百十七　凡八字

襾於嫁切覆也又許下切　覂方腫切[illegible]大

命將要之還在也或作㞋 䍖 蒲北切匹夫之賤服也南楚罵賤謂之䍖服 覆 孚六切反覆又敷救切蓋也又扶富切伏兵也

覈 胡革切考實事 覂 穴鞮切鄙也 襾 莫靈切 覃 時往切又徒侯切

○网部第二百十八 凡九十三字

罔 罓 並同上 网 籒文 冈 古文 罞 亡乳切雉罔也 罟 故户切魚罔也或為罟 䍘 先卷切罔也

网 無倣切羅罟總名 罔 同上今作網

罕 呼旱切罔也旌旗也又稀踈也俗作罕 罪 祚隗切犯法也 羂 公縣切羂罥罔也一曰絓也 罩 都教切取魚具

罨 烏合切又於撿切罨也以罔魚也 罾 子登切取魚罔 罽 居厲切魚網也亦作[illegible] 罛 公胡切魚罟也

罧 力金切積柴於水中取魚又所禁切 罜 徒木切罜麗魚罔 䍢 亡娛亡矩二切幠中罔也 罿 尺容切幢車罔

罬 竹劣巳劣二切連也幡車上覆 䍡 力卜切罜䍡也 罷 皮解切休也又音疲極也 羅 力多切鳥罟也

䍜 丁孝切說文曰覆鳥令不得飛也 罠 亡巾切釣也 署 常恕切置也書檢也部署也 罻 於貴切小罔也

罺 壯交切今之繚罟也又玄初勦切 𦊹 胡故切罔也 置 竹利切立也又安置也 罯 於感切覆也

羈 居猗切羈旅也寄止也又馬絡頭 覊 說文同上 䍣 子禮切手出其什亦作擠 詈 力翅切罵詈

罳 昔玆切罘罳屏樹門外也釋名曰罘復也罳思也臣將入請事於此復思也 罞 亡交切罟也置也 冞 同上

罵 莫霸切詈也 𦌁 補革切罼也 羇 居宜切寄也 罭 為逼切九罭魚罔也 罘 縛謀切兔罟 𦊻 同上

罥 古泫切挂也係取也 羂 同上又罔張 𦊆 公盲切索也 𦌾 所羈切盝也 罦 扶遊切覆車罔 𦊿 同上

𦉭 他頂切以學罜令小罟皃 䍅 力丁切罜令罟 𦊋 渠與切罟也 𦌓 力官切鼠罟也 罝 子邪切兔罟也 𦋡 同上

𦋣 籀文罝 罨 武忍切俗罠字 罹 力之切憂也 罤 徒犁切兔罟 𦌲 徒穀切魚罟 罜 同上

䍣 落猥切罶也 罛 古吳切舟上罔 䍡 居廉切罔也 𦊨 古橫切罔編也 罼 卑蜜切兔罔小而長柄也

𦌒 徒犂切罔繩也 䍦 力之切羅罹離也 䍢 無魯切窻也 罱 女咸切夾魚具 罞 莫龍莫交二切麋罟也

𦊍 穴絹切罟罥 罣 古畫切罣礙也 䍎 息緣切罔也 𦊼 千面切魚罔 䍟 莫孚切 𦉾 音牙兔罔

罧 所禁切罔也 𦉵 丁歷切繫也 羃 莫歷切蓋食巾 䍥 郎的切蓋食巾 𦊉 郎據切 𦍄 奴旦莫胡切

罩 知校切小罔 𦌾 普革切罔也 𦊃 芳脂切篝笭 罶 力九切詩云魚麗于罶罶曲梁也 𦋍 同上

𦉳 浦持切

○華部第二百十九　凡五字

華俾蜜切箕屬弃糞器又方干切　棄[illegible]遺也古作弃　糞方問切除也物汚穢也　畢俾謐切弋也掩兔也又星名　畢說文畢

○冓部第二百二十　凡三字

冓古候切交積材也　爯齒陵切舉也又尺證切與稱同　再子代切兩也重也仍也

○厶部第二百二十一　凡一字

厶丘於切飯器也

○去部第二百二十二　凡六字

去羌據切除也遺也行也又丘與切　㚎說文去　朅丘列切去也　⿰舌去方冊切郤也　⿰去卑方爾切羈客也　⿰去夌居力切又方縄切去也

○北部第二百二十三　凡四字

北布墨切方名也軍敗走曰北　冀居致切冀州也北方州故從北　兾同上　乖古懷切睽也戾也背也

○西部第二百二十四　凡五字

西先兮切西方名　卥說文西　卤古文　卤籀文西　栖音西鳥栖宿又作棲

○鹵部第二百二十五凡二十六字

鹵力古切鹹也車駕出有鹵簿書海賓廣潟鹵本亦作斥又音虜男 滷昌石切苦地也 [鹵臽]公稻切鹹味也 [鹵今]凡陵切苦也 鹹乎緘切苦也[鹵爾]雅注苦即大鹹 [鹵齊]才計切鹹也

鹺在河切鹹也亦作[鹵差] [鹵奏]且豆切夷狄鹽 [鹵占]竹減切鹹也 [鹵昷]於昆切[鹵昷][鹵襄]戎狄之鹽 [鹵肖]思遙切煎鹽也

[鹵最]士快切[鹵]方呼醬 [鹵扁]扶殄切鹽也 [鹵畏]乙乖切 [鹵襄]胡乖切[鹵昷][鹵襄]也 [鹵鬼]同上 [勹鹵]力古切

[鹵几]各黨切鹽澤 [鹵喬]巨聿切醬也 [鹵土]音魯沙也 鹼公斬切鹵也 鹻同上 [鹵監]工暫切

[鹵殳]音投鹵也 [鹵俞]同上 [鹵昌]音昌

○鹽部第二百二十六凡四字

鹽弋占切宿沙煑海為鹽 [鹵皿]同上 塩同上俗 盬公戶切鹽也又倉猝也姑也不堅固也

○壬部第二百二十七凡八字

壬他井切善也謟也召也成也驗也審也虛也

[壬見]胡殄切大坂也亦作現 [宀壬]無昉切誣也今作罔 [㐅壬]余箴切婬貪也 徵陟陵切召也又陟里切宮徵也 重直冢切不

也又直也 望無放切說文曰月滿與日相望似朝君也 朢古文

皿部第二百二十八　凡七十一字

皿　明丙切說文曰飯食之用器也　盂　羽俱切飯器也
盌　於卯切小盂亦作椀　盆　步魂切盎也　[illegible]　除焦切器也　盛　時正切多也又時征切在器也　盨　山縷切戴器也
齍　子刹切黍稷在器也　[illegible]　諸姚切器也　盎　於浪切盆也　盉　戶戈胡卧二切調味也今作和　益　於亦切加也
[illegible]　子奚加莫多一切稽也　盅　除隆切器虛也　盈　余成切滿也　盪　徒黨切滌器也搖動　盦　於含切覆蓋也
[illegible]　渠既切釁以蝟毛赤　[illegible]　渠驕切椀也　[illegible]　魚下切杯也　[illegible]　彌必切說文云械器也　[illegible]　餘章切杯也
[illegible]　於千切盎盎大盂也　盞　才冊切盎盞　[illegible]　五田切椀也　盬　公戶切器也　[illegible]　同上　[illegible]　徒回切
[illegible]　徒弔切草器與蓧同　盤　薄干切器名　[illegible]　力同切亦作櫳　[illegible]　胡巧公巧二切器也　[illegible]　同上　[illegible]　火牙切
[illegible]　博胡切籀文鋪　盰　公安切盤也　[illegible]　丘拳切盂也　[illegible]　丈引即忍二切終也　[illegible]　同上　[illegible]　神夜切器
盩　張流切盩厔縣　盄　之遙切器也　[illegible]　黃孤切器也　昷　於鬼切和也或作煴　[illegible]　同上　[illegible]　音趣
[illegible]　許奚切小盆器　盔　苦回切鉢也　盃　補梅切盃盞也　[illegible]　莫公切豐盛盛滿　[illegible]　同上　歹
[illegible]　魚帝切綠色綬也　[illegible]　呼改切器盛酒　盍　胡臘切何不也　盝　力瀆切瀝也竭也　[illegible]　同上　[illegible]　空紺切

盥公緩切洗物曰盥又澡手也又公玩切　盧力胡切當壚酒肆也以土爲壚酒甕四邊爲盧也亦飯器也　𥂝同上
盓余救余九二切小甌也杅水器也　盓同上　盞壯限切杯也　盖故大切掩也覆也　葢同上
𥃤許力切痛悲也　𥁃扶淹孚梵二切杯也　𥁃同上　𥁃𥁃並同上

○臥部第二百二十九凡七字
臥魚過切眠也息也　𦣻女厄切𥙊人謂小嬾曰𦣻
切又公陷切視也　𥃒古文監　臨力針切尊適卑也視也　䑒他弔切臥也　𥃔

○㐆部第二百三十凡二字
㐆所祈切說文云歸也从反身　殷於斤切樂之盛稱殷
易曰殷薦之上帝又乙山切左氏傳曰左輪朱殷杜預云今人謂赤黑爲殷色

大廣益會玉篇卷第十五

元棟之書非此[illegible]

元

卷十六至卷十八原闕

卷十九水部（前）原闕

洰音巨水名　汄音仄流也　沘音比水名　⿰氵楚音楚水名　⿰氵巟呼光切水廣也　[illegible]

汒亡谷切　洤古文泉字　⿰氵夐古文幽字　澴胡關切水　潶呼得切水名　漧

⿰氵衣音衣水也　⿰氵鳳音鳳水聲　⿰氵藂音藂水聲　泣音立水也　濠戶刀切水名　渟十

泩音生水漲　⿰氵能奴登切水　⿰氵牛魚休切水　湤式之切水　淕力鞠切凝雨也　汖古

⿰氵禾胡戈切水　⿰氵羌音羌水也　⿰氵殹於斤切水　淐尺羊切水　漴柴融切水聲也　淞似[illegible]江名

澢都郎切水　泇音加水也　⿰氵花呼瓜切水　⿰氵斜音斜水名　⿰氵宮居隆切縣名　洢一移切水名也

⿰氵巖音巖[illegible]也　涭音受水皃　⿰氵動音動水皃　⿰氵剽匹妙切　濰夷佳切水名　漁語居切捕漁也

沒平表切水　滜音皁水也　⿰氵顯音顯水也　泞直與切　溪口兮切溪澗　瀘力吴切水名

滷音魯醎水　澅戶卦切水　⿰氵賣薄賣切水　⿰氵鮮思翦切水　洇於鄰切水名　⿰氵盤蒲槾切洄也

⿰氵栗[illegible]切薑力[illegible]　⿰氵輦力淺切水　淏音昊清皃　泖音柳水皃　沺徒蓮切大水也　湍他端切急瀨也

溤莫把切水　⿰氵普偏毋切水　湪尸煮切水　[illegible][illegible]斬切力泉　澟力甚切寒也　滚[illegible]暄切水流皃

浲府[illegible]切水[illegible]　[illegible][illegible]切水[illegible]　[illegible]音罕水也　瀟思[illegible]水[illegible]　[illegible]尸交[illegible]泮也

[illegible][illegible]洞切水　汱音畎水也　澣音汗海名　[illegible]音渡過江　渦古[illegible]渦水也　[illegible]烏瓜切渦也

溴尸又切　[illegible]音豆水也　[illegible]音飲水也　[illegible][illegible]監切　涐吾哥切水名　涂直都切涂塗也

瀯音營水洄　[illegible]音貪水也　涓音劌小[illegible]　泾古壞切水　湯式章切水流皃　茫莫郎切滄茫也

[illegible]古薤切水　溍音晉水也　潒羊[illegible]切水[illegible]　潎匹丙切　[illegible]呼肱切水聲也　[illegible][illegible]水聲[illegible]

[illegible]力凍切水　洎音鼻涕也　[illegible]式預切水　渲音選小水　漻古交切水名　添[illegible]益也

淃巨眷切水　汌尺緣切水　[illegible]胡箇切水　淌音唱大波　[illegible]虛宜切水名　潯辭林切深也

[illegible]古卧切水　[illegible]力刃切水　滊許氣切水　激音教水也　[illegible]匹凡切深也　洴毗名切水[illegible]也

瀼奴朗切　[illegible]思力切水　[illegible]音昨水也　溯音朔水也　[illegible]虛尤切水去皃　[illegible]甫休切水声也

[illegible]音雹水激　洷直失切水　洁音吉水也　[illegible]音闕水也　濨藏詞切水也　[illegible]力舒切水名

[illegible]火麥切流　淂都勒切水　[illegible]虛劫切水　滐巨列切　澊七昆切水名　泘虎孤切水名

卷十九水部（後）原闕

卷二十𣏟部至巛部（前）原闕

[illegible]呼光切[illegible]也亡也　𡿯禹乙切水流也　𡿧力徹切𡿧水流皃　𡿦子來切天反時爲災今作災烖　州止由切九州也時也宮也居也　凨古文　糺同上

○井部第二百九十　凡六字

井子郢切穿地取水也伯益造之因井爲市也法也　㓝楚向切造法㓝業也今作創　𤎗於迴切澤地也　丼者線切古文戰　阱才性切穿地爲阱以陷獸亦作穽　汬古文

○泉部第二百九十一　凡三字

泉自緣切山水之原也　原魚袁切泉水也今作源　𩇩扶萬切泉水也

○灥部第二百九十二　凡二字

灥似均切三泉也　厵魚袁切水原本也

○永部第二百九十三　凡三字

永于丙切長也遠也引也　昶恥兩切廣雅云通也　羕弋上切長也

○𠂢部第二百九十四　凡五字

𠂢匹賣切說文曰水之衺流別也　脈亡革切說文[illegible]莫伐切　䀞籀文　衇莫革切血脈[illegible]或作脉　䘑籀文[illegible]

○谷部第二百九十五 凡九[illegible]

谷 [illegible]也又余玉切[illegible] 豂 空谷也 大[illegible]

谸 且見且旦二切望山谷谸谸也或作阡 豅 力公切長谷 谾 呼紅切深山之谾谾空也 谹 胡萌切[illegible]

谩 莫九切谩⿰谷九亭名 ⿰谷九 巨由切谩⿰谷九亭 ⿰谷石 下蕭切谷名 㕡 思閏切深通川也古文濬 ⿰谷分 扶[illegible]谷[illegible]

⿰谷巤 力葉切⿰谷巤餘聚名 谼 胡東切大谷名 谽 呼含切谽呀澗谷也 ⿰谷賣 徒鹿切通溝也與嬻瀆同 ⿰谷匊 渠六切谷名

⿰谷皋 呼勞切⿰谷皋⿰谷卒深谷名 ⿰谷卒 力刀切⿰谷皋⿰谷卒 ⿰谷先 側詵切谷名 ⿰谷叙 呼各切溝壑也與壑同 ⿰谷英 於京切谷名

⿰谷戔 士諫切谷名 ⿰谷監 呼濫切谷名 谿 苦雞切與溪同 谽 火含切谽谺谷空 谺 火加切谽谺

⿰谷周 直流切谷名 豁 呼活切通谷也空也大度量也 ⿰谷善 同上

○冫部第二百九十六 凡五十二字

冫 鄙凌切冬寒水結也 仌 同上 冰 畢膺切水堅也今筆凌切 凜 力甚切凜凛寒也 凊 七性切寒也冷也 凍 都洞切孟冬地始凍又音東 洞 古迥切冷也

凇 相龍切凍落也 凓 力質切凓冽寒皃 冽 力滅切寒氣也 冶 余者切公冶復姓又妖冶 ⿰冫巠 巨井切寒也

⿰冫夾 胡頰切冰凍相著也 ⿰冫枼 徒頰切⿰冫夾⿰冫枼也 凗 昨回切霜雪[illegible] 冷 力頂切寒也又力丁切 凒 五哀切

卷二十冫部（後）至白部（前）原闕

敀普白切　𤾗傍伯切　皣手輙切　皟側革切　皜胡老切　皝皓並同上

皕扶力切

○日部第三百四凡二百四十字

日如逸切陽之精也廣雅云朱明曜靈東君並日名日實也君象也羲和日御也

旻眉巾切秋天也仁覆慜下謂之旻天　早子老切晨也　昒亡㔶切旦明也　昧莫潰切冥也昧爽旦也

曉火了切說文明也又曙也知也慧也　曙市據切曙東方明也　晤五故切欲明也　旭呼玉切日始出昕旦之時

昭之遥切明也光也見也又市遥切昭穆也　曠苦浪切廣也遠也空也　晵康禮切雨而晝晴也　暘弋章切明也日乾物也

皞何老切大皞伏羲氏也又明也旰也　晏於諫切晚也天清也　曣於見切日出也　昫欣句切又許宇切暖也亦作煦同

映於敬切明也又於朗切映䀹不明也　景居影切光也照也　皓尸老切日出也明也　暆余支切暆暆日行也又縣名

睎許衣切明不明之際也燥也暴也或作晞　暉呼韋切光也或作煇字　旰古旦切晚也　暗於紺切不明也日無光也

昆古魂切昆者同也并也兄弟也咸也　晷居美切以表度日也　晻於感切不明也　𣅍於了切望遠也或作杳窅

晚莫遠切後也暮也　曫力完切日民昏時　曀於計切陰而風　晦呼潰切昧也　曏許兩切不久也少時也

𣈜 奴代切日無光也
旱 何但切不雨也
昴 莫絞切星名
曩 奴朗切久也
暫 才□切不久也或作蹔

昄 步板切大也善也
昨 才各切一宵也
昪 皮彥切喜樂皃
暇 何嫁切閑暇也
㬮 奴旦奴達二切温也安也

㬗 女版切温濕也赤也
昱 由鞠切日明也
暀 于況切美也
暑 式與切熱也
㬎 呼殄切微妙也今作顯

暬 思列切侍也或作媟
暍 於歇切中熱也
暖 奴短切温也
暠 古老切白也
𣅿 亡乙切不見也或作昬

普 不古切包也徧也
晫 都角切明盛皃
睹 丁古切旦明也
曭 他朗切不明也
晐 古才切備也咸也兼也

暟 口亥切美也照也
昈 手古切文彩也
暵 呼但切熱氣也
𣊭 莫朗切日無光
𣆶 音晁皃也與晁同亦作鼂

𣋋 力涉切日欲入也
暮 謨故切日入也
𣉻 呼晃切旱熱也
曤 呼郭切明也
曈 徒東切曈曨日欲明皃

曨 力東切曈曨
晥 乎綰切明星也
昝 子感切人姓也
昲 孚味切乾物也
昂 五郎切我也君之德也

暲 之羊切明也與章同
暅 古鄧切乾燥也
暳 呼惠切衆星皃
暶 似緣切美皃
暡 於孔切暡曚天氣不明也

暈 有愠切日月旁氣也
晊 之日切大也
𣆉 去既切古氣字
𣆮 思遥切古宵字
暿 許巳切盛皃也多熱也

曖 於代切晻曖暗皃
曜 余照切照也亦作燿
𣅀 巨基切古文期
𣇞 亦古文期
昋 古惠古迴二切見也亦作炅

卷二十日部（後）至卷二十一大部（前）原闕

奯許活切空也大目也　会烏吻切大也　奃丁計丁奚二切大也　夵飢離切大也　奆火計切奢盛皃埋奢大肥大也

奄視衍切說文云大也　奔以萬切卜大也　查才邪切登查大口也　奜芳尾切大也　契口計切券也大約也又口結切

奊古結切大也亦斷字　奓尺才切大皃　奝丁幺切大也多也　𡚁九縛切健皃　𡚒火幺四幺二切木大皃

𡗜古文軍字也　𡙡口大切擊也今作鼓　𡙶麾域切奯也大也　𡘍仕下切奓奈自大　奓竹加切下大也又舒邪切

太他大切甚也　𡚈乙獻切大皃　奘昨朗切奘大也盛也　奚下雞切大腹也　奕弋石切奕奕大也美容也行也

耎如兗切又作耎柔也　奇巨宜切今作奇　尖子廉切小細也　𡘇音奚切跡也　奰皮秘切不醉而怒也壯也迫也

𡚐舉朱切邪視皃　奩力尖切香奩也　𡘾音玆不正也　奟蒲罪切大也　奫倚筠切水皃吳都賦曰奫

䜌奱䜌䜌於拳切　𡚆他皓切長也　𡚛多又切　奈奴太切正作柰　𡚔分勿切又扶勿切大也

𡙗同上奱　𡚋音務大也　𡚑子隨切　奪徒活切　𡚙同上　𡗿求阮切

○奢部第三百二十二凡二字

奢式邪切侈也泰也張也亦作奓　奲丁可充者

二切大

也

火部第三百二十三 凡二百九十三字

火 呼果切煋也燧人造火於前黄帝為食於後也火者化也隨也陽氣用事萬物變隨也　烜 丁達切爆也　燹 先踐切野火也　焌 子閏子寸倉聿三切然火也

烈 力折切火猛也熱也威也業也餘也　燒 尸遥切爇也燔也　尞 力弔切燒柴尞祭天也　炪 丑出許聿二切火光也力也

然 如旋切燒也許也如是也應言也　燃 俗為燒然字　燔 扶藩切燒也　熚 卑出切火聲也熚炥火皃

烔 公迴戶頂二切烔烔明察也光也　熯 而善切火盛乾　炥 扶勿切火皃　熮 力酒切[illegible]又燒[illegible]

燋 子藥子消二切炬火也所以然火也　[illegible] 力振切火皃　[illegible] 五且切火也　熲 古迥[illegible]火光也[illegible]

灼 之藥切灼灼花盛皃又熱也明也　熇 許酷切熾也熇也　[illegible] 徒甘切燎也小熱也　爚 弋灼切[illegible]光也電[illegible]

焠 青對切堅刀刃也火入水也[illegible]炊也　熛 必遥切火飛也　灰 呼回切死火也　炭 他旦切燒木[illegible]也[illegible]也火也

熢 孚逢切熢燧表邊有驚急則舉之　炱 大來切炱煤煙塵也　煤 莫杯切炱煤　[illegible] 祖下切又才和切[illegible]

烋 火虯切美也福祿也慶善也又火交切　煁 市林切竈也　烘 許公切燒燎也　炦 步結切火氣上也又[illegible]

炊 尺垂切火也　熬 五高切煎也　燀 尺善切炊也　烝 之承切火氣上行也冬祭也[illegible]也又之孕切

卷二十一火部（後）至卷二十二山部（前）原闕

多老二切中山可居也　嶖衣廉衣檢二切山海經云鳥鼠同穴山西南三百六十里曰崦嵫山　崦同上
崴烏乖切崴嵔偕崖嵬不平也　嵔户乖切崴嵬　嵬於鬼切　岷武巾切山名江水所出　崏同上
𡾰並同上　峿五乎切嶇峿山　峼乎老切　⿰山父音父山名　⿱絫山力罪切絫嶵山形又力水切　⿱絫山同上
峬於緣切山曲也　嶗力刀切山名　⿰山鮮音鮮山名　⿰山喜於巳切山　⿱分山五虧切人在山上今作危　⿱𠂆山同上
岑宜今巨今二切　岍口絃切山名　⿰山毛無匪切　⿰山史踈士切山　⿰犭山奴刀切山名又大也　⿰山蓺同上
⿰山農並同上　巔多田切山頂也　⿰山對徒對切　⿰山兌徒外切山　密眉筆切山形如堂　⿱宓山同上
⿰山豐孚隆切山名　嵱與封切山名　崽山皆切　⿱山倉古文倉字　崝仕耕切崝嶸高峻皃　⿰山爭同上
嵭布庚切崩嵭也　巇宜崎切山名　崍魯台切　嵦五來切山　⿱支山巨支切山名古郊字　岐同上
⿱將山七良切　⿰山刑户經切山　嶆昨遭切山名　嵮之義切山名　嶕昨焦切嶕嶢山高　⿱焦山同上
⿰山玄户萌切山　嵾楚岑切　⿰山莽莫郎切山也　⿰山冢知勇切山也　嵕子公切山名　嵏同上
郎　峸示征切山　⿰山是成紙切山也　⿰山靡莫彼切山也　⿱戔山上眼切危高皃　⿰山戔同上

⿰山甘 □台切山
岹 徒聊切山
嵄 眉丕切山也
⿰山子 即李切山也
峻 思俊切嶮峻也
陖 同上

⿰山周 徒凋切山
⿰山摩 莫波切山
⿰山圍 魚□切山□
岉 无沸切山名
嶸 戶萌切崝嶸
嵤 同上

⿰山侯 胡溝切
⿰山童 徒紅切
⿰山盧 力御切山名
崿 五各切山名
崧 思融切中岳也
嵩 同上

㠓 莫紅切
⿰山酓 五咸切
岲 詡誑切山也
⿰山黃 若謗切山也
峇 口合切山窟也
⿱凹山 同上

⿰山黃 若謗切山
⿱山強 巨亮切山
⿰山雚 古亂切山也
⿰山牛 牛仲切山也
⿱山兒 魚結切嵲峴
⿰山齧 同上

⿱山宮 竝同上
⿱豉山 去智切山
⿰山晉 音晉山名也
崇 士隆切重也尊也衆也積也亭立也
崈 同上

岕 音介山名
⿱山最 子于切山
岄 魚厥切山名
嶽 牛角切五嶽也王者巡守所至之山
岳 同上

⿱止山 並同上
⿱屮凵 古文出說文
岞 仕華切山也
⿱峃土 音跌嵽嵲山皃
巃 力孔力空二切巃嵸嶢峨皃

從 即孔即空二切巃嵸
⿰山直 音直山名
⿱山目 倉龍切日欲出
峯 孚容切高尖
崩 布朋切倒也毀也厚也亦⿰山朋字

峪 余蜀切山
⿰山栗 音栗山名
仚 許延切人在山上
⿰山豪 戶刀切山名
⿰山蹇 直展切⿰山蹇嵼山屈曲又九輦切

嵼 □簡切
⿰山戉 許月切山
⿰山出 口骨切山也
屹 魚乞切山皃
崶 府容切山名一名龍門山

卷二十二山部（後）至石部（前）原闕

珍 之人切
磏 力兼切亦礪石
碫 都乱切礪石也
砮 乃乎切石中矢鏃也
碝 而兖切石次玉也亦作瑌
⿰石台 音岩石也
⿱居石 居勇切水邊石
硺 徒對切墮也
碑 彼皮切銘石又目不
磧 七的切水渚石水淺石見
⿰石半 音磻石也
⿰石矣 山指切石嘻聲
磒 尤粉切落也
磿 力的切磿歷石小聲
磕 苦盍切硠磕也又苦闔切
磎 音溪石也
硞 苦角切石聲也
硻 口耕切堅也
碞 牛咸牛今二切嶜崟
砢 力可切磊砢衆小石皃
砿 音宏石也
磽 苦交切堅硬也
⿰石著 知略切研也
磛 仕咸切磛礹山皃
礹 五咸切磛礹也亦作巖
碉 音凋石室
磋 千何切治象也
⿰石妻 且對切磪也
礙 五代切止也亦作閡
礒 宜綺切嶔崟崎礒石巖
碖 音論石也
碵 先果切小石也
砬 力執切石礫
硟 思煎切以石扞繒也
碎 先潰切散也破也亦[illegible]字
⿰石虘 士邪切切石
砡 牛六切齊也
磅 匹庚切石聲也
碓 丁潰切所以舂也
破 普卧切解離也碎也壞也
⿰石隶 音隶石聲
⿰石啇 丁力切磓也
矸 乎旦切磓也
⿰石鬲 下革切石也墉也
⿱哲石 丈厲丑列二切石中矢也
礆 魚兼切切山
碕 巨衣切曲岸頭
⿰石脊 赤略切大脣皃
砌 千計切砌也階砌也
礱 力公切磨礱也穀爲礱
⿰石縈 於京切石
⿰石甫 方宇切硧磌磪
⿰石直 子合切[illegible]
⿰石詹 丁敢切石礵出蜀中
⿰石沓 徒荅徒感二切再舂也

砛 魯丁切石　礬 扶袁切石也　磁 疾兹切石似鐵　硫 力尤切硫黄藥名　硯 午見切石滑所以硯墨

䃭 祖琮切石　礎 初呂切柱礎也　𥗉 巨俱切磫𥗉　磫 子龍切磫𥗉礪石　砠 且居切土山有石亦作岨

𥐨 音敘石名　磶 思亦切柱礩也　矺 竹格切磓也　磓 丁回切亦作搥塠　砥 之視切磨石也亦作厎

𥔎 音皆山石　礥 下研切難皃　䃚 千木切碌䃚也　碌 力木切碌䃚多沙石　䃤 思六切黑砥石又先鳥切

磌 音眞石山　𥗐 人丈切瓷雌黃　䂪 思賢切石次玉　䂳 义瓦切好雌黃也　磯 居衣切水中磧也摩也

硢 與魚切石　磃 思移切磨也　䂼 乃結切礬石也　䃓 古候切罰也碥也　硾 丈爲切鎮也笮也亦作縋

碒 宜今切石　礓 居良切礫石也　磐 步安切大石也　磤 衣謹切雷聲亦作𨏩　礩 之亦切柱下石又音致

䂟 居麻切石　礉 午交切或作嶅　砎 古拜切石次玉　𥕦 力前切亦作鏈鈆屬　磼 才合才盍切磼碟高皃

䃪 子林切石　砊 口唐切硍砊也　磲 鉏於切石名　硨 尺遮切硨磲石次玉　礏 午合午闔二切礏碟也

𥑹 音浮破声　磟 力皎切[illegible]鳥垂　硐 大公切摩也　磟 力竹切磟碡田器　䃀 力合切䃀磼破物声也

䂇 之由切石　𥗗 徒篤切又音彖　硅 之纏切石室同　䃗 四貫切宮名或作虎　䃔 丘中切隆碚又戶冬切

⿰石司 子司切司馬相如梓桐山賦云⿰石司⿰石離　碣 其列切特立石也又碣石山名　⿰石曹 古文　磺 古猛切強也銅鐵樸也　礦 同上

矴 丁定切矴石　矸 於故切磓砢　研 千田切摩也亦作研乘槃盂　硯 同上　确 胡角切磽确亦作埆　㱿 同上

砟 仕亞切碑石也　⿰石最 先外切小石　磻 補左補何二切以石維繳也　碆 同上　礳 莫卧切磑也所以礳麥　磨 同上

⿰石或 音摑毄擊石　⿰石親 初磷切水石也　礉 口孝切磽礉也　砩 扶勿切石名　⿰石巳 甫廉切刺也以石刺病也　[illegible] 同

⿰石客 音客石堅　⿰石鬱 音鬱山石皃　磜 七曷切[illegible]白也　⿰石胃 音⿰石胃⿰石胃石也　碨 烏罪切碨磥不平　[illegible]

⿰石巤 音臘石墮　砮 音駑落石也　砳 力麥切石聲　⿰石敫 匹皃切⿰石敫石　礨 力罪切碨礨亦山名　⿰石耒

砝 音劫硬也　⿰石奥 音郁石似玉也　⿰石削 盧盍切石　⿰石闌 音闌石也　確 口角切堅固也亦作塙　碻 [illegible]

⿰石賣 音瀆石名　⿰石剝 音剝石也　碧 音珞石　⿰石國 口獲切石硬　硼 匹耕切石名　⿰石彭 同上

⿰石削 測角切石　砄 音決石也　礶 勸可切　矹 五忽切硉矹　硉 郎兀切硉矹危石　⿰石霸 音霸

⿰石臾 亦殊切石　⿰石俞 亦同上　⿰石卓 音棹石名　⿰石兆 亦同上　⿰石蜀 音燭

○磬部第三百五十二 凡九[illegible]字

磬 口定切以石為樂器也或作殸　殸 籀文口耕

鼛 …云上 徒到切年九十曰鼛 耇 …可近也 …力京切 …鼓聲也 鼟 他曾切鼓也 鼕 力冬切鼓聲也 鼞 上同 鼘

○𠂤部第三百五十三 凡二字

𠂤 多回切小塊也

𡴀 魚結切高危也

○阜部第三百五十四 凡一百九十二字

阜 扶九切大陸也山無石也盛也肥也厚也長也

𨸏 上同

𨸐 丘善切小塊也

阞 來得切地脉理

陰 於今切默也影也水南山北也闇也營天功明萬物謂之陽幽無形深難測謂之陰今作隂

陽 余章切陰陽二氣也好日也山南水北也傷也清也雙也

陂 甫皮步坡二切坡也山脅也險也

𨼘 力罪切磊磊也

陵 力升切大阜也犯也冢也慄也弛也陵遲也或作夌𡕩

限 諧眼切國也界也度也䦨也齊也

隈 烏回切水曲也

阿 烏何切倚也大陵也北也曲也水岸也邱也近也

防 扶方切備也鄣也禁也隄也或作坊

隴 力冢切大坂也

降 古巷切落也下也歸也又下江切降伏也亦作夅

隄 丁兮切□也橋也限也又徒兮切

𨻵 古文隄

阡 青田切阡陌也道也南北曰阡東西曰陌或作谸仟

阺 直梨丁兮二切陵也阪也理也下也

𨸝 多庭切丘名

陸 力竹切厚也道也星也無水路也陸離猶參差也雜亂也

𨺅 籀文古文作𨹹

𨸼 於幾切坂名

陬 子侯則流二切阪隅也爾雅曰正月為陬
陂 彼皮切澤鄣也池也又碑爲切傾也邪也又普何切陂陀靡迤也

險 羲檢切高也邪也惡也難也危也阻也
⿰阝無 亡俱切陝東縣
阻 莊舉切險也疑也
𨼅 胡本切大阜也土山也

陷 乎監切墜入地也没也臺也隤也或作錎
陭 於奇切陭氏縣
陮 徒罪切陮隗不平也
隅 牛俱切廉也角也陬也

隊 池類切從高隊也失也又徒對切部也百人也
⿰阝貞 知京切丘名
阭 余剸切高也地名也
陖 思俊切險也高也亦作峻

阬 口盎口耕二切虛也埳也地也亦作坑
⿰阝告 苦篤切大阜也
隗 午罪切高也又狄姓
陗 七肖切險也隱也亦作峭

隩 烏到切浦隩也水涯也又藏也亦作墺澳
⿰阝呈 之曜切界埸也
⿰阝區 丘俱切崎⿰阝區或作嶇
隥 丁鄧切險阪也仰也或作蹬

陼 之與切丘也說文曰如渚者陼丘水中高也
陾 而升切築牆声
隕 爲愍切落也隋也墜也
陋 力豆切醜陋也陋小也陋陜也

除 直余切去也開也疾愈也殿階也又直御切
阽 余占切危也
⿰阝頃 丘營切危也亦作傾
陝 諧夾切不廣也亦作陿

階 古諧切登堂道也上也進也梯也級也
陙 時均切小阜也
阢 午回切崔也亦作峞
陟 知直切登也高也升也

阼 才故切主階也亦作酢東階所以荅酬賔客
隖 於古切小障也
隔 古宅切塞也又障也
隤 徒回切壞隊下也或作頹墤

陪 步回切貳也隨也加也助也益也家臣也
陲 市規切危也
⿰阝卷 其院切河東安邑縣
隉 午結切危也不安也或作臲

隍乎光切城下坑也城池也有水曰池無水曰隍　⿰阝戉胡遙切石城字　阮牛遠切山名又關名　陊徒可切落也壞也小崩也

院胡官切堅也周垣也亦作寏又王眷切　⿰阝兖尺蜎切陷也　陚方句切丘名又小阜　阤除爾切小崩也毀阤落也

隑巨愷切又五哀切梯也企立也不能行也　䧤布木切今作墣　⿰阝彖文轉切道邊庫垣也　隫徒木切通溝也亦作瀆續

隒魚險切重甗也崖也方也又方檢切　陼丈加切丘也　陛蒲美切天子階也　阯之市時止二切基也或作址

隙丘戟切閑也穿穴也壁際也裂也　隚徒郎切今作堂　陴婢支切城上女牆也　陘下丁切山絕也限也又縣名

阹去居切依山谷爲牛馬圈也亦作[illegible]　⿰阝予辭旅切今作序　阨於賣切險也塞也　隘上同又陋也急也陝也

陯力均力昆二切山阜陷也亦作淪　陗乎大切坑也　隌烏感切闇也又晻同　障之尚之羊二切隔也或作墇

隧似醉切羨道也掘地通路也或作[illegible]　⿰阝尋似林切小阜　阠所陳所陣二切東陵也　隱於謹切不見也安也[illegible]也匿也

隮子計切又子兮切氣也登也升也　陠普胡切哀也　阰婢吏切山名在楚　⿰阝解胡買切小溪也亦作澥

隓許規切陸廢也毀也捐也亦作墮　⿰阝句呼矩切鄉名　阾力井切阪也又嶺同　陜式冉切弘農陝縣在虢國

附扶柎切依也近也著也益也說文以附益爲坿從此附作步口切附婁小土山也今作培　隃式注式朱二切北陵在鴈門山

卷二十二阜部（後）至卷二十三馬部（前）原闕

騑 孚微切驂馬也騑騑行不止也疾也 騇 尸夜切騲馬 驄 千公切青白雜毛色 騢 胡加切赭白色似鰕魚也

駸 七林子心二切駸駸駸皃行疾皃 騴 於諫切尾本白 䮗 五旦切馬白頟至脣 騅 之誰切白雜毛色也

駐 文具竹具二切馬什止也或作住尌 驎 力振切馬黑脣 驔 徒點切驔馬黃脊 駰 一人於巾二切泥驄馬也

駗 章忍知鄰二切駗驙馬載重難行 驩 火九切馬名 驠 於見切馬白腹也 ⿰倝馬 呼旦切馬毛長又音寒

駃 古穴切駃騠馬也生七日超其母 ⿰此馬 七爾切馬名 騵 魚袁切騵馬白腹也 騛 不韋切飛兔古之駿馬也

⿰馬介 古拜切紒馬尾 ⿱龍馬 音龍野馬也 ⿰馬隺 五角切馬白額 騚 才田切馬四蹄白 駿 子徇切馬之美稱也速也

⿰馬軍 胡昆切獸名 駭 胡駭切驚起也 ⿰馬犁 力兮切騀騋馬 騝 奇連切騝馬黃脊 驍 古幺切勇急捷也良馬也

駎 除救切競馳也 駛 山吏切疾也 駬 如始切騄駬 騄 力足切騄騄駬馬 駩 七全才緣二切白馬黑脣

⿰馬冡 亡東切騾子 驜 魚劫切壯皃 騻 所良切驌騻 驌 思六切驌騻古之良馬 ⿰馬允 唯鸞切又余準切馬毛逆

驨 胡圭切騩驨也 ⿰馬坴 力竹切健馬也 驀 明白切上馬也 ⿰馬休 許牛切馬名也駿也 駥 而弓切馬八尺也雄也

⿰馬覓 莫狄切馬多惡 ⿰馬眞 丁年切馬白額 ⿰馬皆 乎皆切馬和也 褭 奴了切騕褭亦作䮍 驗 牛窆切馬名又徵也證也

⿰馬賁 布昆切 今作奔　⿰爿馬 仄亮切 古壯字　⿰离馬 他力切 馬行皃　驊 下瓜切 驊騮駿馬　駮 布角切 馬色不純今作駁

騲 千老切 牡馬也　驂 倉含切 驂馬　騀 五可切 駊騀　駊 布可切 駊騀馬搖頭　驤 思良切 駕也 超也 低卬也

⿰馬瞿 音瞿 馬行皃　駍 平悲切 馬名　騤 巨追切 馬強行　篤 丁毒切 馬行頓遲也　騃 午駭切 馬行也 又無知也

騄 力魚切 又音慮　騮 音流 紫騮馬　馺 先合切 馬行皃　馻 女頰切 馬行也 疾也　馳 丈知切 [illegible]也

騟 羊朱切 紫色馬　⿰馬玄 胡涓切 馬一歲　⿰馬匈 起謁切 馬疾走　騖 亡句切 奔也 疾也　⿰馬列 力[illegible] 駛也 奔去

馱 徒賀切 馬負皃　⿱高馬 烏高切 馬行皃　驟 仕救切 奔也　騁 丑領切 直騁也 走也　驚 居英切 懼也 馬駭也 逆也

⿱殹馬 音翳 黑色馬　⿰馬回 戶雷切 馬名　駾 他外切 馬行皃　馴 似均切 從也 善也　騷 先刀切 動也 愁也 摩[illegible]也

駨 相倫切 又音旬　⿰馬奔 百昆切 馬走皃　駧 大貢切 馬疾走　驙 知連切 白馬黑脊也　駑 乃乎切 [illegible] 馬也 駘也

⿰馬寒 戶安切 馬多皃　⿰馬亨 自耕切 馬仕皃　⿰巟馬 呼光切 馬奔也　驏 竹翦切 馬轉卧土中　駪 所巾切 馬眾皃 又作[illegible]

駯 音誅 馬口黑　⿰牛馬 時俱切 朱色也　驇 竹利切 馬狠也　馽 知立切 絆也 今爲縶　馭 魚據切 古御字 使馬也

⿰馬空 音腔 馬行皃　⿱卬馬 音卬 獸似馬　騬 市陵切 犗馬也　驛 余石切 譯也 道也　驒 大[illegible]切 [illegible]年[illegible]

駇音文牡馬也 [illegible]音姥馬行皃 [illegible]五豆合麥二切 騙匹扇切上馬也 [illegible]音階馬走 [illegible]陟革切獸

驪力際切馬馳 駙扶遇切駙馬官 [illegible]許力切馬走 [illegible]音輟白額馬 [illegible]音遂獸名 [illegible]音貴獸名

[illegible]莫割切馬走皃 [illegible]士甲切馬行也 [illegible]竹角切馬行 驅區分切產良馬 驀亡各切 [illegible][illegible]駝騙

[illegible]房六切馬名 [illegible]都忽切[illegible] [illegible]去吉切馬色也 [illegible]火麥切行不正 [illegible]徒谷切馬行皃 [illegible]同上

騔音葛馬行皃 [illegible]音葛馬行皃 颿扶泛扶嚴二切馬疾步也風吹船進也亦作[illegible] 驧巨六切馬曲脊 [illegible]同

[illegible]力薛切馬名 [illegible]諸間切今作閑 騊六刀切騊駼獸如良馬又北狄良馬也 駼同都切騊駼

[illegible]呼光切 馮皮冰切乘也相視也陵也登也又扶風切姓也 [illegible]子垂之累二切馬小皃也重騎也 [illegible]籀文

騶側留切騶虞義獸至德所感則見馬之屬又養馬人名 駓普悲貴悲二切黃白色今桃華又駓駓馬走 [illegible]同上

駮甫角切獸以馬身白尾黑一角有爪哮聲如鼓食虎豹出中由出亦駮字 驝他閣切驝駝有肉鞌行百里負千斤而知水行 駝同上

駺先郎切馬尾白 駔在古切駔猶麤也又子朗切駿馬也會兩家之買賣如今之度市也呂氏春秋云段干木晉之大駔也

[illegible]于切逐遺也隨後也驟也馳也古作敺又[illegible]遇切 駈同上俗

牛部第三百五十八　凡二百四十四字

牛　魚留切大牲也黄帝服牛乘馬
犢　徒木切牛子也
犖　力角切駁牛也
㸷　力拙切牛白脊
㹊　玉角切白牛也
𤜕　同上又五沃切
牡　莫后切飛曰雌雄走曰牝牡
𤛥　居良切白牛也
𤛆　他力切牛徐行
𤛐　史簡切畜牲𤛐
牷　疾緣切體完也
牝　毗忍脾死二切牝牡也畜母也
牿　古督切牢也
犕　蒲冒切兩壁耕
犁　力兮切耕具也
𤛤　凡綴切牛蹄也
犻　布外切牛體長又二歲牛
犧　欣宜切純色牛
犘　陌瓜切牛名
犦　步角切封牛也
犣　力涉切牛名
犙　山含切又□含切三歲牛
牰　徐救切牛眼黑
犚　於貴切牛名
犌　古瑕切牛有力
𤛮　余鍾切牛肰領
牻　莫江切亂也雜色牛也
𤚩　力薑切牦牛也
犎　甫容切野牛也
㹎　力追切求子牛
𤘾　似訓切牛行遲
犡　力勢切又大二切牛白脊也
牣　奴多切獸似牛
犇　補門切牛驚
牠　徒和切或作駝
𤛗　徒的切特牛
𤙖　古訝切牲車也籀文駕
㹈　普角切特牛也
㸡　音初牛角也
牸　疾利切母牛也
犐　苦戈切觥角牛
犓　側俱切養良牛羊也今作芻
㸴　如腫切□求切
𤘘　苦夅切鼻牶
𤛃　音暉𤛃牛頭
犺　古郎切水牛
𤜴　徒刀充刀二切牛羊無子
□　□侯切□牛乳
牞　居求切牛大力
㹀　音虯牛角皃
牼　胡耕口耕二切牛膝下骨

卷二十三牛部（後）至莧部原闕

○犬部第三百六十四　凡二百九十三字

犬　苦泫切狗之有懸蹄

⿰犭音　於陷於咸二切竇中犬聲也

⿰犭農　女江乃刀二切多毛犬也又女交切

獢　許驕切猲獢也

狗　苦后切家畜以吠守

默　亡北切犬暫逐也亦爲嘿靜字

狡　古卯切獸名少狗也猾也疾也健也獪也

猈　步買切狗短脰

㹸　之句切黃犬黑頭也

猥　於隗切犬聲又犬生三子也

獫　力儉切犬長喙也又力儉虛檢二切

狊　呼闃切犬視也

⿰犭敢　胡鑑切小犬又鄉名

⿰犭翏　呼交胡狡二切犬擾驍也獪也

猗　於宜切歎辭也犗狗也又倚氏縣名

猱　乃刀切獸也

獿　同上又女交切

⿰犭番　扶元皮袁二切犬鬬聲也

⿰犭兼　胡斬切又胡忝切犬吠不出也兩犬爭也

狦　所姦切惡健犬

⿰犭戔　又板切齧也犬食也

獪　古邁切狡獪也又音澮

⿰犭參　山監切又山林切犬容頭進也賊也

狠　五閒切犬鬬聲

獷　鉤猛切犬不可附也

猜　千才切疑也恨也懼也

獡　式灼切驚也獡獡犬不附人而驚皃

狀　仕亮切形也又書狀

奘　阻良阻亮二切強犬

⿰犭去　去業切多畏也今作怯

獒　午刀切犬四尺也如人心可使者

獳　乃侯切犬怒也

犺　口盎切健也猾也

猛　麻[illegible]切健[illegible]也惡也害[illegible]

獜　力丁切仁二切獜獜聲也亦作獜

⿰犭易　竹厄切犬張耳

犾　牛僅切犬張斷怒皃

狟　半官切狟也威也今[illegible]

[illegible]　爲變切得也辱也[illegible]

[illegible]

犮　步末切大走[illegible]

卷二十三犬部第一葉後半葉至卷末豸部原闕

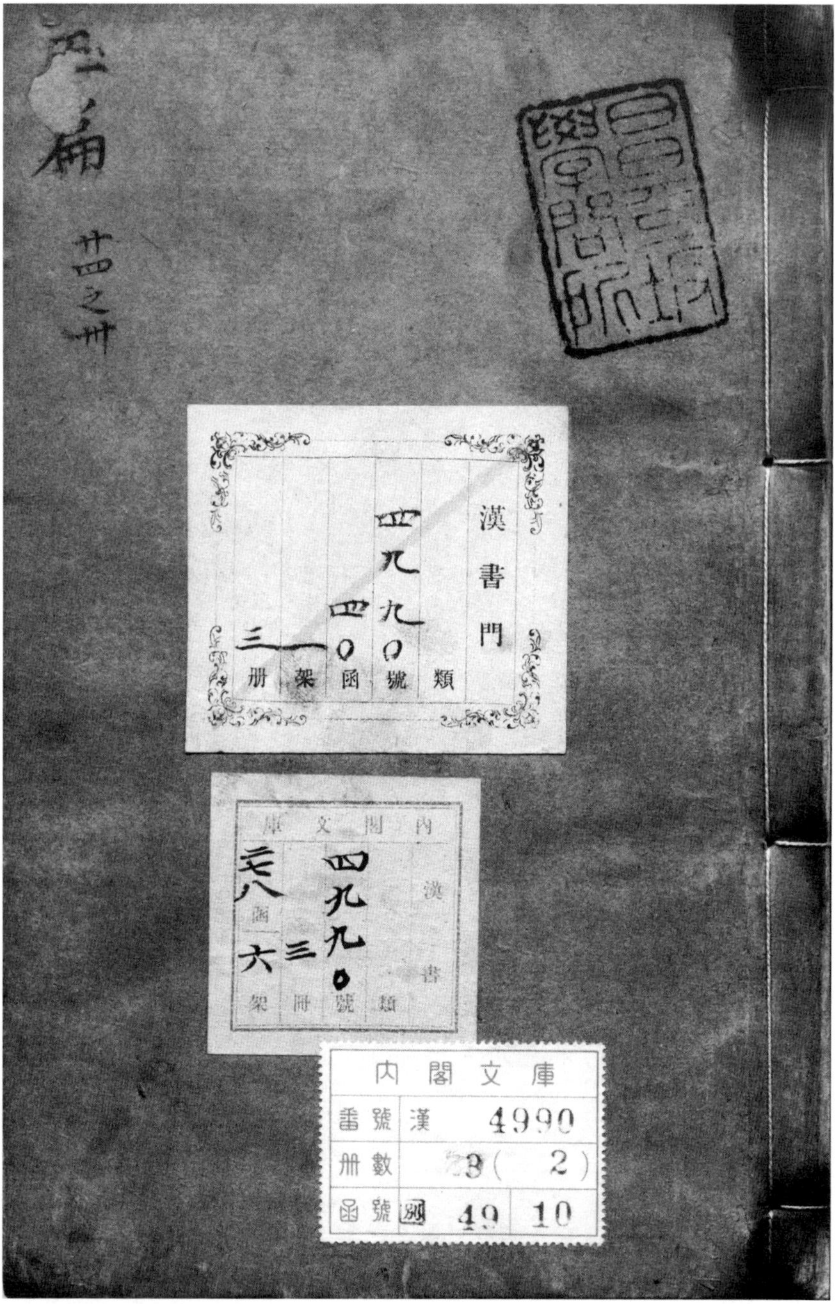
漢書門
類 號 函 架 冊
内閣文庫
漢書
類 號 冊 架 函
内閣文庫
番號 漢 4990
冊數 3(2)
函號 49 10

卷二十四烏部至鳥部（前）原闕

□ □拍切五色雉也□以照切鷹鷂　鷏 天芳切鸊鷉　鸊 鸊鷉水鳥□□　鷤 達諧切布穀也又達兮切

鵖 北及比涉二切鵖戴鵀今呼戴勝　□ 皮及切鵖鵖　鷧 郁祕於計二切鸕鷀　鴂 古惠古穴二切鸋鴂也

𪆁 上深切鸃鷘水鳥□魚虎而黑色　鷘 子奇切鸃鷘鳥　鶨 徒芳切鷙鶨山雞　鶤 古魂切雞三尺或作鵾

鶽 思尹切祝鳩也急疾之鳥也或作隼　□ 广公切鷄子也　鴡 且余切王鴡亦作雎　鷚 力牛切鸍鷚鳥又名鸍鷚

鴃 古穴切寧鴂亦名飛桑亦名巧婦　□ 古諧切鷦鷯鳥也　□ □方切鶔鶔亦作雡　□ □地曰天口二切水鳥黑也

鵜 徒兮切鵜鶘好食魚又名陶何鳥　鶘 戶徒切鵜鶘　螐 徒冬切鳥如雞赤足　鴷 至几切鳥鷇未生毛也

鶬 千唐切麋鴰也今呼鶬鴰亦作鶬　鴰 公活切鶬鴰　□ 哥轄二音鳥名也　鸏 莫公切水鳥也亦曰鸏鳩

鸝 式之□支二切鳥似鴨而小背上有文　鸚 於耕切鸚䳇鳥　□ 于九切白鵯也　鵫 竹教切白鵫赤名曰雉

鵡 广禹切禮記曰鸚鵡能言不離飛鳥　䳇 同上又广后切　鸛 古亂切鸛鳥鸛鸐　鳴 莫兵切聲相命也嗥也

□ 五俱切鳥似梟人面四目有目見則大旱　鴟 巨支切雉別名　鷸 知聿切雉鸑鷟鳥　□ 壯其壯史二切東方雉名

鷦 子姚切巧婦也又鷦鷯鳥亦作鳭　鶼 音兼比翼鳥　鳻 扶云切鳻雀似鵻　□ 同上又鳥衆皃又飛皃

鵠胡篤切黃鵠仙人所乘楚辭曰黃鵠之一舉知山川之紆曲再舉知天地之方圓　鷯力幺切鷦鷯小鳥在葦岸

鳭丁幺切又作幺切鳭鷯剖葦似雀青班居蘆葦岸又竹交切　鶞丑倫切鶞鶞春扈鳥也　鷳乎閒切白鷳也亦作鷴

鶻必忍切鳥如鶡白身赤尾六足出太行山　鸒輿魚切鸒鷽　鶢于元切鶢鶋鳥　鷷音遵又音逡西方雉名

鷂於遥切鳥如山雞尾長赤身其鳴自呼也　鵤九彼切布穀也　鵗許衣切北方雉名　鵀女林切戴鵀鳥也又音壬

鷓之夜切鷓鴣鳥其鳴自呼常南飛似雉　鵏方于切鵏鴝　鷩方列切鷩鵔鳥也　鶔女奈切鳭鷯黃鳥鳴音鵽

鷚凡幺斤徒頂一切俗呼癡鳥又徒周切　鴠多敢切鳥青黃　鷶莫解切鷶鵤子巂也　鷙于芥切鷙鵖東夷鳥名

鳽五革五田二切鵁鶄鶄似鳧脚高毛冠　鵻昨碎切小鵽也　鵴巨六切鳲鳩也　鵍乎官切鵍鵍鳥身蛇尾也

鵁古交切白鵁鳥羣飛尾如雌雞又鵁鶄　鶄子盈切鵁鶄似鳧腳　鴓亡結切鴓雀亦巧婦　鷄古奚切知時鳥又作雞

鷩必列切鷩雉可爲冕又立冬入水化爲蛤　鵖步昆切鵖鴔鳥　鸞省筆切鷸肌鸞芦　鶵仕于切鳥子初生能啄食

鴆除禁切毒鳥食蛇其羽畫酒飲之即死　鵖力唐切鸆鳩也　鶘户胡切鵜鶘或作鶘　鳿户工切鳥肥大也或作鴻

鵥步干切鳥形人面鷩鶡宵飛晝伏　䳮音冒鷔鶻也　鳥由示切䲶　鳦於秩切燕鳦也亦作乙

鴾 莫侯切鴾母即鴽也郭璞云青州呼鴾母
鵃 除流切鶻鵃
鷚 鳩……
䳟 ……切……行也……之盛……

鵨 何干切又何旦切雞肥皃今以為翰
鵋 其記切鵋鵙鳥
鵙 去其切鵙亦作鵋
鵤 古岳切鸑鵤也又名杜鵑

鸘 音商鸘鷞鳥舜則天大雨出字統
鴹 與章切鷞鴹
鵬 扶福切似鶚而大
鸆 語俱切似禿鷲見則兵起

鷏 千顛切鶼也
鵐 亡俱切雀也
鶧 於京切鳥名
鵹 力支切鵹鶹
䳡 弋占切鵷雞鳥自爲牝牡

鶏 古刀切鶅鶔鳥
鵏 匹部切鳥名
鵍 許元切鵍鶹
鵔 許遵切鵔小鳥鶉
鳱 古安切鳱鵲也亦作雗

鷝 比吉切鷝鵯鳥
鴔 五七切巧婦也
鸌 千結切鸌鶹
鶪 古闃切鶪伯勞
鵮 知咸口咸二切鳥啄食

鶝 方六切戴勝也
䳇 大侯切䳇頭鳩
䳑 余周切䳑鼠也
鷀 匹免切鷀二年色
鸕 魯甘切鸕鸛鳥今之郭公

鸗 力恭切鳧也
䳕 莫括切鳴也
鸙 弋灼切天鸙也
鵳 古田切鵳鶼鷄鷹
鵆 戶庚戶孟二切荒鳥也

鷨 胡瓜切雉別名
鷬 烏光切雉名
鶟 徒忽切鶟胡鳥
鸔 九縛切鳥似白鶴
䲰 音回鳥長一尺五色丈

鶶 徒郎切鶶鷵鳥
鷋 大乎切鷋鷵
鶥 莫飢切鶥鴂
𪆷 匹仁切飛皃或作𪆷
𪇘 奴丹切說文鳥也與難同

鵓 步忽切䳊鵓鳥
鵼 先兀切鶟鶻
鳺 方于切鳺鳩也
巂 乎圭切鸛鳥或作巂
鵅 音落鳥如鵰黑丈赤首

⿰負鳥音婦雀也　⿰重鳥許容切⿰重鳥鷦鳥　鶭芳往切鶭澤虞常在澤中見人輒鳴喚不去有象主守之官又見爾雅　鴋同上

⿺鬼鳥大胡切　⿰尚鳥市羊切⿰尚鳥鷞　鵂許牛切鵂鶹鳥　⿰巤鳥力盍切⿰巤鳥鳥飛起皃　鴨鳥甲切水鳥亦作⿱鳥甲　⿱鳥甲同上

⿰古鳥古文鴨　鶜莫交切鶖鶜鳥　⿰乇鳥莫百切鳴也　⿰㒼鳥他臘切鳥名　鴇布老切鴇性不止樹　鳵同上

鴄音匹鴨也　鷃於諫切黃鳥也　鶊古行切鶬鶊鳥　鴞呼幺切或作鴞鵄　⿱鬥鳥子悌切⿱鬥鳥鵜雛鷉　⿰肯鳥同上

⿰矦鳥音侯鳥名　鷋大乎切鷋鵌也　鵛古形切鷩鵛鶄　鴉於牙切鳥也今作鵶　⿰契鳥古屑切⿰契鳥鳥皃屬鶡　⿰㓞鳥同上

⿰火鳥乎利切鳥　鸆魚俱切鶮鸆鸆　鴮於乎切鸅鴮也　⿸麻鳥力灼切鳥似鷹而大　鸛火九切鸛鶔鷗鶔　⿰宂鳥同上

⿱略鳥力灼切鳥　鷹於陵切鷙鳥　鶆力才切鶆鳩也　⿰月鳥呼九切人面鳥喙　鳸乎古切北鳸鳥名　⿱雩鳥同上

⿸兀鳥音兀鳥　鵚天谷切鵚鶖也　鵏布乎切鵏鶔也　鶿音支文鳥似鳩一足也　⿰言鳥文留切南方雉名　⿰鬲鳥同上

⿱規鳥古隨切鳥　鵰丁幺切鷲也　鸅音擇鴮鸅鸆　⿱埶鳥息夷切鷽鷞鷞雅鳥也　鶇德紅切鶇名美形也　⿱鳥東同上

鶓音苗鳥名　⿱斬鳥才三切鵰也　鳹求炎切鳥啄食　⿱苕鳥音苕苕鷲婦本作苕　鸝力知切黃鸝又楚雀　鵹同上

⿰幾鳥居希切鳥　⿰鳥侯戶構切雕也　鵲七雀切或作䧿　⿰臧鳥音文鳼鳩臧鳥也　⿰隸鳥□嫉切□鳥　鸔同上

□切 音余 鳼 之移切 鳥名 鶢 於元切 鶢鶋鳥 鶪 古闃切 似鳩有冠 □ □ 同上

鶬 音更 鳥名 鴾 大冬切 鳥名 鷎 赤切 鳥鳴也 鷙 之刃之鄰二切 鷙鳥 鶖 七由切 水鳥也 搗 同上

鶨 弋支切 鵬 蒲宏切 鳥似鳳 鷛 式容切 鳥名 鷟 側八切 雜毛也 鸇 之然切 鸇屬 鷣 同上

鶔 亦同上 鶲 烏紅切 鳥也 鷭 附袁切 又音煩 鴶 古黠切 鴶鵴即布穀 鵴 居六切 鴶鵴也 鞠 同上

鸗 女冬切 鷐 時真切 鷐風鳥 鶪 鳥名 鸕 力乎切 鸕鷀水鳥 鷀 才茲切 鸕鷀 鶿 同上

鴑 音奴 鳥名 鵟 巨王切 鳥有冠 鷊 □施切 鷊鷉 鷾 於記切 鷾鴯玄鳥 鳶 以專切 鴟類也 鳶 同上

䲦 音台 鳥名 鸞 音縷 鸞鳥 鷡 音無 鷡鳥 鶃 音戚 鳥名 鴝 具愚切 鴝鵒也 鸜 同上

鴶 古文 鵖 鵒 音浴 鴝鵒 鷟 鳥名 子容切 鶊 呼光切 鳥雀 鷼 音咸 鶥 音眠 鳥名也 鸝 同上

鷞 音然 鳥名 鶨 音端 音喘 鶆 息連切 鳥名 鵿 音生 鳥也 鷙 音勑 鷙 之利切 猛鳥也 鷙 同上

鶄 鹵同切 鶻鳥 鴒 郎丁切 鳥名 鶈 去良切 鳥名 鷲 音松 鸀屬 鳶 同上 鵡 丑力切 鷘鶒也 鶒 同上

鸋 音錢 鳥名 鴪 胥林切 鳥黑色 鷙 之羊切 鳥名 鵃 音消 鳥名 鳪 音息 鴟 赤尸切 鳶屬 鵄 同上

鷞鸘 音霜。鷞鸘鳥名。
鷸 餘律、時律二切。鷸鷸似燕，紺色，生鬱林，知天將雨鳥也，故知天文者冠鷸。
⿺遹鳥 同上。
鶪 古闃、古覓二切。鶪鳥似鳩，冬無毛，晝夜常鳴，名曰懸
鴠 音旦。鴠鳴也。
⿺走鳥 太尺、太兮二切。⿺走鳥鷹隼仲春化為鳩。
鶬 同上。
鶡 何葛切。鳥似雉而大，青色，有毛角，鬬死而止。
⿺忽鳥 之餌切。鳥名。
鸓 力追切。鸓鼠，又名飛生，又力軌切。
⿱畾鳥 籀文。
⿰鳥犬 彷賴切。鳥似烏，三目，有耳，音如豕，食之已熱也。
鷔 五高切。有此鳥集則大荒國亡。
鳨 音力。鳥似鳧而小。
鴋 同上。
鵕 思俊切。鳥狀如鴟，赤足，直喙，黃文，見則邑旱也。
⿰鳥只 居是切。鳥狀如烏，赤足，名⿰鳥只鵌。
鶕 烏含切。鶕鶉也。
鵪 同上。
鸃 牛奇切。鵕鸃，鳳屬，又鷩雉，秦漢之初侍中冠之。
鵌 大吾切。鳥鼠同穴，又弋居切。
鵅 柯額切。鵋鶀也。又音洛，烏鵅也。
鶉 音淳。鵪鶉也。
⿰或鳥 音域。戴鵀也。
鷛 羊恭切。鷛鶏似鳧，一名鷛鶏。
鷇 苦豆切。生哺鷇，鳥子須母食之。
⿱鳥鳥 奴了切。鳥名。
⿰曳鳥 余制切。鳥名。
⿰疊鳥 大頰切。如鵲，赤黑色，兩首四足。
⿱竹鳥 子攸切。鳥青黃色，即鵃鶹也。
鸛 古亘切。鵻鸛也。
⿰米鳥 思積切。水鳥也。
鷗 才亮切。女鷗巧婦也，又名鷦雀。
鸞 力丸、女姦二切。即比翼鳥也。
⿰翕鳥 許及切。鳥名。
鵦 盧谷切。鳥名。
梟 古么切。惡聲之鳥也，不孝鳥也。
鵊 古洽切。陰陽家有鵊冶[illegible]一篇。
鵩 房六切。鳥名。
⿱小鳥 子略切。與雀同。
鶂 午的切。水鳥，善高飛，又[illegible]方切。
[illegible]

鵹美畢切鳥名 鴓同上鳥如鵲 [illegible][illegible]詩鳥名 ⿰鳥非音非鳥名 ⿰鳥馬古[illegible]切鳥名[illegible] [illegible]切鳥

⿰鳥瓜文輒切鳥飛皃 ⿱相鳥音相鳥名也 ⿰貫鳥音貫鳥名 ⿰鳥斧音斧鳥名 ⿰帚鳥音婦鳥名 ⿰夏鳥乎馬切鳥

⿰票鳥匹沼切鳥變 鵖音皀鳥名也 鷧音懿水鳥 鴳音晏鴳雀 ⿰綮鳥音棨鳥名 鷮卻據切鳥

鶺音積鳥名也 ⿰急鳥居立切鳥也 ⿰鳥介音介鳥 ⿰沓鳥音沓鳥 ⿰鳥及巨業切 鷲[illegible]

[illegible]同似又切鳥名

○隹部第三百九十二 凡七十五字

隹之惟切鳥短尾之總名 雅午下切楚烏也一名鸒一名鵯烏又正也儀也素也嫺雅也 䧿甫誑切鳥名 雡力又切雉之晚生子為雡雞也 ⿰享隹市均切亦作鶉

雊古候切雄雉也 雛仕于切鳥子生自食 䧹於陵切今作鷹 ⿰氐隹尺之切惡鳴之鳥也亦作鴟 隼思尹切祝鳩也

⿰倉隹七倉切鶬鶊亦作鶬 ⿰犭隹王往切求冬又鳥名 雁五諫切鳥也 ⿰倝隹何干何旦二切白⿰倝隹雉也又云鷽也 ⿱隹子亡付切雀子

雕丁幺切鷙也能食草 ⿰阝萑弋垂切飛也 ⿱秋隹子由切雞雛 霍乎郭切鳥飛急疾皃也揮霍也 [illegible]才然切雞也

⿰告隹古篤切鳥也 雄有弓切鳥父也 雌七移切鳥母也 雓汝居切鴽雀鶉母即鶹也或作鴽 ⿰禾隹古州切麻雉鸓

雀 子略切依人小鳥也又鷙黃爵雀即搏黍也 離 力知切亦作鸝倉庚也又散也去也明也麗也遇也兩也判也陳也羅也又力智切

雇 平古切引作鳫今以為雇傭字古護切 雂 古含巨林二切傳有公子苦雂又巨炎切 巂 胡圭切即布穀又思弭切

𨾴 志移切鳥也跂也武帝造𨾴鵲觀在雲陽 䳢 力奚切黎黃楚雀其色黎黑而黃亦作鵹 雞 結兮切司晨鳥亦作鷄

𩁹 外旦切飛散不聚也或作散又先但切 䍜 竹敎切覆鳥令不飛走也或作罩 雝 於容切雝渠也亦作雍

雜 徂沓切糅也又同也匝也厠也猝也最也 雓 與居切雛子名 𩀟 充華切雀也 䧾 亦規市惴二切子雖雟也

雎 七余切土雎也又曰次雎行難也 䧸 人中切人姓也 𩀌 仁眷切鷄雞 雃 苦田苦堅二切雝渠也

鵲 七略切推鵲 䧵 居彌切𨾩子鴝鳥 𨿳 子心切鸐雞也 翟 古迷切谷名 𨾇 户工切鳥肥大也

𨿅 古見切或作鵑 䧴 弋屬切或作雒 雒 千郎切雒庚或作鶬 集 秦立切合也 舉 弋去切舉鶋斯鳥或作鷽

隻 之石切奇也枚也 雒 力各切鵋鶀鳥 鶇 德紅切鳥名 闟 力進切合闟鳥似鸐鴒而黃 䦕 古文

䧹 徐立切鳥也 䧿 余招切 𨿗 五各切 隿 余力切繳射飛鳥也今作弋 𨾑 上同

雉 昌耳切 𩁊 音賓小雀也 𨿹 直理切野雞也又三尺為雉又…高一丈 …文

帷胡廣切田器也 嵟似垂切又音隹 難奴丹切不易之稱也說文又作鸛鳥也 [illegible][illegible]並古文

雋徂兗切肥肉也長沙有雋縣

○奞部第三百九十二凡三字

奞先進切鳥張羽自奮奞也 奪徒活切取也不與也易也敚也諍也 奮方慍切翬也飛也動也明也奮奞也振也奮也

○雈部第三百九十三凡六字

雈後官切老兔似鵂鶹有角夜飛食雞鳴人有禍 舊巨又切故也又許流切舊鶹今作鵂 雚公換切水鳥今作鸛 萑呼丸切小也 蒦紆縛於白居莫大三切高視也遽視皃也度也 [illegible]同上

○瞿部第三百九十四凡二字

瞿忌俱居遇二切鷹隼之視也瞿儉驚懼之皃也 矍九縛切矍矍又裼而無所依之也鷹隼得逸志也遽視也

○雔部第三百九十五凡三字

雔市由切雙鳥也又除尤切 雙何江切兩也偶也又飛鳥二枚也 靃呼郭切飛聲也又綏彼切靃靡草隨風皃亦作霍

○雥部第三百九十六凡三字

雥才市切羣鳥也又走合切

[illegible]於緬切羣鳥

雧秦立切衆也今作集

○魚部第三百九十七凡三百一十七字

魚語居切水中蟲

䱎公登公贈二切䱎鱛鮪也

魳人之切魚子也

魶奴臘切鯢也

鱒慈損切赤目魚

[illegible]勿因切魚名

鮦直壟切鱧魚也又直冬切

鰫弋恭切魚名

[illegible]思於切魚名

鮪為鬼切鮥魚名

鯀古本切大魚也

[illegible]力大切又他達切魚名

鯉力耳切今赤鯉

鱄市緣切魚名

[illegible]力侯切大青魚

[illegible]他口切魚名

鱖居月切魚大口細鱗斑彩

[illegible]思然切魚名

鮍匹皮切鰟魚也

[illegible]於堯切鱮魚也

鮒扶句切鰿魚

鱅與恭市恭二切魚似鯉

鰹口成切魚名

鯖市並切黃鯖魚

鰼似立切泥鰌也

魠他各切名黃頰

鰒步角切海魚也又音伏

鮎乃兼切鯷也

鮷大兮切大鮎也

鯷大計切鮎也

[illegible]子林切魚名

鮑步巧切漬魚也今謂[illegible]魚

鱌徐始切[illegible]魚也

鮸眉辯切魚名

魵逢粉切魚名

[illegible]力古切魚名

[illegible]力巾力丁二切魚連行也

鰸於于切魚名

鯜七接切魚名

[illegible]賴切魚名

魦所加切[illegible]

鰕何加切[illegible]

[illegible] 九各切 魚也
[illegible] 奴[illegible]切 魚名
鮊 手[illegible]切 鮊魚也
鮐 [illegible] 魚也
[illegible] [illegible]切大[illegible] 也又裴悲切

鯁 古杏切 魚骨也
鱢 先刀切 鮏鱢也
鰝 乎老切 大鰕也
鮥 吏白切 鮥魚也
魮 頻茨切魚也 音如磬聲

⿰魚丙 步梗切 蚌也
鮚 巨栗切 魚也
鰻 莫安切 魚也
⿰魚果 乎瓦切 鱧也
䲢 大曾切魚似 鯿蒼文赤尾

鱬 而朱切 鳥似魚
鰠 先刀切 魚似鱣
⿰魚業 祖道切 魚名
鮡 治驕切 大鱯也
鱍 布活普活二 切尾長皃

鱵 之深切 魚名
鰔 公禫切 黃魚也
鮵 徒活切 小鮦也
⿰魚胃 胡八切 魚如鳥
鮩 步杏切白魚 也又音并

鰦 子夷切 黑鰦也
鯩 力均切 魚也
⿱旨魚 之利切 魚名
鮤 力結切 鮆魚也
⿳亡口⿲月魚凡 力戈切魚有 鼻見則大水

魛 丁高切 鮆魛魚
鱁 雉六切 鱁鮧也
鮧 音夷鱁鮧 又魚名
⿰魚乚 大八切 魚名
⿰魚爲 火媯切大魚 也又音為

鮬 蒲故切 鯆鮬也
鯞 之酉切 鯆鯞也
鯙 達丁切 魚也
⿰魚華 所巾切 魚尾長
⿰魚瓜 竹微切時魚 也鰣讀魚也

魟 呼工切 魚名
⿰魚爭 莊耕切 魚名
鮪 夫禹切 大魚也
魺 口多切 魚名
魽 呼甘切似蛤 有文如屋

鯼 子公切 石首魚
⿰魚氐 丁尸切 鮪⿰魚氐也
鮇 内大切 鮪也
⿰魚共 記家切 魚也
魳 徒合切大魚 其切魚也

⿰魚𣪊 口換切 魚撞罩
鱐 思六切 鮎毋也
⿰魚乞 居乞切 斷魚也
⿰魚卒 子律切 儵也
魡 丁叫切亦作 釣魡取魚

䰾 音釣 魚名　魻 步佳切 里鯉也　鯡 方韋切 魚似鮒　魶 奴荅切 魚似鼈無甲　魼 丘於切 魚也 亦作鱋 又他臘切

魤 五回切　鰑 與章切 赤鱺也　⿰魚溥 扶各切 魚似鯉　鰜 公嫌胡兼二切 鱴也　鰥 古頑切 魚名 又老而無妻曰鰥

鮃 音平 魚名　⿰魚孚 覆浮切 縛⿰魚孚也　鱲 力涉切 魚名　鱏 徐林弋林二切 鮪也　鯢 五兮切 大魚 似鮎四足 聲如人

鰷 音條 魚名　⿰魚彖 與專切 魚名　鯧 齒楊切 魚名　鰌 七由切 狀如鱧而小　⿰魚臽 公念切 魚也 又音陷 見山海經

⿰魚衍 五嚴切 魚　鰲 牛刀切 魚名　鱎 奇兆切 白魚也　鯇 戶本切 魚 似鱒而大　鱻 思連切 鳥獸新殺曰鱻 亦作鮮

⿰魚翁 烏紅切 魚　鰹 古田切 大鮦也　⿰魚奧 於報切 小鰌也　鮆 前啓切 刀魚也 短也　鯸 胡溝切 鯸鮐鮦也 食其肝殺人

⿰魚臣 亦之切 鯸⿰魚臣　鯔 壯其切 魚名　鰪 於臘切 鰪鱂魚　鰞 音烏 鰞鰂魚 本作烏　鱝 防吻切 盤尾毒 魚也 口在腹下

鱂 子羊切 鰪鱂　鯅 式延切 魚醬　鰬 巨連切 魚也　鮫 古交切 鯌屬 皮有文　鰈 他臘切 比目魚　⿰魚羽 同上

⿰魚年 宣奚切 魚　鮹 思幺切 魚名　鯛 丁幺切 魚名　鱗 力因切 魚龍之鱗也　⿰魚蠡 力啓切 鮦也　鱧 同上

⿰魚九 音求 魚名　鮭 古迷切 魚名　⿰魚唐 大當切 魚名　魧 乎郎切 魚名 又音剛　鯾 卑連切 魴魚也　鯿 同上

⿰魚癸 巨癸 魚名　⿰魚農 人用切 鮦魚　⿰魚解 胡買切 鮦也　⿰魚蒦 乎花切 似鮎而大　魴 扶方切 赤尾魚　鰟 [illegible]

鰤音師魚名　鯘奴罪切魚敗也　鰶子例切魚名　鮹于貴切以蛇四足　鱮似呂切魚名　魣同上

𩵦音雖魚名　鱸洛乎切魚名　鰊洛見切魚名　鮂似由切魚也或作鮋　鰋於幰切魚名　鰻同上

鰡音留魚名　鰍七由切與鰌同　鱵無非切魚名　鰵巨殞切魚名似鱓也　䱇市演切魚似蛇　鱓同上

魟于巨切魚　鰓桑來切魚頰也　鱑戶光切魚名　鯤古門切大魚又魚子　鮈居六切魚也　𩿧同上

䰻於鬼切魚　𩵋上同又音牛　鯕巨基切鮢鯕　鮢方娛切鮢鯕魚也　鰂疾得切鰞鰂也　鱡同上

鯄音求魚名　鮻大尋切魚名　𩸄音呼又音撫　鯪力承切鯉也有四足　鯨巨京切魚之王　𩽇同上

魨音豚魚名　鮶音君鱅鮶魚也　䱍以周切魚名　鮋直留丹由二切魚名　鮏先丁切魚臭也　鯹同上

鱃音羞魚名　䲣仕咸切又音闇　鰪胡哀切鮚鰪　鯨力當切鯨鰭旗鰼　鱦弋證切小魚也　鮃同上

𩵺音呼魚　魶莫六切魚名　鰢莫下切魚名　鱕甫煩切又音煩魚名　𩾂力的切魚名　𩸷同上

鰄於非切魚　䲡以水切又音唯　鮆疾里切魚也　鯖倉經切魚名又音征　鱷午各切魚名　鰐同上

𩹀羲奇切　䱥之利切魚名　鯡音沸魚子也　䲈音耶魚似蛇長一丈　䲆語居切捕魚也　魰　漁

並同上又作鯔
鰩 與照切魚身翼常從西海飛夜東海
鯈 徒堯切白鯈魚似雞赤尾六足四目又直流切
鮈 許于切鰕鮈魚名
鮯 公帀切深澤有魚狀如鯉六足鳥尾
鱊 古八切爾雅曰鱊鮬鱖鯞小魚也似鮂子而黑
鮠 午戈午同二切魚名
鱄 普畀切鱄鮬魚一名江豚欲風則踊
鯥 力竹切魚狀如牛陵居蛇尾有翼出山海經
鱨 都郎切又都浪切魚
鯑 大兮切魚四足音如嬰兒食之無疾
鱺 力兮切魚似蛇無鱗甲其氣辟蠱蟲也
鱛 武登武亘二切鮪鱛
鯍 說文鱛
鯸 午胡切魚名
鮮 思連切生也善也好也又思淺切少也
鰜 魚檢切鰜鰅魚也
鰅 魚容切鰜鰅
魜 而真切魚
鰾 毗眇切魚鰾可爲膠
䱝 倉合切又音鰿
魰 營僂切
鮢 諸儒切魚
鮀 大何切魚名
鮀 同上俗
鰴 火韋切鰴魚絕有力
鰏 彼力切魚名
鱑 音唯
鮽 與魚切魚
𩶅 音舟魚名
䲖 肝鬼切魚
鰈 魚怯切與以魚同也
𩸑 音額又音頓魚
鱭 音齊
鰎 居偃切魚
鱌 音象魚名
鱏 音巽魚名
鱉 并滅切俗鼈字也
鮨 巨梨切魚名又鯕屬
鰭 同上
鮴 古文鮨
魞 音小魚名
𩵦 音宁魚名
鰪 於業切鹽漬魚也
鮺 仄下切藏魚也
鮓 同上
鱋 籀文鮺
鯖 音安魚名
鰲 音憝魚名
鯟 德紅切魚名似鯉
鯖 子亦切鯽也
鰿 同上

鯽上同　鮌音鯀魚名　[魚皈]音皈魚名　鮣一刃切如印也　魪假邁切兩魪即比目魚也

[魚分]府吻切　[魚先]先顯切魚　鯶乎衮切魚　魮父脂切魮魚狀如覆銚鳥首魚尾音如磬石出山海經

鮤力際切　[魚重]直勇切魚　[魚券]時正切魚　魱音互魚名　[尉魚]音尉魚名　[倝魚]胡幹切魚　[嚴魚]音巖魚名

[魚朋]匹眞切　魤音化魚也　[魚新]初陷切魚　鮄音佛海魚　[魚音]於陷切　[魚奈]音柰魚名　[魚步]音步魚名

[魚局]居六切魚　[魚畢]布蜜切魚　鮥音洛大魚　鯠洛該切魚　鮯胡關切魚　[魚桼]親悉切魚　[魚录]力五切魚

鮅畢吉切魚　[魚業]音業魚盛　鮇音未魚名　[魚朮]直律切魚　[魚母]莫浮切魚　[魚了]先了切魚　鰪呼蓋切魚

[魚末]莫括莫結二切海中魚似鮒而　鱴與上同　鱣知連切鯉也大魚也頷下無鱗　[魚廛]上同　[魚壼]籀文

[魚兮]才抗丁箴二切大魚為鮗小魚為鯵　[魚今]與上同　鰖大果切又弋水切魚子巳生　[隱魚]籀文　鱟胡遘切山海經云形如車文青黑色十二足長五六尺似蟹雌常負雄漁者取之必得其雙子如麻子南人為醬

○𩺰部第三百九十八凡二字

𩺰語居切說文云二魚也　[氵𩺰]言居切捕魚也與漁𢿜同

二十四卷終

○新加偏旁正俗不同例

丶知庾切　𠤎音化　厂音漢　从音從　厽音壘　匕音比　几音殊　丿音鼈　巿音弗　厶音私　幺於條

大廣益會玉篇卷第二十五 凡十部

式與鼠部三百九十九　余赤易部四百
肝鬼虫部四百一　古魂蚰部四百二
除中蟲部四百三　耻何它部四百四
苦陸龜部四百五　眉耿黽部四百六
力管卵部四百七　布外貝部四百八

○鼠部第三百九十九 凡五十八字

鼠 式與切。穴蟲之總名。
鼲 父元切。白鼠也。一名[illegible]底蟲。
鼷 下雞切。小鼠也。螫毒，食人及鳥獸皆不痛。今之甘口鼠也。
⿰鼠卯 力久切。似鼠而大。
⿰鼠各 胡各切。鼠出胡地，皮可為裘也。
鼬 余救切。鼠名。郭璞云：今鼬似鼦，赤黃色，大尾，啖鼠，江東呼為鼪。
⿰鼠唐 徒當切。⿰鼠唐鼠名。
鼢 扶粉切。地中行者。一曰鼴鼠也。
鼮 徒厅切。鼠名。漢武帝時有此鼠，文如豹，終軍識之，賜絹百疋。
鼵 徒忽切。鳥鼠同穴也。
鼯 午胡切。鼯鼠，飛生，或為⿰吾鳥。
鼫 市亦切。形大如鼠，頭似兔，尾有毛，青黃色，見爾雅。
⿰鼠宂 以救切。似[illegible]鼬。
⿰鼠頁 胡的、胡姪二切。似[illegible]白也。

鼣扶廢切郭璞曰山海經說獸云狀如鼣鼠然形則未詳 ⿰鼠時上[illegible] ⿰鼠[illegible]音丑 鼤亡云切斑尾鼠[illegible]二

鼲胡昆古鬼二切鼠名可以爲裘也 鼮步丁切鼮鼦鼠 ⿰鼠虒思移切鼠名 ⿰鼠隹之惟切南陽呼鼠爲⿰鼠隹

鼳古役切鼠身長須秦人呼爲小驢也 ⿰鼠宂如勇切⿰鼠宂鼠也 鼸胡簟切田鼠也 ⿰鼠曷於蓋切⿰鼠曷⿰鼠直小鼠相銜而行

⿱此鼠子移切似雞而鼠毛也見即大旱 ⿰鼠勺之若切鼠屬 ⿰鼠戠任緘切⿰鼠戠鼴 ⿰胡鼠戶吾切⿰鼠戠鼴鼠也黑身白腰

鼦丁幺切古文貂字鼠也手可爲裘 ⿰鼠耳人市切鼠名 ⿱殸鼠公祿切鼬鼠也 鼨之弓切豹文鼠 ⿰鼠冬籀文

⿰鼠寺視之切鼠名 鼪所敬切鼠名 ⿰鼠菐補木切鼠名 ⿰鼠冋公熒切斑鼠也 鼩巨于切鼱鼩鼠也 ⿰鼠瞿同上

⿰鼠尃布各切鼠也 鼧大何切鼠名 ⿰鼠令力丁切鼩屬 ⿰鼠夋子徇切鼩鼠也 ⿰鼠含胡貪公含二切蚚蜴 ⿰鼠含同上

⿰鼠离力知切小鼠也 鼴於巘切大鼠也 ⿰鼠并步靈切鼠也 ⿰鼠從即容切鼠也 ⿰鼠昜音惕鼠也 ⿰鼠胄除又切

⿰鼠益於革切鼠名 鼱子盈切鼱鼩 ⿰鼠支普木切鼠也 ⿰鼠見音鼠⿰鼠見鼠也 ⿰鼠崔音崔鼠也

○易部第四百 凡二字

易余赤切象也異也轉也變也又以豉切不難也 ⿰易益於革切鼠屬或作⿰鼠益又作⿰鼠益

○虫部第四百一 五百三十五字

虫吁鬼切一名蝮博三寸首大如擘象其臥形也物之微細或飛行或毛甲皆

亦象[illegible]出古文[illegible]字也
螉 於公切小蜂也又螉蠓牛馬皮中蟲也
蝬 子公切螉蝬也
螣 從曾直錦二切神蛇也
螁 胡對切𧍢蜻也
蜼 息癸切似蜥蜴又詞兩設也又惟也
[illegible] 子外所芮二切蟲也
蚺 如盐切大蛇也肉可以食
蠸 巨袁切食瓜蟲
虺 呼鬼切户虺今以注鳴者亦為蝮蟲也
螟 亡丁切食苗心蟲也
蟯 如消去消二切腹中蟲也
蠇 力制切蚌屬也
蝘 於甗切蝘蜓在壁曰蝘蜓在草曰蜥蜴
蛵 呼丁切負勞又蜻蛉
蟫 大含弋針二切白魚蟲也
蜭 胡感切毛蠹蟲也
蜓 大典切蝘蜓又音廷蟌蜓别名也
蠆 丑介切螫蟲或作蠆
蚔 巨支切土蚔也亦作[illegible]
[illegible] 丘勿切蛣[illegible]
蛣 去吉切爾雅曰蝎蛣[illegible]木中蠹蟲
蝎 胡葛切桑中蠹蟲也
蠋 市燭切桑蟲也亦作蠾
[illegible] 口圭切蠆也
蠲 古玄古迷二切蟲也明也除也又疾也
強 巨羊切米中蠹小蟲
蠪 力公切蠪虰蟲亦獸名
蟦 扶非切蠐螬也
蠜 父袁切阜螽也即蚣蝑又負蠜螽也
蝝 惟船切蝝也亦蝗子
蝸 古卧古禾二切蝸蠃也
蠀 在資切蠀螬也
蟬 市然切蜩也以旁鳴有蟬連系續之言也
蛄 古胡切亦螻蛄也
蝗 胡光切禮記蟲蝗為災
蚚 巨衣切強蚚蟲
蚑 去豉切蚑行喙息蠉鹿之類行也又音岐
蜋 力當切蟷蜋又音良
螳 徒郎切螳蜋有斧蟲一名石蜋
[illegible] 呂許切蟲名
蛬 丑略切又呼各切螫也痛也亦作蠚
蠦 力胡切蠦[illegible]也
蜰 父非切蠦蜰即[illegible]蟲

蟣居豈切蝨蟣也
蜄市忍切大蛤也亦作蜃又市刃切
𧖅魚丁切螟𧖅桑蟲也
蜕尸銳始悅二切蛇皮也
蚫補交切牛蝨也
蛫九毀切獸似龜白身赤首說文云蟹也
螌布姍切螌蝥毒蟲也
蛘弋掌切蛘搔也又音羊
蠖於縛切屈伸蟲
蜮胡國切似鼈含沙射人爲害如狐也
蜙先恭切蜙蝑斯螽
蚣同上又古紅切蜈蚣也
螻力侯切螻蛄也
蚆普加布加二切貝也爾雅曰蚆博而頯
蝑思閭思呂二切蜙蝑
螭丑支切無角如龍而黄
蛾五何切蠶蛾也
蜠巨隕去筠二切貝也爾雅曰蜠大而險
蛚力結切蜻蛚蟋蟀
蟈古麥切螻蟈蝦蟇又音國
蚳丈飢切蟻卵也
蟒莫黨切大蛇也又莫哽切蟱蟒也
蜺午結五兮二切寒蟬
蜸巨恭切巨盡也又蟺蜿也
蛢步丁切甲蟲也
螏才一切螏蟍蝍蛆能食蛇亦名蜈蚣
蟍力支切螏蟍
蝹於筠於云二切蝹蜦龍皃
蟥胡光切蟥蛢也
蝐亡代切蝳蝐亦作蝳蝐又莫沃切
蠊胡緘切小蛘可食
⿰虫應於凝切寒蜩也似蟬而小
⿰虫矞市律切⿰虫矞蟥也
⿰虫㐬力由切蜉⿰虫㐬也似蛣蟯又弋留切
蝕時力切日月蝕也
蛙胡媧切蝦蟇也又烏瓜切
蜨山頰切蜨蛺也
蚈古奚切又甘田切馬蚈螢火也蛾也
蠗丈卓切小蜃或貜字
蟡於爲切形似蛇又音詭
蛺古協切蛺蝶也
⿱毒虫徒酷切古文毒字害也惡也恚也
螷扶幸步支二切蛤也
蚸蚩亦力的二切螇蚸也

蠓亡孔切小飛蟲
蠛亡結切蠛蠓也
蛶力輟切蛶螪何也
蜪他刀切爾雅曰蝝蝮蜪蝗子未有翅者又音陶

蛹與種切老蠶也
蛹同上俗蛹字
蛸思幺切蜱蛸也
蟠扶元切鼠婦蟲又步安切大也紆迴而力曲也

蜥先的切蜥蜴公螈也
蜴羊益切蜥蜴
蛂步結切蟥蛂也
蜻疾性切蛩也蟬也又子盈切又蜻蛉六足四翼

蛉力丁切蜻蛉
螟呼鈴切乘飛皃
蝙尸戰切蠅醜蝙
蛆子魚切蝍蛆也又且絮余二切蝍蛆也亦作胆

蚩丑吉切蟲蝕伸行
螸弋朱切蠭醜螸
蝁於各切蛈蝁也
蟄直立切藏也和集也又蟄蟄多也又赤樹切

蛟古交切蛟龍也
虯奇樛切無角龍
蜌步禮切蜌長若
蝙布田切蝙蝠小名蟙蠌又名仙鼠又名服翼

蝠甫服切蝙蝠
蚌步項切蜃也
蟺市衍切蚯蚓也
螜乎木切爾雅曰螜天螻螻蛄也夏小正螜則鳴

䖅巨六切蟾蠩也
蟼居丙切蝦蟇也
螹才廉切螹離也
𧑅他敫切𧑅蝑蟲似蟬而長味辛美可食又名青蚨

蝺牛俱切蟼蝺
蟹諧買切蟹八足
𧉏五各切似蜥蜴
儵大幺切狀如黃蛇魚翼見則大旱出山海經

蟨居月切[illegible]獸
閩眉貧切東南越
蜉扶牛切蜉蝣也
螗大當切蜩螗也
蝮孚六切毒蛇也蝮螫手則斷

[illegible][illegible]然切各[illegible]
蚅於革切螐蠋也
螐於胡切螐蠋也
蟾之廉切蟾[illegible]
蝤疾尤切又疾由二切蝤蠐蝎木中蟲也

□ □□切
蛒 古額切 蟦蠀也
蟜 □□ □蟲也
□ [illegible]
□ □方在□二切 □蠐螬蟲亦作蠐

蝤 祖□切 □蠐
蚹 父句切 蚹蠃也
蠌 □各切 □蠌蟲
螲 知□切 □蛄也
蠰 乃□□□亮詩□□ 三切□□□蟲

⿰虫長 祛良切 蛐蟺也
蠟 力闔切 蜜滓
蟪 呼桂切 蟪蛄
⿰虫樂 力支切 蛺⿰虫樂
蜆 户千□户典二切 蜆縊女小黑蟲

蝍 子力切 蝍蛆
蟔 步木切 蟔蝩蟲
⿰虫速 □立□□遠蝶 蝀也
蜻 子亦切 貝狹小
蠃 力果切 蜾蠃也 又力戈切 蜂屬

⿰虫少 亡消切 蠶初生
⿰虫霆 大丁切 □蠶二眠
螪 □相□切 螪蚵也
⿰虫束 先秋切 □蛉也
蚩 □人之切 蟲也 癡也 笑也 亂也

蛛 竹于切 亦作鼄
⿱戚虫 七狄切 蠀蠐
蠙 步田切 珠名
蛂 白根切 □蟥也
蚗 胡決切古穴切 蛁蚗亦□□也

蛥 □列切 蛥蚗
蟞 俾滅切 亦作鼈
蚞 □□切 □□子
⿰虫逐 直六切 馬□也
蟓 □□切□□□ □朝生夕□長也

蛗 扶久切 螽也
螓 疾鄰切 螓蜻蜻
蜈 五呼切 蜈蚣也
⿰虫此 子栗切 蜻蛚也
蜹 汝銳切含毒蛇 又蚑蚋又音叡

蝖 許元切 蟦螬也
蜝 巨宜切 蟚蜝也
蛝 乎間切 馬蛝也
蠳 於昭切 壺蠳名
蛤 古合切雀入水 為蛤亦作□

□ 古婷切 □□
蟌 千公切 蜻蛉也
蚿 胡田切 馬蚿也
蝱 莫耕切 蟲名
蠻 馬姦切南方也 蠻也慢也傷也

蚥 方父切 螌蚥也
蝰 口奎切 蝰□也
蠍 許謁切 螫人蟲
蝪 耻郎切 蛈蝪
蛈 他結他計二切 蛭蟷也亦□蛈蝪

蠐 莫糞切大蚊也又莫便切蠐蠐也　蝶 徒頰切胡蝶也　蠁 許兩切禹蟲也說文云知聲蟲也　蚼 同上

蛦 以脂切蛦蛦蟲名又蛦蛦山雞也　蛹 方武切蛹蠐蟹　蛩 古勇切蟋蟀也亦名蜻蛚又音邛　蛬 同上

蛇 除嫁切形如覆笠泛泛常浮隨水亦作蟾　虹 禹方切蜻蛚也　蝒 彌緣切爾雅曰蝒馬蜩蜩中最大者　蚵 同上

蜲 於詭切蜲蟋也　蟋 式與切蜲蟋　蠊 力占切飛蠊也　螵 匹支切螵蛸螳蜋子也又撫昭切　蜱 同上

螿 子羊切寒蟬屬　蛙 力竹切黽蛙也　蚍 音毗蚍蜉大螘　螢 乎駉切夜飛腹下有光腐草所化　蠑 同上

蠿 公突切蠿蟱　蛞 胡括切蛞螻　蚲 皮兵切蚲蠑也　蠵 弋規切角蠵似蟕蠵而薄有文也　蝬 同上

蜜 彌畢切蜂所作　蚻 側轄切蜻蜻也　蟭 子饒切螵蟭蟲　蜅 布莫切螵蜅蛸也　蚓 弋忍切螼蚓也　螾 同上

蟓 古么切水蟲　蝜 扶九切鼠婦也　𧍯 房中切蟲屈也　蠑 永兵切蠑螈　蚖 魚袁切蠑螈　螈 同上

蛾 息弓切蟲名　赨 羽弓切赤蟲名　蜸 口殄切蜸蚕也　蚕 大殄切蜸蚕蟺也　蟴 息移切蛅蟴　蟖 同上

蠻 力負切蟲名　蝬 所由切亦作螋　蟽 徒合切蟓蟽　蠤 [illegible]　虰 丁經切[illegible]也　蟶 同上

[illegible]切　蟮 是演切曲蟮也　𧍴 音侯[illegible]也　虒 [illegible]　蟋 所密切蟋蟀蟲　蟀 同上

蝬 [illegible]工切 蝑[illegible]也
蚥 方禹切 蟲名
[illegible] 蛒[illegible]

䗯 色江切 蟲名
[illegible] [illegible]譙切 蟲名
蚭 女尼切 蚭蛆
[illegible] [illegible]八切 虹 蚝班蝥
蜩 [illegible] 蟬也
蚺 同上

⿰虫穴 尸决切 蟲名
蝞 [illegible]悲切 蝞似蝦
蛸 所交切 蛸蟏
蟏 先[illegible]切 蟏蛸喜也
蝡 如兖切 動也
蠕 同上

蟦 父貴切 蟲名
⿱次虫 且利切 似蜘蛛
蝓 餘珠切 螔蝓也
螔 弋支切 蝓 螺螔蝓也
螫 式亦切 蟲行毒
螫 同上

蟃 無販切 螟蛉蟲
蟁 彌民切 蟲名
蝦 下加切 蝦蟇
蟇 莫加切 蝦蟇 亦作蟆
蜧 力計切 神蛇也
蜦 同上

⿰虫異 音異 又音弋 蟲
⿰虫粦 力刃切 螢火也
⿰虫寫 音瀉 又音鳥 蟲
蝭 丁兮大兮二切 蝭蟧蟬也
蟧 力彫切 蝭蟧
蟟 同上

蟨 居月切 井中蟲
⿰虫弟 大西切 蟲名
⿰虫貘 莫格切 小蚊蟲
蜠 竹洽切 斑身小蟲
⿱旋虫 似緣切 [illegible]
蜁 同上

⿰虫兀 五忽切 似蟹
⿰虫必 毗必切 黑蜂
蠈 音賊 食禾根蟲
蚴 音幼 石蚴 似蝙脚
蠮 於結切 蠮螉
⿰虫翳 同上

⿰虫只 音只 ⿰虫只 螻蟲
⿸匿虫 女力切 蟲食也
⿰虫彔 音綠蟲 似蜥蜴
虳 九勿切 又音的 鼠也
⿲彳虫亍 以淺切 螾衍
⿰虫衍 同上

⿰虫意 於力切 小蜂也
蛡 營隻切 蛡蛡蟲
⿱彖虫 大西切 蟲名
虵 食遮切 毒蟲 正作蛇
蠒 古典切 蠶蠒也
⿱爾虫 同上 俗

⿱邪虫 五牙切 米中蟲
蚶 火甘切 蚌屬
⿱自虫 自含切 俗蠶字
⿰虫空 古紅切 蟬蛻⿰虫空皮也
蜯 步項切 蜯蛤也
蚌 同上

⿱范虫 音范蜂也
蝚 如由切蛖蝚也
蛖 莫江切蛖螻螻蛄類
蛁 丁幺切蟪蛄也即蛁蟧蟲也
虭 同上
蚷 强魚切蝫
蜊 音梨蛤蜊
蝸 古華切蝸牛即螔蝓
蠮 古火切蠮臝細腰蜂即蠮螉也
蜾 同上
蠼 音瞿蠼螋
蚥 音甫蟲名
蟉 力幽巨糾二切蚴蟉
⿰虫幽 於虯切蚴蚪龍皃又於糾切
蚴 同上
⿰虫泉 音泉貝也
⿰虫羽 音詡蟲
蜎 於犬於沿二切蜀皃
虹 胡公切螮蝀也又音絳縣名
⿰虫申 籀文
⿰虫造 音造蟲名
蟦 音費蟲名
蛭 之吉丁結二切水蛭
蟙 之力切北燕呼蝙蝠爲蟙蟔
⿰虫式 同上
蟔 亡北切蟙蟔
螠 音縊蟲名
蚨 父俱切青蚨水蟲也
螮 丁計切螮蝀虹也
⿰虫發 同上
⿰虫折 同上
蝀 〔孔切螮蝀
⿰虫覓 音覓蟲名
蝯 于元切蝯猴或作猨
蛕 胡恢切人腹中長蟲也
蚘 同上
蛔 音同上
䗤 音色蟲名
蛐 音曲蛐蟮
蚼 呼口巨俱二切蚍蜉
蟘 徒得切食苗葉蟲也
蚮 同上
⿰虫貳 音同上
蟀 索没切
螺 音騾蜯類
⿰虫區 香句切⿰虫區子幺蠶
蟅 之夜切鼠負負蠜也
䗪 同上
蜴 音麗
螂 魯當切
蝚 音柔蟲名
虷 於于切蚨虷蚰蜒也
蛜 音伊蛜蝛委黍也
⿱伊虫 同上
蝛 於歸切
⿱真虫 音□由蟲名
⿰虫叢 音叢蟲名
⿱求虫 巨由切⿱求虫亦作蛷
蠋 之欲
蠾 同上
蜊 音利

[illegible]切蟲[illegible]司云　[虫茸] 而容切蟲[illegible]　[虫廛] [illegible]切鼠 [虫廛]蜓守宮也　蝘 [illegible]切蝘 蝘沙蝨　匽 同上　虮 [illegible]切[illegible]

蟿 音支 蟲名　[虫難] 音難 蟲　蝤 七由切 次蝤蠐　[虫彭] 步庚切 似蟹而小　[虫彭] 同上　[虫縣] 呼典切

[虫夸] 音袴 蟲名　[虫琶] 步加切 蟲　螣 徒登切 食禾葉蟲　蝥 音務 蟊蟲名 又音牟　[虫務] 同上　蛃 兵永切

蚪 當口切 蝌蚪　[虫留] 音流 蟲名　[虫脩] 音蕭 又音脩 蟲名　蛸 余六切 蝮蛸 蟬皮　[卷虫] 居袁切 蚕 蠾蝸蜻

[虫朋] 步登切 蟲　[虫彎] 音彎 蟲名　[截虫] 聅仙切 方言云 鳴蟬也　螖 胡八切 似蟹而小　蚵 胡多切 蚵蠪蜥蜴

[虫臾] 以朱切 蟲　[虫旬] 詳遵切 蟲　[虫旦] 奴葛切 痛也 螫也　[虫衆] 之戎切 螽也 亦作𧒂　蜘 竹奇切 蜘蛛 亦作鼅

蜏 思又弋久二切 朝生暮死蟲也 生水上狀如蠶蛾 一名孳母　蝽 式容切蝽 黍蜙蝑　蚱 莊額切 蚱蟬 七月生

蜚 扶貴切 獸如牛 白首 一目 蛇尾 見山海經 又𧒂蠜也 又音飛　蚢 胡唐切 蠶類 食蒿葉　蝩 丈恭切 蠶 腫生者

蠥 宜列切 歌謠云 草木之怪謂之妖 獸禽蟲蝗之怪謂之蠥 或作孽　蝟 于貴切 蟲也 亦作彙　[維虫] 以季切蛘也 蚌也

蜼 余季余救二切 似猴而鼻卬 尾長五尺 天雨則自縣於樹 以尾塞鼻　螯 五刀切 蟹螯 螯或作[敖肉]　[虫吾] 午乎切 似鼠 亦作鼯

[虫遺] 余維切 肥[虫遺] 蛇名 一首兩身六足四翼 見則大旱 湯時見陽山下　[虫不] 普流切 似蟹二足　蝌 苦禾切 蝌蚪 蛞東蛞子也

蚔 竹尸切蟲 螼 丘忍切螼螾又人行即蚓也 蜿 於阮於元二切蜿兒又蜿螾又於丸切蜿蜒龍 蛍 同上

蟃 音万蛤名 蝜 扶缶切蝜蝂蟲大如蚓有毒 蝂 補故切蝜蝂 蟷 多郎切蟷蠰蟷蠰之別名 蟷 同上

蚜 火牙切蟲 蝳 徒篤切蝳蝐蟲又徒耐切 蜍 以諸切蟾蜍 蟯 仁良切蟯蠰莫蟲也 蝍 同上

同又共盡切 蛄 姑胡切蟪蛄蟷蠰截蟲也 蜒 以然切蚰蜒也 蚰 與周切蚰蜒又曰入耳蟲 蝣 同上

蚯 音丘蚯蚓 蟅 式移式夜二切米中黑甲蟲 蚡 扶粉切亦作鼢伯勞所作 [illegible] 即刃切海蟲也 蜼 同上

[illegible] 音張蟲名 蛤 古合戶甘二切小蟲見水中 蟞 必滅切蟞蟲蟓蚸似蚣蚣 蜎 於胄切蟲也 螱 同上

蚵 音哥蟲名 蠷 所奇切螺也又力支切蚰蜒也 蟓 以兩式亮二切桑蠶也 蛔 音曰蟲名也 蝛 同上

蝯 音該蟲名 螃 比朗方蓬二切似蝦蟇而居陸 蜫 古魂切蟲衆名也或作蚰 蚤 子老切齧人跳蟲也亦作蚤

蜊 力之切蟲 蚊 亡云切齧人飛蟲亦作蟁蚉 螒 胡旦切天雞也一名莎雞 蝥 莫交切蟲又莫侯切食苗蟲也

根蟲又蜉蝣也 蛑 說文云古文蠢又音牟蟠蛑也 蟄 直立切蟄蟲似蜂而小 螚 乃多奴來二切俗能字蟹螚

一……蟲傳碑 蠠 武良切 蚟 去王切 蟩 知劣切又 …… 蜡 子亦切蟲名又與禮同……也

[illegible]音尹[illegible]蟲名　蟓音象[illegible]也　[illegible]蟲名[illegible]　蚙于[illegible]切[illegible]也蜥蜴形　蝙古[illegible]蝙蝠[illegible]小[illegible]之服[illegible]似

[illegible]胝降[illegible]一名　蠰乃糸切蝻蠰　蝛少咸切似蛤　蠞子結切又音截似蟹也　蛧武兩切木石之精如小兒亦目

美髮或作[illegible]　蛃力掌切蛧蛃或作魎　[虫皆]古諧切蟲名　蜇陟列切蟲螫也又作蛆　[虫就]子六切[illegible]蟲也[illegible]　[illegible]

[虫典]他典切蟲　蟞胡[illegible]切蟞蝶也　[虫畏]音逯水[虫畏]也　[止虫]祖移子[illegible]切蟲也[illegible]也一　螇胡雞切螇[illegible]也一名蚸

蟧亦蜓蚨也　[虫鹿]力木切螇[虫鹿]　[如虫]仁余切蟲名　[虫憲]許偃切寒[虫憲]即蚰蜒　[虫養]音養蟲名　蛪音誓蟲名

[虫虎]呼古切蟲名　[虫丕]薄碎切蟲名　[虫弇]烏合切蟲名　蟜居表切蟲名又音告　[虫旨]職以切蟲名　[豎虫]音豎蟲也

[虫馬]莫下切蟲名　蠘子廉切蟲名　[虫鮮]息淺切蚪也　蟓尸尚切俗蟓字也　[虫更]古杏切蟲名　[虫子]即李切蟲名

[鷺虫]音路蟲名　[虫官]音綰又音官　[虫取]側九切蟲名　蝳蜞二字同音舞　蟢許紀切蟢子　[虫覆]方代切蟲名

[虫索]先各切蟲蠓　螘宜倚切蚍蜉也　蟻與上同　[壁虫][壁虫]上並同　[虫華]胡瓜切大蛇　[虫同]音同蟲也

[虫達]音達蟲名　[虫巨]音巨又音渠　蛓七吏切毛蟲也　[虫絲][虫司][虫思]蚝並同上

○蚰部第四百二　凡四十二字

蚰古魂切蟲之總名亦作蜫　[我虫]五何切[illegible]蠶蛾也亦作蛾

宋版玉篇二種　內閣文庫本　卷二十五　蟲

蠶在含切吐絲者　蠿知𡨧切蠿蟊名　蝨所乙切淮南子大夏既成燕雀相賀湯沐既具蟣蝨相弔　蚤子老切蚤蝨也亦作蚤

𧖄乃丁切蟲也　蠽之悅切蠿蟊　蟊亡侯切螌蟊也螣也蟊音蝥齊曰拔公也或作蟊　蠽手列切蜩似蟬而小俗謂茅蠽

𧕘尸膳切螻蛄也　𧓬巨於切蟲蟝也　蠹土穴切蟲食也　蠈在力切齧蠹今作蠈　蝱莫庚切蝱也俗作虻

蜃時忍切亦作蜃大蛤　𧕯於力切小蠭也　𧑄於貴切飛蟲也　蜱弥移切蜱蛸亦作蜱　蠭孚容切螫人飛蟲也亦作蜂

蠭古文逢蟲　𧖫女乙切小蟲也　𧕼胡監切瓜蟲也　蠹父允切亦作蝜大蚩也　蟁亡云切齧人飛蟲今作蚊

𧖴奥上同　𧕰牛哀切睨蟹蟲也　蚆音巴蟲蚆也　𧓾於甗切𧖴蜓也或作蝘　蠹丁護切木中蟲也又白魚也

𧖑古文蠢　𧒕乃北乃代二切似蝱而小班色齧人　蠆丑介切毒蟲也或作蠆　𧕪力玄力底二切蠡蟲行列皃薄

之而欲蟲也瓢也又力二切　蠢尸尹切動也作也或作截偆　𧖰徒向切狀如人羊角虎爪　𧓵亡古切鮑也又𧒂蟲鮯也今作

蠻　𧒂同上　蛪巨牛切亦作蛷蛪螋多足蟲　蠽之戎切蜙蝑屬也　𧓖古文　𧔧步幸切蚌也蛤

也或作

䖵部第四百三　凡七字

蟲除中切有足曰蟲無足曰豸　𧕴婢脂切蚍蜉大螘也或作蚍

[illegible]同螮上　蠇力刀切蠇蟲也　蟊莫候切蟊蠹䘐同　蠱公户切事也毒也或也穀久積變爲飛蟲也
蟦扶畏切大蠐也或作蜚
○它部第四百四凡三字　它吐何切蛇也上古草居而畏它故相問无它乎又非也異也今作佗　蛇同上
它或以虫今市遮切又弋支切詩云蛇蛇碩言　𧊒時支切今作蟡
○龜部第四百五凡五字　龜居逵切文也進也外骨內肉天性無雄以虵爲雄也又貨貝之寶也　𪚦古文
𪚮烏郎切䳁海水吐氣背角似鵰指爪　𪚶之戎徒冬二切龜名　䶂而二切龜甲龜邊或作䑏
○黽部第四百六凡十八字　黽眉耿切蝦蟇屬似青蛙而大腹又多土黽　鼁籀文黽　鼉徒何
切江水多似蜥蜴大者有鱗采皮可以爲鼓也　鼀七由切又七狄切去鼀蟾蠩似蝦蟇也　鼁音殊或作䖳　鼇五高
切傳曰有神靈之鼇龜背負蓬萊之山在海中　鼊有鼊有龜鼊似龜而大文如瑇瑁可飾物　鼷胡雞切水蟲　鼃胡媧
切蝦蟇也今作蛙　䵷與上同　黿魚袁切似鼈而大也　鼈甲滅切鼈屬或作鱉　蠅余陵切青蠅蟲　鼅知[illegible]
鼅鼄也或作蜘　鼂中橋切蝘鼂蟲名　𪓐古文鼂　鼩其拘切鼆屬又音鉤　𪓿同上

○卵部第四百七字 凡五

卵 力管切凡物無乳者卵生 㲉 口木切卵空也 𰯼 徒木切卵内敗也

孵 芳于切卵化也 毈 大亂切卵不成子曰毈

○貝部第四百八 一百四十字

貝 布外切海介蟲也大貝如車渠貝中肉如科斗但有頭尾又貝甲也古貨貝而寶龜

貨 先果切貝聲 賂 力故切遺也 賮 才刃切財貨也 資 子夷切取也用也 贎 亡怨切又力制切貨也

貨 呼卧切賣也金玉曰貨布帛曰賂 貣 他得切從人求 貤 余豉切貱也益也 賞 尸掌切賞賜有功之人也

貢 公送切通也獻也上也稅也賜也 貱 悲僞切益也 貰 待夜切賒也貸也 賜 思漬切惠也施也空盡也

贈 在鄧切以玩好相送也又助生送死 貿 亡候切市賣 貦 午亂切亦作玩好也 賒 始遮切不交入賣也貰也

賚 力代切与也賜也勞賚爲勑字今作賚 貺 詡誑切賜也 貪 他含切欲也惏也 購 古候切以財有所求償

貳 而志切副也代也敵也並也離也畔也 買 亡蟹切市買也 貶 碑檢切減也損也 ⿰貝胥 使呂切以賣財卜問也

賦 方務切稅也布也量也賦斂擾動也 貧 皮旻切乏之財也 賨 在宗切蠻賦也稅也 賙 之由切給也贍也救也

賕 巨留切以財枉法相謝也貯也請也 賃 女禁切借傭也 賻 [illegible]切以[illegible]也 寶 布老切有也[illegible]藏

□ □渴切小罰以財□贖也財也貨也　賭 丁古切賭也　⿰貝侯 乎豆切龍目出南海　賢 羊閑切掩掔也或作諸

贖 市燭切又市注切質也以財拔罪也　⿰貝匽 於甗切物相當　贍 市豔切周也假助也　⿰貝吝 力振切貧也難也或作遴

賅 乎改古才二切奇也非常也亦作侅　貾 除基切余貾貝　贆 畢遙切貝居陸贆也　⿰貝勻 眉巾切本作錉筭稅也

⿱敝貝 婢世切今作幣　⿰貝京 力章切⿰貝京賕也　⿰貝脩 竹几切當也　⿰貝乇 烏款切⿰貝宛⿰貝乇小財皃　贄 脂利切執玉帛也亦作摯

⿰貝僉 力豔切市先入　賥 思醉切亦作粹　贇 於倫切美也　賝 丑林切寶也亦作琛　賧 吐濫切蠻夷以財贖罪也

⿰貝甘 與上同　⿰貝央 於兩切旡訾　⿰貝奥 波兖切小有財　賺 徒陷切錯也重賣也　⿰貝爲 鬼僞切賂也亦古貨字

⿰貝危 與上同　賱 於尹切賱賰　⿰貝耑 乎管切⿰貝完⿰貝耑　賰 式尹切賱賰富有也　賀 何佐切以禮物相慶賀也

⿰貝居 姜魚切賣也　贓 作郎切藏也　⿰貝玄 胡狷切今作衒　⿰貝覃 徒感切預入錢也　贊 子旦切佐也導也助也見也

贊 說文賛　⿰貝句 古候切禀給　賆 步田切益也　販 方万切賤買貴賣　賸 弋證切相贈也以物加送也

⿰貝青 疾盈切賜也　⿱非貝 皮秘切壯悲□也　⿰貝睿 思狥切益也　贚 良用切貧也又龍皃　贛 古送切賜也又古禫切縣名

賟 他典切宣也　⿰貝婁 力侯切貪也　⿰貝寸 都勒切今作得　賏 於敬於庚二切飾也　贏 余成切緩也利以溢也有餘也

貹 山敬切財也 䝻 而晉切牢也 齎 子兮切行道所用也持也備也給與也付也又子斯切歎辭 賫 俗

贔 平秘切贔屓作力也 屓 虛器切贔屓 賢 下田切有善行也多也益也能也持心也又下見切義見考工記 臤 古文

〓 火監切有賄〓也 〓 丑政切賣不得 賁 彼寄切飾也黻也又市門切虎賁勇士人扶非切人姓 〓 子才切

〓 烏澫切貯〓也 財 在來切所以資生者納財謂食穀也貨貝也賂也 賔 甲民切敬也客也服也從也協也 賓 說文 賔

〓 古文賓 貸 他代切也假也借盈也以物與人更還主也 〓 音綿賙也 賄 呼罪切贈送財也 〓 同上

〓 巨律切 負 浮九切擔也置之於背也是恩忘德也或作偩 〓 才志切 賣 余六切好也或作粥鬻 〓 古文

〓 音協財也 質 之逸切信也主也平也樸也軀也又知異切 〓 先卧切骨 貴 居謂切高也尊也多也〓也 〓 說文貴

賊 昨則切劫人也 費 芳味切損也用也惠也散也耗也又扶味切姓 〓 音觀〓錢 賑 之刃切富也 〓 同上

賽 先再切報也 〓 尸羊切通四方之珍異謂之賓人亦作商 賶 七浪切 責 壯革切求也 〓 古文

賥 市肺切賥斂 賤 才箭切賈少也卑下也又不貴也 〓 音注財貯 賵 孚鳳切贈死也 〓 同上

贗 〓晏切不真也 貽 弋之切玄貝也亦作詒遺也 賁 方顫切散四帛〓三軍或集字 〓 音木

貽[illegible]之切[illegible]貝也 [貝寺]直几切或作㫷庤古文作時 賈公户切通物曰賈居賣曰[illegible]賈也聚也又古雅切姓也

貼天叶切以錢質物 賌古玩切裝貝也穿也今作貫 贅之銳切賣人子與人爲贅子又以物質錢也最也得也聚也定也屬也 賉先筆切分賑亦卹字

大廣益會玉篇卷之二十五

大廣益會玉篇卷第二十六　凡一十六部

于詡羽部四百九　方違飛部四百十
似立習部四百十一　思進卂部四百十二
方違非部四百十三　甫負不部四百十四
之異至部四百十五　莫刀毛部四百十六
齒芮毳部四百十七　而琰冄部四百十八
人之而部四百十九　古岳角部四百二十
彼奇皮部四百二十一　而兖𤿭部四百二十二
佳核革部四百二十三　子非韋部四百二十四

羽部四百九　凡一百一十二字

羽 于詡切鳥毛羽也北方名羽音在冬時又王遇切

翁 [烏]公切鳥頸下毛又[illegible]皃又老稱或作顉 翥 之庶切飛舉皃 翡 扶畏切鳥似翠而赤 翠 七遂切青羽雀出南方

翑 巨俱切羽曲也又馬後足白又俱禹切
翬 許韋切飛舉皃
𦑰 古青切翅也[illegible]也
翰 胡旦胡千二切飛也又天雞也
翯 他盍切高飛皃
𦏷 尺之切羽盛皃
翩 匹然切聯翩也
翭 乎溝切羽初生皃
翟 徒的切山雉也又樂吏之賤者
翶 午刀切翱翔也
翔 似良切布翅飛
𦏺 胡光切羽舞名
𦑿 他臕切翲翲飛皃
翮 諧革切羽本也羽莖也
翌 亡縷切今作舞
𦐾 力仙切飛皃
𦑊 呼榮切飛皃
翊 余力切飛皃亦輔翊
翏 力幼力要二切高飛皃
翸 匹仁切飛皃
䎗 許出切飛走皃
翧 許元切飛也
翯 胡角切翯翯肥澤皃
翜 山立山甲二切捷也飛疾也
翲 匹姚切飛皃
翃 胡萌切蟲飛也
翹 巨妖切飛皃
翇 分勿切舞者所執也
翪 子公切竦翅飛也亦作㚇
翷 力仁切飛皃
𦒄 呼伯切䎗也
䎖 子登切飛皃
翹 抵姚切尾長羽也舉也翹翹遠羽皃
𦑋 同上
翈 胡甲切羽翈也
𦑍 所巾切羽多皃
翻 孚元切飛也
羿 胡計牛計二切羽也又羿羿善射人
𦐒 說文羿
𦑈 布交切五采羽
𦐢 力竹切今作戮
𦏶 計竟切或作鴫
翨 居豉切鳥翮也鳥之強羽猛也
𦑑 同上
翎 魯丁切箭羽也
翾 許延切飛皃
翄 巨移切羽也
翕 許及切合也斂也聚也炙也
翖 同上
翀 直中切飛上天
𦐖 丑俱切飛皃
䎂 音宣切飛皃
翼 余力切翄也又輔也敬也助也
𦐔 同上

䎔音孚細毛　翗巨何切飛皃　翢徒刀他刀二切纛也　䎀許月切䎀䎀飛走皃　䎚胡桂切兴翮之末　𦑣同上

䎃古文飛字　𦐭[illegible]牛切[illegible]急也　𦐡余勢切𦐡𦐡飛也　翃呼横切翬鳥弄翅也　𦐃胡公切飛聲　𦐁同上

翲芳[illegible]切　𦑊丑卯切毛多也　𦑴呼麥切𦑴𦑴飛皃　𦑍奴坎切翮下弱羽也　翅升豉切翼也　𦐈同上

翮並同上　𦐅五板切飛皃　䎁禹俱切飛皃或作雩　翂孚云切翂翂飛皃　翿徒到切翿翳也　翳同上

䑣並同上　𦑃五秦切又音廷　翍普皮切張也亦作披　翣山甲切纛也月禮記　𦑄先澂切羽翼蔽皃亦作毨

𦒞尺勇切羽　䎓他合切䎓䎓　翋力合切䎓翋飛皃　𦐿莊善切鳥摯擊勢也　翛尸祝切疾也或作倏又音蕭

𦐹音亥飛皃　䎅魚典切飛皃　𦑱火外切火亂切　𦒉音亶又達貢切飛皃　翓乎結切飛上也或作頡

𦐼苦到切　𦑡匹本切飛皃　䎘思六切飛皃又飛聲　𦒖呼爛切飛皃　翽呼外切翽翽羽聲衆皃

𦑨於劍切　𦐷匹各切飛皃　𦒟音朧飛皃也　𦐛許劣切小鳥飛　𦐲胡郎切飛高下皃或作頏

𦐿初六切　𦐜音翜飛皃也　翦子踐切勤也羽生也釆羽也齊斷也俗作剪　𦐻音聿飛皃　𦐊音消

翐音秩飛皃　𦑚初巳切飛皃　翳於計切鳥名也鳳屬也屏蔽也華蓋也又[illegible]皁也　䎌芳滅切　𦐂女法

翍 □目切 飛皃 𩙪 芳逼切 飛也 翾 許緣切 小飛皃 䬀 䬀 二同羊制 又飛皃

○飛部四百十 凡三字

飛 方違切 鳥翥 䎐 余力切 文翼字 飜 孚元切 飛也亦作翻

○習部四百十一 凡三字

習 似立切 飛也串也 又詩云習習谷風 翫 午亂切 習也衆也又貪悅也 歙 盧合切 歙歙不滿皃

○卂部四百十二 凡二字

卂 思進切 疾飛也亦作迅 煢 具營切 單也無兄弟也無所依也憂思也或作惸嬛

○非部四百十三 凡六字

非 方違切 不是也下也隱也責也 靡 眉彼切 無也好也罪累也靡靡布帛之細好也又侈靡奢靡也 𩇯 在臘切 惡也 靠 口告巨篤二切 靠理相違也 陛 方奚切 陛牢也 所以拘罪人也 𩇭 孚匪孚利二切 別也 又彼僞符彼二切

○不部四百十四 凡三字

不 甫負府牛二切 鳥飛上翔不下來也又弗也詞也 不 古文 否 方久切 可否也

○至部四百十五 凡二十字

至 之異切 極也通也善也達也大也到也 𡉜 古文 到 多報切 至也

臻 側巾切至也及也聚也衆也 臺 烏解切含也 臸 而力而吉二切到也 臺 徒來切四方高也闍也

□ 丑利切忿戾也 □ 才適切古人名 □ 音窒

○毛部第四百十六 凡七十八字

毛 莫刀切眉髮之屬也 □ 胡旦切長毛也獸毫也

氈 之延切毛爲席 毾 他臘切毾㲪席 㲪 都能切毾㲪也 毦 仁志切以毛羽爲飾 毨 先殄切毛更生又整理也

□ 子凶切□□罽 毫 胡刀切長毛也 □ 扶木切□□也 毹 扶殄切毹□毛斜也 □ 莫昆切以毛爲罽也□也

□ 力兼切亦作□ □ 芳俱切乳毛也 □ 方云切□頭罽 □ 女紅切髮多亦作□ □ 而勇而允二切衆也聚也

□ 與上同 □ 子姚切□□□ 毻 孚云切毛落也 □ 如羊切被髮亦作鬤 □ 大公切□□或作翢鴉

□ 思連切□□罽 □ 之移切□□也 □ 所加切□□ □ 古牙切□胡衣也 □ 大當切□□蜀曲文者

□ 來丁切長毛也 毼 胡割切罽也 □ 人鍾切□□也 □ 思録切□□蜀罽也 □ 凡例切方文者亦作罽繝

□ 他凶切落毛也 毿 先含切毛長皃 □ 女於切犬多毛 □ 布奔切□□方文者 □ 音搜□□織毛又素侯切

□ 與上同 毬 巨尤切毛毬也 毧 音戎細毛也 □ 力外力拙二切色斑 □ 女庚切犬多毛皃

[illegible]切紛　毯他敢切毾毯也　毡中板切毛初生　⿰監毛女占切又音[illegible]毿　毣[illegible]思皃一曰毛濕

毦與上同　氅昌兩切秋鳥毛　毢蘇來切毰毢　毰博回切倍毢鳳舞皃　氂音毛又音犛又音貓

⿰亘毛音亘[illegible]也　毥思巡切毛也　⿰耒毛布蓋切[illegible]　⿰柰毛奴帶切[illegible]多[illegible]　⿱竹⿰龍毛七丙切斷也亦作[illegible]

[illegible]於景切　⿰毛戉傷遇切毛越也　⿰毛合居拜切細毛也　⿰藍毛音謁毛多也　⿰奭毛巨俱切毹毛席也

氍與上同　氀力于切毛布也亦作氀又力主切　⿰毛匊巨六切毛也　㲲徒叶切毛布也　⿰罒毛同上

㲏音披毛也　⿰来毛力才力沓二切強毛也亦作斄毛緑　⿰寸毛多則切毛少也　毹山于切氍毹　⿰數毛同上

⿰毛里音闕毛[illegible]　氉蘇到切毛也　⿰肖毛先幺切[illegible]　⿰毛遥音[illegible][illegible]也　毛几[illegible]文[illegible]字　⿰奇毛湯果切

○毳部第四百一十七　凡二字

毳齒芮切毳衣又毛之細縟[illegible]　⿱非毳芳非切紛也

○冄部第四百一十八　凡一字

冄而琰切又而鹽切毛冄冄也行也進也侵也亦作[illegible]

○而部第四百一十九　凡二字

而人之切語助也乃也能也又頰之毛曰而今作髵

耐奴代切能也任也說文曰辠不至髡也

角部第四百二十 凡一百六字

角 古岳切獸頭上骨出外也男女未及冠笄爲總角又角力也

⿰角思 先來切角中骨也又肌𦝫睘角搖目也

⿰角虎 除倚切角[illegible]

⿰角公 職谷切舉角也

衡 平庚切横也平也斤兩也持也今不抵也衡門横木

奧 古文衡字

⿰角工 古釭切舉角也

觰 竹加切觰拏獸也下大也角上長也或作奓

⿰角參 同上

⿰角枼 丑列切角也

⿰角叉 楚架切觰也

觚 古胡切禮器也

觱 有物切角可以吹又畢益切觱沸濫泉或作滭

⿱咸角 同上

⿰角喬 居小切角不正

⿰角翏 力悠切角不正

⿰角雚 許元先芮二切揮角皃又亭名

觴 式羊切飲器也實曰觴虛曰觶

⿱⺈昜 籒文

⿰角卓 女卓切握也

⿰角卒 在兀切角初生

觭 丘倚居倚二切牛角一俯一仰

⿰角夐 古穴切罬遂之有舌者或作鐍

⿰角矞 同上

⿰角卑 方迷切横角角牛

觟 胡瓦切角皃

觪 思營切角弓調利也用角便也

觢 之勢切一角仰也或作挈

⿱挈角 同上

觝 丁禮切觸也或作牴

⿰角昆 胡本切古捆字

觳 胡族切盡也盛觵巵也族也

⿰扌角 助角切擉搦也又古樂切

⿰角攴 同上

⿰角戔 莊限切亦作琖

⿰角豸 丈爾切獸名

觺 五其牛力二切觺角觺觺猶岳岳也

觵 古横切兕角爲罰爵

觥 同上

⿰角巾 所巾切十枚也

⿰角少 叉校切角上也

觷 口角切治角也或作礐又音學

⿰角弱 女卓切調弓也孥弓也

⿰角弓 同上

⿰角毚 仕咸切角皃

⿰角柬 多改切角心也

觖 窺瑞古穴二切觖望猶怨望也

⿰角發 方吠扶沐二切射收繳具

⿰角市 同上

觾許訁切好角也 觛音暴觀又音巴 觻力的力木二切觻得縣名 觓奇幽切又居幽切角皃 觩上同

觟音皓治象牙 觳紀劣切角觸 觬午兮切角不正也又縣名 觡渠語切縱觡也或作距 䚅上同

䚀古獲切今作槶 䱇巨淡切啙角也 觠居轉切曲角也又音權 觛欣奇欣元二切角匕也 䚪音陀

觰仕角切訴文角長皃 鱖居月切角有所觸發 觤嫣彼切角不齊也或作𧣾 觪徒和切牛無角亦作牠 䚘音談

衡仕庚切牛角長堅皃 觿丁丸切角觿獸似豕 䚆音鱌角皃 鰌似秋切角 𩵢彼妖切亦作鑣馬銜也 䚠音監

觶之豉切酒觴也 觝䚍上二同 䚁音亶揮角 觹音訛角也 䚗下但丁爛二切小卮也 觥音銑角也

觢自九切䠷射收繳角 䚟女隔切角似雞觡 觮音杝角曲 觻力兮切角 䚒土尤切又治尤切龍角 䚡音宜角

觡居額切麋角有枝曰觡無枝曰角 觓音喧角色 觥音蕈角 觜子移切觜觿大龜也又星名又子鬼切

䚥孚的切以角飾箙本末也伏岸角也 觿音墳角刺 䚕多敢切 觿許規切形如錐以象骨為之以解結也

䚔阻立切牛多又角皃或作戢 䚚音四角 䚓初角切 觶徒兮丁兮二切國名又觶觡也角不正也

觸尺蜀切抵也㩪也 𤛎上同 𧣮古文 解諸買居買二切緩也釋也說文判也又諧懈切接巾也又古隘切署也吳

都賦云解署綦布言非一𧣾仕角切說文角長皃䚚丑戾切

○皮部第四百二十一　凡四十一字

皮被奇切剝得獸革也彊取也　𤿞古文　𡰯籒文

皵思亦七亦二切皴皵未皮甲錯也今作措　皽之善切皮也　皹居云切足坼裂也　皯古但古旦二切面黑氣也

𥀂無阮切又無願切皮脫也亦作晚　𤿬都闔切寬皃皮皃　𥀋力盍切皸䵷皮膚皃　𤿭胡官切皾皾笥器也病也

𤿸布角切皾皵皮起又步角切亦作臕肉臏起　皰步孝切面皮生氣也　皻千胡切皴皵也今作皻　皾徒木切所以貯弓或作韇

𥀏他活切皮剝也　𥀀扶卓切皮起也　𥀔楚累切粟體也　𥀠亡忍切皮理細䪉䪉　𥀡徒古切皮也今作杜

皴七旬切皴皵也　𤿻扶分切鼓也　𥀛音披器破也　皻莊加切皰也今作皻　𤿺奴版切赧而面赤本作赧

𥀻口咸切　𥁀吉典切皮起也　𥀭乎遘切石突盆膜　𤿹苦角切皵皮乾皃　𥀓於亮切又於明切青皃

𤿲音寢合反寬也　𤿨丑革切皵皸也　𪃦乎角切䩭皮　𤿱乎義切𤿱皮不伸　𥀛乎旦切射䩭也或作捍

𤿯居質切黑皴也　𥀃七吉切皮皴也　𤿽士絶切皮斷也　𥀺畢吉切韋白皸　皺側救切面皺也　𥁃俗

䰢部第四百二十二　凡四字

䰢而兗切柔皮也韋也亦作耎及　𩐈同上

□子徇切羽□攏韋旁　□而□切又人尹切亦作□□

革部第四百三十三　凡二百一字

革居核切獸皮也去毛也老也改也　𠦶古文革

鞹去郭切皮去毛　⿰革各力各切生革縷　鞣如周切乾革也　靸先盍切履也或作⿰革皷　鞔莫安亡阮二切履空也

鞶步安切大帶也　鞮丁奚切單履也　⿰革夾公洽切鞮屬　⿰革卬午唐切絲履也鞮屬　鞛必孔切刀下飾亦作琫

靪丁冷切補履下　鞎乎恩切輿革前　⿰革必皮畢切車束也　靬宇夫切鞊內環靼也　鞪亡斛切曲轅束也亦作楘

靶布訝切轡革也　⿰革官古緩切車轂具　⿰革豆徒鬭切車轂具　鞌惡丹切馬鞌亦作鞍　鞥於合切轡鞥也籠頭繞者

⿰革叕知劣切車具也　鞊佗頰切鞌鞊也　⿰革見呼結切繫牛脛　鞭卑綿切笞也馬策也　⿰革韭丑井切又丑善切騎具也

靲巨今切靲鞻也　⿰革巂思危切鞌邊帶　鞚口送切馬勒也　⿰革亟居力切急也亦作亟　䪌布各切車下橐也或作⿰車尃

鞜他帀切鞮也　⿰革菐補目切絡牛頭　⿰革乞乎突切急擿　⿰革曳以勢切以馬贈忘人　⿰革奄於合於劫二切車上具也

⿰革區於候切胡矛　⿰革它大□切馬乾也　⿰革盍古狎切鞊韐履　⿰革氏巨支切轂飾亦作軝　勒理得切馬鑣銜也刻也

⿰革童徒東切鞍具飾　靯他古切靯䪌鞇　䪌步谷切靯䪌也　韁居羊切馬紲亦作繮　鞙胡犬切大車縛軛靼也

鞏居竦切固也以韋有所束也以火乾物也或作巩
鞀徒刀切如鼓而小有柄賓主搖之以節樂
鞉同上
韇徒木切以藏矢或作韥
⿰革賁扶分切鼓也或作鼖
⿰革冤於元切量物之⿰革冤也抒井⿰革冤也又於阮切
⿰革宛同上
鞇於人切亦作茵車中重席
⿰革申戶仁切韋帶亦作紳
⿰革伏皮祕切又房福二切車⿰革伏亦作絥⿰革犬⿰革伏
鞴同上
靫楚佳楚加二切箭室也
⿰革軍禹愠況萬二切作鼓工也或作韗
靼多達之列二切柔革也⿱龍革也
⿰革亶同上
⿰革或爲逼切羔裘縫亦作緎黬
⿰革意於力切五絲絲條履下也或作繶
⿰革贊子旦切車衡之束也或作⿰車贊
⿰革襄同上
靮丁狄切韁也所以繫制馬
𩋏荆猗切鞿也亦古文羇字絡頭也
⿰革甘如甘切毛飾也革也或作紺
⿰革毛同上
靾余制切以韋韈贈亡人也
鞄普角切又步教切柔革之工也
鞵胡街切革履生革底麻枲
鞋同上
靺亡達切靺鞨蕃人出北土
鞼古回丘位二切繡革也亦作⿰韋貴
鞠居六切推也告也養也
鞫同上
韄乎故切佩刀絲也又於虢切
鞈公洽公帀二切橐也以防捍也
⿰革參所銜切旌旗旒也亦作縿
⿰革⿱甚攴同上
⿰革長持亮丑亮二切弓弢也亦作韔
鞅於兩切頸靼也強也對心也
⿰革柬古核切靶也勒也亦作革
⿰革東同上
⿰革嗇所力切車籍交革也亦作轖
⿰革叚胡加切履跟亦作鍜
⿰革咢牛格切履頭也
⿰革旨之二切蓋杠絲也
⿰革至同上

䩇力丹切藏弩失眼也亦作闌　鞨思亦切履也亦作舄　鞏口閒切堅也　䩃古善切鞧䩃係也　䩟同上

鞲恪侯切射鞲臂扞也又古侯切　鞧逾朱切餘也蕈也　䩕乃火切鬌垂皃　靴吁戈切靴也亦鞾也　韡同上

䩟右律切　鞩所加切　鞗大幺切轡也亦作鋚　䫄徒外切補具飾　𩋡徒果切履跟緣也　鞣同上

鞘音霄鞭鞘梢　䩚音提常也　鞕牛更切堅也亦作硬　𩍐似足切鞻也　韅呼見切韅在背　𩏊同上

䩬步包切　鞞布頂切　韂士咸七陷二切鞍韂　𩍅呼角切急束也　靷余振切以引軸　𩌷籒文

䩛步禮切　䪏奴到切　鞽起嚻切亦作𩌗　鞧七流切今作緧　鞬居言切以藏矢　𩏏同上

䩘音槐鬼布切　䩔私潤切　䩹居委切角不齊也　靳之逝切刀鞘　鞊姑戶切今作鼓　𡔷籒文

𩊴音養治皮　鞴音步鞁也　𩊄除留切今文作胄　䩥大爛切馬帶也　𩌏他丁切皮帶鞓　鞓同上

鞴音伏箭韥　䩷音揭兵器　鞿居衣切韁在口也　䩩於阮切履也　韉音牋鞍韉也　韯同上

𩋡音室刀𩋡　鞛扶[illegible]切　𩋲音羊馬頭上鞨也　𩎓莫佳切鞋也　䩔速侯切軟皮也　𩍺同上

鞞布頂切詩曰鞞琫容刀上曰鞞下曰琫也鞞削也刀室又毗移切　𩏂去戰切罥帶𩏂　𩋹初九切𩋹束也　𩏀同上

鞣先各切鞣䩉覆也鞣之缺前雅 䩉大各切鞣䩉覆 靶布訝切轡革也 䩗所結所解二切鞮屬 鞓同上 韆同上

鞦七由切車鞦也又鞦韆繩戲也 韆音遷鞦韆也 䪊盧紅切䪊頭也 鞃華薨切軾中靶 䩬同上 𩊗同上

靬居言切乾䩲又去汗切弢矢器著弓衣 鞫其俱切兵器也 鞜戶皆切覆也 鞽而兗切鞻鞼也 鞋素回切鞋鞍皮

鞻力鉤力豆二切鞮鞻氏掌四夷之樂官也 鞤布剛切鞤鞋 鞋布剛切鞋革皮 鞥符容切鼓聲 鞝音掌安皮

靳居覲切固也當膺也又戲而相愧曰靳 鞛方奉切軍器也 靭奴典切車靭也 鞤方奉切車人皮 鞏古孔切王皮也

靿於孝切靴靿也 䪜音訣 靽音半與絆同 韅許顛切覆韅也 䪖羊切泥也 鞨胡葛切鞢鞨

鞁皮彼切鞍上被 鞈匹革切靜 䪃除利切覆底 鞮都計切鞮鞋也 鞼佳以貴二切 鞢思叶切鞊鞢鞈具

鞫居竹切問鞫也 䩟音夷 鞕所責切堅硬 韈亡伐切驕韈也 鞊火結切急緊也 鞳他合切鼻器也

䩚戶大切車軛也 䩞音詁 鞙戶大切刀鞍也

○韋部第四百二十四 凡五十八字

韋于非切說文曰相背也獸皮之韋可以束枉戾相背又姓 𡗨古文 韜他刀切義也寬也劍衣也又韜杠也 韐古合切韎韐也亦作帢又古合切

䪅□白切韇纈組也 䫋同上 韍甫勿切今作市 韘尸涉切決也捐者也 韛皮拜切韋囊吹也可以吹火令熾亦作囊橐
䩷布古切車下䩷 韖同上 ⿰韋尃並同上 韝古侯切結也臂衣也 韠卑蜜切所以蔽前也 䪝素回切
韄於白切韄韄刀飾 䪜音斤 ⿰韋叚大卯切履後帖 ⿰韋僉呼斂切胡被也 ⿰韋叚胡加切履根亦作蝦 ⿰韋爻音爻囊韇
䪈虛額切作鼓工亦韗 ⿰韋荅音荅 䪏奴荅切韇䪏鞬也 韂尺艷切韂障泥也 韈亡發切足衣亦作袜 ⿰韋艮口恩切束
⿰韋睪直白切韄⿰韋睪也 ⿰韋朮音朮亦 ⿰韋番芳袁切鞶⿰韋番也 ⿰韋束于非切束也 ⿰韋及蘇納切鞽也亦作靸 ⿰韋圭音眭皮袴
韣徒木切弓衣也韜也又尺欲切 ⿰韋殳于非切矦韍 ⿰韋彗徐醉切囊組名 韌如吝切柔也又作肕 韏居願切
⿰韋尃扶豆切又扶武切兄衣又作轉 韒私妙切刀韒也 韎莫概莫拜二切茅蒐染草也又東夷樂 ⿰韋贲古文
韞於昆切赤黃之間色也裹裹也 ⿰韋犬平祕切車軾也 ⿰韋焦子由切又子由二切收束也堅韋也亦作鞦揫 ⿱焦韋同上
⿰韋惠詞季在芮二切橐韢網也 ⿰韋匊巨竹切裹也 韔他亮切又持亮切弓衣也 韏九萬切中片也詘也曲也
⿰韋弗音弗引柎編 ⿰韋或音域韋麥也 ⿰韋必音祕弓紲也 韗呼萬切又于問切靴也 ⿰韋伏皮祕切又扶卜切車軾也
⿰韋弱都盍切執韝韝 ⿰害韋下瞎切 ⿰韋包步交切

玉篇卷第二十六

大廣益會玉篇卷第二十七 凡七部

糸部四百二十五 亡狄
系部四百二十六 下計
素部四百二十七 先故
絲部四百二十八 先資
黹部四百二十九 丁雉
率部四百三十 所律
索部四百三十一 蘇各

○糸部第四百二十五 凡四百五十九字

糸 亡狄切細絲也微也幺也 𢆯 古文
紙 丁兮切絲滓也
繹 以石切陳也抽絲也理也終也大也
緒 以呂切絲端也
統 呼光切絲曼延也
綃 思焦切生絲也素也綺也
絓 胡卦切止也有行礙也懸也持也
⿰糸皆 口皆切大絲也
綹 九九切緯十絲曰綹
納 奴荅切內也或作衲吶
綢 直留切綢繆也纏綿也又他刀切
纅 余灼切絲色也
紿 徒愷切疑也欺也
綫 徐翦切又昌善切徧綫也
總 子孔切合也聚束也皆也結也衆也
綜 子宋切持絲交
纇 力對切絲節不調也
紓 式居切緩也解也或作舒
[illegible] 于善切又于串切繯也說文落也
繢 [illegible]謂切紐繢也
紆 於于切曲也詘也
纖 思廉切細小亦作孅

綸 力旬切又公頑切綬也緩也又寛也
緯 于貴切橫織絲
細 思計切微也小也
縒 且各切參縒也亦作錯

緣 余泉切緣也因也又余絹切邊緣也
緷 古本切大束也
纍 尺足切纏也連也
級 居立切階級也又次第也

綅 思廉切綫也縫綫也黑經白緯也
繈 居兩切錢貫也
綝 丑林切善也止也
紾 徒展切紾轉也又音軫

紩 持栗切縫衣也又納也索也古作鉄
紡 孚往切紡絲也
紈 胡端切素也結也
給 居及切供也備也足也

徽 許非切美也善也琴張弦也大索也
纘 子卵切繼也
繒 似陵似登二切帛也
𦆯 似接子立二切[illegible]裳貨也

紉 女巾切又女鎮切繩縷也展而續之
繎 如延切絲縈也
絩 他叫切綺絲之數也
縠 胡木切細縳也紗縠也

絮 思據切敝緜也又丑慮切調和食也
繙 扶元切寃也
繡 思又切五綵備也
綮 苦禮切緻繒也戟衣也

絡 力各切繞也縛也所以轉篗絡車也
緢 莫交切旄絲也
繪 胡檜切五彩畫也
緹 他禮切帛赤色也又音提

綏 先唯切止也安也說文曰車中靶也
紊 亡愠切亂也
絑 莫禮切畫文若聚米
緂 他敢切雜色今作炎毯

絙 古千古兩二切成公四年鄭伯絙卒
纏 除連切約也
綠 力足切帛青黃色也
綟 力計切綠也或作[illegible]草名

繆 眉鴆切綢繆也又眉救切亦繆字
繞 而小切纏繞也
綪 余祝切青經白緯也
紑 孚尤孚浮二切鮮絜皃

繻汝俱切細密之羅也絲也又思俱切帛邊也古者過關以符書帛裂而分之若今券也緄古本切織成章也繩也

純市均切絲也美也大也又之閏之允二切緣也又徒損切絀式出切絳也紩也縌宜戟切紱綬也綬絲也

紀居擬切十二年也緒也絲別名也天有五紀歲月日星辰歷數綰烏版切貫也羅綰也繟充善切繟帶也寬緩也

紇戶結下沒二切絲下也左氏傳有臧孫紇辮步殄切交也縓七絹切紅也赤黃也組子古切其小者可以為冠

經古丁切常也經緯以成繒帛也法也義也縎古忽切結不解繱千公切青白色也縸布各切領連也亦作襮

繴北激切罿也今作翻車網以捕鳥或作辟結古姪切要也緌而佳切繼冠纓也絝口故切脛衣也又絆絡也

紕必二扶規二切冠緣邊飾也又匹毗類也締徒計切結不解紐女九切結也束也緥布老切小兒衣亦作褓

絇俱遇切絲絇也又音灈屨頭飾也繃彼萌切束也縿所銜切旌旗之游也纀布木切裳削幅也亦作襆

縛扶钁切束縛也絿巨周切急也絅古營切引急也縈於營切旋也收卷也縯手貧切維持繩組紐者

紈巨周切引急也綺祛技切有文繒縑古廉切絲繒也緘古咸切束篋也索也縷力主切貧無衣甌窶也

綈徒芳切厚繒也練力見切煮漚也紬除留切大絲作縢達曾切繩也約也繕市扇切補也持也善[illegible]

緵 [illegible]
[illegible] 胡貴切 繢緒也
縵 莫旦切 笑文也
[illegible] [illegible]成切 輿馬飾也
縭 力支切[illegible]也 介也帶也

縷 具苟切 文皃
絹 居掾切 生繒也
縹 匹妙切 青白色
綇 先酒切緋 前兩尼也
[illegible] 方結切編繩 也[illegible]帶也

絑 之俞切 純赤也
纁 許軍切 淺絳也
綴 知衛切 緝也
紙 支氏切縻 倫所作也
維 翼隹切紘也 繫也隅也

絳 古巷切 赤色也
縉 子燼切 帛赤白
綪 千見切 染草名
緦 音思三月 服也布也
紱 扶福切車紼 也亦作韍

紫 子爾切 色也
紅 胡公切 色也
紺 古憾切 深青也
緶 婢連切[illegible] 枲縫衣也
緡 亡巾切絲緒 鈞繳也施也

縟 如欲切 飾也
紻 於兩切 纓也
紞 丁敢切 冠垂也
絜 公節切[illegible] 束也清也
紩 七利切績也 所以緝也

纓 於成切 冠系也
綄 胡官切 組綬也
繜 子昆切 布衣名
繶 於力切[illegible] 也緎[illegible]
緝 七入切績也 續也亦緝也

絛 他刀切 纓飾也
絨 于月切 緣總也
紃 因遵切 絛紃也
繽 匹[illegible]切[illegible] 繽[illegible]也
緆 先狄切治麻 布也亦作裼

結 思列切 堅也
繄 於兮切 青黑繒
縋 直偽切 懸索也
[illegible] 力[illegible]切[illegible]縣 [illegible]橫也
[illegible] 方孔切枲履 也小兒履也

絭 袪綣切 臂繩
紻 胡[illegible]切 縆也
繮 居羊切 馬緤也
紏 他口切亦 作[illegible]字
緉 力堂切綾也 履緉頭也

紂 除柳切 馬緧也
絆 補畔切 羈絆也
絡 余全切 重也
網 無兩切亦 作罔維也
絣 方莖[illegible]十二 切無文綺也

縻 亡爲切 牛縻也　䋨 芳主切 治絮也　紨 豐扶切 粗紬也　績 子狄切 緝也　繭 古殄切 蠶繭也　絸 古文

纑 力乎切 布縷也　綌 去逆切 粗葛也　絺 丑飢切 細葛也　緰 大侯切 布也　⿰糸盈 他丁切 縷也　⿰糸呈 上同

縗 七回切 喪服也　絰 徒結切 麻帶也　⿱宀系 子尾切 蠶縱也　縷 所[illegible]切 縷中緩　緈 胡冷切 直也　⿰糸幸 上同

縊 於豉切 自經也　綷 子內切 周也　紗 所加切 紗縠也　綵 七改切 五綵備也　緇 側其切 黑色也　⿰糸才 上同

⿱敄糸 亡候切 縛也　綣 九免切 緬也　⿰糸切 七忽切 索也　紽 大何切 絲數也　纂 子緩切 組類也　纗 上同

縺 力延切 縷不解　緅 仄尤切 青赤色　繏 思縣切 懸絙索　⿰糸茸 如用切 亦作⿰革茸　繐 思惠切 細布也　縳 上同

緋 甫韋切 絳練也　繀 丘貪切 幘也　縚 敕高切 亦作韜　綑 口本切 亦作裍　緐 扶元切 馬髦飾　⿰糸弁 上同

緵 子公切 縷也　⿰糸蹙 子六切 縮也　⿰糸忌 巨記切 連鍾也　緙 口革切 紩也　紖 直忍切 牽也　絼 上同

⿰糸並 並同上　繬 所力切 縫也　綡 力羊切 冠纓也　繶 於近切 纓衣也　纆 亡北切 索也　⿰糸黑 上同

絎 行孟切 縫紩也　紷 力丁切 紲絲縷　繝 以冉切 續也　⿰糸覓 亡狄切 索也　紱 甫勿切 縷也　⿰糸巿 上同

⿱刅糸 山責切 織也　⿰糸毛 亡到切 刺也　緍 自遵切 續緍也　⿰糸𠂢 普賣切 散絲也　⿰糸壽 [illegible]之欲切　[illegible] 上同

緊 力若切紩衣也
縿 思曷切絹穀也
綩 於遠切紘也
絅 口迴切布名
綾 又巢切縷續也
綾 同上

綐 大外切細紬也
絧 徒弄切相通皃
緩 乎卵切遲緩也
⿱麇糸 丘隕切束縛也
紹 市沼切繼也急糾也
綤 古文

纜 力暫切維舟也
⿰糸忽 呼骨切微⿰糸忽也
縲 力追切縲紲也
⿰糸司 才咨切補也
絢 許縣切遠也又文皃
約 同上

⿰糸阿 烏何切細繒也
繖 思但切繖蓋也
綀 所於切紡麤絲
⿰糸翟 六到切緑也
綎 大丁切絲綎綬也
縛 同上

繂 力出切非索也
⿰糸南 乃心切納纖也
絨 如充切細布也
綿 亡鞭切與緜同
綫 思箭切可以縫衣也
線 同上

紜 于分切紛亂也
緐 扶袁切亂絲也
紋 音文綾紋也
縴 音牽縶也
⿰糸是 且立切緝也亦作緝
緝 同上

繗 力仁切紹也
繑 去喬切絝細也
縏 音婆出漢書
綱 古郎切大繩也
綆 古杏切汲繩也繘也
絖 同上

䋫 側耕切結縈也
⿰糸禺 五侯切又隅也
緮 扶又切又音福
⿰糸唐 徒郎切大繩也
緆 仄又切緆布也纖也
⿰糸舀 俗同上

絾 治征切織絾也
⿰糸長 丑人切帶也
緽 匹近切水急也
絞 古卯切繞也
繼 公第切續也紹繼也
継 俗同上

繸 徐醉切凶具
⿰糸丁 陟庚切引也
⿰糸朶 多果切冕前垂
糾 飢黝切告也
綯 大刀切糾絞繩索也
絝 古文

繢 以貴切織餘繢
纍 力佳切纍也編也得理也黑索也又力爲切延及也又力捶切[illegible]黍也亦作絫
累 同上

繽分切　維先對切維車亦名䡐篗亦名軌車著絲於篗車　紲思列切馬韁也凡繫縲馬牛皆曰紲　緤同上

⿰糸頻音頻擣衣　縱子容切縱橫也又子用切恣也放也緩也置也　縰始移切又思移切相細[illegible]緯不同者　纚同上

⿰糸迣並同上　約於略切少也儉也薄也束也纏也又於妙切　紼甫勿切[illegible]引棺索也[illegible]勿切也亂麻也　⿰糸茀同上

綍並同上　纔初銜仕緘二切雀頭色也微黑色也又疾來切　⿱敫糸之若切繒矢躲也生絲縷[illegible]繳也纏也　繳同上

⿰糸科口和切　緟除恭切增也疊也益也複也或作褈今作重　紟巨今巨禁二切單被也結衣也今作衿　絵籀文

⿰糸區於侯切　⿰糸昔才各切亦笮字竹繩　續似錄切繼也連也又似屢切　絕才悅切斷也滅也[illegible]最也　𢇍古文

⿰糸霜色莊切　⿰糸尋似林切續也今作尋　縮所六切退也止也蹙也亂也　終之戎切極也窮也死也　𠔄古文

⿰糸里力支切文　⿰糸栗力一切蒸繰綠色　⿰糸羸力臥切相足也不細也不均也　綨巨基切又巨記切維文也　綦同上

⿰糸冊音冊綿也　絽力與切絽[illegible]紩衣也　縪卑一布結二切止也冠縫也　紘爲萌切冠卷也維也冠飾也　紭同上

紃音馴紈也　絯公才切挂也中約也　縞古到古倒二切練也白色也　繩市升切索也直也度也　⿰糸罒同俗

⿰糸豊音體纏也　⿰糸坒必奚切縷并也亦作坒　緂他甘切衣綵色鮮也又衣白　緧七由切牛馬紂也亦作鞦　⿰糸秋同上

纈 音擷帶也　綷 子代□卒也戴也　紳 式真切大帶也束也亦作䩠　紵 文呂切麻屬所以緝布也　緈 古文

䋠 魚舉切　⿰糸耳 如止切六帶盛皃　綬 時帚切組也綸也紱也又音售　紝 如林女林二切機之縷也　⿱任糸 同上

縱 子用切緩　絻 亡運切喪服或作免　緺 古華古蛙二切綬紫青色也　縳 直轉切爾雅曰十羽謂之縳　縛 同上

紁 初訝切　緗 思良切桑初生色　紴 布何切又怖靡切水紋錦文也　纚 山綺切冠織也又𦆩纚長皃　縰 同上

繕 音膳絲結　⿰糸無 亡句切繅淹餘也　緬 彌善切微絲也思皃也輕也　絅 [illegible]　綧 之閏切[illegible]

縩 音綷絲也　⿰糸頁 相俞切絆前兩足也　纕 思羊切帶也後臂也收衣袖褰　纊 苦浪切細緜也絜也　絖 同上古文十八纊也

⿰糸要 音要緤繩　⿰糸畏 烏迴切五色絲飾　纗 允恚戶圭二切維紘中繩也　繾 去善切繾綣不離散　綣 口阮切繾綣也

絏 音世縶也　紶 去魚切紶繼也束也　纈 胡玦切縷一枚也絜衣也亦作襭　⿰糸劫 居業切紩緙續縫　⿰糸業 牛輒切⿰糸劫緤也

⿰糸聿 音聿長皃　⿰糸犀 音稚刺縴紩鍼也　縫 扶恭切以鍼紩衣也又符用切　[illegible] 戶計切在心不了也　⿰糸歲 音歲鋉布也

絉 音術繩也　縿 所下切縿綵相著皃　緛 如兖切衣襞也縮也減維衣也　[illegible] [illegible]華切紩也織緯也　縤 桑故切生帛也

⿰糸衣 音拆索也　盭 音戾綬也又音捩　繁 扶元切多也盛也又音婆姓也　繴 步華切織絲為帶也　⿰糸幼 於孝切亦作拗

[illegible]一巾　𦄆[illegible]毛布也或作毦罽　織之力切作布帛之總名又之異切織文錦綺之屬　𥾊古文

緫[illegible]文　絨而力切縫也或作䋙戩　絮女於切[illegible]也或作袽又女下切[illegible]相著皃　䋥於業切

繕音[illegible]物也　緻馳二切密也縫補敝衣也　縶竹立切[illegible]相縶[illegible]　紛孚云切亂也緩也馬尾韜也

⿰糸夬古邁切細絲也　⿰糸㐬力周切旗旒也今爲旒　緤巨於[illegible]也覆緣也　縼夕絹切以長繩繫牛馬放之

緺下華切生絲　縀乎加切履跟亦作[illegible][illegible]　縝止仁之忍二切絲纑縷也　絠弋宰切彈彄也弦也又解繩也

纈胡結切絲纈也　⿰糸頁乎善切綴也又口迴切繟也　纋一尤切弁之中央髮也　緪公曾切急也馭疾也或作担

⿰糸蔑子結切結纈也　繵自連切約繵謂之襌也　緼去月切緼袚衣也亦作闕　繘居律切綆也用以汲水也索也

繣呼麥切乖戾也　⿰糸干公旦切亦作衦摩展之也　綀所除所去二切亦疏字　縨力奚切繫縨也一曰結縨也

⿰糸蔑亡結切細纖也　緆於計切急也一日不成也　絞乎交切綠色也嫁者衣也　絟十全切又千劣切細布也葛也

緊居忍切纏緊也　緉力堂切絞也領緉頭也　繫方孔切小皃領也又布[illegible]　縕於忿切枲也舊絮也縣也亂也

[illegible]昔[illegible]切結也　纖子十切正作纖字　綽齒灼切寬也緩也或作繛婥　⿰糸焦子堯切亦作[illegible]生枲未漚也

編卑緜切又必典切編織也編編以次物也連也
綼步狄切又必役切裳左幅也
𦀌力之力才二切強毛也或作氂
繫古詣口奚二切約束留滯也惡絮也又胡計切
綄乎官乎管二切候風五兩也
纍音纍緺文
絔音百補也
絪於仁切易曰天地絪縕萬物化生絪縕元氣也
綖余戰切又余旃切冕前後垂
䌌音臘繒也
纅音藥絲也
繅先刀切繹繭出絲也又子老切雜文也
繰同上又子老切帛如紺色也
綶古文繅
絈音柏紛絈
𦆝舉禺切
𦂳音朔封也

○系部四百二十六字凡五

系下計切繼也說文繫也籀文作絲
繇徒到切卦[illegible]僮也亦作[illegible]又音毒
緜彌然切新絮也纏也緜緜不絶今作綿
繇與招切用也隨也過也又以周切
䌛同上

○素部四百二十七字凡九

素先故切白也本也縑也白緻繒也
𦃃同上出說文
𦁴同上
𦅿凡足切素屬
𦁃弋灼切繑也又柬諫也
𦆺力出切綍素也或作繂
𦆼弋之切尊也又常也今作彝
𦃗尺約切緩也今作綽
𦂁乎管切綽也今作緩

○絲部四百二十八字凡七

絲先資切蠶所吐
𢇁下計切籀文系
轡碑愧切馬轡也

[illegible]弋之切古文彝　𢇇古環切織絹以絲貫杼也　[illegible]古遍切又綫也亦作繭　[illegible]同上

○黹部四百二十九　凡七字

黹丁雉切紩也或作[illegible]　𪓐初呂切詩云衣裳𪓐𪓐今作楚

[illegible]子內切會五綵　黼方宇切白與黑相次文　黻方物切黑與青相次文　黺方憤切黺絑也　[illegible]方于切黺縛

○率部四百三十　凡一字

率山律切循也將領也導也說文去捕鳥畢也象絲罔上下其竿柄也又力出切

○索部四百三十一　凡三字

索先各切盡也又糾繩曰索又法度也散也又所格切求索也

[illegible]力出切舉船索也或作繂綍　[illegible]力各切亦作絡絡纏絲也

大廣益會玉篇卷第二十七

大廣益會玉篇卷第二十八 凡一十二部

巾部四百三十二 几銀　巿部四百三十三 甫勿
帛部四百三十四 步百　衣部四百三十五 於祈
裘部四百三十六 巨留　卪部四百三十七 子結
印部四百三十八 伊刃　卯部四百三十九 子兮
辟部四百四十 必亦　茍部四百四十一 居力
勹部四百四十二 布交　包部四百四十三 布交

○巾部第四百三十二 凡百七十字

巾 几銀切佩巾也本以拭物後人著之於頭　⿰巾玄 戶犬切
帨 始銳切巾也　帥 同上今爲將帥字即山律山類二切　幋 步丸切覆衣大巾也　帗 布達切一幅巾又方勿切
⿱執巾 之利切禮巾也　帆 丁兼丁頰二切衣領耑也或作衻　幅 甫六切布帛廣狹　帤 安於切大巾也又幣巾也
⿰巾忍 而震切帨巾　帔 披爲切在肩背也又普皮切帔也　⿰巾奄 於劫切幞頭也橐也　⿰巾巟 火光昊郎二切⿰巾彖也⿰巾蜀也

幣[illegible]　帑乃胡切金布所藏之府又他朗切　幝古娓切幒也又作褌　𢅬力甘切無緣衣也亦作襤

幬[illegible]切[illegible]也　幩扶忿切以囊盛穀大蒲埤裂也又弓筋起　帷于眉切幕也帳也　㡘力沾切帳也施之户外也

帶多大切紳也　⿱敄巾亡遇切又莫乎切鬏布也覆車衡衣也　幖俾消切幟也幡也　帳知亮切帷也張也幬也

幔亡旦切帳幔也　幗古誨切帨也覆髮上也或作簂又古獲切　幑火韋切幟也幡也　幕亡各切覆上曰幕幕亦作幙

⿰巾匕披鄙切幓裂衣也　帣居援切囊也　席似赤切牀席也　飾尸食切著也章表也　幓先列切殘帛也又音雪

㡏思俱切正端列　幩扶云切飾也　幏公亞切蠻布也　帚之酉切掃除糞穢也　幯子由切幡幟也或作蓢幟

帖他頰切帛書署　幦莫狄切髹漆布也　幄於角切帳也　⿰巾絃公田切布也當束衣　幃呼韋切香囊也又音韋

帵於元切帵幡也　帞莫格切絡頭也　⿰巾卑俾移切今作裨　幢直江切翳也或作橦　⿰巾盾文旬緒旬二切載米㡀也

⿱剌巾力末切⿰巾弗也　㡌亡教切帨幗也　⿰巾多乃可切戚也　帪之仁切囊也馬兜也　⿰巾憂奴回奴昆二切著也塗也

⿰巾韱子廉切拭也　⿰巾婁力宇切古姓也　⿰巾喬口妖切袴⿰巾喬也　⿱[illegible]巾似廉切[illegible]複也巾也　布本故切枲織也又陳列也

幝充善切車敝皃　幞扶足切巾幞也　幰許偃切軍幰也　⿰巾干同上又音幹布衣　帟余石切平帳也又承塵也

幐大亘切囊也兩頭有物謂之幐擔又大登切　⿰巾同他紅切　帢口洽切帽也縝情也或作帢　⿰巾夾同上

帢並同上　帊匹嫁切幞頭也　帾丁古切幡也　⿰巾通他紅切　幎亡狄切大巾也幔也簾也覆也　幂同上

帴所黠切又思旦切帬帶也帔也　⿰巾今巨炎切絹帢也　⿰巾少音沙細絲也　幧七消切幧頭也斂髮也　幓同上

常市羊切恒也下帬也今作裳　⿰巾巫武俱切欲空也　⿰巾貢古紅切　⿰巾宁竹與切棺衣也亦作褚　⿰巾著同上

帙除乙切小囊也書衣也或作袠　帗芳勿切韜髮也　⿰巾夷羊脂切　幟尺志切巾也又始志切　⿰巾志同上

幪莫紅切衣巾也覆也蓋衣也　⿰巾畫呼麥切裂帛聲　⿰巾勺丁皎切⿰巾勺須繒頭也　⿰巾松且勇職茸二切裩也　幒同上

幭亡結切帊幞也蓋幭也禪被也　⿰巾賓匹仁切亂也　⿰須巾思俱切⿰巾勺也亦作繻　⿱分巾孚云切拭物巾　帉同上

幠火胡切大也有也覆也張也　⿱折巾丑勢切裂帛也　⿰巾夫方于切衣⿰巾夫亦作袂　幬直流切禪帳也　⿰巾周同上

⿱㓞巾七旦七見二切幧頭也幨也　⿱此巾子移切⿱此巾布也　⿰巾冓古侯切甲衣或作褠　⿰巾列力制切帛餘也　⿱列巾同上

⿰巾亏於乎口孤二切投也亦作弙　⿱𤇾巾紆營切覆也　⿱非巾父畏切隱也亦作厞　⿰巾介音介⿰巾介幘也　⿰巾戚同上

⿰巾其巨其巨記二切巾也亦作⿱其巾　⿰巾句口侯切指沓也　⿰巾㥯於靳切⿰巾㥯也又槀也　⿰巾式尸力切亦作拭　⿰巾癸音揆

帆扶嚴扶汎二切船上帆與颿同　巿呼光切巾也　憿公了切憿聇行縢也　悴子內切五綵繒　帹音扇

幃五伯切又音客紩也亦作緈　帽莫到切頭帽也　幓所甲切幓髮衣面也　帋之爾切亦作紙　帙音決

怖音怖巾也　幖子小切拭也　帍乎古切婦人巾　幱許格切幱幭赤紙也　幭大兮切幭又幭幭帷也

幁思乎切　幯子結切拭也　𢅋早刀切籍也　悰粗冬切帛悰又布名　㡕乎坎切也或作

㡀側巧切　帍蘇井切彩破兒　帔房脂切布帔也　帗音牟女人衣巾也　幨尺占切車幨也或作襜

㡑音是巾也　帩丑朝切細絲也　㡉徒冬切巾㡉也　帬音羣与裙同　幌方迷切車幌也又車帷也

𢄼音擬巾也　㡠直呈切巾也　幜居永切帛也　𢄡都了切絹鳥　幝徒亶切衣不束也亦作袒

㡝音俸巾也　帨此芮切巾也　帒徒戴切盛物囊　㠻尸……也　㡈亡運切括髮也亦作絻

㡋虞樹切　㡒人質切枕巾也　怍音昨……也　……合切以……　帿胡鉤切射帿也古作侯

……音……　……合切……幓上帽　……充切……也　幗……或切巾……風也　幨尺占切……也亦作襜……

帓……莫腫二……帓巾也

○巿部第四百三十三 凡二字

巿 甫勿切韠也亦作韍 韐 古洽古沓二切巿也或作鞈

○帛部第四百三十四 凡六字

帛 亡孝切繒帛也 ⿰帛炎 他敢切青黑繒亦作緂

錦 凡飲切錦綺也 ⿰帛舌 下刮切細紬也 ⿰帛皃 亡孝切綵雜文 [illegible] [illegible]足切今作綠

○衣部第四百三十五 凡二百九十四字

衣 於旂切上曰衣下曰裳衣者隱[illegible]以衣也所以形軀依也

又於氣切以衣被人也 裏 力耳切衣內也 襺 公殄切袍也 袤 莫侯莫候二切南北曰袤東西曰廣也帶以上也長也

[illegible] 籀文袤 襘 公外切領會也 袂 彌銳切袖也 褱 爲乖切苞也胷衿藏物也抱也在衣曰褱在手曰握

褢 ⿰衤褱 並同上 襛 女容切厚衣也 衯 孚云切長衣也 複 方復切重衣也厚也衣有著也又復除不役稅也

⿰衤鳥 丁了切短衣也 襐 似丈切首飾也 褻 思列切私服也 裨 補移切接也益也又婢移切副將也亦[illegible]或作⿰巾卑

⿰衤敫 敷細切褓也 褽 於貴切衽衣也 襞 卜役切襞衣也 袒 大亶切袒衣也肉袒也或作襢又除鴈切縫解也

⿱奴衣 女加切敝衣也 ⿰衤黹 竹几切紩衣也 補 布古切治故也 衰 先和切雨衣也今作蓑又史追切微也衣初危如等衰也

裓 古得切衣裓也 ⿰衤疌 七入切襟緣也 衾 古林切大被也 ⿰衤鼻 毗二切犢鼻以全三尺布作形如[illegible]鼻相如[illegible]酒也

袚　胡沃切鬼衣也
褧　苦逈切衣無裏也詩云衣錦褧衣
袼　力各切鹽袼褶也出九次衣也又古洛切腋不縫也
袢　扶元切衣無色
襗　余石切又除革切袴也說文大各切
袽　女居切所以塞舟漏也袾袽敝衣也又袽牀也亦作絮
褌　古渾切或作幝
襭　下結切袺也以衣袺扱物也或作擷
䙏　步各切襌衣也褕也紨也襝也磷也菲也沾也大也今爲薄
褾　方廟切人領巾
褚　丑呂切又張呂切市官也卒也裝衣也
襳　所銜切所炎二切圭表飾也小襦也襌衤也又襳纚毛羽皃
衫　同上襳字
褮　胡坰於營二切衣開孔又鬼衣也
襠　多郎切裲襠也其一當背其一當胷也又袴襠也
袸　疾見切褰脟衣
袿　古攜切裾也婦人之上服也袿也
襁　居兩切襁褓負兒衣織縷爲之廣八寸長二尺以負兒於背上
⿰衤矞　古穴切袖也
⿰衤兆　女介切紩布襦又牛祭切複襦也
褳　且立切緝緣上也
裺　於劍於檢二切緣也被也
䘹　子憒切襌衣也
褘　許韋切畫翬雉於王后之服也蔽膝也
襤　力三切無緣
衭　方于切襲衣袴也或作帙
褹　牛埶切袂也
裯　丁勞切衹裯又丈流切襌被也牀帳也
衹　丁[illegible]切衹裯襜褕也
衽　而甚切裳際也衣衿也
[illegible]　子[illegible]切[illegible]也
袷　户界[illegible]古拜二切衣裾也刺膝也又衣長皃
袥　他各切囊大也衸也
袪　丘於切袂也衣裏也舉也
[illegible]　[illegible]切襌衣也
袉　大可切裾也又人何切袉袉美也裕作袘
袍　蒲襃切長襦也
褎　同上[illegible]又報切衣[illegible]

褕 余招切畫翬雉於王后之服又弋朱切襜褕短度給也又襜褕直裾也

裁 在來切制衣也裂衣也節[illegible]也

褶 徒頰切袷有表裏而無絮也又以立切袴褶也

襑 似林他敢二切衣博大也

褔 於幰切被也複福也隱被也

袊 力井切衣衿也宜衿婦人初嫁所著上衣也

裾 姜魚切被也佳也衣裾也

襮 布各切領也衣表也亦作㬥

衿 巨禁巨今二切亦作今襌衣也綴也結帶也

褍 丁丸丁火二切正幅衣也

襢 知彥切用縠衣也又王后衣也

襢 同上又與袒同

褒 布刀切揚美也衣博裾也

褺 徒頰切重衣也又縣名

褸 力侯切衣襤褸際也衣襞也

裾 渠物切裗裾也

袑 市兆切袴也襠也袴上也

裻 多木切衣至地也補也

䙘 先鳥切新衣聲也又都枵切

襓 如招切劍衣也

褊 畀善切急也狹也衣小也

衷 知中切善也正也當也

襡 大口上島二切短衣也又衣袖

裂 力折切拆破也

衦 公但切摩展衣或作紆

袾 尺末竹朱二切佳好也

衵 女秩切近身衣也日日所著衣

袧 口旦切喪服也

裼 先的切袒也脫衣見體也

袺 公曰右頭二切執衽也

袓 似與切事好也又子邪切縣名

裐 山交切袑也

褿 七刀才刀二切帔也衽也

裛 於畔切蠹囊也纏也衣帊也

𧛔 力祭切殘也繒餘也或作例

褔 又入切重緣也

衺 烏叉切裹衣又[illegible]衷長衣也

襚 似醉切緩也[illegible]衣也

褫 直爾敕爾二切奪衣也

袨 胡絢切黑衣也

䘰 式然切車蟲䘰又袷也

褐 何葛切韵也馬被袒衣也

𧛴 □侯□部□切頭衣也次衣也

𧜫 才夜切小兒衣

襎 扶元切裷襎韈也幞也

裷 九遠切又於元切裷襎

𧞣 市容尺容二切𧞣褣襘襱也

褣 以恭切𧞣褣

袡 如廉切緣也婦人上服也

襈 上眷切緣襈也車絡也

袧 居純切戎服也裳削副也純也

褠 古侯切襌衣

製 之世切作也說文曰裁也

襬 彼皮切關東人呼裙也

䄘 口革切搹也又裘裏也或作䙐

𧚑 牡寄切𧞄緺也

襀 此見切衣緝亦作𦺰輯

帽 亡報切小兒頭衣本作曰

裳 市羊切障也所以自障蔽也

𧝙 渠物切䙐也

𧚧 於可切𧚧袲弱皃亦作猗

袲 奴可切𧚧袲衣好皃也

䘸 之赤切衣掖下也袖也又音亦

䄲 仁全切緺也

𧙝 牛迷五細二切衣褫也

䙇 為眷切佩絟也佩綬也

𧞜 且括切衣領也䙜也衣游縫也

褓 布老切小兒衣

𧞸 作旦切亦作𡤠好也妍也

袴 口護切脛也亦作絝

袈 古牙切袈裟胡衣也亦作架𥿮

裟 所加切袈裟衣

裒 扶溝步九二切減也聚也

襹 所宜切褷襹毛羽之皃

襱 除龍力公二切袴襱也蹹袴也

𧝄 與上同

襉 公限切暈衣也又帛襉

𧙤 方結切袂也又敝衣也

襜 尺占切蔽膝也又襜襜搖動皃

襝裧 二同上

襐 他亂切緣衣也見周禮

褰 起焉切袴也又褰衣也

𧞫 同上

褆 時爾切衣服端正皃

[illegible] 詩襴衿也　袜 亡月切腳衣　襲 似立切左衽袍也入也重衣也因也還也掩其不備也古文作[?]　[?] 籀文

[illegible] 子絲切　[?] 公緩切裷襱也　卒 作役切衆也隸人給事也行鞭也又千忽切急也又子律切絳也今作卒　卒 同上

⿰衤工 音江衣帶　[?] 力秋切急纏　襵 之涉切說也幕帶也　袗 之忍切又之刃切玄服也綵也又單也　裖 同上

⿰衤喿 千到切衣　⿰衤流 力牛切衣縷　⿰衤奚 戶佳切袖也　褎 似又切袂也又余久切色[?]也充也進也　袖 同上

⿰衤蒙 莫紅切衣　⿰衤宁 竹與切敝衣也　⿰衤從 子蒙切襌衣也　裔 余制切裾也表也[?]夷之總名也邊也地也　𧘇 古文

襛 音濃毳衣　⿰衤巿 匹末切衣袂也　袏 子賀切衣包囊也　表 碑矯切衣外也上衣也書也威儀也明也標也　⿴衣毛 同上

⿰衤麃 古文表　襀 子亦切襞積也　⿰衤胡 戶孤切衣襟也　衮 古本切衣畫為龍文　裣 居吟切裣衣領也　襟 同上

⿰衤過 音朵好也　衩 差賣切衣衩　袣 弋勢切衣長皃　裴 步回切衣長皃又姓　⿰衤壽 都鵠切衣背縫也　⿰衤蔦 同上

⿰衤晉 並同上　⿰衤勺 之若切襌衣　衴 丁敢切衱緣也　襌 多安切衣不重也　袷 古洽切衣無絮也　裌 同上

⿰衤豦 音據衣也　⿰衤遲 音遲又音豸　⿰衤瓜 况于切大袑衣　衺 似嗟切[?]思也圍也　[?] 力果切袒也亦作倮躶　裸 同上

⿰衤叜 音叟衣也　⿰衤要 烏消切[?][?]也　⿰衤黃 音橫[?]袷小被　裝 側良切束也裹束也　襍 徂合切衣[?]衣給也　雜 同上

衶 直勇切袴 [illegible] 衣長皃 袼 都[illegible]切 襠袼 [illegible] 衣[illegible]被 [illegible] [illegible]尼切衣長皃又姓 [illegible] 音旬

[illegible] 於琰切 褵 力支切衣帶也 [illegible] 力鳥切袚[illegible] [illegible] 古鳥切衫小袴也 褋 徒頰切褌衣也 [illegible] 同上

[illegible] 芳未切服 [illegible] 當口切衫袖也 襖 烏老切袍襖也 [illegible] 除覓切解也或作袒 [illegible] 尤夫切衣袍也 衧 同上

襰 落蓋切 襯 初覲切近身衣 裐 居緣切褊也 衪 與支切緣也衣袖也 袳 尺爾切長衣皃 [illegible] 同上

[illegible] 金倒切 襻 普患切帥下系 褥 而欲切氈褥 襆 布木切帊幞也 襦 人朱切短衣也 [illegible] 俗同上

褟 丁塔切衣 [illegible] 於阮切襛也 衲 奴荅切補也或作納 䙨 力賀切女人上衣也 袠 除失切亦作袟 袟 同上

[illegible] 奧六切東[illegible]復 襵 之涉切[illegible]也[illegible]也 裮 尺羊切披衣不帶 裿 丘蟻切好也亦作婍 [illegible] 古械切衣上羅 [illegible] 同上

[illegible] 烏迸切褰襇也 衱 居業切裾也又衣領 袛 之移切適也又音岐 [illegible] 子六切鮮明也 袔 何箇切袚袖也 [illegible] 同上

[illegible] 以力切衫 [illegible] 章移切衹被胡衣也 裠 巨云切裳也亦作裙 褈 除恭切複也增益也 褾 必了切衣袂也 [illegible] 同上

衦 古旱切[illegible] 被 [illegible]被切倉也憶也又皮僞切加也及也 [illegible] 且勇切襱也或作[illegible] 衳 音鐘小褌也 [illegible] 同上

裎 除貞切袒也衣揚也又敕領切襌衣也 [illegible] 旦席切[illegible]裙衤也 裀 於人切夾身 [illegible] 同上

[illegible] 小衣也

[illegible]次切衣也[illegible]卧切
褙他卧切又徒卧切衣無袂也　褙同上　襡市欲切長襦也連腰衣也　襩同上
襥[illegible]襆衫小衫也　襄思良切上也除也駕也成也　褎古文裕　裕瑜句切物饒也寬也道也　衮同上
袋徒戴切囊屬亦作帒　裋市主切裋褕也豎所衣布長襦也　䙕同上　袚芳未切蔽膝也又蠻衣也　襏同上
〓胡坎切纏耳或作〓　〓子梨切裳下緝也疾也緶也　齌同上　〓[illegible]丁兼丁頰二切[illegible]而也亦作幍　袺同上

○裘部第四百三十六凡四字
裘巨留切索也招也絰也務也又皮衣也　〓同上
求同上用也見也索也　〓口革切裘裏也或爲褔

○卩部第四百三十七凡一十三字
卩子結切瑞信也今作節　卬子候切說文云闕也
令力政切命也發號也　𠨷充豉切又式豉切有大度也　𠨍仕轉切二卩也巽字從此　〓皮筆切輔信也今作弼
卲市招市照二切高也　卻去略切又居略切節卻也俗作却　厀思栗切脛頭卩也或作膝　卮牛果牛戈二切利卮
米節也卮果也無肉骨也　寋[illegible]偃切難也寋[illegible]詘曲也又其偃切　卸先夜切舍車也又馬解也　卷九免力媛二切收也
或作鞏又作帣又渠[illegible]切曲也膝曲也

○印部第四百二十八　凡二字

印　伊刃切執政所持之也又信也印謂之璽也　𠨍　於力切按也亦作抑

○卯部第四百二十九　凡二字

卯　子兮切事之制也說文音卿　卿　去京切漢置正卿九太常光祿勳衛尉廷尉鴻臚宗正司農少府

○辟部第四百四十　凡三字

辟　婢亦切法也理也歷也又卑益切君也　𨐨　魚吠切理也亦作乂　𨐬　必益切治也

○茍部第四百四十一　凡三字

茍　居力切急也自急敕也亦作亟　𦫳　古文　敬　居慶切恭也慎也肅也

○勹部第四百四十二　凡三十五字

勹　布交切裹也　匍　步乎切匍匐伏地也手行盡力也[illegible]匐也　匐　步北切匍匐也[illegible]　勻　弋旬切又居旬切少也齊也　匋　[illegible]切匐也　匑　丘六切又去弓切匑匔謹敬皃　匔　[illegible]弓切匑匔　匌　烏合切匌繞帀人頭花髻飾也　𠣝　於交切深目皃　匒　都合切匒[illegible]重疊皃[illegible]賦

居六切兩手也掬手也四指也手也在手也亦作掬古文作臼　旬似均切十日也徧也均也　㫷古文

勽[illegible]覆也　匈許容切膺也匈奴獫狁也匈匈沸擾聲或作胷肖　⿹勹復扶又扶福二切重也今作復　⿹勹复同上

⿹勹音音州又音歠　冢知隴切大也神鬼舍也高墳也丘也陵也山頂也大社也　⿹勹鬲居又乙庶二切飽也猒也謀也　⿰食勹同上

⿹勹玄音玄人名也　⿹勹鳥自鳥切伏行也　勼居流切聚也解也今作鳩　匃古曷古害二切乞也行請也取也　丐同上

⿹勹幺伊誘切古文　𢇍古文絶字　⿹勹米巨六丘六二切曲脊也　⿹勹弓⿹勹弓二同居[illegible]切又音窮孤獨也敬拜也

⿹勹夋十倫切伏退也止也或作峻踆　⿹勹舟之由切帀徧也或作周洲　匌公合切帀也或作洽合　⿹勹角口怪切大急也或作嘅喟

○包部第四百四十三凡二字

包布交切裹也婦人懷妊元氣起於子人所生也今作胞

匏步肴切瓠也取其團圓可包藏物也

大廣益會玉篇卷第二十八

會玉篇卷第二十九

丈良 長部四百四十四　呼罵 匕部四百四十五

必以 匕部四百四十六　必以 比部四百四十七

疾龍 从部四百四十八　牛林 㐺部四百四十九

巨用 共部四百五十　餘至 異部四百五十一

所几 史部四百五十二　章移 支部四百五十三

市朱 殳部四百五十四　女涉 𦘒部四百五十五

以出 聿部四百五十六　式余 書部四百五十七

徒戴 隶部四百五十八　口閒 臤部四百五十九

子合 帀部四百六十　尺述 出部四百六十一

止貽 之部四百六十二　所京 生部四百六十三

丁[illegible][illegible]部四百六十四　九[illegible][illegible]部四百六十五

舒欲束部四百六十六　公混橐部四百六十七

于非口部四百六十八　胡拳貟部四百六十九

在兮齊部四百七十　各册干部四百七十一

五堅幵部四百七十二　普見片部四百七十三

仕良牀部四百七十四　武俱毋部四百七十五

口勒克部四百七十六　普折丿部四百七十七

余制厂部四百七十八　夷力弋部四百七十九

以支乁部四百八十　居月亅部四百八十一

俱遇句部四百八十二　居周丩部四百八十三

[illegible]近乚部四百八十四　武方亡部四百八十五

卜體 工部四百八十六
側林 兂部四百八十七
苦毅 兂部四百八十八
芽教 皃部四百八十九
公宦 宂部四百九十
思賢 先部四百九十一
吐木 禿部四百九十二
相咨 厶部四百九十三
時闡 單部四百九十四
力木 彔部四百九十五

○長部第四百四十四 凡十六字

長 直良切 久也 常也 又知兩切 [illegible]也 又除亮切 多也
镸 𨱗 並古文
𨲢 奇小切 𨲜𨲢
𨲠 乍刀切 長大皃
𨲡 乃自切 𨲝𨲡也
𨱼 大結反 𧊧也 蛭毒長也
𨲜 力小切 𨲜𨲢長皃
𨲝 於敫切 𨲝長不勁
镺 於倒切又於到切 镺䠂長也 [illegible]
𨲤 巨支切 長𨲤國名 長髮長於身
肆 思利切 次也 陳也 緩也 放也 列也 遂也 恣也 踞也 量也
䠂 乃倒徒到二切 長也
𨲵 亡支切 長也 今作彌
𨲧 子邪切 今作髿
𨲥 古文 髮嘆也 或作䰄

[illegible]部第四百四十五 凡五字

匕 呼罵切 [illegible]也 今作化
𠤕 魚其切 未定也 亦作[illegible]

甚忿搆也又古文矣 化 許罵切□教行也以變化成作 眞 之人切不虛假也又仙人化形也 真 古文

○匕部第四百四十六 凡十字

匕 必以切匙也矢鏃也 皀 故恨切山也堅也很也今作艮

𠤏 布道切相次也 匘 奴道切頭也項也或作腦亦作䐉 卓 竹角切的也卓卓高皃也今作卓 𠦝 古文

卬 魚兩切望也欲有所庶及也爲也待也向也俯卬今爲仰又五郎切卬卬君之德也 𠤗 丘婢丘翅二切顚皃又頃也

匙 上支切匕也或作提 𠤙 同上

○比部第四百四十七 凡三字

比 必以切類也方也校也並也又脾至切近也親也吉也阿黨也備也代也又步之毗吉必至三切 𣬈 古文 毖 彼冀切勞也□也疏也又泉流皃

○从部第四百四十八 凡五字

从 疾龍切相聽也今作從 从 同上篆文

并 俾盈切併也雜也兼也合也相從也同也專也 并 上同 从 疾容切本作從也行也重也

○乑部第四百四十九 凡四字

乑 □林切又丘林切眾也 眾 之仲切多也

聚 才□切會也斂也居也積也大也又才屢切邑落名 臮 巨冀切與也古文暨字

○共部第四百五十　凡三字

共 巨用切同也皆也衆也　𦏀 古文　龔 居龍切奉也給也亦作供　𢍜 居勇切固也或作鞏

○異部第四百五十一　凡三字

異 余志切殊也怪也分也奇也尤也　戴 多大切奉也在首也事也　𢦔 籀文

○史部第四百五十二　凡三字

史 所几切掌書之官也周宣王大史籀作大篆　事 仕厶切奉也又職事也營也　叓 古文

○支部第四百五十三　凡七字

支 章移切持也舉也載充也離支自異　𣎵 古文　攱 九危切支垂　攲 九月居宜二切持去也今作不正之攲丘奇切　𢻷 巨支切攑首皃　鼭 竹知切鼭嘔不正

○𠬪部第四百五十四　凡一十二字

𠬪 平表切物落上下相付也今作[illegible]孚　寽 力拙切撮也　爰 平元切為也於也曰也爰爰行也治也　爭 側庚組迸二切諫也引也欲也或作諍　𠬱 古文爭　受 時又切容納也承也[illegible]　𤔔 力[illegible]切理也亦[illegible]治也　𤔔 古文　㥯 於謹切[illegible]

寽 力括切五指𢪸也亦作捋取也摩也 𠭖 古文作敢今作敢 [illegible] 古文

○聿部第四百五十五 凡六字

聿 女涉切手之捷巧也 肅 思六切敬也嚴也疾也 𢘽 古文 肄 余至切習也勞也而復漸生也 𦘔 籀文 𦘕 籀文

○聿部第四百五十六 凡三字

聿 以出切遂也述也自也辭也循也所以書也楚謂之聿吳謂之不律燕謂之弗秦謂之筆 筆 碑密切不律也 𦘙 子人切飾也

○書部第四百五十七 凡七字

書 式余切世謂蒼頡作書即黃帝史也象形指事形声又陸會意假借是造字之本也書者箸也依類象形謂之文形声相益謂之字所以明於萬事紀往知來也書者如也 𦘠 古文書也 畫 手卦切形也繪也雜五色綵也俗作畫 𤱪 古文畫又作劃也 又胡麥切分也計也策也界也止也 畫 說文 晝 知又切日正中 𦘭 籀文

○隶部第四百五十八 凡四字

隶 徒帶切又余二切及也亦作逮 隸 力計切附著也 𨽸 同上 隸 隸字 𨽿 徒戾切及也亦作迨

○㕡部第四百五十九凡五字

㕡口閒戶千口割三切堅也　堅古田切固也強也

豎殊主切立也　竪俗　緊居忍切纏絲急也糾也又作紾

○巿部第四百六十凡三字

巿子合切周也徧也　師所飢切範也教人以道者之稱也衆也人也　〓古文

○出部第四百六十一凡一十二字

出尺述尺季二切去也見也進也遠也　賣麥卦切出物也鬻也今作賣

〓五結切不安皃也斷也亦作𨻾陧　糶他弔切賣也出穀米也　敖午刀切遊也今作敖

屈丘勿切曲也亦作詘　〓丘愧切里名　〓仕角切遠也　〓五骨切〓〓也亦擺斷也　〓之菂切名山名

〓之菂切卜問吉凶　〓口骨切亦作窟地窒也

◎之部第四百六十二凡三字

之止貽切是也至也往也發聲也出也　㞢古文之

㞷古封字說文云草木妄生也从之在土上戶光切

○生部第四百六十三凡八字

生所京切產也進也起也出也　𤯓古文

[illegible]隆[illegible]高[illegible] 隆 隆說文[illegible]生[illegible]也[illegible]作[illegible]羊草[illegible]也

𡴭生所[illegible]也或作𡴭 甤如壘切甤甤草不實今作蕤又如佳切

○耑部第四百六十四凡一字

耑丁丸切說文云物初生之題也上象生形下象生根也廣雅云耑末也小也今作端

○毌部第四百六十五凡三字

毌公丸切特穿也 貫古亂切事也條也穿也行也古文作貫

虜力古切服也獲也戰獲俘虜也今作虜

○束部第四百六十六凡九字

束舒欲切束縛也从口木又約束又錦五疋又尸注切五藏之束

𣓁大多切馬上連囊囊也 𣐍公殄切小束也或作耕禾十把也 𣠔古得切病也𣠔𦁹草生也 柬古眼切分柬也从八束

𩏑于非切束也 𩏓士交切耑耒束 𦁹音得弱皃 𣡈各皃切

○櫜部第四百六十七凡一十字

𣝔公混切櫜也 𣝕說文櫜橐 櫜古刀切弓衣也

橐公關切蒲也或作𦉪 𣡅他各切小囊也 𧸘蒲拜切吹火 囊奴郎切大曰囊囊小曰橐 𣡆音到切又普刀

切壼張大也　壼苦本切宮中道　壺說文壼

○囗部第四百六十八　凡六十一字

囗手非切回也古圍字　回胡瑰切回轉也又邪也

㘝古文　員為𡕣切周也　圃布五補五二切菜園　圓似沿於沿二切規也　困丘倫切困倉也稟之圜者

圈巨免切牢也　圂胡困切圂林也　因於人切就也緣也　圛余石切說文云回行也商書曰圛圛升雲者半有半無

團徒丸切團圓也　囩于巾切古元二切田十二頃也又回也　囹力丁切囹圄獄也　囚似給女立二切手取物也

固古護切堅固也　圁魚巾切圁陽縣　园五丸切削也亦作刓　囮依力切姓也閉也　圍于非切守也繞也就也

囹音弥也　圂莫兮切地名　圍陟華切圍硬皃　圖魚欲切古文獄字　圛胡困切廁也豕所居也

圍音莫見文　圊且盈切圊圂也　困烏縁切水古文淵　圞落官切圜圞也　困口鈍切窮也貧也極也

圄他各切古文橐　圖曰萬切邑名　圊由呂切禁囹也　圖以縁切高圓也　圜于拳切天體大圜而地方

圄古文宇　圉魚舉切養馬也　囹徒閤切會也　圚烏合切窔器也　國古或切邦也大曰國小曰

囿又全切又時規切圖也或作箒　圄若角切　圙切　固大胡切畫形也

囷[illegible]文　囦匹玄切咺声也　囯手[illegible]拾切動　圛[illegible]東也[illegible]本切　冃[illegible]甲切亦作[illegible]

圝音繫　[illegible]　圀並古文國字　圂徒本切小廪也　[illegible]百光切囚刑周　囮余周切又五戈切鳥媒也

圞同上　囿于六于救二切就也縁也　[illegible]籀文　圛音闇　囚辭留切繫也　卣音酉中樽器也又音由

○㒷部第四百六十九凡三字

㒷胡眷切物數也一云官數也又乎巾切

㒹擲文　䞃音云又音運物數亂也

○齊部第四百七十凡四字

齊在兮切齊整也　亝古文　齋音齊[illegible]也

齌且題切等也

○干部第四百七十一凡三字

干各丹切犯也求也觸也干戈也　屰宜戟切說文不順也今作逆　羊如甚切言稍甚也

○幵部第四百七十二凡一字

幵五堅切干也

○片部第四百七十三凡三十九字

片普見切半也判也開拚也　牑普邊切判[illegible]

牘□□□□□書版也 牑布然切牀上版 牒徒頰切禮也譜也 牗余受切牕牗也 [片朱]是朱切所以遏水也[片朱]樓

牌扶□切牌牓 [片咅]扶來切版也 版布限切籍也判也户 牘徒回切[片崔]牘 牏之句切築牆短版又音頭

[片禾]胡戈切棺[片禾]也 [片奄]於檢切[片奄]雀 牋子田切表也亦作箋 [片𠂢]普麥切或作劈 [片責]仕革切 [片凡]音梵

牓補朗切牌也 [片婁]力朱切[片朱][片婁] 牕楚江切牕牖也與窗同 [片業]魚劫切今作業 [片欠]音坎扳也 [片也]余之切

[片甫]步祿切[片甫]樸也 [片毚]仕鹹切版也 牉普半切半也分也 [片良]力可切牗別名 [片召]直遙切 [片非]步皆切

[片斥]耻格切今作坼 [片柬]力見切木解理也 [片崔]且回切[片崔]破狀 [片疌]先協切牒小契 [片賁]扶忿切 [片冒]徒協切

[片壽]音受[片壽]棺 [片女]音莊字畫[片女] [片夋]除姚切 凡

○爿部第四百七十四　凡一字

爿仕良切身所安也易曰此其子爿下

○毋部第四百七十五　凡二字

毋武俱切莫也今作無 毐於改切人無行也古嫪字秦始皇母與嫪毐淫故世罵淫曰嫪毐 毒户主切姓也

○克部第四百七十六　凡四字

克口勒切能也勝也 [illegible]並古

○丿部第四百七十七　凡五字

丿普折切右戾也　乂魚廢切芟草也亦作刈　乀[illegible]切左戾也　弗甫勿切撟也不正也說文云撟也　亜古文

○𠂆部第四百七十八　凡一字

𠂆余制切拕身皃虎身字並从此

○弋部第四百七十九　凡四字

弋夷力切橛也所以挂物也今作杙又繳射也亦作隿　戙徒棟切舡左右大木　牂子郎切繫舡太弋也又牂牁郡亦作牂　戨各何切牂戨即牂牁也

○乁部第四百八十　凡三字

乁以支切流也丂也移也徙也　也余耳切又余者切亂也斷也所以窮上成文也　乜說文云秦時刻石也字如此

○亅部第四百八十一　凡二字

亅居月切鉤逆者謂之亅也說文衢月切　𠄌知衛切鉤識也說文居月切

○句部第四百八十二　凡九字

句古侯切曲也不直也又九遇切止也言語章句也又古侯[illegible]　[illegible]古文句　笱古後切所以捕魚　跔了侯切裂也亦作剅　拘矩娛切執也止也拘撿也

訽 俗 召切 鉤 〔圭句〕 古述切剌也 朐 巨俱切脯也亦作朐 鉤 古侯切曲也所以鉤懸物也引也

○丩部第四百八十三 凡四字

丩 居周切相糾繚 又文𠂆丩切 弓 說文丩

糾 居黝切正也舉也督也絞也戾也急也三合繩也收也繚也絲也 𦱤 居㨨切草之相繚也

○乚部第四百八十四 凡四字

乚 於近切匿也今作隱 矗 初六切齊也草木盛也吳都賦曰㒨矗森萃 直 除力切不曲也準當也待也 直 今古文

○亾部第四百八十五 凡六字

亾 武方切死也去也逃也無也作亡同 望 無放切遠視也覘也伺也又無方切 乍 士稼切暫也止也 乍 今文 無 武手切不有也文古作橆字 无 同上虛无也

○匚部第四百八十六 凡九字

匚 下體切褒傒有所挾藏也 𠥉 他旁切𠥉𠥉傅也

匾 補典切匾㔸 匿 女直切陰姦也亡也隱也 陋 力□切側陋也又貧屬亦作陋 匽 於見切匿也

區 去娛切域也藏匿也又烏侯切受一斗六升也 匹 普謐切配也四丈為匹又一馬也輩也二也 医 於計切所

以藏矢也盛弓弩也或□□翳

○兂部第四百八十七　字□
兂 □切首笄也今作簪　兓 子林切兓兓鋭意也

○旡部第四百八十八　字凡五
旡 居毅切飲食逆氣不得息也　𠂒 古文旡
㒫 力尚切又力章切事有不善言㒫也又㒫薄也悲㒫酸楚也　旤 戶果切說文云屰惡驚辭也神不福也今作禍
[illegible] 同上

○皃部第四百八十九　字凡六
皃 莫教切容儀也說文从白下儿也　貌 籀文貌
𠑾 牛遠切小皃　覍 皮彥切弁也攀也所以攀持髮也以鹿皮為之說文曰冕也从皃象形　弁 同上覍
[illegible] 籀文

○𠑹部第四百九十　字凡二
𠑹 公侯切廱蔽也从儿象左右皆蔽也　兜 當侯切說文曰兜鍪首鎧也从𠑹从皃省皃象人頭也

○先部第四百九十一　字凡三
先 思賢切又思見切前也早也　兟 所巾切進也又兟兟衆多皃
[illegible] 丑鄭切覘也譯也亦作偵

○[illegible]部第四百九十二凡二字　禿吐木切無髮也從儿上象禾粟之形　穨杜回
切暴[illegible]亦作頽

○厶部第四百九十三凡四字　厶相[illegible]私[illegible]姦邪也今爲私　羑以九[illegible]切厶甲也
切誅誘也或爲𧦝誘　篡初患切取也奪也逆而奪取曰篡　厸力神[illegible]古鄰字近也親也五家也

○單部第四百九十四凡二字　單時闡切大也又丁安切　戰丑理切又丑忍
切戰然笑皃

○彔部第四百九十五凡一字　一[illegible]切[illegible]也

大廣益會玉篇卷第二十九

大廣益會玉篇卷第三十 凡四十七部

[illegible]利 [illegible]部四百九十六
知劣 叕部四百九十七
於訝 亞部四百九十八
吳古 五部四百九十九
力竹 六部第五百
親吉 七部五百一
博拔 八部五百二
蒲莧 采部五百三
布旦 半部五百四
居有 九部五百五
胡官 丸部五百六
時入 十部五百七
先闔 卅部五百八
公戶 古部五百九
千鈍 寸部五百十
除兩 丈部五百十一
彼利 皕部五百十二
古狎 甲部五百十三
倚室 乙部五百十四
兵永 丙部五百十五

居喜　假　便　从　兒　奇　川

己部五百十八
庚部五百二十
辡部五百二十二
桀部五百二十四
癸部五百二十六
了部五百二十八
𠫓部五百三十
[illegible]部五百三十二
[illegible]部五百三十四
午部五百三十六

布加　巴部五百十九
思秦　辛部五百二十一
綺虔　䇂部五百二十三
而林　壬部五百二十五
咨似　子部五百二十七
莊卷　孨部五百二十九
敕有　丑部五百三十一
絞　卯部五百三十三
徐里　巳部五百三十五
亡貴　未部五百三十七

申部五百三十八　式神

酉部五百三十九　弋帚

戌部五百四十一　思律

𠳋部五百四十　夾流

亥部五百四十二　何𠻖

四部第四百九十六　凡三字
四　思利切數也次三也
𠁗　古文
亖　籒文

叕部第四百九十七　凡三字
叕　知劣切連也
𠜑　同上吳人呼短物也
𢿁

亞部第四百九十八　凡六字
亞　於訝切次也就也
凹　烏合切又烏交切凹凸也
凸　上徒結切起也下他骨切起皃
㬹　烏訝切姓也
𦬚　古文終字
側律切雜皃聲

五部第四百九十九　凡二字
五　吳古切數也次四也
乂　古文

六部第五百　凡一字
六　力竹切數也

七部第五百一　凡一字
七　親吉切數也

○八部第五百二凡十四字　八博拔切數也　豙似醉切從意也今作遂也　曾子登切則也又才登切經也
尒而紙切語助也別也詞之畢也亦作爾　个柯賀切枚也亦作箇　詹之鹽切至也詹詹多言也　公古紅切方平也正也通也居也
介居薤切甲也大也助也紹也說文云畫也　八補徹切分也古文別　分甫墳切隔也半也施也別也賦也與也徧也又扶問切限
也意深也又刈禾分齊也　尚時樣切上也庶幾也且也曾也高也加也　必俾吉切極也果也然也敕也專也　余弋諸切身
也我也語之舒也　佘同上
○釆部第五百三凡七字　釆蒲莧切辨別也象獸指爪分別也　[illegible]古文　番扶元切獸足也
或作蹯又普禾切番禺縣名又步丹切番和縣名　宷尸甚切定也詳也諦也信也悉也宷知課也　審同上　悉思栗切盡
也詳也審也和也　釋式亦切廢也放也解也除也
○半部第五百四凡二字　半布旦切物中分　叛步旦切離也去也不與也背也別也背邑曰叛
○九部第五百五凡三字　九居有切數也　馗巨眉切九達道也亦作逵　[illegible]古文
○丸部第五百六凡四字　丸胡官切圜也假而轉　[illegible]胡官切又如之切丸屬　奿芳萬切說文云其義闕也

鴇[illegible]切鷙鳥食已[illegible]其毛如凡也

○十部第五百七凡八字

十是數切天九地十數之具　卄如拾切二十并也今直為二十字　𠦃慈立切緝之集

博布各切廣也通也　仂力德切十人也　千且田切十百為千也　卙子入充入二切斟卙蠶盛也又會聚也　肸許乞切嚮布也今為肸

○卅部第五百八凡三字

卅先闔切三十也　丗尸制切父子相繼也又三十年曰世　卌先入切四十也

○古部第五百九凡二字

古公戶切古久之言也伏羲為上古文王為中古孔子為後古古始也　嘏加下切大也固也長也

○寸部第五百十凡十字

寸千鈍切十分也　尋似林切繹也理也重也用也遂也　射市柘切矢又作䠶以近窮遠也又以柘羊益二切

尊須全切修也　專之[illegible]八寸簿也又紡專亦為傳　尃芳俱切徧也布也或作敷

寺似吏切司也嗣也官也　尉於貴切武[illegible]之稱也　將子羊切行也欲也或也送也奉也大也助也養也扶侍為將又子匠[illegible]又七羊切

[illegible][illegible]通也

□□屑首杖也

丈部第五百十一凡三字
丈除兩切十尺也又丈夫也長也扶也長扶萬物也　受□報□姓也　敼□禮

○啚部第五百十二凡二字
啚彼利切二百也又音逼　𩒨式亦切盜也□□□底也

○甲部第五百十三凡五字
甲古押切六甲也又太歲在甲曰閼逢　𤰲如甘切甲邊　㬰下甲切相著也
⿰甲冒莫代切亦作瑁蝐　⿰甲毒且戴切⿰甲毒⿰甲冒也亦作瑇蝳

○乙部第五百十四凡六字
乙猗室切甲乙也太歲在乙曰旃蒙　乱書以切今作始　亂力貫切理也又兵寇也或作𤔔也　乩古奚切今作稽　乾巨焉切又柯丹切竭也燥也燋也　尤于留切過也怪異也責也多也怨也

○丙部第五百十五凡一字
丙丘皿切辰名太歲在丙曰柔兆又光明也

○丁部第五百十六凡二字
丁多庭切強也壯也太歲在丁曰強圉又竹耕切丁丁伐木聲也　玎他丁切亦作汀

○戊部第五百十七凡三字
戊亡寇切戊茂也太歲在戊曰著雍　成市征切平也畢也就也　戚古文成

○己部第五百十八 凡四字

己 居喜切己身也太歲在已曰屠維 壬 古文

巹 居隱切謹也敬身有所承也 䇃 奇己切長跪也或作跽也

○巴部第五百十九 凡二字

巴 伯加切國名又巴蛇吞象三歲而後吐其骨服之無心腹病又三巴記云閬白水東南遶如巴字 𢀳 市招切擊也

○庚部第五百二十 凡一字

庚 假衡切庚猶更也太歲在庚曰上章

○辛部第五百二十一 凡八字

辛 思人切辛辢也太歲在辛曰重光 辠 在磊切犯公法也今作罪 辜 古胡切罪也古作𣦸 辢 力達切辛辢也痛也 辥 婢亦切死刑也罪也說文私列切 辤 松咨切不受也別也去也字從辛辛宜不受之辭也 辝 籀文 辭 亦同上理獄爭訟[illegible]也

○辡部第五百二十二 凡三字

辡 [illegible]辡罪相與訟之言又方免切 辯 皮免切慧也正也治也 辦 普面切爾雅云革中絕謂之辦車轡勒也

[illegible]部第五百二十三 凡[illegible]字

[illegible] 綺虔切辠也[illegible]亦作 童 徒

也[illegible]爲奴曰童[illegible]也也又童童盛皃今作僮[illegible][illegible]報切不媿也字从辛

○桀部第五百二十四凡五字

桀奇列切磔也或作裂賊民多累曰桀椉是升切[illegible]證二切勝也四馬也椉也計也覆也守也一也[illegible]古文乘今文磔竹格切張也爾雅祭風曰磔

○壬部第五百二十五凡一字

壬而林切太歲在壬曰玄黓

○癸部第五百二十六凡三字

癸古癸切太歲在癸曰昭陽癸籀文𥝘古文

○子部第五百二十七凡四十字

子咨似切兒也滋也孳也男子之通稱也𡥀古文𡿺籀文孕弋證切妊子也含實也古文作[illegible]孿力患切又力員切孿也又雙產也季居悸切穉也幼也小稱也孺如喻切穉也少也乳子也[illegible]同上俗存在昆切恤問也又有也察也在也字疾恣切愛也養也生也飾也孳疾利子思二切孳孳產也[illegible]籀文疑魚其切嫌也恐也不定也亦作兒㝅奴豆切又公豆切乳也[illegible]也孽魚列切憂也孽孽盛飾皃[illegible]首叙孖子辭切亦作滋蕃長也亦作撴或辭恣切孳孖孤古乎切[illegible]也少無[illegible]獨也𡥈公孝切效也許交又音交[illegible]古文保字學爲角切受教也覺也斆也孠似利切今作嗣

孾 音纓孩也 孩 胡來切幼稚也 孡 敕來切孕也亦作胎 㝃 靡辯切生子免身也 孟 莫更切長子也始也

𡥈 音玄孖也 𡦗 之列切皇也 孿 力辯切孿孖雙生也 孥 怒乎切子也亦作帑 孝 呼效切說文曰善事父母者

[illegible] 音矩孤也 [illegible] 音粲二女也 孛 薄背切星也又音勃 [illegible] 音體小兒也 孖 古文好字 稺 音季古文

孢 乎巧切 孙 丑證切川也

○了部第五百二十八凡四字

了 力鳥切挂也訖也慧也說文曰尥也从子無臂象形

𠄏 丁了切懸物皃 孓 九月切又九勿切無左臂也 孑 居折切遺也餘也後也短也無右臂也

○孨部第五百二十九凡四字

孨 莊[illegible]之兗二切謹也孤兒也 孱 士連切不孤也

愞弱也又士限切 孴 牛起切盛皃又衆多之皃 [illegible] 籀文又奇字晉子刃切

○𠫓部第五百三十凡五字

𠫓 徒骨切不順忽出也亦作突說文他骨切 𠫔 古文作突

疏 所居切稀也闊也遠也通也理也分也非親也又所去切檢書也 育 余六切長也養也生也養子使從善也撫也 毓 同上

○丑部第五百三十一凡四字

丑 敕久切丑猶紐也 羞 思留切滋味也[illegible]

[illegible]也 𤳅 大元切作番數也又布賀切作播揚也

寅部第五百三十一　凡二字

寅 [illegible]以眞二切演也瞋也敬也強也　𡩟 古文

卯部第五百三十三　凡三字

卯 [illegible]絞切茂也冒也二月萬物冒地出　丣 篆文卯　非 古文

辰部第五百三十四　凡三字

辰 市眞切震也時也三辰日月星[illegible]也[illegible][illegible]生也或作農　𠨷 古文辰　辱 如燭切恥也惡也汙也[illegible]

巳部第五百三十五　凡三字

巳 徐里切巳嗣也起也又弋旨切退也止也此也弃也畢也又以記也　𧰽 丁角切見日月會子龍𧰽　㠯 余始切用也音[illegible]也實也今作以[illegible]

午部第五百三十六　凡三字

午 吳古切牾也布也交也　啎 五故切相觸也逆也　忤 上[同]

未部第五百三十七　[凡][illegible]字

未 [illegible]貴切未味也六月建也猶不也未有不即有也

申部第五百三十八　凡九字

申 [illegible]神切身也伸也重也申申容舒也　𣅀 籀文

申 古文申　⿰申柬 弋振切小鼓在大鼓上擊之以引樂也　臾 欲朱切須臾俄頃也　曳 弋勢切申也牽也引也

⿰申匀 音筍匀也　⿰身申 彰龍切⿰身申直也　暢 丑亮切[illegible]也通也亦作畼

○酉部第五百三十九 凡一百六十九字　酉 弋帚切……酉也……　丣 古文　釀 女帳切作酒也

醖 於運切釀酒也　⿰酉冡 莫公切麴生衣也細屑也或作䴌　⿰酉鬲 郎狄切……也……　⿱缶酉 芳萬切酒熟也釀一宿酒也

醹 如庾切厚酒也　釃 所宜所綺二切下酒也醇也或作⿱罒麗　酳 公縣切孔下酒……也　酴 大乎切麥酒不去滓飲也

醠 莫公切濁酒也　醇 時均切粹精也專也厚也不澆酒也　醪 力刀切滓酒……　⿱殸酉 古禫余膽二切酒味苦也

醲 女容切厚酒也　配 普[illegible]……也媲也對……當也合也　酎 除……也醇……　酓 於忝火含二切酒苦也

⿰酉耳 汝吏切重釀也　醮 子肖切冠娶妻也禮祭也或作⿰示焦字　⿰酉監 力暫切……醶齊行……　䤀 匹才切醉飽也未醳之酒也

[illegible] 緒宜切酒厚也　⿰酉益 乙一切飲酒俱盡也[illegible]醑也或作醳　醧 於據切私……也酒美……　醒 陳貞切病酒也醉未覺也

⿰酉市 普未切酒色也　酺 步胡蒲故二切說文曰王德布大飲酒也　酪 力各切漿也乳汁作　⿰酉韱 且冉切酢也又初減切

釂 子矅切酒盡　醉 子遂切卒也卒度也度其量不至於亂也　醳 夷石尸石二切[illegible]酒　醷 於力於里二……

[illegible]□□都含切□於酒也 醺 許軍切□□□醉□悅皃也坐□□变也 [illegible]皃□□□ 醬 □醬也醢也

⿰酉俞 大侯切⿰酉敄⿰酉俞醬 莤 所六切沛酒去滓也又揾上塞也 ⿰酉南 奴敢切煑也亦作腩 醒 思廷思領二切醉除也

醟 于命切酗也 酨 昨載祖代二切酢漿也釋米汁也 酭 于救切報□也或□ ⿱㕡酉 自流切亦作酋酒官也

醶 义檻切酢漿也 酢 且故切酸也醶也今音昨為酬酢字也 ⿰酉今 於林切□於琰切□ 醃 於炎切又於組切葅也

醘 訶改切醬也 酷 口□切熟也酒之味厚□作醅 ⿰酉含 音諳又音□唅□也 酒 咨有切杜康所作禮云凡

祭宗廟酒曰[illegible]酌也 ⿰酉弋 徒戴切又與職二切酒色也甘也 ⿰酉覽 音覽□□醋味也 酤 胡古切一宿酒也又古胡

切又古護切賣酒也 醧 於娛切能飲者飲不能飲者止也 ⿰酉蕭 亡兮切□亡安切□ 酌 之若切盛酒行觴也挹也

斟也取也益也沾也 ⿰酉支⿰酉氏 上音離下音紙乳腐名 醾 無悲切□醾酒□ 醋 才各切報也進酒於客曰獻客

荅主人曰醋今作措 ⿰酉尞⿰酉票 上音了下匹眇切酒清也 酮 徒董切酢欲壞也 ⿰酉齊 在計切酒有五齊之名見

周禮或作齊又醬也 酩酊 上莫迥切下多領切醉甚也 ⿰酉卑 蒲佳切擣榆醬也 醴 力弟切醴甜酒也一宿熟

也醴泉美泉也狀如醴酒可以養老也 ⿱售酉 市球切⿱斬酉⿱售酉 ⿱斬酉 昨冉切⿱斬酉⿱售酉味薄也 ⿰酉甚 余心切又才心切熟麴也幽也

醁力玉切　醽巨出切醓醬也　䣼力醬切雜味也　酑音芋歐也　醵其庶其虐二切合錢飲酒會也　酟同上

⿰酉爻户羊切　醩子刀切籀文糟　醻上同亦作酬　⿰酉秋[illegible]揭酒[illegible]　酬市周切勸也報也厚也　醻同上

⿰酉迷音彌酹也　醙使鄒切白酒也　醂力感切藏柹也　⿰酉癸音揆醲也　醍他禮切酒紅色又音提　[illegible]同上

酥音蘇酪也　醝在何切白酒也　醠烏浪切濁酒也　⿰酉軍下袞切相沃也[illegible]　酗許具切兇酒曰酗醟　⿰酉內同上

⿰酉棊音娸醋名　⿰酉樂許角切酢也　⿰酉蠡力的切⿰酉真⿰酉蠡　⿰酉真亡秋切顛⿰酉蠡酪滓　⿰酉它徒和切飲酒朱顏皃　⿰酉㐌同上俗

⿰酉桑音桑乳酒　醦所檻切酢也　醏當孤切⿰酉蔑醏也　⿰酉蔑莫割切[illegible]醏醬也[illegible]　酳余振切少飲也　⿰酉佾同上

⿱音酉於啗切　⿰火酉似由切酒色　[illegible]分切[illegible]菹也　⿰酉耆視利切[illegible]與嗜同　酸先丸切酢也　⿰⿱吅酉夋古文

⿰酉同音抽酒名　酘徒鬭切酘酒也　醨力支切薄酒也　醬子匠切醢也[illegible]　⿰爿⿱夕酉同上見說文　⿰爿酉古文

醓[illegible]撼切醓醬　醐戶吾切醍醐也　醽魯丁切淥酒也　⿰酉幾巨氣[illegible]切[illegible]酒[illegible]也　醯呼啼切酸味也　⿰酉盇同上俗

⿰酉簡音簡鹹也　⿰酉乇士倫切美也　酐火郎切苦酒也　⿰酉音於今[illegible]南凡二切　醎音咸俗鹹字　⿰酉賞音賞

⿰酉易[illegible]易　[illegible]文切酒名　⿰酉可[illegible]切[illegible]酒也　⿰酉非皮美切酒色　⿰酉差側射切造[illegible]　[illegible]同[illegible]

[illegible]錐窮切 [illegible]苦[illegible]酒也[illegible]切 醑相呂切美酒也 [illegible]

酸蒲撥切酒氣也 醼於見切讌也 䤃音制魚醬也 [illegible]音[illegible]酷也酸也 醰徒紺切酒味不長也又大含切

酟音雌糟也 酵古孝切酒酵 [酉暴]步報切酒名 [酉包]匹孝切[illegible]上[illegible]也 酣胡甘切樂酒也不醉也或作佄

醆灰限切酒濁微清也一曰爵也 醬音斛濁酒也 [酉巢]士孝切醉醮也 酏余支切米酒也甜也清酒也

酹功昧切以酒濯地也 [illegible]口盍切酒器也 醭匹卜切醋生白 [酉面]彌殄切飲酒失度也或作湎

醊竹芮切今作餟祭醊也亦作餟 酲五鼎切醒也 [illegible]音百醫

切敬也重也亦酒器也或作樽 尊同上 僔同上

○酋部第五百四十　凡四字

酋疾流切[illegible]酒官也[illegible]也[illegible]也醳酒[illegible]就也或作[illegible] [illegible]子昆切

○戌部第五百四十一　凡一字

戌思律切誠也

○亥部第五百四十二　凡二字

亥胡改切荄也依也 𢀖說文亥與豕同意

卷終

[illegible]字[illegible]不同見二十四卷尾

類隔更音和切

它耻何切今他何切 碥方顯切今石卑顯切 [阝复]笞逼切今皮逼切

分毫字樣　凡二百四十八字

還還　上徒荅反合也　下胡關反返也

刀刀　上都勞反刀斧　下的聊反人姓

閇閟　上布盲反宮門也　下側蔚反近侍人

釉柚　上以祐反衣袖　下庭[illegible]反果也

誄誅　上力癸反祝辭　下致娛反誅[illegible]

[illegible]閗　上[illegible]異反慎也　下[illegible]困反[illegible]也

痤座　上徂和反短也　下徂臥反座席也

[illegible]　上[illegible]遥燒瓦也　下[illegible]空也

台台　上湯來反星也　下羊[illegible]反我也

禩禩　上[illegible]臺反禱禩　下[illegible]慈反木也

擢摧　上[illegible]權節　下[illegible]迴反摧折

能羆　上于[illegible]反獸也　下[illegible]反獸名

窴寘　上徒賢反窴塞　下支豉反置也

[illegible]　上[illegible]牟反疑也　下[illegible]冉反媚也

滔淊　上天牢反水也　下胡感反深也

[illegible]　上楚交反取也　下苦洽反掐也

挼捼　上奴回反[illegible]　下而隹[illegible]反擊

雎睢　上七余反關雎　下息唯反人姓

綏[illegible]　上[illegible]生[illegible]

[illegible]　上[illegible]状[illegible]反[illegible]讓也

逕經　上[illegible]　下[illegible]

[illegible]泠　上[illegible]反　下力丁反泠水

打朾　上都冷反[illegible]也　下擿[illegible]反朾聲

屛屏　上必郢反屏障　下薄名反屏風

晴睛　上疾盈反晴明　下子盈反目睛

否丕　上[illegible]入反藏否　下[illegible]反乇丕

桶捅　上他孔反器也　下[illegible]岳反[illegible]也

凍涷　上[illegible]弄反水凍　下得紅反暴雨

寵[illegible]　上[illegible]龍愛　下巨[illegible]反[illegible]龍

揀棟　上古限反揀擇　下都弄反屋棟

[illegible]揔　上[illegible]孔反[illegible]集　下[illegible]揔[illegible]

楥[illegible]　上許願反鞋楥　下[illegible]反援引

嵕峻　上子公反[illegible]　下蘇[illegible]反[illegible]峻

狻[illegible]　上素官反狻猊　下[illegible]公反犬子

種穜　上之隴反本也　下之用反耕種

樅摐　上七弓反木名　下七江反打鍾也

橦撞　上徒東反花爲布　下宅江反打也

憧幢　上尺容反往來　下宅江反幡也

椸拖　上章移反[illegible]也　下烏革反車[illegible]

帷惟　上于眉反帷幔　下以佳反辭也

貽眙　上與之反遺也　下丑吏反視也

攘欀　上汝羊反攘[illegible]　下音襄屋棟也

時時　上市之反時節　下時吏反儲也

笞苔　上丑之反笞積　下堂來反青苔

笑笑　上思妙反喜笑　下大計反譏剌

焌燰　上七律反火焌　下奴綬反[illegible]

筧莧　上古典[illegible]　下侯[illegible]

綆緶　上古[illegible]　下婢[illegible]

撚撚　上人[illegible]　下[illegible]指也

搌搌　上知演反束也　下女彦反破也

梗楩　上古杏反桔梗　下符善反木名

奓奓　上陟加反張也　下徒可反[illegible]也

舜斝　上詩閏反[illegible]　下古雅反[illegible]

箕萁　上居之反箕山　下巨疑反一曰萁

纂綦　上作管反纂集　下巨疑反覆也

捐損　上余專反棄也　下蘇本反傷也

潛潸　上昨廉反潛藏　下所姦反涕下

現垷　上[illegible]硯反出也　下[illegible]典反塗也

塤[illegible]　上[illegible]袁反樂也　下胡犬反玉名

檀擅　上徒干反木也　下市戰反自專

瑑琢　上音篆璧上文　下[illegible]角反琢石

鞕鞭　上[illegible]反堅梗　下[illegible]連反打鞭

治冶　上直吏反理也　下而者反人姓

灺地　上徐者反火也　下[illegible]利反天地

搓搓　上鋤加□水中□□　下七何反手搓

欺欺　上苦□□□□言　下去貞反□□也

敢敗　上武巾反□□也　下蒲拜反亂也

暖暖　上況袁反自大　下奴緩反熱也

鬃鬆　上□□□□□□　下□□□□髮垂

棺棺　上□□□□□□　下古□□□□□

营營　上古頷□□□□　下公□□□□□

甬角　上余隴反□□　下古岳反牛角

箄箄　上博彌反取魚　下博計反甑箄

杷把　上白麻反木杷　下百馬反執把

楮楮　上丑呂反人姓　下知呂反木名

絮絮　上□□□□□□　下抽據反調絮

檬像　上莫紅反木也　下詳兩反木也

駁駁　上武云反馬名　下魚去反駕馬也

揮揮　上許歸反揞揮　下戶昆反癸服

根根　上古痕反根本　下戶恩反急報

禪禪　上市戰反禪讓　下都寒反禪衣

販眅　上□萬反販賣　下普班反目白

畧晷　上力著反簡略　下告洧反日出

杫祉　上思志反栟机　下勑里反福也

暑署　上商呂反熱暑　下時據反省署

椿椿　上卓江反木椿　下丑屯反木也

咀咀　上兹治反罵也　下慈呂反咀嚼

枸拘　上俱羽反木名　下舉于反拘執

摞樏　上洛戈反理也　下力癸反食器

揩楷　上客皆反[illegible]也　下古諧[illegible]

毒毒　上於[illegible]　下徒[illegible]

荀筍　上[illegible]　下[illegible]

敞[illegible]　上[illegible]　下[illegible]詣反集也

挺挻　上他鼎反挺持　下拭然反取也

挑桃　上土彫反挑撥　下徒刀反果也

杲果　上公老反日色　下[illegible]禍[illegible]果福

[illegible]脛　上[illegible]鼎反[illegible]直近　下[illegible]定反腳脛也

柱拄　上自縷反梁柱　下之庾反柱杖

祜枯　上[illegible]下救反助也　下胡古反福也

酒洒　上[illegible]兇音沆洒也　下先禮反洒院

溪[illegible]　上[illegible]息遺反小雨　下奴罪反纖濁

陪[illegible]　上薄來反陪從　下蒲罪反多也

言[illegible]　上去[illegible]反下語　下假反並脅皮皃

汗汘　上胡幹反熱汗　下七賢反水名

揣椯　上初委切度也　下市緣反木名

皁早　上昨早反黑色　下作早反早晚

[illegible]囚　上得立反動也　下似由反禁人

[illegible]　上[illegible]古押反兵甲　下[illegible]反取劫

[illegible]朋　上[illegible]兵反[illegible]　下[illegible]登反當[illegible]

天夭　上他前反天地　下於矯反折也

杳沓　上伊鳥反冥也　下徒合反人[illegible]

竪堅　上臣庾反立也　下古賢反固也

且旦　上[illegible]也又語辭　下[illegible]

東柬　上[illegible]　下[illegible]

祖阻　上昨[illegible]　下側[illegible]

辦辨　上平[illegible]　下蒲莧反[illegible]也

[illegible]才　上[illegible]　下莫[illegible]反木上

蒱蒲　上薄胡反草名　下莫下反[illegible]也

恩思　上烏痕反澤也　下息茲反念也

子孑　上即里反人[illegible]　下居列反[illegible]也

林材　上力尋反人姓　下昨哉反木挺

北比　上博墨反南北　下[illegible]至反黨也

支[illegible]　上章移反人姓　下渠綺反藝也

己[illegible]　上居里反身也　下羊已反止也

分毫字樣終

四聲五音九弄反紐圖 并序　沙門　神珙　撰

夫文物之國假以書詩七歩之才五音爲首聿興文字反切爲初一字有訛餘音皆失四聲之體與天地而齊生宮商[…]音與五嶽而同起且天地生於混沌不[…]若子生於嬰兒豈與嬰兒同類[…]須紐字爲初一弄不調則宮商靡次其[…]朝沈約創立紐字之圖皆以平書碎尋難見唐又有陽寧公南陽釋處忠此二公者又撰元和韻譜與文約義詞理稍繁淺劣之徒尋求難顯酉[…]比匕夕久之字寫人會有段張紐字[…]刖夂[…]不肯再[…]皆失今此刊圖曉示義

四聲五音九弄反紐圖第一葉後半葉以下原闕

版本解題

阿部隆一　撰
董岑仕　譯

玉篇　三〇卷　宋陳彭年等奉敕重修（宋寧宗朝）刊

首題以「大廣益會玉篇一部并序凡三十卷」，收録玉篇序、進玉篇啓，接着題以「玉篇上十卷凡一百三／十七部」，置上、中、下各十卷的總目，〔一〕之後徑接以卷一首的正文，以「玉篇卷第一凡八／部」爲題，每卷次低一格列目次，接續以正文。上、中、下内各卷卷首不改換葉碼另起而與前卷相接。上、中、下各卷末附有「新加偏傍正俗不同例」「類隔更音和切」，此外卷三十卷後還附載了「分毫字樣凡二百四十八字」及「四聲五音九弄反紐圖并序沙門神珙撰」。左右雙邊（二一×一四・八釐米），有界十行，注小字雙行，行二十七字左右。版心白口，單黑魚尾，題「篇上（中、下）」，並標葉次，上象鼻有大小字數，下象鼻有王恭、王寶、王玩、何昇、何澄、何、魏奇、金滋、嚴智、吴志、吴椿、吴益、高異、朱玩、徐佐、秦暉、秦顯、宋琚、曹榮、張榮、張謙、趙中、沈思恭、沈思忠、陳壽、陳晃、方至、方堅、方、余敏、李倍、李倚、陸選、劉昭之刻工名。今存加入少量補修版之本，補版葉中大多無刻工名，間或印有陳觀仁、實甫、友山、勝之、王汝明、翁、公、嘗之名。玄胘泫炫弦玹痃舷罢茲眩鞃幯蚿怰詃玆旊行紗鮌袨朗、敬驚儆警曔、弘吰弦玆泓殷慇磤瀫、匡筐蛭誆劻恇框、鏡、炅蜆、恒絙峘胻、禎貞徵字避諱，修版葉朗、敬、趉筐誆洭框劻的一部分缺末筆，共同的缺筆至仁宗諱爲止。

梁顧野王原撰、唐上元元年孫强增字之玉篇，陳彭年與吴鋭、丘雍等奉敕命加以增修刊定，在真宗大

〔一〕岑按：此句阿部原文如此，但宫内廳本上、中、下總目在各自部分下，原文表達似有歧義。

中祥符六年進呈，同年九月二十八日牒文中明言：「近方了畢，遂裝寫浄本進呈，其進呈本今欲雕印頒行。」此外，玉海中記録有「六年九月，學士陳彭年、校理吴鋭、直集賢院丘雍上準詔新校定玉篇三十卷崇文目曰『重修』，請鏤板。詔兩制詳定改更之字。天禧四年七月癸亥，板成，賜雍金紫」之事。如此，本書曾有真宗天禧四年（一〇二〇）官刻本，但天禧四年刻本並未傳存。本版爲現存最古老的大廣益會玉篇的宋槧本，其刊刻年份可據刻工名來推定。與本版字體、行格、版式相同的後載宮内廳書陵部等藏廣韻中，〔一〕刻工爲王寶、王恭、王玩、何昇、何澄、魏奇、金滋、吴志、吴椿、吴益、高異、朱玩、徐佐、秦暉、秦顯、宋琚、曹榮、張榮、趙中、陳壽、陳晃、沈思恭、沈思忠、余敏、李倍、李倚、陸選、劉昭，無本版的三名刻工以外，皆爲共通刻工。〔二〕顯然，兩版爲約同一時間同一地刊刻的。又，宮内廳藏本廣韻爲後載静嘉堂文庫藏孝宗朝初期刊廣韻〔三〕的精善覆刻本，故推測玉篇也同樣存在早於本版而今已亡佚的紹興末乾道初的刊本，而本版爲該本的覆刻本。

其他有共通刻工之宋刊本列舉如左。淳熙九年刊吕氏家塾讀詩記與孝宗朝刊東坡先生奏議（吴志）、

〔一〕岑按：見阿部隆一日本國見在宋元版本志經部中廣韻相關條。。

〔二〕岑按：兩處阿部所列刻工排序有所不同，原版刻工共少「何、嚴智、張謙、方志、方堅、方」，除去單姓，差四名。核阿部的廣韻刻工，廣韻解題，有「王玩、王恭、王寶、何昇、何澄、魏奇、金滋、吴椿、吴志、吴益、高異、朱玩、朱、秦暉、秦顯、宋琚、曹榮、趙中、張榮、陳晃、陳壽、沈思忠、沈思恭、思恭、方至、方堅、余敏、李倍、李倚、陸選、劉昭」，有「方至、方堅」，無「嚴智、徐佐、張謙」。董婧宸曾作廣韻、玉篇刻工表，取以覈校，廣韻卷四葉四、葉十六、十七等有方堅，卷五葉二三、二四等有方至。確無「嚴智、徐佐、張謙」，此處當依照阿部後文廣韻刻工。

〔三〕岑按：見阿部隆一日本國見在宋元版本志經部中廣韻相關條。

孝宗朝刊聖宋文選全集（方至、方堅）爲較早的刊本，而多數爲之後的刊本，如紹熙三年越刊禮記正義（×王恭、魏奇、吴志、高異、×張榮、×張謙、李倚、方堅、劉昭，「×」爲補修刻工，下同）、紹熙刊爾雅（魏奇、嚴智）、嘉泰四年刊東萊吕太史文集（吴志、宋琚、趙中）、嘉泰四年刊皇朝文鑑（金滋、沈思忠、方至）、嘉定十二年刊歷代名醫蒙求（余敏）、嘉定刊中興館閣録（嚴智）、寧宗朝左右刊增修互註禮部韻略（王恭、高異、宋琚、張榮、陳壽、沈思忠、余敏、方至）、歷代故事（王玩、吴椿、吴志、高異、朱玩、宋琚、趙中、方至、陸選、劉昭）、武經七書（王恭、高異、陳晃、陸選、劉昭）、愧郯録（金滋、吴椿、劉昭）、古史（王恭、何澄、吴志、朱玩、宋琚、陳晃、陳壽、方堅、劉昭）、晦庵先生朱文公語録（吴椿、吴志、劉昭）、晦庵先生文集（王恭、何澄、吴志、高異、宋琚、張榮、陳晃、陳壽、沈思恭、余敏、李倍、陸選、劉昭）、重校添註音辨唐柳先生文集（金滋、吴椿、劉昭）、越刊論語孟子注疏解經（陳思忠）、桯史（劉昭）、紹定二年刊吴郡志（吴椿）。張榮也見於福唐郡刊漢書、寶祐五年湖州刊通鑑紀事本末中，疑爲同名異人。此外，對紹興、淳熙間刊本進行寧宗、理宗時期補刻的，如越刊尚書正義（王玩、王寶、金滋、吴益、秦顯、宋琚、張謙、方至、方堅、余敏、李倍、陸選、劉仁）、越刊周禮疏（王玩、王恭、王寶、金滋、高異、秦顯、宋琚、張謙、方至、方堅、陸選、劉昭）、兩淮江東轉運司刊史記（陳壽）、兩淮江東轉運司刊漢書（王玩、王恭、何澄、高異、陳晃、陳壽、俞敏、劉昭）、兩淮江東轉運司刊後漢書（高異、朱玩、宋琚、李倍）、所謂眉山七史（王玩、王恭、何昇、何澄、魏奇、金滋、嚴智、吴椿、吴志、高異、朱玩、秦顯、宋琚、張榮、陳晃、陳壽、沈思忠、沈思恭、余敏、李倍、方至、方堅、劉昭)、贛州刊文選(王恭、嚴智、吴椿、高異、陳壽、劉昭)、爾雅疏(王恭)、春秋經傳集解(王恭、吴椿、吴益、高異、宋琚、陳壽、余敏)、通典(何昇、嚴智、吴益、高異、朱玩、陳晃、陳壽、余敏、方至)、晋書(何澄)、資治通鑑目録(曹榮、宋琚、陳晃、陳壽)、説文解字(何昇、陳壽、陳晃、余敏、劉昭)、國語(陳壽)、淳熙二年刊通鑑紀事本末(方堅)。這些大多爲板木移入國子監加以補刻的杭州地區公使庫本。從上述情形來看,這些刻工大多活躍在孝宗淳熙至理宗初的紹定之間,大部分集中於寧宗朝,而且都參與在國子監的補版。本版與後載的覆刻孝宗朝刊廣韻一樣,其中較早的刻工曾參與淳熙中刊刻活動,故可知爲不晚於寧宗朝嘉定後期的浙江地區公使庫刊刻本。或是在國子監刊刻,至少板木曾在國子監。就本版的體式來説,保持了如正文卷首與首目間直接接續而不改换葉碼另起的舊式,當爲基於北宋監本加以效倣的結果。

由補刻刻工之本來看,實甫、勝之爲廣韻的共通補修刻工,而友山,有元大德信州路儒學刊北史、元至大福州路三山郡刊通志的吴友山和所謂眉山七史元修中徐友山兩個名字,此友山爲其中哪一個並不清楚,而友山還出現在至大間江浙行省刊書學正韻、宋刊禮記正義、增修互註禮部韻略、儀禮經傳通解、史記集解的元修中。王汝明見於所謂眉山七史的元修中。本版補修字體大體效倣原刻,而變得稍軟弱,從刻工名能認定元修,而補修中間或有誤刻。元西湖書院重整書目中有「玉篇廣韻」,所指似即本版,故入元代,板木或移至西湖書院並加以補修。

本版傳存極其稀覯,後載之本外,不聞有其他傳本。清康熙間張士俊澤存堂刊本的底本屬於本版系統,如同四庫全書總目提要中所指摘的，朱彝尊爲張本作序時稱張本的底本爲「上元本」，實屬失考。衹是，提要指責朱彝尊從卷首目録删去大中祥符牒文而詭稱上元本，本版前亦無牒文，難以斷論是本來所無抑或偶然佚失，但明顯並非作僞，故楊守敬日本訪書志爲之雪冤：「竹垞誤以大中祥符本爲上元本，可也；謂爲張氏删牒作僞，不可也。」

（金澤文庫藏）存零簡四葉半。玉篇卷下第六四至六六葉（卷二八之末至卷二九之首）、第八〇葉左半、第八一葉右半（卷末附録分毫字様）零葉四張，貼於厚襯紙上，改裝爲折帖。另有半葉，過去作爲書名不明的「宋版殘欠葉」，與其他諸多斷簡一起合綴。此葉爲卷末四聲九弄反紐圖的「羅文反樣」圖之半葉。宫内廳書陵部本卷下第六五葉爲元代補版，此本爲原刻，比勘來看，如「厄」字注中「科厄木節也」，補版誤作「科厄切節也」，可以判明，僅僅一葉之中元代補版多有訛謬誤刻。行間、天頭有引用類篇等朱筆、墨筆字様。雖爲殘珪斷璧，亦極其貴重。

（宫内廳書陵部藏）（元）修　三册。楊守敬日本訪書志著録。後補藍底銀綫花卉紋樣緞面書衣（二七・三×一八・五釐米），襯紙改裝本。各册書衣背面，貼附有卷内所收部首目録的記録葉。下册闕第一葉（目次葉），附録的五音之圖等圖一葉誤裝於下册之首。各册末存有「日翹（花押）」朱筆署名，並鈐有「森／氏」「森氏開萬／册府之記」「高木壽穎／藏書之記」等藏印。卷末有明治十三年森立之手識：

此本間有元時補刻，字畫自/鮮明，可一目而知矣。今與廣韻/一對雙璧，正成最可貴/重也。/庚辰冬日　天真道人（印）（印）

（真福寺藏）存卷一六—二〇〔一〕（元）修　一册。重要文化財。森立之經籍訪古志著録。後補褐色布目覆書衣（二七・四×一八・三釐米）舊書衣爲白色，外題爲「玉篇殘欠/第六十六合」的室町時期左右題署筆跡。襯紙改裝本。卷一六闕最初幾葉，存葉從卷中葉四五始。書衣背面有「文政四年辛巳九月日令/修理畢/寺社奉行所（印）」的識語。鈐有「尾張國大須/寶生院經藏/圖書寺社官/府點檢之印」「寺社/官府再點/檢印」的印章。

大廣益會玉篇　三〇卷　宋陳彭年等奉敕重修（宋末元初間）刊（（建安））

（内閣文庫藏）存卷六—一五、二四—三〇　三册。後補淡香色書衣（二三・三×一四・九釐米），襯紙改裝本。每卷首題以「大廣益會玉篇卷幾 凡幾/部」，次低一格半列目次，接續以正文。卷十、廿四

〔一〕岑按：據宫内廳本，卷一六首葉，爲卷中葉五十一。葉四五屬卷一五，秝部起。參考嚴紹璗文等，疑爲存卷一五至二〇，下「卷一六闕最初幾葉」當作「卷一五闕最初幾葉」。

末附以「新加偏旁正俗不同例」，〔一〕卷三十卷後有「分毫字樣」及「四聲五音九弄反紐圖并序 沙門神珙撰」（僅存首右半葉，左半葉以下佚失）。四周雙邊（一八·五×一二·一釐米），有界十一行，注小字雙行，行約廿七字不等。版心綫黑口，單黑魚尾，題「玉幾」，並標葉次。僅僅匡匭朓恇誆框貞隕字缺末筆。書中破損處較多，卷七首、卷九首、卷一一末、卷二四首右半葉及末葉有闕葉，〔二〕卷二一至二三的零葉數葉附綴於卷一五之後。

該本字畫端整、印面美麗，勝於元代麻沙本，字體顯示了從宋代建安體向略顯圓肥的元代風格的過渡樣式。未聞有其他相同版本。有「昌平坂／學問所」「文政□□」等印。

〔一〕 岑按：「類隔更音和切」，見卷十、卷三十末。
〔二〕 岑按：卷九首、卷二十四末葉不闕。

師顧堂叢書已刊書目

儀禮圖　〔清〕張惠言 撰
覆宋嚴州本儀禮鄭注　〔漢〕鄭玄 注
武英殿聚珍版儀禮識誤　〔宋〕張淳 著
張敦仁本儀禮疏　〔漢〕鄭玄 注　〔唐〕賈公彦 疏
景宋單疏本周易正義　〔唐〕孔穎達 疏
鉅宋廣韻　〔宋〕陳彭年 修
儀禮正義　〔清〕胡培翬 撰　〔清〕胡肇昕 楊大堉 補
景宋蜀刻本孟子趙注　〔漢〕趙岐 注
張敦仁本鹽鐵論　〔漢〕桓寬 撰
宋蜀刻本論語注疏　〔魏〕何晏 集解　〔唐〕陸德明 音義　〔宋〕邢昺 疏
增廣司馬温公全集　〔宋〕司馬光 著
景宋八行本周禮疏　〔漢〕鄭玄 注　〔唐〕賈公彦 疏
孫氏覆宋本説文解字　〔漢〕許慎 撰

宋本史略　宋本子略　〔宋〕高似孫　撰

宋版玉篇二種　〔梁〕顧野王　原撰　〔唐〕孫强　增字　〔宋〕陳彭年　重修

師顧堂叢書

蔣鵬翔 沈楠 主編

宋版玉篇二種

上

〔梁〕顧野王 原撰
〔唐〕孫强 增字
〔宋〕陳彭年 重修

广西师范大学出版社
GUANGXI NORMAL UNIVERSITY PRESS
·桂林·

SONG BAN YUPIAN ER ZHONG

項目統籌：魯朝陽
策　　劃：馬豔超
責任編輯：馬豔超
　　　　　陳振林
責任校對：肖承清
責任技編：王增元
美術編輯：楊　威

圖書在版編目（CIP）數據

宋版玉篇二種 ：上下册 /（梁）顧野王原撰；（唐）孫强增字；（宋）陳彭年重修．—影印本．—桂林：廣西師範大學出版社，2022.3
（師顧堂叢書 / 蔣鵬翔, 沈楠主編）
ISBN 978-7-5598-4633-4

Ⅰ．①宋… Ⅱ．①顧… ②孫… ③陳… Ⅲ．①漢字－字典－中國－南朝時代 Ⅳ．①H162

中國版本圖書館 CIP 數據核字（2022）第 007748 號

廣西師範大學出版社出版發行
（廣西桂林市五里店路 9 號　郵政編碼：541004
網址：http://www.bbtpress.com）
出版人：黄軒莊
全國新華書店經銷
廣西廣大印務有限責任公司印刷
（桂林市臨桂區秧塘工業園西城大道北側廣西師範大學出版社集團有限公司創意産業園内　郵政編碼：541199）
開本：880 mm × 1 240 mm　1/32
印張：31.5　　　字數：1 008 千字
2022 年 3 月第 1 版　　2022 年 3 月第 1 次印刷
定價：328.00 元（上下册）

師顧堂叢書編纂委員會

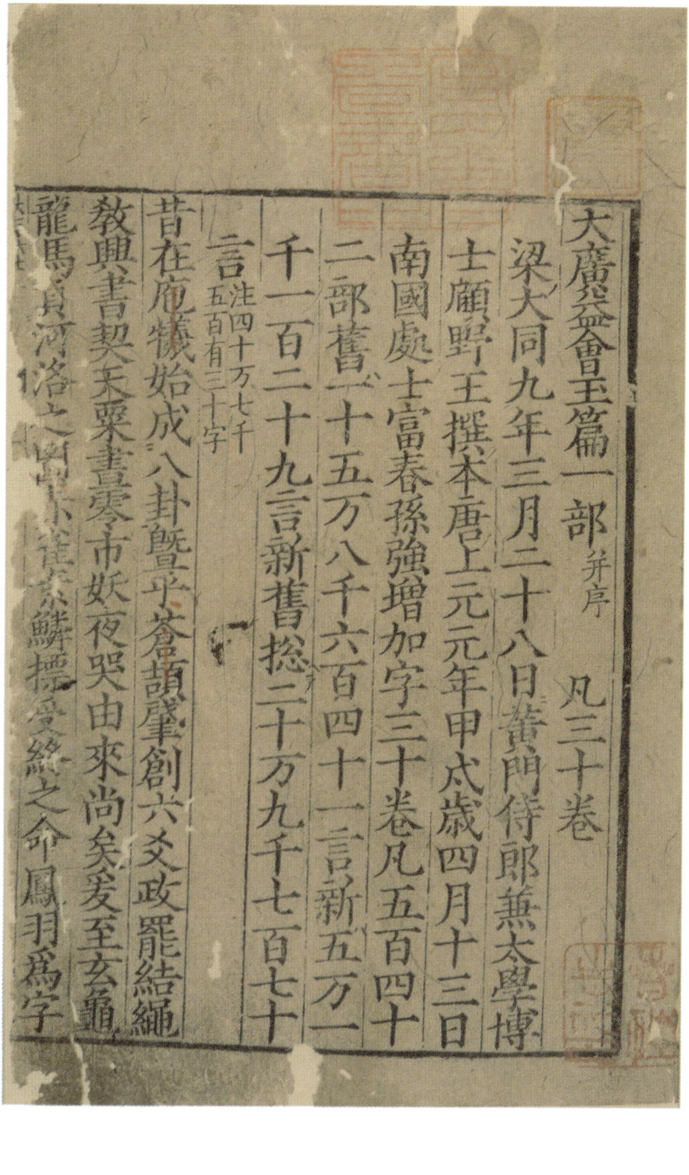

大廣益會玉篇一部 并序　凡三十卷

梁大同九年三月二十八日黄門侍郎兼太學博士顧野王撰本唐上元元年甲戌歲四月十三日南國處士富春孫強增加字三十卷凡五百四十二部舊一十五万八千六百四十一言新五万一千一百二十九言新舊總二十万九千七百七十言 注四十万七千五百有三十字

昔在庖犧始成八卦暨乎蒼頡肇創六爻政罷結繩教興書契天粟晝零市妖夜哭由來尚矣爰至玄龜龍馬負河洛之圖赤雀素鱗標受終之命鳳羽爲字

圖一　南宋寧宗浙刊本　一（日本宮内廳書陵部藏本）

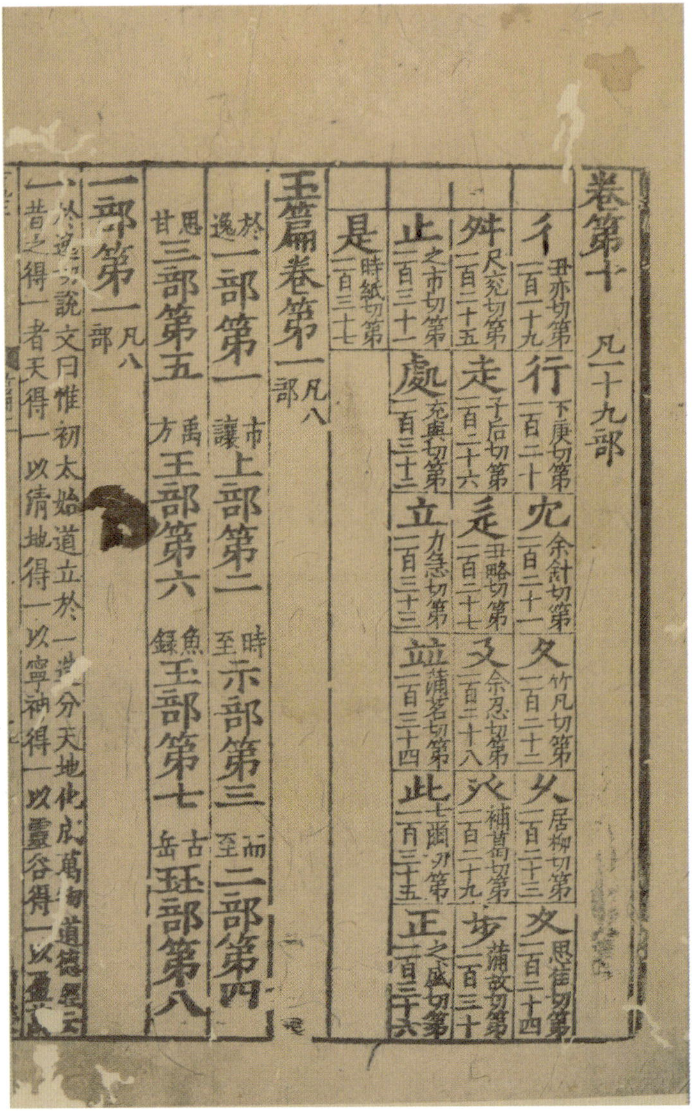
卷第十　凡一十九部

彳 丑亦切第一百一十九　行 下庚切第一百二十　冘 余針切第一百二十一　夂 竹几切第一百二十二　久 居柳切第一百二十三　夊 思隹切第一百二十四

舛 尺兗切第一百二十五　走 子后切第一百二十六　辵 丑略切第一百二十七　廴 余忍切第一百二十八　癶 補葛切第一百二十九　步 蒲故切第一百三十

止 之市切第一百三十一　處 充與切第一百三十二　立 力急切第一百三十三　竝 蒲茗切第一百三十四　此 七爾切第一百三十五　正 之盛切第一百三十六

是 時紙切第一百三十七

玉篇卷第一　凡八部

於逸 一部第一　市讓 上部第二　時至 示部第三　而至 二部第四

思甘 三部第五　禹方 王部第六　魚錄 玉部第七　古岳 珏部第八

一部第一　凡八部

於逸切說文曰惟初太始道立於一造分天地化成萬物道德經云

昔之得一者天得一以清地得一以寧神得一以靈谷得一以盈

圖二　南宋寧宗浙刊本　二（日本宮內廳書陵部藏本）

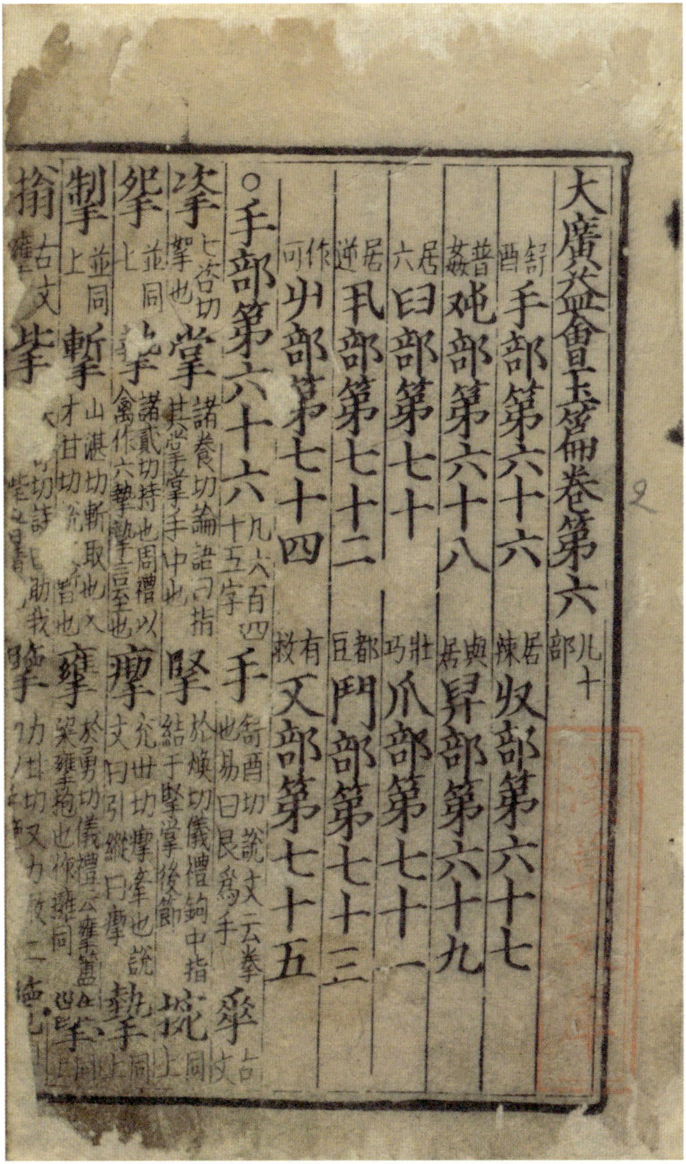
大廣益會玉篇卷第六 凡十部

手部第六十六 舒酉 収部第六十七 居竦

𠬢部第六十八 普姦 舁部第六十九 與居

臼部第七十 居六 爪部第七十一 壯巧

丮部第七十二 居逆 鬥部第七十三 都豆

𠂇部第七十四 作可 又部第七十五 有救

○手部第六十六 凡六百四十五字

手 舒酉切說文云拳也易曰艮為手 𠂿 古文

㨗 七咨切擊也 掌 諸養切論語曰指其掌手掌手中也 掔 於煥切儀禮鉤中指結于掔掌後節

拲 並同 𢬵 諸貳切持也周禮以禽作六摯摯言至也 攣 力世切攣牽也說文曰引縱曰攣

擊 並同 摲 山湛切斬取也又才甘切 擁 於勇切儀禮云擁手為拳抱也

揄 古文

圖三 南宋建安刊本 一（日本國立公文書館 内閣文庫藏本）

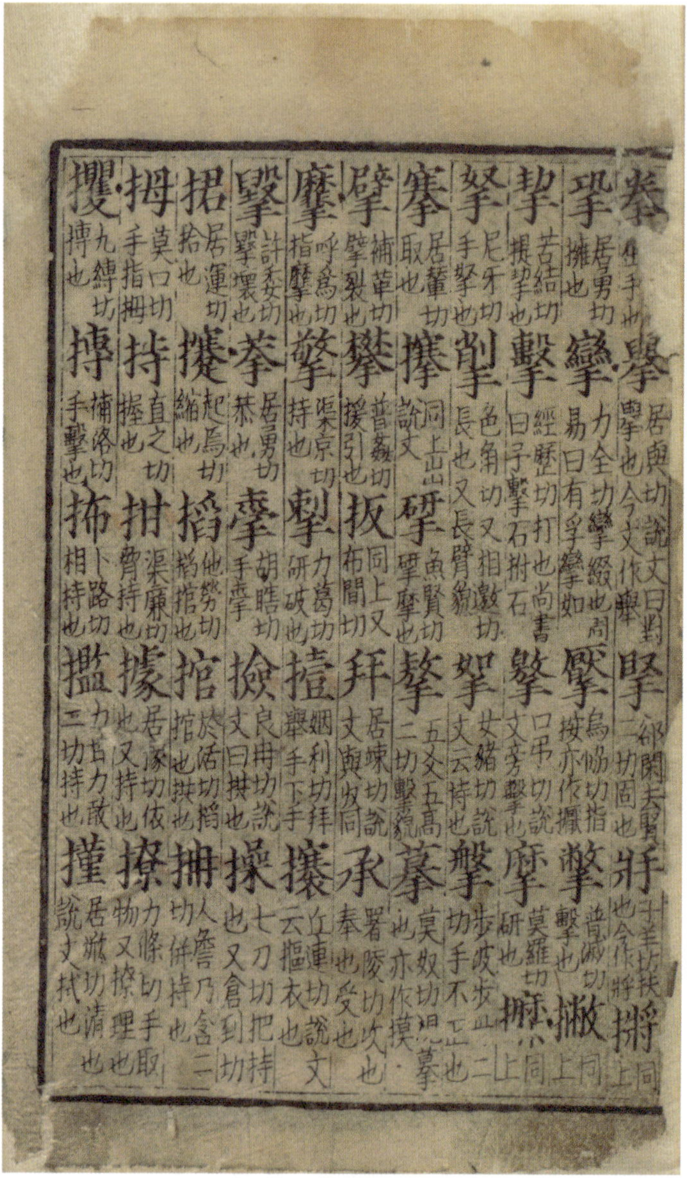

圖四　南宋建安刊本　二（日本國立公文書館內閣文庫藏本）

影印説明

蘇芃

玉篇是繼説文、字林之後的又一部重要字書，是我國現存最早以楷書作字頭的字典，南朝梁武帝大同九年（五四三）由顧野王編纂完成。顧野王（五一九—五八一），字希馮，吴郡吴（今江蘇蘇州）人，後入陳爲國子博士、黄門侍郎。

玉篇流傳至今有兩個系統：一是清末民初，黎庶昌、楊守敬、羅振玉等先後在日本發現輯印的古寫本玉篇殘卷，其中保留了大量書證引文，學界通常把這部分古寫本玉篇稱之爲「原本玉篇」；一是北宋真宗大中祥符年間，陳彭年、吴鋭、丘雍等奉詔重修的宋本玉篇（後多稱作「大廣益會玉篇」，或簡稱「廣益本玉篇」）。後者與前者相比，經歷了唐代上元年間孫强的增字减注工作，即增加字頭、删除書證，至北宋陳彭年等重修，乃成定本。然而玉篇自宋代以降，作爲一部重要的字書，受實用性需求的驅使，不斷翻刻，版式又在調整，因此刻本系統内部也極爲複雜。就玉篇卷次而言，隋書經籍志著録玉篇三十一卷，而封氏聞見記、舊唐書經籍志、新唐書藝文志、郡齋讀書志、宋史藝文志等著録玉篇皆三十卷，玉篇正文當僅三十卷。

近來，師顧堂叢書擬將宋版玉篇兩種收入影印，化身千百，對於廣大讀者而言，主要需要釐清以下三個問題：一、寫本玉篇與刻本玉篇的差異；二、宋版玉篇二種的版本特點；三、宋代以降玉篇的流傳與刊印。

一、寫本玉篇與刻本玉篇的差異

如前所述，玉篇一書的流傳經歷了從寫本到刻本的演變，相比其他先唐典籍，尤其是有古寫本流傳至今的古代經典，這種演變的幅度之大，是超乎想象的。下面來看一個例子。

糸部「級」字，原本玉篇殘卷作：

> 級：畸立反。國語：「明等級以道之禮。」賈逵曰：「等級上下等差也。」左氏傳：「公降一級而辭。」杜預曰：「下階一級也。」野王案：階之等數名級也，禮記「主人就東階，客就西階，涉級聚足連步以上」是也。**禮記又曰：「授車以級。」鄭玄曰：「級，次也。」**史記：「秦始皇賜爵一級。」野王案：官仕自卑之高，猶階梯而升，所以一命一等名爲階級也。**左氏傳「加勞賜一級」是也。又曰：「斬首廿三級。」野王案：師旅斬賊首一人賜爵一級，因名賜首爲級也。**説文：「絲次弟也。」〔一〕

而宋本玉篇，如本書影印的南宋寧宗間刊本、南宋建安刊本皆作：

〔一〕顧野王玉篇，續修四庫全書第二二八册，上海古籍出版社，二〇〇二年，第五九二頁。

級：几立切。階級也。又次第也。〔一〕

寫本與刻本對比來看，釋義多寡殊別，刻本已將書證引文删除殆盡。但是這種文本上的删定不是一蹴而就的，其間還有不少過渡形態。據梁書蕭子顯傳記載：「先是時太學博士顧野王奉令撰玉篇，太宗嫌其書詳略未當，以愷博學，於文字尤善，使更與學士删改。」〔二〕可見，玉篇在成書不久，就有過删改。今日散藏在日本的寫本玉篇殘卷嚴格避蕭綱（梁太宗）、蕭統的名諱，糸部不收「綱」「統」字，且書證遇「綱」「剛」皆作改字處理，由是推尋，或是避蕭綱帝諱，爲蕭愷改字後的面貌，或是避太子諱，爲蕭綱爲太子時的文本，〔三〕但所承底本可以上溯到南朝梁代則毋庸置疑，稱之「原本」亦無不可。至於唐代，玉篇又經孫强增字減注，〔四〕可惜唐寫本玉篇幾乎没有傳世，在敦煌文獻中有兩紙殘葉，且僅疑爲玉篇，所以考察唐代玉篇面貌殊爲不易。不過，唐代的佛經音義中對玉篇亦有大量徵引，可爲研究參照。〔五〕如，玄應一切經音義（或簡稱「玄應音義」）卷第一大方廣佛華嚴經第四十卷「或級」條：

〔一〕見於本書第五〇三頁、第八七四頁。

〔二〕姚思廉梁書（點校本二十四史修訂本），中華書局，二〇二〇年，第五六九頁。

〔三〕詳參拙文原本玉篇避諱字統綱發微，辭書研究二〇一一年第一期。

〔四〕大廣益會玉篇序：「唐上元元年甲戌歲四月十三日，南國處士富春孫强增加字。」見於本書第九頁。

〔五〕詳參拙文玄應一切經音義暗引玉篇考——以梁諱改字現象爲綫索，文史二〇一八年第四輯。

羇立反。禮記：「級，次也。」左傳：「加勞賜一級。」又云：「斬首二十三級。」案師旋，斬首一人賜爵一級，因名賊首爲級也。〔一〕

玄應音義先後徵引禮記、左傳、「又云」，後加案語，與原本玉篇文字存在高度的一致性，甚至連錯誤都存在一致。依照原本玉篇引書體例，「又曰」是承襲前一種引書的省稱，那麼此處「級」字下左氏傳後「又曰」的文字是承襲的上文史記，而非顧野王案語裡的左氏傳，通過覆覈引文，「斬首廿三級」出自史記樊酈滕灌列傳，亦可證明這一點。玄應音義引書中的「又云」恰恰是没有理解玉篇的引書體例，直接截取了「斬首廿三級」，誤置左傳「加勞賜一級」後。再者，玄應音義下「案師旋」以下文字，與玉篇殘卷顧野王案語也存在一致性。因此，可知玄應音義這段引書並非據禮記、左傳等而來，應該直接采自玉篇，僅稍作變易，如將禮記鄭注省作禮記，左氏傳改作左傳，「又曰」改作「又云」，删去了「野王」二字，把「師旅」誤寫成了「師旋」。「廿三」作「二十三」，則是後世傳本所改。〔二〕

〔一〕徐時儀校注一切經音義三種校本合刊（修訂版），上海古籍出版社，二〇一二年，第一二頁。

〔二〕「廿三」作「二十三」，當是後世傳寫所改，未必玄應原文，宋前古寫本中的「廿」「卅」「卌」，在刻本時代以後，多改成爲「二十」「三十」「四十」，據日本國際佛教學大學院大學學術フロンティア實行委員會二〇〇六年編集發行的玄應撰一切經音義二十五卷和宫内廳公佈的古寫本圖像，金剛寺藏本作「廿三」，詳參該書第八頁，日本宫内廳書陵部所藏大治三年（一一二八）舊抄本亦作「廿三」，而七寺藏本已改作「二十三」，詳參該書第四九二頁。

玄應音義暗引玉篇「級」字的釋義亦見於慧琳一切經音義（或簡稱「慧琳音義」），慧琳音義或承自玉篇，或承自玄應音義，但至少説明在唐代傳承的玉篇中「級」字釋義亦有禮記、左傳、史記等内容，較宋本而言要豐富許多，宋代玉篇的文本當是經過多次删節後的面貌，已極爲簡略，與早期的原本相比，迥然有異。

二、宋版玉篇二種的版本特點

北宋真宗大中祥符年間，玉篇經陳彭年、吴鋭、丘雍等奉詔重修後，形成了與寫本系統迥異的文本。現存宋刻凡六種：其中日本藏五種，分别藏於宫内廳書陵部、國立公文書館内閣文庫、大須觀音寶生院、金澤文庫、柳瀨福市；中國收藏一種，現藏於中國國家圖書館。〔一〕六種之中，僅宫内廳書陵部藏本爲三十卷完本，其他皆是殘本或殘葉。此次影印的即是日本宫内廳書陵部藏本與國立公文書館内閣文庫藏本。

日本宫内廳書陵部藏本共三册，半葉十行，行二十字，注文小字雙行，行二十七、八字不等。白口，單魚尾。左右雙邊。版心分别有「篇上」「篇中」「篇下」及葉數，並記有刻工姓名，如沈思恭、曹榮、李倍、李億、宋琚、方至、秦暉、何昇、李倚、張榮、王宝、金滋、陳觀仁、方堅、吴椿、趙中、实甫、陸選、王恭、陳壽、王玩、吴益、吴志、高異、朱玩、陳晃、友山、实、勝之、嘗、張謙、翁、公、徐佐、

〔一〕詳參馮先思玉篇版本研究，二〇一五年復旦大學博士學位論文。

沈思忠、魏奇、嚴智、何澄等，其中陳觀仁、实甫、勝之、友山、嘗、翁、公等是元代補版刻工。書前有大中祥符六年（一〇一三）九月二十八日敕牒的部分内容、大廣益會玉篇序、進玉篇啓，每卷卷首有「玉篇卷第幾」，雙行小注「凡幾部」，次列部目，部目中部首字上有二字反切，其後再列正文。卷三十後附載分毫字樣（凡二百四十八字）、四聲五音九弄反紐圖并序（沙門神珙撰）。卷末有明治十三年（一八八〇）天真道人森立之跋文：「此本間有元時補刻，字畫自鮮明，可一目而知矣。今与廣韻正成一對雙璧，最可貴重也。庚辰冬日，天真道人。」又有「萩亭」「森立之」「高木壽穎藏書之記」印，蓋此本經森立之、高木壽穎等遞藏。各册末有「日翹」朱筆署名，並有花押。

全書避宋諱，凡「玄」「朗」「敬」「弘」「殷」「匡」「恒」「貞」「徵」以及偏旁構件涉及這些字形的字皆缺筆。日本學者長澤規矩也通過繫聯刻工，認爲此本爲南宋寧宗朝（一一九五—一二二四）前後杭州地區雕版，之後不少學者著録此本的刊刻時間，多據是説。

此本爲篇韻合刊本，宋代字書往往與韻書相配，玉篇與廣韻相配刊行即爲「篇韻合刊」。與此同版的廣韻尚有上海圖書館藏楊守敬舊藏本、日本宫内廳書陵部藏宋刻元修本等，版式、刻工與這部玉篇較爲一致。馮先思先生認爲，書中宋版字體接近歐體，具有浙本的特徵，但筆畫略顯含糊，與同期廣韻宋本相比，或爲南宋中期以後的翻刻本。此本大部分葉面保留了宋代原版，個別葉面存有少量墨釘，有部分葉面爲元

代補版。〔一〕

日本國立公文書館内閣文庫藏本是一殘本，爲昌平坂學問所舊藏。半葉十一行，注文小字雙行，行約二十七、八字不等。細黑口，單魚尾。四周雙邊。版心標有卷數及葉數。此本今存卷六至卷十五，卷十九至卷三十，現存的卷次部分也未爲全帙，多有殘闕。每卷卷首題「大廣益會玉篇卷第幾」，〔二〕雙行小注「凡幾部」，次列部目，部目中部首字上有二字反切，其後再列正文。卷十、卷二十四末附有「新加偏旁正俗不同例」，卷三十末後附分毫字樣及四聲五音九弄反紐圖并序。書中多處鈐有「昌平坂學問所」「淺草文庫」印。全書字體秀美，具有南宋福建刻本的特徵。從版式上看，此本是一部排字分段的玉篇，所謂排字分段，指每行字頭排列整齊的版式，元明時期的玉篇字頭多作排字分段，但與此本又有不少差異。因此，這個版本不僅是已知日本現存的五種宋版玉篇中唯一一部建本，也是現存最早的排字分段本，對於研究排字分段本玉篇字次、釋義的改造與重訂都有重要參考價值。

〔一〕據董婧宸考證，補版刻工中的友山是元至大年間（一三〇八—一三一一）江浙行省刻書學正韻的原刻刻工，在書學正韻中，亦作友、山；在浙刻增修互注禮部韻略、浙刊八行本論語注疏經解、舊題「眉山七史」之宋書、陳書等書的元代西湖書院補版葉，友山與徐友山並見，實爲一人。徐友山（友山）又見於兩淮江東轉運司刊後漢書西湖書院元代第一次補版版葉。詳參氏著南宋浙刻監本大宋重修廣韻版本補考——兼述宋元詳本廣韻的版本源流，歷史文獻研究第四六輯，廣陵書社，二〇二一年。

〔二〕馮先思先生認爲大廣益會玉篇之名或正起源於此類建刻本。

三、宋代以降玉篇的流傳與刊印

玉篇歷經宋元明清不斷翻刻，並且傳到了朝鮮、日本等東亞鄰國，以至於後來「玉篇」成了漢文辭書的代名詞，影響深遠。

宋代以降存世的玉篇有幾十種之多。〔一〕

元刊玉篇傳世較多，有九行本、十一行本、十二行本、十三行本等多種版式，版本系統較爲複雜。例如中國國家圖書館藏有元延祐間圓沙書院刊本，半葉十二行（序言部分半葉十一行），卷首有大中祥符六年九月二十八日敕牒全文、進玉篇啓、大廣益會玉篇序、玉篇廣韻指南、牌記、大廣益會玉篇總目等，此本亦爲篇韻合編本，且排字分段。日本尊經閣文庫藏有元泰定間圓沙書院刊本，半葉十二行，與延祐間刊本同屬一系。存世的元刊玉篇皆爲排字分段本。

明刊玉篇存世數量更多，有九行本、十行本、十二行本、十三行本等，以十二行本居多，版本系統多多承自元刊本。

清刊玉篇影響最大的是康熙年間張士俊澤存堂覆宋刻本，該書卷前有朱彝尊的重刊玉篇序，稱其底本是汲古閣所藏的「宋槧上元本」，前人多認爲此「上元本」不可據信，實際上通過比較宮内廳書陵部藏宋十行本、元刻本以及澤存堂本保留的敕牒文字，均提到「唐上元元年甲戌歲四月十三日南國處士富春

〔一〕有關宋元明清玉篇的各種傳世版本可參岡井慎吾玉篇の研究，日本東洋文庫，一九三三年；馮先思玉篇版本研究，二〇一五年復旦大學博士學位論文；吕浩玉篇文獻考述，上海人民出版社，二〇一八年。

孫強增加字」，朱彝尊、張士俊覆刻所據底本當亦有此段敕牒文字，朱彝尊所謂「宋槧上元本」正是因此而來，今澤存堂書前敕牒、大廣益會玉篇序、進玉篇啓，次第、版式等與宫内廳書陵部十行本全同，字體上也保留了宋代浙刻舊式，刻工姓名與宫内廳書陵部十行本亦多有重合，存在差異之處，可能是因爲後者補版所致，據此可以推斷澤存堂本的底本當是一部汲古閣舊藏的與宫内廳書陵部十行本近似的浙刻宋本。然而，澤存堂本雖稱「宋本玉篇」，實際也有不少清人增删改易之處。有清一代，除了澤存堂本以外，康熙年間曹寅揚州使院刻本玉篇也較爲重要，此本半葉八行，版式與澤存堂本略有不同，後爲四庫全書底本，現存的文淵閣本、文津閣本、摛藻堂四庫全書薈要本皆以此本爲底本抄録，題重修玉篇，薈要本有部分條目又據澤存堂本校補。

民國至今，最爲通行宋本玉篇就是澤存堂本，目前較爲常見的是中國書店一九八三年、中華書局一九八七年的影印本。據謝菊曾先生回憶，民國初年錢塘丁氏首創聚珍版仿宋體，受到各界贊譽，中華書局重金將其購買，從此開始了使用聚珍版刊印各類圖書。商務印書館相形見絀，急欲彌補這一缺憾，便設法購得宋版玉篇一部，謝先生於一九一六年一月進入商務印書館編譯所做練習生，副所長高夢旦囑他將這部玉篇與辭源查對，把辭源所收的對應文字，從玉篇中逐一挖出，鑄成銅字模，於是誕生了商務印書館的仿宋活字版。謝先生認爲這樣摧殘一部珍貴古書，非常可惜。〔一〕後人對謝先生回憶的準確性大都表示懷疑，皆不相信張元濟先生主持商務印書館會爲了製作字模，毁掉一部宋版書。實際上，謝先生很可

〔一〕謝菊曾十里洋場的側影——虹居隨筆，花城出版社，一九八四年，第一五頁。

能混同了澤存堂刊印的「宋本玉篇」與宋版玉篇，當時高夢旦先生給謝先生的極有可能就是一部澤存堂刊印的「宋本玉篇」，如果這個推斷成立，那麼也從另一個角度反映出澤存堂本在當時的影響之大。

此外，日本存有大量和刻本玉篇，最早的是五山本玉篇，即前面提到的元泰定間圓沙書院刊本的覆刻本，内容尚未改動。而到了寬永年間（一六二四—一六四三）以後刊刻的玉篇，便多有改易，比如增添假名訓點等，書名亦有變化，如新刊大廣益會增修玉篇、四聲韻字大廣益會玉篇、和漢玉篇，等等。

時至今日，真正的宋版玉篇依然不易獲見，師顧堂叢書將日藏兩種宋版影印彰佈，實乃嘉惠學林之舉。

二〇二〇年十一月三十日記於金陵

二〇二一年十二月十七日又作增訂

編印凡例

一　本書收入宋浙刊本及建安刊本玉篇二種。浙刊本據日本宮内廳書陵部藏本影印，建安本據日本國立公文書館内閣文庫藏本影印。

一　本書排列以宮内廳本居前，内閣文庫本殿後。

一　今擇取所影二書底本彩影各二幀置於全書之前，以便讀者考見底本原貌。

一　宮内廳本下篇第八十二葉四聲五音九弄反紐圖原誤裝於下篇之首，今乙正。内閣文庫本卷八有心部一殘葉裝訂於卷末，以版心損失，字序調整，故無從辨識原葉次，今仍其舊，不作調整。

一　宮内廳本、内閣文庫本原書闕葉處均標明所闕部分之卷數、部首起訖等信息。某部之文字非全闕者，則並標明所闕者在該部之前後。

一　本書新編目録以宮内廳本部首爲主，將内閣文庫本部首散入宮内廳本對應部首之下，空兩格，縮小字體，遇殘則注明，以示區分。

一　宮内廳本於書眉列書名、上中下篇數、卷次、本頁部首等信息。内閣文庫本於書眉列書名、卷次及本頁部首。

一　内閣文庫本卷十五亯部原書漏刻，今新編目録不著録，該頁書眉於記録部首處空一格以示原闕。

一　本書譯録日人阿部隆一日本國見在宋元版本志經部中與本書相關的版本解題文字，置於書末，以供讀者參考。所據底本爲日本汲古書院阿部隆一遺稿集，並參考斯道文庫論集本。底本排印錯誤較多，凡明顯排版訛字皆徑改不出校。

目録

牒文……九
玉篇序……九
進玉篇啓……一一

玉篇上　十卷　一百三十七部

卷一　八部

一部……一七
上部……一八
示部……一九
二部……二三
三部……二三
王部……二三
玉部……二三
珏部……三〇

卷二　十四部

土部……三二
垚部……四一
堇部……四一
里部……四一
田部……四二
畕部……四四
黄部……四四
丘部……四五
京部……四五

冂部……四五
亯部……四六
邑部……四六
司部……五三
士部……五四

卷三　十三部

人部……五四
儿部……六八
父部……六九
臣部……六九
男部……六九
民部……七〇
夫部……七〇
予部……七〇
我部……七〇
身部……七〇
兄部……七一
弟部……七一
女部……七一

卷四　二十部

頁部……八一
頻部……八六
百部……八七
𩠐部……八七
県部……八七
面部……八八
色部……八八
囟部……八九
𦣝部……八九
亢部……八九

鼻部……八九
自部……九〇
目部……九〇
盾部……九七
䀠部……九七
旻部……九八
見部……九八
覞部……一〇〇
苜部……一〇〇
耳部……一〇〇

卷五 十部

口部……一〇三
谷部……一一五
舌部……一一五
齒部……一一五

牙部……一一七
須部……一一八
彡部……一一八
彣部……一一八
文部……一一九
髟部……一一九

卷六 十部

手部……一二一
手部（五六九）
廾部……一三五
廾部（五八三）
共部……一三五
共部（五八三）
舁部……一三六
舁部（五八四）

臼部……一三六
　臼部（五八四）
爪部……一三六
　爪部（五八四）
丮部……一三六
　丮部（五八四）
鬥部……一三六
　鬥部（五八五）
𠂇部……一三七
　𠂇部（五八五）
又部……一三七
　又部（五八五）

卷七 十一部

足部……一三八
　足部〔殘〕（五八七）
疋部……一四四
　疋部（五九三）
𠂹部……一四四
　𠂹部（五九四）
骨部……一四四
　骨部（五九四）
血部……一四六
　血部（五九六）
肉部……一四七
　肉部（五九六）
筋部……一五五
　筋部（六〇五）
力部……一五五
　力部（六〇五）
劦部……一五七
　劦部（六〇七）

吕部……一五七
吕部（六〇七）
㝱部……一五七
㝱部（六〇七）

卷八 三部

心部……一五八
心部（六〇九）
思部……一七一
思部（六二〇）
惢部……一七一
惢部（六二〇）

卷九 二十九部

言部……一七二
言部（六二四）
誩部……一八二
誩部（六三四）
曰部……一八二
曰部（六三四）
乃部……一八二
乃部（六三五）
丂部……一八二
丂部（六三五）
可部……一八三
可部（六三五）
兮部……一八三
兮部（六三五）
号部……一八三
号部（六三五）
亏部……一八三
亏部（六三六）

云部……………………一八三
云部（六三六）
音部……………………一八三
音部（六三六）
告部……………………一八四
告部（六三六）
凵部……………………一八四
凵部（六三七）
吅部……………………一八四
吅部（六三七）
品部……………………一八五
品部（六三七）
喿部……………………一八五
喿部（六三七）
龠部……………………一八五
龠部（六三七）
冊部……………………一八五
冊部（六三八）
㗊部……………………一八六
㗊部（六三八）
只部……………………一八六
只部（六三八）
㕯部……………………一八六
㕯部（六三八）
欠部……………………一八六
欠部（六三九）
食部……………………一八九
食部（六四二）
甘部……………………一九三
甘部（六四五）
旨部……………………一九三
旨部（六四六）

次部……一九三
次部（六四六）
㚔部……一九三
㚔部（六四六）
夲部……一九四
夲部（六四六）
亣部……一九四
亣部（六四七）

卷十　十九部

彳部……一九五
彳部（六五〇）
行部……一九七
行部（六五二）
尢部……一九七
尢部（六五三）
夊部……一九八
夊部（六五三）
久部……一九八
久部（六五三）
夂部……一九八
夂部（六五三）
舛部……一九九
舛部（六五四）
走部……一九九
走部（六五四）
辵部……二〇二
辵部（六五七）
廴部……二〇七
廴部（六六二）
癶部……二〇七
癶部（六六三）

步部……二〇七
步部（六六三）
止部……二〇八
止部（六六三）
處部……二〇八
處部（六六四）
立部……二〇八
立部（六六四）
竝部……二〇九
竝部（六六五）
此部……二一〇
此部（六六五）
正部……二一〇
正部（六六五）
是部……二一〇
是部（六六五）

玉篇中　十卷　一百七十五部

卷十一　十九部

宀部……二二〇
宀部（六六八）
宫部……二二三
宫部（六七〇）
宁部……二二三
宁部（六七〇）
門部……二二三
門部（六七一）
户部……二二六
户部（六七四）
尸部……二二六
尸部（六七四）

尾部……二三七
尾部（六七六）
尺部……二三八
尺部（六七六）
履部……二三八
履部（六七六）
老部……二三八
老部（六七六）
疒部……二三九
疒部（六七七）
𣦼部……二三四
歺部……二三四
死部……二三六
另部……二三七
凶部……二三七
穴部……二三七

丨部……二三九
屮部……二四〇

卷十二　五部

木部……二四〇
木部（六八九）
東部……二五八
東部（七〇八）
林部……二五八
林部（七〇八）
巢部……二五八
巢部（七〇八）
叒部……二五九
叒部（七〇九）

卷十三 一部

艸部……二五九

艸部（七一一）

卷十四 二十九部

蓐部……二八二

蓐部（七三六）

茻部……二八二

茻部（七三六）

舛部……二八二

舛部（七三六）

竹部……二八二

竹部（七三七）

箕部……二九二

箕部（七四六）

才部……二九二

才部（七四七）

市部……二九二

市部（七四七）

毛部……二九二

毛部（七四七）

𠂹部……二九二

𠂹部（七四七）

𠌶部……二九二

𠌶部（七四七）

華部……二九二

華部（七四七）

禾部……二九三

禾部（七四七）

稽部……二九三

稽部（七四八）

桼部……二九三

桼部（七四八）
丵部……二九三
丵部（七四八）
菐部……二九三
菐部（七四八）
马部……二九三
马部（七四八）
東部……二九四
東部（七四九）
卤部……二九四
卤部（七四九）
朿部……二九四
朿部（七四九）
朩部……二九四
朩部（七四九）
𣏟部……二九四
𣏟部（七五〇）
麻部……二九五
麻部（七五〇）
尗部……二九五
尗部（七五〇）
韭部……二九五
韭部（七五〇）
瓜部……二九五
瓜部（七五〇）
瓠部……二九六
瓠部（七五一）
丯部……二九六
丯部（七五一）
來部……二九六
來部（七五一）

卷十五　三十九部

麥部……二九七
麥部（七五四）
黍部……二九八
黍部（七五五）
禾部……二九八
禾部（七五六）
秝部……三〇三
秝部（七六〇）
耒部……三〇三
耒部（七六〇）
香部……三〇四
香部（七六一）
皀部……三〇四
皀部（七六二）
鬯部……三〇四
鬯部（七六二）
米部……三〇四
米部（七六二）
毇部……三〇六
毇部（七六四）
臼部……三〇七
臼部（七六五）
倉部……三〇七
倉部（七六五）
亩部……三〇七
嗇部……三〇七
嗇部（七六五）
入部……三〇八
入部（七六五）
會部……三〇八
會部（七六五）

亯部……………………三〇八
亯部（七六六）
㫗部……………………三〇八
㫗部（七六六）
畐部……………………三〇八
畐部（七六六）
入部……………………三〇八
入部（七六六）
冖部……………………三〇九
冖部（七六六）
冃部……………………三〇九
冃部（七六七）
冃部……………………三〇九
冃部（七六七）
㒳部……………………三〇九
㒳部（七六七）
㡀部……………………三〇九
㡀部（七六七）
襾部……………………三〇九
襾部（七六七）
网部……………………三一〇
网部（七六八）
華部……………………三一一
華部（七七〇）
冓部……………………三一一
冓部（七七〇）
厶部……………………三一二
厶部（七七〇）
去部……………………三一二
去部（七七〇）
北部……………………三一二
北部（七七〇）

西部……三一二
西部（七七〇）
鹵部……三一二
鹵部（七七一）
鹽部……三一三
鹽部（七七一）
壬部……三一三
壬部（七七一）
皿部……三一三
皿部（七七二）
臥部……三一四
臥部（七七三）
肙部……三一四
肙部（七七三）

卷十六　二十四部

琴部……三一五
喜部……三一六
壴部……三一六
鼓部……三一六
豈部……三一六
豆部……三一七
豊部……三一七
豐部……三一七
虛部……三一七
重部……三一七
鼎部……三一七
瓦部……三一八
缶部……三一九
鬲部……三二〇
鬻部……三二一

斗部……三二一
勺部……三二二
几部……三二二
且部……三二二
匚部……三二二
曲部……三二三
壺部……三二三
卮部……三二三
凷部……三二三

卷十七 十四部

㫃部……三二四
勿部……三二五
矢部……三二五
弓部……三二六
弜部……三二七

斤部……三二七
矛部……三二八
戈部……三二八
殳部……三二九
殺部……三三〇
戉部……三三〇
刀部……三三〇
㓞部……三三三
刃部……三三三

卷十八 十六部

金部……三三四
攴部……三四三
放部……三四六
丌部……三四六
左部……三四七

工部……三四七
珏部……三四七
巫部……三四七
卜部……三四七
兆部……三四七
用部……三四七
爻部……三四八
㸚部……三四八
車部……三四八
舟部……三五二
方部……三五四

卷十九 一部

水部……三五四
水部〔殘〕（七七九）

卷二十 二十七部

𣏟部……三七三
く部……三七四
巜部……三七四
巛部……三七四
巛部〔殘〕（七八五）
井部……三七四
井部（七八五）
泉部……三七四
泉部（七八五）
灥部……三七五
灥部（七八五）
永部……三七五
永部（七八五）
𠂢部……三七五
𠂢部（七八五）

谷部……三七五
谷部（七八六）
冫部……三七六
冫部〔殘〕（七八六）
雨部……三七六
雲部……三七九
風部……三八〇
气部……三八一
鬼部……三八一
由部……三八三
白部……三八三
白部〔殘〕（七八九）
日部……三八四
日部〔殘〕（七八九）
旦部……三八八
晨部……三八八
倝部……三八八
晶部……三八八
月部……三八八
有部……三八九
明部……三八九
囧部……三八九

玉篇下　十卷　二百三十部

卷二十一　三十部

冥部……四〇〇
夕部……四〇〇
多部……四〇〇
小部……四〇一
幺部……四〇一
丝部……四〇一

玄部……四〇一
丏部……四〇二
大部……四〇二
大部〔殘〕（七九三）
奢部……四〇三
奢部（七九三）
火部……四〇三
火部〔殘〕（七九四）
炎部……四〇八
焱部……四〇八
炙部……四〇九
爨部……四〇九
囱部……四〇九
黑部……四〇九
赤部……四一一
亦部……四一二
夨部……四一二
夭部……四一二
交部……四一二
尢部……四一二
壹部……四一三
叀部……四一三
丶部……四一三
丹部……四一四
青部……四一四
氏部……四一四
氐部……四一四

卷二十二 十四部

山部……四一五
山部〔殘〕（七九七）
屾部……四二〇

嵬部……四二〇
岸部……四二〇
广部……四二一
厂部……四二四
高部……四二五
危部……四二五
石部……四二五
石部〔殘〕（八〇一）
磬部……四三〇
磬部（八〇三）
𠂤部……四三〇
𠂤部（八〇四）
阜部……四三〇
阜部〔殘〕（八〇四）
𨸏部……四三四
厽部……四三四

卷二十三　二十九部

馬部……四三五
馬部〔殘〕（八〇九）
牛部……四四一
牛部〔殘〕（八一二）
犛部……四四三
羊部……四四三
羴部……四四五
𦫳部……四四五
萈部……四四五
犬部……四四五
犬部〔殘〕（八一五）
㹜部……四五〇
豕部……四五〇
㣇部……四五一

希部……四五一
彐部……四五一
㬎部……四五一
廌部……四五二
鹿部……四五二
麤部……四五三
㲋部……四五三
兔部……四五三
内部……四五三
兕部……四五四
象部……四五四
能部……四五四
熊部……四五四
龍部……四五四
虍部……四五四
虎部……四五五
虤部……四五五
豸部……四五五

卷二十四　十三部

烏部……四五七
几部……四五七
乙部……四五七
燕部……四五八
鳥部……四五八
鳥部（殘）（八二六）
隹部……四六五
隹部（八三二）
奞部……四六七
奞部（八三四）
萑部……四六七
萑部（八三四）

瞿部……四六七
瞿部（八三四）
雔部……四六七
雔部（八三四）
雥部……四六七
雥部（八三五）
魚部……四六八
魚部（八三五）
𩺰部……四七三
𩺰部（八四〇）

卷二十五 十部

鼠部……四七三
鼠部（八四一）
易部……四七四
易部（八四二）
虫部……四七五
虫部（八四二）
䖵部……四八四
䖵部（八五二）
蟲部……四八五
蟲部（八五三）
它部……四八五
它部（八五四）
龜部……四八五
龜部（八五四）
黽部……四八五
黽部（八五四）
卵部……四八六
卵部（八五五）
貝部……四八六
貝部（八五五）

卷二十六　十六部

羽部……四八九
羽部（八五九）
飛部……四九二
飛部（八六二）
習部……四九二
習部（八六二）
卂部……四九二
卂部（八六二）
非部……四九二
非部（八六二）
不部……四九二
不部（八六二）
至部……四九二
至部（八六二）
毛部……四九二
毛部（八六三）
毳部……四九四
毳部（八六四）
冄部……四九四
冄部（八六四）
而部……四九四
而部（八六四）
角部……四九四
角部（八六五）
皮部……四九六
皮部（八六七）
瓷部……四九七
瓷部（八六七）
革部……四九七
革部（八六八）
韋部……五〇〇

韋部（八七一）

卷二十七 七部

糸部……五〇二
糸部（八七三）
系部……五一〇
系部（八八二）
素部……五一〇
素部（八八二）
絲部……五一一
絲部（八八二）
黹部……五一一
黹部（八八三）
率部……五一一
率部（八八三）
索部……五一一
索部（八八三）

卷二十八 十二部

巾部……五一二
巾部（八八五）
市部……五一五
市部（八八九）
帛部……五一五
帛部（八八九）
衣部……五一五
衣部（八八九）
裘部……五二二
裘部（八九五）
冂部……五二二
冂部（八九五）
印部……五二三

卯部……五三三
印部（八九六）
辟部……五三三
卯部（八九六）
茍部……五三三
辟部（八九六）
勹部……五三三
茍部（八九六）
包部……五三三
勹部（八九六）
包部（八九七）

卷二十九　五十二部

長部……五三五
長部（九〇一）
匕部……五三五
匕部（九〇一）
匕部……五三五
匕部（九〇二）
比部……五三六
比部（九〇二）
从部……五三六
从部（九〇二）
㐺部……五三六
㐺部（九〇二）
共部……五三六
共部（九〇三）
異部……五三六
異部（九〇三）
史部……五三六
史部（九〇三）
支部……五三七

支部（九〇三）
叏部……五二七
叏部（九〇三）
聿部……五二七
聿部（九〇四）
𦘒部……五二七
𦘒部（九〇四）
書部……五二八
書部（九〇四）
隶部……五二八
隶部（九〇四）
臤部……五二八
臤部（九〇五）
帀部……五二八
帀部（九〇五）
出部……五二八
出部（九〇五）
之部……五二九
之部（九〇五）
生部……五二九
生部（九〇五）
耑部……五二九
耑部（九〇六）
毌部……五二九
毌部（九〇六）
束部……五二九
束部（九〇六）
橐部……五三〇
橐部（九〇六）
囗部……五三〇
囗部（九〇七）
員部……五三一

員部（九〇八）
齊部……五三一
齊部（九〇八）
干部……五三一
干部（九〇八）
幵部……五三一
幵部（九〇八）
片部……五三一
片部（九〇八）
𣏟部……五三二
𣏟部（九〇九）
毌部……五三二
毌部（九〇九）
克部……五三二
克部（九〇九）
丿部……五三三
丿部（九一〇）
厂部……五三三
厂部（九一〇）
弋部……五三三
弋部（九一〇）
乀部……五三三
乀部（九一〇）
亅部……五三三
亅部（九一〇）
句部……五三三
句部（九一〇）
丩部……五三四
丩部（九一一）
乚部……五三四
乚部（九一一）
亾部……五三四

亾部（九一一）
匚部……五三四
匚部（九一一）
先部……五三五
先部（九一二）
旡部……五三五
旡部（九一二）
皃部……五三五
皃部（九一二）
兒部……五三五
兒部（九一二）
先部……五三五
先部（九一二）
禿部……五三五
禿部（九一三）
厶部……五三五
厶部（九一三）
單部……五三六
單部（九一三）
录部……五三六
录部（九一三）

卷三十　四十七部

四部……五三七
四部（九一七）
叕部……五三七
叕部（九一七）
亞部……五三七
亞部（九一七）
五部……五三七
五部（九一七）
六部……五三八

六部（九一七）
七部……五三八
七部（九一七）
八部……五三八
八部（九一八）
釆部……五三八
釆部（九一八）
半部……五三八
半部（九一八）
九部……五三九
九部（九一八）
丸部……五三九
丸部（九一八）
十部……五三九
十部（九一九）
卅部……五三九
卅部（九一九）
古部……五三九
古部（九一九）
寸部……五三九
寸部（九一九）
丈部……五四〇
丈部（九二〇）
皕部……五四〇
皕部（九二〇）
甲部……五四〇
甲部（九二〇）
乙部……五四〇
乙部（九二〇）
丙部……五四〇
丙部（九二〇）
丁部……五四〇

丁部（九二〇）
戊部……五四〇
戊部（九二〇）
己部……五四〇
己部（九二一）
巴部……五四一
巴部（九二一）
庚部……五四一
庚部（九二一）
辛部……五四一
辛部（九二一）
辡部……五四一
辡部（九二一）
辛部……五四一
辛部（九二一）
桀部……五四二
桀部（九二二）
壬部……五四二
壬部（九二二）
癸部……五四二
癸部（九二二）
子部……五四二
子部（九二二）
了部……五四三
了部（九二三）
孨部……五四三
孨部（九二三）
𠫓部……五四三
𠫓部（九二三）
丑部……五四四
丑部（九二三）
寅部……五四四

寅部（九二四）
卯部……五四四
卯部（九二四）
辰部……五四四
辰部（九二四）
巳部……五四四
巳部（九二四）
午部……五四四
午部（九二四）
未部……五四四
未部（九二四）
申部……五四四
申部（九二四）
酉部……五四五
酉部（九二五）
酋部……五四八
酋部（九二八）
戌部……五四八
戌部（九二八）
亥部……五四八
亥部（九二八）
分毫字樣……五四九
分毫字樣（九二九）
四聲五音九弄反紐圖……五五四
四聲五音九弄反紐圖〔殘〕（九三五）
森立之手識……五五八
版本解題……九四一

宫内厅本

師顧堂據南宋寧宗間刊本景印原書框高二一〇毫米寬一四八毫米

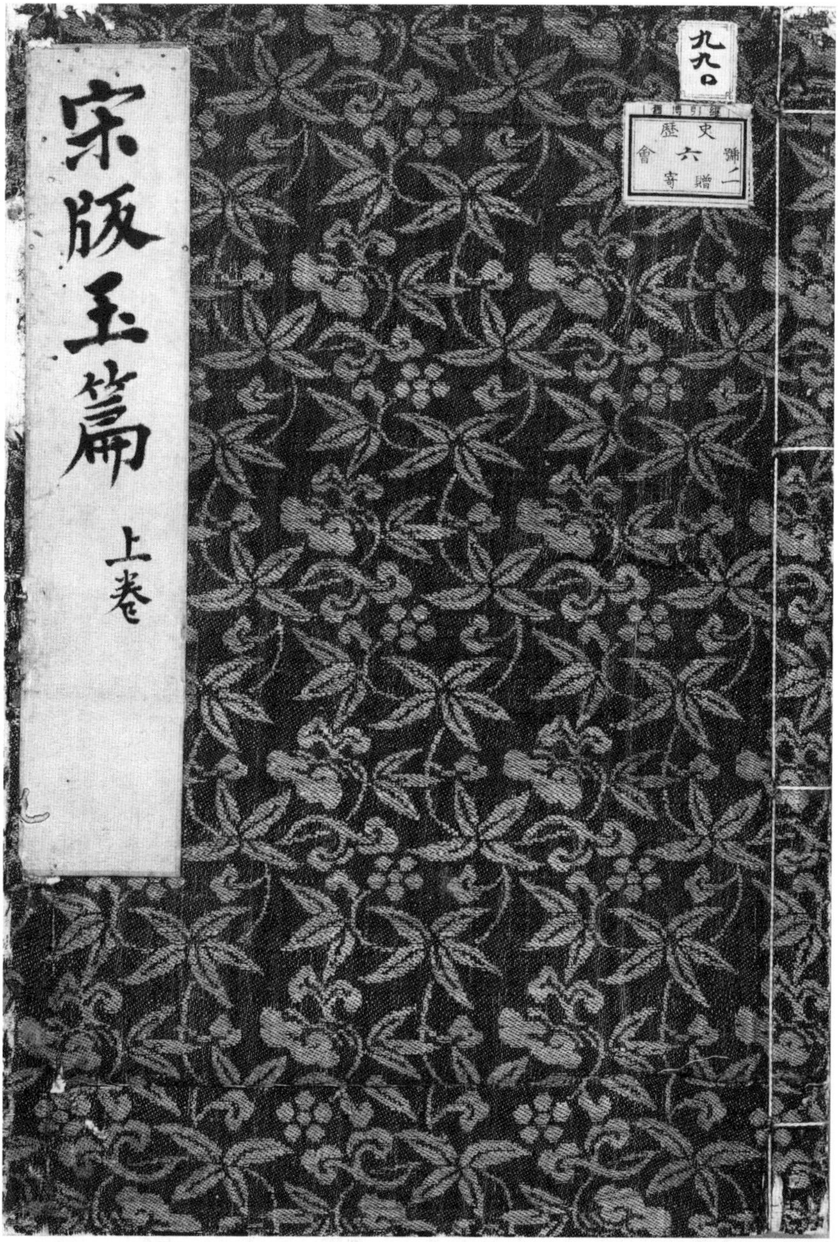
宋版玉篇
上卷
九九〇
史歴會
寄贈

一上示二三王玉珏土垚堇里田畕黃

北京冂亯邑司士人儿父臣男民夫予

我身兄弟女頁頻百𦣻県面色囟𦣝亢

鼻自目眉䀠𥄎見覞首耳口谷舌齒牙

須彡彣文髟手收丮舁𦥑爪丮用𣥂又

足疋举骨血肉筋力劦呂𡪢心思惢言

誩曰乃丂可兮号亏云音告丩吅品喿

龠冊㗊只㕯欠食甘旨㳄㚔本夰彳宂

夂久双舛走辵廴癶步止處立竝此正是

宋版玉篇

大廣益會玉篇一部 并序　凡三十卷

梁大同九年三月二十八日黄門侍郎兼太學博士顧野王撰本唐上元元年甲戌歲四月十三日南國處士富春孫強增加字三十卷凡五百四十二部舊一十五万八千六百四十一言新五万一千一百二十九言新舊揔二十万九千七百七十言 注四十万七千五百有三十字

昔在庖犧始成八卦暨乎蒼頡肇創六爻政罷結繩教興書契天粟晝零市妖夜哭由來尚矣爰至玄龜龍馬負河洛之圖赤雀素鱗標受終之命鳳羽爲字

掌□人言□□□人□亦□八授故古今作成□典鉤探
至賾揚顯　聖謨耀光洪範文遺百代則禮樂可知
驛宣萬里則心言可述授民軌物則縣方象魏興功
命衆則誓誥威師旅律存三尺政仰八成聽稱責於附
別執士師於兩造勒功名於鍾鼎頌美德於神祇故
百官以治萬民以察雕金鏤玉外岳岱而告平汗竹
裁縑寫簡章而授政莫不以版牘施於經緯文字表
於無窮者矣所以垂帷閉戶而覿遐年之世藏形晦
跡而識遠方之風遵覽篆素以測九垓則靡差膚寸
詳觀記錄以游八裔則不謬毫氂鑒水鏡於往謨遺

元龜於今體仰瞻景行式備昔文戒慎荒邪用存古典故設教施法無以尚茲經世治俗豈先乎此但微言既絕大旨亦乖故五典三墳競開異義六書八體今古殊形或字各而訓同或文均而釋異百家所談差互不少字書卷軸舛錯尤多難用尋求易生疑惑猥承明命預纘過庭總會衆篇校讎羣籍以成一家之製文字之訓備矣而學慚精博聞見尤寡才非通敏理辭彌躓既謬先蹤且乖

聖旨謹當端笏擁篲以俟嘉猷　啓竊聞兩儀俶啓

九皇始君[illegible]性初動有[illegible]制[illegible]代五十紀遞興

龍出汴河龜書起洛八卦既陳六爻以設筆篆籀之流
是焉而出至於精課源妙求其本始末學敷淺誠所
未詳雖復研考六經校讎百氏殊非庸菲所能與奪
謹依條例同異具以上呈伏惟　聖皇馭寓膺籙受
圖德尚昊軒功超嬀姒通妙廣運乃聖乃神經天曰
文止戈爲武百工維理庶績咸熙勸以九歌攜之八
柄修文德以來要服舞干戚以格有苗是故仁風所
扇九服蒙靈正朔可班四荒懷德取衣雒樹則肅愼
識受命之興夷波海水則越裳知聖人之德豈但中
和樂職近播岷峨德廣所覃旁流江漢殿下天縱兵

時叡哲淵凝三善自然匪須勤學六行前哲寧以勞
喻是以聲覃八表譽決九垓規範百司陶鈞万品猶
復留心圖籍俛情篆素糾先民之積謬振往古之重
疑簡冊所傳莫令比盛野王沾濡
聖道沐浴康衢不揆愚淺妄陳狂狷徒事收臚終當
覆瓿空思朱墨燿必無傳悚悸交心罔知攸錯謹啓

玉篇上十卷　凡一百三十七部

卷第一　凡八部

一　於逸切　第一
上　市讓切　第二
示　時至切　第三
二　而至切　第四
三　思甘切　第五
王　禹方切　第六
玉　魚録切　第七
玨　古岳切　第八

卷第二　凡十四部

土 他魯切第九
垚 五幺切第十
堇 居隱切第十一
里 力擬切第十二
田 徒堅切第十三
畕 記良切第十四
黃 胡光切第十五
丠 去留切第十六
京 居英切第十七
冂 古螢切第十八
𩫏 古穫切第十九
邑 於急切第二十
司 胥茲切第二十一
士 事几切第二十二

卷第三　凡十三部

人 而真切第二十三
儿 而真切第二十四
父 扶甫切第二十五
臣 時人切第二十六
男 奴含切第二十七
民 彌申切第二十八
夫 甫俱切第二十九
予 以諸切第三十
我 五可切第三十一
身 式神切第三十二
兄 詡榮切第三十三
弟 大礼切第三十四
女 尼與切第三十五

卷第四　凡二十部

頁 下結切第五十六
頻 毗賓切第三十七
𦣻 舒酉切第三十八
首 舒酉切第三十九
県 古堯切第四十
面 彌箭切第四十一

色師力切第四十二
囟先進切第四十三
𦣞以之切第四十四
亢戸居切第四十五
鼻毗至切第四十六
自疾利切第四十七

目莫六切第四十八
盾殊尹切第四十九
䀠九遇切第五十
𡕥火域切第五十一
見吉薦切第五十二
覞昌召切第五十三

苜亡達切第五十四
耳如始切第五十五

卷第五　凡一十部

口苦苟切第五十六
𧮫渠略切第五十七
舌時列切第五十八
齒昌始切第五十九
牙牛加切第六十
須思臾切第六十一

彡先廉切第六十二
彣亡分切第六十三
文亡分切第六十四
髟比照切第六十五

卷第六　凡一十部

手舒酉切第六十六
𠬞居竦切第六十七
癶普撥切第六十八
舁与居切第六十九
臼居六切第七十
爪壯巧切第七十一

丮居逆切第七十二
鬥都豆切第七十三
𠂇作可切第七十四
又有救切第七十五

卷第七　凡一十部

足子谷切第七十六
疋山居切第七十七
乖公懷切第七十八
骨古忽切第七十九
血呼穴切第八十
肉如六切第八十一
筋居勤切第八十二
力呂職切第八十三
劦胡頰切第八十四
吕良諸切第八十五
㝱莫鳳切第八十六

卷第八　凡三部

心思林切第八十七
思息兹切第八十八
惢桑果切第八十九

卷第九　凡二十九部

言五鞬切第九十
誩乾仰切第九十一
曰禹月切第九十二
乃奴改切第九十三
丂苦道切第九十四
可口我切第九十五
兮胡雞切第九十六
号胡到切第九十七
亏禹俱切第九十八
云于君切第九十九
音於今切第一百
告古号切第一百一
凵口范切第一百二
吅火袁切第一百三
品披錦切第一百四
喿先到切第一百五
龠余酌切第一百六
冊楚責切第一百七
㗊壯立切第一百八
只之移切第一百九
㕯奴没切第一百十
欠丘劒切第一百十一
食是力切第一百十二
甘古藍切第一百十三
旨支耳切第一百十四
㳄徐仙切第一百十五
㚔女涉切第一百十六
夲丑高切第一百十七
夰公道切第一百十八

卷第十　凡一十九部

彳 丑亦切第一百一十九　行 下庚切第一百二十　冘 余針切第一百二十一　夂 竹几切第一百二十二　久 居柳切第一百二十三　夊 思隹切第一百二十四

舛 尺兖切第一百二十五　走 子后切第一百二十六　辵 丑略切第一百二十七　廴 余忍切第一百二十八　癶 補葛切第一百二十九　步 蒲故切第一百三十

止 之市切第一百三十一　處 充與切第一百三十二　立 力急切第一百三十三　竝 蒲茗切第一百三十四　此 七爾切第一百三十五　正 之盛切第一百三十六

是 時紙切第一百三十七

玉篇卷第一　凡八部

於逸 一部第一　市讓 上部第二　時至 示部第三　而至 二部第四

思甘 三部第五　禹方 王部第六　魚錄 玉部第七　古岳 玨部第八

一部第一　凡八部

一 於逸切說文曰惟初太始道立於一造分天地化成萬物道德經云昔之得一者天得一以清地得一以寧神得一以靈谷得一以盈

物得一以生侯王得一以爲天下正王弼曰一者數之始也物之極也又同也少也初也戓作壹弌古文天他前切說文曰天顛也至高無上从一大爾雅曰春爲蒼天夏爲昊天秋爲旻天冬爲上天詩傳云尊而君之則稱皇天元氣廣大則稱昊天仁覆閔下則稱旻天自上降監則稱上天據遠視之蒼蒼然則稱蒼天呂氏春秋云天有九野東方蒼東南方陽南方炎西南方朱西方顥西北方幽北方玄東北方變中央鈞太玄經曰九天一爲中二爲羨三爲從四爲更五爲睟六爲廓七爲減八爲沈九爲成釋名曰天豫司兗冀以舌腹言之天顯也在上高顯也青徐以舌頭言之天坦也坦然高而遠也兲兀並古文元五袁切說文曰元始也易曰元者善之長也春秋傳曰狄人歸其元元首也韓詩曰元長也公羊傳曰元年春者何君之始年也何休云變一言元元者氣也左氏傳注曰凡人君即位欲其體元以居正故不言一年一月也漢書曰歡元元師古曰元元善意丕普邳切虞書曰嘉乃丕績孔安國曰丕大也或作𠀾吏力致切說文曰治人者也夏書曰天吏逸德烈于猛火周禮八則三曰廢置以馭其吏左氏傳曰王使委於三吏杜預曰三吏三公也禮記曰五官之長曰伯其擯於天子也自天子之吏丆竹瓦切

○丄部第二凡九字

上市讓切說文云高也又居也易曰本乎天者親上虞書曰正月上日孔安國曰上日朔日也者

子曰太上下知有之王弼曰大上大人也漢書云望於太上如淳曰太上猶天子也又市掌切登也外也 上古文 帝丁計切說文云諦也王天下之號也爾雅曰君也白虎通曰德合天者稱帝尚書云惟皇上帝孔安國曰上帝天帝也周禮曰兆五帝於四郊鄭玄曰五帝蒼曰靈威仰太昊食焉赤曰赤熛怒炎帝食焉黃曰含樞紐黃帝食焉白曰白招拒少昊食焉黑曰汁光紀顓頊食焉 帝古文 旁步郎切旁猶側也邊也非一方也說文作㫄溥也 雱籀文 旁㫄並古文 下何雅切易曰化成天下下者對上之稱也說文曰底也詩云下武維周箋云下猶後也禮記曰揖讓而升下而飲鄭玄曰下降也杜預注左傳云下猶賤也爾雅曰下落也又何稼切行下也易曰以貴下賤是也

示部第三

凡一百四十五字

示時至切說文云天垂象見吉凶所以示人也易曰夫乾確然示人易矣夫坤隤然示人簡矣示者語也以事告人曰示也 示古文 神市人切神祇說文曰天神引出萬物者也夏書曰乃聖乃神孔安國云聖無所不通神妙無方易曰陰陽不測之謂神王弼云神也者變化之極大戴禮云陽之精氣曰神陰之精氣曰靈爾雅云神重也治也愼也廣雅云神弘也 祇巨支切地之神也易曰無祇悔韓康伯云祇大也周禮亦作示 齋側皆切易曰聖人以此齋戒韓康伯曰洗心曰齋防患曰戒又莊也 𪗋

籀文祕悲冀切說文云神也廣雅曰勞也密也藏也祇諸時切敬也俗作祗祭子帶切薦也祭祀也又側界切周大夫邑名
⿰礻比必利切說文云以豚祠司命也祀徐里切周書八政三曰祀爾雅云祭也又年也禩同上祏殊亦切廟主石室也禋於神
切敬也說文絜祀也一曰精意以享爲禋⿱垔示同上祡仕佳切說文云燒柴樊燎以祭天神亦作柴爾雅曰祭天曰燔柴⿰礻育古文
祖子古切父之父也道祭也始也𥛱布庚切祭說文曰門內祭先祖所以彷徨也亦作⿰礻彭祊同上祠似司切公羊傳云春祭曰
祠祠猶食也礿餘灼切公羊傳云夏祭曰礿禴同上祫何夾切合祭也禘徒計切大祭也諦也祜胡古切詩云受
天之祜箋云祜福也福方伏切祿命也說文祐也禧許其切福也祐于救切助也易曰自天祐之吉無不利或作佑祺巨基
切吉也又徵祥也禥籀文祿音鹿賞賜也又福祿也禛之仁切以真受福也祉丑理切福也禔之移切福也安也又
音匙祥似羊切妖怪也又福也善也禎音貞吉祥也禠息離切福也禨居衣切祥也祪居毀切毀廟之祖也禰
年禮切父廟也祢同上祰口老公篤二切禱也告祭也祼古換切祼鬯告神也䄂恥霤切古文榴祝之六切祭詞也祈
巨衣切禱也報也告也禷力季切祭也爾雅曰是禷是禡師祭也或作類禱丁老切請也謝也求福也⿱⿰𦣝曼示籀文⿰礻𦣝古文⿱壽示

冒芮切數祭也重祭也又此芮切禮力底切體也理也礼古文祔扶付切視也合葬也䄐除霤切祝䄐也又力救切社古
切土地神主也䄕古文禖莫回切求子祭禪市戰切祭名又市然切靜也禜音詠風雨不時祭名祮胡括切說文云祀也又
也禳而羊切卻變異也禬胡外古外二切除災害也會福祭也禕於宜切美皃又歎辭禦魚舉切禁也又當也祴古來
切祴夏樂章名禶昨坦切祭也⿰礻繭古典切祇也禡莫駕切師祭也又馬上祭也祳時忍切祭社生肉也俎實也祾力矜
力登二切祭名神靈之威福也祚才故切祿也保也祱始銳切博雅云祭也祽子內切祭名⿰礻婁力候切飲食祭也冀州八
月楚俗二月亦作膢從婁亦同䄍仕駕切報祭也古之臘曰䄍亦作蜡禂丁道切馬祭也祧他幺切遠廟也⿰礻翟古文禓與章
書羊二切強鬼也道上祭也祲子鴆切周禮有眡祲鄭玄曰祲陰陽氣相侵漸成祥者左氏傳曰吾見赤黑之祲杜預曰妖氣也禊
胡計切史記云漢武帝禊霸上徐廣曰三月上巳臨水祓除謂之禊也禍胡果切害也神不福也⿰礻吾同上⿰礻胥私呂切祭具也
祟思遂切籀神禍也⿱出示文⿰礻虘側慮切祝也亦作詛祙音媚即鬼魅也禁居鴆切止也錮也又居林切禱音屬無禮
鬼也鬼有所歸乃不為厲祅於驕切天反時為災地反物為祅說文作䄏禫徒感切祭名也說文曰除服祭也祩之會切呪詛也

又音注⿰礻賴力大切墮壞也祤于矩切祋祤縣名在馮翊又音詡⿱山祀丘僞切亦祀也⿱叕示竹芮切祭名亦作醊⿰礻系思[illegible]切[illegible]

田祭也与禰同祅於畺切禍也古文䄏礽而凌切福也又就也亦作仍⿰礻焦子肖切祭名或作醮⿰礻尞力弔切与尞同⿰礻我[illegible]

或作⿰礻睪音亦祭之明日又祭殷曰肜周曰繹亦作繹⿰礻壽市救切久年也禗息茲切不安也敬去意也祘蘇段切明視也

⿰礻酋以久以州二切燎也柴祭天也⿰礻奇乞喜切好皃⿰礻虚欣居切耗鬼也與魖同⿰礻憂於柳切福也祣力擧切祭名論語作旅

祵音因成就也⿰礻厭於琰切⿰礻厭禳也⿰礻支質夷切福也⿱𠔉示居倦切祭名也本作養⿰礻世羿制切祭也⿰礻矞古穴切不祥也

⿰礻啇丑歷切福也⿰礻𠂢莫伯切神也祆方無切祭踈也⿰礻皇戶光切⿰礻旁⿰礻皇祭也⿰礻离力之切福祥也⿰礻麗所宜切祭名禯

尼龍切厚祭也⿰礻肖所交切祜也祹徒勞切福也禑音吳福也⿰礻春丑江切祭壇不毀也禟徒郎切祐也⿰礻騫去言切祭

也神音伸神也⿰礻遂詞類切祭名⿰礻逢符容切神名⿰礻曹才刀切豕祭也祆阿憐切胡神也⿰礻固音固祭也⿰礻弗音弗除殃

祭也禚之若切齊地名⿰礻吳音吳福也⿰礻覔匹角切久視⿰礻畢音畢篚上祭也祓孚物切除災求福也又方吠切福也

二部第四凡一十四字二而至切說文曰地之數也易曰天一地二弍古文亘何登切常也恒易曰恒久也亟同上

亙古文亘思緣切求亘也今宣從亘同　亟居力切急也疾也又丘致切數也　亝徂兮切古文齊　竺丁伏切厚也又音竹　亖古文四

凡扶嚴切凡計數也又非一也說文云最括也廣雅云輕也皆也　亞弋之切陰陽氣也　亘音圜圜　亟力擣切古文老

三部第五凡二字

三思甘切說文云天地人之道也老子云道生一一生二二生三三生萬物　弍古文

王部第六凡五字

王禹方切說文云天下所歸往也董仲舒曰古之造文者三畫而連其中謂之王三者天地人也而參通之者王也孔子曰一貫三爲王蔡邕獨斷云皇子爲王　𤣩古文　皇胡光切大也匡也爾雅云君也論語曰皇皇后帝注謂大夫帝也儀禮賓入門皇自莊盛也　㞷古文　閏如舜切閏餘也說文云餘分之月五歲再閏告朔之禮天子居宗廟閏月居門中周禮云閏月詔王居門終月

玉部第七凡二百六十七字

玉魚錄切禮記曰君子比德於玉焉溫潤而澤仁也縝密以栗知也廉而不劌義也垂之如隊禮也叩之其聲清越而長其終詘然樂也瑕不揜瑜瑜不揜瑕忠也孚尹旁達信也氣如白虹天也精神見于山川地也圭璋特達德也故君子貴之　𤣪古文　玊欣救息六二切玉工也亦姓也　璙力弔力小二切玉名　瓘古奐切玉名　璥居影切玉名　璵餘

一也名珓古文玘去里切玉名璽珂視切玉名瓔叔刀切玉名瓎郎啟切玉名瑾奇靳切瑜美玉也瑜

弋朱切瑜玉不揜瑕玉中美也禮記世子佩瑜玉也璵弋居切璵璠美玉皃璠方袁房袁二切美玉皃玒古邦古紅二切玉名璐

力故切美玉也瓊渠營切說文云赤玉也莊子云積石爲樹名曰瓊枝其高一百二十仞大三十圍以琅玕爲之實璚同上瓗同上

又音畦又羊求切美皃琁同上又徐宣切璇似宣切美石次玉亦作琁瑬力于切玉屬也珦虛亮切玉名琍力達切玉名

瓄徒木切史記云崐山出瓄玉也珵除荊切美玉也珵六寸光自輝琳力金切玉名璿似緣切山海經云有沃之國沃民是處

璿瑰瑶碧虞書曰璿璣玉衡孔傳云璿美玉穆天子傳春山之寶有璿珠也叡籒文璿古文球巨周切虞書曰戛擊鳴球孔傳云球

玉磬也璆奇樛切美玉也琨奇殞切齊玉也瑅大兮切玉名瑭徒郎切玉也珙居容居勇二切大璧也璚似矞

切玉名琛敕今切琛寶也環下關切繞也又玉環爾雅曰肉好若一謂之環璧俾亦切瑞玉圜以象天也瑗爲眷切玉名琮

才宗切琮玉八角象地說文云瑞玉大八寸似車釭瓏力恭切禱旱之玉爲龍文也又音聾玲瓏玉聲璜胡光切半璧也瓃力追

切玉器又力回切琥呼古切瑞玉也說文云發兵瑞玉爲虎文珪古攜切古文圭琰弋冉切璧上起美色也璋之陽切半珪也

又明也玠音界珪長尺二寸也琬於遠切琬珪也瑒雉杏切珪尺二寸有瓚以祀宗廟又音暢瓛胡官切周禮公執瓛珪也珽
他鼎切說文云大圭長三尺抒上終葵首禮天子搢珽方正於天下也瑁莫到切珪長四寸天子執之又莫對切瑇瑁也玥古文瑇
徒戴切瑇瑁或作蝳蝐琡齒育切爾雅云璋大八寸謂之琡也瑞市惴切信節也諸侯之珪也瑱他見切以玉充耳也珥
仁志切珠在耳琫布孔切佩刀下飾也珌畢密切佩刀上飾⿰王畢古文璏雉例切劒鼻也又音衛也⿰王丑女久切印鼻本作鈕
璫多郎切穿耳施珠也瑑持轉切珪有折鄂也瓚才但才旦二切珪頭也爲器可以挹鬯灌祭鄭玄注禮記云瓚形如槃容五升以大
圭爲柄也玦居穴切玉佩也如環而缺不連⿰王綦巨基切飾弁也璂同上見說文琪巨基切玉屬珩下庚切說文云佩玉
所以節行步也璬公了切玉佩也珮步輩切玉珮也本作佩或从玉玩五貫切玩戲也弄也或作貦也瑬力牛切說文云垂玉也冕
飾又美金也亦作鏐⿰王𠷎市六切說文云玉器也璹同上珤補抱切聲類云古文寶字珍張陳切寶也貴也美也又重也珎
同上俗琚紀余切玉名琖側簡切說文曰玉爵也夏曰琖殷曰斝周曰爵亦作盞醆珈古遐切詩云副笄六珈傳曰珈笄飾之最
盛者所以別尊卑璲徐醉切玉璲以玉爲佩也瑵壯巧切說文云車蓋玉瑵也璪作道切說文云玉飾如水藻也瑚何孤切論

語注云瑚璉黍稷之器夏曰瑚殷曰璉或作鏈璉力展切瑚璉也或作槤也瑒尺羊切瑒玡繼瑩美充耳也瑋禹鬼以貴二切埤蒼曰瑋
瑋珍琦或作偉璩其於切玉名琦渠羈切埤蒼云琦瑋也璺亡奮切方言云秦晉器破而未離謂之璺廣雅云裂也
玫莫骨切穆天子傳云采石之山有玫瑤郭璞曰玉名玷丁簟切詩傳云玷缺也或作㓠鉆也琄胡犬切玉皃璽思此切天
子諸侯印也籀文作壐也⿰王勞力髙切玉名瑹式餘切廣雅云瑹瑹並笏也又美玉璞普角切玉未治者老子曰璞散則爲器王
弼曰璞眞也琢陟角切治玉也禮記曰玉不琢不成器也琱多幺切治玉也一曰石似玉者玼且禮切云玉色鮮也理力紀切治玉也
正也事也道也從也治獄官也瑳且我切玉色鮮白也詩傳曰瑳巧笑貌又七河切璱所乙切清淨鮮絜也說文云玉英華相帶如瑟
弦也琗廣蒼同上琯古滿切舜以天德嗣堯西王母獻其白琯瑮力質切說文云玉英華羅列秩秩又逸論語曰玉粲之璱兮其
瑮猛也璪同上珇作土切方言曰珇好也美也說文云琮玉之瑑瑩烏定爲明二切玉色也詩云充耳琇瑩傳曰石之次玉又於坰切
璊莫昆切說文曰玉經色也禾之赤苗謂之虋言璊玉色如之玧同上又以蠢切虋英充耳瑛於京切美石似玉尸子龍淵玉光也水精
謂之玉瑛也琤楚耕切說文云玉聲或作錚瑕胡加切詩傳云瑕過也廣雅云瑕裂穢也鄭玄曰瑕玉之病也瑲且楊切說文云

玉聲也詩曰鞗革有瑲玎都廷切說文云玉聲也齊太子謚曰玎謚法義不克曰玎又竹耕切瑀于矩切大戴禮佩玉琚瑀以雜之說
文云石之似玉者瑝胡光切玉聲也瑣思果切玉聲也玤布孔步講二切說文云石之次玉以爲系璧一曰若蛤蚌⿰王匜異之
切石之次玉者蒼頡曰五色之石也珢居恨魚巾二切石次玉也玴余制切說文云石之似玉者也璅子道切石次玉璡子鄰
切石似玉也瑨反金子心二切石似玉也璁倉公切石似玉⿰王號胡到切石似玉⿰王牽胡戛切石似玉瑿烏潛切石似玉⿰王燮
思恊切石似玉珣音狗石似玉也琂語韃切石似玉也璶疾刃切石似玉琟弋隹切石似玉瑦於古切石似玉又於都切
⿰王厶息咨切石似玉瑂明丕切石似玉璒得滕切石似玉瑶余招切詩云報之以瓊瑶說文云玉之美者也玗有俱切玉屬爾
雅云東方之美者有醫無閭之珣玗琪焉珣思旬切玉屬也瑎戶皆切黑玉也琨古魂切書曰楊州貢瑶琨篠簜琨石之美者也
瑻說文同上碧彼戟切山海經云高山下多青碧郭璞曰亦玉類今越嶲會無縣東山出碧莊子曰長弘死於蜀其血化爲碧說文云石之青
美者瓐力胡切博雅云碧玉也珉靡鄰切山海經云岐山其陰多白珉禮記云君子貴玉而賤珉鄭玄曰石似玉本亦作碈或作玟也
琘同上⿰王吳五胡切琨⿰王吳劒名又石次玉與珸同珸五胡切廣雅云石次玉者亦山名出刹金尸子云琨珸之金也璑武俱切三采玉也

大七四　篇上　一

瓔於盈切埤蒼云瓔琅石似玉也 玞甫紆切山海經云會稽之山下多玞石郭璞曰武玞石似玉今長沙臨湘縣出之青地白文色蔥蘢不分了也 㻬吐胡切山海經云小華山其陽多㻬琈 琈扶留切㻬琈筍玉采色禮記云孚尹旁達鄭玄曰讀如浮筠也 瑌如兖切山海經云狀瑌之山其上多瑌石郭璞曰白者如冰半有赤色者 瑊古咸切瑊玏美石次玉也 玪同上米石山有玪琦琪 玏力德切玉名

玏同上 琇息救餘受二切詩云充耳琇瑩傳曰琇瑩美石也 璓說文琇 玖居柳切石次玉黑色者 璘力神切璘㻞文皃又玉色光彩 㻞鄙鄰切璘㻞 琭力木切老子云琭琭如玉珞珞如石 璄於景切玉光彩 璟同上又俱永切 ⿱雍玉於龍切玉器也

珠之俞切說文云蚌之陰精春秋國語曰珠足以禦火災是也蜀郡平津縣出青珠 珧余招切山海經曰激汝之水其中多蜃珧郭璞曰珧亦蚌屬也 珕力智力計二切佩刀飾脣屬也 玓典歷切玓瓅明珠色也 瓅力的切玓瓅 璣渠氣居沂二切說文云珠不圜者也

玫莫杯切火齊珠一曰石之美者 瑰古回切說文云玫瑰一曰珠圜好子虛賦云赤玉玫瑰蒼頡曰火齊珠也又音回 瓌同上 玭浦蠲蒲賔二切珠也夏書作蠙 琕同上 琅力當切琅玕石似玉說文云琅玕似珠者 玕古寒切琅玕也 ⿰王旱古文 瓌古回切說文云與傀同大也 珋音留說文云石之有光璧珋也出西胡中亦作琊 瑠同上 璃力支切瑠璃也 珿初六切寸也齊也 琲浦溉

蒲愷二切珠五百枚也亦作蠙 珊 思安切說文云珊瑚色赤生於海亦生於山 珂 丘何切石次玉也亦碼碯絜白如雪者一云螺屬也生海中

珹 思律切珂玗也劉逵曰老雕入海所化出日南 玲 力經切太玄經云㆑彼瓏玲注謂瓏玲金玉之聲 瑴 古岳切玨賛曰雙玉

曰瑴亦作珏 琀 胡紺切送終口中玉也 ⿱䍃玉 餘周餘九二切說文云遺玉也 璗 徒黨切爾雅云黃金謂之璗璗郭璞曰金之別名

珬 于洫切東觀漢記玄菟太守公孫珬 𤫊 力經切說文云以玉事神也與靈同藏謂陽氣爲魂精陰氣爲靈靈袪也大 珝 吁羽切吳

志有薛琮字珝 璯 苦話切晉陽秋有吳興錢璯 玹 胡涓切玉色 珫 齒融切珫耳也 瑔 絕緣切 璯 則儈切玉皃 玢

方貧切玉名 ⿰𤣩余 他胡切美玉也 ⿰𤣩土 封古切玉器也 璝 古回切玉也 璹 莫析切玉名 ⿰𤣩聿 子新切玉名 ⿰𤣩𦘕 古文

瑯 魯當切瑯琊郡名正作琅 琊 以遮切瑯琊郡正作邪 瑄 音宣爾雅云璧大六寸謂之瑄宣穀叟曰漢書云瑄玉是也 琙

時盈切玉名 ⿰𤣩於 億魚切玉名 玌 居虯切玉器也又巨幼切 珷 亡甫切石似玉也與碔同 瑽 七恭切瑽瑢佩玉行皃 瑢

余恭切瑽瑢 琿 戶昆切玉名 瑫 他牢切玉名 瓐 盧都切玉名 珖 古方切珖琯也 ⿰𤣩包 縛無切玉名 珆 土來

切玉名 玻 普波切玻瓈玉也 瓈 力提切玻瓈 ⿰𤣩叟 士九切玉也 玵 五甘切美玉也 瑺 時羊切玉也 ⿰𤣩取 阻由

切玉名 𤪌 古衡切玉也 瑘 色羅切玉名 瑜 羊朱切美石次玉 璾 節而切 玶 皮明切玉名 玗 偕里

切玉名 瓖 息將切馬上飾東京賦云鉤膺玉瓖 琱 之由切玉也 璮 他但切玉也 琕 毗名切玉也 𤩪 仕慮切玉

也 瑙 奴倒切俗以碼碯作瑙 瓳 胡古切玉也 琽 章魯切玉名 玳 音袋俗以瑇瑁作玳 玐 息進切玉名 琗 扃位切玉

也 玔 初卷切玉玔也 璨 七旦切玉光也 瑷 烏代切美玉 珨 胡甲切玉珨一云匳器 𤩽 居逼切埤蒼云垂𤩽地名出美玉春

秋傳作棘 玌 匹角切玉未成器也 𤤸 思聿切玉名一云珂球與珹同 㻫 彬律切青白玉琯也 玥 五厥切珠名 𤥭 徒骨切玉

瓆也 玐 班戛切玉聲也 玞 補戛切左神名 璛 思六切人姓 珞 郎各切瓔珞頸飾也 珛 許救切說文云朽玉也 珀

普百切琥珀也 瓙 徒到切玉也 璀 七罪切璀璨玉光

○珏部第八 凡四字 珏 古岳切說文云二玉為一珏或作瑴 𤨕 扶福切說文云車笭間皮篋古者使奉玉所以盛之東京

賦𤨕弩重旃是也 斑 補間切布文禮記曰斑白者不提挈 班 布還切說文云分瑞玉也又班次也班賦也

玉篇卷第二 凡一十四部

土部第九 他戶 壵部第十 五夂 堇部第十一 居隱 里部第十二 力擬
田部第十三 徒堅 畕部第十四 記良 黃部第十五 胡光 𠀉部第十六 去留
京部第十七 居英 冂部第十八 古螢 𩫏部第十九 古穫 邑部第二十 於急
司部第二十一 息茲 士部第二十二 事几

土部第九 凡三百五十五字

土 他戶達戶二切說文曰地之吐生物者也二象地之下地之中物出形也白虎通曰土主吐含萬物土之爲言吐也 墺 於報於六二切四方之土可居夏書曰四墺既宅本亦作隩 𡊁 埊 並古文 地 題利切說文曰元氣初分輕淸陽爲天重濁陰爲地萬物所陳列也周禮司徒掌土會之灋辨五地之物生一曰山林動物宜毛植物宜皁二曰川澤動物宜鱗植物宜膏三曰丘陵動物宜羽植物宜覈四曰墳衍動物宜介植物宜莢五曰原隰動物宜贏植物宜叢 墬 籀文 坤 苦魂切說文曰从土申土位在申 垓 古哉切國語曰天子之田九垓以食兆民風俗通曰十千曰萬十萬曰億十億曰兆十兆曰經十經曰垓 壤 如掌切地之緩肥曰壤 堣 遇俱切堣夷日所出虞書曰分命羲仲宅堣夷本亦作嵎 坺 匹皷切坺坺也 塙 口角切土堅不可拔又口

交切　坶莫六切說文曰朝歌南七十里地周書曰武王伐紂至于坶野古文尚書作𡋯　𡋯同上　墽口教口交二切說文云磽也

壚力都切夏書曰下土墳壚壚跡也　墝口交切公羊傳曰錫之不毛之地何休云墝埆不生五穀曰不毛　埴時力切夏書曰厥土

赤埴墳孔傳云土黏曰埴　垶息營切赤堅土也　垟同上說文　墣普角切塊也　圤上同維南子曰土勝水者非一圤塞

江　塊口潰口迴二切塩也莊子云大塊　凷同上　壼胡昆切洛陽有大壼也　⿰土軍同上　堵都魯切垣也五版為堵又十六尺曰

雉　堛普逼切土塊也　壁補歷切垣也　⿰土業徒頰切城上女牆也左氏傳曰環城傅於堞　堞同上　城視盈切世本云鯀作

城公羊傳五版而堵五堵而雉百雉而城何休曰二萬尺凡周十一里三

十三步二尺公侯之制禮天子千雉受百雉之城十伯七十雉子男五十

雉　垣禹煩切垣牆　墉余鍾切牆也　圪語訖切說文云牆高皃詩曰崇墉圪圪本亦作仡　塹七豔切左氏傳注溝塹也

字書云　壍同上　⿰土尞力彫切周垣也又力召切　垷魚禮魚計二切蒼頡篇云城上小垣廣雅曰女牆也　壘力癸切周

禮曰營軍之壘舍注云軍壁曰壘　塒視之切爾雅云鑿垣而栖為塒郭璞云今寒鄉穿牆棲雞　塈虛既切仰塗也書曰塗塈

茨又晉陶　堂徒當切土為屋基也禮云天子之堂高九尺諸侯七尺大夫五尺士三尺說文云殿也又容也　坣　⿱吉坣並古文

坫都念切反爵之坫說文云屏也垝居毁切毁垣也亦作陒塾殊鞠切門側之堂周書曰先輅在左塾之前次輅在右塾之前

禮曰古之敎者黨有庠家有塾堊烏洛切說文云白塗一曰白土也爾雅曰牆謂之堊郭璞云白飾牆也墀除飢切漢書注曰丹墀赤

地也謂以丹漆地說文云塗地也墀同上墐奇鎮切塗也國語曰陵陸墐井墐溝上之道也壟力奉切塗也說文木貢切坌

甫問切說文云除埽也𡑒古文埽蘇道蘇悼二切周禮隸僕掌五寢之埽除糞埽洒之事注謂汜埽曰埽壎吁園切樂

器也燒土爲之形如鴈卵上有六孔塤同上坃壦並古文墼居的切說文云瓴適也一曰未燒者墊都念切虞

書曰下民昬墊言天下民昬瞀墊溺皆困水災或作蓻埝乃頰都念切下也陷也圣口骨切汝頼之間致力於地也均居遵切平也等

也徧也周禮曰均其稍食注云均猶調度也董仲舒曰五帝之學曰成均又燕齊之北賦斂平曰均坄唯壁切陶竈窻也儀禮匋人爲坄於

西牆下鄭玄曰塊竈本亦作坄又作炈𡉏同上坪蒲京切說文曰地平也亦作坪又音病塍視陵切隄也埒也畔也說文曰

稻田畦也亦作塍塖水埒亦同上基居期切始也詩曰基命宥密又謀也址諸耳切基也坻直飢切水中可居曰坻方言云

坻場也梁宋之間蚍蜉犁鼠之場謂之坻又音厎埤蒼云坂也俗作坛坏同上填徒堅切賈逵曰塞也又滿也又作窴坴力竹

切說文云土塊 封 甫龍切大也厚也鄭玄曰起土界也大戴禮五十里
坴也一曰坴梁 爲封白虎通曰王者易姓而起天下太平功成封禪
以告太平封者金泥銀繩或曰石泥金繩封之以印璽 𡉚 古文封 坎 苦
孔子升太山觀易姓而王可得而數者七十餘封是也 或作圭 感
切易曰坎陷也爾雅曰小罍謂之坎郭璞曰罍形 埳 苦感切陷也亦與
似壺大者受一斛詩云坎坎伐檀斫木聲也或作竷 坎同楚辭云埳軻
而留滯王逸曰 璽 昔紫切說文云王者之 坦 他嬾切寬皃又平 埻 之允
埳軻不遇也 印也以主土籀文作壐 也明也說文安也 之閏
二切山海經云騩山是埻 壇 同 埤 避移切附也助也補也增也 型 戶經
于四海郭璞曰埻猶隄也 上 詩云政事一埤益我埤厚也 切鑄
器之法 圮 皮美切書曰方命圮 垸 後官胡翫二切說文云以桼和灰而髤
模也 族孔安國云圮毀也 也一曰補垸考工記云殺矢重三垸鄭
衆曰量名 增 作登切加也重 垐 才資才即二切說文 堲 在力切疾也虞
亦作垸 也爾雅云益也 云以土增大道也 書曰龍朕堲讒
說殄行又音唧火塈曰堲檀弓 塏 口亥切說文云高燥也 垎 胡格切上
曰夏后氏堲周又古文垐字 左氏傳曰更諸爽塏 乾也說文
曰水乾也一曰堅也 墨 莫北切說文云書 坿 復俱扶付二切漢書
廣雅曰垎索狂也 墨也又古罪墨刑 音義云坿白石英 垍
期致切 壙 苦謗切空 埂 古杏切說文云秦謂坑爲 毀 麾詭切壞也缺
堅土也 也墊穴也 埂蒼頡篇云埂小坑也 也破也虧也

毀古文　壓於甲切說文云壞也曰塞補又降也鎮也　墲呼嫁切坼也爾雅曰蓦醜墲郭璞云剖母背而生本亦作罅　壞胡怪切毀也籀文作敫　[illegible]古文　坱烏朗烏堂二切楚辭曰坱兮軋兮王逸云坱霧昧皃說文云塵埃也　圻恥格切裂也　[illegible]說文坼

塺武回莫賀二切楚辭曰愈氣霧其如塺王逸曰塺塵也　[illegible]甫尾切塺也又房味切　埃烏來切塵也　坽丘錦切旣夕礼曰甸人築坽坎注云穿坎之名一曰坽埤蒼曰坎也坑也　堀求物切突也　在存改切爾雅云存也終也察也居也　垷古典切塗也蒼頡云大阪在隴西山又胡典切　塞蘇代切說文云隔也又蘇得切實也滿也蔽也　堅於奚切塵堅也又於計切　塗達乎切道也路也經也　培薄回切益也禮記曰墳墓不培培猶治也又音部方言云冢或謂之培　垔於兵切書曰鯀垔洪水孔安國曰垔塞也何休曰上城具杜預曰土山也亦作陻　堙同上　[illegible]古文垔　坺扶厥切說文曰治也一曰臿土謂之坺詩曰武王載坺一曰塵皃又音跋

墢與坺同亦耕土也　壅於恭於勇二切塞也障也隔也周禮雍氏掌溝瀆澮池之禁鄭玄曰雍謂堤防止水者今從土　壅同上　堩古鐙切鄭玄注禮記云堩道也　坒毗利毗栗二切地相次坒也　埵丁果切堶也說文云堅土也　[illegible]子公楚雙二切說文云種也　堨於割切說文云壁閒隙也又擁堨也　堤常支多礼二切滯也劉兆曰緣邊也又音低與隄同　堪苦含切爾雅曰堪勝

[illegible]云書曰西伯堪黎又堪任也埐才心子心二切說文云地也埱充叔切說文曰氣出土也一曰始也或作俶埒盧拙
切淮南道有形埒說文云庳桓也亦封道曰埒堁苦卧切塵也又地名⿰土末摩鉢切塵壤也坏普梅切說文云丘再成者也一
曰瓦未燒又作坯爾雅曰山一成坯埾秦俞切土積也墇正讓止楊二切隔塞也壅也防也國語曰鯀墇洪水亦作障
垑充是切治土地名⿰土則初力切過塵也圻魚斤切圻堮也又巨衣切左氏傳曰天子之地一圻杜預曰方千里垠五根五巾
二切垠厓也說文曰地垠也一曰岸也與圻同[illegible]古文垢古偶切不絜也塵也坸與垢同墠常演切周書曰為三壇同
墠墠除地也說文云野土也壇徒蘭切封土祭處壇猶坦也明坦皃也垽五靳切爾雅曰澱謂之垽郭璞曰滓澱也今江
東呼垽圿古八切垢圿也坷口賀切坎坷不平梁國寧陵有坷亭⿰土壹於計切說文曰太陰塵起也垤徒結切螘冢也場
除良切國語曰屏攝之位曰場壇之所除地曰場說文云祭神道也一曰田不耕一曰治穀處坥且餘且絮二切說文云益部謂螾場曰坥
螾蛐蟺也壝欲癸欲追二切壝猶壇也埸以尺切畔也疆埸也亦道之別名塓莫歷切左氏傳圬人塓館杜預曰塓塗也圭
古畦切應劭曰圭自然之形陰陽之始也四圭曰撮孟康曰六十四黍為圭亦瑞玉也墾苦很切耕也治也國語云土不備墾墾發也又耕用

力也圯弋之切史記曰張良步游下邳圯上東楚謂橋曰圯境羈影切界也疆居良切境也邊陲也界也又作畺壃
同上坊扶方切障也秦漢九二坊又甫良切坊巷也亦州名埅扶方切說文與防同堢補道切隄也壔丁老切高土說文云
堡也埩仕耕切耕治也𡓳口忽切𡓳地爲室也域爲逼切居也封也坌蒲頓切塵也相如曰坌入曾宮之差峩坋扶粉
切夏書曰厥土黑墳孔安國曰色黑而墳起坋與墳同說文云塵也一曰坋大防也坐疾果疾卧二切公羊傳曰食必坐二子於其側幸曰坐說
文作坙止也坙同上坑苦庚切塹也丘墟也壑也莊子云存谷滿谷在坑滿坑作阬同埯於坎切泥坑也[土彖]除兖切耕合也
壣力陳切壠也埜亦者切古文野𡋯力救切壣也敗也[土尻]居六切涯也水外爲[土尻]埻蒲忽切塵皃坲扶物
切塵起皃墆徒計徒結二切墆翳隱蔽皃垕胡茍切古文厚埒力哲切塍也堥亡勞莫桼二切前高後平丘名圢
他頂他顯二切平也鹿跡也亦作町[土鼎]古文[土噩]五各切堮也堮同上[敝土]甲哲切蒼頡篇大阜在左馮翊池陽縣北坳
烏交切不平也莊子云覆杯水於坳堂之上墥敕管切鹿践地亦作疃𡎼徒古切塡也塞也或作斁壂徒見切堂也
壛與瞻切巷也堬庾俱切方言云秦晉之間冢或謂之堬堭胡光切爾雅云無室曰榭即今堂堭也埰且載切方言曰

冢或謂之埰郭璞曰古者卿大夫有采地死葬之因名也埏以旃切地之八際也司馬相如封禪書云上暢九垓下泝八埏又隰也地也

壟力竦切方言曰冢秦晉之間或謂之壟郭璞曰有界埒似耕壟因名也亦作壠塿力狗切方言云自關而東小冢謂之塿又培塿小阜也

埌力盎切方言曰秦晉或謂冢曰埌墦扶貟普安二切冢也劉昭曰塵之方大也墲莫胡切方言注云規度墓地也塋余瓊切說文云墓地廣雅云塋域葬地也

墓莫故切鄭玄曰墓冢塋之地孝子所思慕之處墳扶云切爾雅云墳大防也方言曰冢秦晉之閒謂之墳

瘞猗罽切幽也藏也薶也爾雅曰祭地曰瘞薶𡓳同上圠音軋山曲埍胡犬切說文云徒隸所居一曰女牢一曰亭部

堋補鄧切下棺也或作窮亦陂遏垗雉矯切葬地周禮曰兆五帝於四郊鄭玄曰兆壇之塋域亦作兆⿰土座才山切埋蒼曰⿰土座門聚在睢陽

⿰土闒徒闔切墮也塌古文⿰貝圣胡八口沒二切因突出也墟去餘切居也大丘也垂時規切說文云遠邊也

坙說文垂墋楚錦切土也陸機漢高祖功臣贊曰茫茫宇宙上墋下黷堆都回切聚土也楚辝云陵魁堆以蔽視塠

同上又[illegible]亦同塠落也[illegible]上壆余庶切高平也堧奴過而緣二切服虔曰宮外垣也韋昭曰河邊地也張晏云城旁地也俗作壖

坹呼決切深也空也亦作窩⿰土長治陽切道也埻古獲切埻端國名埬力見切埬墟在埤平圱且田切蒼頡篇三里曰圱

壦壯交仕交二切地名壦陽在鄴城 ⿹𢦏土齒志切赤土也 埿蒲鼙奴兮二切泥土塗也 塲始羊切封塲也又耕塲 埋莫階
切塵也藏也瘞也與薶同 壏音檻疆壏堅大 塔他盍切字書塔物聲說文云西域浮屠也 ⿱號土胡道切土釜也說文作⿱虍盧土釜也
墿餘石切博雅云墿街陌道也 坾除與切字林曰塵也 埢羈篆切曲也字書亦作⿱𠔉土⿱𠔉韋 埫丑冢切埤蒼一云埫塔不安
也 塎餘冢切時塎也 ⿰土內乃篋切⿰土內莫也 ⿰土卬乙棘切邑名 塷音魯作塷 埆口角切墝埆不平 坂甫晚蒲板二切
坡坂也 圬於姑切泥墁也杇同 墁莫旦莫干二切杇也所以塗飾牆也亦作鏝 壑呼各切深也阬也塹也爾雅云壑虛也謂
溪壑也 壡餘贄切智也明也聖也古睿字 坉徒混切坉水不通不可別流 ⿰土复扶福切地室也亦音覆又作覆 ⿰土戲虛奇
切毀也字書險⿰土戲巔危也 埈思俊切陗高也與陖同 ⿳亠口⿰土几力果切古文裸或為⿳亠口⿰土几倮 墤徒雷切落也壞也與隤同 ⿰土突徒忽
切竈窔魯仲連子竈而五窔也 垺撫俱切郭也正作郛 埕奴結切塞也 ⿱土糞甫問切糞草土穢也本作糞 ⿰土伏扶目切漢
書川塞谿⿰土伏孟康云谿谷狀崩也如淳曰塡塞不通也 埭徒賚切以土堨水晉中興書求以牛車牽埭取其海稅 墱都傍切小
坎也 ⿰土兗烏弄切⿰土兗牆也 ⿰土瓦時夜切⿰土瓦器也 ⿰土耑都果切垂皃 埨力尹切壟土也 塯力又切瓦飯器也 墑丁歷切入

射也埠胡盰切小隄也堈古昂切器也亦作甌坂渠劫切上坂也垛徒果切射垛說文云堂塾也亦作垜堜力日切塞

也𡐦魚告切小山也墬迪利切古地字垙古皇切垙陌也㱿苦谷切土墼也增虚劫切隄水也𡊄渠銀切功

土壁坩口甘切土器也𡋯初戢切插塌累土也埧必駕切蜀人謂乎川曰埧墽薄賣切小堤也堠胡遘切牌堠五

里一堠堦古崖切土堦堝古和切甘堝所以烹煉金銀垌他孔切缶垌也坰圭營切郊外曰坰古作冂埪苦公

切土埪龕也坺扶滑切耕也亦作垡𡊮而勇切地名墈口感切墈坷又苦雄切𡒊直輒切墊也𡒄辝類切墓

道也正作隧壜徒含切甒屬墅余者切田也又食與切村也田廬也𡓷之盬切蔽也墡時闡切白堊名白墡也壈

力感切壈坎也埥七盈切青精土也堉徒禾切飛塼也𡑅計堯切伏土為卵也垟余章切土精也垀火烏

切垺垀也埦於阮切又烏管切𡏳戶買切地名塘徒郎切隄塘也墻疾羊切垣墻正作牆壆降角切土

堅也墽口交切墽土也坍他藍切水衝岸壞也埇余隴切地名在淮泗𡊨之深切廾鄩古國名𡈽徒朗切高田也

塕烏孔切又烏公切塵也壕胡高切城壕也𡐫於歸切𡐫決塘也墭食政切墭鹽器也塉情迪切薄土也

坻古罵切上揰也 塵除仁切塵埃 墲之亦切基址也 坨羊之切地名 垹博尨切土精也 [土從]咨容切土圊也 坑

而勇切地名 [土毚]鉏減切[土毚]兆名 [祖土]側六切塞也 逞丈井切通也 塸烏侯切墓也 [土絜]去竭切[土絜]界也 壝

祛葦切小塠壝也 塚知隴切塚墓也正作冢 [土豖]丑玉切牛馬所蹈之處 塢烏古切村塢也 埡同上 [爿坐]次養

切墍基 壥遟連切居也與廛同 垕乎狗切古文厚 塼煑緣切甋甎亦作塼 堰於憾切壅水也又於建切 壏於蓋

切塵也 墜直類切落也 [日土]與埋同 堉音育地土肥也 墰徒含切 埁才心切

垚部第十　凡三字

垚五幺切說文云土高也 堯五彫切善行德義曰堯白虎通曰堯猶嶢嶢至高之貌廣雅曰堯嶢也 尭古文

堇部第十一　凡九字

堇居隱切禮堇塗塗有穰草也又草也說文又巨巾切黏土也 墐同上 蓳 菍

並古文 難如安切不易之稱也又乃旦切易曰蹇難也又畏憚也 難同上 艱居顏切爾雅曰阻艱難墐也鄭漢云皆險難也

艱同上墐 囏籀文

里部第十二　凡三字

里力擬切邑里也周禮曰五鄰為里國語曰管仲制國五家為軌十軌為里 野餘者切郊外也

七．廿五

又常偖切釐力之切書傳云釐理也方言云貪也蒼頡曰賜也亦祭餘肉也又音禧

○田部第十三凡八十一字　田徒堅切土也地也說文云陳也樹穀曰田象四口十阡陌之制也易曰見龍在田王

弼易通曰龍處於地故曰田也　甾側飢切與菑同爾雅曰田一歲曰菑郭璞云今江東呼初耕地反草為菑　畬與居切田三歲曰畬

亦作畭　⿰田予古文　疇直流切周書云天乃錫禹九疇孔安國曰九類也杜預注竝畔為疇說文作⿰田翟云耕治之田也　⿰田匽說文

疇　⿰田耎仁緣奴過二切說文云城下田一曰⿰田耎卻地也又城外隍內地也　⿰田需同上俗　⿰田柔如由切和田也　⿰田翏力周切田不耕燒種

也　畔蒲半切說文云田界也左氏傳曰如農之有畔　⿰田差在何切說文云殘田也詩云天方薦⿰田差　畦胡圭切說文云田五十畮曰畦

史記曰千畦薑韭韋昭云畦猶隴也　畮莫走切司馬法步百為畮　畒同上　畝說文與畮同　町徒頂他頂二切田處也又他典

切町疃鹿迹　⿰田忝他典切餉田皃亦鹿跡　疃吐管切鹿跡也　畽同上又他本切　畹於遠於萬二切王逸曰田十二畝為畹秦

孝公二百三十步為畝三十步為畹　⿱夗田同上　⿰田亢古莽切境也趙魏陌名也　畷豬衛切詩云下國畷流畷表也本亦作綴禮記云郵

表畷說文云兩陌間道也廣八尺又陟劣切　界耕薤切爾雅云疆界垂也　畍同上　畛諸引諸鄰二切十夫之道也說文云

井田間陌也 [田臣]古文 畎古泫切隴中曰畎夏書曰濬畎澮距川孔傳曰廣尺深尺謂之畎說文又作甽 甽古文 甸徒見切夏書曰五百里甸服孔傳云規方千里之內謂之甸服周禮云九夫爲井四井爲邑四邑爲丘四丘爲甸四甸爲縣 畿渠依切說文云天子千里地以遠近言之則言畿也 畸居義切數畸亦作奇說文云殘田也 [田粦]力振切轢田也或爲躙 [田菓]呼旦切埤蒼云耕麥地又作[耒莫] [田皮]普皮切耕外土地又作[耒犮] 甿莫繃亡鄙二切說文云田民也與眠同 [田來]力才切田睞今爲萊 [田參]于紺切十[illegible]也 [田兆]除了切[田翏]田中宂也 [田匊]九陸切非畦也 [田共]居容切[illegible]朝也 畇蘇均徐均羊倫三切詩云畇畇原隰注云畇畇墾辟貌 [田旬]同上 畯祖峻切田畯古之先敎田者也爾雅曰農夫也詩傳云田大夫也 畟楚力切說文云治稼畟畟進也詩云畟畟良耜又音卽 留略周切止也久也 畤諸以時止二切漢書云秦襄公攻戎救周列爲諸侯而居西自以主少昊之神作西畤祠白帝獻公自以得金瑞故作畦畤櫟陽而祭白帝文公作鄜畤宣公作密畤靈公於吳陽作上畤祭黃帝下畤祭炎帝也 略力灼切用功少曰略又強取也要也法也利也求也 畊古文耕字 [巛田]詳遵切均也 當都郎切任也直也敵也又都浪切主當也底也 畜許六切養也容也說文曰田畜也淮南子曰玄田爲畜又許又丑六二切 [玆田]說文云同上魯郊禮畜从玆玆益也 畼敕向切不生也

疅力良切界也俗彊字㽣于逼切古文域邦也𤲪時升切古文塍畤直里切𥧂儲也或爲庤畂力救切古文𤱓

𤱪去穎切百畝爲𤱪今作頃字𤰃秘江切說文云古文邦𤱄如甘切𤱏防無切𤳁音碑卑田也𤳙奚亦溪

𤳦於容切鷂頭也田地名𤲿音茲田地名𤳃都籠切田地名𤰏力尹切田壟土也𤰹火朗切田鹵地名𤳉子等切田水田名

畟恥力切田器也𤱚古侯切田畦也𤱛以糾切里田也𤳲於葉切地名𤰑音祖田也𤲋音冽滔也𤳗二典切高也

𤲙上丁淡切下𤲙許儉切陰也

畕部第十四

凡四字

畕記良切說文云比田也畺居良切說文曰界也从畕三其界畫也亦作疆畾音雷田間也疊徒協切重也累也詩云莫不振疊疊懼也說文作曡

黄部第十五

凡二十三字

黄胡光切中央色也馬病色也𡕛古文黄𪏂喜兼切赤黄色一曰輕易人歟蚼䵎他官切黄黑也䵎色或作煓䵋胡悔于鄙二切𪏆切黄色也䵵齒隆切黄色大戴禮黈纊塞耳掩聽也又音統黈胡卦戶主二切䵐吐九吐門二切黄色𪏁他口切黄色主同黇他兼切䵣齒善切

明黄色𪐐又魯哀公少子名𪐐𪏉色或作紏䵇上黄黄色也䵦黄色也

⿰黃元口浪切黃色也　黅居吟切黃色也　⿰皇黃胡䏍切字書藤屬以織也　⿰黃丞音證黃色也　⿰黃頁云粉切說文曰面急⿰黃頁⿰黃頁也

⿰黃頁同上又黃皃　⿰黃定音霑黃色　⿰黃翏力道切黃色　⿰黃⿱天火直古切黃色　⿰黃惑古對切病皃

○丠部第十六凡五字

丠去留切虛也聚也冢也夏書曰是降丘宅土孔安國云土高曰丘周禮曰四邑爲丘四丘爲甸漢書云高祖過其丘嫂食丘空也廣雅云小陵曰丘丘居也

丠　丘並同上

虛丘居切大丘也今作墟爾雅曰河出崐崘虛郭璞云山海經曰河出崐崘西北隅虛山下基也又許魚切空也

⿰丘尼奴兮切爾雅曰水潦所止⿰丘尼丘本亦作泥

○京部第十七凡四字

京居英切爾雅釋丘云絕高爲之京郭璞云人力所作公羊傳曰京者何大也

就才救切從也成也即也夊也郭璞曰成就亦終也

就籀文

⿰尢京音涼薄也

○冂部第十八凡八字

冂古螢切說文云邑外謂之郊郊外謂之野野外謂之林林外謂之冂象遠界也

坰說文同上

冋說文曰古文冂从口象國邑

⿰冂冂音琮⿰冂冂孔也

市時止切周禮曰五十里有市世本云祝融作市

央於良切中央也一曰夂也詩傳云央旦也亦位內爲四方之主也

隺乎沃切說文云高至也从隹上欲出冂

冘余針切說文云淫淫行皃从人出冂

大七十　篇二

𩫏部第十九凡八字　𩫏古穫切說文云度也民度所居也白虎通云郭之爲言廓也大也今作郭　𩫚苦宂

切說文云缺也古者城闕其南方謂之𩫚　𩫐于元切籀文垣　𩫛都可切廣也又垂下皃今作嚲　𩫖時征切籀文城　𩫩都戶

切籀文堵　𩫢毗離切籀文陴女垣也　𩫹餘恭切古文墉亦作𩫏

邑部第二十凡一百七十八字　邑於急切說文云國也周禮曰四井爲邑　邦補江切周禮太宰六典以佐王

治邦國鄭玄云大曰邦小曰國亦界也　鄢於巘切鄢陵縣名又於乾切　鄼子管切說文云百家爲鄼鄼聚也又子旦切南

陽有鄼縣又在丸切　鄰力臣切周禮五家爲鄰　𨞛丁犇切說文云地名廣雅云居也一曰五百家爲𨞛今作黨　郊

古爻切周禮曰五百里爲遠郊爾雅曰邑外謂之郊　鄙補美切周禮云五鄼爲鄙鄙小國去都遠鄙陋又不慧也　都當烏切周

禮曰四甸爲縣四縣爲都都采地也　鄭直政切在滎陽宛陵縣　郡求慍切說文云周制天子地方千里分爲百縣縣有四郡

故春秋傳曰上大夫受縣下大夫受郡史記云秦始皇二十六年分天下爲三十六郡裴駰曰三十六郡者三川河東南陽南郡九江鄣郡會

稽穎川碭郡泗水薛郡東郡琅邪齊郡上谷漁陽右北平遼西遼東代郡鉅鹿邯鄲上黨太原雲中九原鴈門上郡隴西北地漢中巴郡蜀郡

黔中長沙內史也郵音尤說文云境上行書舍也郛芳俱切左氏傳曰鄭人入其郛杜預曰郛郭也郩所教切大夫食
邑竆渠雄切說文云夏后時諸侯夷羿國也書曰有竆后羿鄚姑戻切周武王封黃帝後於鄚今作薊邰土臺
切姜嫄邑帝嚳元妃邰氏女也郂渠離切右扶風美陽縣西有郂山亦作岐古作歧山郁於六切右扶風郁夷縣⿰屠阝
杜胡切左馮翊有⿰屠阝陽亭郿莫悲切右扶風縣名郿陽有郿鄉又音媚邠補珉切周太王國在右扶風郇邑亦作豳⿰虖阝呼古
切地名鄠胡古切右扶風縣名扈胡古切夏后同姓所封之國在鄠有扈谷甘亭⿰且阝此諸切右扶風鄠鄉郝呼各舒石
二切右扶風盩厔鄉酆孚弓切鄷在始平鄠縣東郖徒透切說文云弘農縣庾地又音兜⿰年阝奴經奴顛二切左馮翊谷
口鄉⿰樊阝扶園切京兆杜陵有樊鄉鄜芳無切左馮翊有鄜縣鄜同上⿰口阝音口京兆藍田鄉也邮與鳩切左馮翊
高陵縣有邮亭又音笛鄏如蜀切周王定鼎於郟鄏鄻力衍切說文云周邑也鄤烏盌切魯地名⿰祭阝側界切周
邑名邙莫旁切河南洛陽北士山上邑也郗丑梨切周邑在河內野王縣西南鄐丑六切晉邑也鄩似林切河
南鞏縣西有鄩中邶蒲內切紂城東曰衛南曰鄘北曰邶也鄁同上邘禹俱切河內野王縣西有邘城⿱𥝢邑力奚

切說文曰商諸侯國在上黨東北書曰西伯戡黎　邵是照切晉邑也　鄇胡豆切晉邑名又音侯　鄍莫丁切晉邑也　邲

蒲必切晉邑也春秋曰晉楚戰于邲　郤去戟切晉大夫叔虎邑也　[illegible]巨焉切聚名在河東聞喜　[illegible]巨諸切聚名　鄈渠惟

切河東臨汾地即漢之所祭后土處　邢胡丁切左氏傳狄伐邢杜預云邢國在廣平襄國縣又輕十切周公所封地近河內　郉同上

郱蒲經切地名在東莞臨朐縣東南　郇伯倫切郇伯文王子也今河東有郇城　鄔於古切晉大夫司馬彌牟邑又音烏

鄴魚怯切魏郡有鄴縣　祁渠夷切太原縣左氏傳云晉賈辛爲祁大夫又多也　邯何安胡甘二切趙國有邯鄲縣　鄲

都闌切邯鄲縣　鄃庾娛切淸河郡鄃縣又音輸　鄗許各切常山縣光武即位改爲高邑　鄡輕彫切鉅鹿郡有鄡縣　鄡

苦幺切豫章郡有鄡陽縣　郅諸逸切北地郡有郁郅縣　鄚亡各切涿郡有鄚縣　鄋所留切狄國名在夏爲防風氏　鄋

同上　邟口盎古衡二切說文曰潁川縣　鄦欣呂切甫侯所封在潁川　鄢於獻切潁川縣又於嫣切　郟古洽切洛陽北地又

潁川縣名　郪七兮千私二切新郪汝南縣又廣漢有郪縣　[illegible]苦怪切說文云汝南安陽鄉　郙方禹芳殊二切汝南上蔡

亭　郋胡雞切汝南邵陵里　鄬負弓切國名　鄧徒亘切南陽有鄧縣　[illegible]蒲當切汝南鯛陽亭　鄎思力切汝

南新郪縣 郥古闃切蔡邑也 鄾於牛切鄧國地也春秋傳曰鄧南鄙鄾人攻之 ⿰号阝胡高切南陽鄉名 酈郎的切又
音躑南陽縣 鄛助交切南陽棘陽鄉名 ⿰襄阝如羊切南陽縣 ⿰婁阝力兜切南陽鄾縣鄉 ⿰葛阝公達切說文云南陽
陰鄉 郉千矩切南陽舞陰亭 ⿰里阝力止切南陽西鄂縣亭 郢以井切故楚都在南郡江陵北十里 ⿰王阝同上 邔丘起
渠記二切南郡有邔縣 鄂五各切南陽有西鄂縣叔虞封也 鄳亡庚切江夏郡有鄳縣 ⿰云阝有軍切江夏雲社縣
亰地 鄘與恭切說文曰南夷國 鄖有軍切國名 郫薄靡切蜀郡有郫縣又音脾 ⿰壽阝上留除留二切蜀郡
江原縣鄗水首受江 鄤亡願切廣漢鄉名 那奴多切安定有朝那縣又何也多也 ⿰畾阝力追切地名 邡音方說文
云邡廣漢縣 鄱薄波切豫章鄱陽縣 ⿰包阝百交百勞二切地名 鄨俾逝切牂牁郡有鄨縣鄨水所出 酃郎丁
切長沙縣名 郘力語切[illegible]縣亭名 ⿰耒阝力對切桂陽郡耒陽縣亦作耒 鄮莫候切會稽縣 鄞五斤切會稽縣 邴
彼景彼命二切宋下邑也 ⿰巿阝補大切郡名亦作沛 ⿰虘阝作柯切沛郡縣也亦作酇 邵詩昭切晉地名 鄑子斯切北海都
昌縣西有鄑城 郜故到切濟陰成武縣東南鄉名 鄄故掾切東郡鄄城名 ⿰臣阝時眞之刃二切地名 鄶光會切祝融之

後國名在邾也
[illegible]仕咸切宋地名
邛渠恭切山陽平成縣又蜀邛有臨邛縣
邧牛遠切邧新城說文云鄭邑也
[illegible]延瀆切鄭邑地
郠古杏切說文云琅邪莒邑春秋傳曰取郠
鄒仄牛切魯縣也古邾婁附庸國顓頊之後所封俗作鄒
[illegible]同上又音聚亭名在新豐
[illegible]同上俗
郰仄牛切說文云魯下邑孔子之鄉論語作鄹
[illegible]記甫有甫二切鄅國今琅邪開陽縣
左氏傳云邾人入[illegible]
[illegible]似訴達胡二切說文云邾下邑地魯東有[illegible]城
邿式時切任城亢父縣有邿亭
郕時盈切東平亢父縣有郕鄉
[illegible]烏斂切周公所誅叛國商奄是也
酄虎官切魯下邑[illegible][illegible]雍丘縣也
邳蒲悲切奚仲後[illegible]封在魯薛縣
[illegible]方當切魯邑左氏傳曰費伯帥師城郎又漢官尚書郎
[illegible]魚奇切臨淮徐地也
鄣之羊切左氏傳紀子去於紀鄣莒邑也
邗古寒戶安二切左氏傳云邗吳城邗今廣陵韓江是
郈胡走切東平無鹽鄉
[illegible]古穫切大也今作郭白虎通云所以必立城郭者示有固守也
郭同上
郳五奚切東海昌慮縣有郳城
郚午姑切朱虛縣東南魯下邑也
郣蒲突切說文云郣海郡一曰地之起者曰郣
[illegible]徒耽切地在濟南平陵縣南
郯徒甘切東海縣也
邪以遮切琅邪郡又音斜論語曰思無邪
郲里該切滎陽縣東郲城齊滅之
酅胡圭切紀邑在安平縣
鄫在陵切春秋曰鄫子來朝今琅邪縣也

鄜方無切坏邪縣也　郇巨俱居住二切地名　䣈子代切故國在陳留外黃縣　郻家哀切陳留鄉　邽公攜切京
兆有下邽縣隴西有上邽縣　郮之由切故國黃帝後所封也　䣊胡光切古國名　𨛘彼冀切魯季氏邑論語作費或
作鄪　鄪同上　鄉許良切五黨名亦作鄉　酀於田切地名　邱去牛切地名　𨙸同上　䢽汝諸切地名
𨛍夾鳥切地名　𨙶女九切地名　邔居里切地名　鄃希及切地名　𨛜渠留切鄉在陳留　䣐於盈
於井二切地名今　郚始居切春秋曰徐人取郚杜預曰今廬江郚縣　䣕呼土切魯地名　邩呼果切地名　鄬為彼切地
名春秋曰會于鄬杜預云鄭地亦作爲　邖所閒切地名　鄌徒郎切續漢書云廣陵鄌邑也　𨞿同上出說文　邨
且孫切地名亦作村又音豚　䢔胡嬉切地名　鄿居衣切地名　𨚖公安切地名　䣧與金切地名　䣙欣陵
切地名　𨚗渠詭切山海經云綸山東陵郡山又余養切　郉胡經切鄉名在高密左氏傳曰戰於外郉　鄀如灼切左氏傳
曰秦晉伐鄀鄀秦楚界小國也　邧愚袁切左氏傳曰敗戎於邧垂杜預云周地河南鞏縣北有垂亭　邤許斤切地名　鄟諸緣
徒桓二切邾婁之邑　鄵七到切鄭地左氏傳曰鄭宣卒於鄵　鄸莫中切左氏傳云曹公孫會自鄸出奔宋鄸曹邑也　郇於于

當陽縣郼於幾切國名呂氏春秋曰湯立爲天子商不變肆親郼如夏高誘曰郼讀如衣今兗州人謂殷氏皆曰衣鄓

胥果切汝南亭鄚莫郎切著名云鄚在藍田鄯時戰切鄯善西域國漢書云本名樓蘭城去長安六千一百里元鳳四年

傅介子誅其王更名其國爲鄯善又時演切鄧徒亙切鄉名鄫才登切貝丘亭邟胡灰切縣名陽鄉名部傍口

切分判也史記置大農部丞數十人分部主郡國漢書行無部曲注云將軍領屬皆有部曲大將軍營五部部校尉一人部下有曲曲有軍候

一人鄑子移切谷口[illegible]苦縛具縛二切聞喜縣鄉名郶步回切聞喜鄉郤[illegible]切亭名在重安[illegible]外道

巳與恭同郒戶光切古縣名鄏時眞切姓也鄖烏昆切鄉名在蜀郚口孤切春秋地在河東當郚首也郱蒲故切亭

名鄬人上切鄉名郮徒紅切鄉名鄌徒郎切國名郝無沸切地名郿寄魚切國名郃侯閤切左

馮翊郃陽縣鄗胡交切地名鄻九縛切地名鄏徒冬切古國名郶居一切地名一云郶成山鄒如舟切郪

且栗切說文云齊地也[illegible]土課切山名[illegible]阻生切國名[illegible]丁丑切縣名[illegible]唐盧切地名[illegible]古熬切鄉名

[illegible]毗聊切地名鄜苦昂切地名鄇胡遘切縣名鄽直連切市鄽俗作廛[illegible]於京切地名鄺[illegible]姓也

廬江縣 鄑子思切谷名 𨜔呼光切縣名 𨙸扶巖切地名 𨛗七海切地名 邸都禮切邑名又邸舍也
𨛷胡老切邑名 𨚕才孫切𨚕鄢縣在犍為 𨜾莫霸切又音馬 𨟙知升切國名 𨛦知盈切地名又直盈
切 𨛖余舟切鄉名 鄁所間切地名 𨝌古喚切亭名 𨟚蒲梅切鄉名 郕食盈切縣名 𨝐於亦
切地名 𨚍語其切 𨞚昨焦切地名 𨛍去王切邑名 郴丑吟切縣名在桂陽 𨝹去虐切地名 邒徒苓
切鄉名 𨛌且孫切鄉名 𨞇力之切鄉名 鄂五俱切地名 𨚫祖浩切邑名在筑陽 𨞫九小切國名 𨞃
息俊切地名 𨚶息典切國名 𨛘皮變切邑名 𨛽子省切地名 𨛜居顒切邑名又亭名 𨞓余之切地
名 𨟠慈夕切說文云蜀地也 邾中厨切江夏縣亦魯附庸國 𨝏晉遷說文云地名也 𨞺徒紅切地名又
姓 𨟏力脂切國名

司部第二十一凡四字

司胥茲切司者主也說文云臣司事於外者也 伺胥恣切司志二切候也察也
廣雅埤蒼並作覗 詞似茲切說文云意內而言外也 𤔲籀文

○士部第二十二 凡四字

士 事几切事也傳曰通古今辯不然謂之士數始於一終於十孔子曰推一合十為士

壻 思計切爾雅云女子之夫為壻或作婿

墫 七旬切詩云墫墫舞我爾雅云墫墫喜也或作壿亦作蹲

壯 阻亮切健也大也詩云克壯其猷

玉篇卷第三 凡一十三部

人部第二十三 而真　儿部第二十四 而真　父部第二十五 扶甫　臣部第二十六 時人

男部第二十七 奴含　民部第二十八 彌申　夫部第二十九 甫俱　予部第三十 以諸

我部第三十一 五可　身部第三十二 式神　兄部第三十三 訶榮　弟部第三十四 大禮

女部第三十五 尼與

人部第二十三 凡五百二十一字

人 而真切周書云惟人萬物之靈孔安國曰天地所生惟人為貴易曰大人者與天地合其德與日月合其明與四時合其序與鬼神合其吉凶禮記云人者五行之端太玄經云有九人一為下人二為平人三為進人四為

下祿五爲中祿六爲上祿七爲火志八爲疾瘀九爲極說文云天地之性最貴者也象臂脛之形 **僮** 徒東切僮幼迷荒者詩云狂僮

之狂也且傳曰狂行僮昏所化也廣雅云僮癡也今爲童 **仁** 而眞切周禮曰六德仁鄭玄曰愛人以及物左傳云不背本仁也又

曰參和爲仁論語曰殺身以成仁又曰克己復礼爲仁孔子曰人者仁也鄭玄曰仁謂施以恩義也又曰郊社之義所以爲仁鬼神也鄭

玄曰仁猶存也白虎通曰仁者好生說文云仁親也古文作悉也 **傂** 息移切傂祁地名亦作虒又池爾直離二切仳傂參差也

伾 匹眉切有力也廣雅云伾衆也 **弔** 丁叫切弔生曰唁弔死曰弔又二音的至也 **伄** 丁叫切伄倘不當也 **儅** 丁盎切伄儅又

丁堂切 **候** 胡遘切說文曰伺望也周禮有候人 **偂** 則前切又音翦 **仳** 芳上切說文云別也詩曰有女仳離又防脂切

儂 奴冬切吳人稱我是也 **⿰亻身** 式神切姓身也 **傑** 奇哲切英傑詩曰邦之傑兮傑特立也 **倕** 是推切重也黃帝時

巧人名也 **⿰亻埀** 同上 **保** 補道切書曰明徵定保保安也說文養也 **⿰亻⿱口禾** 說文保字 **⿰亻⿱爫木** 古文保亦作杀 **伭** 胡田切很也

⿰亻今 同上 **企** 去智切說文云舉踵也詩云如企斯翼 **⿱人足** 古文 **俊** 子峻切說文云才過千人也書曰克明俊德 **儁**

同上俗作儁 **仞** 如震切周書曰爲山九仞孔安國曰八尺曰仞鄭玄曰七尺曰仞 **仕** 助理切說文云學也論語曰學而優則仕仕而優則

學　俅渠鳩切詩云戴弁俅俅箋云恭慎也　儒如俱切說文云柔也　仲直衆切詩曰仲氏任只仲中也　伯博陌切說文云長也曲礼五官之長曰伯謂爲三公者周礼九命作伯　佰莫白切說文云相十佰也漢書食貨志云而有仟佰之得注云仟謂千錢佰謂百　偰相裂切高辛氏之子爲尭司徒殷之先也亦作契　倩此見切詩云巧笑倩兮倩好口輔也又七性切假倩也　伊於脂切爾雅曰伊維也注謂發語辝皃　㑥古文　伀[redacted]容切方言曰潤沭或謂之征伀也　征之成切廣雅云征伀懼也　儇呼緣四詩云揖我謂我儇利也又慧也　侅胡改姑來二切奇侅非常也　倓徒甘切靜也恬也說玄安也　⿰倓刂說文同上　㒒與攝切楚辝云衣攝㒒以儲與兮攝㒒不舒展皃　僷字書僷字　份彼陳切說文云文質備也論語云文質份份亦作彬　僚旅條切書曰百僚師師僚官也又同官曰僚也　佖支筆頻必二佖威儀也　仜胡東切大腹也　僝士簡切虞書曰共工方鳩僝功僝見也又具也　儠理攝切說文云長壯儠儠也　儦彼鴞切詩云朱幩儦儦盛皃也　儺奴何切說文云行有節也詩云佩玉之儺又奴可切　僓他罪切長好皃又嫷也又胡對切　佶其吉切正也詩云既佶且閒　倭於爲切說文云順皃詩云周道倭遟又烏禾切國名　俁牛矩切大也詩云碩人俁俁容皃大也　健渠建切易曰乾健也天行健君子以自強不息　侯牀史

切詩云儦儦俟俟獸趨行貌又俟也又音祈虜複姓万俟氏倞渠向渠命二切強也傹同上傲五到切書云傲子父頑母嚚象

傲傲慢不友也仡語訖切說文曰勇壯也書云仡仡勇夫儼宜檢切詩云碩大且儼儼矜莊貌俚良子切賴天說文云聊也

俺於劒切說文云大也侚詞俊切疾也㑋字書侚字伴蒲滿切侶也又蒲旦切詩云無然伴換伴換猶跋扈也佳

革崖切說文云善也楚辭云妬佳冶之芬芳兮僩下板切武皃詩云瑟兮僩兮僩寬大也又音簡倬知角切明也大也偲

七才切詩云其人美且偲偲才也侹他頂切平直皃說文云弃皃一曰箸地一曰代也傍力告切佯傍也傓舒繕切詩

云豔妻傓方處傓熾也儆羈影切戒也虞書云降才儆予俶尺竹切厚也始也詩云令終有俶傭恥恭切均也直也詩

曰昊天不傭又音庸傭賃也僾乙賚切詩云亦孔之僾僾唈也仿芳往切仿佛相似也㑂籀文佛孚勿切仿佛也又符

弗切又音弼僁桑截切小聲也偦字書同上僟居希切精詳也月令云數將僟終也供居庸切祭也設也具也又居用

切偫直理切待也亦與庤同儲也具也儲直於切偫也又儲副備皮祕切預也俻同上俗伇古文偓偓於岳

切偓促拘之見佺且泉切偓佺仙人食松子而眼方儐卑刃切出接賓曰儐說文云導也㒤尺涉切心服也畏也佝扶握

切爾雅曰奔星爲彴約即流星也說文音狄約也儕仕皆切類也侔莫侯切齊等也倫力屯切說文云輩也一曰道也
書曰無相奪倫偕居骸切詩云與子偕老偕俱也侙恥力切國語曰於其心侙然侙猶惕也併補郢必姓二切羅列也說
文云竝也俱矩俞切皆也儹子管切最也傅方務切太傅太保相天子也俌芳輔切輔也佮公荅切合
取也依於祈切怙也助也說文云倚也佽且利切詩云決拾既佽佽利也倚於綺切依倚也佴如志切貳也佽也仍
如陵切就也侍時至切說文云承也倢才獵切詩云征夫倢倢倢倢樂事也本亦作捷又音接倢伃也伃與居切武帝制
倢伃婦官也亦作婕妤也傾口營切說文云仄也側莊色切傍也侒烏蘭切說文云宴也侐許域切詩云閟宮有侐侐清淨
也或作鬪俜普丁切使也俠胡頰切漢書云季布爲任俠有名注云同事非爲俠又謂任使其氣力俠之言挾也以權力俠輔人
也侁所臻切往來侁侁行聲詩云侁侁征夫也儃達安達亶達案三切疾也何也仰魚掌切易曰仰則觀乎天文反首望
也侳子過切說文云安也儽力罪切說文云垂皃一曰嬾懈又力追切家語云儽儽若喪家之狗羸病皃儽同上侸時注
切說文作侸立也今作樹偁齒繩切左氏傳云禹偁善人與稱同付方務切書云皇天既付付與也佸古闊切詩曰曷其有佸佸

會也傆牛萬切黠也微武非切書云虞舜側微微賤也作子各切說文云起也周禮曰作六軍之士執披作謂使之也
假居馬切書曰假手于我有命假借也又非眞也至也又音格侵千金切漸進也穀梁傳曰五穀不升謂之大侵侵傷也僨
市亮切左氏傳曰西鄰責言不可償也償報也儥餘祝切周禮司市以量度成賈而徵儥儥買也儀語奇切說文云度也
易曰太極生兩儀代達賚切說文云更也書曰天工人其代之傍蒲當切近也儝瞿龜切左右視也偈近烈
切武皃詩曰伯兮偈兮又其例切偈句也俔苦見切詩曰俔天之妹俔磬也侶力莒切聲類云伴侶也便婢仙切爾
雅曰便便辯也書傳曰便辟足恭也又毗線切偆尺尹切說文云富也任耳斟切說文云保也爾雅曰佞也又汝鴆切委任也
什時立切什物也又篇什也優郁牛切說文云饒也一曰倡也左氏傳云鮑氏之圉人爲優優俳也僖虛其切樂也
儉渠儼切說文云約也价居薤切詩曰价人維藩价善也⿰亻戒同上俗似足切習安也周禮十有二教六曰以俗教則民不偷也
仔則之切詩曰佛時仔肩仔肩克也偭彌衍切漢書偭蟂獺以隱處偭面背也億於力切安也俆詞余切緩也
⿰亻关以證切送也呂不韋曰有侁氏以伊尹⿰亻关女與媵同使所里切令也書曰后非民罔使又踈事切伶來丁切使也說文云

弄也益州有建伶縣俾必弭切書曰有能俾乂俾使也傳儲孿儲戀二切周禮訓方氏誦四方之傳道傳道世世傳說往古之
事也併步定切併也倌古宦古丸二切說文云小臣也詩曰命彼倌人伸舒鄰切舒也易曰尺蠖之屈以求伸也僭
子念切說文云儗也書曰天命不僭伹七閭祥閭二切拙也廣雅云鈍也㒄式善如善二切說文云意膬也一曰意急而懼也一
曰難也偄而臠乃亂二切弱也傿於建切引爲價也儔直流切侶也又大到切翳隱蔽也倍步乃切易曰近市利
三倍倍謂一兩之也俴才見切詩云小戎俴收俴淺也儚呼肱切恨也迷惽也侊公黃公橫二切國語云侊飯不及壺飧注
云侊入也大飯謂盛饌倀敕良切失道皃又狂也禮記曰治國而無禮譬猶瞽之無相與倀倀乎其何之偏匹研切鄙也書曰無
偏無頗偏不平也佃同年同見二切作田也說文曰中也左氏傳曰乘中佃一轅車儗御理切僭也侜張牛切詩曰誰侜予
美爾雅曰侜張誑也倜他激切倜儻也司馬相如封禪書云倜儻窮變也僻匹亦切詩云民之多僻僻邪也⿰亻囟息紫切說文云
小皃詩曰⿰亻囟⿰亻囟彼有屋本亦作佌音此侈昌是式是二切書曰祿弗期侈侈泰也伎之豉切說文云與也詩云鞫人伎忒又渠
綺切儆文吏切會物也方言云儆會也佁丑利夷在二切癡皃伿弋豉切說文云惰也⿰亻蚤蘇刀切驕也僞魚貴切詐

也倪魚雞五禮二切莊子云和之以天倪倪自然之分也伍吴魯切行伍說文曰相參伍也仵吴古切偶敵也佝今豆
切楚辭云直佝愁以自苦亦作怐倡齒羊切說文云樂也又音唱禮曰一倡而三歎俳皮皆切漢書曰詼笑類俳倡俳雜戲也
御其虐切傲御受屈也佻敕聊切詩云視民不佻佻偷也儳仕咸切說文云儳互不齊也又仕鑑切僐時演切作
姿也傜余招切傜役也傜同上俄我哥切俄頃須臾也僛丘其切醉舞皃詩云屢舞僛僛侮亡甫切侮慢也㑄
古文傷舒揚切說文云創也爾雅曰傷憂思也俙呼皆切解也訟也傸秦栗切廣雅云賊也偒以豉切輕也
僄匹妙切說文云輕也又僄役輕迫也傞思何古何二切舞不止皃詩云屢舞傞傞也僨甫運切僵也僵舉良
切莊子推而僵之說僵也偃乙蹇切論語云草上之風必偃偃仆也仆芳遇切頓倒皃倄下交切刺也一曰痛聲俑
餘種切禮記曰孔子謂爲俑者不仁俑偶人也說文又他紅切痛也係何計切爾雅曰繼也又音計伏扶腹切匿也易曰失爲遷
佚促且足切速也迫也催且回切迫也相擣也伐扶厥切征伐又自矜又伐言曰[illegible]伐仇渠牛切書曰萬姓仇予仇
怨也俘芳符切說文云軍所獲也左氏傳曰以爲俘馘傴郁禹切說文云僂也左氏傳曰再命而傴仸乙小切字書云妖也
[illegible]

儡力回切相敗也儽力救居劫二切說文云嬾行儽儽一曰且也倃公昊渠久二切毀也倠許維切淮南曰嫫毋仳倠
說文仳倠醜面也傛與恭切漢書傛華婦官名又音勇不安也僔子損切說文云聚也詩云僔沓背憎侂恥各切侂寄也
論語云可以侂六尺之孤倦渠眷切猒也說文云罷也書曰耄期倦于勤僂力矩切說文云尫也周公韈僂或言背僂也
傮子牢切又祀牛切終也像似兩切說文云象也偶吾苟切爾雅曰合也說文云桐人也僊司連切說文曰長生僊去
也莊子曰千歲猒世去而上僊⿰亻䙴說文僊仙聲類云今僊字佋時昭切說文云廟佋穆父爲佋南面子爲穆北面⿰亻對
丁退切帀也伋居及切孔鯉子名伋字子思佼古爻切交也又音絞佩蒲對切大帶佩也傪七感切說文云好皃又倉
含切⿰亻軍五昆切姓也侗吐公敕動二切論語曰侗而不愿侗謂未成器之人伉去浪切左氏傳云已不能庇其伉儷伉敵也
儷吕詣切偶也⿰亻離字書上同僑渠消切高也僎士卷切具也又將倫切傀古回切周禮曰大傀異烖注云傀猶怪
也⿰亻褢聲類傀字儋丁談切任也何也僤大旦切說文云疾也周禮曰句兵欲無僤何胡可切克負也又乎哥切辭也佗
達何切說文云負何也凡以驢馬載物謂之負佗他吐何切誰也本亦作佗⿰亻𠂢⿰亻𠂢二同符歷切古文辟佚余一切書曰無

救佚欲有邦佚豫也值徐利切詩云值其鷺羽值持也㑌渠往切楚辭曰魂㑌㑌而南征兮㑌㑌遑遽皃健[redacted]前力見二切

雞鴨成健文字音義云江東呼畜雙産謂之健佾餘質切論語曰八佾舞於庭佾列也莅力致切詩云方叔莅止莅[redacted]也佇

除呂切詩云佇立以泣佇久也侑禹救切周禮曰王以樂侑食侑勸也[redacted]爾羊先羊二切因也偪鄙力切迫也與逼同佪

胡雷切佪佪惛也傖仕衡切晉陽秋云吴人謂中國人爲傖僇力庖切盛也儓達該切輿儓也左氏傳云僕臣儓

㑷他代切意恣從也說文云意也與態同伬扶形孚翎二切方言云伬輕也傑渠凶切方言云傑倯罵也燕之北郊曰傑

緻謂形小可愉之皃倯蘇容切方言云庸謂之倯轉語也伆武粉武弗二切離也博雅云斷也㒓他達切方言云逃也叛也

倖沒切倖強也一曰很也傃桑故切向也孔子曰傃[redacted]怪偩扶九切像也侀音形禮記曰刑者侀也侀者成也一

成而不可變偎烏回切愛也又北海之隈有國曰偎人倅[redacted]價切周禮戎僕掌王倅車之政正其服倅副也價古評

切價數也俛無辯切俯俛也說文音俯低頭也亦作[redacted]俯[redacted]切易曰俯以察於[redacted]謂下首也仂六翼切勤也又音勤

傁思口切老也與叟同傸說文使㑩於阮切勸也借子亦切假借也又子夜切倰力曾切長也傺敕厲子例

二切楚辞曰侘傺邑余侘傺公侘傺失志皃**侘**都[redacted]家二切侘傺**佐**子[redacted]切助也周禮同以佐王[redacted]邦國**僗**渠管力特也古

勞字**倮**力果切赤體也**偟**胡光切爾雅曰[redacted]也**俫**武[redacted]切周禮小祝掌俫裁[redacted]安也本作彌注作敉**偷**吐侯切盜也爾

雅曰佻偷也謂苟且也**[illegible]**[redacted]切使也**僻**尺克切淮[redacted]分注僻馳[redacted]昔也與[redacted]同**佳**雉具徵具二切立也**侻**

他活切博雅曰可也一曰輕也**儢**力莒切儢拒心不欲為也**[illegible]**古[redacted]切佀至也**僸**牛錦切文字音義云仰頭皃**儻**他朗

切倜儻不羈又他浪切倬也**僜**下介切[redacted]也又楚[redacted]云何文肆而質[redacted]**佯**余章似羊二切詐也博雅云弱也**傎**都田

切殞也也仆也倒也**傎**同上**倒**丁老切書云前徒倒戈說文云仆也**侱**他井切侱也**僬**子離切曲禮云僬庶人僬僬鄭玄

曰行容止之貌也又昨焦切**侶**白莒切伴也陸機草木踈云麟不侶行**佟**大冬切廣蒼云人姓**佇**古唐切古剛字**侄**

之栗切牢也堅也**仠**魚旰切争也**俓**牛耕牛燕二切急也**仟**七堅切文字音義云千人之長曰仟**儫**口礼切聲類云

開衣領也**㐰㐰**思信一並古主风字**侲**之仁之仍二切說文云僮子也方言云燕齊之間謂養馬者曰侲**仉**之養切梁庠公

子姓也**僪**渠出切山泉宮賦曰捎蘷魖而世僪狂本亦作僪**倥**口貢切倥傯窮困也**傯**子貢切倥傯**倱**户本切帝鴻氏

有不才子天下之民謂之倱伅　伅徒損切倱伅　僟先輩切僟僟走皃　偡丈減切偡偡齊整也　僩丑減切癡也　伏
直亮切器仗也莊子以劒見問曰夫子所御仗　伈悉枕切伈伈恐皃　偛楚洽切字書云偛傷小人一曰偛慨男黠也　[亻密]莫刮切[亻密]
傄健也　傄呼八切[亻密]傄　佅摩葛切佅僆車儕　傴烏詡切傴倚也　低丁泥切垂也　伭同上俗　儸力柯切儸
儸健而不德也　僬之車切僬儸　俸補孔切屏俸小皃又房用切俸祿也　僦子祐切僦賃也　俰和臥切和也　傿于諂
切傿謂之佗佗不安也　傋公項切傋佬不媚也　[亻尨]母項切傋佬　佔丁兼切字書云佔侸輕薄也　侸丁侯切佔侸
偠於了切偠㒡細腰也　㒡乃了切偠㒡舞者㒡身若環也　佊陂髮切邪也　傌莫亞切齊大夫名　佫下各切人
姓　偩渠往切戴器也　儭干刃切至也又初吝切裏也或作寴　佑于究切書云皇天眷佑佑助也　僋似紺切僋俕老無宜
適也　俕先紺切僋俕　佄胡甘切佄佄與酣同　仠何旦切衛也　㑣夷世切亦作蔑所以合版際也　倖胡耿切徼倖亦
作幸　俾卑吉切止行也本作趩蹕　僯力軫切僯慙恥也　俈苦篤切或嚳字俈高辛也　㑳壯救休救二切任身也　傍博堅
步堅二切或蹁字皃一不正也　㒋息移切鼠也役也亦與廝同　僉[illegible]切[illegible]古文[illegible]　偵恥慶切候也東觀使先登偵之　[亼是]遐雅

切古文夏吏女孝切與閙同俙許[illegible]切俙[illegible]也儶下珪切儶儶傝吐盍切傝僊惡也一曰不謹皃僊先盍切傝僊也

佢達亶切語呼也儋求鈙又[illegible]二切賈逵云儋若囚拘謂肩傴僂也聽息驗偯於豈切哭餘聲禮記曰大功之哭三曲而

偯侇與脂切夷也傰音朋又音倍漢書南山羣盜傰宗等數百人亦作倗侈同上又都柯切仱渠廉切古樂名僥

魚彫切山海經云僬僥國在三首國東郭璞曰僬僥氏長三尺人短之至也侏諸儒切侏儒短人國語曰侏儒不可使援㑦力計切怒

也儈古會切合市也僰平北切屛之遠方曰僰僰之言偪也說文云犍爲蠻夷也佒於郎於良二切體不伸也㑌力刀切㑌

大也𠐊許驕切傲也伻普萌切使人也又急也佉去茄切神名也佫力却切神名也倧祖冬切仙人也偳都官

侐官二切人名佬力彫切僗老也大皃也僗大交切大皃伽求迦切伽藍也又後漢書云伽倍國在莎車西倲都聾

切儱倲儜劣皃亦姓儽奴回切傴也倠息維切偏也僼孚公切偓僼仙人也㒕烏江切㒕降不伏也僧

悉層切師僧也仯彌小切仯小皃又初教切侉苦瓜切奢也書云驕淫矜侉又安賀切痛呼也併而勇切衆也优徒感

切詩云髧彼兩髦或作优𠐨居偃切偃𠐨不伏也傯初講切衆齊也傟於項切戾也㒍筆委切停也㑎奴禱

切姓也傊于蘊切優也佲偭二同彌頂切傒僖二同戶礼切待也本作徯僝仕山切僝僽惡罵也僽
仕救切僝僽伱乃里切伱也僎羊煑切譁也僬亡甫切慢也佸匹亥切不肯諟妄也倘他朗切倘然出南華
眞經伒魚俺切掩伒癡也佌七紙切小舞皃佷戶懇切戾也本作很⿰亻麻密彼切無⿰亻麻也⿰亻頁思主切姓也佀
似二同祥里切像也估居午切估價也倗匹肯切不也說文步崩切輔也倣甫罔切倣學也儌居曉切儌行也
侃口旱口汗二切樂也又強直也偘同上傡蒲倖切傡直也又俱也例力世切類例也伷去仲切小皃僜都鄧
切又徒亘切倰僜不著事儱力用切儱偅行不正也偅章用切儱偅伩私進切古文信倳側吏切置也⿰亻氣
許氣切愾⿰亻氣也伷直宥切伷系也⿰亻敢許鑑切還皃又⿱敢見⿰亻敢高危皃僅巨鎮切說文云材能也倰余證切鍊也
儴奴須切寛儴也⿰亻䖒呼旰切⿰亻䖒姓也⿰亻亘胡慣切⿰亻亘亘也⿰亻遣去戰切⿰亻遣開也仛丑訝切嬌逸又湯洛切⿰亻幼乙孝
切很⿰亻幼也傔去念切侍從也偌人夜切偌也⿰亻取子句切⿰亻取[illegible]也倈力對切亞也僓徒混切仙僓也⿰亻卌私列切⿰亻卌
修也倛欺忌切倛儗不行⿰亻昏火[illegible]老忘也⿰亻萬莫[illegible]切好皃⿰亻殼胡殼切學殼也⿰亻豎常裕切⿰亻豎神也僕

薄沃切僮僕說文云給事者也 傈力質切廟主也本作栗 倠[illegible]切姓也 倗五活切地名 俗渠戟切倦也

[illegible]張略切姓也 傶宗祿切名亦姓 㑿時東切㑿㑛動頭皃 㑛舒錄切㑿㑛也 復風木切 偩知力

切占文攺 㒊師立切不及也 佹九委切戾也春秋云晉侯佹諸 偉于鬼切大也說文云奇也 俉五顧切史記天官書云鬼

哭若呼其人逢俉注云俉迎也 㑂五分切㑂倗佯不知皃 俒胡困切說文云完也逸周書曰朕實不明以俒伯父 仚許延

切輕舉皃說文云人在山上也 僙胡光切作力皃與趪同 儜女耕切困也弱也 儯徒登切陵儯長皃 偤以周

切侍也出文字辨疑 件其輦切說文云分也从牛牛大物故可分 以余止切用也與也爲也古作㠯 儑五甘切不慧也 俵波廟

切傺散也 傻又文切惡也 儚莫登切爾雅曰儚儚佪佪惛也郭璞云皆迷惛 個加賀切偏也鄭玄注儀禮云俗呼个爲個

偙丁計切俊也或與俤同 僿蘇代式志二切史記云小人以僿 𠈇音夙慉夙不伸 傉奴篤切虜三字姓有庫傉官

倔巨勿切倔強 咎其久切說文云災也从人从各各有相違也 位于僞切說文云列中作之左右曰位 偒他莽切直也 攸俗攸字

儿部第二十四 凡十字

儿而眞切仁人也孔子曰人在下故詰屈說文曰古文奇字人也象形 兀五忽切說文曰

高而上平也从一在二以 兒如支切說文云孺子也从儿象小兒頭囟未合 允惟蠢切易曰允升大吉允當也又信也 兌徒外切說

也 兌說文兊 充齒戎切行也滿也 亮力尚切朗也又信也 兗俞轉切書曰濟河惟兗州 免靡蹇切去也止也脫也

父部第二十五凡五字 父扶甫切易曰有夫婦然後有父子說文云父矩也家長率教者也 爹屠可切父

也又陟斜切 爸蒲可切父也 𤕓之邪切父也 爺以遮切俗爲父爺字

臣部第二十六凡四字 臣時人切易曰有父子然後有君臣白虎通曰臣者繵也屬志自堅固也說文云臣牽也事

君也象屈服之形廣雅云臣堅也孔子曰仕於公曰臣仕於家曰僕 臦居況切說文曰乖也从二臣相違 臧則郎切說文云善也 臧籀文

男部第二十七凡四字 男數含切易曰有萬物然後有男女白虎通曰男者任也說文云丈夫也字从田力言

男用力於田也夏書曰二百里男邦孔子曰男任也俗王者事周禮曰方千里曰王畿其外五百里曰侯服又其外五百里曰甸服又其外五百

里曰男服禮記曰王者之制祿爵公侯田方百里伯七十里子男五十里 舅巨九切爾雅云母之昆弟爲舅亦作舅同 甥所庚切左氏傳

注姊妹之子曰甥 嬲奴曉切戲相擾也

民部第二十八 凡二字

民 彌申切說文云衆萌也書云民非主罔事主非民罔使 氓 莫耕切說文云民也詩云氓之蚩蚩

夫部第二十九 凡四字

夫 甫俱切說文云丈夫从一大一以象簪周制八寸爲尺十尺爲丈人長八尺故曰丈夫又夫三爲屋一家田爲一夫也又音扶語助也 㚘 蒲滿切竝行也 替 吐麗切書曰弗敢替上帝命替廢也 規 癸支切法也本亦作規矩韓繩也規正圓之器也

予部第三十 凡三字

予 以諸切予者我也又音與說文云推予前人也 舒 式諸切舒敘也說文云伸也一曰舒緩也 幻 胡慢切相詐惑也从倒予今作幻

我部第三十一 凡四字

我 五可切說文云施身自謂也易曰我有好爵 㦰 古文我 義 魚奇切已之威儀也又宜寄切仁義也 羛 墨翟書義字從弗

身部第三十二 凡二十八字

身 式神切說文云躳也象人之身易曰近取諸身 軀 去迂切說文云體也 ⿰身丘 同上俗 ⿰身支 止移切四⿰身支體也亦作肢胑 ⿰身只 只見切亦用爲四躳字 躼 力當切躼躿身長皃 躿 口岡切躼躿

躭 丁含切俗耽字 軁 力句切傴巳也 ⿰身甹 匹政切俗聘字 ⿰身貴 五拜切人名 躲 丁果切躲身也 ⿰身豈 下哀切字書云

躿軆體長皃 躻丘華切躻躿以體柔人也爾雅作夸毗 䠊蒲彌切躻䠊 躽於建切躽體怒腹也 躳居雄切說文曰身也

躬同上 ⿰身亶之善切裸形也 ⿰身戠之力切俗職字 躶力果切赤體也亦作裸 躰軆他禮切並俗體字 ⿰身冄他甘

切俗聃字 ⿰身小力登切⿰身小身也 ⿰身犮蒲末切 躸居宜切躸身區皃

兄部第三十三凡三字

兄詡榮切昆也爾雅曰男子先生為兄 兢冀徵切兢兢戒慎也說文云競也

兢同上見說文

弟部第三十四凡五字

弟大禮切爾雅曰男子後生為弟又大例切說文云韋東之次弟也 𢎨古文

第大例切今為第幾也 罤古昏切說文云周人謂兄曰罤也今作昆同 晜同上

女部第三十五凡四百一十八字

女尼與切說文云婦人也象形易曰有萬物然後有男女又女者如也如男子之教又從也女子有三從之義又尼慮切以女妻人曰女 姓息政切姓氏書曰平章百姓 姜居羊切炎帝居姜水以為姓

姞渠乙切姞氏為后稷元妃南燕姓也 姚俞招切舜姓也 嬀居為切水名書云釐降二女于嬀汭亦姓 嬴余征切姓

也好呼道切說文美也又呼導切愛好也[illegible]呼[illegible]切[illegible]也亦作[illegible]娸去[illegible]切姓也一曰醜也娧他外切好皃一

嬿於典於見二切說文云安也也詩曰嬿婉之求亦或作[illegible]娙胡丁[illegible]二切身長好皃武帝所幸邢夫人之号娙娥㜺作旦

切好容皃婉於遠切婉媚說文云順也[illegible]上同姛徒孔切項直皃嫣許乾切又於建二切長美皃姌如斂切長皃一

嫋奴了如酌二切姌嫋長也孅思廉切細也嫇亡丁切說文曰嬰嫇也一曰嫇嫇小人皃又亡鼎切嫇姅自持也奵丁冷

切嫇奵婬余針切喜也說文云私逸也嬛巨營切詩云嬛嬛在疚家道未成嬛嬛然亦孤特也[illegible]上同姽牛委切說

文云閑體行姽姽也㚲尺涉切輕薄女曰多技藝也一婐烏果切婐姬也[illegible]乃果五果二切委皃也委於詭切委屬也

棄也曲也㚲丑廉切㚲妗也妗許兼切㚲妗於美笑皃也[illegible]居天居點二切竦身皃婧財姓疾井子盈三切竦立皃

妌音靜靜也姂房法切說文曰婦人皃嫙徐緣切好皃姡胡括戶刮二切多詐也爾雅曰靦姡也齌阻皆切有

齌季女說文子奚切材也嬥徒了徒聊二切嬥嬥往來也嫢衢癸聓惟二切盛皃說文云媞也秦晉謂細腰曰嫢媞徒兮切安

諟也說文承旨切諦也曰江淮之間謂母曰媞婺亡句切婦人皃娛魚俱切樂也嫺胡閒切嫺雅也[illegible]吁基切善也二

娭虚基切戲也又婦人賤稱　娓亡利眉鄙二切美也又音尾　媅都含切樂也　妉同上　嫡丁歷切屬也又正也　孎知玉切女謹皃

媕烏斂切女有心媕媕又音諳　媣而閃切媣媞也　媣同上見說文　嫥之緣切專一也又可愛之皃

如仁餘切而也往也若也　嫧初革側革二切嫧嫧鮮好皃　娕楚角切謹也又音賴好皃　娕同上　娖側角切齱也

嬐桑廉牛儉二切敏疾也　𡣞之利之立二切說文云至也　嬪毗民切妃嬪也　㜝古文　婚他合切倦伏也

晏烏澗切　嬗時戰切緩也　嫴公奴切苟且也說文曰保任也　媻蒲寒切媻媻往來也說文薄波切奢也

娑桑多切婆娑舞者之容　婆蒲河切婆娑又婆母也　姰息匀切狂也又音縣　姷于救切偶也　姕且貲子兒二切說文曰婦人小物也詩曰屢舞姕姕

妓其綺切婦人小物也　嬰一盈切蒼頡篇云男曰兒女曰嬰說文云頸飾也　㛑倉旦切三女爲㛑又美好皃

𡝐同上見說文　媛爲眷切美女也　娉匹遥切娶也　娽力谷切顓頊妻說文云隨從也

妝阻良切女字又飾也　㜻力沇切說文曰順也　孌力轉切慕也亦同上　媟思列切慢也嬻也　㛯同上　嬻徒卜切易也媟也

妎胡計切說文云妒也又音害　㛠與妎同　𡢽知密切短面皃　㜼丁滑切說文云短面也　嫛

口責切難也　嬖補悌切說文云便僻也春秋傳曰賤而獲幸曰嬖　妒丹故切爭色也　妬同上　嫉慈栗切妬嫉也

媦云貴切楚人呼妹公羊傳曰楚王之妻媦　媢莫報切說文云夫妬婦也　妖乙嬌切媚也　[女芺]同上　佞奴定切口材也

嫪力高力報二切難也說文云婟也　婟胡故切嫪也戀也　嫭胡故切好皃楚辭曰嫭目宜笑或作嫮　[女虛]子庶切嬌皃

婼丑略切不從也又音兒婼羌　妄武況切婭也　妨孚方孚放二切害也　媮他侯切巧黠也又媮薄也　娋所效

切小娋侵也　[女朶]當果切量也揣也　嫌胡謙切說文曰不平於心一曰疑也　妯直六切妯娌也又敕流切擾也　娌

良士切妯娌也　婞胡頂切很也　[女善]之善切伎也　娺陟滑切怒也　嬐烏廉五感二切含怒也又魚檢切　婀

烏何切媕婀也　妍吾堅切好也　嫳匹蔑切說文云易使怒也　婜失冉切不媚也前卻婜婜然也　娃烏佳切美皃　妜

於決切憂妬也　孈右介尤卦二切愚戇多態也　[女恚]紫利切不悅也　嫼莫勤切奴也　娍于廢切輕也　嫖匹

匹妙二切輕嫖也　[女坐]子戈切主也　媁於歸切自恣也美也　婎呼維切醜也　媥匹連切輕也　[女臿]初洽切說文云

疾言失次也　嬬如殳切下妻也　婄匹走蒲回二切婦人皃　嬯大來切鈍劣也　[癹女]胡連切所望也說文云有守也　[女覃]

式荏切貪頑也 嫪 倉含切婪嫪也又七感切 婪 力[illegible]貪也 嬾 力但切懈惰也 娎 許列切喜也 婁 力侯切說
文云空也一曰婁務也 ⿱毌女 同上出說文 ⿱⿴囗又女 古文 婡 丘協切得志也又呼協切少氣也 孃 女良切母也又如常
切 娘 女良切少女之号 嬈 奴了切苛也又擾戲弄也 ⿱毀女 許委切說文云惡也一曰人皃 姍 先干切誹也
嫫 莫胡切說文云嫫母鄙醜也亦作嫫 婓 芳肥切往來婓婓皃又大醜也 嬋 市然切嬋媛也 ⿰女要 如巒切說
文好皃又奴困切與嫩同 ⿰女奄 於劔切婢也 ⿰女監 力暫切過差也 嫯 五高五到二切侮慢也 娩 無遠亡辯二切娩娩
也媚好也 妥 湯果湯回二切女字爾雅云坐也 姤 古候切遇也 嬇 胡內切女字 嬌 居搖切嬌姿也 嫘 力追
切嫘祖也 ⿰女菐 方木切昌意妻 妺 莫葛切妺喜桀妻也 ⿰女岸 魚戟切好也又午漢切齊也 ⿰女畢 卑溢切廣雅云母也
媓 胡光切母也 ⿱頁女 所交切姊也 姒 徐里切娣姒長婦曰姒幼婦曰娣 娣 徒厲切娣姒 娟 於緣切嬋
娟也 妦 孚庸切妦容好皃 㛔 同上 孀 所莊切孤孀寡婦也 妙 彌照切神妙也老子曰衆妙之門 嬙 在梁
切嬪嬙婦官名又音色女字也 婿 思計切夫婿與壻同 媵 以證實證二切送女從嫁爾雅曰媵將送也亦作⿰舟⿱龹女 婘 具貟

切好兒 ⿰女雚同上 嬼力受切姣嬼也 媉乙角切好也 嫌力兼切 嬉許依切樂也 媷如欲切懈惰也

娵子俞切少也又娵觜星名 婸地朗切戲婸也 姘匹耕切急也 婍丘倚切博雅云婍好也 妠奴紺切取也又

奴荅切姶妠聚物也 ⿸厂威胡臧切健也 妛充之切侮也 㛃公節切㛃清也 嬆許急切莊嚴也 娏莫江切埤

蒼云女神名 ⿰女叚古雅切好也 娷竹恚女恚二切飢聲 婮甫九普來二切好皃 娝布美切纂文云人姓也說文又

匹才切不肖也 ⿰女褱胡乖切和也 妧五館切好也 ⿰女豆丁候切⿰女豆譳詀說也亦作⿰言豆 ⿱歆女火含切貪⿱歆女也又許令切

⿱陵女充陟切女子態 㛮力薛切美也 ⿰女旱下鴈切嫯⿰女旱也 媽莫補切母也 姆音茂女師也 娒同上說文

又莫后切 ⿰女𡿺奴道切說文云有所恨痛也亦作⿰女𡿺 ⿱厭女於月切媚肥皃 奸公安切亂也 娗徒鼎達丁二切說文云女

出病也 媿居位切說文云慙也亦作愧 奻女間切說文云訟也 姦古顏切姦邪也 姧同上俗 姥莫古切老母也

⿰女臽女刮切小兒肥⿰女臽也 娾吾駭切喜樂也 ⿱彌女莫奚莫移二切齊人呼母亦作婺 嬭乃弟切母也女蟹切乳也 妳同上

姘普耕普經二切說文云漢律齊人與妻婢姦曰姘 姅匹半博慢二切婦人汚又傷孕也 妃芳菲切說文匹也又音配

婥齒約切女疾也又婥約好皃　娍息弓切有娍氏女簡狄爲帝嚳次妃吞乙卯而生契　姮胡登切姮娥也　娼齒羊切婸也婬也　嫡舒赤切嫡女也　姣戶交切婬也又音狡妖媚也　𡤛苦邑切　嬣女耕切姘嬣也　嫜之羊切夫之父毋也　妐之容切夫之兄也　妚普梅切孕也與胚同　媸尺之切姓也　姬居之切黃帝居姬水以爲姓又弋之切

嫞市庸切嫞嬾女也　嫠力之切寡婦也　姿子思切姿態也　娿何古切娿擿貪也　嫯嫀二同色臻切有嫀國　嬉許宜切婦人之稱也　㛹蒲緜切㛹娟美女皃　嬽於緣切美女也　嫖匹遙切漢公主名　妟古巧切古文姣　婋火交切女心俊　孋力移切孋姬本亦作驪　妋方無切貪皃又於牛切面目閒根　媕於甘切女不淨　媖於京切女人美稱

㚷日之切㚷媚也　㚻古華切女名也　妑栢麻切女名也　嬪匹民切嬪眉也本作顰　𡛷直牙切美也　妿古何切女師也又於何切　娻德紅切國名　娃口蛙切女娃也　姱苦瓜切姱奢皃　婫牛昆切女婫也　婷徒寧切和色也

妔苦庚切美女也　嬁得棱切美女皃　媘女皆切媘女也　嫺博亘切嫺謹也　𡢃息遊切女名也　媃如舟切女名也　𡛨普布切美女也　媋式勻切　嫸徂含切女嫸也　𡜐㛄二同力與切婦人醜皃　㚥莫砲切好皃又力首切

大五　篇三　三五

切妚方酉切好皃嫐奴好切嬈嫐也嫵亡甫切美女說文云嫵媚也娬同上㘸魚撿切好女皃㛚他重
切㛚齊皃嬠𡢃二同七感切好皃𡛷而耎切魚敗也妸一何女切女字也婀於可切婀娜美皃亦作妸娜奴可切婀娜
㛱烏罪切㛱婑好皃婑乃罪切㛱婑又思惟切尚書為古文綏婇七宰切婇女也㜝毋敢切鄉名也𡣍奴斗切㚷異名
又古候切取乳也姊將仕切爾雅曰男子謂女子先生為姊嫂蘇老切兄之妻也㛮同上俗又作嫂婪郎感切好
皃姐茲也切說文云蜀人呼母曰姐又祥預切姐嬻也她同上古文亦作毑㚩章引切㚩傎也嫤居隱切好皃
𡡕胡告切女名娍食政切長好皃婭於訝切姻婭也媻薄汗切嫨媻無宜適也嫨他旦切嫨媻奼恥下竹亞
二切美女也又音姤姹同上又河上姹女水銀也孌力絹切孌從也婻奴紺切美皃又小肥也娩孚万切產娩也說文云兔
子也嬔同上說文云生子齊均也嬎同上㚰必媚切女名㛄女世切姥嬉也𡛸疾恣切姤𡛸也嫎補嫹切妨嫎也
姲於鴈切女字姩婞二同奴見切美女𡡾奴見切說文云人姓也妣昌逸切女不謹𡣍子列切好𡣍也
㛕嬆上於急切下女立切婦皃㚱張略切靜妳也妾士接切妾接也得接於君者也𡡞於吉切𡡞嫛也妲多剌

切姐妀紂妃妀音紀姐妀說文云女字也妭蒲活切天子射蟄也說文云美婦也文字指歸曰女妭禿無髮所居之處天不雨也
媼烏老切女老稱又烏骨切媼妠小肥也婿息節切小皃姪徒結切爾雅曰女子謂晜弟之子爲姪又音帙嬄
同上妷弋質切淫妷也亦音帙與姪同嬳乙縛于故二切惜也嫛壹奚切人始生曰嫛婗婗五兮切嫛婗姨
余脂切爾雅曰妻之姊妹同出爲姨婢步弭切說文云女之卑者媚明秘切嫵媚也媺音美周禮云一曰媺宮室㛄
於希切女字也姝尺朱切說文云好也㚾同上亦見說文媰仕于仄鳩二切婦人妊身也周書曰至于媰婦嬃相俞
切女字也嫗烏遇切老嫗也說文云母也媲匹計切爾雅曰媲妃也妻千兮切說文云婦與己齊者也㛗古文
㜎音奚說文云女隸也媧古蛙切女媧氏嬭籀文媒音梅說文云謀也謀合二姓也始式子切說文云之初
也妊汝鴆切姙身懷孕也娠失人之刃二切妊娠也姻音因說文云壻家也女之所因故曰姻婣籀文妘王分
切說文曰祝融之後姓也𡞲籀文婚呼昆切說文云婦家也禮娶婦以昏時婦人陰也故曰婚亦作婚𡢗籀文嫄
愚袁切姜嫄帝嚳元妃婠一丸切說文云體德好也嬽音鴛嬽嬽美也姺色臻切說文云殷諸侯爲亂疑姓也春秋

傳曰商有娍妎 媊 子稷昨千二切甘氏星經曰太白上公妻号女媊居南斗 嫛 口間切說文云美也 媌 莫交切說文云自裏

好也方言云自關而東河濟之間謂好爲媌 姼 是支切姼母也說文曰美女也又音侈 ⿰女氏 同上 嫁 古訝切說文云

女適人曰嫁 姎 烏浪一郎二切說文云女人自稱我也 嬹 許應切悅也 嫈 烏莖一郎二切說文云小心態也

孁 郎丁切說文云女字也 婤 職流切女字左氏傳衛襄公有嬖人婤始 姶 烏合切女字 媨 羊久切醜也

㛅 仍吏切女字 妣 必爾切爾雅曰母爲妣 ⿰女匕 籀文 嬩 以諸切女字 娶 七諭切說文云取婦也 娃

他口切女字 娥 五何切說文云帝堯之女舜妻娥皇字也秦晉謂好曰娙娥 姑 古胡切說文云夫母也爾雅曰父之姊妹爲姑

又且也 媠 湯臥徒果二切說文云南楚之外謂好曰媠 嫷 同上 娋 所景切說文云滅也 婦 符九切說文云服也

从女持帚洒埽也 奻 音久女字也亦作妏 娡 之侍切有莘之女鯀娶之謂之女娡 妹 莫背切爾雅曰女子後生爲妹 嬒

烏會切說文云女黑色也 嫚 莫晏切說文云侮易也 嫽 力弔切說文云女字也方言云青徐之間謂好爲嫽 媾 居候切說

文云重婚也易曰匪寇婚媾 奴 乃都切說文云奴婢皆古之罪人周禮曰其奴男子入于皐隸女子入于舂藁 㚢 古文 嬮

於協切廣雅云好也又一鹽切　嫡丑六切說文云媚也又許六切　威於韋切威儀說文云姑也　妁之若切說文云酌也

斟酌二姓又音杓　嬫以灼切桂苑云嬫媄皃也又音爍　嫿呼麥乎麥二切說文云靜好也　㚤音翼說文云婦官也

婕卽葉切婕妤婦官也　妤以諸切婕妤

玉篇卷第四　凡二十部

下結頁部第三十六　毗賓頻部第三十七　舒酉𦣻部第三十八　舒酉首部第三十九

古堯県部第四十　彌箭面部第四十一　師力色部第四十二　先進囟部第四十三

以之𦣞部第四十四　戶唐亢部第四十五　毗至鼻部第四十六　疾利自部第四十七

莫六目部第四十八　殊尹盾部第四十九　九遇䀠部第五十　火域𡕥部第五十一

吉薦見部第五十二　昌召覞部第五十三　亡達苜部第五十四　如始耳部第五十五

頁部第三十六　凡一百十九字

頁下結切說文云頭也　頭達侯切說文云首也禮記曰頭容直鄭玄曰不

傾顧也謂必中也顏吾姦切國語云天威不違顏咫尺顏謂眉目之間也𩕊徒木切說文曰頭顱也又徒露切顱力胡切博
雅曰項顱謂之𩕊髏頂丁領切易曰過涉滅頂凶頂顛也廣雅云上也𩕄籀文額雅格切方言云中夏謂之額東齊謂
之顙釋名曰額鄂也有垠鄂也頟同上⿸厂頁魚怨切顛也願同上爾雅云思也廣雅云欲也顛都堅切頂也山頂爲之顛
顙蘇朗切額也易曰其於人也爲廣顙題達兮切額也楚辭云雕題黑齒頞惡葛切鼻莖也孟子曰蹙頞相告亦作齃頯
渠追丘軌二切爾雅云虯博而頯注云頯中央廣兩頭銳頰居牒切說文云面旁也山海經云其爲人小頰赤眉⿰艮頁公典公很二切
說文云頰後也頜公荅切公羊傳紀其頜口也方言頷頤頷也說文乎感切頤也顄胡耽切說文云頤也⿰函頁同上又下感切
頷戶感切莊子曰千金之珠必在九重之淵而驪龍頷下又音含頤以之切易曰頤中有物曰噬嗑又頤養也說文曰顄也與𦣞同
項胡講切頸後也領良郢切詩傳云領頸也又禮領父子君臣之節玄曰領猶理也頸吉郢切說文云頭莖也⿰冘頁諸甚
切說文云項頗也蒼頡云垂頭之皃顀直追切出額也⿰丕頁薄諧蒲回二切說文云曲頤也顊有衮切說文云面急顊顊也顩
五檢切說文云鹻皃蒼頡云狹面銳頤之皃頵於倫切說文云頭頵頵大也亦楚君名⿰兼頁五咸切頭頰面長皃碩市易切大

也 頒扶云切詩云有頒其首頒大首皃一云衆也又音班 ⿰焦頁火幺口幺二切蒼頡云頭大也 顒牛凶切爾雅曰顒顒卬卬君之德也

說文云頭大也 顤牛姚切高長頭皃又五弔切 顝口骨口回二切蒼頡云相抵觸廣雅云顝醜也 ⿰敖頁五高切高大也 頎婘衣

切詩云碩人頎頎傳具長皃又頎頎然佳也 ⿰岳頁五角切前⿰岳頁⿰岳頁 ⿰樊頁防園切大醜皃 ⿰㬎頁莫佩切說文云昧前也 ⿰爭頁

在姓切說文云好皃詩所謂⿰秦頁首 ⿰霝頁郎丁切說文云面瘦淺⿰霝頁⿰霝頁也 頨婢緣有矩二切說文云頭妍也 顗牛豈切靜也說文云

謹莊皃 ⿰豕頁五怪切頭蔽額也 頑五環切鈍也左氏傳曰心不則德義之經曰頑 ⿰隸頁吉惟切說文云小頭⿰隸頁⿰隸頁也 ⿰隸頁

同上 顆口火切小頭皃 頢古活戶活二切短面皃 頲他領切爾雅曰直也說文云狹頭也 頠五罪牛毀二切爾雅曰靜也說

文云頭閑習也 頍丘婢切舉頭皃 ⿰叟頁莫骨烏骨二切內頭水中也 顧古布切瞻也迴首曰顧 頋俗同上 ⿰㐱頁之忍

切說文云顏色⿰㐱頁⿰粦頁慎事也亦作須 ⿰粦頁來軫切⿰㐱頁⿰粦頁一云頭少髮皃亦作⿰粦頁 顉牛感切說文云低頭也左氏傳云逆於門者顉之而已杜

預曰顉搖其頭亦作頷又音欽曲頤也 顓諸緣切世本昌意生高陽是爲帝顓頊顓者專也頊者正也言能專正天之道也 頊虛玉

切顓頊又頊顓 ⿰麃頁同上 頫靡卷切低頭也說文音俯 頓都鈍切說文云下首也周禮九拜三曰頓首 頣式忍切舉眉視

人皃䪱之善切倨視人也頡紅結切蒼頡古造書者詩傳云飛而上曰頡說文曰直項也䪼之劣切𩓩高祖陸䪼龍顏

又之出切顥胡暠切白皃楚辭曰天白顥顥顅苦閒居研二切考工記曰數目顅脰又曰顅長脰皃說文云頭鬢少髮皃𩑛口本口沒

二切禿也頛力罪切說文云頭不正也𩒫下計切伺人也一曰恐也又去結切𩓥匹米切傾首也不正也䫋苦昆苦鈍二切頭穌

髮也一曰耳門也䫥丘罪切頭不正也頗普波切不平也偏也又匹跛切𩑔有救切顫也病也亦作疚頄渠龜切易

曰壯于頄王弼云頄面顴也又音逵頩普經普冷二切頩色也𩕄彌仙切方言云雙也故淮南曰𩕄偶又雙生也𩕲稗仁切慥

𩖃之延切顲也方言云也顲江淮之間謂頷爲顲顫之扇切頭不正也又顫動也顦昨焦切顦顇憂皃亦作憔顇疾醉切顦

顇亦作悴顑口感呼可二切飯不飽面黃起行也顲來感切說文云面顑顲皃聲類云面瘠皃煩扶園切憒悶煩亂也頪

力外切廣雅云疾也說文云難曉也一曰鮮白皃䫒莫昆切莊子云問焉則䫒然䫒不曉也亦作惛頦胡來切頤下又記在切

顡牛既五壞二切癡頑不聰明也䫏丘之切醜也今逐疫有䫏頭籲俞注切書曰率籲衆風籲和也䫃視尹切古脣字

䫤莫丁切詩云猗嗟䫤兮䫤眉目間也本亦作名顴距員切廣雅云頄也顳仁涉切在耳前曰顳顬仁于切顳顬耳前動也

頪柔流切詩載弁俅俅鄭玄云恭順皃或作頪䫣口倒切大頭也顠孚紹切髮白皃𩑠許可切傾頭視皃䫲公老

切䫗又兩切醜大皃䫫也滿也顩乙敢切䀏盼皃又美容皃顣視盈切頸也頏戶郎切詩傳云飛而下曰頏又苦浪

切咽頁徒𢼸切好也䫷五何切或爲俄䪷五舌切面醜也顤口交切薄不媚也預餘據切安也樂也頷

丘貶切醜也䫴丘飲切醜皃顑牛飲切頷醜皃顅公盍切頷車骨也䪴丑甚切顯慢劣皃顈丑錦

切顛顙又愁也𩓟胡絹切顯後也𩑛丁可切醜皃顁都定切題頟也顮蒲何切說文與皤同老人白也頢戶吾

切牛頷垂也與胡同䫍扶武切頰骨也頿甫越切說文古髮字翁於紅切頸毛也亦作翁䫻五各切嚴敬也靣呼憒

切面肥皃聲類頹字謂洗面也𩕳達祿切埤蒼云顅顱頭骨䫛呂侯切顅䫛貌孟教切容也說文與皃同䪻

丁甘切頰緩也或儋字𩓱先全切圓面也亦作圜䫦霍肱切字書云顭惛也或作儚頌與恭切形容也又似用切歌其盛德

禮爲人臣頌而無諂頌籀文顯虛典切詩云天維顯思顯光也又見也明也覿也著也虒思移切頭不正也靚

子庭切顱顱顐助轉切說文曰選具也或爲僎古文作選䫥莫邦切頭也丕普眉切太面𩓾胡鉤切言不正也

⿰叚頁胡加切傾頣　顎五孤切大頭也　頹徒回切頹下　頵余準切面不平也　頑胡官切　頼丑壘切
也本作赬經　顋息來切頰顋　顢莫安切顢頇大面　頇許安切顢頇又五旦切頭無髮頇頷也　頄渠公切
顤於交切顤頭凹也　鴿口咸切鶘鴿也　⿰咼頁古花切短頭也　顡呼塊切大首也　䫙顬上烏鉤切下奴兜切面折　⿰奚頁
徒含切又余占切面長也　⿰首頁許酉切人初產子　⿰參頁桑感切動頭也　⿰朁頁諸甚切低頭皃　顑火感切動首　頧都雷
切或作追毋追冠名　⿰彖頁徒困切頦顠禿　顐五困切禿也　⿰且頁他嬾切面平也　頃去穎切百畝為頃　⿰寧頁奴頂切頂
也　顩頩丘檢切頩顩不平也　⿰至頁昌旨切面大也　⿰充頁尺勇切充也　頲他頂切　頮荒佩切洗面也　顖⿰恖頁
三同息進切頂門也　⿰弁頁薄變切冠名　顂力載切顂蒙也　⿰未頁勿沸切面前也　⿰尞頁顟二同力弔切顟顠頭長皃　⿰句頁火丑
切勤也　⿰曷頁胡割切又呼割切健皃　⿰犮頁丑滑切強皃　⿰崩頁蒲結切⿰崩頁頰短皃　⿰正頁初貞切正也　⿰責頁爭索切頭
不正　⿰噩頁顎二同音愕面高皃　⿰隶頁力篤切⿰隶頁頊也　順食潤切從也　頖剖半切禮記曰頖宮亦作泮　⿰岑頁七錦切皃醜

頻部第三十七凡三字

頻毗賓切詩云國步斯頻頻急也說文作瀕水厓也人所賓附瀕顣不前而止也

頻同上 顰 毗賓切顰蹙憂愁不樂之狀也易本作頻曰頻復厲无咎注謂頻蹙之貌

百部第三十八 凡二字 百 舒酉切說文云人頭也象形 脜 如由切說文云面和也野王案柔色以藴之是以今爲柔字

𩠐部第三十九 凡十字 𩠐 舒酉切說文與百同古文首也巛象髮謂之鬊鬊即巛也廣雅云首謂之頭也易曰乾爲首書云元首起哉元首君也方言云人之初生謂之首又書授切自首罪也 首 同上今文 䭫 苦禮切周禮太祝辨九拜一曰䭫首玄曰首至地今作稽 ⿱斷首 諸宂切說文云截也廣雅云斷也或剸同 ⿰𦣞首 餘之切籀文頤 ⿸彦首 語間切籀文顏 𩠐 都冷切顛也今作頂 ⿰夾𩠐 居牒切面傍也今作頰 ⿰𩠐犮 甫月切古文髮 馘 古獲切截耳也詩云攸馘安安馘獲也不服者殺而獻其首曰馘禮記云以訊馘告鄭玄曰所生獲及斷首者或爲聝

県部第四十 凡二字 県 古堯切說文云[illegible]首也賈侍中曰謂斷首倒縣也野王謂縣首於木上竿頭以肆大辠奉刑也 縣 胡涓切說文云繫也易曰縣象著明莫大乎日月周禮小胥掌樂縣王宮縣諸侯軒縣大夫判縣士特縣今俗作懸又胡

緰切周禮云九夫爲井四井爲邑四邑爲丘四丘爲甸四甸爲縣鄭玄曰方二十里又曰五家爲鄰五鄰爲里四里爲酇五酇爲鄙五鄙爲縣

○面部第四十一凡二十九字

面彌箭切說文作圓顏前也書云汝無面從退有後言左氏傳曰人心之不同猶若面焉又私覿也曲禮曰爲人子者出必告反必面告面同耳　⿰面甫扶矩切說文云頰也左氏傳曰⿰面甫車相依亦作輔　靨於協切淮南靨輔在頰前則好楚辭曰靨輔奇牙　靦他典切詩云有靦面目靦姡也又靦慙皃　⿰面旦埤蒼同上　⿰面亶字書靦字　⿰面亶同上　⿰面焦在遥切說文云面焦枯小也楚辭云顏色⿰面焦顇　⿰面尞力小切面白⿰面尞⿰面尞也　⿰面宛於遠切眉目之間美皃韓詩云清揚⿰面宛兮今作婉　⿰面監魯甘切⿰面監⿰面斬面長皃　⿰面斬在咸切⿰面監⿰面斬　⿰面占竹咸切⿰面占⿰面今小頭也　⿰面今呼咸切⿰面占⿰面今　⿰面乍側板切⿰面乍⿰面桼老也　⿰面桼女板切⿰面乍⿰面桼又慙愧也或爲赧　⿰面麻眉可切面青皃　⿰面羅力可切⿰面麻⿰面羅　⿰面含火含切面細皃　⿰面周徒弔切⿰面周書也　靧音悔洗面也與頮同　靤蒲皃切面瘡也　⿱面䖵彌吉切爾雅云⿱面䖵没勉也　⿰面音⿰面參上烏感切下倉感切面⿰面音⿰面參色也・⿰面未音妹　⿰面蔑彌結切面小也　⿰面忍音溺愁面　⿰面舌音活面小

○色部第四十二凡十三字

色師力切書云施于五色此謂采色也禮記云色容顛顛色容厲肅此謂人面顏

色也　艴蒲沒切說文曰色艴如也孟子曰曾西艴然不悅　𦫳同上俗　艵普經普冷二切說文云縹色也楚辭曰玉色艵以晚顏兮

䒋於丈切氣流皃　艕普朗切艕䒍無色　䒍莫朗切艕䒍　䒐䒓二同許奚切黃病色　靘于定切䚂靘青黑色

䒌亡定切䚂靘也　䙴許力切大赤色　艶羊念切俗豔字

○囟部第四十三凡四字

囟先進切說文云象人頭會腦蓋也或作顖脖　出古文　𦞦婢時切說文云人臍也从肉囟从比取其氣所通也　巤閭涉切說文云毛巤也象髮在囟上及毛巤之形也亦作鬣

○𦣝部第四十四凡三字

𦣝以之切說文云𦣝顄也象形篆文作頤籀文作䪿　𦣞與之切廣𦣝也長也美也

字書云　𦣡仕革切易曰聖人有以見天下之賾賾者謂幽深難見也

○亢部第四十五凡五字

亢戶唐古郎二切人頸也又苦浪切高也　䡷弋灼切仰也　㼚下朗切說文云直頸莽䡷从夋夋倨也

䡷丘召切䡷䡷不安也　䡷牛召切䡷䡷

○鼻部第四十六凡二十七字

鼻毗至切說文云引气自畀也白虎通曰鼻者肺之使　𪖐烏曷切說文云鼻莖

也。頞同。齅喜宥切。說文云：以鼻就臭也。論語曰：三齅而作。亦作嗅。鼽渠牛切。月令云：人多鼽嚏。說文云：病寒鼻塞也。⿰鼻敫或⿰鼻九

字。鼾下旦切。卧息也。齂呼介切。鼻息也。齆烏貢切。鼻病也。齀丘救切。齀，仰鼻也。⿰鼻至⿰鼻遆二同，都計切。鼻噴氣。本作

嚏。⿰鼻乚牛形牛救二切。仰鼻也。齇壯加切。鼻上皰也。⿰鼻卑仳計切。⿰鼻卑本作⿱穴鼻。⿰希鼻呼几切。卧息聲。⿰鼻昔子心切。鼻高鼻也。

⿰鼻夾呼洽切。⿰鼻夾⿰鼻句，鼻息也。⿰鼻合同。⿰鼻句火侯切。鼻上鼻⿰鼻夾⿰鼻句。⿰鼻堯鋤咸切。鼻高皃。⿰鼻會烏快切。鼻喘息也。⿰鼻斗魚小切。鼻折也。⿰鼻包

傍孝切。⿰鼻包面瘡。⿰鼻兀音兀。仰鼻。⿰鼻危同上。齈奴東切。鼻齈也。䶊紐六切。血。

自部第四十七

凡五字

自疾利切。鼻也，象形。又由也，率也。𦣹古文。臱眉然切。不見也。臭赤又切。惡氣息。臰同上，俗。

目部第四十八

凡三百四十字

目莫六切。眼目也。目者氣之精明也。說文云：人眼，象形，重瞳子也。⿴囗目古文。

眼五簡切。目也。易曰：其於人也為多白眼。⿱目一字書眼字。⿰目釆方辯切。小兒初生蔽目也。眩胡徧胡絹二切。目無常主。書云：藥弗

瞑眩。眥靜計切。目際也。又才賜切。䀹子葉切。目旁毛也。睫同上。⿰目縣戶犬戶𦉍二切。目瞳子也。⿰目系同上。⿰目喜虛之切。目

瞞兮精也矏莫緣切說文曰目旁也爾雅曰密也𥇒方巾芳𢁛二切大目也睅何版切左氏傳云睅其目出目皃也瞞眉安切平目也䁔胡管切大目也又況晚切睴公困切大出目也又音混矕馬板切說文云目矕矕也睔古遜切大目也又盧本切盼普莧切詩云美目盼兮謂黑白分也盰公旦切目白皃眅普板普班二切多白眼也窅烏了烏萑二切說文云深目皃睍下顯切目出皃詩云睍睆黃鳥睆華綰切出目皃睪式赤切說文云目視也瞵力辰切說文云目精也蒼頡篇云視不了也矔光旦切轉目視眊莫到莫角二切孟子曰眸子眊焉眊不明皃矘他朗切目無精直視睒式冉切說文云暫視皃眮大孔大貢二切轉目視䀝必鄙和莫八二切直視也瞴亡于亡禹二切膴瞴微視也䀏去倪胡圭二切說文云蔽人視也一曰直視也⿱干目盰目戌在下⿺免目亡限切⿺免目瞖目視皃瞖音限⿺免目瞖睨魚計切說文云衺視也⿰目冒莫報莫六二切低目視也細視也眓呼逵切視高皃⿺辶首餘遵切語顴視而行也⿰目⿺辶止同上眈當含切說文云視近而志遠也睎許機切眄望也眜莫蓋切目不明𥊋步安切轉目視也⿰目辟匹莧切小見白眼或曰視之皃瞏衢井切目驚視⿰目亶止善切說文云視而止也䁣同上盱休俱切舉眼也燕代朝鮮冽水謂盧瞳子為盱⿰目夸同上⿰目勿亡拜亡撥二切目冥遠視一曰久也

眕之忍切重也又目有所限而止　瞟匹昭切瞟䁘明察又匹小切　⿰目祭祖細切視也又音察　睩盧谷切視皃　睹東會

切見也與覷同　眔大合切目相及也　睽枯攜切乖也目少精　眿莫獲切相視也眿睞[illegible]人視也　睩同上　⿰目各來各來灼

二切盼也　⿰目享之閏切謹鈍目　⿰目脩敕周他狄二切失意視皃　瞤如倫切目動也　矉裨身切恨張目　眢於桓於元二切目無

明也　⿰目矍許縛切大視也　矆同上　睢許隹切睢盱視皃又胥維切水名　眴胡絹切目搖也　眗同上　睦莫六切書

云允族既睦睦和也　⿱山冏古文　⿰目買莫佳切小視也　瞀莫遘亡角二切目不明皃　眱與脂大奚二切說文云目小視也南楚謂

眄曰眱　[illegible]古字　瞻諸廉切視也　⿰目監耕檻耕讒二切視也　⿸户目口戶切窺覘也　⿰目鳥丁胥切目熟視　相先羊

切又先亮切詩云相彼鳥矣相視也　瞋昌眞切說文云張目也　⿰目戌同上　睗式赤切目疾視也　睊公縣切視皃孟子曰

睊睊胥讒　窅一決切目深皃　睼土系徒奚二切迎視也　睯一活女刮二切目深皃　⿰目晏烏澗烏殄二切說文云目相戲也

瞫尸甚切深視皃　眷古援切眷屬說文云顧也　睠同文　督都谷切正也說文云察也一曰目痛也　看苦安苦案二切

睎也　⿰𠦝合同上　瞚式閏切目動也莊子目終日視而不瞚　瞬同上　眣亦同上公羊傳郤克眣魯衛之使又式荏切　眙

敹吏切說文云亢視也　盻下計五計二切恨視也　⿱弗目扶未切目不明　⿰目弗同上　眝直旅切張目也　睡殊惴切坐
寐也　瞑屑田切寐也說文云翕目也又音麪　眠同上　眚所景切說文云目病生翳也書云眚災肆赦眚過也　瞥匹烈切目
瞥見　眵充支切目傷眥也　⿱艹⿱目戍莫結切說文云目眵也　⿰目蔑同上俗　眏居穴切睊目也　眯莫禮切物入目中莊子曰
播糠眯目　⿰目良理尚切目病皃　⿰目京同上　眜莫達切目不明　瞯胡間切瞯眄也　眺丑弔切眺望也　睞力代切目瞳子不正也
⿱攸目湯勞切眣也　⿰目丩九小切目重瞼也　眣丑乙達結二切目不正也　⿰目今古文　睇達計切傾視也　⿰舟眷以證大登二切
美目也大視也亦作⿰月眷　⿱戾目呂計切視也　⿰目辰之忍切⿰目辰眩瀳也　⿰目耳爾急切耳目不相信也　⿰目占敕驗切視也　眇彌紹
切說文云一目小易曰眇能視　睺胡鉤胡遘二切半盲為睺　矇莫公切詩云矇瞍奏公傅云有眸子而無見曰矇　盲莫耕切目
無眸子也　瞽公五切無目也周禮大師之職有瞽矇　⿰目叜蘇走切無眸子曰⿰目叜　瞍同上　⿰目咸口洽切目陷也　眄莫見切說文云
目偏合也一曰衺視也秦語俗作眄　⿱𡿺目唯并胡亭二切說文云惑也　眸莫侯切目瞳子也　睿余芮切智也明也聖也
瞳徒公切目珠子也大傳舜四瞳子也　⿰目叉烏括切搯目也　睉昨戈切說文云小目也　眐之盈切獨視皃　瞭力條切目

明也　眒書刃切子虛賦倏眒倩浰皆疾皃　瞺烏外切目閒皃也　眳彌頂莫并二切眳睛不悅皃　睛子盈切目珠子

又七井切　⿰目全壯拳切又目緣切目瞬也　瞲呼聿切目深皃又呼決切　⿱旲眛普同上　矎呼玄切直視也　⿰目戠千才子來

二切睽也　⿺𢦏目同上　⿰目規葵季切視也又居悸切　瞶居畏切蒼頡篇云極視也　⿰目文莫彬切視皃　睧同上　⿰目舌火刮

切視也　盯直庚切䁝盯視皃　䁝亡幸切視也又音萌　瞎火轄切一目合也　⿰目曷同上　睔弋照切眩睔也　瞜子弄

切伺視也　⿰目奐呼換切山海經有壐⿰目奐國在崑崙墟之東南流沙中也　瞪直耕切怒目直視皃　⿰目巠五冷切直視也　⿰目㐬呼光

切目不明又狼⿰目㐬南夷國名人能夜市金　⿰目長丑亮切失志皃　眭胥規切人姓又下圭切目深惡皃　眻餘向餘章二切美目

又眉間曰眻　⿰目戢壯立切目出淚　⿰目堯烏皎口皎二切深目皃　睳呼圭切瘦皃又自營　瞠丑庚丑郎二切蒼頡篇直視也

⿰目棠同上　⿰目剌方末切目不正　⿰目次式冉式涉二切⿰目次⿰目次目皃　瞌亡結切汗面也　睥普計切左睥右睨　眎時至切語

也亦作示又承矢切亦古文視　眡時言切古文視　眂上支切視也　⿰目雈庚翻切目明又望也　盷徒賢切大戴禮人生三月

而盷又胡涓切　⿰目魚語居切爾雅馬二目白魚或作⿰目漁　⿰目枼余涉切瞼也　⿰目累力隹切視也亦作⿰目纍　⿰目翏口交切窅⿰目翏面不平

也 䁅莫朗切無一目曰䁅 瞀古[illegible]切瞀䁅有餘視也一曰喜也 𥈅眉冷切瞀𥈅 睕一阮切小撫媚也 𥌭苦謗

切目無眹 𥇸丑郢切𥇸眳照視也 𥆧補六普蓋二切不明皃 䁻莫悲切伺視也 眆芳往切古仿佛見似不諦 矔

古換古桓二切古觀字 𥌈同上 瞰苦暫切楊雄解嘲云鬼瞰其室瞰視也 𥈴達雞切視也或作題 𥌒古學切明

也 𥇸力蕩切古朗字 𥉛眉力切暫視也 𥋧摩筆切𥋧𥋧不可則也 𥌃他則切聽瞀欲卧 瞀莫北切聽瞀

瞝丑尼切澤眼 䀿丑世切瞥也又諸裔切 𥇔同上 𥆊莫飢切說文云目上毛也 眉今眉字 𥊓丁結切瞠

䀽惡皃 䀽火決切瞠䀽 𥉓文莖切安審視也 眑於皎切幽靜也 睟思季切視也又潤澤皃孟子曰其色睟然

䁯莫公切又墨登切 𥌵子召切目冥也 瞛七恭切月光也 䀦䀦歷切視也 眭羽向切視也 眴古于切左

右視也 瞔爭革切張目也 䀮許決許聿二切直視也 矓離怙切目暗也 𥄎渠句切說文云共置也 具同上

今文 䀨古花切眼也 𥋤力𠛱力帝二切視也 睚五澥切睚眦又五皆切 眦士介切睚眦也 𥉯同上 眣矢其

切眴也 睃子迅切視也 瞙無圻切張目也 䁝於京切深目皃 䁣古專切目動 䁈祖困切赤目也 矑力都

切視也亦目瞳子也⿰目畫火麥切目病也睋吾哥切公羊傳注曰睋望也䀡莫江切目暗也盺許斤切喜也瞹

烏蓋切隱也⿰目畱都侯切⿰目畱瞘目深也瞘口侯切又音歐⿰目它弋之切視也瞇莫俾切眯目也眶去王切眼眶也

⿰目制之曳切目明也瞟匹表切視也⿰目頁火貢切瞢⿰目頁⿰目頁薄異切背也⿰目甹匹徑切視也眘食刃切古文慎

⿰目咼古花切⿰目咼眼⿰目商許季許癸二切恚視也⿰目豈苦改切明也⿰目豆都侯切⿰目豆眵目汁凝眰眞日切視也眪

箄皿切又夅皿切親也⿰目内尼六切視也⿰目巨九羽切視也⿰目要於妙切遠視也⿰目朁自廉切閉目也⿰目匽於顯於見二切

仰視也⿰目春尺尹切大目也瞜力頭切視也⿰目妾從葉切目睫⿰目匿女栗切小目也眨仄洽切目動也⿰目劫居業

切急視也⿰目兄許往切視也⿰目元魚遠切目視⿰目甫卜古切⿰目角古岳切目動也眮息洛切斜視也明莫兵切視也

⿰目容苦合切困悶眼瞌苦合切眼瞌也⿰目農女紅切目不明又奴冬切怒目也⿰目星息頂切視也⿰目業普角切眼暗也⿰目卜

補木切目骨⿰目今許乙切視也⿰目夭他田切他佃切⿰目尒莫卑切眇目⿰目䍃余昭切美目也⿰目耎而緣切目垂也⿰目旋辭緣

切好兒⿰目羲虛儀切目動也⿰目⿱聿目居韋切目□也⿰目廷徒頂切目出也⿰目建古言切數也⿰目雋子規切⿰目雋眭也⿰目參所緘

切見也矃乃頂切矖色滓切視也眧齒沼切昭目弄人⿰目定多佞切見也矈危委切目矈矈也瞼九儉
切眼瞼也瞉古例切眏於郎切目不明⿰目康丘郎切映⿰目康目皃⿰目奄烏感切目□⿰目切七例切視也⿰目亘古鐙
切目翅也瞖於計切眼疾也睱胡駕切閑睱視也⿰目毚助咸切瞱于劫切目動⿱或目火或切睡目皃⿰目离耕青
切目不正也⿰目赫呼華切目赤也⿰目樂舒灼切美目也⿰目戚七歷切目見也瞙忙落切字統云目不明⿰目谷古祿切目開也
⿰目卓知朔切目明也⿰目合古狎切眼細暗⿰目枼火協切開目也又奇⿰目枼⿰目鄉呼郎切驚視也⿰目獄思獵切閉目⿰目焱必昭切惡
視⿰目丸胡玩切睆⿰目丸也瞁許役切驚視也省思井切署也說文云視也又所景切⿱少囧古文

盾部第四十九 凡四字

盾殊尹切周禮司兵掌五盾盾干櫓之屬說文云瞂也所以扞身蔽目也象形又徒損
切瞂扶發切盾也詩曰蒙瞂有苑本亦作伐鄭玄云伐中干也⿰盾戈同上⿰盾圭苦圭切蔽盾挃切

眀部第五十 凡十三字

眀剌遇切左右視也亦與瞿同又音拘⿱䀠𠂆俱媛切說文云目圍也从眀古文以爲醜字
⿻大眀居于切目邪也⿱眀乂舒仁切引目瞿巨俱切姓也說文九遇切鷹隼之視也矍許縛居縛二切急視也⿱眀力彌遅

切視也 𡘋吉頪切大目也 䀠居遇切恐也 𥉆徒郎切𥉆視也 𥊼雖一切罪止也 𥆧許尤切目多汁 䁆莫剥切美目也

旻部第五十一 凡四字

旻火域切又火滅切舉目使人也 夐詡政霍見二切深遠也說文云營求也 閺武分切低目視人也弘農湖縣有閺鄉汝南西平有閺亭 𡕥巨負切大視也

見部第五十二 凡九十七字

見古薦切視也 視蒔止切看也洪範五事三曰視視謂觀正也 覞魚計切旁視也 覣烏爲切好視也 覼力計切索視之皃又師蟻切 𧡬却含切□視也 覶力和切好視也又覶縷委曲也 𧢎來卜切共視也 𧢈胡管切大視也又音烜 覝陵兼切察視也今作廉 䚆王問切衆多視也 觀古換切諦視也又古桓切 㝵丁勒切取也今作㝵亦作䙷 覽力敢切視也 𧡓亡代切內視也 𧠦此咨切見也盜視皃也 𧢄見妨饒切目有察省見也又方小切 覰此居士據二切拘覰未致密也 覯公候切詩曰我覯之子覯見也 覭暮丁亾秋二切小見也 覘敕、廉敕豔二切窺視也春秋傳曰公使覘之 𧢋丘韋渠追二切目駐視也 𧢥達兮達麗二切視也又顯也 覹莫悲切司也 覢式冉切暫覢也 𧢯匹刃匹仁二切暫見也 𧢗扶園切觀覲也 𧠷丑心丑蔭二切私出頭視 䙿莫奚切病人視 䚑以周切下

目

覬羈致切見也覬覦也　覦庾俱切欲也　⿱冃見莫勒切突前也　⿰龍見丑江丑巷二切視不明也　⿰俞見弋開切視誤也　⿰睿見

他的才歷二切目赤也　⿰責見七亦切⿰責見觀也　靚才性切裝飾也說文召也　親且因切至也虞書曰以親九族　覲奇靳切見也

覿達寂切見也　覩都扈切古文睹　覒莫到切⋯曰左右覒之覒擇⋯本亦作芼　覕莫結補日二切覓也　⿸厂見莫狄莫獲二切

衺視也　⿰䀠見籀文　覺古樂切寤也詩曰有覺德行覺大也　⿰兜見丁侯切目蔽垢也　規且秋切規⿰目兒面柔也　⿰它見式支切規⿰目兒

⿰召見時造切見也　覓莫狄切索也　覔同上俗　⿰𠂤見士刀切目也　覮于并切覮然能聽　⿰單見尸甚切深視也或作

瞫　覸古莧切視也　⿸厓見牛買切視也　⿰者見巨尸切視也　⿰[illegible]見於華切善驚也視也　覗息咨切視也　⿰鬲見口閑切視也

⿰婁見洛侯切又力主切　⿰買見莫崖切　⿰耳見七余切伺視也　⿰巂見五圭切視也　⿰軍見牛昆切視也　覠吉倫切　⿰䜌見匹連

切斜視　覴都稜切又丑證切久視也　⿰沇頁呼光切視也　⿰孚見縛尤切視也　⿰宣見況遠切見也　⿰奚見祇溪切視也　⿰多見

之忍切視也　⿰旁見蒲朗切　⿰御見所景切　⿰英見於景切　⿰片見四典切　⿰舟見丑蔭切視也　⿰朋見鷄溪切　⿱斬見

側鑒切逞兒　⿰粦見力刃切親也　⿰巠見吉緣切視兒　⿰告見古到切久視兒　⿱殹見烏計切視兒　⿰東見多貢切視兒　⿰契見

口許切見也　⿰厲見力制切　覟之吏切　⿰未見無沸切見也　⿰赤見呼格切見　⿰窒見大結切見　覕普列切覕覕見　覤許逆切出莊子　⿰咢見五各切久視　⿰至見之日切視也

覞部第五十三凡三字

覞昌召弋召二切並視也　⿰肩覞苦閑切很視也　⿱雨覞火利切說文方見雨而止息

苜部第五十四凡五字

苜亡達切說文云目不正也从丫从目　⿱苜火莫結切說文云火不明周書云布重⿱苜火席　瞢莫登莫中二切目不明也　蔑莫結切勞目無精也　蘉武郎切周書云汝乃是弗蘉蘉勉也

耳部第五十五凡九十七字

耳如始切說文云主聽也象形易曰坎爲耳白虎通曰耳者腎之候也論語云汝得人焉耳乎孔安國曰耳辭也　⿰耳占丁兼切說文云小耳垂埤蒼曰亦同　耴豬涉切說文云耳垂也秦公子名耴者其耳下垂因以爲名　耽丁含切耳大垂也詩云士之耽兮耽樂也　聃他甘切說文云耳曼也老子名曰老聃又奴甘切　⿰耳甘說文聃同　聸丁藍切說文云垂耳也南方有瞻耳之國　⿰耳⿱𢆶灬書入切耳動搖之皃　聯力然切連也周禮八灋治官府三曰官聯以會官治玄曰國有大事一官不能獨共則六官共舉之聯爲連事通職相佐助也　職支力切說文云記也爾雅曰主也業也　⿰耳農女江切淮南子曰聽雷者⿰耳農注云耳中⿰耳農

聵然埤蒼云耳中聲也**聊**力彫切說文云耳鳴也詩云聊與之謀聊願也又且略之辭**聖**舒政切書曰睿作聖孔氏傳云於事
無不通謂之聖又風俗通云聖者聲也聞聲知情故曰聖也**⿰耳黑**胡骨切耳聲埤蒼云春秋地也**聰**青公切聰明也察也書云聰作謀
聡同上俗**聽**他丁他定二切尚書五事四曰聽孔氏傳云察是非**聆**郎丁切蒼頡篇耳聽曰聆**聒**公活切說文云讙語也左
氏傳曰聒而與之語**聥**紀禹切說文云張耳有所聞蒼頡篇聥驚也**聞**武云切說文云知聲也書云予聞如何又音問**䎽**
並古文**聲**書盈切說文云音也書曰聲依永律和聲**聘**匹正切說文云訪也禮記云諸侯使大夫問於諸侯曰聘**聾**力東
切左氏傳云耳不聽五聲之和謂之聾聾不聞也亦作曨**䏁**子亥切方言云半聾也梁益之間謂之䏁秦晉之間聽而不聰聞而不達
謂之䏁**聤**達零切聤耳病也**聳**須奉切國語曰聽無聳也方言云陳楚江淮荊陽山之間聾謂之聳**聉**牛乙五滑二切
說文云無知意也**聵**五怪切說文云聾也國語曰聾聵不可使聽**耸**同上**⿰耳闕**五滑切聾之甚者曰⿰耳闕吳楚無耳者謂之⿰耳闕
聝古獲切說文云戰而斷耳也亦作馘**聅**恥列徒安二切說文云軍法以矢貫耳也司馬法曰小罪聅中罪刖大罪剄**⿰耳月**五刮
切說文云墮耳也**⿰耳票**四妙切廣雅云聽[illegible]聞也又于聽也**⿸麻耳**美爲亡彼二切說文云乘輿今[illegible]耳也**耹**其林其廉二切

國語曰回祿信於聆遂關又地名⿰耳制諸襄切入意也一曰聞也字書亦作聅聺千世切聽也⿰耳曹才焦才高二切埤蒼云耳
鳴聱五苞魚幽二切廣雅云不入人語也埤蒼云不聽也⿰耳恧奴陸切埤蒼云⿰耳恧慙也說文作恧聛如志切以牲告神欲
神聽之曰聛⿰耳冥莫田切廣雅曰聽也埤蒼曰注意聽也聜之忍切埤蒼云告也禮記曰聜於鬼神亦作聄⿰耳參力彫力高二切
埤蒼曰耳鳴也耵都領切耵聹耳垢也聹乃頂切耵聹⿰耳窒知栗切又丁米切不聽也⿰耳豖牛戒切不聽也⿰耳玄侯萌切博雅云
聾也字書云耳語也耺禹君切耳中聲聐儀黠切額聒也⿰耳朱之付切⿰耳朱顴也源也聲也⿰耳巢壯交切耳鳴也⿰耳秋才周子由二切
耳鳴⿰耳善之善切耳門也聙丁盈切聽聰也⿰耳安先口切字林云聰惣名也⿰耳叟同上⿰貞耳他見切詩云玉之⿰貞耳也⿰貞耳充耳也亦
作瞋本亦作瑱耴魚乙切左思吳都賦云魚鳥聲耴乃物蠢生也聭俱位切說文與媿同慙也⿰金⿱兟耳古活切無知皃⿰金⿱舌耳同上聑
丁篋切說文云安也埤蒼云耳垂耷丁盍切大耳也⿰耳彔力木切⿰耳彔聽似蜥蜴出魏興居樹上輒下齧人上樹垂頭聽聞哭聲乃去
聶如攝女涉二切說云附耳小語也⿰耳侖子出切耳鳴也⿰耳奇去奇切側耳也聠匹名切耳明⿰耳戒丘古切耳也聧苦圭
切耳不相聽也又私叶也⿰耳周職救切又之酉切耳注亦明也⿰耳當都郎切耳⿰目當也聎他刀切又他凋切耳鳴聕胡老切耳聞耶

羊遮切俗邪字⿰耳星桑經切𦗱自焦切耳鳴⿰耳井古莖切神名⿰耳工古紅切耳閒鬼聄之忍切聄聽也⿰耳區巨主切目

往⿰耳奄於檢切聕也⿰耳夫縛無切望也⿰耳頁他最切癡也又五刮切⿰耳喿子小切耳鳴⿰耳匽烏鶠切耳戲也⿰耳亞所亞切人

姓⿰耳骨胡沒切耳聲⿰耳習之涉切耳也⿱斬耳尼止切指物皃⿰耳郭古霍切大耳也

玉篇卷第五 凡十部

苦苟口部第五十六　渠略谷部第五十七　時列舌部第五十八　昌始齒部第五十九
牛加牙部第六十　思臾須部第六十一　先廉彡部第六十二　亡分彣部第六十三
亡分文部第六十四　比聊髟部第六十五

口部第五十六 凡五百十三字

口苦苟切說文云人所以言食也象形書云惟口出好興戎凵聲類古文口字

噣竹救切說文曰喙也詩曰不濡其噣亦作咮咮同上喙詡穢切口喙左氏傳曰深目而豭喙吻武粉切口吻亦作䏐考工

記曰銳喙決吻咶古文嚨力公切爾雅曰亢鳥嚨嚨謂喉嚨亢即咽咽於肩切咽喉也⿰口垔同上喉胡鉤切咽也

嗌於亦切說文云咽也
⿰口𣏟籀文本亦作秝
喗牛隕切大口也
⿰口君同上
噭吉弔切說文曰吼也一曰噭呼也
叫同上說文曰呼也
嘂吉弔切說文曰高聲也一曰大呼也又爾雅大塤謂之嘂
哆處紙尺寫二切張口也詩傳云哆大皃
呱古胡切小兒啼聲
啾子脩切楚辭云鳴玉鑾之啾啾王逸云啾啾鳴聲也
喤胡彭胡光二切小兒啼聲
咺呼遠切說文曰朝鮮謂兒泣不止曰咺
咣丘尚切說文云秦晉謂小兒泣不止曰咣
哴力尚切啼極無聲謂之咣哴也
⿰口疑牛力牛忌二切說文云小兒有知也
咷徒勞切易曰先號咷而後笑
喑於金於甘二切啼極無聲也
噲苦夬切咽也
咳何來切說文云小兒笑也禮曰父執子右手咳而名之又苦代切
嗛胡簟苦簟二切說文云口有所銜也淮南至味不嗛嗛銜也
咀才與切上林賦曰咀嚼菱藕
嚵士咸切小嚵也一曰喙也
啜昌悅常悅二切茹也又音輟詩云啜其泣矣啜泣貌
⿰口集子立切噍也
噬視制切齧噬也易曰頤中有物曰噬嗑
嚌在細切周書曰大保受同祭嚌嚌至齒也
⿰口𢆶古文
噍才笑切嚼也侍食於君子數噍
啐山劣山芮切小飲也
嚼疾略切噬嚼也
⿰口雀同上
吮食允徂兗二切欶也史記曰吳起卒有疾疽者起爲吮之
噉徒敢切噉食也亦作啖
啖同上
啗達濫切說文云食也
嗒吐合切莊子云嗒然似喪其偶

哈五合切魚多皃嘰居祈切紂爲象箸而箕子嘰嘰啼也又小食也⿰口尃補洛切焦皃呑他恩切咽也子虛賦曰吞

若雲夢者八九含戶耽切莊子云含哺而熙鼓腹而遊哺薄路切口中嚼食也嚛火沃切大毀曰嚛伊尹曰酸而不嚛味武沸

切五味金辛木酸水鹹火苦土甘𡃘竹滑切滿食也噫乙乚乙介二切飽出息也又於其切痛傷之聲也嘽他丹切馬

喘息皃咦弋之喜夷二切南陽謂大呼曰咦又笑皃呬火利切息也喘充兖切說文云疾息也呼火胡切說文云

外息也又火故切吸許及切說文云內息也詩云維南有箕載吸其舌吸引也喟丘愧切說文云大息也論語曰夫子喟然歎曰

嘳苦怪切大息也亦與喟同噓香居切吹噓聲類曰出氣急曰吹緩曰噓吹齒規切出氣也又齒偽切啍徒孫徒昆二切

詩云大車啍啍啍啍重遲之皃噋同上⿰口質之日切野人之言也唫巨錦切說文云口閉也又古吟字噤巨錦巨禁二切說文

云口閉也嚏丁計切噴鼻也詩曰願言則嚏名彌成切號也書曰名言茲在茲召馳廟切呼也又音邵吾五都切爾

雅曰吾我也哲智列切哲智也書曰明作哲喆同上嚞古文君居云切尊也書曰爲天下君命靡競切教令也

又使也書曰乃命羲和咨子祗切謀也書云帝曰咨汝羲暨和又咨嗟也問亡糞切訊也周禮時聘曰問和胡戈切書云協

和萬邦文胡過切易曰其子和之 咊古文 唯俞誰切書曰唯手一又上聲獨也又以水切譽諾也 叶胡頰切合古文協

唱充向切導也禮記曰一唱而三歎俗作倡同 噱渠略切說文云大笑也 嚧上同 咥虛記虛吉二切詩曰咥其

笑矣又大結切易曰不咥人耳咥齧也 唏許几許既二切說文云笑也一曰哀痛不泣曰唏 听魚隱切說文云笑皃

𠰍一餘冊切𠰍𠰍猶沓沓也亦作嘸 唄蒲介切聲也亦作吠 咄丁骨切叱也 唉於來切應聲也 噂子損切詩云噂沓背

憎噂噂沓沓相對談語也 嗒徒合切噂嗒沓或作嗒 咠七入子立二切咠咠口舌聲也 嘫女間切語聲也 呷呼甲切說

文云吸呷也虛賦曰翕呷萃蔡衣裳張起之聲也 嘒許惠切詩云嘒嘒小聲也 嚖同上 唪蒲孔切大聲也又方孔切

𠯌居矣切說也 嗔達賢切盛聲也詩云振旅嗔嗔本亦作闐 嘌匹遥切詩云匪車嘌兮謂嘌嘌無節度也 嘑火吳火故二切

周禮云雞人掌大祭祀夜嘑旦以嘂百官亦大聲也 噎於六切音噎也 嘯蘇弔切詩云其嘯也歌歎口而出聲也 嗂與昭切說

文喜也 呈馳京切解也平也 嚱許羈切吹嚱口聲 嗿他感切詩云有嗿其饁嗿衆皃 咸胡讒切皆也書云庶績咸熙

启康禮切書曰胤子朱启明启開也本亦作啓 哯乎典切不顧而吐也 吁同上 右禹救切書曰予欲左右有民左右助也又

平九切吉居一切說文云善也周書曰吉人爲善嚭詩鼓切買賣云不嚭也嚋除留切誰也又陟流切嚋張誑也周

諸由切說文云密也論語云雖有周親嗢乙骨切嗢咽也唐徒當切堯稱唐者蕩蕩道德至文之皃啺古文嘾徒感

切莊子云大甘而嘾吐他古切口吐中又他故切噎於結切說文云飯窒也詩曰中心如噎謂噎憂不能息也咈扶物切易曰咈經干

丘咈違也嚘於求切老子曰終日號而不嚘嚘氣逆也嗜食利切嗜欲也書曰酣酒嗜音呩古文嘐火交切說文云誇語也又

古包切雞鳴也啁竹包切說文云啁嘐也楚詞曰鵾雞啁哳而悲鳴嘲陟交切言相調也哇於佳居攜二切說文云諂聲也呼

魚葛切言相呵岠也⿰口耴丁領切⿰口耴沒多言也⿰口殳丁佼切⿰口耴沒也吿同上呰祖爾切口毀也嗻之夜切遮也唊古協

切妄語也嗑公盍切多言也又音盍噬嗑卦名嗙補庚切訶聲也噧呵芥也曷二切高氣多言也㕤巨周切高氣也臨淮

有㕤犄縣⿰口九同上呶女交切讙呶也詩云載號載呶叱齒逸切呵也噴普寸切戰國策驂而噴鼓鼻也吒知加陟嫁二切

噴也叱怒也禮記曰無吒食謂嫌薄之咤同上喥亦同上噊余出切危也嘮丑加切說文云嘮讙也啐倉快倉憒

二切嘗也又子律切吮聲唇之人切攜也嘵許幺切詩云予維音之嘵嘵嘵嘵懼也吁虛于往何二切疑怪之辭也驚語也号

古文嘖壯革切嘖嘖鳥鳴嗸五高切詩云哀鳴嗸嗸又衆口也唸丁見丁念二切唸吚呻吟也⿰口殿同上吚

許梨切唸吚呻也亦作㕧⿰口嚴牛衫切又宜載切呻也呻舒神切呻吟也吟牛今切楚辭曰行吟澤畔亦作訡喻俞句切論

語曰君子喻於義喻曉也嗞子詞切嗟也呃於勒切雞鳥聲亦作[illegible]吴哤莫江切國語曰雜處則哤哤亂皃又異言

也嘅苦載切詩云嘅我寤歎廣雅云嘅滿也吪五戈切詩云或寢或吪吪動也嘆敕旦敕丹二切況也太息也與歎同喝乙芥

切嘶聲也⿱艹嗌同上䕨噎也哨且醮切大胃哨後先哨小也又先焦切噆錯感子感子合三切莊子云蟁蝱噆膚噆銜也吝力進切論

語云改過弗吝吝惜也⿰口文古文各何洛切說文云異辭也否蒲鄙切易曰天地不交否閉不行也又方九切說文云不也唁宜箭

切穀梁傳云弔失國曰唁喭同上又魚肝切論語曰由也喭哀烏來切哀傷也嗁達奚切號也左氏傳曰豕人立而嗁啼同上

㱿許角切左氏傳曰君將㱿焉㱿嘔吐皃咼口淮切口戾也喎同上⿰口叔前歷切⿰口叔嗼而無聲言安靜也嗼亡格切靜也

⿱氐口下刮切說文云塞也嗾蘇走先奏二切左氏傳曰公嗾夫獒焉方言云秦晉冀隴謂使大曰嗾⿰口造倉候切或與嗾同吠扶廢

切詩云無使尨也吠吠犬鳴也嘷胡高切左氏傳云豺狼所嘷嘷咆也哮呼交切豕驚聲又哮㘈大怒也喔乙角切雞鳴也喈

古崖切詩云其鳴喈喈喈喈和聲之遠聞也　嚶於耕切鳥鳴也　啄丁角切鳥食也又丁木切　唬呼交切虎聲也又古伯切　呦

音幽詩云呦呦鹿鳴亦作纹　噳牛府切詩曰麀鹿噳噳亦作麌　喁魚凶切衆口也　囒吕干切囒哰撦拏　哰盧高切囒

哰嗹嘍　嘮盧高切嘮嘈聲也　嗹閭前切嗹嘍多言也　嘍力口切嗹嘍　嘓呼麥於六二切聲也或作𠲛　喛呼亂

切又虛元切喛呼又喛哀也　嘕許連切嘕嘕喜也　嘘去連切嘘嘘歡樂皃　喊呼減切喊聲也　嚂力斬切荊吳芬香以

嚂其口嚂貪也　喓於遥切詩云喓喓草蟲喓喓聲也　嗟則邪切嗟歎也　嗉思故切爾雅云亢鳥嚨其粻嗉嗉者受食之處

嚇呼駕切以口距人謂之嚇又呼格切　嚃他帀切曲禮曰無嚃羹嚃謂不嚼菜　叵普可切不可也　嘺丘遥渠竟二切埤蒼

云不知是誰也　啌火腔切咄也　台與時切我也又音胎　唶子夜切廣雅云唶唶鳴也　嘈才刀切聲也　囋才割切嘈

賛也　局其玉切詩云謂天蓋高不敢不局局曲也　㕣以諯切說文曰山間陷泥也从口从水收皃　咡而志切禮記曰負劒辟咡

詔之口旁曰咡　吂莫桑切使人問而不肯荅曰吂　昭丑消切埤蒼曰昭唱　歇火曷切訶也亦作喝　呫他叶昌涉二切穀梁傳曰

未嘗有占血之盟呫嘗也　嗺先磕切字書云嗺嗺醜也　咹一曷切吃也　吨遵昆切字書云吨吨不了　𠯲正葛才曷二切

嘈嘈[illegible][illegible]囐同上囁之涉切口無節亦私罵又而涉切囁嚅多言也嗃呼格切易曰家人嗃嗃嚴大之聲也⿰口毛火角切⿰口毛
嚗恚呼皃嚍胡麥切嚍嘖叫呼咟同上啀魚佳切狗欲齧呼縷使切[redacted]嗚也⿰口間魚覲切大相⿰口間也亦爭訟之辭嗚
許亮切口不正也醜也⿰口草采老切⿰口草嘐無人皃⿰口蔘盧皓切[illegible]嗛呀虛牙切大空皃又唅呀張口皃唭丘吏切唭嶷無
聞見嘻欣基切嘻嘻和樂聲⿰口臺丑亥切⿰口臺唸言不正唸達改切⿰口臺唸嚳乙學切詩聲也哹匹尤切吹聲也善
是闡切吉也書曰作善降之百祥說文作譱咶火夬切胡劃二切息也嚝火橫切嚝嘖聲售視祐切詩曰賈用不售賣物不售也
嚊普利切喘息聲⿰口冊蘇曷切音變也啅陟渥切眾口皃呴九捘切吐也⿱心口七浸切犬吐也亦作吣嘇山咸切口
臽嘇物也⿰口困渠隕切吐也⿰口過古禾切小兒應也唆蘇戈切⿰口過唆小兒相應也哯乙佳切哯嘔小兒語也亦作哇又音兒
嘔乙侯切哯也歌也呥而廉切呥呥噍皃嘁子六切嘁咨慼也歠叉快切齧也⿰口毳同上⿰口留古九切憂也唼
子合切楚辭云鳧鴈皆唼夫梁藻兮啑所甲切啑喋小⿰馬甲食也亦作唼喋文甲切⿰馬甲唼食又徒叶切便語也噞宜檢宜鹽
二切噞喁魚口上出皃唵一感切含也噢乙六切噢咿內悲也咻許主切噢咻痛也之聲也又許流切咿於祇切楚辭云

吾將喔咿嚅呪以事婦人乎喔咿嚅呪謂強笑噱也嚵子廉子豔二切嚵㗴不廉也嘹落蕭切嘹亮又力弔切[口㬎]五合切梟

聲也[殹口]火佳切笑皃唹乙余切笑皃[口寅]余葦切大笑也[口閜]火下切笑也吵彌沼切雉鳴嘶先奚切噎也馬鳴也

[口嶲]子白切自是皃或作讗言疾皃哂式忍切論語曰夫子哂之哂笑也咲思曜切俗笑字[口毋]莫侯切[口毋]慮也咏為命切書

曰搏拊琴瑟以詠祖考來格或作咏嗼莫收切古文謨謨也叨他勞切說文與饕同貪也噈子合子陸二切聲類云嗚噈也嘿

莫北切與默同吷許劣切莊子云劍首一吷而已矣吷小聲也說文云與歔同嚾荒貝切與喚同吼呼垢切牛鳴也吽

上同又下今切[口固]戶姑切牛領垂也與胡同呵許多切責也與訶同哈所洽切以口歃歠[口疵]疾離切[口疵]嫌也或作餈

嘬楚夬切禮記曰無嘬炙嘬謂一舉盡臠噮於縣切呂氏春秋云伊尹曰甘而不噮謂食甘[口后]呼垢呼遘二切厚怒聲又胡口

切吐也[口朿]子累切或作觜策識也一曰鳥喙也吶奴骨切論語曰君子欲訥於言訥遲鈍也或作呐[口官]古環切關關和鳴也

或為[口官]咋側革切聲大也考工曰鍾侈則柞鄭氏云柞讀為咋咋然之咋聲大外也咇蒲結切芳香也又毗必切[口辯]孚顯切

[鄉口]虛丈切或作響音應聲也咮之六切或作喌呼雞聲也嚘柯猛切語為又所忿疑也哽上同哊禹六切吐也哈

訶臺切笑也　咰所律切飲也史記曰楚先有熊咰是爲蚡冒　嚅汝俱切埤蒼云囁嚅多言也　呿祛遮切張口皃莊子曰公
孫龍口呿而不合又丘居切臥聲　呴呼俱呼具二切呴亦嘘吹之也老子曰或呴或吹　嘪彌解切羊鳴也　嗚於胡切嗚呼歎辭也
嗕如屬切羌別種也　⿰口動胡冬徒弄二切多言也　叮都苓切叮嚀囑付也　嚀奴丁切叮嚀　呢⿰口貳二同女知切呢
喃小聲多言也　喃女銜切呢喃　噪⿰口蚤二同先到切呼噪也　喌諸由切亦呼雞聲　呞式之切牛噍也　嗤尺之切笑皃
鳴眉兵切聲出也　⿰口夭於交切嬈聲　啉力耽切貪也　咬古爻切鳥聲也俗亦爲齩字　喧許貪切大語也　⿰口煎子延
切嘶⿰口煎也　唌似延切又徒坦切歎也　嚗必角切怒聲　唧子栗切啾唧也　咆蒲茅切咆哮也　吭戶郎戶浪二切鳥嚨也
哦吾哥切吟哦也　⿰口閜火牙切口閜閜也又許下切　⿰口追丁龜切口滿皃　噌楚耕切噌吹市人　呟胡鮌切噌呟　嚬
蒲民切笑皃　哃徒工切妄語也　⿰口榮于兄切啼⿰口榮　啨伊青切小語也　呤力丁切小語也　喍仕皆切啀喍也　喂於韋
切恐　嗺子雖切撮口也　㕬古紅切衆口也　叿火紅切呵也　吱指移切吱吱也　噥女冬切多言不中也　嘳胡[illegible]切[illegible]
[illegible]　吙許戈切呼氣　噇直雙切喫皃　嘊胡垓切笑也　⿰口余他胡切吐也　⿰口爾虎佳切口戾皃　⿰口盆蒲門切吐也

[illegible]毛切鳴也吰烏横切牛聲嗡烏紅切嗡吰唩烏和切小兒啼⿰口感許今切吽也⿰口出吐多切出陀羅尼
咁乎甘切乳也吼胡求切犬吠也吥匹侯切吸吥也⿰口妥素回切口⿰口妥也呅莫杯切⿰口妥呅也⿰口褱古回切⿰口褱呼也啡普梅
切唾聲也咣古横切能言也⿰口离力之切言不正唻力皆切歌聲也嗆七相切鳥食喡于歸切失聲⿰口夅胡公
切⿰口夅聲⿰口堇丘引切脣瘡嗊呼孔切囉嗊歌曲也咏胡孔切鳴聲咏咏也⿰口叜初瓦切惡口也喠之勇切不能言啫
之者切又如酌切敬言卟吉兮羌禮二切問卜也呠匹本切噴也⿰口東丁動切多言也哻香國切[illegible]冠名亦作[illegible]
⿰口面彌演切咩莫者切羊鳴也又民婢切嚕力覩切語也⿰口蹇居輦切⿰口蹇吃也啞於雅切不言也又烏格切笑聲吳
胡罵切大聲也嗽桑奏切咳嗽也另音[illegible]另别也叩苦候切叩擊也⿰口户胡感切⿰口户吟也⿰口齒五狡切齩也正作齩
⿰口存徂本切大口也哇救主切口不正吘五苟切和吘也⿰口省色景切緘口也⿰口耎而尹切吮也⿰口能乃等切多言也呧
多禮切訶呧也正作詆唍胡板切小笑皃⿰口春天尹切吹⿰口春也噀息寸切溢水也咔力凍切言咔也咅他豆切唾也說
文云相與語唾而不受音同上噦火外切鳥鳴也又於月切逆氣也唳力胃切鳥鳴也又郎計切⿰口戒許戒切喝⿰口戒也⿰口蓋

古候切姤嗊也囀知戀切鳥鳴也唄薄賣切梵音聲嚥於見切吞也亦作咽呿去尤切去聲唾他臥切口液也嗀

普皃切嘌也嚫初覲切嚫施也噫匹問切怒也嘄五弔切叫也嗳烏蓋切嗳氣也嗄熟皃切口嗄也嗄

所訶切聲破⿰口曲去鳳切問罪⿰口宮胡貢切喑市人嚜丑利切詐言也哩力忌切陁羅尼⿰口忌渠義切喫嘿⿰口厲

嚹二同力泰切聲也囈魚計切笑囈也亦寱語嚉多耒切對荅也今作對⿰口幸許更切利害聲呰藏賜切口小也

吠徔介切嘗吠也啃所戢切音啃口聲⿰口肙於列切怒也囑止屬切付囑也⿰口录力篤切笑也嗖所六切笑皃

啨俞六切出聲也⿰口粤于月切辭也本作粵⿰口匹普必切唾⿰口匹⿰口匹吡毗必切鳴吡吡⿰口疾秦悉切噈⿰口疾⿰口筆補密切鳴⿰口筆⿰口戌

息必切⿰口戌口皃𠯆則屑切𠯆鳴也⿰口戚子六切口⿰口戚也⿰口律力述切鳴也喇力葛切喇言急⿰口杲祖郭切⿰口杲⿰口杲聲也

⿰口馬知立切鳴也嗝古厄切雉鳴也啼魚隙切歐啼也⿰口昇丁盍切喁口⿰口乏阻洽切豕食呹余質切羊羊呴草皃

嗋許劫切吸嗋也哫子逯切呰哫也⿰口鼓古或切口聲⿰口節仄瑟切[illegible]⿰口節也⿰口截子悉切蟲鳴也⿰口欻許勿切欻氣也吃

居一切語難也喢山涉切又叱涉切多言也⿰口歇於八切噎聲嚓千結切小語又子細切⿰口窒知栗切博雅云⿰口窒咄也⿰口制所[illegible]

切鳥治毛衣也𠾍力葉切齧骨聲咂子合切魚食風俗通云入口曰咂唎力至切聲也囃七盍切助舞聲喫去擊切喫

喫也嗀同上㗩先立切忍寒聲𠽟渠逆切嗢𠽟多不止也叭普八切又匹活切𪘲匹活切妄說也㗇呼骨切憂也

嚳胡告切多言也𠯆魚矩切欲笑也嗐胡戛切大開口又胡蓋切哵補戛切哵鳴也嗒多臘切又他臘切舐也唈

烏合切嚘也廣雅云溼唈也咭巨吉許吉二切笑皃噫於力切快也㗱阻立切喻也𢦏祖才切語助說文从𢦏

谷部第五十七

凡五字

谷渠略切說文云口上阿也从口上象其理𧮫同上㐁他念切舌皃从谷省象形

一曰竹上皮音他感切𠔿古文醹如朧切醹不肖也

舌部第五十八

凡十三字

舌時列切說文云在口中所以言者从干从口舓神爾切說文云以舌取物也

舐䑛並同上𦧇通荅切大食也𦧵吐盍切義同上𦧸他干切𦧸誕言不正誕他連切𦧸誕舚他兼切舚

𦧧吐舌皃舑他甘切䑙舑也𦧶湯蠟切犬食也舲渠蔭切牛舌病舙胡快切古文話

齒部第五十九

凡九十三字

齒昌始切說文曰口齗骨也周禮大司寇之職[illegible]

[illegible]生齒[illegible]上登于天府[illegible]玄曰人生齒而[illegible]

齗魚斤切齒根肉㗊體䍃吹八月女𦘒丵古齔又謹切新二切說文云毀齒也男八月生齒八歲而齔女七月生齒七歲而齔俗作齓

齰又革切說文云齒相值也一曰齧也齜仕佳切齒𪘂齜齞研繭切說文云張口齒見宋玉賦云齞脣歷齒

𪗲牛銜魚欠二切齒差也齘何介切噤齘齒怒也齺七角壯留二切無牙名也說文云齒搚也一曰齰也一曰馬口中橛也

齵五溝牛俱二切齒不齊也齇莊加莊居二切齒不正也又鋤加切齵齇齖五加切齵齖齒不平齱側游切齱齵也齒聚皃也

齹此何切齒齹跌者又楚宜切齒參差也齹在何切齒差跌皃𪘾胡夾切齧齒一曰曲齒亦作齭齳午忿切無齒皃齫

同上齮魚綺切齒缺也又音椅齟九與巨與二切齗腫也齯五奚切爾雅云黃髮齯齒壽也謂齒墮更生細者齒丁齒立

切齒齒齒也齮魚綺切說文云齧也⿰齒出士乙切齧也說文云齚齒也齰仕革切說文云齧也齚同上齦口很切齧也

⿰齒干五㳄五偃二切齴見皃⿰齒卒在骨切齚也⿱劣齒力曷切齒分骨聲齩五狡切齧骨也⿰齒吉呼轄切又胡瞎切齧堅聲

齥七結切治骨也⿰齒豈五哀切齒豈齒也又音該齝丑之式之二切爾雅曰牛曰齝食已久復出嚼之𪗪同上齕痕沒下結二切

齧也禮爲削瓜庶人齕之齨巨柳切老人齒如齨一曰馬八歲曰齨也⿱聯齒力錢切齒見皃齬牛莒切說文云齒不相值也齲丘禹

切說文云齗齧也　齸於亦切爾雅曰麋鹿曰齸齸者齝食之所在　齩五狡切齩齧也　齡呂經切古謂年齡也　齟士切齧

也又牀呂切齟齬　齛大結竹一二切齧堅皃　齒也　齵直離切齒斷見　齹竹加切齒大齒也　齺補洛切齒唯聲　齰阜皆切齒

齧聲可客牙切　齮大齧也　齻丘之切齧也　齻丁千切牙也　齱又澀切齒相近聲　齺又齱齱也亦作齺　齳牛引切笑也齒

齊骨胡八切齧骨也　齤力盍切齧聲　齰呂及呂合二切唯燥物聲　齹渠圓切說文云缺齒也一曰曲齒　齷渠

切古合胡市切齒病　齰宜五街切齒食也　齙同上　齙步交切齒不正　齚露齒　齡莫丁切齒危也　齕巨依切齒　齮將七切齒良

切小笄必茗切齒　齭楚初舉切傷醋也　齭所同上又音所　齷士眼切齒不正　齴魚蹇切齒露齒皃　齹空

切齧義魚倚切也　齜初產切齒小兒　齝占一昭切齒斷齒　齛私列切草亦作齛　齺羊唯切齒　齘上殖詰切齒下五計切

齵嚴魚欠切齒好皃　齱初史切斷齒　齰古沃切齒聲　齷又胡屋於角切齒齷齪　齾初八切齒利也　齧魚結

也切噬咸口洽切齧也　齗五各切齗也　齾上盧葛切齧物聲　齸下胡歷音歷齒病

牙部第六十　凡五字

牙牛加切壯齒也詩云誰謂鼠無牙　䍩古文　猗丘奇切虎牙也　𤘍

丘禹切齒蠹也 豤口限切齧也

須部第六十一凡五字 須思臾切面毛也 䫇如廉切頰須也 頾子移切口上須也左氏傳曰周靈王

生而有頾或作髭 顊方支切須髮半白聲類云須髮皃 䫀方于步侯二切短須髮皃

彡部第六十二凡二十四字 彡所廉切毛飾畫文也象形又所銜切 彬鄙陳切論語曰文質彬彬說文云古

文份 形戶經切說文作形象形也 𢒉莫祿切細文也 㐱之忍切稠髮也亦作鬒 修胥遊切治也書云六府三事孔修說文云

飾也 𢒠徐井切說文云清飾也 彰諸楊切說文云文彰也 𢒏力旦切鮮明也 彫東堯切說文云琢文也書曰峻宇彫牆

耏如聃切頰須也又獸多毛 弱如藥切尫劣也 彧於六切文章皃詩曰黍稷彧彧彧彧茂盛皃 影於景切形影書曰從逆凶

惟影響 𢒲余鍾切重影也 𢒕丑玉切豕絆行皃 𢒚筆院切古文變 𢒫七孕切又七曾切毛張 𢒯七臥切 彩女宰

切文章也 𢒄章余切古文諸 彯四妙切彯畫也撫招切 𢒅古紅切 𢒽丑知切獸名

彣部第六十三凡三字 彣亡分切說文戫也 彥魚箭切書曰旁求俊彥美士曰彥 彦上同

文部第六十四凡七字

文 亡分切文章也書云聰明文思 斐 孚尾切詩曰有斐君子斐文章皃 辬 補顏切說文曰駁文也亦作斑 斄 力詩切微畫也 斒 方閒切斕斒文也 斕 力寒切斕斒 [illegible] 同上 斌 鄙鄰切文質皃亦作份彬 [illegible] 他旦切[illegible]無采色也 [illegible] 莫瀾切[illegible]

髟部第六十五凡一百八字

髟 必聊所銜二切長髮髟髟也 髮 府月切首上毛也孝經云身體髮膚 鬢 卑刃切頰髮也 [illegible] 五割切 [illegible] 徒合切髮也 [illegible] 而肝切髮長皃 [illegible] 力甘切髮多也 鬈 渠袁丘袁二切髮好也 [illegible] 亡先切燒煙畫眉 [illegible] 奴禮切髮皃 [illegible] 同上 [illegible] 于河切鬌好也又昨何切 [illegible] 芳于芳武薄侯三切髮好也或作[illegible] 髦 莫高切髦俊也 髳 莫高切說文曰髮至眉也 [illegible] 同上 鬋 子淺切[illegible]也 鬑 力兼切鬑鬑長皃 [illegible] 直由切髮多也 [illegible] 且[illegible]切首飾爲髮 [illegible] 作結切束髮 [illegible] 達計切[illegible]髮也 鬄 同上又先歷切 髲 皮寄切鬄也 髺 胡括古活二切說文曰絜髮也 鬠 同上儀禮鬠用組鬠束髮 [illegible] 蒲恒切臥髻也 鬕 亡亞切帶結飾 [illegible] 方五切髻也 [illegible] 丘位切屈髮也 髻 居[illegible]切髮結也 [illegible] 同上說文古[illegible] [illegible] 力[illegible]切長須[illegible] [illegible] 三年切[illegible]也 [illegible] 補蕩切[illegible]也 [illegible] 補[illegible]切忽見也 [illegible]

女帀切亂髮也髣芳往切髣髴也髴芳勿芳味二切髣髴⿱髟分許聞切鬢髮也鬌都果徒果二切小兒剪髮爲鬌又直垂切

鬜苦閑口瞎二切鬜禿也髧徒感切髮垂皃⿱髟采且代切無帶修頭又音渠⿱髟占丁兼切鬑鬑髮疎薄皃⿱髟孚部孟切鬇

亂皃鬃子宗切高髻皃⿱髟畐四肎四宵二切周禮追師掌王后之首服爲⿱髟畐本亦作副鬇士行切鬇鬡髮亂⿱髟戚字書

或字鬡女耕切鬇鬡也鬆先凶私宗二切亂髮皃⿱髟公同上⿱髟丕並悲切被髮皃鬐渠祇切鬐鬣也⿱髟貴

子且切又子冎切多毛也髮光澤也⿱髟尊子困切頂上無髮⿱髟巩渠容切髮亂⿱髟夋先廉切髮也⿱髟票爭紹切白皃亦作覭

髵如時切多毛皃亦作耏⿱髟刪他𠊳切說文云鬄髮也髡口昆切鬄髮也鬀他計切說文云鬄髮也大人曰髡小兒曰鬀盡及身

毛曰鬄髽側瓜切禮記曰男子免而婦人髽以麻約髻也⿱髟育孚勿切婦人首飾也⿱髟吾五結切鬜禿也⿱髟契口八切禿也

鬉子公切毛亂也⿱髟垂直追切髻也⿱髟柔而由切馬之繁鬣⿱髟䜌胡鑾切結髮⿱髟帚助庚切髮亂髮⿱髟悤子紅切馬

鬣又作⿱髟孔切⿱髟沙所加切髮垂皃鬖楚今切又色減切亂髮也⿱髟酉字由切接髮也⿱髟豕莫紅切馬垂髮也⿱髟悤先手切小

⿱髟叜鬆息隆切細髮也⿱髟王曲王切⿱髟王亂髮也⿱髟襄如羊切亂髮⿱髟容余封切髮長⿱髟龍女龍切毛多也又女江切⿱髟重力之

切髮卷　鬒之忍切稠髮也亦作㐱　髿倒下切多毛　鬌都果切髮垂也　鬐都𤕤切　𩯁符小切又四紹切亂髮

𩭹七二切漆也說文音休　髹許求切赤黑漆也　髤同上　鬝胡覽切短鬝　髵息利切與肆同極陳也　鬖

千旦切髮光　鬜古晴切青鬜　䰄仕巘切髮　𩯐符沸切髮　髡九六切亂髮也　𩭾昨沒切髻髼也　𩭸補各

切髮　𩯓　鬟沙末切鬢鬢　鬘多毛　鬚息俞切鬚也本作須　髭子移切口上須本作頾　𩯭女鎋切細毛　鬣

𩭴聊切小兒髮　髥汝占切頰須也今作䫇

玉篇卷第六　凡十部

手部第六十六　舒酉
收部第六十七　居娕
𡕩部第六十八　曾𢦏
𦥑部第六十九　居與
臼部第七十　居六
爪部第七十一　壯巧
丮部第七十二　居逆
鬥部第七十三　都豆
𠂤部第七十四　作可
又部第七十五　有救

手部第六十六　凡六百四十五字

手舒酉切說文云拳也易曰艮爲手　𠂿古文　𢪇古書切

也掌諸養切論語曰指其掌掌手中也拳渠員切屈手也掔於焕切儀禮曰鉤中指結于掔掔後節中也捥
上並同搴居輦切取也攓同上出說文拲居勇切擁也𢪏于羊切扶也今作將扱𢱭同上挈苦結
切提挈也摯諸貳切持也周禮以禽作六摯摯之言至也擥力甘力瞰二切手擥取也攬同上拏尼牙切手拏也擪
烏協切指按也亦作擫摲山湛切斬取也又才甘切說文云暫也𢳆充世切牽也說文曰引縱曰𢳆𢫧𢷬並同
㧘疾寄切詩曰助我舉㧘㧘積也掔卻閑去賢二切固也擧居輿切說文曰對擧也今作舉𢹂於勇切儀禮云𢹂簟
栗𢹂抱也作擁同𢸌同上𢯪古文搫步波步丹二切手不正也攣力全切攣綴也易曰有孚攣如撆普滅
切擊也撇同上揅魚賢切揅摩也摩莫羅切研也攠同上擘補革切擘裂也摹莫奴切規摹也亦作
摸擊經歷切打也書曰擊石拊石撽口弔切說文曰旁擊也挐女豬切說文云持也撝吁爲切指摩也攀普
班切援引也扳同上又布間切摮五交五高二切擊皃擎渠京切持也揧力葛切研破也承署陵切次也奉也受
也𢯁許委切毀壞也𢴇色角切又相邀切長也又長臂皃拲居勇切恭也拜居㥛切說文云與𢪃同𢫦胡

切于擧攕所咸切說文曰好手皃詩曰攕攕女手指諸視切手指也春秋傳曰食指動謂第二指也摳苦溝切挈衣曲禮曰

兩手摳衣去齊尺揖伊入切說文曰攘也一曰手著胷曰揖周禮司儀掌詔王儀南鄉見諸侯土揖庶姓捃居運切拾也攘仁尚

切揖攘也又汝羊切攘竊也攓起焉切縮也攐丘連切說文云摳衣也撎烟利切拜舉手下手拱記冢切書曰克

拱明刑拱執也撿良冉切說文曰拱也捾於活切搯捾也搯他勞切搯捾也拇莫卜切手指拇推出唯他雷二切

排也易曰剛柔相推捘子寸切又子對切左氏傳曰捘衛侯之手捘擠也扶防無切扶持也又府俞切公羊傳曰扶寸而合側手曰扶

持直之切握也拑渠廉切脅行也攫九縛切搏也操七刀切把持也又倉到切捦渠林切急持衣衿行也㩒

同上搏補洛切手擊也據居豫切依也又持也抩人詹乃含二切併持也抪卜路切相持也攝書涉切引持也挾

戶頰切懷也持也儀禮曰兼挾乘矢捪亡巾切撫也捫莫昆切詩曰莫捫朕舌捫持也擥力甘力敢二切持也攬呂盍切擇

持也握於角切搤持也撣徒安切觸也太玄經云遭逢並合撣繫其名撣觸也攜戶圭切貳也又持也把百馬切把握也

提徒兮切挈也㧺竹涉切拈也拈乃兼切指取也摛恥離切舒也捨尸社切施也去也按於旦切詩

曰以捘祖旅按止也控枯洞切詩曰控于大邦控引也捋力括切詩曰薄言捋之捋取也撩力條切手取物又撩理也插
初洽切刺入也措且故切頓也置也掾與絹切公府掾史也又曰太尉屬揗食尹詳遵二切摩也拍普格切拊也
拊芳武切拍也書傳云拊亦擊也掇豬劣都活二切詩曰薄言掇之掇拾也掊蒲溝切把也易曰君子以掊多益寡掊猶減也
本亦作裒抔步侯切手掬物也捊步溝切說文曰引聚也詩曰原隰捊矣捊聚也本亦作裒抱說文同上今薄保切拾時立
切掇也詩曰決拾既佽拾所以引弦也㨷居焮切清也說文拭也授時霤切付也揜衣撿切說文曰自關以東謂取曰揜
一曰覆也掩於斂切說文曰斂也小上曰掩攩胡廣切搥打也𢪛之刃切抑也爾雅云淸也挏達孔切呂氏春秋云百官挏擾
挏動也招諸遥切招要也擇儲格切簡選也接子葉切說文交也撫孚武切說文云安也一曰循也捉側角切搤
也一曰握也搤於責切握也挻丑連式連二切長也揃子踐切搣也史記西夷揃剌批子爾子米二切說文捽也又疋氏切
搣民烈切摩也莊子云揃搣拔除也掬居陸切撮也[illegible][illegible]並同上揥丁計切撮取也摕或揥字又兩指急持
人扡也揣初委丁果二切度高下曰揣又試也摜古患切習也又帶也投徒侯切說文擿也詩曰投我以木桃挶居足切戟持也

搔蘇牢切括也　擿雉戟切投也莊子曰擿玉毀珠　擲同上　拮居鐵切手口共有所作也　据據於切戟挶也詩曰予手

拮据拮据手病也　摽匹叫孚亮怖交三切摽擊也又符少切落也　抶一穴切說文挑也　挑他堯切撥也詩曰蠶月挑桑枝

落之采其葉本亦作條又徒了切挑戰也　搳枯瞎切說文云搳也　擖公八口八二切刮也一曰捷也　摘多革切拓果樹實也一曰

指近之也　抲火何切撝也　擸呂闔盧葉二切摺也　拹同上　摺力合之涉二切敗也折也　拉力荅切折也左氏傳曰拉

公幹而殺之　揄同上　摟力侯切詩曰弗曳弗摟摟亦曳也本亦作摟又落侯切　抎干粉切有所失也　掉徒弔切搖

也　披敷羈切開也又彼寄切禮大喪士執披持棺者也又匹美切　擢達卓切去也舉也說文云引也　揯公鄧切引急也　搖

餘昭切動也　搈與種切動搈也　⿰扌貳直異切當也亦作值　揫子由切爾雅聚也說文束也　揂子由切聚也　擣

丁道切說文云手椎也一曰築也　捀扶容切灼龜觀兆也又扶用切說文云奉也　擧丘言切舉也　揚與章切舉也

攗居運切拾也　揭起計起謁渠列三切詩曰淺則揭謂揭衣也　拼音蒸又上聲救助也　撜拯並同上　丞

聲類云拼字　扛古雙切橫關對舉也　扮伏粉切握也動也　揄與珠切揄揚也又抒臼也又音由　捎所交切周禮輸人以

其闉之防捎其藪梢除也撟紀消几小二切說文云舉手也一曰撟擅也擩而專而誰而主三切說文云染也周禮九祭六曰擩

祭鄭司農云擩祭以肝肺菹擩鹽醢中以祭也摭之石切取也拾也拓同上又他各切擭黃路切擊擭也一曰布擭也又乙蒦

切拚皮援切說文云拚手也抃同上擹方問切埽除也亦作拚禮記曰埽席前曰拚擅視戰切專也揆渠癸切詩

云揆之以曰揆度也擬魚理切說文曰度也易曰擬諸形容損孫本切減少也失舒逸切說文云縱逸也周書曰時哉弗可失擐

胡慢公患二切左氏傳曰擐甲執兵擐貫也捝徒栝切兔奪二切說文解也挹於入切詩曰不可以挹酒漿挹斢也抒神旅切說

文云挹也又大圭抒上終葵首擾如紹切書曰敘擾天紀擾亂也挺達鼎切說文拔也探他舍切書曰探天之威探取也撣

他甘他紺二切周禮有撣人掌誦王志王探序主意以語天下捼儒隹奴和二切說文云摧也一曰兩手相切摩也撋如專切摧物也

捘九山丘山二切相援也搹於責切儀禮喪服傳曰苴絰大搹鄭氏云盈手曰搹又音隔扼同上史記曰天下之士莫不扼捥而

言之撼胡感切搖也搦女卓女革二切正也持也搑如容切推而擣也又而勇切掎居蟻切偏引也揮詡歸切易

曰發揮於剛柔而生爻揮動也攪古巧切詩曰祇攪我心攪亂也捁同上扞何旦切衛也捍同上㨨丑由切引也

抻捭上並同　撓蒲結普蔑二切反手擊也左氏傳曰撓而殺之　批普迷切擊也　撞徒江切擊也　捆於身切就
也　摧在回切折也詩曰室人交徧摧我摧沮也　排薄偕切推排也　擠子詣子稽二切排也　抵多禮切擲也說文云
擠也　扔人蒸切說文云因也　括古奪切易曰括囊無咎括結否閉也　援禹播切引也又音瑗　捇呼虢切裂也　撝
呼皮切說文裂也一曰手指也　扐陵得切易曰歸奇於扐凡數之餘謂之扐　技渠綺切禮記曰毋淫奇技淫巧技藝也
摍所六切說文曰蹴引也　拙之說切不巧也書曰作偽心勞日拙　揩達皆切韋韜也　摶徒桓切周禮矢人凡相笴欲生
而摶摶謂圜也　㨡侯本切手推也　撮子括士括二切三指取也　捄居于切詩曰捄之陾陾捄虆也　搰胡没切掘也左氏傳
曰搰褚師定子之墓焚之太亦作掘　抇亦搰字穿也　掘渠勿其月二切易云掘地爲臼　摡許氣切詩云傾筐摡之本亦作
墍又古代切滌也　揟相如切取水具　播補過切揚也種也尚書曰乃屑播天命播棄也　挃竹栗切說文穫禾聲詩云穫之
挃挃　⿰扌致知利切挃也　扤虞厥午骨二切詩曰天之扤我扤動也　抈午厥切折也　摎力周居由二切絞也束耶傳曰摎之經不摎垂
不絞其帶之垂者　⿰扌劉同上　撻他達切笞也書曰撻以記之　⿸广達古文　挫祖臥切摧也　捲渠員切說文曰氣勢也國
[illegible]

語曰予有捲勇抨普耕補耕二切揮也拼同上擈倪交切擊也扱初洽切揖拜扱地手至地也抶丑栗切擊

也抰於掌切以車鞅擊也扺之是切側擊也戰國策曰抵掌而言捰布垢切擊也捭補買切兩手擊也擺同上

捶諸縈切以杖擊也搉苦角切敲擊也挨乙駭切推也摼苦耕切撞也揥[illegible]勑切去也擊也摬乙慶切傷擊也

撲普鹿切書曰其猶可撲滅又音[illegible]捕蒲布切逐也抗可浪切舉也扞也簎初落[illegible]二切周禮鼈人掌以時簎魚鼈

龜鼈鄭司農云簎謂以杈刺泥中搏取之拫胡根切輓也扚丁激切引也撚乃殄切蹂也挂古賣切懸也抴

余世切數也又羊列切拽同上拕託何切拕曳也拖同上俗捈他胡同都二切臥引也揤子悉組栗二切拭也

揙方善甫延二切搏也擊也撅居越切說文曰手有所把也攎力胡切張也捽存兀切擊也搵烏困切沒也

挌柯額切舉也擊也止也捐余專切棄也掤悲矜切詩曰抑釋掤忌所以覆矢也扜於娛口孤二切持也說文曰指麾也

掍胡本切同也扣枯後切擊也又音寇捷疾葉切剋也勝也摉色流切數也聚也求也勁疾也鬭也搜同上[illegible]

古文換胡館切易也貿也掖余石切扶持也小掖門也从手持人臂也又臂下曰掖擗脾役切拊心也詩曰寤擗有摽亦作擗

技古效切報也 抑於陟切美也意也冤也疑辭也損也按也 揥敕細切詩云象之揥也所以摘髮又都悌切 撤直列切剝也給
也誓也 撰助鸞切數也又持也 揔子孔切將也領也合也 捴同上俗 撙祖本切曲禮曰君子恭敬撙節撙猶趨也 揤側九
子侯二切行夜設火以備也 拭書翼切清淨也 揞子信切插也 攊力穀切周禮曰三鼓攊鐸謂掩上振之為攊 掠力尚
力酌二切掠劫財物 擮莫改切貪也 撏徐林切取也又視占也 摫居垂切裁也 攍余征切擔也莊子云攍糧而趣之 本
亦作嬴 拯扶畢切推擊也 捴苦忽切推擊也 拌普槃切弃也又音泮 撈路高切取也辭也 搪達郎切搪揬也
摏舒庸切左氏傳云以戈摏其喉摏衝也 摋蘇割切側手擊曰摋 攤奴旦切按也又他丹切開也 捌補別切物不捌又音
八 摙力翦切運也 攖伊成切結也 挸吾禮切莊子曰見子終日握手而不挸 扒鄙殺切擘也 攄丑於切擬也
攡力支切太玄經云玄者幽攡萬物而不見其形者也 抆武粉切拭也拒也 捽蒲骨切擊也 擽郎的切捎也鬲
也 扢柯礙何代二切摩也取也 押古狎切輔也檢也又烏甲切押署也 掐口洽切掐抓也爪按曰掐 扽都困切引也撼也 捍
丈生切 摍所育切擊也 擑記鄧切讓書云擑拘持之也 攇虛偃切 也 揎先全切引也 捻乃協

切指捡　摬於旅切擊也　揈呼宏切擊聲　掏呼縣切擊也　抾丘之丘居切兩手挹也　抛普交切擲也　捄

吾可切差也　抮火典切引戾也　揀力見切擇也又音簡　搙女角切蓐也　抐乃兀切揾抐也　揞於感切藏也　捺

千計切挑取也　扭丑有切拳也又音紐二鹹兒　攉口淮切摩拭也　掓胡改切攈動也　摐七凶切楚江二切賦云摐金鼓摐撞也

擡大才切動振也　摣口居切又擊也　揊普力切擊也　抹莫葛切抹摋滅也　㩧蒲角切擊也又匹角切　揹側林切急

疾也　捍子篤切足熟　擆普麥切西京賦云㩼鏑擗㩼謂中物聲也　㨹俞桂切裂也挂也　攢子藥切攢也揃也　揬達骨

切衝揆也　摸亡胡切手摸也又音莫摸摖也　摖素各切摸摖也　挮他弟切去涕淚　掿吴角切押也　擷下結切束縛也　擅

紀善切搌擅醜長皃　搌丑善切搌擅　捆口袞切取也齊等也織也抒也篡組也　揳古八切揳擊手拐敢所以止樂也本亦作戛

搎蘇昆切捫搎猶摸搎也　抭于筆切抭揘擊也　擮亡結切擮揳不方正也　揘胡肓切抭揘拔也　掝匹麦切掝裂也

㩛都管切轉篗也　[扌韋]禹鬼切逆追也　抓古華切引也擊也　擟莫規切擟拘山名　摓苦攜切中鍋也　搸子人切擊

昔聲又賁𩫨　[扌奚]下街切挾也扶也　[扌任]如甚女甚二切擣也　扏渠鳩切緩也　拓古文　揩可皆切摩拭也　扨七

切摩也　拸與紙與支二切加也　掓舒育切拾也　搱乃鳥切擿也　揁先火切揣擊也　扤弋選弋贅二切動也搖也　撓

同上　⿰扌窒徒結切擿也　捖平官切摶圓也周禮注云捖摩之工謂玉工也　撦充野切撦開也　⿰扌者諸野尺野二切擊也　揲渠列

切猛暴也　搕先盍切破聲　撨先弔先凋二切擇也　擆竹略切擊也　⿰扌繭公殄切拭面　挸同上　⿰扌㝵他德切拳打

揑乃結切捻也　捺乃曷切搦也　攋洛頼切覔也　攇五曷切擊也　揌先才切振也擡揌也　扼乃果切摘也趙魏云

也　揭渠列切負揭也　扴公八切刮也　揠寺劣切拔也　擔丁甘切負也　⿰扌戒公壞切擾也　⿰扌百莫格切擊也　抳

尼倚切持抳　扑普卜切打也　⿰扌豈下哀切⿰齒豈也　抵丁弟切　挱素何切禮記注煑鬱和以盎齊摩挱泲之出其香汁亦作

莎　搷達年切揚也　捷子一子列二切擿也　抯壯加才野二切取也　擉初朔切指也莊子曰冬則擉鼈于江刺鼈也　⿰扌巿

九罽切以巾覆物　⿰扌具亡殄切塗也　摞力戈切理也　撖口檻切[illegible]也一曰危也　挅當果切量度也　撓乃飽乃教二切

撓亂也又音蒿　擷何結切扱衽也　摼口耕切琴聲論語曰摼爾捨瑟而作與鏗同　挽亡遠切引也與輓同　擓公壞切區也

担丁但切拂也　挒呂結切捩也　擯卑振切相排斥也　攢子幹切解也　揨宅耕切剌也撞也　⿰扌豕知朝切剌木也

擊也抺呼高切除也亦菝田草或作薅茠捂五吾故切[illegible]也又斜[illegible]也捒初革切[illegible]也又[illegible]𢹎子了切剽截也擴

古莫切引張之意㨯同上抦悲景切執持也搥丁回切擿也揕知鴆切右手[illegible]其賀[illegible][扌旋]因緣切長引也攙

在銜切攙搶貫刺之也又楚銜切[扌丂]苦絞切古文巧[扌囟]次然切遷徙也揀先[illegible]切[illegible]揀字[illegible]也抖書由切古收字聚也掎俱爲

切戴也擓古會切收也掅且定切捽也摵子[illegible]所六二切到也掃蘇道切除也禮記曰汛掃曰掃作埽同捅先孔

切搏捅引也折士列切斷也又之舌切捧孚勇切兩手持摣仄加切取也搑如勇切推車也[扌衍]余忍切西京賦曰[扌衍]

地絡[扌衍]謂申布也攏力同切馬攏頭捘子公切數也擨余遮弋之二切擨揄輕笑皃揄弋朱切擨揄挼奴和奴迴二切

擊也[扌朱]止吏切又章喻切掄力昆力均二切擇也[扌牙]客加切將也扠楚牙切橫扠也攞力多力可二切揀攞也[扌虎]

丑昔切以拳加人也抓側交切抓痒也振之仁切又之刃切動也掀許言切舉也[扌頻]扶秦切[扌頻]摟也摴丑魚切摴蒲也攤

他丹切攤蒱賭錢也[扌化]許誇切[扌化]爲也[扌玄]吉研切縣名又胡堅切揗息倫切搓挪上七何切下奴多切搓挪也揎息全

切捋也[扌罔]古郎切[扌罔]舉又古浪切[扌蘇]桑孤切摸撫也撾陟瓜切打鼓也掁直庚切撐也搶初庚切攙搶妖星也又七良切

撐丑庚切撐拄又丑孟切　摼口耕切打也　搊楚尤切手搊也俗作扫　搛力瞻切打鼓也　⿰扌周徒聊切又去周切

摱莫辧切打也　⿰扌臭居言切⿰扌雩蒲彩　攔力丹切遮攔也　⿰扌炭他丹切擊也　揁知盈切揁引也　拎力丁切手懸捻

物也　⿰扌敷芳無切⿰扌敷張也　⿰扌豪蒲摩切斂聚也　搒博忙切搒略也說文北孟切掩也　⿰扌而日之切擊也　⿰扌羲許宜切　⿰扌丕匹肯

擥去賢去見二切擥挽也　㨂都籠切打也　掾余專切把掾也　撬去堯切撬舉也　⿰扌戲去寄切⿰扌戲擊也　擂力堆切研

切披也　⿰扌尚竹萌切引也　⿰扌秉筆永切執也　⿰扌州側九切執⿰扌州也　⿰扌來口減切不安　⿰扌山口犯切取也　揰都統切弃也

⿰扌典丑忍切又他典切　捴方姍切動捴也　⿰扌款苦卵切⿰扌款捉也　⿰扌危語鬼切懸也　撱他果切俗云落又羊捶切　⿰扌遺羊水切⿰扌遺

弃　⿰扌縣許鹹切⿰扌縣戾也　⿰扌剽四眇切落也　拷苦老切打也　揇奴感切揇[illegible]也　⿰扌㬎戶猛切[illegible]也　⿰扌蚩丑善切擊⿰扌蚩也

⿰扌荀思尹切拒也　⿰扌乾居偃切屋上⿰扌乾也　捖胡款切打也又苦管切　拃側板切摸拃也　⿰扌丰芳靡切⿰扌丰[illegible]也　㩳先勇切執

也　拆齒隻切擊也　⿰扌窘巨隕切⿰扌窘束　拄張庚切指拄也　抧側買切擊也　⿰扌則阻色切打也　擏居影切　⿰扌學

下巧切擾也　扻苦敢切打扻也　採七宰切採摘也　拗烏狡切拗折也　揝子感切　拶子葛切逼拶也　⿰扌頁火講切擔

摜也摻所斬切攴掣扶也捰烏果切扰丁感切擊也挭古杏切挭槩也捹蒲本切車弓也掗攞上烏可切又烏

寡切下力可切搖也抖擻上多口切下息口切抖擻起物也摥他浪切推攂力對切攂鼓也撛力刃切扶也攇於觀

切攇剤也拒強舉切抵也掟陟猛切揮張也摒必政切摒除擋丁浪切摒擋摦胡化切寬也摲初鑑切投也又

山擥切𢫬去鳳切捺𢫬也㩮力帝切擿裂也抐而稅切抓也揓搘二同式至切把皃捲徒鐙切𢱧丁亂切打

攌撰初患切慣撰也担七个切遇揁力宕切擊扲渠嚴切記也揍七奏切投抗于救切福𢭆子鴆切揙

式戰切動也又失然切搞口告切搭多蠟切又他蠟切摸搭搨他蠟切搧搨也又都盍切手打也揲文甲切又時列切數著也

抸阻合切擊也㨟慈昔切擊也㨝息節切出物也攕前薛切擿他歷切伐擿也𢭱他谷切杖指𢳆使育

切擊也搋亭六切打甚皃捔古岳切掎捔撥補末切說文曰治也扎州戛切俗札字擭古鎋切改也攆彬密

切刺也𢹂彌必切拭也托𢹿二同他落切推也㩸徒獵切排擟搽二同乃叶切擫擟也攉火郭切揮攉

擆張略切打也揁于勿切擲揁也捋力沒切捋也捋也技匹角切打也捩力計六結二切拗捩也抪普[illegible]

切說文曰推也 拔 蒲八切擢也又蒲末切 扷 子結切斷絶也 攊 力的切指劃 擷 七葉切飯臬也 揀 初責切扶揀也

搕 口合切打也 𢫬摑 二同古獲切掌耳 摢 古獲切批摢也 揠 烏拔切孟子云宋人有閔其苗之不長而揠之者揠拔也

扸 星歷切今呼拔草心爲扸也 折 俗折字 扟 所巾切從上擇 掏 徒刀切掏擇

𠬞部第六十七 凡二十六字

𠬞 居竦切說文云竦手也亦作拜 𢍜 多曾切籀文登 𢍉 公到切古文告

𢍰 豬吏切古文置 奉 扶拱切承也 丞 侍陵切說文翊也繼也 奐 呼館切禮記曰美哉奐焉奐衆多也 弇 於檢

切蓋也又古南切 𢍁 古文弇 𢍧 余六切說文曰兩手盛也又居六切 兵 彼榮切說文曰械也从斤斤兵也 𢍎 余石切引

也說作𦋳 畁 渠記渠𢍏二切舉也 异 余吏余之二切舉也 𢍏 記倦切說文曰摶飯也 弄 良棟切玩也詩云弄

[illegible]手之 戒 居薤切防患也 𢍲 [illegible]追切持[illegible]閧揃也 龔 紀庸切 弈 余石切說文云圍棊也 具 渠句切說文云

六貫也 弃 去至切古文棄廢也 𢍬 子養切助也 𢍵 毗制切俗弊字 𢍭 渠京切舉也 𦋻 猪利切置也

𠬜部第六十八 凡三字

𠬜 普姦切說文云引也𢺕攀 𢍮 力全切攣攀攣 𡚁 附袁切說文云鷙不行也今作樊

舁部第六十九 凡八字

舁 與居切共舉也 𦦴 且廷切說文云舁高也 舉 同上 𦦶 古文 與 余舉余據二切用也說文云黨與也 𢍏 古文 [illegible] 苦云寬切古文坤 興 虛陵切盛也起也又許應切託事也

臼部第七十 凡四字

臼 居六切又手也兩手捧物曰臼 要 於宵切說文曰身中也象人要自臼之形今爲要約字又於笑切 [illegible] 同上 [illegible] 古文

爪部第七十一 凡六字

爪 壯巧切說文云丮也覆手曰爪象形 爫 諸養切說文云亦丮也从反爪 孚 撫俱切說文云卵孚也一曰信也 𤔢 古文 爲 于嬀切爾雅曰造作也俗作為 𤓯 古文

丮部第七十二 凡十字

丮 居逆切說文云持也象手有所丮據也 𠃨 居玉切說文云亦持也从反丮 埶 魚制切種也 巩 記奉切抱也或罊擧 孰 示六切說文云食飪也爾雅云誰也 [illegible] 洛代切始設食也 谻 其虐紀逆二切相踦卻也 [illegible] 朱立切古文執拘也 [illegible] 胡瓦切擊踝也 [illegible] 竹角切斫也剬也亦作斲

鬥部第七十三 凡十二字

鬥 都豆切說文云兩士相對兵伏在後象鬥之形今作門同 鬭 當候切鬭爭也

鬩上同 鬨俗 鬨胡絳切鬭也 鬩呼狄切爭訟也很也 鬪匹賓切爭亂也 鬮居黝居稠切手取也 鬫莫食乃箕

二切編獲也 鬮吉了力求二切鈎也 閔平犬切試力土錘也 鬭撫文切說文云鬭連結鬭紛相牽也 鬩同上

𠂇部第七十四凡二字

𠂇作可切說文云左手也今作左 卑補支切下也易曰天尊地卑

又部第七十五凡三十九字

又有救切說文云手也象形 右于救切說文曰手口相助也又于久切 厷古薨切說文云臂上也亦作肱 [illegible]古文 叉測加切指相交也 叉仄巧切說文云手足甲也 取且宇切資也收也 父符府切說文云矩也家長率教者也 𠬛莫骨切古㱙字說文曰入水有所取也 曼亡販切長也呂氏云目不視靡曼之色 叜蘇后切老也或作叟 [illegible]籀文 燮素協切和也大熟也 [illegible]籀文 [illegible]古文申字 尹于準切治也 [illegible]古文

叏公快切決也易卦名 叡側家切取也 㕞所劣切拭也 [illegible]力尸切引也 𠬝扶目切服治也 反非遠切反覆也

[illegible]古文 及渠立切逮也 [illegible]古文 秉布永切持也 [illegible]敕勞切搯也一曰取也 [illegible]諸芮切十問吉凶曰[illegible]

叔舒六切說文云拾也俗作尗 度徒故切尺曰度說文云法制也又徒洛切揆也 𠬢于尤切同志爲友今作友 友同上

䇾並古文 彗 祥歲切掃竹也或作篲 叚 居馬切借也 叚 同上 叙 徐舉切叙序也

玉篇卷第七 凡十一部

子欲 足部第七十六 山居 疋部第七十七 公懷 丵部第七十八 古沒 骨部第七十九
呼穴 血部第八十 如六 肉部第八十一 居勤 筋部第八十二 呂職 力部第八十三
胡頰 劦部第八十四 良渚 呂部第八十五 莫洞 㝱部第八十六

足部第七十六 凡二百九十一字

足 子欲切說文云人之足也在體下从止口易云震爲足 蹏 徒奚切說文云足也 蹄 同上 跟 柯恩切說文云足踵也亦作峎 踝 胡瓦切足踝也 跖 之石切說文曰足下也 蹠 同上又楚人謂蹠曰蹠 跪 渠委丘委二切拜也聲類云跽也 踦 居綺丘奇二切恐人踦乃身迂乃心踦曲迂避也 跽 奇几切擎跽曲拳也 踄 蒲故蒲各二切蹈也 踧 達的切說文云行平易也詩云踧踧周道又子六切 躣 渠俱切說文云行皃楚辭云右蒼龍之躣躣 踖 子石切踧踖也 𨆢 在亦切踐也亦作踖 蹌 七羊切行皃 蹡 同上 躡 女涉切登也說文云蹈也 踽 九禹區禹二切

獨行皃詩曰獨行踽踽⿰足幽他卯切踐處也又行速也⿰足卜芳付切趣越皃亦作赴踰與俱切詩云無踰我里踰越也⿰足戉

謂月切走皃蹐子亦切小步也蹻渠略居略二切說文曰舉足行高也詩云小子蹻蹻躩丘縛居縛二切足躩也倏舒育

切疾也蹌七羊切說文曰動也書云鳥獸蹌蹌相率舞也躋子兮切登也踊俞冢切跳也左氏傳云曲踊三百跧莊攣

切說文云蹴也一曰畢也卷也躍余灼切跳躍也詩云踊躍用兵蹵七六子六二切蹴蹋也蹴同上蹋徒闔切踐也蹈

徒到切踐也躔直連切踐也踐慈翦切詩云籩豆有踐踐行也踔敕卓切跛也踸踔跛者行踸丑甚切踸踔⿰足冘同上

踵之勇切足後禮記云舉前曳踵蹛都賴直例二切踶也跃時紙切樹也蹩蒲結切蹩躠旋行皃一曰跛也躠私列切蹩

躠⿱埶足大叶切埶足也蹢丈隻切蹢躅行不進又都歷切蹢也躑丈隻切亦蹢躅躅馳錄切蹢躅也⿰足屬同上踶徒計切蹋

也莊子云馬怒則分背相踶踤財律切觸也駭也⿰足䍃餘昭切跳也跳徒彫切說文蹶也一曰躍也蹷渠月居月居衛

三切說文僵也一曰跳也蹶同上躝說文同上⿰足辰之仁之刃二切動也⿰足屠徒加切躇跱不前頊蒲艾切步行猥跛也踏

他合切踏跛也⿰足及先荅切進足有所拾跲渠劫居業二切躓也跇丑曳丑世二切超踰也蹎丁千切蹎跛也跌徒結切[illegible]

也踼徒郎切跌踼也蹲在昆切說文云踞也踞記恕切大戴禮曰獨□而踞踞蹲也踣蒲北匹豆二切凡殺人者踣諸市

僵尸也跛布火切跛足又彼寄切國語云立無跛跛不正也蹇羈演切跛也蹁蒲堅切足不正跰渠追切胝肉也

一曰曲脛也踒於卧切足跌也跣蘇殄切跣足書曰若跣不視地跂遽豉切有跂書曰其人行騎罣不著地跔渠俱居動

二切天寒足跔寒凍手足跔不伸也䠅口袞切瘃足也躧所綺所買二切說文云舞履也蹝同□何加切足所履也䠊

扶謂切刖足也書曰䠊辟疑赦其罰倍差亦作剕□字書云亦䠊字跀五刮五厥二切司寇掌刖罪五百刖斷足也亦作刖□

同上䟫甫亡蒲庚二切說文云曲脛馬也距渠呂切雞距也趹古穴切疾也趼魚見切爾雅曰騉蹄趼謂蹄如趼而健上

山躛禹袂切說文云衛也蹼補木切爾雅曰鳧鴈醜其足蹼路呂故切道路□丑厲切踰也蹙子陸切詩曰政事愈

蹙蹙促也踇莫后切踇偶山蹜所陸切論語曰足蹜蹜如有循□亡遇切長跪也踕才協切足疾也蹪徒雷切仆也

蹕比栗切周禮隷僕掌蹕宮中之事蹕謂止行者蹯輔袁切熊掌也左氏傳曰宰夫胹熊蹯不熟蹞同上踰餘朱切登

也拔躊直留切躊躇也躇直於切躊躇猶猶豫也跦陟俱切行皃䠇渠勿切足多力也躐口涉切踐也跬

羌極切舉一足蹞同上躄俾亦切跛躄不能行也躁子到切易云震爲決躁躁動也踆且遵切退也趾諸市切[illegible]
也蹉采何切蹉跎也跎達何切蹉跎蹟子亦切詩曰念彼不蹟不蹟不循道也跡子昔切左氏傳曰車轍馬跡焉跱
除几切爾雅曰室中謂之跱跱上也蹀徒篋切躞蹀躞蘇協切躞蹀跊褚律切獸跡也山海經云赤水之西流沙之東有獸
左右有首名跊踢蹊遐雞切徑也跗方俱切儀禮曰綦結于跗跗足上也趺同上踂女輒切兩足不相過楚謂之踂[illegible]
才含才合二切止也躒令的切動也大戴禮曰騏驥一躒不能千步踉呂唐切踉蹡欲行皃䠙蒲唐切踉䠙踳姝允尺轉
二切踳駮色雜不同蹣蒲安切蹣跚旋行皃跚先安切蹣跚蹮蘇田切蹁蹮猶蹣跚也蹃如藥切蹈足皃[illegible]徒協
切足聲也跑蒲交切蹴也又蒲包切趵方卓切足擊聲[illegible]才他切蹋聲趲同上跙才與切行不進太玄經云四馬跙
跙踾普力切踾蹋地聲跐祖解子爾二切蹋也踀且欲切迫也速也或作促趗蹨乃殄切蹀跡也[illegible]普胡切馬蹀跡[illegible]
補孟切散走也史記云歲星晨出爲跰蹱或作趟躂他達切足跌也[illegible]呂絕切踰也躟仁羊仁養二切躟躟行疾皃蹍
女展切履蹈皃跁蒲瓦切跁跒不肯前跒口瓦切跁跒趻乃殄切趻踸也躅丑錄切躑足[illegible]且鹿切往來皃踏

他市切足著地䟘公朗切伸脛也䟪芳昭切輕行也踡巨貟切踡跼不伸也跼渠足切踡跼𧿒渠幼切𧿒䠓蹌皃

䠓丘幼切𧿒䠓䟴餘斂切疾趨也𨁀他忽切蹂也䟧達堅切蹎蹋地聲躘呂恭切躘蹱小兒行皃蹱職容切躘蹱

跉力呈切跉𧿶行皃𧿶丑丁切跉𧿶䠄舒庸切蹋也䠓丘役切蹎皃䞼於合切跛蹌跮丑利丑栗二切

䟶䟶作前乍卻踱丑略切䟶踱又田各切蹔徂濫切不久也與暫同蹂仁柳切踐也䟡丁戾切蹋也[illegible]千[illegible]切楚也

[illegible]䟦行皃[illegible]仲切[illegible]躝六安切踰也[illegible]子釆切走皃踃先聊切跳踃[illegible]丘盛切一足行皃[illegible]仗亘切

切東郡謂跪曰跽跽發拜也[illegible]普計切偶也[illegible]補爾切字股外也[illegible]先卷切獸足[illegible][illegible]間几切古文[illegible]

踐也禮也踁何定切脚脛踁與脛同蹭七亘切蹭蹬[illegible]時兖切腨腸也正作腨[illegible]胡唐切獸迹與远同[illegible]丑世切渡也

[illegible]徵劣切跌也蹸呂振切蹸轢也躝同上[illegible]何諫切脛也與骭同跤苦交切脛骨也亦作骹[illegible]他登切行皃

跕都牒他協二切跕屣也踹都館市兖二切足跟也蹤子龍切跡也跆達來切蹋跆也[illegible]去俱切跛行也跜

女時切𨇢跜虯龍勭皃出靈光殿賦𨇢渠追切𨇢跜踈色魚切慢也踟直知切踟躕行不進也躕直朱切踟躕[illegible]

皐恩切足冷痛⿰足頁胡俞切踚力迍切行也蹣步般切蹣跚跘步般切⿰足來千來切⿰足高口交切⿰足匡

曲王切⿰足叉策涉切踏⿰足酋七由切⿰足同他紅切走皃踶他兮切踶蹋⿰足邊布眠切行不正蹮相然切行⿰足存在蒐切

⿰足延弋延切行蹺去堯切舉足跠羊脂切跠踞跏古牙切結跏坐⿰足豆都婁切跌踜魯登切蹬也蹦步登切走

⿰足岑士今切⿰足幸巨皎切行⿰足羊寺羊切趨行⿰足嵐魯甘切急行⿰足亞烏賈切行不正跁蒲郎切⿰足奎去弭切足

開皃跓直主切勇足⿰足閑丑犯切跛足⿰足民密古切踔跺都果他果二切行皃踴與恐切⿰足齒測角切齺相近聲又

初六切⿰足尚又人兩切譁怯皃蹭也⿰足尋莫后切人跗指踠於遠切曲腳也⿰足癸葵淚切足⿰足產初產切騎馬躓知利切跲也

⿰足下口故切跢丁奏切倒也又丁佐切小皃行也⿰足軍胡困切⿰足奏則候切[illegible]也⿰足扁盧候切[illegible]蹋也⿰足詹昌占切馬

急行⿰足臬牛幼切跛行⿰足市匹貝切又蒲走亡急行皃⿰足亥戶愛切⿰足弗甫味切急行皃⿰足厲落帶切蹶行也⿰足最七外切行皃

⿰足余徒故切不復也⿰足甲古御切行聲⿰足帝[illegible]各切[illegible]亦作[illegible]⿰足旱多朗切行皃蹕彼律切走皃蹗踛二同力谷

切又力玉切行皃⿰足舌苦活切躄足也⿰足翏力交切走踘九六其六二切踘蹋也⿰足凡九六切足也⿰足玉魚曲切行不正⿰足毒徒沃

切行不正跍許吉切行跍切行蹫圭律切跛皃 𨁃初角切行𨁃也 踛力竹切趢踛也 蹳普末切行也 蹢直列切又蹩列切

𧿶丑女六切行𨀁父六切行皃 跫苦紅切蹋聲 𨂿子力切𨂿也 跨苦瓦切又苦化切越也 跋步末切跋蹿行皃 蹬徒亘切蹭蹬

疋部第七十七　凡四字

疋山居山慮二切說文云疋也上象腓腸下从止弟子職曰問疋何止古文以為詩大疋字亦以為足字一曰疋記也 𤴰山於切門戶青疏窻也 𤴱山於切通也達也月令云其器𤴱以達今作疏 𤴵之世切姓也王莽時有𤴵惲

𠂹部第七十八　凡四字

𠂹公懷切𠂹背呂今作乖 𦟝子亦切背𦟝也今作脊 傘音散蓋也 [illegible]

苦媧切華斜也

骨部第七十九　凡八十六字

骨古殁切說文曰肉之覈也 髑徒木切髑髏頭也 髏力侯切髑髏 髃牛口切說文曰肩前也 髆補各切說文曰肩甲也 髀補爾切又步米切股也 骿步田切骿脅也 髁口卧口禾二切髀骨又胡瓦切

𩩲渠月切𩩲骨也 髖苦官苦昆二切髀上 髕蒲忍切膝端也大戴禮曰人生朞而髕 䯏古末切骨端也 𩪮丘隗切𩪮膝關骨

骹苦交切脛也爾雅曰馬四骹皆白曰驓 骭遐諫切脛也爾雅曰骭瘍為微亦作骭 骸何皆切骨也左氏傳曰析骸而爨 [illegible]

骨留盜䯝先委切骨䯊同上出𩨦丑歷切骨體他禮切𩪵云何切骼
中也髓中脂也骨說文𩨦間黃汁也體形體也𩪘痛病骼
柯額切說文曰骴前賜切周禮蜡氏掌除骴前賜切腐骨也聲膾公
禽獸骨曰骼骴骴死人肉也作胔同骨類云此亦胔字骨外
切五綵束髮說文曰骨擿髐於老切䯏胡葛切髑骬羽俱切髑可口
可會髮者詩曰髖弁如星骨膂骨骬骬肩骨骬骬缺盆骨骨亞
切膂骨髂骨段並同骼乙呂初元五丸切骶丁計切背骶五高切骲
骨上肩骨也骨骼骭也骶之骶又骹也骹鈴也骲
蒲交平剝二切骨骲髎力條切於ナ切骨蟣云八切髖古八切
也又蒲茭切骲擊也髎髖也骨一體亦作髖骭小骨骭髖骭
圭口圭切六畜骹蒲益切骨咼口瓜切骨咼危五瓜切后下溝切友蒲
骨丘中骨也骨弓彊骨骲骼上骨骭骭骺骺也骺切肩
髇高呼交切也入他罪切骨徒旦切骨虛玉切骨類云亦作盧力胡切
也骨髇箭骨骰股也骨與臀同骨頊顱也謂髑髏也骨頭顱也
骨系公本切世本鯀頊生鯀骰孤會切式股字胆骨胡骨切膝病聲骨
骨鯀生高密是為禹也骰本也俗又音投骨類云骨差也骨
居岸切左氏傳云拉公骭骨於巧切凶也親骨口高骨苦光切骨魯
而殺之以手拉折其骭也受也亦作骨切骨骯股骨也骨唐
切股髐火交切一巠戶經切一區去俱舍式車骨牙五加切骨蒲朗切股骨
骨也髐箭也骨也骨切骨切骨骼也骨也又音旁骨

徒對切⿰骨鬼口會切愚皃⿰骨空苦紅切又口江切⿰骨奇𠃊綺切小骨也骲百罵切刀骲也⿰骨逢府貢切灼⿰骨害胡代切骨

骻口化切又口瓦切腰髈⿰骨弋與力切小骨也⿰骨業匹角切骨前也⿰骨出都骨切鳥鳴豫知吉凶⿰骨卒七沒切小骨也⿰骨崔

切⿰骨發知劣切續骨也⿰骨蒦胡郭切⿰骨意於力切⿰骨力口骨切用力也骯口朗切骯髒體盈髒子朗切骯髒⿰骨殳

䯪郁詭切骨曲也

○血部第八十凡二十三字

血呼決切說文云祭所薦牲血也易曰龍戰于野其血玄黃衁呼黃切血也左氏傳曰士

刲羊亦無衁衃匹尤匹才二切凝血也⿱聿血子仁切氣液也⿱血丁達零切說文云定息也衄女鞠切鼻出血也⿱農血奴冬

切說文云腫血也亦作膿⿱㐬血吐感切周禮醢人掌朝事之豆其實醓醢醓醢肉汁也又曰深蒲醓醢⿱䀋上同⿱菹血於切周禮醢人掌供七

菹蘊醢清菜⿱菹血上同⿱幾血居衣切說文曰以血有所刉塗祭也衈如志切耳血也卹思律切憂也衋許力切傷痛也周書

曰民罔不衋傷心衉空紺切羊凝血⿱贛血同上盇乎獵切說文曰覆也又何不也盍上同衊莫結切汙血也衅虛鎮

切牲血塗器祭也亦作釁爨⿱甫血蒲胡切申時食籀文餔字⿱蒸血之承切菹也

肉部第八十凡四百十七字肉如六切骨肉也說文云胾肉也象形肉同上月同上膜莫胡切說文
婦始孕腜兆也肧匹尤普回二切婦孕一月胎他來切婦孕三月肌居夷切肌膚也膚府俱切皮也曰嚧膚臧之貫
肤同上肫之春切面額也又鳥藏也𦝕巨衣居衣二切頰肉也脣食倫切口脣也䫃古文出說文脰徒
切公羊傳曰宋萬搏閔公絕其脰脰頸也肓呼光切說文曰心上鬲下也左氏傳曰居肓之上腎是忍切水藏也肺芳吠
切金藏也太玄經云火藏肺之言敷也詩云自有肺腸胃禹貴切白虎通曰胃者脾之府𦞦說文胃脾步彌切上藏也
白虎通曰脾之為言辨也肝居寒切木藏也白虎通云肝之為言行也膽都敢切肝之府也腸直良切腸胃也脬普交
切膀胱也膏公勞切說文曰肥也周禮曰春行羔豚膳膏香腴與俱切腹下肥肊於力切胷也臆同上膰扶袁
切膰肝也膺於陵切胷也膀步光切說文[illegible]胱古黃切膀胱也胷許恭切膺也亦作匈背補對切背
胻又步內切脅虛業切身左右膀胱也脟力輟切說曰腸間肥也肋盧得切脅骨也胂舒仁切夾脊肉脢莫回切背
曰咸其脢脢者心之上口之下胲同上又莫載切肩居妍切肩髆也胳公洛切腋下也胠去劫丘慮丘閭三切腋下也臂

補致切手臂也腝奴到切臂節也肘張柳切臂節也𦙃同上肪府防切脂肪臍在奚切臍臍左氏傳曰後君噬臍

作齎腹弗鞠切腹肚胯口故切史記曰不能死出我胯下胯股也膲子遥切三膲脽是隹切尻也肤古穴切肤孔也

股公戸切髀也易曰巽爲股脛胡定切腓腸前骨也史記曰斮朝涉之脛腳紀略切腳脛也胻戸當切說文曰脛耑也胑

至移切體四胑手足也肢同上腓扶非切脛腨也腨時兗切腓腸也肖先誚切似也書曰說築傅巖之野惟肖肥

扶非切說文云多肉也胤余振切嗣也胄古文冑直又切裔也膻徒亶切肉膻也肸呼乞切振肸也䑋

如掌切方言䑋肥也腊上驟公埋二切臞也脙呼尤渠尤二切瘠也齊人謂瘠腹爲脙胳同上臠力兗切肉臠也又力

官切臠臠瘠皃膌才亦切臞也臞渠駒切少肉也脫徒活吐活二切肉去骨左氏傳曰無禮則脫脫易也脀之仍切騃也

胗章忍切脣瘍也肒胡玩切說文曰搔生創也胼步田切皮厚也史記曰手足胼胝胝竹尼切胼胝肬羽流切贅也

胅大結切骨差也腫之勇切說文云癰也脪香靳切腫起也肕餘忍切脊肉也又丈忍切臘來盍切說文云冬至

後三戌爲臘祭百神也膢力侯切飲食祭也冀州八月楚俗二月朓通堯他召二切祭也胙在故切說文曰祭福肉也

肴戶交切俎實又殽肉也　脤時忍切以脤膰之禮親兄弟之國皆社稷宗廟之肉也　隋他果切說文曰裂肉也又徒果切

腬爾由切肥美也　膳時扇切說文曰具食也周禮膳夫掌王之食飲膳羞膳之言善也又云膳牲肉也　腆他殄切厚也　脊

古文　腯徒骨切豕曰腯肥也　胡護徒切何也書曰弗慮胡獲說文云牛領垂也　⿰月必卷結切肥肉也　胘何千切牛百葉也　膍

婢脂切鳥膍胵　肶同上　胵充脂切鳥胃也　膘扶小孚小二切牛脅後髀前草肉　膟力述切膟膋腸間脂也　⿱率月同上

膋力彫切詩曰取其血膋膋脂膏也　膫同上　朐渠俱切脯也禮記曰左朐右末　脯方武切脯腊也　腊思亦切乾肉也周禮

腊人掌乾肉　腒巨於記於二切乾雉也　膊普各切周禮掌戮掌殺賊諜而膊之膊謂去衣磔之　膊字書同上　䐹

所流切周禮庖人夏行腒䐹鱐乾魚也　胥思餘切蟹醢也　肍渠留切熟肉醬也　脠始蟬切生肉醬也　臡奴雞切[illegible]

臡肝髓醢也又有骨醢也　腤蒲候切豕肉醬　膹扶吻切說文曰臛也　臇子選子遣二切臛少汁也亦作[illegible]　胹人之切煮熟也

⿰月員桑袞切熟肉内於血中和也　腥桑丁切豕息肉也　胜桑丁切犬膏臭也　臊蘇刀切豕膏臭也　[illegible]同[illegible]

肉也　膷虛羊切今肉中生息肉也　臐呼雲切儀禮注云臐今時臛也羊曰臐　脂之伊切脂膏也詩云膚如凝脂　膩

切垢膩也膜密各切肉間膜也胾側吏切大臠也⿰月枼直輒切薄切肉也腌於贍於劫二切漬肉也[illegible]

呼各切羹臛也⿰月弱如灼切肉表革裏脃青歲切說文曰小耎易斷也脆同上俗膬亦同上又七[illegible]切[illegible]

雜肉也膎戶皆切說文曰脯也⿰月兩良仰切膎⿰月兩也腏知劣切桃取骨間肉也⿰月臽胡監切食肉不厭也肎口等切說文曰

骨間肉肎肎著也一曰骨無肉也詩曰惠然肎來肎可也今作肯肯同上肰而緣切犬肉也古文然字從此[illegible]䐜充人切起也[illegible]

蒼云引起也䏙他感切說文曰肉汁滓也胆此據且居二切蠅乳肉中也俗作蛆膠古爻切膠者考工記注云皆謂煑用其皮或用角

肙烏銜切小蟲一曰空也臝郎戈郎果二切獸名腐扶甫切說文曰爛也月令云腐草化為螢脡敕頂切脯朐也臚

力居切鄭玄注周禮云臚陳也⿰月念如甚切熟也臅齒欲切狼臅膏謂臆中膏也⿰月采千代切山海經云耳鼠食之不⿰月采⿰月采

大腹也肱古薨切臂也書曰臣作股肱耳目⿰月耳如志切筋腱也腠倉奏切膚腠也脹豬亮切左氏傳將食脹如廁脹痛也

字書亦作痮膂力佇切脊骨也書曰為股肱心膂古與呂同膉於亦切脂肉也埤蒼云豕伏槽胖普半切牲之半體周禮[illegible]

又掌共膴胖胖宜為膴而腥胖之言半也⿰月奇居義切肉四⿰月奇也膒於侯切久脂也𣪊胡木切足跗也腩奴坎切煑肉也[illegible]

同上　䐈餘之切豬肶也　貼徒兼切大羹也　䐑初減切䐑羹也　膁七廉切臉膁又力減切臉䐑　脾匹備切盛肥也　腇

奴罪切魚腇他罪切腲腇　腲烏罪切腲腇腇肥皃　膓相力切膓肉　胔疾移七移二切人子腸　臄渠略切口上阿也詩曰嘉肴脾臄

䏿苦禮切肥腸也東有無䏿國人　臀徒昆切聲類云尻也易曰臀無膚　䐘於六於告二切鳥胃也禮記鴇䐘弃胃䐘膍胵

䐈之刀切周禮注膠䐈之類不能方如脂膏敗直䐈黏也　肵渠衣切俎也㫁也　䐄詳廉切禮記曰三獻䐄䐄沈肉於湯中也

脞倉果切書曰元首叢脞哉叢脞細碎無大略也　膱之力切油敗也儀禮曰薦脯五膱膱長尺有寸膱猶脡也　膝思疾切脛頭也

亦作厀　胉普各切胉脅也　腡力戈古華二切聲類云手理也　腋羊益切肘腋也　脣即炊切脣腸觜脂　𦛗丁奚切脣𦛗

脺倉淚切鳥尾上肉也　腶丁貫切鍛脯也　膭胡對切肥大皃　胞補交匹交二切胞胎也　脕無阮無怨二切色肥

澤也又音悶新生草也　膙記兩切筋膙也　𦢊烏酷切膏𦢊　膹先問切膏骨　脀之丞切俎實也　𦠆故胡切大脯

膌先結切臆中脂　衁同上　腸乙厲切臆也　胺一曷切肉敗也　腅達濫切肴也　䐎丈入治輒二切蘦也生熟半也禮

記云腥也　胖普江普降二切胖脹也　膷子刀切膷臐膏澤也　膊子六切膷臧　𦢊埤蒼同上　朘子雷切赤子陰也亦

作䘒聲類又作屡膪竹夬切膗肉也臓匹遇甫遇二切臓膞臃欲潰也𦡹虛聊切臓𦡹胮薄江切胮肛脹大皃肛工

呼江切腫也胮肛也䐻朱圓切膗醜皃䐅渠追切膗䐅腣多計切又徒黎切腣胿肤腹也胿古攜切腣胿肔

厂胡切肔脈大腹也胍姑胡切胘胍𦣍徐鬻切魯大夫名膾古外切肉細切者爲膾䏡虛放切水名𦘺先安

切脂肪胴徒棟切大腸也胓蒲京切胓𦙶羊脂䏹上列切𦞙䏹肚徒古都古二切腹肚膕戈麥切曲腳也胎

都罪切腇腲大腫皃腲火罪切腇腲膕渠隕切腹中膕脂也肛古口九孔昆二切尻也正從骨膨蒲行切膨脝脹皃脝

許庚切膨脝脖蒲骨切脖胦胅臍胦於良切脖胦胲古才以足指毛肉膻丁安切䗺胡大腹豚𦟝朝切尻

也𦢊丘及切朐脯也或𦢊乾也䏍餘職切缺盆骨胈蒲末切禹治水腓無胈股上小毛也𦟝許證切腫痛也臛

烏郭切臛肉也䐇尺尹切䐇肥也䐦五哀切䐦肥也胶下交切㱿也𦢊下結下計二切喉膜也䏑苦骨切䏑也一曰肤出也

臔胡典切肥也胥古服切胥膌不密膠知架切胥膠膃乙八烏没二切膃肭肥也肭女滑奴骨二切膃肭肣匹見

切半醴胭於田切胭喉也朦莫孔切大也豐也𦙶同上䐐呼役切䐐視也膞似金切古姓脗莫粉切口邊也與吻

同腱渠言渠建二切筋本也膢同上肑伯卓切手足指節之鳴亦作𦚏又音的膢下肉也膿乃公切癰疽潰也亦

作盥脺先忩先進二切肉脺腦蓋也胴同上䐗陟於切豕也亦作豬脈莫革切血理也周禮瘍醫鹹以養脈脉同上

肕如振切堅肉也䐺他紺切食味美䏼在安切食之餘也𣧑同上𦡂渠月切𠑽也亦作𦢊䏿許梨切𦡂之別名或

呻也脥居協切俗頰字䏶居杏切或骾食骨留咽中也本從魚䐤壯加切鼻上皰也本作皻𦡯除有切小腹痛也𦛁組立切

和也𦞯時至切俗嗜字肦扶云切大首皃𦡃於井切頸腫也或作癭𦟘思流切或羞字𦠘余證切或孕字

𦡳直基切古治字理也𦙶達冬切古疼字痛也𦡡大各切肫𦡡無檢限䐅公對切腰痛也胕扶付切太玄經肺胕之行

胛古狎切背胛𦘺丁定切𦘺食也腛於角切厚脂也䐋魚矜切肥䐋也腔去江切羊腔也𦛴去王切𦛴腔也䐜

如由切䐜輭也䏖余眞切春肉也䏰戶恩切䐯力晧切䐯䐠腫皃肟許于切鄉名𦞫諸盈切醋煮魚也膎

胡皆切膎脯也膴亡吉切土地腴美膴膴然也又訶姑切無骨腊䏙莫江切腤於含切煮魚肉䐶子含切腤䐶又子荏

切䐶脣病也肣胡男切舌也又胡敢切牛腹也𦟒呼光切𦝫七公切病也朧力董切肥皃𦟲七恭切肥病

⿰月庸 丑容切 均也 腧 式注切 五藏腧也 肊 烏茄切 足病也 ⿰月麻 莫波切 瘺病也 膁 魚兼切 美也 又口簟切 要胷左右虛肉

䖏 腈 子盈切 腈肉也 腵 古鵐切 腸病也 ⿰月⿱罒重 奴多切 又乃邪切 ⿰月昆 占魂切 穴蟲 ⿰月酋 七由切 典⿰月酋 ⿰月罙 市金切 病也

⿰月牟 莫浮切 脊⿰月牟也 腂 力水切 又作(⿰月果) 腂皮起也 膧 徒龍切 肥皃 ⿰月凡 扶龔切 姊⿰月凡 ⿰月甾 側師切 腊⿰月甾也 ⿰月留 力由切 又

去聲 ⿰月遺 弋隹切 肥也 ⿰月暴 補角切 皮破 又蒲角切 肉脉起 膅 徒郎切 肥也 膛 他郎切 肥皃 ⿰月見 户繭切 腹⿰月見也 ⿰月黃

古横切 肥皃 ⿰月亭 徒苓切 脯也 臁 力鹽切 穴臁也 ⿰月褱 奴海切 肥⿰月褱也 ⿰月適 羊水切 ⿰月適孔也 ⿰月與 羊改切 肥也 又音與 ⿰月幷

同上 脘 古卵切 胃脘 朊 同上 又人陰異呼 ⿰月産 初産切 皮起 膲 七小切 脊膲 腰 於消切 髂也 本作要 腑 方武

切 藏腑 本作府 肔 弋紙切 引腸也 ⿰月女 而煮切 魚敗 腿 他偎切 腿⿰月坒也 本作骽 ⿰月巽 蘇本切 肉也 臏 毗忍切 臏骨也 又去

膝蓋刑名 腦 奴倒切 頭腦也 ⿰月𡿺 同上 ⿰月冓 呼講切 肥皃 ⿰月堇 多禰切 ⿰月堇肥也 膸 相觜切 骨膸 本從骨 ⿰月皮 波美切 腀

力民 [illegible]也 ⿰月亞 烏價切 ⿰月亞膪肥也 膪 陟嫁切 ⿰月亞膪 ⿰月反 蒲半切 肉 臃 烏孔切 肥也 ⿰月扁 必忍切 腱子肉 ⿰月壽 羊水切 瘠

也 腖 都弄切 腕 烏段切 手腕 亦作捥 膇 直僞切 重腿病 ⿰月多 女下切 ⿰月芻 仄究切 ⿰月芻脯也 ⿱制月 之曳切 魚醬 膝

息兗切肥也亦與㬮同 腪于郡切膜 ⿰月韋下貴切皮 ⿰月奐胡灌切肥 ⿰月八普密切吹肉也 肸許訖切肸蠁 肐許訖

切身振也 腽苦骨切臀 ⿰月局居六切 ⿰月匹普栗切 ⿰月七丑一切滑皃 膣丑一切肉生 ⿰月赤下革切肉 ⿰月聶女洽切

⿰月乙叱涉切肉動也 ⿰月录力矚切脂也 膈古額切胷膈 ⿰月舌古滑切 ⿰月疌慈叶切接 腫初夾切肉腤⿰月替 肰許律切牛肉也

⿰月樂北角切 臠縷迦切臠腸胃 炙之夜切炙肉也 ⿰月質之日切⿰月質⿰月畢也刀箭瘡藥 脩息流切脯也又長也 腄竹垂切說

文瘢胝也又馳偽切縣名 ⿰月差楚佳切⿰月差腶脯腊也 膞旨兗切說文云切肉也 胏反里切脯有骨也易曰噬乾胏 ⿱亼⿱冃土同上又說

文云食所遺也

筋部第八十二 凡三字

筋居勤切說文曰肉之力也周禮瘍醫以辛養筋 ⿱竹⿰角力伯角切手足指節鳴也或作肑

⿱竹⿰建力渠建巨言二切筋之本亦作腱

力部第八十三 凡八十五字

力呂職切勳也強也說文曰筋也象人筋之形 勳許軍切說文曰能成王功也書

曰共方有勳 勛古文 功古同切說文曰以勞定國也書曰惟帝念功 助鉏據切佐也 勴呂蕪切勴助也 𠢸同上

劼苦八切固也務亡句切強也書曰樹德務滋勑力代切說文曰勞也勱莫史切勉也書曰勱相我邦家勥渠肙切說
文曰強力也勍渠京切彊也左氏傳曰勍敵之人勁吉聖切彊也左氏傳曰中權後勁劭上召切勉也勉彌辯切強
也勗呼五切勉也書曰勗哉夫子勸丘萬切勉也書曰勸之以九歌勝舒陵切任也又舒證切強也勶儲列切發也
勠呂竹切書曰聿求元聖與之戮力陳力於人也動徒孔切作也易曰六二之動直以方也勨餘掌切緩也又勉也縣⿰畾力
力對切推也一曰懷也劣力拙切劣弱也勮渠據切務也勀枯勒切勀勝也勩與制切勞也⿰隶力同上勦
楚交子小二切勞也券巨眷切勞也劬渠俱切劬勞病也勤渠斤切勞也募莫故切求也勬九負九媛
二切勤也加古瑕切益也⿰卤力方結切大也⿱敖力五高切健也勇俞種切果決也勃蒲沒切卒也勡匹照切劫
也劫居業切強取也飭丑力切正也勵呂勢切勸也勢舒曳切形勢也[illegible]若緋切覆定也勔彌淺切勉也
⿰[illegible]力方萌切大也⿰矢力餘質切豫也劤居僅切埤蒼[illegible]多力也⿰牟力莫侯切勸勵也⿰骨力苦元切勸也⿰兩力呂強切勞
也⿰手力居偃切難也吃也或作謇扐疾來切聲類云古材字⿰夌力力徵切俗陵字倰也⿰乘力苦乘切劥也劥口庚切動也

𠡋 祖賀切助也副也 勣 子亦切功也 𠡄 符沸切勇壯也 𠡍 皮筆切古弼字 勜 於孔切屈強也 劜 尙點切勜劜也

𠢃 與章切勸也 劻 曲王切劻勷遽也 勷 如羊切走皃 勆 魯當切 勨 余兩切勸也 𠢍 何滿切勤也 𠠳

竹甚切用力也 劾 胡蓋胡勒二切推劾也 勬 居貟切 勴 力御切又力胡切助 𠢔 胡割切勸力也 勒 盧得切抑勒也 勎

力竹切 𠡣 何瞎切用力也 𠠺 莫角切勤也 勥 巨兩切說文曰迫也 𪟛 同上 勞 力刀切說文曰劇也又力到切 𢙐 古文

囦 戶卧切舝船聲 効 胡孝切俗效字

○劦部第八十四 凡三字

劦 胡頰切同力也山海經云惟號之山其風若劦急也 勰 乎頰切說文云同心之和也 協 胡頰切合也書曰協和萬邦

○呂部第八十五 凡二字

呂 良渚切說文作呂脊骨也象形昔太嶽爲禹心呂之臣故封呂侯亦作膂 躳 居雄切躳身也易曰不有躳无攸利或作躬

○㝱部第八十六 凡十八字

㝱 莫洞切說文云寐而有覺也周禮太卜掌三㝱之法㝱者人精神所寤 寱

目萑切寱卧也論語曰寢不言　寑寖並同上　寐彌冀切卧也　寤牛故切說文云寐覺而有信曰寤一曰晝見而夜㝱也　寤籀文　𥨊明彼莫禮二切寐不覺見曰𥨊　𥨍渠季切孰寐也　寎補命況命二切卧驚病也　寱牛丗切眠言也　𥩍同上　𥪡思鄧切新覺　寣呼骨切卧驚也一曰小兒啼寣寣也　𥧲呼甘切𥧲偃也一曰寐不脫冠帶也　𥨯莫桑切寤言也眠言也　𥧣午含切寐語　𡫳人諸乙庶二切說文云楚人謂寐曰𡫳

玉篇卷第八　凡三部

心部第八十七　思林

思部第八十八　息茲

惢部第八十九　桑果

心部第八十七　凡六百二十九字

心思林切說文云火藏也　忄同上　性思淨切命也質也說文曰人之陽气性善者也　恉之以切意也　慎市振切謹也思也　快苦夬切可也喜也　愷空改切樂也可也　忻喜斤切察也喜也　惲紆憒切謀也議也　惇丁昆切樸也信也大也厚也　𢡟同上　悃苦本切志純一也　愊普力切悃愊至誠也　忼苦莽切忼慨壯士不得志也　慷同上　慨可載切大息也　憭力繞力彫二切惠也意精明也　悰昨宗切樂也一曰慮也　悏

苦回切大也　恬徒兼切安也靜也　恭居庸切法也事也恪也本作恭　怡弋之切悅也樂也　⿰忄戚居莚切疾也老也餙
也　懄渠斤居近二切憂也煩也惄也　恂思巡切信也均也慄也溫恭皃也　忱時林切誠也　怞丈又切朗也憂恐也　懷
胡乖切歸也思也安也至也　愮余招切憂也詩曰憂心愮愮　怙胡古切恃也詩曰無父何怙　恃時止切賴也詩曰無
母何怙　懼渠句切恐也　⿱目心古文　⿰忄某亡斧切愛也說文曰撫也　⿰忄胥相旅切才智之稱也　⿰忄產又限切全德也　悟
魚故切覺悟也心解也　⿱吾心古文　怈余世切習也明也　忆同上　怕普駕切恐懼也說文匹白切無爲也　慕莫故
切恐也習也本作慕　慔莫固切爾雅曰懋懋慔慔勉也　悛且泉切改也又敬皃亦止也　⿰忄卻去逆切疲力也說文其略切勞也　恤
思律切憂也救也　懽呼官切悅也又公玩切爾雅曰懽懽愮愮憂無告也　悖蒲突切逆也亂也又蒲輩切　⿰忄亟居力切說文疾
也一曰謹重皃　恌他彫切爾雅曰恌偷也　愞於亂乃過二切弱也　悒於急切憂也　懮於九切懮受舒遲之皃　悗
武袒切惑也　慥七到切禮注云守實言行相篤之皃　悍胡旦切勇也　慢莫諫切輕侮也不畏也　怭蒲必切慢也
懈古賣切倦也嬾也怠也　惰徒果切怠也易也　⿰忄⿱𠂇月同上　⿰忄差古文　怫扶勿切意不舒治也　懊於報切悔也又於六

切貪也 慲莫蘭切忘也 怗他頰切服也靜也 憿古堯切行險也 恑居毀切異也 ⿰忄巂胡圭切變異也 惏

力南切貪也 㥶先則切說文曰實也 懤丈又切愁毒也 惛呼昆切亂也癡也 怋莫昆切悶也一不明也 憾胡紺切恨

也 慟徒貢切哀也論語曰顏淵死子哭之慟 恎待結切惡性也 ⿰忄宅徒各切忠也正也又池陌切 ⿰忄乇同上 ⿰忄度同上又忖

悛也懲也 ⿰忄夸虎姑切恐也怯也憂也 懫之日切止也塞也滿也 ⿰忄离力支切多端也 ⿱離心同上 悱孚匪切口悱悱 ⿰忄巴

公在切恃也仰也 悌徒計切孝悌又徒禮切愷悌也 憎子登切態也 憒公對切亂也 悢胡良切怨也 憍居高

切逸也 悔呼對切改也恨也 悁於緣切說文曰忿也一曰憂也 ⿱⿰肙刂心籀文 憤扶粉切懣也 惆敕周切惆悵悲愁也

怩女飢切忸怩慙也 忸女六切忸怩 悵敕亮切惆悵失志也 愴楚亮切悲也傷也 惻楚力切悲也痛也 懌

羊石切悅也服也改也 懠在細切怒也疾也 忉都勞切憂心皃 慅蘇勞切憂心也愁也又音早 愔於斟切安和皃悅皃

忧于救切心動也 愐亡善亡姘二切勉也止也 惴之睡切憂懼也 惔徒甘切憂也 愵奴的切思也又憂皃 憔昨遥切憔

悴 悴存季切說文曰憂也又七没切心急也 ⿰忄⿱覀足西足切承上顏色也 慽且的切親也痛也 懹人向切憚也相畏也 怦

普耕切心急也　憚徒旦切難也畏憚也　⿱黑心同上　慴之涉切懼也　怵恥律切悚懼也悽愴也　⿰忄共記奉切恐也　惶

胡光切憂惶也恐也　㤥下代切恨苦也　悑普布切惶也　怖同上　忝聽簟切辱也本作忝　⿰忄莆蒲戒切極也　㤬

莫達切忘也　憢呼條切懼也　怍疾各切慙也顔色變也　憬九永切遠行皃　憐力田切矜之也撫也　惵徒頰切恐

懼也盈也　愎蒲逼切很也　怊敕僑切悵恨也又尺昭切　懾章涉切怯也懼也　忳徒昆切悶也亂也憂也　⿰忄癸祇住

祇癸二切悸也悚也　怦普行切滿也忼慨也　⿰忄充齒終切心動也　⿰忄咸丘廉丘減二切不安皃　⿰忄奇去奇去倚二切⿰忄咸倚儉急又儉

意也　⿰忄巠胡頂切恨也　⿰忄隶他對他沒二切肆也忘也忽也　怢　⿰忄彔並同上　惃古混古䰟二切惛也亂也　悻公翻切更也變

也飾也或作諱　懝牛力切有所識也又五溉切　忬餘據切綏也安也早也　⿰忄寽力拙切少也與劣同　悜丑井切愼惺意不盡也

情疾盈切說文曰人之陰气有欲者　憕直陵切心平也又直庚切失志也　⿰忄重直勇切說文曰遲也　恔吉了切憭也又胡巧切黠也

忯渠支是支二切敬也亦愛也　⿰忄全且緣切又子眷切謹也　慒昨遭切亂也又徂冬切謀也又慮也又音因　愃許遠切寬心也又息

緣切語快也　惀力迍切又力尹切思也　惟弋隹切思也有也辭也爲也謀也伊也　⿰忄遂雖遂切意思深也　⿰忄象同上見說文

慉丑六切恨也又許六切興也　僇力周力彫二切賴也且也　㦜胡郭切驚也　愯息拱切說文曰懼也　⿰忄雙同上又所江切

⿰忄侯胡溝切恐也　悚息拱切懼也　憮無斧切憮然失意皃又不動皃又荒烏切　愐彌兗切想也又勉也　惗乃叶切愛也又

暗聲憶也又音線　憺徒敢徒監二切安也靜也　忓古安切擾也又胡旦切抵也善也　憸七廉息廉二切說文曰詖也憸利於上佞

人　愒去例切貪羨也說文曰息也　辡畢沔切憂也急也　懁火還切慢也輕也又古縣切心急也　慓匹䬳蒲小二切疾也急也

憪戶間切戾也說文曰愉也　⿰忄采七海切恨也急也　愉弋朱切悅也顏色樂也又羊豎切　懱莫結切輕易也侮也　懞

莫公切懜也不明也又武亘切　像徒朗切說文曰放也　忮支豉切懻忮害心又不媚剄恨　怚秦呂切驕也又子御切　惕他的切憂

也疾也懼也　惖同上　愓杜朗切說文曰放也一曰平也　慏彌井切慏悜　慯式諒切憂也痛也念也　慌火廣切慌惚

惚呼骨切慌惚也　憶於力切意不定往來念也　憧昌容切行意往來不定皃又直巷切愚也　悝力止切憂也悲也疾也又口回切

憰古穴切變詐也　怳吁往切說文曰狂之皃又怳忽　悸其季切心動也　忨五亂切貪也愛也　慊口玷切切齒恨也　怓

女交切亂也詩曰以謹惛怓　慍於吻於問二切恚也怒也恨也　⿰忄巿孚吠普貝二切怒也　⿰忄彖故皆切恚也恨也怨也　⿰忄豆徒候切候

也訟也怏於兩於亮二切懟也不服也愾口代許氣二切大息也慅七刀七老二切憂愁也不樂也悽七奚切悽愴也傷也慘
七感切痛也愁也恨也說文曰毒也又初錦切憯七感切說文曰痛也怛丁割切悲也恫他東切呻吟也痛也又徒弄切惜私積
切吝也貪也憫眉殞切憫默也又憂也⿰忄虒余氏余支二切不憂事又徒低切作也怮於糾切憂戀也忦古黠切恨也又公大
切懼也又五拜切惙陟雪切疲也又憂也惂口感切說文曰憂困也⿰忄吏力志切憂也忓況于切痛也憂也忡丑中切憂
也怐巨營切憂也怲兵永切憂也懼也恇曲王切怯也怖也悄七小切心無憀也又憂也⿰忄小同上愜起頰切服也又快也
㥦同上悼徒到切懼也傷也禮云七十年曰悼悿他點切弱也怪古壞切異也非常也恠同上俗⿰忄志之吏切忘也
悾苦工切愨也又空弄切誠心也慄力質切謹敬也懼也不怠也悢力黨切懭悢不得志也又力尚切悢悢惆悵也悅余拙
切樂也經典通用說懍力荏切危懼也敬也又巨禁切心怯也⿰忄夌力升切憐也哀也慄也愧居位切慙也亦作媿⿰忄匿女力切惄
也方言曰梁宋之閒謂媿曰惄⿰忄奄於撿切愛也⿰忄奄憸多意氣也又甘心也㤿同上惝尺掌切惝悅失志不說皃悇丑盧切憂也又
他姑余庶二切憛徒甘切悇憛憂也⿰忄詈力低切楚云[illegible]言輕易也慥呼奚切[illegible]也[illegible]慢之語⿰忄果婁章切小[illegible]也慣

羽麯切怫慣不安皃悹去宮切憂皃又作㤩怵竹律切憂心也又丑律切[illegible][illegible][illegible]切[illegible][illegible]也[illegible]羊[illegible][illegible][illegible]惟

許回切悲傷也怐居遇切恐也又苦候切怐㚢愚皃懢力甘切貪懢也[illegible]苦[illegible]切[illegible]也[illegible]徒冬切憂也[illegible][illegible][illegible][illegible]也[illegible]

同上[illegible][illegible]憂也出楚辭[illegible]公厄切智也[illegible]竹與切知也愚也憉步行切憉悙自彊也悙許庚切憉悙恀尺紙切[illegible]

恃也[illegible]羊脂切悅也忻也悀與恐切怒也忿也懀烏外切惡也懀也悶也懹[illegible]也[illegible]讓切[illegible]懹[illegible][illegible]惡皃慌呼晃切[illegible]慌[illegible]

慌忽[illegible]胡典切意難也惈古火切勇也勝也敢也悷盧帝切[illegible]悷多惡又[illegible]悷[illegible]吟[illegible]盧董切[illegible]怜[illegible]字狄切[illegible]也憐也又

子由切慮也[illegible]呼麥切乖戾也頑也愇韋鬼切怨恨也惸葵營切獨也單也或作㷀[illegible]巨王切進取皃古文狂字怯

去劫切懼也畏也[illegible]芳萬切惡心也急性也懶力旱切俗嬾字[illegible]必益切諍也又匹比博計二切愼也愖氏任切信也愕

五各切驚也愋許袁切恨也忘也[illegible]秦栗切毒也或作嫉[illegible]彌婢切安也或作侎憴食陵切正譽也或作譝忪職容

切心動不定[illegible]也遑遽也惿陟利切怒也恨也[illegible]楚革切情也耿介也憁七弄切憁恫不得志慺洛侯切謹敬也不輕

[illegible]下滑也[illegible]朱切慺同上[illegible]丑葉切心動皃又休也恒胡登切常也久也古作恆愲古忽切憂也慮也悶也[illegible]亂也[illegible]

莫北方名強又為懽又懽忮也 惿承紙切審也 愯尺隴切恐也 𢠳烏項切很戾也 懪蒲角匹角二切煩悶也悖也

憘詡移切敬也恨也 恟許邛切恐也 愩古紅切心動也又古弄切 慪口侯切恪也惜也 慱徒桓切憂也日慱慱憂

怜魯丁切心了也 慵是容切慵懶也 慆他刀切喜也又慢也 愪王分切憂也又于敏切 恔胡交切快也 懅巨魚

切心急也 恗口牙切恐懼也 慞之羊切慞惶也 懫畢氏切伏也又匹人切𢘅也 𢘅莫郎切憂也 忙上同 恇之成切恇

悚懼 𢤩力允切𢤩懍怨也 恈莫侯切貪愛也 㤱寺周切慮也 忴巨淹切心急也 㦓士咸切 㥶居吟切利

也一 㥳力兮切怨也 忔胡乏切忌也 㵗步行切㵗悩好鬬也 㥧呼麥切㵗㥧 惺桑經切惺憁了慧也 憁蘇公切惺

𢟪 怖許秋切念也願也 懰力魚切憂也 𢣔去魚切𢣔也 懤息合切意不合也 怌普悲切恐也 悴

古巷切 忓古岸切 恔古 [illegible] 也 懘 [illegible] 切 懥芳迷切 惰也 𢣉户昌切 慔莫故切愛

恨也 㥿口閑切慳悋也 𢞄於典切慪也 惼方顯切惼性狹也 悓呼典切悓倪也 愀子小切色變也

㤳口拯切㤳㥔 㥔丑拯切 怐胡老切心動也 悻胡耿切恐也 𠁢 慦 [illegible] 一 恄

[illegible]孔切忿也愐彌遣切想也惝尺養切悦驚皃[忄典]他典切慙皃[忄勺]之藥切[illegible]情於[illegible]

切心動也怑之爽切不悦[忄否]布亥切恃也[忄貳]女吏切[illegible]也[忄鮮]息淺切[illegible]也[忄罗]初加切心亂也[忄晃]胡廣切心

明怉布絞切悖也忏古旦切慤也懿乙利切古文懿憘許異切忻也悞五故切與誤同忤吾故切逆也憒

古惠切習也憓胡桂切愛也美也[忄富]孚救切怒也[忄太]他蓋切奢也[忄焉]於乾切倚止也[忄國]古對切心亂也恔

戶絹切責也悋力刃切鄙也俗又作悋惋烏貫切驚歎也惓巨眷切悶也慠五告切慢也懞莫奉切懞心也

[忄厲]力割切[忄厲]惡憱初又切[忄瞢]牟孔切心亂心迷也怶皮面切喜悦也[忄縈]烏宗切恨也恂尸樣切念也[忄延]私箭

切憐念也[忄巽]息戀切稅也[忄爵]子妙切急性也[忄要]許到切妒性也[忄心]七鴆切惻也[忄乂]初訝切[忄家]古夏切不安也

[忄羕]余亮切恨也[忄彗]因歲切謹慎也[忄忌]巨記切敬也憷初去切心利也[忄害]胡代切快也怟都替切悶也[忄諾]

而灼切亂也戄許縛具縛二切驚也又遽視也懎所力切恨也忄弋與力切心動也[忄禁]巨錦切懃也又音金[忄節]子結切心

貞皃[忄育]與六切心動也[忄吉]許吉切怖也慸徒結切不安也[忄卓]池卓切心不安[忄率]呂恤切憂悶也役營隻切用心也

忇盧得切　愅許激切心不安　憪同上　恪口各切敬也　㥶說文同上　惐于屋切痛心也　愲許劫切以威力相恐

愲　㤜許律切怒也　慅七老切慅慅心亂　恅力造切慅恅　忖倉本切思也　㥛許急切心熱也　㤶戶甲切㤶

樂　忔許乞切喜也　恰苦洽切用心也　悠弋周切思也悠悠皃　態他戴切意美也容態也亦作㑷　忦呼介切不

和皃說文忽也　懘同上又尺制切　𢥞同上　惉尺霑切惉懘音不和也　忘無方切不憶也說文曰不識也又無放切

𢙢莫本切早三切煩也　𢘁同上　㤹九放切誤也詐也又巨望切　憩古活切愚人無知也說文曰善自用之意也

愆去乾切過也失也　寋說文同上　僁俗同上　愯息勇切悚也動也敬也惡也怨也　惡於各切不善也又烏

路切憎惡也　悪俗同上　㥏得漢切[illegible]也忒也　懟直類切說文云怨也又徒對切愚也　恿與恐切猛也氣果也

說文云古文勇　悲筆眉切痛也　㥞衣豈切痛聲也　恙余亮切憂也病也又噬蟲善食人心　愁仕尤切憂也　愵

奴的切憂皃　㥾女版切俗赧字　惸巨營切憂也　𢚩於牛切說文云𢚩愁也　患戶慣切禍也疾也憂也　閠

並古文　恐去拱切懼也又丘用切　志古文　𢜴之歩切司馬彪莊子注云𢜴不動皃又之入切怖也　[illegible]誥計切[illegible]也極也怖

也恧女六切慙皃慗昨酣切慙媿也慚同上慩力延切泣血也懲直陵切□也止也畏也忩魚肺切
恚也又懲也愈余主切差也又勝也孔子謂子貢曰汝與回也孰愈志之吏切意也慕也𢗃古文𢣸莫皆切慧也
惹人者切亂也𢛞同上又音若愗莫候切怐愗也𢡛羊季切恚也憨火含切愚也癡也憑皮明切投記也
懰力牛切定意也恝古鍼切楷也知也法也悊知列切智也與哲同愍眉隕切悲也說文曰痛也慜同上憥
力高切心力之也疾也忎而真切親也仁愛也慶丘映切說文云行賀人也吉禮以鹿皮爲贄故从鹿省悠式六切疾
也𢣷巨月切強也直也或作勥𢗺皮筆切輔也或與佛同𢡔時羊切古常字𢙀而欲切古辱字怘胡故切護
也滿也堅也常也安也戀力絹切慕也憼居影切敬也惑戶國切迷也說文云亂也忌渠記切畏也惡也恚
於睡切恨怒也忿孚粉切恨也怒也怨於願切恨望也恚也命古文怒奴古切說文云恚也愬蘇故切譖也又斯革
切驚皃說文與訴同慇於斤切慇懃憐皃說文云痛也懃巨斤切慇懃憪古限切說文云存也或作悶又音萌悆
余庶切豫也悅也𢗓他得切差也說文云失常也忒他得切疑也說文云更也恥敕理切恥辱也惎渠記切教也說

文云毒也恋古文忽忽呼役切輕也忘也烈力結切憂皃悖蒲骨切惛也迷亂也急居立切迫也盡也說文作忣
褊也忣說文急也憝徒對切惡也怨也憞同上憥力之切一曰急也□渠久切怨□也怠徒改切懈怠也
恣子利切說文云縱也慁户困切患也憂也㥵同上□何堅切急也忍魚既切怒也憋裨列匹列二切急性
也悶莫頓切懣也忦户界切頑心也果敢也忠陟隆切敬也直也懇户很切悲也誠也信也一戁女板切忌
也敬也惁先歷切悉也憂也憖魚覲切說文問也一曰說也一曰且也左氏傳曰昊天不憖慈疾之切愛也左氏傳曰父
慈子孝懬口朗苦謗二切大也寬也懭同上忞莫巾切自勉強也懕於廉切安也靜也悹古桓切又公玩公緩
二切悹悹憂無告也悺同上惥余呂切說文曰趣步惥惥也又以諸切謹敬皃怗古文怤芳俱切悅也億也樂也□衣近
切憂也謹也愿娱萬切謹也□直由切箸箸也□同上見說文息思力切喘息也意於記切志也思也惄
乃歷切飢意也憂也恁如針切信也又如甚切念也□呼骨切寢熟也思息廉切利口也慝他得切惡也慤苦角切謹
也愿也誠也志也悳都勒切說文曰外得於人內得於己今通用德㥁古文應於陵切說文作應當也又於證切念奴拈

切思也瘱於計切密也疾也靜也㤅於代切說文惠也今作愛慰於貴切安也居也問也𢡉許氣切息出也說文云
古文怨憷楚丙切謹也慾余玉切貪也惻初力切古側字憲許建切法也誠也制也說文曰敏也𢝟同上懋
莫候切勉也書曰時惟懋哉忞同上憊蒲拜切病也慗丑力切從也惢桑戈切縣名惎莫補切怘尺占
切不和皃㦄力之切愁憂皃又力置切說文云楚潁間謂憂曰㦄懸戶涓切挂也本作縣惌於元切怨枉又於阮切㥛苦交
切恐忤伏態懗戶加切懗懗難語懡莫苞切懡㦗㥦苦協切說文曰思皃怨力本切睡怨行無廉隅愚魚俱
切贛也想息兩切思也𢠵古械切古文㥏私列切不安皃惖他歷切勞也說文與惕同愵奴歷切思也愁也或
作慴怛丁割切驚也𢞩古的切㤩去計切心事也𢢀𢞡二同胡桂切感古坎切傷也怒奴古切
𢚁市由切𢗬去勇切念奴店切悟五故切慼且的切憂也𢝤卑沔切憂也迫也惷丑江
尸容二切愚也憵普狄切急速也惷充允切擾動也亂也懝五代切惶也病也騃也𢡱于例切寐言也忥許氣切癡也
忍如軫切含忍也仁也強也意於力切度也安也仁也說文滿也十萬曰意今作億𢙈古顏切私也慢也古姦字戇直絳

切慇憶慸𢠳頑皃戇陟絳切愚戇戅同上憙許記切樂也恩烏痕切惠也愒去例切安息也

○思部第八十八凡五字

思息兹切願也念也深謀遠慮曰思恖古文慮力據切謀也思也崽子改山皆二切方言云江湘之間凡言是子曰崽愍眉殞切傷也痛也古文愍

○惢部第八十九凡二字

惢桑果切又才累才規二切心疑也繠如壘切聚也垂也左傳曰佩玉繠兮注云繠然服飾備也

玉篇卷第九凡二十九部

五鞬言部第九十　乾仰誩部第九十一　禹月曰部第九十二　奴改乃部第九十三

苦道丂部第九十四　口我可部第九十五　胡雞兮部第九十六　胡到号部第九十七

禹俱亏部第九十八　于君云部第九十九　於今音部第一百　古号告部第一百一

口犯凵部第一百二　火袁吅部第一百三　披錦品部第一百四　先到喿部第一百五

龠部第一百六 余酌
冊部第一百七 楚責
㗊部第一百八 壯立
只部第一百九 之移
㕯部第一百十 奴没
欠部第一百十一 丘劒
食部第一百十二 是力
甘部第一百十三 古籃
旨部第一百十四 支耳
次部第一百十五 徐仙
㚔部第一百十六 女涉
丰部第一百十七 丑高
夰部第一百十八 公道

言部第九十 凡三百八十二字

言 魚鞬切言辭也我也問也說文云直言曰言論難曰語 [illegible] 古文 [illegible] 古文

語 魚巨切言語也說也 譻 於耕切說文曰聲也 謦 枯鼎切欬聲也 談 徒甘切論言也戲調也 謂 禹沸切信也道也說文曰報也 諒 力尚切信也相也助也 詵 所陳切衆多也說文曰致言也 請 且井疾盈二切問也求也乞也又疾性切 謁 於歇切告也白也 讖 楚蔭切讖言也說文曰驗也 許 虛語切進也聽也從也 諾 那各切荅也說文曰譍也 諸 至如切非一也皆言也 譬 匹臂切喻也 詩 舒之切詩序云詩者志之所之也在心爲志發言爲詩 諷 方鳳切諷誦也譬喻也 誦 徐用切暗誦也 讀 徒鹿切讀誦也 訓 許運切教訓也誡也 [illegible] 古文 誨 呼繢切教示也 譔 仕卷切又此專切專教也 謜

照圝切徐諦也訣於竟於佚二切早知也詖彼寄切佞諂也辯論也慧也諄之閏之淳二切佐也可惡也告曉之熟也亯言

同上訰之閏切又之純切亂也詻魚格切論訟也教令嚴也誾魚巾切論語曰誾誾如也誾誾中正之皃又和敬皃訔

同上謨莫胡切說文曰議謀也謩同上諮子辭切問也謀也訪孚望切謀也問也周書曰王訪于箕子孔安國曰問

天道也詢息遵切咨也諄同上諏子須切問正事也聚謀也訂他丁唐頂二切平議也論力昆力困二切思理也議

也誎且錄切從也議魚寄切法有八議也謀也語也詳似良切審也論也諟也又音羊詐也諦都計切審也識

詩力切識認也說文云常也一曰知也訊思進切問也辝也𧦧古文訒如陵切厚也就也重也謹居隱切敬也慎也諶

時林切信也誠也訦時林市荏二切信也亦與諶同誠是征切審也信也敬也信思刃切明也敬也論語曰信近於義言可復也

訫古文又作㐰誡居拜切警也命也告也譣虛儉息廉二切問也誠也誥古到切爾雅云誥告也詧楚黠切說文曰

言微親詧誓時世切命也謹也說文曰約束也詁姑五切訓故言也謄達曾切傳也譪於害切止也臣盡力也詥

胡荅切諧也証之盛切諫也諗尸枕切念也告也諫柯鴈切正也閒也更也課枯過切議也試也又苦訛切譕與周

切從也詮七全切具也治亂之體也訢許殷切樂也也喜也諧胡階切和也合也調也偶也或作鍇計居謂切會也言筭也課也

調徒聊切和合也又大弔切選調也又度也求也話胡卦切善言也調也䛡同上譮許界切怒聲說文云籀文話諈

竹恚切託也爾雅曰諈諉累也諉女恚切諈諉警居影切戒也敕也誼宜寄切理也人所宜也謐眞橘切靜也謙

苦濂切輕也讓也敬也詡虛甫切普也大也徧也人語也諓疾箭疾翦二切巧言也謥且送切謥詷言急詷徒貢切謥詷又

共同也譞呼緣切慧也諰思理切思之意也設尸熱切置也合也陳也[illegible][illegible]退切中止也譯也託他各切寄也依

憑也譽余怒切稱也聲美也又音余記居意切錄也識也謝詞夜切辭也去也[illegible]說文謝謠與招切獨歌也徒歌

曰謠訖居迄切畢也止也謳於侯切喜也齊歌也諍側迸切諫諍也止也詠爲命切長言也歌也亦作咏諺魚建切傳

言也評火吳切喚也訝魚嫁切說文曰相迎也與迓同詣魚計切往也到也至也訒而振切難也鈍也講

古項切論也習也訥奴骨切遲鈍也言難也謯子斜切謀也又側雅切謯訶皃讎視周切匹也對也詩曰無言不讎讎

刑也信下啓切待也諐祛言切過失也籀文愆字俗作僁譥古弔切大呼也又痛呼也謍余瓊切往來皃又小聲也

譊女交切爭也恚呼也　譟桑到切羣呼煩擾也　諛與珠切諂也　謲千紺切說文曰相怒使也　讇丑冉切佞也　諂
同上　謷五勞五交二切不肖人也一曰哭不止悲聲謷謷也　諼許園切忘也詐也　訹思聿切誘也　詑湯何又達可
切詑謾而不疑兖州人謂欺曰詑俗作訑　謘直梨直利二切語諄謘也　謾莫般馬諫二切欺也　謺之涉切拾也　詐仕亞
切[illegible]語也　謰力前切謰謂繁拏也　謱洛由切謂謱嘍呼也　詒與司切說文曰相欺詒也一曰遺也　謵謵讋言不正言也叱涉丑涉
二切　譺魚記五[illegible]二切欺也啁調也　誑俱放切惑也欺也　譔古罵切欺也　譛莊賃切讒也說文曰愬也　訕所晏切毀
語也　譏居依切嫌也說文曰誹也　誣武虞切欺罔也　誹甫尾切誹謗也　謗補浪切毀也誹也對[illegible]道其惡也　譸竹尤切譸
張誑也　詶時遊切詶荅也說文職又切詛也　訄去牛渠牛二切迫也　詛側助切周禮注云盟詛主於要誓大事曰盟小事曰詛
䛆丈又切祝也　誤牛故切謬也　誃舒紙切又直移切離也　謻同上　誖補潰步沒二切亂也逆也　䜌同上　䜌官
力全二切亂也理也不絕也　詿古賣切誤也　誒虛宜切可惡之辭也　譆許其切懼聲也歎也悲恨之聲也　詯胡內切膽氣
聲在人上也又胡市也　謧力支力罷二切欺慢之言也　訿子爾切不善皃也不思稱其上也又毀也　訾同上　詍餘世切多言也

訑同上　謅道刀切往來言也又小兒未能正語也　詾同上　詜他刀切詜謅言不審也　諑丑膱丑利二切不知也　誺同上又力代切謏也

譢達合切譢誻語相及　誻徒合切譢誻妄語也　訮呼田切詞訮又五閑切訟也　讗胡麥切疾言皃　訇呼宏切駭言聲也又鄉名　訇籒文

諞步連符善二切巧佞之言也　𧥣空後切說文曰扣也　誽女佳切詁誽言不正　詀陟咸切多言也又知陷尺占二切　譄子恒切加也　詄徒結切忘也天門開詄蕩也

諅渠記切忌也書曰上不諅于凶德　譀戶鑑切說文曰誕也又火鑑切叫譀怒也　誌同上　䜕火界切譀䜕怒皃又音邁　譪同上　訌戶東切敗也潰也諍訟相陷入之言也

誕徒旱徒旦二切大也天子生曰降誕　這籒文　謔虛虐切喜樂也　譮呼會切聲也　讙虛元呼丸二切讙嘽之聲　諠虛袁切諠譁

譁呼瓜切諠譁　誇同上　諣呼卦切疾言也　譈徒回切譟也　訆公弔切妄言也　𧮳符眞切多言　誂徒了切弄也說文曰相呼誘也

譌五戈切化也僞也動也妖言曰譌　訛同上　謈蒲剥切說文曰大呼自冤也　詤虛光呼晃二切夢言也

訬楚交切擾也健也疾也　謬靡幼切誤也亂也詐也　諆居疑切謀也欺也又去其切　誋渠記切禁也告也誡也

譎公穴切詐也譎諫依違不直言也　訏況俱切大也張口鳴也　䜐子邪切咨也憂嘆辭也　謯同上　讋章葉切言不止

也讙同上𧬈虛規切言相毀詾許恭切訟也訩同上訟似縱切爭訟也訟古文謓昌仁切怒也恚

也今作嗔讘之涉切多言也讋同上詀之耳切訐也訐居謁切攻人之陰私也訴蘇故切訟也告訴冤枉也論語

曰公伯寮訴子路亦作愬𧦝同上譴詰戰切譴問也責也謫知革切咎也罪也過也怒也訶呼多切怒也大言而怒也

譔尺絹至緣二切言數也又相讓也誚才妙切責也讓如尚切責讓又謙讓書曰允恭克讓謕息移切諒也數諫也誶

息醉切言也問也罵也讓也詰羲吉切治也譴也問罪也諻匆故切相責也詑於万於阮二切慰也從也亦作婉詭

俱毀切欺也責也怪也謾也證諸孕切證驗也論語曰其父攘羊而子證之讇徒盍切讇譫言也詘丘物切枉曲也

詗同上詗呼政火迥二切知處告言之也譞呼縣切眩言也有所求也詆都禮切訶也訹也呰也誰是推切何

也不知其名也諽柯核切說文云飾也一曰更也或作𧦝讕落干力但二切讕言相加被也譋同上診除刃之忍二切

視也驗也訴同上俗誅知俞切責也殺也罰也討也討他倒切治也誅也去也讄力水切禱也累功德以求福也

𧬯同上諡特志切諡之言列也諡者行之跡也謚同上又呼益切笑兒謚說文誄力水切累也周禮大祝作六辭

大曰誄禮記曰賤不誄貴諱許貴切隱也避也忌也詑有來切過也謑胡啓切謑詬恥辱⿰言⿱隹夫同上詬許遘

胡遘二切罵也恥辱也訽同上該古來切咸也皆也說文曰軍中約也諜徒頰切伺也諲之神切敬也詔諸曜

切告也教也道也誘余手切誘引也進也相勸動也䛻同上亦作羑誻他盍切誻⿰言盍多言也⿰言盍胡臘切靜也又古盍切多

言也謏山六切起兒註之喩竹喩二切疏也解也⿰言奄於劍切匿也言整也諑猪角切訴也責也譠他丹切譠謾欺

也慢言也⿱殹言於題切是也發聲也謇居展切難也吃也⿱寋言同上⿰言虔同上讚子旦切解也哀也發揚美德也諻

呼横切音也譚徒耽切大也著也誕也謏蘇弔切小也又思了切亦作謏詅力丁切衒也訶茍羅切長言也亦作歌

讜丁朗切直言也善言也譡丁浪切言中也譼古銜古陷二切視也臨下見也⿱敫言先鳥切言疾也古文訡魚金切呻也或

爲吟⿰言疾自栗切毒苦也又作⿰忄疾⿰言幸許孟切瞋語也又下孟切譝視陵切譽也、論羊照切誤言也評皮柄切平言也

又音平訲呼甲切多言也或作嗑諊居六切諊窮也治罪也⿰言昌初障切導也發歌句也亦作唱⿰言赤呼歷切私訟也

恨也內侮也亦作閲訞於嬌切災也又巧言皃⿰言芺說文訞⿰言夾古協切妄語也謉居位切慙恥謉也與媿同⿰言睿以醉切恨

言也詎其呂渠據二切止也至也格也響許亮切不久也許知與切智也讆為劇切夢言不諟也⿰言坒必奚切誤也謬也
諤五各切正直之言也諽公核切智慧也讞魚烈牛箭二切獄也說文作讞議辠也詨許教切大嘷也呼也喚也又呼交切譿
胡桂切材智也察也譓同上訃芳付切告喪也又至也譵直類切怨也或作懟⿰言畢卑密切止行也本作趣蹕譈徒對切怨
也惡也又作憝謮側革切怒也讓也⿰言冗呼決切怒呵也誔達鼎切詺言也⿰言⿱隹土丁回切讁也⿰言彔力足切諸也⿰言求
居宥切文字音義云止也禁也助也諳烏含切記也知也誦也大聲也或作喑譮同上譫之閻切多言也譩於熈切不
平之聲也恨辭也作噫同⿰言巢楚交切代人說也與勦同諵女函切語聲也⿰言豆丁逅切⿰言豆譳詀說也作姮同譳奴豆切⿰言豆譳
⿰言帶大計切諦⿰言帶審諦⿰言壹於計切⿰言壹⿰言帶⿰言月魚刮切怒也訶也諸昌脂切訶怒也詆他狄切詆誘狡猾也又音底訶
也⿰言禿他鹿切詆⿰言禿⿰言奥於報切語也譑居夭切多言也誀如志切誘也謣羽俱切妄言也⿰言比匹示切具也令
作庀⿰言支之豉切何為不知也忮也譍於甑切譍對也訠式忍切况也或作矧諀匹爾切訾也⿰言四丑利切陰知也訽
居候切欺也⿰言度達各切欺也訜筆云切入不知⿰言希呼乞切語聲譜布魯切屬也牒也布列見其事也訑

弋支切詘詘自得也謶之藥切譇也譒補過切敷也謠也詫丑嫁切誇也諺同上訄渠留切安也謀也讙

以隹千隹二切就也訋都叫切弔也詼口回切調戲也謟他勞切疑也誩渠竟切強爭也逐也古文競謻尺支切多

言訞他前切訶也譙慈焦切國名謀莫浮切謀計也諞彌連切歎也請土禾切慧也誇口瓜切逞也

𧥢古文諴胡讒切和也誙口莖切揁也𧦧女林切訒多言讗古蛙五乖二切不正又嬾也讒士銜切佞也誴

殂冬切謀也𧫤宅江切質也誧普布切諫也訣附夫切詞也諃丑林切善言譊奴刀切喜詁也謎也𧧟蘇戈

切佞也動也𧪨息移切諒也誀烏回切呼人也又戶罪切詽如詹切多言誽奴奚切呼人也謣匹丁切言也𧦼

方凡切言急也訸胡戈切平也䛎宜巾切頑也䜁五駭切譁也譸陟由切多言也謅初卯切弄人言諝相呂

切才智之稱也說始悅切言也釋也又音稅談說也又余輟切懌也謞火角火各二切讒慝也譯餘石切傳言也詸疾歷

切靜也訏他口切訏誘謃何滿切多言也𧦿以喘切皃又善言譭許委切謗也怒言也訨諸是切詐也言

去偃切言言脣急皃言魚鄢切言言讀以佳切譯讀惡言也誢平典切諞語也譇知加切譇拏羞窮也怒也詉女加切譇

詉言不可解也訙古犬切誘也誷無紡切誣也⿰言昆戶衮切謀⿰言昆也譈丑利切笑也⿰言制之勢切語不正諢五困

切弄言詪古恨古很二切難語皃又乎典切⿰言就子就切史也⿰言感火禁切⿰言牛子禁切怒言⿰言欠同上啼不止也⿰言卬

魚向切止也⿰言侯胡遘切言皃⿰言問火介切譀調⿰言馬莫駕切多言⿰言互胡故切誌也認也詐之訝切詐僞譌

司夜切話譌諎七个切磨也⿰言弗府味切多言⿰言素先護切誚⿰言素⿰言介胡介切善也誎七賜切數諫也⿰言弍七賜

切謀也認而振而證二切識認也誌之吏切記誌也謎米閉切隱言也諕火訝切誑也⿰言宰同上⿰言爽初稼切異

言誏郎宕切閑言亦與朗同讌烏見切讌設也⿰言皋胡到切相欺也誆巨妄切狂言也設所化切後言詺

名聘切詺譡也⿰言面火內切沬市與詯同譅色立切言甚多也⿰言歮同上詋職救切詋咀也⿰言列力制切言美也護胡故

切求讀也訉扶泛切多言訣古穴切死別也⿰言別兵列切分契也諿七入切和也諭許及切疾言也⿰言矍許縛切妄言也

⿰言亟居力切訥言也⿰言孝許交切⿱扨言力約切歎美言也⿱辛言扶件切俗辯字諹與章切與譽也讙也又余亮切⿰言回

戶對切胡市也⿱斯言蘇奚切聲振也呻也誐五歌切吟也又牛可切諭楊樹切譽諭也又他口切諭誘也諟承紙切審

也諦也誧謗古切大言又四布切謀也誣烏古切祖毀皃訏於禮切譍聲試始志切嘗也用也謼荒烏切大

叫也⿰言咎巨久切毀也[illegible]俄寒切山形出皃又[illegible]名⿰言利盧嚴切言利美也謋虎伯切謋然亦作諕

誩部第九十一凡七字

誩虔卿切競言也譱是闡切大也說文曰吉也善同上今作善競渠慶

切彊語也一曰逐也競同上讟徒木切謗讟說文曰痛怨也左氏傳曰民無怨讟譶徒荅切疾言也

曰部第九十二凡十二字

曰禹月切言辭也語端也𣍘楚革切告也[illegible]籀文曷何葛切何

也逐也盍也爾雅曰止也朁且感切曾也發語辭也又音潛沓徒荅切重疊也多言也合也又縣名[illegible]昨勞切共也輩也羣

也說文曰獄之兩曹也曹同上今文[illegible]乃經乃定二切告也暹思廉切進也長也曶呼沒切出氣詞也[illegible]同上見說文

乃部第九十三凡八字

乃奴改切大也往也說文曰曳離之難也𠄎古文𠄏籀文迺亦與乃同

𠧪如乘切往也說文曰驚聲也𠧟古文迈同上卤以周切說文曰气行皃

丂部第九十四凡四字

丂苦道切說文曰气欲舒出丂上礙於一也古文以爲亏字又以爲巧字甹普經切說

文曰亟詞也或曰甹俠也三輔謂輕財者爲甹爾雅曰甹夆掣曳也謂牵拕也　寧奴庭切願詞也　𠀀呼多切反丂也

可部第九十五　凡四字

可口我切肯也　奇竭羈切異也又居儀切不偶也　哿公可切嘉也說文曰可也

哥古何切說文曰聲也古文以爲謌字

兮部第九十六　凡五字

兮胡雞切兮語所稽也　𠷎先尹切驚詞也　羲虛奇切羲和氏說文曰气也

乎戶枯切說文曰語之餘也　乎同上今文

号部第九十七　凡二字

号胡到切号令也召也太祝掌辨六号　號胡高切哭痛聲也亦同上

亏部第九十八　凡七字

亏禹俱切於也曰也歎也　于同上今文　虧去爲切毀壞也說文曰气損也

俗作虧　粤有月切說文曰于也審慎之詞者　平皮并切成也正也齊等也和也易也直也舒也均也　平同上今文　𠀭古文

云部第九十九　凡四字

云于君切言云也說文曰古文雲字　𠄔古文　霒於今切說文曰雲覆日也今作陰　侌古文

音部第一百　凡十六字

音於今切說文曰聲也生於心有節於外謂之音宮商角徵羽聲也絲竹金石匏土革木音

也響虛兩切應聲也韽於林於南二切聲小不成也韶視招切繼也紹也舜樂名也竟凡慶切終也章諸良

切章句也又明也采也書曰天命有德五服五章哉韸薄公切和也鼓聲也韹胡觥切樂聲也⿰音今牛金切呻也與吟同⿰音合

⿰音也除奇切黃帝樂名亦作池⿰音蒦胡故切湯樂名亦作濩韺於迎切帝嚳樂名六韺亦作英⿰音巠駭耕切⿰音刑也顓頊樂名

五經亦作莖韴才帀切音斷聲⿱𤇾音乙瑩切聲也韻爲鎮切聲音和曰韻

告部第一百一 凡二字

告公号切語也請告也說文曰牛觸人角著橫木所以告人也又公篤切易曰初筮告

嚳口篤切高辛氏爲嚳也說文曰急告之甚也

凵部第一百二 凡一字

凵口范切張口也象形

吅部第一百三 凡十六字

吅火袁切囂也驚呼也與讙通𠹛女耕切說文云亂也一曰窒穰𡅅籀文

⿱吅殳古文嚴魚杴切威也畏也敬也哭口木切哀之發聲嚴古文喌支六切呼雞聲咢魚各切譁咢也㗊

說文咢單丁安切大也一也隻也⿱吅亘乃多切除疫也與儺同⿱吅亞魚巾切頑語聲古嚚字⿱吅貝許驕切聲也或嚻字

喪 思浪思唐二切亡也 器 說文喪

品部第一百四 凡四字

品 披錦切齊也官品也說文曰衆庶也 曐 蘇丁切曐辰也今作星 嵒 其切曳嵒爭言也 曑 所金切星名又七耽切今作參

喿部第一百五 凡三字

喿 先到切鳥羣鳴也又七消切臿屬今作鐰 ⿰喿包 部巧切⿰喿包也色鈍刀也 ⿰喿九 才心切搔地也臿屬也亦作鈂

龠部第一百六 凡八字

龠 余酌切樂之所管三孔以和衆聲也詩云左手執龠今作籥 龡 充垂充瑞二切樂人以吹管中氣今作吹 龥 直離切或篪字 龢 胡戈切龡音龢今作和 龤 胡皆切說文曰樂和龤今作諧 龣 古學切樂器之聲東方音今作角 䶵 思條切䶵部今作簫 ⿰龠昌 充尚切導也先也今作唱

冊部第一百七 凡五字

冊 楚責切立也簡也說文曰符命也諸侯進受於王也象其札一長一短中有二編之形 笧 古文 嗣 似利切嗣續也繼也習也 扁 補殄切署門戶之文也又音篇音辯 ⿱雨冊 力丁切空也

㗊部第一百八凡十一字㗊壯立切衆口也嚚魚巾陳切語聲也又愚也書曰父頑母嚚𡅅古文囂許朝切喧譁也又囂荒貫切呼也與喚同器古弔切大呼也高聲也𡃤思唐切亡也古喪字器袪記切說文曰皿也象器之口犬所以守之器俗囂荒旦切呼也或喚字噩魚各切驚也

只部第一百九凡二字只之移之尒二切說文曰語已辭也从口象气下引之形𠶶平丁切聲也

㕯部第一百十凡六字㕯奴没切又女滑如劣二切下聲也言不出口也矞余出切出也又況出切飛皃也商舒羊切五音金音也𧶜籀文𡅅𠷎並古文

欠部第一百十一凡一百四十八字欠丘劒切張口氣悟也欽去金切欽也說文曰欠皃𣤶力丸切欠皃一曰不解理欨泥娛呼禹二切吹欨又笑意也歑虎胡切出氣息也出曰歑入曰哈或呼字𣢧火麥於六二切吹氣也歟羊於切語末辭欯火一切喜也歙欣業切翕氣也龡子合才六二切嗚龡也亦作𪛉又徂敢切葛蒲菹也歂視專視兖二切口氣引也歕普門普悶二切歕氣也山含物歕散也𣢲居乞切幸也口不便也亦作吃歇虚謁切竭也息也臭味消息散也歡呼官切喜

樂也𣢑許之切戲笑皃欣虛肸切喜也欸呼來切笑不壞顏也款口緩切誠也叩也俗作欵款同上欻呼物切忽
也欲余燭切貪也願也邪婬也歌古何切詠聲也與謌同欱呼南切含笑也貪欲也欦呼恬切義同上⿰咸欠同上歋
以離切人相笑也相歋歈也⿰亻⿰㠯欠同上歊呼驕切歊歊氣出皃⿰䍃欠餘饒切氣出皃⿰䍃欠同上歗蘇弔切蹙口而出聲歖
欣疑切卒喜也歎他旦切吟也歎美也⿰難欠同上⿰此欠子移子賜二切歐也嚘也嗟歎也欸烏來切歎也呰也一曰恚聲歔
欣居切歔欷也又啼皃欷欣衣欣既二切悲也泣餘聲也歜尺燭切怒氣也⿰卣欠余九切言意也⿰身欠公的公弔二切所歌也
⿰渴欠可達切欲飲也今作渴⿰嗇欠所力切悲意⿰焦欠子妙切盡酒也亦作醮⿱⿰咸欠糸呼兼公廉公函三切堅持意口閉也厥
時忍切指而笑也⿰鱞欠公溫切鱞于不可知也⿰⿰角罒欠同上⿰骨欠於骨切咽中氣甚不利也歃所洽切歃血也欶所角切吮
也歁口感切食不滿也欿口感口含二切貪惏曰欿欱呼合切歠也歉口簟切恨不出也食不飽也欭於利切聲不平
歐於口切吐也歍屋徒切口相就也欬口載切上欶也⿰毄欠呼狄切說文曰且唾聲一曰小笑也歙呼及口業二切縮[illegible]
也又縣名欲平表於姤二切歐吐也說文其久切蹴鼻也⿰鳥欠於糾切[illegible]皃欪丑律切訶也次且吏切敘也近也[illegible]

苦岡切飢虛也欺去其切欺妄也歆羲今切羨也貪也欥由律切詮詞也歛呼濫呼甘二切欲也弞式忍切笑不壞

顏也又音引歈大侯切歌也又羊朱切⿰世欠呭世切歌笑意也⿰亞欠於雅切歐驢鳴⿰夾欠呼洽切氣逆也⿰只欠呼飢切歎

吹⿰黑欠呼勒切欲也⿰去欠丘庶切欠⿰去欠張口也⿰可欠丘䫉切大張口笑也⿰豆欠妨走他豆二切歃唾也歖虛紀許之二切喜樂也⿰杏欠

居月切掘也⿰圭欠於佳切歖聲又居攜切⿰谷欠丘凡切多智也歔呼昆切可知也⿰咼欠古蛙切不歇猶歇姬也⿰化欠五瓜

切歐做⿰尸欠許脂切同呻吟也⿰谷欠同上⿰車欠舒臣切歋吟也亦作呻⿰殼欠許角切嘔吐也⿰先欠聰南切欣也怵也⿰奇欠於宜

切欸歎歋⿰憂欠於牛切逆氣也歐於建切大呼用力也怒腹也或作軀⿰旬欠息均切信也又逆氣也⿰夸欠虛娛切喜樂也欣

去斤切又口孕切噓也⿰亘欠來當切歆欯貪兒⿰亢欠火郎切歆欯⿰炊欠羊朱切炊呼犬聲⿰曳欠同上⿰容欠客加切出氣也⿰丽欠

口莖切咳也⿰壴欠徒來切⿰壴欠切欯⿰蚩欠尺脂切笑也⿰奚欠呼兮切歎息也⿰甘欠戶甘切沅湘人言也⿰辵欠助咸切笑也⿰垔欠一辛

切人名方欶能相馬者⿰台欠許來切飲⿰羔欠胡詔切出氣也⿰咸欠烏口切吐也⿰嬰欠於郢切怒氣也⿰畬欠一錦切古文飲⿰咅欠

普口切⿰危欠居委切疲極也⿰巳欠余耳切款⿰念欠丁鍊切呻也⿰屄欠同上⿰鬲欠口怪切大息也⿰祟欠思葉切問也⿰令欠詞政

切含笑皃歓五囷切又奇逆切歛去劒切古文俽呼介切歖秦力切汁錯喉歏於伯胡陌二切吐聲歡

昌悅切又嘗悅切大欲也𣢋許秋切出鼻涕歐苦協切欲也𣢷余六切鷩齵也𣤯丑歷切痛也又知力切𣢟子律切吮

也𣢂年支切又匹婢切䘏私律切鳴也𣢐毗必切吹也𣢀古勿切歓聲𣢭許勿切又虚記切欽輕歷切吹聲也

㰰子六切歠悲皃𣤬於六切愁皃𣢔許迪切笑皃㰷火盍切歠啜𥃞秦力切錯喉歖於業聶切歏去靳切又丘云切

食部第一百十二

凡二百二十字

食是力切飯食說文曰一米也飠說文食饙甫云切半蒸飯餴

餴上並同餾力救切飯氣蒸也䭫思流切饋也𩟖同上飪如甚切大熟也𩛊同上饔於恭切熟食也飴

翼之切餳也𩞄同上𩚏籀文飤古文饊先但切饊飯說文曰熬稻粻程也餳徒當切飴和饊也餅畀井切麪

餈也餱胡溝切乾食也饘之延切糜也飦同上餥甫鬼切說文曰餱也陳楚之間相謁食麥飯曰餥又甫違切饎

充志切酒食也黍稷也𩞝同上饡子旦切以羹澆飯也𩞱古文養餘掌切育也守也樂也畜也長也又弋尚切供養也

𩚿女又切雜飯也飯扶晚切餐飯也又符萬切食也𩛿飰並同上俗𩝻式掌切晝食也𩠉同上餔補胡切日

加申時食也亦作脯盧𩜍力冉切說文云嘰也一曰廉絜也饁爲輒切餉田食饟式尚式章二切饋食也餉式亮切饋
也饛莫東切說文曰盛器滿皃詩曰有饛簋飧饗許掌切設盛禮以飯賓也飵在各族故二切楚人相謂食麥曰飵䬯
女兼切相謁而食麥曰䬯饂於寸於恨二切食欲飽也饐五恨五寸二切饐也餫于問切野饋曰餫也餬戶吾切寄食也或作
糊粘𩛰同上飶蒲結蒲必二切食香也飽補狡切飽滿也𩚐䭋並古文餶於縣切猒也饒如燒切多也飽
也豐也厚也餘也餘與居切殘也饒也非也皆也餀呼帶切食臭也䭌胥弋切氣息也餞自翦切送也館古換
切舍也送旅名饕敕高切貪財也𩟗籀文飻他結切貪食也餮同上饐於利切饐餲臭味變𩛔古文餲
於利於介二切飯臭也饉奇振切蔬不熟也飢几夷切餓也𩚁古文饑紀衣切穀不熟也餓五賀切飢也
餟張芮切祭酹也餽也亦作醊䬽始銳切小餟也又力外切𩟓同上䬴莫達切食馬穀䬬力甑力蒸二切馬食穀多
氣流四下也飤夕恣切食也飼同上餗思穀切鼎實也餤弋廉徒甘二切進也餌如至切食也餅也餻也饎
餘障切餌也饏子敢切無味也又慙濫切䬆力丁切餌也餣於劫切餈食也飩徒昆切餛飩也餛戶昆切餛飩

餭乎光切乾飴也餦豬良切餌曰餦餭餩古來切飴曰餩䬴䬴於勿於月二切飵也飴和豆也亦作䀉餐同上[illegible]
思累弋累二切豆屑雜䊥也餹徒當切餹餳餌也⿰飠弟徒兮切餹⿰飠弟⿰飠農女江切⿰飠農強食也⿰飠寍奴耕切內充實⿰飠畐普力
切飽也餄公洽切餄餌也⿰飠氣虛氣切饋餉也⿰飠元五丸切餅餌也⿰飠氏徒奚切⿰飠氏餬也⿰飠晏昆景乙景切飽滿也⿰飠英同上[illegible]
尸野切餔飤也⿰飠舍同上餪奴管切餽女也⿰飠建記言切⿰飠建粥也飦同上⿰飠央於仰切一飽也⿰飠壽蒲奔切⿰飠壽餾養金婐
切祭⿰飠睪余石切祭之明日又祭曰⿰飠睪⿰飠庶之庶切豕食也⿰飠蒦胡郭切無味也⿰飠且子也切無味也⿰飠遣去善切噍乾麪餅
也⿰立食力拾切⿰飠參也說文云古文粒⿰飠詹視豔切亦贍也⿰飠替子花切或作⿰月替⿰酉替餂達兼切古甛字⿰飠參思敢切羹⿰飠參也⿰飠耆
視利切貪慾也與嗜同⿰飠高苦到切勞也⿰飠尾亡鬼切⿰飠尾微也⿰飠匊居六切饘也⿰飠周於結切或壹字食不下也飲於錦切咽水也
亦歠⿱今食古文亦㱃於比切作歠⿰飠壹噎也餕子殉切熟食也飧蘇昆切水和飯也餐七安切說文曰吞也湌
同上飫於據切食多也⿰飠於同上⿰飠兒於華切飽聲也⿰飠厄⿰飠亞並同上⿰飠追丁回切蜀人呼蒸餅為⿰飠追⿰飠台同上⿰飠邑
倚及切⿰飠邑濕也⿰飠鬼居位求位二切說文曰吳人謂祭曰⿰飠鬼餧奴罪切飢也一曰魚敗曰餧又於偽切餧飼也⿱此食疾移切嫌食皃餈

[illegible]　王元

疾資切餈餻也餎同上饇於元切貪也饌士巻切飯食也饕同上饀杜刀切又他刀切餥之例切臭敗之味

饜莫波切饜食也出異字苑饝莫波切哺小兒也餚胡交切餜也䭘止盈切餬戶烏切餅也餻古刀切餻

麋餇徒紀切餿色求切飯壞也餿同上饓都滕切饞士咸切不嫌也䭗蜀容切饞䭗也鉤古候切牛飽也

𩜾杜刀切餇也饇於遇切飽也䭪素回切飯也䭲直知切餝䭲也餜古火切餅子𩝊口敢切飢也餇古迥

切飽也餒奴罪切餓也䭕丑善切貪長味餟鄭外切門祭名飣丁定切貯食餖徒候切飣餖𩞃烏告切䭴

食饋渠位切餉也餕鉏吏切嗜食餺同上饐於利切飽也饎尺志切酒食多饍時戰切又食也與膳同饁

火蓋切食臭饜於豔切飽也飳之句切又竹句切䬩九右切飽也餋居戀切饌也䭈奴倒切熟食䭔

古卧切食也䭒人又切餾也䬣去訖切食怒餼許氣切同上訓䭓五艮切餕也飫魚據切以酒食送客也

餌而至切𩝬力谷切𩞂徒屋切粥也𩞄直六切食皃䭉胡瞎切餲也𩝿都臘切𩝿䬿䬿奴盍切食

皃餺蒲莫切餺餅餑蒲沒切麪餑飭恥力切謹皃䬤古洽切餅䭠同上餝舒弋切修飾也餝同上俗

饆甲吉切饆饠　饠洛河切饆饠　餺補各切餺飥　飥他各切餺飥　饊昨結切食也　䭣昨糟切　饕
女厄切豕餅餌　𩚵方滿切　𩚪而勇切食也　餤徒敢切無味也　䭃如揕切飽也

甘部第一百十三凡十二字

甘古藍切甘心快意也樂也說文曰美也从口含一一道也　曰說文甘　甛
徒兼切美也　𤯷古三紅談二切和也　猒於豔於鹽二切足也飽也又方冉切於甲切於涉三切　猒同上　𢦡徒戴切甘也　甚
市荏切孔也安樂也劇也　𠙥古文　𤯈徒紺徒含二切長味也或作醰　𤯷呼兼切香也或作䭑　甞市揚切誠也又祭也

旨部第一百十四凡四字

旨支耳切美也意也志也　𠮛古文　𤯌古文　嘗市羊切說文曰味之也與甞同

次部第一百十五凡六字

次徐仙切說文曰慕欲口液也亦作涎㳄　𣢕籀文　羨徐箭切饒也貪欲也
道也　盜徒到切逃也說文曰私利物也　𣤅七之切歠也

㚔部第一百十六凡八字

㚔女涉切盜不止也說文曰所以驚人也一曰大聲也今作幸　睪余石切伺人也
捕罪也睪睪生也樂也好也　執之入切持也守也結也　圉魚距切養馬者又垂也退也禁也使也　報補到切酬也荅也　䩭

居六切窮治罪人也　簐同上　盩張流切引擊也又盩厔縣名

夲部第一百十七　凡九字

夲丑高切往來見皃說文曰進趣也从大从十大十猶兼十人也　丰同上　𠦍呼物呼骨二切疾也　暴步到切暴猶耗也猝也今作暴　皋古刀切澤也　皐同上　𡗗余準切進也或作允　奏子漏切進也奏也書也　𡙸說文奏

夰部第一百十八　凡六字

夰公道切放也　界居遇切舉目驚界然也　奡午到切慢也亦作傲　臩俱永切驚走也又往來皃　昦平老切昦天元氣廣大也　昊同上

玉篇卷第十　凡十九部

彳部第一百一十九丑亦　行部第一百二十下庚　㲋部第一百二十一余針　夂部第一百二十二竹几

久部第一百二十三居柳　夊部第一百二十四思隹　舛部第一百二十五尺兖　走部第一百二十六子后

辵部第一百二十七丑略　又部第一百二十八余忍　癶部第一百二十九補葛　步部第一百三十蒲故

止部第一百三十一之市　處部第一百三十二充与　立部第一百三十三力急　竝部第一百三十四蒲茗

十爾此部一百三十五之盛正部一百三十六時紙是部一百三十七

彳部第一百十九 凡一百十字

彳丑亦切小步也徎力整丈井二切徑也德都勒切惠也福升也
徑古定切小路也⿰彳柔女九切復也習也快也正也或與扭同復符六扶救二切重也返復也往禹倣切古往也行也去也徃
古文忂居遇渠虞二切行皃彼補靡切對此之稱徼古么切要也求也相如封禪書曰徼麋鹿之怪獸徼遮也又古弔切邊徼也
彶居及切急行也⿰彳習先荅且立二切行皃與馺同或䟕字循似遵切次序也微無非切不明也說文曰隱行也徥文爾
切則也又行皃徐似居切威儀也說文曰安行也徒與而切行平易也⿰彳甹匹丁切使也⿰彳甹同上俗⿰彳夆孚逢切使
也⿰彳戔疾淺切跡也履也徬蒲郎蒲盎二切附行也徯胡啓切待也書曰徯我后或爲蹊待徒改切擬也候也
⿰彳由除又切古往今來無極之名也與宙同說文徒歷切行⿰彳由⿰彳由也徧甫見切周帀也⿰彳⿱日夊他對切古退字⿰彳内同上徦柯額
公雅二切至也來也⿰彳各柯額切至也⿰彳犀大奚切久也後胡茍切前後也說文遲也很胡懇切很戾也諍訟也徸
之勇切相迹也亦作踵又古文動字得都勒切獲也忀先羊切忀徉也楚辭曰聊逍遥以忀徉徛丘奇居義二切舉足以渡

也 徇 辭峻切徇師宣令也說文曰行示也 ⿰彳句 似閏切止也亦同徇字 徉 余章切彷徉也 律 力出切六律也始也 徂

在胡切往也 御 魚據切治也侍也 彷 薄光切彷徨也詩曰彷徨不忍去 徨 胡光切彷徨 征 之盈切行也書曰南

征北狄怨 ⿰彳氐 除飢切⿰彳氐徊徘徊也 徙 思爾切移也遷也避也 徝 竹志切施也 徒 達胡切衆也步行也 彴 之約切徛渡也

⿰彳反 甫晩切還也歸也 徊 胡灰切徘徊猶彷徨也 徘 步回切徘徊 ⿰彳卑 方示切使也與俾同 徠 力哀切就也還也今爲來

又力代切勞也 ⿰彳巳 音范浸也古文氾字 ⿰彳占 余箴切行皃亦作冘 ⿰彳麻 靡彼切⿰彳麻⿰彳麻猶遲遲也今作靡 ⿰彳㚇 子紅切數也詩曰越

以⿰彳㚇邁 ⿰彳繇 以周切行⿰彳繇也 徜 食羊切徜徉猶徘徊 ⿰彳麃 甫遥切行也 ⿰彳知 直知切行也 ⿰彳兆 徒凋切獨行 徭 余[illegible]切

役 營隻切使役也 ⿰彳憂 於尤切⿰彳憂游也 ⿰彳俞 羊朱切行皃 徍 羽狂切急行皃 ⿰彳丞 諸膺切行不正 ⿰彳毚 士咸切不齊 徆

息兮切行也 ⿰彳贊 昨丸切失途皃 ⿰彳元 五丸切⿰彳贊⿰彳元 ⿰彳東 德紅切行皃 ⿰彳松 先恭切行恐皃 ⿰彳重 昌容切行皃 ⿰彳卷

相然切行皃 ⿰彳肖 相焦切行皃 ⿰彳喬 巨夭切行皃 ⿰彳此 七尒切行皃 ⿰彳狂 巨往切扃徍也 ⿰彳妥 湯果切行皃 彾 力郢切雨

後徑 ⿰彳开 古禮切行 從 才用切隨行也又在蹤切 ⿰彳頁 于習切古文 ⿰彳也 他可切安行 ⿰彳山 巨小切行皃 ⿰彳區 尺主切行

⿰彳龍良用切行不正 ⿰彳旻古文復字 ⿰彳敢火陷切 ⿰彳奄於劒切匿也 徖祚紅切安也 ⿰彳州職救切行 ⿰彳賣松讀切行不住 ⿰彳弗皮律切 ⿰彳率踈聿切行 ⿰彳骨于屈切行 ⿰彳旻七役切小行皃 ⿰彳卻巨略切倦 ⿰彳弋與力切行 ⿰彳立蘇合切行皃 ⿰彳合他合切行皃 ⿰彳臿山洽切行皃 ⿰彳隹七入切行皃 亍耻錄切彳亍說文曰步止也从反彳

行部第一百二十 凡二十一字

行下庚切說文曰人之步趨也又胡岡切行伍也又胡孟切行迹也又乎浪切次第也論語曰子路行行如也行行剛強之皃 術食聿切法術也說文曰邑中道也 街古膎切四通道也 衢近虞切四達道也 衝齒龍切交道也向也突也動也 ⿴行重同上 衕徒東切下也亦通街也又徒弄切 ⿴行戔疾演切蹈也 衙魚加切衙衙參也又牛居魚舉二切行皃楚辭曰導飛廉之衙衙又跡遠皃 ⿴行言胡絹切賣也說文曰行且賣也 衒同上 衎口旦切樂也詩曰嘉賓式宴以衎 ⿴行率所律切循也導也今或為率 衞韋穢切護也垂也 衜徒老切古文道 衖胡絳切爾雅曰衖門謂之閎亦作巷 ⿴行九古鮪切術跡也古文軌字 ⿴行縣古縣切車轄 ⿴行令魯丁切道也 ⿴行开戶經切行皃 ⿴行咼火衙切開皃

冘部第一百二十一 凡二字

冘余針切冘冘行皃 ⿰甚冘徒含切⿰甚冘⿰甚冘宮室深邃皃

夂竹几切
唐韻收上
声五旨

夂部第一百二十二凡六字

夂竹几切從後至也 夆胡蓋切相遮要害也新野有夆亭 夆赳恭扶恭二切爾雅曰甹夆摯曳也 夃公觀公平二切且也說文曰秦以市買多得鬻夃論語曰求善價而夃諸今作沽 夅胡江切伏也今作降 𡕒口化口瓦二切跨步也與跨同

久部第一百二十三凡二字

久居柳切遠也長也易曰有親則可久 乆同上

夊部第一百二十四凡二十一字

夊思佳切行遲皃詩云雄狐夊夊今作綏 夋且旬切行夋夋也一曰倨也 复扶菊切行故道也今作復 夌力蒸切越也遲也今作陵 愛烏代切仁愛也說文作𢙴行皃 𢙴說文愛 夎蒲卜切行夎夎也 凤同上 憂於尤切愁也 竷苦感切和悅之響也今作坎 夏胡假切中國也大也又胡嫁切冬夏也又加下切陽夏縣名 夓說文夏 [illegible]古文 畟初力切說文曰治稼畟畟進也詩曰畟畟良耜 夔巨追夔夔悚懼也黃帝時獸也以其皮為鼓聲聞五百里 夔同上俗 㚇子公切飛而斂足也聚也最也 夒奴刀切貪獸也一曰母猴似人 夎子對祖卧二切拜失容也又詐也亦作蓌禮記云無蓌拜 致陟利切至也說文曰送詣也 [illegible]亡范切說文曰腦蓋也

舛部第一百二十五 凡四字

舛 尺兖切相背也說文曰對卧从夊㐄相背 舞 亡禹切足相背也 舝 遐戛切車軸端鐵也 舜 古□切玉□也

走部第一百二十六 凡一百五十七字

走 子后切去也奔也僕也又子豆切 趛 牛欽切低頭行疾 趍 且俞切疾行皃 趍 直離切說文曰趍趙久也 趙 除小切說文曰趍趙也 趫 去驕切𦗼緣木之工也𦗼走也禮曰堂上不趍 赴 匹遇切告也又舉足也 趣 且句切趍也遽也又蒼后切詩曰來胡趣 𧺆 奔也或作訃 趲 馬言早且疾也鄭玄曰馬七十二匹也 趚 之切趚趚鹿走也 超 恥驕切超越也 赳 居柳切武也輕勁有才力也 趮 子到切疾也 趯 緣大木也行皃也 超 也出前也 𧻚 歷切 越 于厥切遠也踰也又胡括切左氏傳曰大路越席 蹶 居越切跳起也 𧾷 跳踊也 趛 同上 趁 除珍切躁也履也又丑刃切 赿 同上 𧽟 除連張連二切移也趣也 趞 且藥切說文曰趞趞也一曰行皃 趬 牽遥丘照二切起也高也說文曰行輕皃一曰趬舉足也 趀 明千切 𧻵 千尺千私二切急走也 𧼒 切倉卒也 趮 芳消切輕行也 趣 去忍巨人二切行皃 趙 且仲 趯 之玉切小皃行走意也 𧾔 公節切 𧼊 丘忿切走意 𧾩 許建切走皃 𧼮 於杜切走輕也 趙 千牛二切行皃 𧽶 走急也

于救切走皃　趯渠俱切走顧皃　𧺫同上又丘甫切使也治也近也健也　𧽤丘言虛言二切走皃　𧺆千才楚皆二切疑之
筆趌而去　趀雌紙切淺渡也　𧾩弋渚切安行也　𧻓平來切留意也　起丘紀切興也發也立也作也　𧽿香仲切行也
趌起逸切趌𧼮怒走也　𧼮起渴切趌𧼮也　𧾞呼泉切疾行也　𧽤丑世切渡也超特也　趩同上　𧾱弋約切趠𧾱也
𧾵凡縛切大步也　𧽇居依切走也　𧺳扶勿切走皃　𧼴余律居聿二切狂走也　趚子亦切小行皃詩曰謂地
蓋厚不敢不趚今作蹐　𧾊莫頑莫官二切行遲也　趉渠訖九勿二切卒起走也　𧽐九六切窮困也　趑七私切趑趄行
不進皃　趄七余切趑趄也　𧾉求閭切小走也　𧽢去虔切蹇行　𧾻巨貟切行𧾻趢也一曰曲脊也　趢力足切趢趗小
皃東京賦曰狹三王之趢趗　𧻸渠月切行越趉也　𧺮丘弭切半步也舉一足也與跬同　𧾐直知切𧾐騰輕薄也　𧽪
蒲北孚豆二切僵趍也或作踣　𧿈令的切動也或作躒　趡且水切動也走也又地名　𧻜禹煩切趄田易居也　𧾣卑遙切止
行也與躍同　𧽦都年切[illegible]文曰走頓[illegible]也　𧻡余腫切喪躃趙也與踊同　趧都奚切趧𧾩氏四夷之樂也　𧾥才濫
才冉二切不久也超忽而騰疾也又進也　趒他弔徒聊二切雀行也　赶渠言切舉尾走　𧺼他胡切𧺼伏地也　𧺤補胡切蒲

訇也⿺走各胡百切狂走也又⿺走各⿺走索偪仆⿺走索山格切⿺走各⿺走索⿺走周竹交竹敎二切⿺走周趟跟堂也趟竹庚竹孟二切⿺走周趟趲

藏但子旦三切散走也⿺走參七含切⿺走參⿺走覃步䞶徒含切⿺走參⿺走覃⿺走并方孟切走也⿺走屏同上⿺走截才結切傍出前也

⿺走叕九劣切小跳也⿺走巨居語切行皃⿺走叜且雷切進皃⿺走朮丑律切走也⿺走折時曳切踰也⿺走豖丑足切小兒行⿺走俞

式句切馬跳也趗且足切迫也速也或作促趪胡光切西京賦曰猛虡趪趪謂作力皃又趪趪武皃⿺走孚孚務切疾也及期也亦作

赴⿺走厤力的切⿺走厤趚行皃⿺走歷同上⿺走夌力登切越也⿺走廛直連切移也⿺走崔七回切逼也⿺走坐先過切走皃⿺走差

初緇切又七才切走也⿺走章之陽切走也⿺走尞落沼切腳長皃⿺走匀巨營切獨行皃⿺走匠慈樣切行皃⿺走夐揆扃九聿呼衕

三切走意⿺走皁丑孝切行皃又丑角切⿺走爲五和切⿺走昜他郎切前走⿺走今古藍切牛錦切⿺走也直知切走也⿺走豈

胡該切走⿺走危巨詭切⿺走焦子妙切走皃⿺走且他旱切行⿺走甬與恐切行⿺走斤丘謹切行謹皃⿺走齊子禮切走⿺走童

徒孔切走也又徒弄切⿺走否孚句切到也⿺走卜丑亦切超也⿺走斥尺夜切怒也一曰牽也又丑格切半步也⿺走敢祀傳切走也

⿺走念他念切疾行也⿺走氐都替切走皃⿺走后胡遘切蹇行⿺走殳他闘也走也越許聿切走也⿺走䍃弋笑切走皃⿺走畫

所六切走也　趏古滑切走皃又户括切　⿺走玉魚曲切跛也　⿺走骨户八切走也　趃徒結切大走也又夷質切　⿺走且尋章切走

也　⿺走乍則各切走皃　⿺走巢詐交切趮也　⿺走百莫百切走皃　趐許劣切　趩丑力切走皃說文曰行聲也一曰不行皃

趛烏合切趛⿺走帀走皃　⿺走帀子合切走皃　⿺走合烏合切跛也又胡甲切　⿺走立私立切走皃　⿺走臿山洽士洽二切行疾

也　⿺走乞其乞切行皃　⿺走叟所留切欲跳皃　⿺走舌相活切走皃　⿺走責子昔切　趹居劣切走也　⿺走巽移力切⿺走巽進皃

⿺走告胡谷切走也　⿺走蜀市玉切晉時四公子名　⿺走夾山狎切行⿺走夾⿺走夾

○辵部第一百二十七凡二百五十五字

辵丑略切乍行乍止也又走也　⿺辶率山律切先道也引也今爲率

帥　迹子亦切跡也理也　速籀文　邁莫芥切往也說文曰遠行也　⿺辶蠆同上　巡似倫切徧也又巡守也說文曰視行也

辻達乎切步行也今作徒　⿺辶正止盈切行也今作征　隨辭惟切隨從也　迋尤放切說文曰往也春秋傳曰子無我迋

又具往切詩云人實迋女迋誑也　⿺辶狂具往切走皃　逝視制切去也往也　⿺辶且昨胡切往也與徂同　⿺辶盧籀文　述

視律切循也作也論語曰述而不作　⿺辶秫籀文　这古爻切會也今作交　過古貨古禾二切度也越也　遵子倫切循也率也行也

遻古文　適尸亦切之也女子出嫁也又之赤切得也往也又音適從也　遦古患切習也或作串　⿺辶賣徒鹿切遺也易也數也亦
爲媟嬻字　進子信切前也升也登也　⿺辶藺古文　造徂皓切爲也又七到切至也　䢔胡荅切迨遝行相及　遝徒合切迨
遝　逾與朱切越也遠也進也　迮子各切起也今爲作又阻格切迫迮也　逪且各切亂也这逪也今爲錯　遄視專
切疾也速也　速思鹿切疾也召也　遫籀文　迅綏閏切疾也又音信　适古活切疾也　逆魚戟切迎也度也又不從
也　迎宜京切逢迎也　遭祖勞切遭遻也　遇娱句切見也道路相逢也　遘古侯切遇也　逢扶恭切遇也迎也　迪
徒的切作也敎也導也進也道也青州之間相正謂之迪也　迻餘之切徙也遷迻也今作移　通替東切達也無所不流曰通也　遷且錢
切徙也去也易也移也　運于慍切動也轉也　返甫晚切還也復也　還胡關徐宣二切退也返也復也　選先兖切擇也迅
也數也又先絹切　邌力奚切徐也遲也小皃也　送蘇貢切說文云遣也詩曰遠送于野　⿺辶⿱䒑共籀文　遣去善切送也去也又去戰
切　邐力紙切邐迤也　逮徒戴切及也又徒計切　遲除梨切晚也舒行皃也　遟籀文　迡同上又奴計切近也　遰
徒計切迢遰也往也去也　⿺辶馬竹句切不行也又丑凶切　迟丘戟切迟曲行也　逗徒闘切留也住也止也　遛力周切逗

邐逶於危切逶迤又逶迤行皃適以出切衍也述也自也迴也避也迡丁計切驚不進兒也向不及也驚也駭也避婢致
切迴避也去也遴旅振切行難也貪也迖他計切達也迭也亦與達同達他割切通也又音闥逯力谷力屬二切行也衆也行謹
逯逯也迭徒結切代也更迭也迷莫雞切惑也亂也迆余紙切邐迆水曲流也又以支切逶迆也連力錢切合也及也逑
渠鳩切匹也合也⿺辶貝蒲邁切壞也散走也逳余六切轉也行也逭胡館切逃也迭也易也轉也步也行也⿺辶雚古文
邋力涉切說文曰愶也遜先困切遁也去也⿺辶至知栗切近也重也至也逋補胡切亡也竄也不到也⿺辶捕籀文近
其謹切不遠也又其靳切附近也遺余隹切亡也又余恚切貽也遂辭類切進也久也安也信也⿺辶夲古文邇而紙切近也移
也迩同上⿺辶書渠級切至也連也古文及字又作迨切逃徒勞切亡也避也追株隹切及也送也救也又都雷切治玉名也詩曰追
琢其璋⿺辶𠂢綺虔切過也亦作諐逐除六切競也追也從也逎疾留切固也終也追也盡也迫也忽也遒同上逼碑棘
切迫也迫補格切逼迫也附也急也遏於葛切止也遮也病也遮之蛇切冒也斷也⿺辶羨余戰切移也遮也迣之世
切迾也超踰也古文以爲迾字迾旅際旅結二切說文曰遮迾也遱力候切連遱也迁且堅切行進也迀古寒切進也⿺辶枼

丑黠切竹季切前頓也迦古遐切迦牙令不得進也迦古牙居伽二切釋迦如來逑胡㕙切散走也逞丑井切使也極也盡也解

也說文云通也楚謂疾行爲逞春秋傳曰何所不逞遼力條切遠也遠于阮切遐也穆也又于勸切離也遠古文逖託歷

切遠也逷古文迥胡頂切遠也逴敕角切驚也蹇也又丑略切逮子于切至也自進極也迂羽俱切避也廣大也

遠也曲也又憶俱切邍魚袁切說文曰高平之野人所登或作原道徒老切理也路也仁義也迒胡郎切迹也長道也逈同上

逎丁秋切至也又都叫切遽渠庶切急也疾也卒也迄呼乙切至也遁徒頓徒混二切逃也退還也隱也遯同上

遐平家切遠也逍思遙切逍遥也逝時世切逮也遠也遊余周切遨遊也與游同逰古文迨徒改切及也

透他候切跳也又式六切驚皃遡蘇故切行也逆流而上也與溯同遃魚偃切行皃遫丑力切張也邂胡懈

切邂逅不期而會也逅胡講切邂逅⿺辶支丘致切遲也邈亡卓切遠也⿺辶頁同上迴胡雷切轉也迴避也逨力材

切來也至也就也又力代切退他潰切卻也去也[illegible][illegible]並古文逡且旬切逡巡也退也卻也⿺辶勿無弗切遠也又呼骨

切⿺辶後胡苟切古文後⿺辶己丘紀切古文起⿺辶差禹丙切古文[illegible]達他達切古文撻邅張連除連二切轉也移也⿺辶重徒董

切古文勤　逵竒歸切九逵道　這宜箭切迎也　[illegible]乎果切過也　⿺辶皃茅教切古文皃　迕吴故切遇也　遻

同上　⿺辶翟丑歷切躍也　迿思俊切表詞也　⿺辶九古鮪切古文軌　⿺辶亞烏詐切次也或作亞　迸彼諍切散也　迓

午嫁切迎也　邀於堯切遮也　⿺辶幽補耕補幸二切　⿺辶聿余述切分布也又行皃　逜五故切干逜也　逌余周切氣行皃

迺奴改切與乃同　迱徒何切逶迱　迤同上俗　⿺辶崖五加切遾皃　⿺辶坐七禾切行皃　適苦禾切寬大也　迍張倫

切迍邅也　遄於緣切行皃　遨五高切遨遊也　迢徒遼切迢遰　遑胡光切急也又暇也　違于威切背也　途度胡

切途路也　⿺辶繇以周切疾行也又音遥　⿺辶繇同上　逿徒浪切過也　⿺辶蕩丑羊切過也　迵徒東切通達也　⿺辶此七爾切與

趀同　達胡貝切遠也　⿺辶段居祐切恭謹行皃　遥翼招切遠也又弋周切　遞徒禮切遠也又徒戾切　遰同上　⿺辶徙

斯子切移也今作徙　⿺辶走同上　⿺辶卸五價切迎　⿺辶方防罔切急行也　⿺辶印於忍切迎逆走也　⿺辶希許忍切迎逆　道以手

切　⿺辶甾丑善切行　⿺辶象寺兩切行也　⿺辶葦爲委切姓　⿺辶焦子小切走皃　⿺辶雷力罪切　⿺辶矣魚幾切進也　⿺辶叟

[illegible]殺　⿺辶㕣以喘切　⿺辶彖丑絹切　⿺辶會胡外切迹也　遉丑聖切邏候也　邏力佐切遊兵也　⿺辶差初揌切遳倅又齊也

兗也　⿺辶亥 戶愛切走也　逕 吉定切路逕也近也　䢑 火決切走也　遚 千合切裹遚也　迶 于救切行　⿺辶壴 殊句切走

迬 之句切又竹句切　邊 補眠切畔也邊境也　遢 吐盍切穩行皃　逽 女略切走逽　⿺辶占 叱涉切行　⿺辶聶 而陟切行

皃　遈 時職切行　⿺辶取 千后切又七庾切走　⿺辶畜 丑六切行皃　迼 居列切跳　⿺辶疌 疾接切疌疾走　⿺辶巿 博末切急走

遝 徒合切遝遝行皃　⿺辶侖 以斫切違也　⿺辶日 陟栗切近　⿺辶月 仙役切詆誘皃　⿺辶叕 吉穴切遠　⿺辶聿 士洽切行書皃　⿺辶𡕥

布千切　⿺辶亾 孚武切　週 職由切　逝 尸制切　⿺辶亙 居忌切　⿺辶叜 初側切古文　⿺辶羊 與章切進退皃

○廴部第一百二十八　凡六字

廴 余忍切長行也今作引　延 諸盈切行也　廷 徒鼎徒聽二切

朝廷也　建 居万切豎立也　延 余旃切進也長也　㢟 丑延切延延安步也

○癶部第一百二十九　凡四字

癶 補葛切說文作𣥠足有所剌也　癹 匹葛扶葛二切以足蹋夷草也　登

都稜切升也上也進也　⿱癶廾 古文

○步部第一百三十　凡二字

步 蒲故切步行又六尺爲步　歲 思惠切木星也載名說文曰越歷二十八

宿宣徧陰陽十二月一次

止部第一百三十一 凡三十字

止 之市切止息也住也容止也 𣥞 他達切說文曰蹈也从反止 歱 之隴切說文曰足跟也今作踵 𣥚 直庚切歫也 峙 直里切踞也止不前也 歫 渠呂切違也戾也至也說文云止也一曰搶也一曰超歫 歬 在先切不行而進也今作前 歷 郎的切遠也過也 𣦢 補赤切人不能行也 ⿰止叔 充祝切至也 歸 居暉切還也說文曰女嫁也 ⿰止帚 籀文 疌 辭接切疾也 ⿱金疌 女輒切機下足所履者 ⿱止衣 良與切古文旅 ⿱止斤 巨謹切古文近 ⿰止艮 古恩切足踵也 ⿰止卒 疾醉切待也 歰 山立切難轉也說文曰不滑也 歧 翹移切歧路也 ⿰止尊 七旬切舞也 ⿰止臭 香切 ⿰止壽 徒沃切不止皃 ⿰止复 符逼切止也 ⿰歬刀 子淺切古文前 ⿱止舟 之膳切古文戰 ⿰立止 式放切谷在京 ⿰止巴 胡古切古文 ⿰止皮 被義切 ⿱止可 呼多切古文訶

處部第一百三十二 凡三字

處 充與切居也止也 𧇊 古胡切𧇊息也 ⿱毄処 胡計切孚孫相繼也說文曰與系同

立部第一百三十三 凡四十九字

立 力急切說文曰住也易曰立天之道曰陰與陽 ⿰立隶 力季力至二切臨也䇓

踈也　竧丁罪切磊竧重聚也　端都丸切緒也直也　竱旨兖切等齊也　靖疾郢切謀也　竫疾郢切亭安也　竦
息隴切敬也　竢事紀切待也亦作俟　⿰立巳同上　竘丘垢丘甫二切健也　竵呼畫切不正也　⿰立羸力卧切瘻也　竭
巨列切敗也盡力也　䇓相叟切待也　⿰立弱⿰立需並同上　竣且旬切止也退伏也　䇁且略切踈也驚也　⿰立彔摩筆扶福
二切見鬼皃　竲子登仕耕二切巢也說文曰北地高樓無屋者　䇑普支切行不止也說文傍下切短人立䇑䇑皃　竛力丁切竛
竮行不正　竚除吕切企也久也令作佇　⿰立夾力涉切⿰立夾羸行不正　⿰立委於卧切羸也　⿰立支居委切掎也載也枕也　⿱⿰自死立古雖
切極也　⿰立奚胡奚切待也亦作徯　⿰立義魚奇切古儀字　⿰立尊七旬切喜皃　⿰立足又六切等也　⿰童頁徒東切鐘聲　竑胡萌
切廣也量度二也又古弘切　竜力鐘切　⿰立奇居綺切立正也　⿰立主直庚直句二切　竬丘主切立也　⿰立忝他點切　⿰立亥
胡改胡代二切　⿰立几昌御切　⿰立弁方又切　⿰立巴匹馬切短皃　⿰立且七雀切恐懼　⿱立几魚遠切　⿰立孛匹沒切按物聲亦作
誖　⿰立戉房越切竚也　⿰立复房六切邪也　竮扶丁切竛竮

⚬竝部第一百三十四凡四字

竝毗茗切竝坐也又縣名　並同上　暜他計切廢也今作替　⿱竝曰同上亦作暜

此部第一百三十五凡四字

此七爾切止也　呰子亦子爾二切史記云呰窳偷生謂苟且也　些息計切此也辭也又息箇切　⿱此束子累切⿱此束口也鳥喙也說文云識也一曰藏也

正部第一百三十六凡六字

正之盛切長也定也是也又音征　𤴓𤴒同上並古文　乏扶法切說文反正爲乏又無資曰乏今作乏　⿰正責助革切正也好也或作賾　整之郢切整齊也

是部第一百三十七凡四字

是時紙切是非也說文曰直也　昰古文是　韙干匪切是也　尟思踐切說文曰是少也尠俱存也

玉篇卷第十

新加偏旁正俗不同例

北丘同　几人同　百𦣻皆首同　ナ屮皆左同　辵辶同　肉月同　鬥門鬭同

類隔更音和切

嘆欶且切今他且切　豖丁角切今中角切　[illegible]切今[illegible]子小二切今[illegible]小二切

宋版玉篇
中卷
九九〇

冥夕多小幺丝玄丙大夻火炎焱炙爨囱黑赤亦矢

天交尢壹壴丶丹青氏氐山屾嵬屵广厂高危石磬

冃

白臯（皋）皛厽馬牛犛羊羴（羴）𦫳萈犬㹜豕豚㣇王畕麀鹿

麤（鹿鹿鹿）毚兔凡兕象能熊龍虍虎虤豸鳥几乙燕烏隹奞

雈瞿雔雥（雥）魚𩺰鼠易虫䖵蟲它龜黽卵貝羽飛習予

非不至毛毳（毳）冄而角皮㼱革韋糸系素絲蕭率索巾

市帛衣裘尸卬卯辟茍勹包長匕匕比从㐺共異史

支𠬪聿聿書隶臥币出之生耑田東㯻口員齊干幵

片爿毋克丿亅弋人丨句丩乚亾匚先兂皃兜先秃

厶單彔四叕亞五六七八采半九丸十卅古寸文亩

甲乙丙丁戊己巴庚辛辡辛㮚壬癸子了孨云丑寅

卯辰巳午未申酉酋戌亥

玉篇中十卷

卷第十一　凡十九部

宀 弥仙切第一百三十八　宮 居雄切第一百三十九　宁 直旅切第一百四十　門 莫昆切第一百四十一　戶 胡古切第一百四十二　尸 式脂切第一百四十三
尾 無匪切第一百四十四　尺 齒亦切第一百四十五　履 力几切第一百四十六　老 力道切第一百四十七　疒 女尼切第一百四十八　𣦼 在安切第一百四十九
歹 午達切第一百五十　死 息姊切第一百五十一　另 古瓦切第一百五十二　凶 許恭切第一百五十三　穴 胡決切第一百五十四　丨 思二切第一百五十五
屮 雉列切第一百五十六

卷第十二　凡五部

木 莫穀切第一百五十七　東 德紅切第一百五十八　林 力金切第一百五十八　巢 仕交切第一百六十　叒 而酌切第一百六十一

卷第十三　凡一部

草 七老切第一百六十二

卷第十四　凡二十九部

蓐 乳屬切第一百六十三　茻 莫朗切第一百六十四　舜 尸閏切第一百六十五　竹 知六切第一百六十六　箕 居疑切第一百六十七　才 在來切第一百六十八
市 甫味切第一百六十九　乇 竹尼切第一百七十　𠂹 市規切第一百七十一　𠌶 火乎切第一百七十二　華 胡瓜切第一百七十三　𥝌 五溉切第一百七十四
稽 古奚切第一百七十五　桼 且栗切第一百七十六　丵 仕角切第一百七十七　菐 方屋切第一百七十八　𢎘 胡感切第一百七十九　𣐺 胡感切第一百八十
卤 徒幺切第一百八十一　朿 七漬切第一百八十二　𣎳 匹刃切第一百八十三　𣏟 匹賣切第一百八十四　麻 莫加切第一百八十五　尗 書六切第一百八十六
韭 居有切第一百八十七　瓜 古華切第一百八十八　瓠 胡故切第一百八十九　丰 柯邁切第一百九十　來 力才切第一百九十一

卷第十五　凡三十九部

麥 莫革切第一百九十二　黍 式与切第一百九十三　禾 胡戈切第一百九十四　秝 郎的切第一百九十五　耒 力對切第一百九十六　香 許良切第一百九十七
皀 許良切第一百九十八　鬯 敕亮切第一百九十九　米 莫禮切第二百　毇 許委切第二百一　臼 渠九切第二百二　倉 且郎切第二百三
亩 力甚切第二百四　嗇 使力切第二百五　亼 疾立切第二百六　會 胡外切第二百七　亯 虛掌切第二百八　㫗 胡苟切第二百九

畐普逼切第二百十　入如立切第二百十一　冖莫歷切第二百十二　冃亡道切第二百十三　冃莫到切第二百十四　兩力掌切第二百十五

㡀婢世切第二百十六　襾於架切第二百十七　网無倣切第二百十八　華俾蜜切第二百十九　冓古候切第二百二十　凵丘於切第二百二十一

去羌據切第二百二十二　北補默切第二百二十三　西先兮切第二百二十四　鹵力古切第二百二十五　鹽余占切第二百二十六　王仙井切第二百二十七

皿明丙切第二百二十八　臥五過切第二百二十九　㐆於機切第二百三十

卷第十六　凡二十四部

琴巨林切第二百三十一　喜欣里切第二百三十二　壴竹句切第二百三十三　鼓姑户切第二百三十四　豈羌顗切第二百三十五　豆徒鬪切第二百三十六

豊力弟切第二百三十七　豐芳馮切第二百三十八　虘欣宜切第二百三十九　重直隴切第二百四十　鼎丁冷切第二百四十一　瓦午寡切第二百四十二

缶方負切第二百四十三　鬲郎的切第二百四十四　䰜郎的切第二百四十五　亓丁已切第二百四十六　勺市灼切第二百四十七　几居矣切第二百四十八

且七也切第二百四十九　匚甫王切第二百五十　曲丘玉切第二百五十一　壺户徒切第二百五十二　巵之移切第二百五十三　甾側持切第二百五十四

卷第十七　凡十四部

㫃於蹇切第二百五十五　勿無弗切第二百五十六　矢尸耳切第二百五十七　弓居雄切第二百五十八　弜渠良切第二百五十九　斤居垠切第二百六十
矛莫侯切第二百六十一　戈古禾切第二百六十二　殳時珠切第二百六十三　殺所札切第二百六十四　戉禹月切第二百六十五　刀都高切第二百六十六
㓞口八切第二百六十七　刃如振切第二百六十八

卷第十八　凡十六部

金居音切第二百六十九　攴普卜切第二百七十　放甫望切第二百七十一　丌巨基切第二百七十二　左咨可切第二百七十三　工古紅切第二百七十四
㠭知輦切第二百七十五　巫武俱切第二百七十六　卜布鹿切第二百七十七　兆除矯切第二百七十八　用俞共切第二百七十九　爻戶交切第二百八十
㸚力爾切第二百八十一　車尺奢切第二百八十二　舟之由切第二百八十三　方甫亡切第二百八十四

卷第十九　凡一部

水尸癸切第二百八十五

卷第二十　凡二十七部

𣶒之水切第二百八十六　𡿨公注切第二百八十七　巜古會切第二百八十八　巛齒緣切第二百八十九　井子郢切第二百九十　泉自緣切第二百九十一

灥似均切第二百九十二　永于丙切第二百九十三　𠂢匹賣切第二百九十四　谷古木切第二百九十五　冫碑凌切第二百九十六　雨子矩切第二百九十七

雲于君切第二百九十八　風甫融切第二百九十九　气區既切第三百　鬼居委切第三百一　甶甫勿切第三百二　白步陌切第三百三

日如逸切第三百四　旦多汗切第三百五　晨是人切第三百六　倝公旦切第三百七　晶子情切第三百八　月魚越切第三百九

有于九切第三百十　明靡京切第三百十一　囧俱永切第三百十二

卷第十一　凡十九部

弥仙宀部一百三十八　居雄宮部一百三十九　直旅宁部一百四十　莫昆門部一百四十一

胡古戶部一百四十二　式脂尸部一百四十三　無匪尾部一百四十四　齒亦尺部一百四十五

力几履部一百四十六　力道老部一百四十七　女尼歹部一百四十八　在安𣦼部一百四十九

午達歺部一百五十　息姊死部一百五十一　古瓦另部一百五十二　許恭凶部一百五十三

胡決穴部一百五十四　思二丨部一百五十五　雜列屮部一百五十六

宀部第一百三十八　凡一百三十二字

宀彌仙切交覆深屋也　家古牙切居也家人所居通曰家　家古文　宅除格切人之居舍曰宅　宅古文　宣思元切說文曰

天子宣室也　亘古文　室舒逸切說文曰實也呂氏春秋高元作室　向許亮切詩曰塞向墐戶向窻也又舒尚切地名　宏胡萠切大

也　宧亦之切爾雅曰東北隅謂之宧　宦於弔於鳥二切爾雅曰東南隅謂之宦宦亦隱闇本亦作窔又戶樞聲　窔同上　宎同上

俗　奧於報切爾雅曰西南隅謂之奧謂室中隱奧之處論語曰寧媚於奧　宸時眞切賈逵曰室之奧者說文云屋宇也　寷孚雄

切大屋也　宇于甫切方也四方上下也又屋宇　寓籒文　寏戶官切周垣也或作院　宖戶萠切安也說文曰屋響也　寪

胡彼切屋皃　宬是征切屋所容受也　㝩苦郎切虛也空也　寍奴庭切安也今作寧　定徒聽切安也住也息也　寔時弋切止

也　安於寒切安定也　宓明筆切止也靜也默也今作密也　𡪢於細切蒼頡篇云安也　宴於見切安也　宋前的切無聲也

又作誄　寂　家並同上　察楚黠切覆也或作詧　親且仁切至也又且僅切　宲同上　寡亡田切冥寡不見一曰不省人皃

完戶端切保守也全也寶補道切珍也⿱宀⿱缶貝古文富甫霤切豐於財宲補道切藏也或作賲實時質切不空也⿱宀樂

容俞鍾切容儀也㝐古文宭九文仇文二切羣居也宰子殆切治也制也⿱宀畢古文⿱宀丏莫見切冥合也宂

而勇切宂散也宦胡串切仕也漢書天有宦者星故閹官名宦人宜魚奇切當也所安也令作宜安同上⿱宀⿱空至⿱宀⿱豕至並古文

宥禹□□□□寵丑冢切說文曰尊居也守舒售舒酉二切收也視也護也寫思也切盡也除也置物也寬苦完

□綴也宿思六切夜止也住也舍也又思宙切星宿也宿留也㝛古文寑且審切臥也或作寢⿱宀曼籀文宵思搖切夜

也⿱宀吾五故切寤也寡古瓦切少也宛於阮切屈草自覆也爾雅曰宛中宛丘注云中央隆高又於原切縣名惌說文

同上又周禮注云窓小孔貌家丑院切寯子峻切才儁也寗奴定切姓也甯說文寗寇苦候切賊寇也亦姓

⿱宀圭吉娃切⿱宀圭樓也⿱宀夾火訝切⿱宀夾隙也⿱宀方步忙切古文旁⿱宀丏畀民切古文賓⿱宀居寄魚切⿱宀居舍也⿱宀林力鈂切⿱宀林深也宲食質切古

實字⿱宀臭莫偏切古文苗⿱宀疑魚基切⿱宀奐戶官切周地名⿱宀求渠留切⿱宀求也與求同⿱宀索式白切說文曰入家搜也与索同寮

力彫切官寮也与僚同⿱宀亞烏價切懸皃又於加切⿱宀奈恥價切⿱宀亞⿱宀奈嬌態皃又宅加切寥力雕切空也寂也廓也⿱宀曾徂僧

切寠力豆切寠地也𡫏穴桂切㝓口合切合㝓也寘支義切置也宷尸枕切古文審宑積省切舍宑也客

口格切賓也寄居義切託也寓愚句切寄也亦作庽寠瞿庾切貧陋也空也㝌居舊切疚安也說文曰貧病也寒

何丹切冬時也宕達浪切過也一曰洞屋也害何賴切傷也俗作害𡪺居陸切窮也或作竆宄古洧切說文曰姦也外爲盜

内爲宄𡨊並古文𡪮丁念丁甲二切下也或爲墊宗子彤切說文曰尊祖廟也𡪷千外切塞也宔之庾切宗廟宔

祏也今爲主又砫字宙除霤切居也往古來今曰宙或爲伷宋蘇洞切說文曰居也亦國名官古丸切官宦寰胡綰胡關

二切王者封畿内縣也宺呼晃切宺㝗也蒼頡篇宺廣也㝗力蕩切空虛也又魯堂切屋宺㝗也𡫞其驕切寄也客也与僑同㝏

羈薤切方言㝏待也畜無偶曰㝏郭璞云逢澤有㝏麋也𡫎古候切夜詩曰中𡫎之言中夜之言也本亦作冓宆無斁切古文罔𡧍皮彬

切古文貧𡨼於田切古文煙㝕居毀居僞二切毀也或作垝𡨞居宥切古文究寀七改切寮寀迂禹俱切窻迂也

寁子感切速也詩云寁不故也

宮部第一百三十九字凡二

宮居雄切室也中也人所居也營弋瓊切度也市居也

宁部第一百四十凡三字

宁治旅治居二切爾雅云門屏之間謂之宁 𦉥竹與切說文曰幡也所以盛米 䇡同上

門部第一百四十一凡二百三十字

門莫昆切人所出入也在堂房曰戶在區域曰門說文曰聞也从二戶象形 𨳇古文 閞乙甲切說文曰開閉門也 閶尸羊切閶闔天門也說文云楚人名門曰閶闔 闔戶臘切說文云門扇也一曰閉也 闈戶歸切宮中之門也 閻余占切語林云大夫向閻而立說文曰閻謂之樀樀廟門也 閤公荅切小閨謂之閤門旁戶也 閨古攜切宮中門小者曰閨特立之門也上圜下方 閣公鄂切樓也揚雄校書於天祿閣說文曰所以止扉也 閈胡旦切垣也居也說文曰閭也汝南平輿里門曰閈左氏傳曰高其閈閎 閎戶萌切巷頭門也 闒徒臘切樓上戶也又截臘切定意也下意也 閼於達切說文曰遮攤也又於虔切漢書云閼氏單于妻 閭旅居切里門也周禮曰五家爲比五比爲閭閭侶也二十五家相羣侶也又船首之閭令江東呼船頭爲飛閭也 闠胡對切市外門也 閻余占切巷也說文曰里中門也 闉於神切城曲重門也詩曰出其闉闍 闍市遮當胡二切城門臺也 闕袪月切象魏闕也又失也少也又仇月切左氏傳曰若闕地及泉 閞皮變切門欂櫨 閞胡計胡介二切門扇也 闑魚列切門欒也亦門梱也 閾雨逼況域切門限也 閾古文 闢步役切開也 𨳲古文 開口垓切張也說文作開 闓古文 闓苦亥切開也又音開 闁

呼雅切大也說文曰大開也大杯亦爲閜　閟鄙冀切愼也閉也　閘除刀切登也　閜於可切說文曰門傾也上林賦云坑衡閜砢　閒居閑切隙也又居莧切迭也又音閑　閞古文　闛徒郎切說文曰闛闛盛皃又他郎上林賦云闛鞈鼓聲也　闟之羕止兖二切開閉戶剎也　閼於鎋切門聲也　闃苦壁古覓二切靜無人也　闌力安切遮也牢也又酒闌　閑駭山切闌也遮也暇也　閡五載切止也与礙同　閉必計切闔門也塞也　閇同上俗　關古鐶切以木橫持門戶也扃也　関同上俗　闇於紺切閉門也幽也与暗同　闓口體切与啓同　闟余酌切固關令不可開或作籥　閹於檢切宦人也閹門者也　闐徒堅切詩云振旅闐闐闐闐盛皃或作窴　闌力安切妄也無符傳出入爲闌今作闌　闚丘規切相視也与窺同　閃式斂切闚頭門中也或作睒　閽呼昆切周禮注云閽人司晨昏以啓閉者也刑人墨者使守門囿御苑也　闋苦穴切止也訖也息也終也　閱余說切簡軍實也史記云人臣功有五品其等曰伐積伐曰閱　闞口濫切視也望也臨也又呼減切詩云闞如虓虎　闊口活切遠也疏也　𨳿胡結切𨳿閧鄭城門左傳作桔柣　閧徒結切𨳿閧　閔眉殞切病也傷悲爲閔　闖敕蔭切馬出門皃公羊傳曰開之則闖然何休云闖出頭皃或作覘　閌恪浪切閬閬高門皃詩云閈有閌本亦作伉　閫苦本切門限也　闥他曷切門内也飛闥突出方木也　閍補行切宮中門也亦巷門也

闅亡云切說文曰低目視也弘農湖縣有閺鄉汝南西平有閺亭　闅俗　同上　⿵門建其偃切古文鍵門木也　閮徒丁切門閮也　閗丁救切古鬭字　閬徒浪切門不開　閶七羊切門聲也　闤胡關切市垣也　闝孚微切門火氣　闒先合切門開也　閱所進切　⿵門隽在携切門次也　閄而睡切內入也　闀呼瓜切開門也　闍地胡切地名　⿵門甬余腫切門人也　⿵門甫博古切⿵門甫門也　⿵門豖式言切⿵門豖門也　⿵門咼苦乖切門不正也　⿵門遂夕醉切門偏也　闠叱緣切闤闠也　⿵門冋圭熒切不開也　⿵門屯徒昆切闉闍門也　⿵門俞羊朱切窺也　⿵門烏烏古切⿵門烏門也　⿵門魚語居切⿵門魚門名　⿵門甘故敢切⿵門甘門也　⿵門氣許勿切小門也　闆匹限切門中視也　⿵門勺余支切門曰也　⿵門占丑占切獲也　⿵門立側猗切立待也　閜火加切門開也　⿵門省所景切水府也　⿵門丑女九切門闢闔也又女狎切　⿵門向先揔切門曰也　⿵門官胡官切　閏祛王切門閏也　⿵門英於迎切門中也　閥扶月切在左曰閥在右曰閱　⿵門裹於鯆切門高也　⿵門春敕尹切中門也　闟呼急切戟名　⿵門旦他但切闑也門傍橛所以止扉也　閦初六切衆也出字統釋典有阿閦　⿵門限、同上　⿵門艮戶簡切俗爲門限字　⿵門廛直連切市門　⿵門主丑住切直開也　⿵門患胡慣切古文患　闛徒郎切高門也　⿵門敫古了切喪之降殺也　⿵門丁他頂切⿵門丁上關　⿵門鄉許尚切門頭也說文曰門響也　⿵門執音執与⿵門埶同　⿵門豕呼麥切門聲　⿵門賣

昌荅切大也開也明也 閬 盧宕切高門又地名在蜀 闟 于委切闟也 闃 古穴切闃闃無門戶也 閴 呼決切闃閴

閛 普耕切門扉聲

戶部第二百四十二 凡二十一字

戶 胡古切所以出入也一扉曰戶兩扉曰門 [illegible] 古文 扇 尸戰切扉也又箑也或竹或素作判作毛用取風 扉 甫違切爾雅曰闔謂之扉說文云戶扇也 房 扶方切室在旁 扆 余倈切扆扆戶壯 二 㞔 同上又徒忝切開門也 扅 余之切扊扅 𢨴 同上 二 [illegible] 弋之切[illegible]外也 [illegible] 七萌切屋上也 二 𢨵 羌據公荅二切開戶聲 二 戾 徒黍他厲二切說文曰輜車旁推也亦作軑 扃 古熒切說文曰外閉之關也 戹 倚革切困也㢧也亦作厄 肁 治矯切始也謀也 扆 於蟣切鄭玄注儀禮扆如綈素屏風畫斧文以示威亦天子所居也 [illegible] 渠立切戶壯也 戺 牀巳切砌也爾雅曰落時謂之戺亦作[illegible]

[illegible] 書掌切戶耳也 [illegible] 苦合切

尸部第一百四十三 凡五十三字

尸 式脂切主也說文曰陳也象臥之形 居 舉魚切處也安也 屋

屆 古 許介切臥息也 屓 許器切屓屭屓作力也 展 知演切轉也由也適也 屭 說文展 屑 先結切絜也勞也動

屑屑說文 届居雉切至也極也 尻苦高切髖也說文曰脽也 臀徒昆切与臀同 𡱒同上 屆詰地口奚二切尻也 尼奴啓
女飢二切安也止也和也息也 屆楚立所甲二切從後相躡也 𡰪一直立切屆𡰪也 𡰱儒兖切弱也或爲耎 屒時仁切重屑也說文竹忍
切伏皃曰屋宇也 𡳃丁挺大練二切重也屒也 屖先啼切屖遟也今作栖亦作犀 𡲚達胡切殺也剝也 屍䞘祇切在牀曰屍
屟先篋切說文曰履中薦也或作褋 屋於鹿切居也舍也 屋籒文 層自登子登二切重也累也 屏蒲冥必郢二切屏蔽
也放去也又畀營切廣雅云屏營怔忪也國語云屏營徬徨也 𡳅古巷切差也今爲降 𡳆去斸切心息也今爲𢣷 屎䔝視
𡲫糞也与矢同俗又作屎 屎許夷切呻也 屓弋之切𡳐也 𡲵此踞切与覰同 屌此咨切屌層盜視与覰同 𡲹口臥口外
二切臀骨也亦作髁 𡰣餘脂切古文夷字說文曰古文仁字 屡子雷切亦子陰赤作䐈 𡳍力議切 孱士連切不肖也 届
徒連切屆穴也 屙烏何切上廁也 𡳐屬上 𡲦苦永切屋穴也 屖初𡲦切又初𡱌切出釋典 𡳈博美切屋𡳈也臀也 屑
火天切屑尻也 屁匹避切泄氣也 屔都谷切俗豚字 𡲠□叟切□隱也 𡰴䖑力切理也 𡳊力遇切數也疲也 扉扶沸切草屩也

尾部第一百四十四 凡十二字

尾無匪切鳥獸魚蟲皆有之又末後端也又星名 尾古文 㞙乃弔切人小便

今作尿 𡳐尾孚切出釋典 𡳝微曳切出釋典 屈巨律切無尾也 屬時欲之欲二切說文曰連也俗作属

尺部第一百四十五凡二字

尺齒亦切尺寸也十寸爲尺 咫之爾切中婦人手長八寸也

履部第一百四十六凡十七字

履力几切說文曰足所依也祿也詩云福履將之 屨說文履屨 𡳭居羊切履屬麻作謂之䋆也 𡳾令的切履屧下也 屐渠戟切屩屐也 屩居略切草履也史記云躡屩 𡳪他回切履也西南梁益謂履曰𡳪 𡳖同上 𡳋余去徐呂二切說文曰履屬 屣所倚所解二切履也亦作躧蹝 𡳃肝戈切或靴字 𡳅同上 𡳕渠虞切履頭飾也或爲絇 𡳒居倚切亦爲也 𡳢他厲切履中薦也 𡲴同上 屧先叶切履中薦也

老部第一百四十七凡十四字

老力道切壽也說文云七十曰老从人毛化言須髮變白也 耄徒到切七年曰耄今爲悼 壽食呪食酉二切說文曰久也 𦓆古文 耇皆後切說文曰老人面凍梨若垢也 𦒷視句切老人行財相逮也 考口老切壽考延年也亦瑕釁淮南子云夏后之璜不能無考釋名云父死曰考 耆渠伊切長也老也詩曰耆定爾功 孝呼教切孝順也說文曰善事父母從子承老省 耊達結切八十曰耊亦作耋 𦒺都黍切老人面如墨點也 𦓁莫報切邁也九十日𦓁 耋

同上亦作耂 者之也切語助也

疒部第一百四十八凡二百七十二字 疒女尼切說文曰倚也人有疾病象倚著之形又音牀 疒

籀文 疾才栗切患也速也說文曰病也 ⿸疒矢古文 病皮命切疾甚也說文曰疾加也 痒餘兩切痛痒也說文曰瘍也 癢同上

疘古紅切下病也 ⿸疒除直余切又治庶切瘕也 ⿸疒奈文加切瘕⿸疒奈也 ⿸疒酉余周切病也 痡芳俱普胡二切病也詩云我僕

痡矣 痛聽棟切病也傷也 瘣胡罪切病也詩云譬彼瘣木 痾於何切病也 ⿸疒阿同上 ⿸疒雚渠護切病也 瘵

側界切病也 瘨都賢切狂也 瘼謨洛切病也 疵疾貲切病也亦瑕疵 瘖於深切不能言 瘏唐胡切病也詩云我

馬瘏矣 癭於郢切頸腫也 瘻力鬭切瘻瘡也 疣羽求切結病也今疣贅之腫也 ⿸疒又尤呪切頭搖也與⿰尤頁同 ⿸疒奰

匹備切氣滿也說文作⿸疒奰音備 ⿸疒奰說文 瘀於豫切積血也 疛除又切心腹疾也呂氏春秋云身盡疛腫又知有切 ⿸疒壽同上

又覩老切病也 ⿸疒付附俱夫禹二切腫也俛病也 ⿸疒句渠俱切曲脊也 瘚俱越切逆氣也與欮同 痱扶非步罪二切風病也詩

云百卉具痱 疱同上 ⿸疒季其季切氣不定也心動也亦作悸 痤徂和切癤也說文曰小腫也 疽且余切癰疽也 癰

力計力翅二切病也一曰瘦黑也　癰於恭切癰瘇也　癕同上　瘜思力切寄肉也亦作腮　癬思踐切乾瘍也　疥公薤

切瘙也　𤵸居幽切腹中急　㾓去問尤粉二切病也　癇亥閒切小兒瘨病　[illegible]魚沒切病也又[illegible]也　痂古瑕切瘡疥也　瘤

力周切腫也瘜肉也　瘕公遐公詐二切久病也腹中病也說文本音遐　癘力誓切疫氣也說文力大切惡病也　㾐力誓切公羊傳

曰大㾐何代云民病疫也　瘧魚略切寒或熱病　痁始廉切瘧疾也　痎公諧切瘧疾二日一發　痳力金切小便難也　痔

治里切後病也　痿於危切不能行也濕病也說文音蕤　痺卑利切濕病也　痹脾至切足氣不仁轉筋也　瘃陟玉切手足中

寒瘡也　𤸒同上　㾫匹仙切半枯也　瘇時種切足腫也詩云既微且瘇籀文作尰或作尰　𤸷於盍切跛病也又口盍切　疻

之移之氏二切毆傷也　痏胡軌切痕痏又瘡也　𤸫羊然切創裂也一曰疾也　𤵲齒占切皮剝也　瘕籀文　癑乃送切痛也

痍餘脂切傷也　疢恥刃切熱病也左氏傳曰季孫之愛我如美疢也　𤴮俗　瘢薄官切瘡痕也　痙渠井切風強病也

疼徒冬切痛也　痋徒冬切動病也　瘦所又切損也說文曰癯也　𤺌同上　癉丁佐切勞病也又[illegible]丹切風在手也又丁

[illegible]切火癉見病也　疹之忍切癮疹皮外小起也說文曰籀文胗　㾜丘協切病息也　疸多但切黃病也左氏傳云荀偃癉[illegible]

〼頭疽疽惡創也亦作瘅又音旦痞補被平几二切腹内結病㾕虛没切狂走皃〼羊赤切脉病也〼又病相染也痔壯里切〼

病也疲被爲切乏也勞也瘕呼合荆立二切病劣也疧渠支丁禮二切病也詩云俾我疧兮瘛尺世胡計二切也小兒瘛瘲病也

痸同上瘀徒活切馬脛傷也瘆吐安切力極也詩云瘆瘆駱馬亦爲嘽痼古護切久病也𤵽同上又小兒口瘡𤻕力〼

切說文曰治也療同上𤸷於之於賣二切呻聲也癃力中切病也𤸇同上疫俞壁切癘鬼也瘌力達切辛也亦

痛瘌也癆力到切癆瘌瘥楚懈切疾愈也又才何切病也瘦所惟切瘦損說文云減也一曰耗也合作衰瘳敕周切病

愈也瘉弋乳切小輕也又音俞病也瘼莫隊切病也詩云使我心瘼一音〼癡丑之切不慧也騃也⿸疒里力子切病也詩云悠悠我

⿸疒里疚居又切病也痯古緩切病也詩云四牡痯痯罷也癙式與切病也⿸疒反孚萬切惡也吐瘕也瘐愈乳切病也

瘎是箴切腹病也𤸻同上瘁秦醉切病也瘯且谷切瘯蠡皮膚病左傳云不〼瘯蠡也杜云皮毛疥癬瘰力果切瘯瘰〼

同上疞詡于切病也瘝公玩切病也⿸疒齊仕細切病也物生不長也瘣呼回切馬病⿸疒帶竹世切牛頭瘡也赤白痢也又音

⿸疒帶下病也瘙先到切疥瘙⿸疒喿同上〼之翦切〼〼〼〼子結切〼〼瘡也癤同上瘭布昭切瘭疽病〼竹故

切乳癖也⿸疒來力代切惡病也⿸疒彖古和切痠先丸切痠痠⿸疒翟弋灼切病也⿸疒虒思移思兮二切痠⿸疒虒也⿸疒焉於歇切中

熱亦作暍煬又音渴癖匹辟切食不消⿸疒意於近切瘖病也痴丑之切痴癡不達也⿸疒走士洽苦洽二切羊蹄間⿸疒走疾⿸疒支之移

切病也⿸疒焦莊枝切⿸疒焦物縮也痷衣劫切痷殜半卧半起病也亦作殗⿸疒枼仕□切殗殜也⿸疒奇於綺於解二切痤也⿸疒畐步結

切不能飛也枯病也疓奴亥切病也⿸疒元魚乞切癡皃⿸疒尃薄故切⿸疒尃⿸疒慮瘔病文音怖⿸疒慮力故切⿸疒尃⿸疒慮⿸疒盧同上⿸疒⿺辶盧

直僞切埤蒼云⿸疒追也左傳云有重⿸疒追之疾與腿同⿸疒閻弋廉切痷⿸疒閻也病走也⿸疒柬山卓切瘮⿸疒柬寒病瘮山錦切寒病⿸疒辛

同上⿸疒胡戶徒切⿸疒胡⿸疒蒦⿸疒兼也物蛆咽中也⿸疒蒦乎郭切⿸疒胡⿸疒蒦也⿸疒兼呼兼切⿸疒胡⿸疒兼也⿸疒奈以曷切痛皃⿸疒呂力與切埤蒼云膂大

夫冀切痞也⿸疒禹牛具切疣病也⿸疒豹都叫切狂也痓充至切惡也⿸疒賁扶吻切病悶也⿸疒咅匹杯切痂也瘡也弱也

⿸疒复扶又切勞也再病也亦作復瘂於假切瘖瘂也⿸疒萬于兗切大痒也⿸疒夋慈翦切小痒也瘷莊救切瘷縮也⿸疒需

嚜軍切痹也瘠才亦切瘦也⿸疒東古文痡蒲戒切極也疲勞也或作補瘬知釀切瘬滿也亦作脹⿸疒彖

許穢切困極也亦作喙⿸疒希向靳切創肉反腫起也亦作脪⿸疒䜌力貟切體⿸疒䜌曲也⿸疒戀同上⿸疒而女于切病也痌

敕公切痛也亦作恫⿸疒由徒木切怨痛也誹也亦作讟痆女黠切瘡病也⿸疒丈治兩切病也疳居酣切疾也痻武巾切病
也瘝古頑切病也恥也癉都旱切病也⿸疒貴徒回切下腫也瘡楚羊切瘡痍也古作創痕戶恩切瘢痕也癀
胡光切癀疸病也痃胡堅切痃癖也⿸疒卷渠員切手屈病癥知陵切腹結病也⿸疒肙烏玄切骨節疼痊七緣切病瘳也
痟思樵切痟渴病也⿸疒瓜古禾切瘡也又古花切瘑古禾切疽瘡也⿸疒休許尤切⿸疒休息下痢病也⿸疒穌桑孤切病也⿸疒營
役征切病也痓余針切病也瘊胡鉤切疣病也⿸疒番披盤切死也⿸疒享都雷切⿸疒享腫也瘃補回切癥結痛也⿸疒台呼來
切病也⿸疒舄息邪切癢也⿸疒今渠吟切寒也痄仕加切痄疨病甚也疨五加切痄疨痭北騰切婦人癥血不止也⿸疒圭
五圭切癡皃又五皆切疿甫未切熱生小瘡⿸疒韋於幾切⿸疒韋弱也⿸疒相思將切又息漿切廂疾也⿸疒登都稜切病也⿸疒雷
力罪切皮起也⿸疒夫直高切⿸疒夫疾也⿸疒肘知有切腸痛也⿸疒閔眉隕切⿸疒閔病也⿸疒朮尸類切病也⿸疒暑式與切⿸疒暑熱疾也⿸疒烏
烏古切疾也疺符法切疺瘦也痎古諧切痎瘧痛也⿸疒矣五十切癡疾也本作獃⿸疒憲許偃切病也⿸疒咎巨右切病也瘌力達切瘍
瘌也⿸疒遂思醉切風⿸疒遂也瘴之亮切瘴癘也⿸疒冊思烈切瘌也疱薄教切疱瘡也⿸疒尊蒪[illegible]切手冷也⿸疒如而於切⿸疒如病也癐

古會切病也癐口蓋切𤸷疾也癳力箇切病也瘰苦卧切秃瘰病𤻲時夜切多病也𤺊尼夜切又女下切痄病也

𤺋力竹切病也㾜祛叶切病少氣𤺞私習切小痛也又詞什切㾮火麥火域二切說文曰頭痛皃㾑五合切病寒也𤸋口合

切疾瘧惡寒振也癨呼郭切霍亂也癔於識切病也𤸵都勸切瘨病也癈方吠切癎病病也瘲子用切病也又瘛瘲小兒病

瘍以羊切說文曰頭創也疕補履切頭瘍也𤸫莫怕切牛馬病說文云目病一曰惡气著身一曰蝕創也𤸷于彼切口咼也疝

所間山諫二切病也𤶭莫六切病也𤸇呼骨切多睡病也𤷶古忽上膝病與搰同

𣦼部第一百四十九凡七字

𣦼在安切殘穿也𣦾同上𣦻呼各切溝也與壑同𣦽居載切深堅意也偶

也叡以芮切明也聖也智也與睿同𣦿卞正切坑𣦿也穿地捕獸也亦作穽𣦺苦怪切大息也

歺部第一百五十凡一百七字

歺午達切剔骨之殘一曰磔也𣦶同上𣧃古文𣧑於爲切病也亦作痿殙

呼溫切說文曰瞀也殤詩羊切說文曰不成人也人年十九至十六死爲長殤十五至十二死爲中殤十一至八歲死爲下殤殰徒木切說

文曰胎敗也禮記曰胎生者不殰鄭玄云肉敗曰殰殂在乎切死也今作祖𣧤𣦿並古文殛居力切說文云殊也書曰殛鯀于羽山

殍□□□□死也綏也 ⿱莫歹 亡各切死穴下莫夢也 ⿰歹莫 同上 歿 莫骨切死也落也盡也今作沒 歾 同上 殊 時朱切□也死也□
□□殘斷也蒼□殊異也 殨 胡對切爛也 殪 於計切死也 殯 俾刃切殯斂也 肂 思利切瘞棺坎下也瘞也亦假葬於道側曰肂
殔 羊至切說文曰殔□ 殣 奇吝切路冢也 殠 齒售切物傷氣也 𣧑 虛九切腐也或作朽 殃 於良切凶咎也 殘 昨安切賊
義也惡也□□餘也或爲殂 ⿰歹月 昨安切禽獸所食餘也或作⿰月戔殘 ⿰歹豈 午哀公哀二切衆羊出其胎也 殄 徒典切絕也 ⿰歹力 古□又□
殲 子廉切盡也死也亦作殱 殫 多安切盡也 殬 都路同姑二切敗也書云彝倫攸殬亦作斁 ⿰歹⿱亯灬 力外力卧二切畜産疫病
殖 常力切長也生也種也□□云殖殖其庭□言平正也 ⿰歹古 古胡切殆乾說文曰枯也 ⿰歹古 古文辜字 ⿰歹奇 丘知切說文曰棄也俗語死曰大⿰歹奇
又居綺切 殉 辭峻切用人送死也亦求也營也亡身從物爲殉也 殈 況壁呼臭二切禮記曰卵生者不殈殈裂也 ⿰歹戒 許劣切二盡也 ⿰歹辟
蒲狄切⿰歹辟澌欲死皃 ⿰歹斯 □秋切⿰歹辟澌 ⿰歹角 古鹿切⿰歹角殐死皃 殐 思祿切⿰歹角殐 ⿰歹冬 之戎切殁也今作終 殏 渠尤切終也亦作求
⿰歹出 壯殺切天殀也癘病也 ⿰歹就 于六切⿰歹冬也 ⿰歹差 子邪切小疫也 殀 倚兆切殀也短折曰殀亦作夭 ⿰歹夌 力升切⿰歹夌⿰歹兢鬼出皃又魯登切
⿰歹克 巨朱切⿰歹克⿰歹克掣縮也 ⿰歹先 色競切⿰歹先⿰歹先欲死皃 ⿰歹登 徒亘切⿰歹夌⿰歹登困病皃 ⿰歹皮 孚彼切⿰歹皮折也 殕 方九切敗也腐也又步北切贅也

殰才賜切病也死也又與䰍同　㱦於罪切不知人也　殢火計天計二切極困也　㱥於劫切㱥殜病　殗同上

殜余輒切病也　殨方問切殨也　䃾宁邑切危也　殀他計切喘也殀困極也　殺公惠切殀殀　𣨐徐羊切女鬼也

殪於太切死也　𣧑慈四切今作胔　𣧿丑利切鬼也亦作魅　𣩗子牢祀公二切終也亦作僧　𣨼力翰切敗也亦作爛

𣧗力癸切病也　殞爲敏切殁也　殟胡卧切與禍同　殅力各切零也或作落　殍撫俱切餓死也又平表切　㱯居希

居對二切古文刽　殅色爭切死而更生　𣨛亡力切𣨛竄也　𣩀蒲行切死人時也　𣧵蒲盲切殲殍也　殍呼庚切　殈虛䫉

切古文凶　殝側詵切死也盡也　𣧖詞由切殘也　殀於舉切殂也　𣨻奴到切恨也　殀胡罪切殀不平也　殀土罪切不

平　殆徒改切危也　𣦸息次切死也亦作澌　殭居良居亮二切死不朽也　殂丁故切死敗也又死病也　殍力旨切病也

殮力贍切殯殮也入棺也　㱮先外切病也　殍力箇切瘦病也　殟烏沒切說文云胎敗也又音溫　殌奴沒切殌心亂也　殍

丁卧切殨殯　殜苦甲切殆殜也　殌方的切殫瀝也　殍呼纖切困極也或作瘯　殍漢書音云稽侯殍音訕李奇又音山

死部第一百五十一　凡八字

死息姊切神盡也窮也說文曰澌也人所離也　𣦵古文　薨呼肱切云也

殨同次資利七四二切說文曰戰見血上死曰傷或爲惛死而復生爲殨　薨呼勞切蒿里黃泉也死人里也　殀於詔切古殀字　斃

毕世切什也頓也上也敗壞也

另部第二百五十二　凡四字

另古瓦切剔人肉置其骨　咼同上　䨊補解切別也　別蒲列切離也又彼列切分別也

凶部第二百五十三　凡二字

凶許恭切短折也惡也咎也　兇許鞏切懼聲也又音凶

穴部第二百五十四　凡一百十字

穴胡決切孔穴也亦土室也冢壙也　寝扶福切地室也詩云陶寝陶穴或作覆亦作𥨸　竈子到切炊竈也　竈同上　𥨊牛故切爾雅云𥨊謂之竈郭璞云今人呼竈𥨊曰𥨊　窯餘招切燒瓦竈也

𥨬式林切窯竈突也　窐胡圭古攜二切甑孔也亦作𪏽　穿充緣切通也穴也　窫於吉切穴見也空也穿也　窐於穴切呼穴二切穿也空也或爲肿閑　竅口吊切穴也空也　竇徒遘切水道也決也空也　空口公切盡也大也亦竅也　窒口定切空也亦作罄

窠口和切說文曰空也一曰穴中曰窠樹上曰巢　空丁八切空也　窩呼穴切深貌或作坎　窻初雙切助戶爲明也在牆曰牖在屋曰窻

窸俗同上　窨於禁切說文地室也　窳俞矩切邪也器空中也說文曰汙窬也　窪同　窊一瓜切說文曰汚衺下也　窅

徒弔切男入也竈中小穴也　窌普孝切穿也窖也藏也又力救切地名　窖古孝切地藏也　窵都料切窵窅深也　窡

竹刮切穴中見也　窬羊朱徒構二切說文曰穿木戶也禮記曰蓽門圭窬　窺去垂切小視也亦作闚　窋知律切物在穴中皃又空

也周不窋后稷子也　窴徒堅切塞也今作塡　窒知栗切塞也　窣蘇骨切勃窣穴中出也　竄蔥玩切匿也逃也隱也放

也藏也　突徒骨他骨二切穿也說文曰犬從穴中暫出也一曰滑也　窘羣尹切困也急也　窈於鳥切窈窕幽閒也深遠也

窕徒鳥切窈窕也深極也　邃思類切窮也說文曰深遠也　究居宥切深也窮也盡也　寮他弔他刀二切𥦗寮也深也

窔於弔切幽深也　穾同上　穹丘弓切高也說文曰穹窮也　⿱穴見丑庚切說文曰正視也　窮渠躬切極也　⿱穴吾

同上　窅烏皎切遠望合也冥也亦作窈窅沓　窀豬輪切左氏傳曰唯是春秋窀穸之事杜預云窀厚也穸夜也厚夜猶長夜也　穸辭亦

切窀穸　竁尺芮充絹二切穿地也一曰小鼠聲　窆保驗切下棺也　⿱穴朋補鄧切束棺下也亦作堋　⿱穴甲於甲切入脈刺穴謂之⿱穴甲

窾口管切空也　窇蒲角切土室也又窖也　窄側格切迫也陿也或作迮　⿱穴啇陟厄切兔窟也　⿱穴茶丈加切窊⿱穴茶深皃

䆾 呼霸切橫木不入也又寬也或作䆰 窞 力甘切窞䆯薄而大也 䆯 他甘切窞䆯 究 由心切深也 峀 似儆切山穴也籀文岫字

宖 胡泓切宖䆖屋也又屋深響也 䆖 社萌切宖䆖 䆪 胡萌切屋聲 䆧 竹萌切䆧窸閎大皃 𥨍 居六切窮也亦作𥨍

宬 時聲切屋所受 寗 奴丁切大也明也 宜 七居切亦作且字 竪 口典切不動也 𥤢 除耕切小穴也 𥥍 只荅切𥥍合也 窟

口骨切窟室也穴也 𥦣 徒弄切通洞也又音洞 寮 落蕭切穿也 𥥛 弋質切𥥛穴也 窪 烏瓜切深皃 㝩 苦郎切空

也 䆡 力唐切穴也 𥧤 曰魚切空也 窆 郡胡切窆窔也 𥧺 於呼切山穴也 窒 莫永切說文曰北方謂地空因以爲土穴爲盆

戶 寏 胡官切與垣同 𥨊 昌容切空也 穻 羽俱切穻㝒也 竊 千結切穴也盜也又淺也 𥦗 徒形切𥦗穴也 𥨪 息咨切𥨪

穴也 䆙 力丁切空也 宄 居久切穴也 竇 徒候切窬竇也 𥨐 古候切𥨐穴也 窂 力刀切窂實也與牢同 竉 力董

切孔竉也 穵 烏取切於㝔切穽開也 窌 聊寸切穿窌也 穽 慈井切坑穽也 窉 筆永切穴也 𥥝 五丸切𥥝窟也 窅

于亢切空也 𥧵 千外切塞也 甭 仕弄切穴也 窔 色倖切 窴 一息切山下穴

丨部第一百五十五 凡七字

丨 思二切說文曰下上通也引而上行讀若囟引而下行讀若退又古本切 於陵

丑善二切㫋旗杠皃　个古賀切明堂旁室両偏室曰个　中陟弓切半也和也又丁仲切射矢至的曰中　𠁦古文　𠁧古文　串古患

切爾雅云習也或爲慣

屮部第一百五十六凡八字　屮丑列切草木初生也古文或以爲艸字說文丑列切　屯陟倫切萬物始生也厚也難也

𡴁力竹切圜㚇也簟生田中也　𡴂籀文　𡴎莫佩莫譽二切草上生也又雖也事属也今作每　芬芳云切草初生香芬布也今作

芬　毒徒篤切苦也害人草也今作毒　熏許軍切熱也煙上出也今作熏

玉篇卷第十二凡五部

莫縠木部第一百五十七　德紅東部第一百五十八　力金林部第一百五十九

仕交巢部第一百六十　而酌叒部第一百六十一

木部第一百五十七凡八百二十二字　木莫縠切位居東方甲乙也㷳人氏鑽出火也說文曰冒也冒地而生東方之行

从屮下象其根　橙除耕切橘屬上林賦云黃甘橙榛　樤徒彫切柚樤也亦作樤　條徒彫切小枝也　樝側加切似梨而酸　柤同上

棃力之切果名　梨同上　樆力枝切山梨也　梬而兖切紅藍一曰棗似柹也　槅居責切大車軛也　柹鉏几切赤實果

柟奴含而臨而剡三切葉似桑子似杏而酸爾雅云梅柟　楠俗　梅莫回切說文柟也　楳同上　柰那賴切果名又柰何

也　㮈同上　楧倚明切楧梅也　櫻於莖切含桃上林賦云櫻桃也　李力子切果名又左氏傳云行李　杍古文李又音子木工也

亲側詵切實似小栗　榛同上　桃達高切毛果也　榹息移切山桃也似桃而小　楙莫刀切冬桃也　𣏾同上　梒胡諳切今謂之

櫻桃也亦作含　楷口駭切木名孔子冢蓋之樹又楷式也禮記曰今世之行後世以爲楷又音皆　棠達郎切棠梨木　桂古惠切木名　桬所加

切桬棠華亦實味如李無核食之使人不溺可禦水　杜徒古切赤棠杜一也人暑也　槢似立切堅木也　樿之善切木名白理者可爲櫛　椲

禹鬼切木名皮如韋可屈以爲盂　楢以周余酒二切說文曰柔木也工官以爲耎輪　枊渠容切柜柳柳　柜居旅切柜柳也　棆理均切木

名　枇疾貲切無枇木　㮳同上　櫸羌呂切木名　柊之戎切柊楑椎也　楑渠惟切柊楑　格公道切木名　椆之流切木

名　櫾余消切木名　樕桑屋切詩云林有樸樕小木也　𣙲同上　檞胡木切檞樕木　棌千代切棌也　枔昨今切青皮木

櫕欑上並同　檇亦同上又子今　棳朱劣切梁上楹也　梲同上　椃胡勞切木名　椯市專切木名又丁果切　槧

欒上並同　棶力才切椋也　椋力[illegible]切中車[illegible]也　檍於力切木名　櫠芳味切木名　栵力制力薜二切栵栭也

栲苦道切山樗也　梚同上　棪餘冉切實似柰色赤可食　樗敕於切惡木也　楀俱禹于矩二切木名　蘽力軌切木名

櫐上同　𣝋籀文　桋餘脂切杞棧也　柀碑靡切杉木也理之不腐　櫼所咸切木名　杉同上　栟俾名切栟櫚木　楸

且留切梓屬　檟柯雅切山楸也　榎同上　椅於宜切梓也　椿丑倫切木名莊子云上古有大椿以八千歲爲春八千歲爲秋　橁

相倫切說文曰杶〻〻亦丑倫切　杶敕倫切木似[illegible]　櫄同上　檍於力切梓屬　榛仕銀切木叢生　梓咨里切木名　榟同上

杞袪巳切苟杞也　桵如隹切小木也　棫祠逼切白桵也　椐京於丘於二切櫃也　樻丘貴切木可爲杖　栩吁羽切說文云

柔也一曰樣也　杼時渚切栩也又辭兩切也今爲杼字相實也　橡同上　杙余力切果名如梨又檿也　枇婢脂切枇杷果木冬花夏

熟上林賦云枇杷橪柿　桔居屑切桔梗藥名　柃力丁力井二切木名可染　柞才落子各二切木名　楮丑吕切木名　柠

同上　[illegible]力說力活二切木名　榗子賤切說文曰木名書曰竹箭如榗　橪於堅切橪皮香草也說文而善切酸小棗也一曰染也　欏力多

切欏木也　椵加馬切說文曰木可作牀几　楛胡古切木中矢笴　櫅子兮切白棗可以爲大車軸　槵胡桂切木名　樲如至切酸

蘩孟子云樲棗是也樸補木普木二切堅也苞也叢也又步卜切樸樕小木也亦作樸又縣名杒如陵切木名栺至而切木名棈
子見切木名柅女几奴禮二切木名又絡絲柎梢所交切木也小柴也淮南曳梢肆柴櫇婢賓切木名𣞔里計切木名椑
俾質切木名楋力達切木名椇俱禹切枳椇也梭且泉切木名又元和切織具也枸俱禹切其木可以爲醬出蜀中亦作蒟橅
之夜舒預二切大木出發鳩山枌扶云切白榆也檴胡霸胡郭二切木名樗同上枋甫亡切木可作車檗補革切黃
木也榝所黠切似茱萸楊余章切楊柳也槭子六切木可作大車輮檉敕貞切說文云河柳也橖徒郎切棣也柳
力酒切小楊也桺說文柳字榑以主切木可以爲鉏柄栘余支成兮二切棠棣也欒魯官切木似欄權具員切黃英木
也又稱錘也亦作雚棣徒計切詩曰唐棣之華唐棣栘也枳居紙諸氏二切似橘也榖古斛切惡木也楇古和切車釭盛
膏者又紡車收絲具㭕去諸切㭕柤也檵故詣切枸杞也檀達丹切木名柯魚言切木名又弋縣切木出交阯高數千丈葉
在其末也櫟來的切木名左氏傳曰鄭伯突入于櫟杜預曰鄭別都也又舒灼切又余灼切櫟陽縣名梂巨鳩切說文櫟實一曰鑿首
也楝來見切木名子可以浣衣柘之夜切桑名亦作樜檿於簟切山桑也楖子栗切木可以爲杖檈徐沿切檈味棯棗橎

甫久甫遠二切木名　**榮**　爲明切華榮也又桐木也　**梧**　午徒切梧桐也　**桐**　徒東切木名　**榆**　庾朱切白枌也　**棻**　妨云切香木也

樵　昨焦切樵薪也　**梗**　柯杏切梗直也又桔梗　**松**　祥容切木名　**㮤**　古文　**樠**　武官莫昆二切木〻〻左傳又音郎　**檜**

古會切栢葉松身　**樅**　子庸七恭二切松葉栢身詩云虡業維樅樅謂崇牙也　**栢**　補白切木名詩曰汎彼栢舟　**机**　飢雉切木出蜀

中　**梇**　力棟切木名益州有梇棟縣　**楰**　俞主切楸屬鼠梓也　**梔**　之移切黃木實可以染爾雅曰桑瓣有葚梔　**杒**　如振切木名

榙　胡荅切榙遝果名似李又音荅　**𣝗**　杜荅切榙𣝗　**栯**　於六禹九二切山海經大室山有木葉狀如梨而赤理名曰栯木服之不妒　**榣**

餘招切木名又樹動皃　**櫾**　余舟切木名　**某**　莫回切酸果也又音母不知名者云某　**槑**　古文　**朱**　之瑜切赤心木松栢屬　**樹**

時注切木摠名　**尌**　籒文　**本**　補袞切始也說文曰木下曰本　**𣐺**　古文　**株**　陟俱切木根也　**末**　莫曷切端也顛也盡也說文曰木上曰末

柢　丁計切根也　**根**　柯恩切株也　**枝**　之移切枝柯也　**㮨**　子力切木名似松有刺細理也　**樠**　皮祕切木名出蜀中八月中吐穗如

鹽狀可食味酸美也　**果**　古禍切木實也又果敢也信也能也　**杈**　楚加切枝也　**槮**　所錦切木實也爾雅曰槮謂之涔注云今之作

罧者聚積柴木於水中魚得寒入其裏藏隱因以薄圍捕取之作罧同又楚今史今二切木長皃　**朴**　普角普木二切夲也　**枚**　莫回

切枝也又箇也栞口寒切說文云槎識也夏書曰隨山栞木栞同上欇時葉切丘也一名虎櫐⿱聶木同上栠如甚切木
弱皃枖於驕切木盛皃柳五浪五郎二切繫馬柱也朵都果切木上垂朶同上梃達頂切木也標俾饒切木末也
顛也又標舉也又甲小切桹力唐切高木也㯂所臻切說文曰衆盛也逸周書曰㯂疑沮事橺下板切大木皃柚羊宙切似橘而大呂
氏春秋果之美者有雲夢之柚枵許朝切玄枵虛危之次亦木皃柖時昭切樹搖皃淮南子死而弄其柖責絡牀為柖樛居秋切詩
曰南有樛木木下曲曰樛朻同上爾雅曰下句曰朻枉紆往切衺曲也杏胡梗切果也橈奴教切說文曰曲木也易云棟橈本末弱
也又如昭切小楫也枎輔虞切扶踈四布也⿰木小子了切木忽高也⿰木冒呼骨切高也榾同上橚息六切木長皃梴丑連
切木長皃詩曰松桷有梴杕徒計切木盛皃檹於宜切長皃說文曰木檹施也賈侍中說檹即椅也可作琴又檹㰀不正皃欃
仕杉切木蘭也又楚咸切爾雅云彗星為欃槍又鑱也臬同上說文音詁槷也與韡同格柯頟切式也量也度也至也來也槸
魚制切木相摩⿱埶木同上槀苦道切木枯也槁同上樸普角切眞也木素也楨知京切堅木也山海經曰大山多楨木郭
璞云女楨也冬不凋又[illegible]榦築牆版也[illegible]他洛切擊木也爾雅云木謂之檡今江東斫木為[illegible]亦作拼欜同上柔如周切弱也木

曲直也榑附俱切榑桑神木日所出也朸旅得切韓詩云如矢斯朸朸木理也平原有朸縣杲古老切明也日出高也杳烏
切深廣寬皃說文曰冥也㭁伺格丫丫角飛也一曰木也栽子來切說文云築牆長版也左氏傳曰楚子圍蔡里而栽杜預云設板築
又昨代切築徵六切擣也刺也古文作䇡構古候切架屋也檥義奇儀倚二切史記曰烏江亭長檥舟待項羽應劭曰檥正也
孟康曰檥附也榦柯旦切書曰杶榦栝栢榦柘也亦楨榦築垣版也又柄也模莫奴切法也規也橅同上桴芳無扶留二切
屋檼也又論語曰乘桴于海注云編竹木大者曰筏小者曰桴棟都貢切屋極也檼於靳切棼也棟也極渠憶切棟也書曰建
用皇極極中也又至也盡也遠也高也樘達郎丑庚二切柱也又車樘也橕同上柱雉縷切楹也又株主切塞也楹餘成切柱也
榰之移切柱也楶子結切說文曰欂櫨也櫨來都切柱上柎也呂氏春秋曰果之美者箕山之東青馬之所有甘櫨焉一曰宅櫨木出弘
農山枅結奚結賢二切方木也栟皮變切門柱上欂櫨也亦作開楣毋悲切說文云秦謂呈聯櫋也齊謂之檐楚謂之梠槉慈栗切
枅也栭如之切栭栗也又屋枅上標也爾雅曰栭謂之楶即櫨也椽馳宣切榱也桷古學切榱也橑梁道切榱也楚
辭曰欄橑以木蘭爲榱也櫋彌堅切屋櫋聯也榱所龜切說文曰秦名爲屋椽周謂之榱齊魯謂之桷梠力語切說文曰楣也梍

[illegible]㡗䙊低二切屋梠也櫓余瞻切屋櫓也櫚同上樿大玷切屋梠前也一日蠶槌又大耽切木名樀都歷切[illegible]也屋梠也
槏去鹹切戶也植時職切根生之屬也樹也置也又除吏切養蠶器也⿰木置同上杗武方莫當二切屋大梁也樞齒朱切戶樞也
櫙於侯切木名爾雅云櫙荎今之刺榆⿱龍木力同切房室之疏也亦作櫳楯時允切闌檻也漢書有鉤楯主近苑囿本亦作盾樓落侯
切重屋也櫺力庭切屋梠也說文曰楯間子也栜山革切亦棟木棟丑足七足二切短椽也亦木名椳郁回切戶樞也槾莫干亡旦
二切槾也杇於胡切說文曰所以涂也秦謂之杇關東謂之槾論語曰糞土之牆不可杇也⿰木冒莫到切門樞之橫梁欂補各弼戟
二切欂櫨枅也榑弼戟切說文曰壁柱也槈奴溝切說文曰薅器也國語曰梜其槍刈槈鎛榍先結切木名說文曰限也榍
同上槎俟加切水中浮木也柴門也柵也亦作查楗渠偃切關鍵也與鍵同櫼子廉切楔也或殲字柵楚格切編豎木
楔革鎋切荊桃也亦門兩傍木又先結切桓胡端切桓木葉似柳皮黃白色杝直紙切詩云析薪杝矣謂隨其理也又音移木名
楃烏角切[illegible]說文曰帳極也西京賦木帳也[illegible]都[illegible]切[illegible]也或作[illegible]杠古雙切爾雅曰素錦綢杠以白地錦韜旗之竿又石
杠今之石橋又牀前橫也樺所八切方言云杠東齊海岱之間謂之樺桯戶經他丁二切牀前几也榻耻臘切牀狹而長謂之榻枋

之甚切卧頭所薦也車後橫材又之賃切椷於䶢切[illegible]器又陂墻木也⿰木合居業公荅渠[illegible]三切劒柙也莊子云⿰木合而藏之櫝
徒穀切匱也亦木名又小棺也樚同上櫛側瑟切梳比之總名楖同上梳所於切理髮也梱苦本切門橛也⿱亠果句娛
切菜臿也⿰木㠯詳里切臿也與耜同梩同上茉胡瓜切兩刃臿也今爲鏵枱弋之切耒端木也亦作鈶辝籀文柌似咨切鎌柄也
楎呼歸切杙也在牆曰楎又犂轅頭也櫌於求切說文曰摩田器也呂氏春秋曰鉏櫌白梃櫌椎也欘知錄切枝上曲一曰斤柄也又
斫也或作斸⿰木毄胡的切又明革切燒麥柃椵也杷步牙切收麥器也柫甫物切連枷也所以打穀者也槩柯愛切平斗斛
也又梗槩杚同上說文古沒切平也杫思漬切肉几也梢同上又思井切⿰木乞同上桮博回切說文曰䀀也杯同上柶
思至切角匕也周禮曰大喪共角柶槃步干切器名或作盤鎜柈同上檈似宣切圜案也梋古玄切椀謂之梋盂屬也又辭玄切
椷古咸胡緘二切木名又杯也篋也⿰木函同上案於旦切几屬也食器也杓甫遙都歷二切斗柄也又市若切杵齒與切舂
杵也桱公定切桯也又木名櫑力回切刻木爲雲雷象謂之櫑又作罍榼苦閤切酒器也椑薄雞切齊人謂斧柯爲椑又圓榼也
漢書曰美酒一椑櫎胡廣切所以支器一曰帷櫎屏風屬楕敕果切狹長也車笭中楕器也梮俱錄切舉食者⿱毄木公悌

切繡耑木也槌紂愧切植也蠶槌也持陟革切槌横木也關西謂之持棏同上槵古文样餘章子郎二切槌也栚
直挂切横槌也檷奴底切木也絡絲柎也機居衣切弩牙也𣟼先和切織𣟼也緯也亦作梭榺詩證切機持持經者杼持呂
切機持緯者椱扶富切機持繒者楥吁萬切履法也楦同上俗棚皮莖部登二切閣也棧也核爲革戶骨二切果實
中也栫在見切木也柴木壅水也㯤古誨切筐也梯他奚切木階也棖宅行切門兩傍木也桊居媛切牛鼻環也一曰牛拘
㮲楚愁切竹筭也樴之力徒得二切杙也所以繫牛椎直追切木椎也梐蒲禮切周禮掌舍設梐枑梐枑謂行馬也家語周梐王
肅曰獄牢也枑胡故切梐枑棧仕板切說文云棚也一曰竹木之車曰棧詩曰有棧之車槿渠巾切柄也又居隱切木槿朝生夕隕可
食欀人向切道木也梎乙交切柌也桵於皮切田器也檚音楚杙也楱且豆切橘類也朽虛柳切腐也框去狂
切棺阿也櫒先葛切櫒聲也村千昆切聚坊也穎古迥切䕘也棤思亦切棤皵也謂皮甲錯栒思尹切栒虛縣鍾磬横者曰栒
亦作簨楔同上椵大館切木似白楊杭胡剛切州名柭蒲葛切矢㞢也㯿距方切藩落籬棴扶木切木出崐崙也
檣才羊切舩檣帆柱也㯭胡獺切所以檣木轉也株武賴切木名苻附俱切江東人呼草木子房爲柎柢上支切碓衡也

欘時燭切木名大葉以柳而赤　欋具俱其虞二切謂四齒杷也　檮丁□切□字　棉彌殰切木名　柄同上　棅亦同

上　[木肴]下交切[木肴]桃梔子也　棢無兩切車棢與輞同　橇丘喬切史記曰泥行乘橇孟康云橇形如箕擿行泥上亦作鞽又子絶切　檋

紀錄切史記山行乘檋謂以鐵如錐頭長半寸施之屐下以上山又斤喬切　楓甫紅切楓香木　梡於管切小盂也　楺如酉切屈木易曰楺

木爲耒　柚弋周切木更生也與由同　樟之揚切木名　[木突]符骨切榾也　朱口頓切古文困　㮙五各切穿也　桭之仁切屋

梠也　栕同上　柍於兩切木實　朮時聿切穀名又直律切藥名　榏牛狄切榏舟亦作艗　[木裹]於可切[木裹]橠木盛皃　橠乃可切[木裹]

橠　桊居奉居辟二切兩手同桊亦作拳　棝公路切棝斗可以射鼠也　樏力追切山行所乘者又力詭切扁榼謂之樏　桄古黃

切充也廣志云桄榔樹如椶葉大中有屑如麪　朾徒丁切橦也又音汀　榷吉學切水上橫木渡今之略彴也漢書云初榷酒酤注謂榷者

步渡橋　橋巨驕切梁也又居召切禮記曰奉席如橋衡　[木叜]先刀切船總名或作艘　[木叟]同上　橃補達切海中大船也附也

亦作撥　楫才立子葉二切行舟具也　欐力底力計二切小船也又梁棟名又所宜切　欚力底切江中大船也又作䑣　橫胡觥

胡孟二切闌木也　梜公洽切檢柙也　檇遵爲子遂二切左氏傳曰越敗吳於檇李　楟徒丁切上林賦云楟柰厚樸楟柰果名也　槎

什雅切國語山不槎櫱槎斫也亦與査同椓都角切擊也詩云椓之橐橐柧古胡切柧棱木也棱力增切柧棱枰皮兵
皮柄二切枰仲木名上林賦曰華楓枰櫨又博局也櫱魚割切餘也𣡌𣏌枿並同上柮當骨切榾柮木頭說文五滑切
斷也一曰給也榾古忽切枸榾木中箭笴杌五骨切樹無枝也又春秋傳曰檮杌檮徒勞切斷木也析思狄切分也棷
又垢側九二切木也柴也梡口管胡管二切木名又束薪棞胡本切木未破也楪餘涉切牖也又楪榆縣名枼與涉切薄也亦同上
楄扶由切左氏傳曰唯是楄柎謂棺中笭牀也又方木也楅甫六切持牛不令觝觸人也說文又彼力切以木有所逼束也桓古鄧切竟
也今作亘樔仕交切澤中守草樓也休虛鳩切息也定也杻敕九切械也杽同上械亥誡切器仗也又桎梏也桎之實
切在足曰桎梏古篤切在手曰梏榬禹煩切絡絲籰也或作篗校胡教切械也周禮校人掌王馬之政又古效切采且在切色也事
也又取也柹蒲會孚吠二切削朴也枝附也櫪力狄切櫪㯕柙指也㯕先奚切櫪㯕也柛始神切木自斃曰柛槍千羊切歫也木兩頭
銳也莊子槍猶抵也漢書云見獄吏則頭槍地又楚庚切欃槍也櫳力東切檻也牢也柙胡甲切檻也檻下黬切闌也櫳也楚辭云
檻楯也棺古丸切棺槨棺之言完所以藏屍今完也又古亂切棺斂也棲思奚切鳥棲也亦作栖櫬楚鎮切親身棺也槥

爲綴才芮二切漢書曰給槥櫝葬埋師古云槥櫝謂小棺又音歲 椆右六切栢椆也 椁古莫切棺椁 槨同上 楬渠列切有表識

謂之楬櫫也 櫫竹余切楬也 欆瞿龍切小舟也亦作艭 槳子兩切楫屬 櫂馳效切檝也 棹同上 槄他刀他活

二切山榎也 椒子姚切木名爾雅云檓大椒 ⿰木尗同上 檓欣詭切大椒也 橭古胡切木名木四布也 櫰古回戶乖二切槐別名

櫔力制切木名實如栗也 棋居冡切渠恭二切爾雅曰杙大者謂之棋 榭辭夜切臺有木曰榭 橜巨月居月二切門梱也 椹

豬金切鈇椹斫木櫍也或作㪌又時枕切桑子也 橧才陵切豕所寢也又子登切 棬去權切屈木盂也又居𡢃切拘牛鼻亦作桊 ⿰木畚

步本切即畚車也又拘簍車弓也 ⿰木禁居蔭切悋也 板補簡切片木也與版同 柩渠救切尸在棺曰柩 棜於據切几屬也

提是支切匕名今作匙 ⿰木盡子忍切盂也 ⿰木囟思計切⿰木囟陽山 枻余世切楫也 栧同上 檡舒亦徒革二切梬棗也

槔古刀切桔槔也 ⿰木狄徒的切臧槔也 枘而銳切柄枘楚辭曰不量鑿而正枘兮 槤力煎切簃也又橫關木又木名 桁下庚

切屋桁也又胡岡切大械也 㰦虛奇切杓也蠡爲㰦也 樎所六切櫪也養馬器也 ⿰木挐女閭切⿰木挐杷也 桲蒲骨切今連枷

所以打穀也又榅桲果名 ⿰木夬古穴切椀也亦盂也 梮居錄切輿食器也又土輂也 ⿰木亂力葉弋涉二切⿰木亂大端也 檳卑民切檳

榔木楩鼻綿切楩木似豫樟梚達胡切木枝四布梌丈加切刺木也桾居云切桾櫏木出交阯子如雞子櫏且連切桾
櫏木檶同上榽遐雞切榽橀木細葉似檀今江東有之又山榽也橀呼奚切榽橀木榏同上俗欄力寒切木欄也
⿰木奄猗儉切⿰木奄柰也棪因廉切木細葉橧曾庚切木弩也欓多朗切茱萸類橨扶云切仲木別名槁古勞切木進船
樽子昆切酒器也亦作罇⿰木壺戶孤切今江東呼棗大而銳上者曰⿰木壺亦作壺⿰木匠弋之物船屐斗栓山全切木丁也櫭巨列
切木釿也⿰木贛公棟切小杯也亦作⿰酉贛椊昨骨切柱頭內⿰木烏於胡切⿰木烏槦木中箭笴槦余鐘切木名桅俱彼切黃
木可染也又五回切船上檣竿杔丁格切杔櫨也⿰木衣力兗切木名中箭笴⿰木責子狄切樫木別名杆公旦切檀木也⿱奠木子田
切古文戕⿰木疑午載切與礙同檛竹華切策也魏志檛折其腳與簻同橔大回切檑覆也⿰木寫思野切案之別名櫍之逸切椹也
杓子谷切凡織先經以杓梳絲使不亂出埤蒼栻丑力切局也⿰木聊力桃切木名樇息流切木名檞隹買切松樠也⿱娃木
於兮切⿱娃木樹弩楔木也榯是之切樹木立也桗都和切木末也樠子移切樠欈木實可食欈俞規切樠欈也⿱亶木池力
切古直字檢且接切飯臬也橄古覽切橄欖果木出交阯欖盧敢切橄欖⿰木封都憤切車箱亦作轓[illegible][illegible]豫切止⿰木畢也似葛

而灩大櫕古換切木叢生也今作灌樒達感切木名樈渠京切鑿柄欅公節切欅槹所以汲水柃寸心切木

葉也杬魚表切木名出豫章煎汁藏果及卵不壞也榞魚表切木皮可食實如甘蕉樾禹月切楚謂兩樹交陰之下曰樾

橏之善切木瘤也樺公八切樺鼓也橉力進力盡二切木名又楚人呼門限曰橉櫼立結切櫧之餘切木名冬不凋檽

乃旦切木名皮可染櫞尹全切枸櫞出交阯埤蒼云果名似橘棤如灼切棤榴柰屬榴力周切石榴櫊所角切木名檬

亡公切木名似槐葉黃棑皮拜切船後棑木也又步街切排筏也桸虛衣切木名汁可食朹渠鳩切爾雅曰朹繫梅枌

於計切枍指宮名栺五計切枍栺又旨夷切栺栭木⿰木羸力戈切木中箭笴橛渠月切橛株山名亦作橛⿰木荼丈加切苦⿰木荼也

⿰木庳扶支切⿰木庳⿰木斯木下枝也又方奚切⿰木斯斯兮切⿰木庳⿰木斯也櫁亡質切香木也取香皆當豫斫之久乃香出榏同上櫨

弋占切木膠可作香榅於渾切桲也又於勃切榅桲木名棦义耕切木束也樏力追切木實也榠亡零切榠樝果也柉扶巖

切木皮可以爲索杺思林切木名其心黃又車鈎心木杁如神切屋上間杁也⿰木坐才戈切樝李亦作桗楞力登切木楞也

亦作棱欀奴多切或郍字棎時占切果名似柰而酸桶他董切木桶杋扶嚴切北木皮俗呼爲水桴木也楤士紅

切尖頭擔也 樧祖東切樧櫚也一名蒲葵 櫚力居切樧櫚亦曰栟櫚也 樁陟江切樁橛也又書容切橦也 桻芳容切木上也 极
其輒切驢上負版 梘吉維切木名 柁徒可切正船木也 梍與支切梍船名 橿寄良切橿鉏柄 楒息茲切相楒木 檰
彌連切檰木有子似栗 栴章延切栴檀香水 樶子回切樶節也 椔側師切木枯死 槐戶灰切爾雅云槐大葉而黑為櫰又
守宮槐葉晝日聶合而夜炕布者又戶乖切 檭魚巾切木名 櫰所還切木櫰 ⿰木遭作曹切木名 ⿰木焉戶恩切平量也 槽
徂毫切馬槽 槙多蓮切樹梢也又之忍切木密也 欑昨官切木叢最也 椰余遮切椰子木 橖徒郎切車橖 枹縛謀
切鼓槌也爾雅曰楊枹薊似薊而肥大又百交切爾雅曰枹遒木魁瘣謂樹木叢生枝節盤結磈磊 檎其吟切林檎果似柰 橩巨營切木名
樢居言切樢子樗蒲彩 櫯先胡切櫯枋可染緋 棈七精切木名 棡古郎切 榜蒲萌切說文曰所以輔弓弩也又北孟切
榜人船人也 ⿰木尤于牛切木名 栝古活切木名栝葉松身 桰說文曰隱栝也 槁王營切木名 樳詞林切木名 杴許嚴
切鍬屬 ⿰木匳同上 ⿰木霤力舟切扶⿰木霤藤名 ⿰木劉力舟切木名 ⿰木些息邪切木名 椏於加切木椏杈又烏可切⿰木磊椏樹斜 ⿰木磊盧可
切⿰木磊椏 材昨來切木挺也 枮思尖切木名 ⿰木黹竹旨切枝⿰木黹也 ⿰木萌莫耕切木心 杒都勞切木名 ⿰木亭郎丁切長木也

棸直流側鳩二切姓也又士夂切木名棆詞倫切木名一云鉏柄橒于軍切木文也榩渠言切廬也爾雅曰椹謂之榩
橇胡昆切木名桍苦胡切木名橁時春切木名栶於眞切木名梭子回切梭節木亦作樶桇而諸切木
名檯徒來切木名櫑力堆切木名榕余鍾切木名梆必尨切木名欆踈窻切棹船羽栦時游切木也㯕
息咨切木柴梘魚稽切車轅端持衡木與輗同㭰則此切木名棯而審切果木爾雅曰還味棯棗檻呼覽胡黤二切周禮曰彊
檻謂彊堅者栫息典切栫木子赤如大豆俗云雷鳴子也榘居羽切與矩同欅居語切木名枸吉口切枸杞也根爲地骨
皮本作枸罘古杷乖買二切罘子老人杖也枴同上栐于丙切木可用爲笏㰌苦角切有實似柚椼余闡切木名
枓覯口切拱枓桻步項切杖也棒同上棓同上又連枷也梬以整切梬棗似柹而小櫓力覯切城上守禦望
樓說文曰大盾也樐力古切彭排也亦同上楮丑呂切說文曰穀也㭮力掌切松脂㯩户巧切器名檔都郎切牀
也又木名梫士荏切木名又子禁切樉色養切木名榥胡廣切讀書牀橎式荏切木名榼呼改切酒榼也橤
如累切木名榁色盞切木名𣝬吉忍切𣝬木柲筆媚切戟柄也櫃巨位切櫃篋槩古會切槩杖、檖夕醉

切木名椽同上柄必命切柯柄也棅同上槵胡慣切木名榪莫霸切牀頭橫木榨側嫁切打油具樺胡化切木
皮可以爲燭又戶瓜切朳息進切木名柧側孝切木刺也槱余宙切積木燎以祭天也與楢同栛力帝切似枇杷子⿰木事
側吏切木名㮇他念切木杖也栝說文㮇字⿰木音式志切木名檅息銳切小棺也杕唐左切舩尾小梢也⿰木絹言戀切木
皮似綃可以爲衣⿰木羸郎臥切木名⿰木賤子眠切小栗名⿰木牽口練切⿰扌牽木椯烏縣切木曲也⿰木路力渡切⿰木路桐也⿰木閉薄計
切木名橓式閏切木名⿰木㡌胡夾切⿰木㡌檻也椂力篤切木名⿰木弱尼革切木名栿符目切梁栿也⿰木禿他祿切扶指也
棊音其博棊也梁音良水橋也桼古文柴仕佳切說文曰小木散材杪彌紹切木末也棨音啓兵闌也說文曰
傳信也枯苦胡切說文曰槀也牀仕良切說文曰安身之坐者床同上俗枷音加枷鎖又連枷打穀具杖音丈說文持也柯
音哥枝也說文曰斧柄也椸音移衣架也楘音木說文曰車歷錄也詩云五楘梁輈檢居儉切說文曰書署也柆力合切才
也說文折木也櫡陟略切說文曰斫謂之櫡檃於謹切說文栝也椌口江切椌楬祝敔也杘丑利切籆柄也⿸尼木同上說文女几
切槧才敢切削版牘也又七豔切栙下江切說文曰栙雙也柎方無切花萼足也說文曰闌足也檄戶狄切符檄說

文曰二尺書也柷昌六切柷敔樂器杰渠薛切梁四公子名梲朱說切楄也椄子捷切說文曰續木也櫼舌切棗也朳兵板切無齒杷也㮑戶狄切鍾㮑欑祖活切木錐也寨柴夬切羊宿處柣馳栗切門限也又音佚棐方尾切輔也橘規述切大曰柚小曰橘呂氏春秋曰果之美者有江浦之橘

東部第一百五十八凡二字

東德紅切春方也棘昨遭切說文曰二東也曹从此

林部第一百五十九凡十八字

林力金切說文曰平土有叢木曰林楚初舉切說文曰叢木一名荊也又國名鬱於屈切木叢生也欝同上俗𣝗且賴切古文蔡棼扶云切複屋棟梵巨尤切荊梵亭名森所今切長木皃或作摻楙莫遘切木瓜又木盛也亦作茂𣛳烏猴切地名又市由切埜移者切古文野麓力木切山足也說文曰守山林之吏也一曰林屬於山為麓𣝝古文檒甫弓切古文風梵扶風扶乏二切木得風皃橆文甫切繁無豐盛也今作無為有無字棽敕林切說文曰枝條棽儷皃𣞤指兒切木盛也

巢部第一百六十凡二字

巢仕交切說文曰鳥在木上曰巢𡿧悲儉切貶損也與貶同

叒部第一百六十二 凡五字 叒 而灼切說文曰日出東方湯谷所登榑桑叒木也 𠮦 籒文 桑 思郎
切蠶所食 ⿱叒糸 丑利切 ⿱叒糸 力見切
葉俗作桒 ⿸尸桑 蠶繰 ⿰束桑 籅蠶也

玉篇卷第十三 凡一部

七老 艸部第一百六十二

艸部第一百六十二 凡一千五十四字 艸 七老切百艸揔名說文曰百卉也今作艹 草 同上說文音皁草斗
櫟實一曰橡斗 𦬊 敘留切𦬊芝也一年三秀為瑞草 蓏 力果切草實說文云在木曰果在地曰蓏 藿 呼郭切豆葉說文曰尗之少也 藿
同上 萐 所洽切萐莆瑞草也王者孝德至則萐莆生於廚其葉大如門不搖自扇於飲食中清涼助供養也 莆 方禹切萐莆 薫
許軍切似蘼蕪香草也 蕙 胡桂切香草生下濕地 蘼 靡飢亡彼二切蘼蕪薔蘼虋冬 蘭 力干切香草易曰其臭如蘭 蘺
力支切香草芎藭苗也 虈 許嬌切香草也楚辭曰芷芳虈兮挫枯亦茝也 葯 於略切白芷葉即虈也 芷 支視切白芷藥名一名茝
蓀 息昆切香草也 蓂 同上 蓂 莫丁切蓂莢也歷得其分度則蓂莢生於階月[illegible]一日一莢生十六日一莢落又音覓菥蓂大薺 [illegible]

胡庚切杜蘅香草虋莫温切詩傳云赤苗也即今赤粱粟也虋同上亹俗萁居疑切菜也又渠疑切豆莖也[illegible]
莥女紏切鹿藿實莥同上蘇先胡切桂荏屬莧胡辨切菜名葵渠追切菜名葵同上荏而錦切荏菽豆又蘇
屬薑居良切辛而不葷也薑同上茝齒改切香草也萍部丁切萍草無根水上浮蓱同上葸私力切葸菜似蕪
菁苹皮明切萍也又藾蕭也蔈毗招切萍屬蔈同上萹布緬切萹竹草爾雅曰竹萹蓄郭璞云似小藜赤莖節好生道
旁可食又殺蟲藒去竭切藒車香草藒同上芞去訖切香草也荅古豪切草名其實似瓜食之治瘧又云白荅草食之不飢茖
音格山葱也萇除良切詩曰隰有萇楚萇楚銚弋也薊古麗切薊芺也薊同上薊俗䔳余招切䔳芅羊銚也詩亦作銚芅
餘識切䔳芅詩亦作弋莞胡官切莞蘭草藍力甘切染草蒲薄胡切草也莓亡救亡佩二切實似桑椹可食又音梅莓
莓美田也苺莫罪切說文曰馬莓又音戊苷古酣切苷草葠所金切人葠藥蔘同上堇桂攜切蒛盆即覆盆也又音睽
蒛苦決切蒛盆也蒻如灼切蒲蒻蓡始音切蒲蒻也生水中葦禹鬼切大葭也莞古桓胡官二切似藺而圓可為席詩
曰上莞下簟䓵胡組胡官二切爾雅曰莞夫離其上蒚莐丁敵切草也又除林切蕁莐藩生山上葉如韭一名知母莐同上見爾雅

蕁徒合切蕁莐藩蕁同上菼他敢切萑初生也一曰亂也薍同上亂魚患切烏蘆也蒹古廉切蒹蘼也薕力鹽
切荻也藘於于去尤二切烏蘆也藡徒歷切萑也荻同上萑胡官切細葦蘆力胡切葦未秀者為蘆葭古遐切葦未秀
也李陵與蘇武書云胡葭互動卷蘆葉吹之也今作笳菔扶福切蘆菔也江東呼菘菜茅亡交切草名葖他忽切蘆服也菘
思雄切方言云豐江東曰菘蕪菁也芥假拜切菜名蔥且公切葷菜也又淺青色葱同上俗荷賀多切荷芙蕖蕸何加
切荷蕖也菡胡敢切菡萏荷華也萳同上莟同上又花開萏徒敢切菡萏蕳同上芙附俱切芙蓉蓉俞鍾切芙
蓉蓮力堅切荷實也茄古遐切荷莖又巨迦切芍都歷切蓮子也又時灼切芍藥也又七略切芍陂也又下了切鳧茈也薂胡激
切菂薂蓮實也菂丁歷切菂薂亦作的蔤美筆切荷本也莖下白蒻在泥中者苾同上藕五後切荷根蕅同上菁子丁
切蕪菁也荍祁招切蚍衃也今荊葵菅賈顏切茅屬也菺居賢切戎葵也今蜀葵茙如終切茙葵也薔所力切虞蓼也蓷
敕雷切萑[illegible]充蔚也詩曰中谷有蓷萑至維切萑蓷芣伏丘切芣苡馬舃一名車前又名蝦蟇衣苡余止切芣苡苢同上蕮
思亦切馬舃車前蕮同上莙其隕俱云二切牛藻也一云馬藻蒚良激切山蒜又蒲蒚蔄謂[illegible]頭有臺臺上有重臺中出[illegible]花

菁又曰山蒿也藩輔園切蕃苑藩又甫煩切屏也籬也藫杜含切海藻也又名海羅如亂髮生海水中蒷巨[illegible]切小豈四月生

黃秀也芙烏老切苦芙也說文曰味苦江南食之以下氣又乙矯切爾雅曰鉤芙郭璞云大如拇指中空莖頭有臺似薊初生可食蕢

餘紳余善二切蒐瓜也蕕與周切臭草也藄勤之切紫藄似蕨可食莃欣衣切莃菟葵似葵而葉小茯音伏茯苓

藥也又車茯兔苓郎丁切茯苓葍甫鞠切葍蒚大葉白華根如指可食蒚甫又切蒚葍蕧扶福切似菊蕀居力切蕀

蒬蔢繞今遠志也蒬於元切棘蒬䓧自移切爾雅曰芍鳧茈郭璞云生下田苗似龍須而細根如指頭可食或從疵茈積豕切草

可染又音疵茜此見切說文曰茅蒐可以染緋蒨同上蒨此見切青葱之皃藐亡角切茈草又彌紹切遠也艾五大切蕭

也又老也長也莣罔方切杜榮也今莣草苦枯魯切苦菜說文曰大苦苓也苞博交切叢生也又積也豐也蒯苦怪切草

中爲索左氏傳云無菅蒯蒯同上藨平表切蒯麤可爲席薽諸身切爾雅云茢薽豕首郭璞云本草曰彘盧一名蟾蠩蘭今江東

呼豨首可以爛蠶蛹蔦都了切寄生也詩曰蔦與女蘿葀公活切葀蔞也齊人謂之瓜蔞董德孔切藕根又正也蘩公靖

切狗毒草樊光云俗語苦如蘗葑匪庸切蕪菁也詩曰采葑采菲菲孚尾切菜名又薄也論語云菲飲食而致孝於鬼神又芳肥切

[?]說文又[?]未切芴亡弗切菲芴即土瓜也蕷相俞切[?]蕪似芋[?][?]蹄蓯子孔切葑蓯也茦楚革切說文莿也蕵[?]昆
切爾雅曰[?]鳥蕿莿七漬切芒也草木針也葎陵出切似葛有刺蓬薄紅切蒿草也莑籀文萴阻力切萴子藥名一
歲爲萴子二歲爲烏喙三歲爲附子四歲爲烏頭五歲爲天雄或楚力切薚吐郎丑良二切蓫薚馬尾蔏陸也說文曰枝枝相值葉葉相當
薚同上薋疾茲切蒺藜也三角刺人蒺慈栗切蒺蔾蔾力脂切蒺蔾藜旅題切蒿類萩且留切蒿也左氏傳
曰伐雍門之萩又七肖切蘴孚雄切蕪菁苗也蔏舒羊切字書蔏陸亦蓫薚也薛胥列切蔎也薛說文薛字蓾來伍
切杜蓾也郭璞曰杜衡也似葵而香[?]說文同上薜補革切山芹也又蒲紅切薛荔也荔力計切薛荔香草也又說文曰似蒲
而小根可爲㕞蒳奴荅切字統云香草異物志云葉似栟櫚而小子似檳榔芹渠斤切芹菜蘆于古切爾雅曰蓾蘆郭璞云作
履苴草苄胡古切地黃也又何嫁切蒲苴草菀於遠切紫菀藥名又菀茂木也苑於遠切養禽獸囿也蒟俱羽切蒟
醬出蜀其葉似桑實似蓽漢書云蜀唐蒙蕣師閏切木槿花朝生暮落茱時朱切茱萸萸與朱切茱萸芽語家
切萌也萌麥耕切始也說文曰草木芽也茁側劣側滑二切草出貌莖[?]更切枝[?]說文曰草木幹也莛特[?]說[?]

曰莖也東方朔曰以莛橦鍾言其聲不可發也莌弋芮切草生狀蘮居偈切蘮蒘似芹⿱艹是是支切⿱艹是毋草即知毋也

⿱艹否芳扶切華盛也蘧其居切蘧蒢麥蒢直居切蘧蒢又黃蒢也⿱艹吾五都切草似艾⿱艹⿱言丂胡刹切長飽人呼野蘇爲

⿱艹⿱言丂葇汝游切香葇荏蘇類也菈洛合切方言云東魯人呼蘆菔爲菈遝子遝度合切菈遝也蓈力當切蓈莠也說

文曰禾之穗生而不成謂之蕫蓈萉扶沸切枲實也或作黂莠余受切草也芓詳餌切麻母也說文一曰芓即枲也⿱艹學

同上⿱艹異餘記切連翹草蘘如章切蘘荷蒜蘇亂切葷菜也亦作菻葫戶都切大蒜也葷呼云切禮記云膳於

君有葷桃茢葷葉所以辟凶邪也蘐虛袁切令人善忘憂草藼萱並同上營去弓切營藭葉似江蘺也芎

同上藭巨弓切芎藭藋徒叫切藜藋也⿱艹⿰來翟同上⿱艹慧敕立切⿱艹慧菫也菫丑力一名⿱艹慧似冬藍食之醋也又丑六切蕡

扶云切草木多實若如灼切杜若香草又如也汝也[illegible]籒文⿱艹尊作緄切本⿱艹尊草叢生芑去紀切白梁粟爾雅曰芑白苗

又菜也蔗之夜切甘蔗也藷之餘切藷蔗也荓薄丁切荓馬帚又楚辭注云荓翳羽師名甍莫耕切茗可爲帚也夢

莫公切草可爲帚也蔞力俱力侯二切蔞蒿也葴至諶切馬藍也一曰寒蔣⿱艹寒何蘭切⿱艹寒蔣也⿱艹迺力主切小蒿草⿱艹适

居隱切蔞蒿也蔿丁委切草也藟力水切藟藤也荃趨緣切香草也芸古軍切香草也說文曰似目宿蕒同上蒷

莫六切苜蓿漢書罽賓國多苜蓿宛馬所嗜今作目宿蓿私六切苜蓿蔡且蓋切草芥也法也草際也萃疾醉切集也

葅側於切淹菜為葅也菹同上藍來甘切瓜葅也藔來道切乾梅也蒙莫公切唐蒙女羅別名萎於危切說文於

僞切食牛也薵直流切藸葱也蔬所居切菜蔬也蔁陟豬切草也萼五各切花萼也藇徐與切酒之美也詩云釃

酒有藇亦作醼蓑素和切草衣也又素回切草垂皃葶都挺切毒魚草熊耳山有細草名曰葶藶又音亭葶藶也葹舒移切卷

葹草拔心不死藃呼到切耗也縮也蓇古突切不實草䔄餘招切蒲葉也茫莫唐切速也蕤儒誰切葳蕤草木實

垂皃芾方味方大二切蔽芾小皃詩曰蔽芾甘棠蓧他彫切苗也苖他六徒歷二切蓧也蓨他笛切蓧也蘢補嵩彼僞

二切草也蘢牛尾也苙閭及切白芷也又音及芁渠男切白芷也薄薄各切厚薄說文曰林薄也一曰蠶薄荅都合切小豆也

又當也蒩俎加切蒩菜蓶以追切蓶名似韭而黃苣時入切草名葰相維切說文曰薑屬可以香口[illegible]冬毒切蒿荒草

毒同上芀丘與切草可以為繩[illegible]同上蓩莫大屋莫老二切毒草也說文云卷耳也蔢莫候切說文云毒艸也[illegible]

□刃細草叢生藎疾刃切進也詩曰王之藎臣一曰草名蒁來蜜切莤草也蒠如軫切似蘇有毛江東呼為隱蒠藹
力官力卷二切薍莞葵也虊同上莀夷計切紫草也萬于憲切草也蓖鼻婁切蒿似蓍蘄居衣渠之二切草也又縣
名又音芹蔎公狄切草也薛姑伹切草莖也藙紐庚切可以作摩纏也藸致如切藸葸草又音除爾雅曰味荎
藸郭璞云五味也蔓生子叢在莖頭苦陟隆直隆二切草名蕮胥績切草名芆平表毗小二切落也正作受莖後堅切說
文云草名莩芳俱切葭莩葭中白皮也蒥有救切草名蘦同上菩防誘切香草也又音蒲荌於旦切草也
蘔公禫公棣二切草名萻乙力二切萻苡又蓮的中又音億薏同上蕺疾立切蕺菩草蔁之羊切蔁柳當陸別名藪
又力切草名芪巨支切芪母也莞公寬切香草萈同上育與鞠切草名蘺如旃切草名又蓺也蘸同上又呼
巨切草也葚市枕切桑實也茮子消切茮也與椒同莍渠牛切茮實也薾奴禮切草盛皃芭卜加切芭蕉又香草也蕉
子消切芭蕉䔟弋支切草萎䔟蒝五袁切莖葉布也蔀不後切花葉布莦所交切草根又相遥切菥牛斤切草也又
江夏郡蘄春縣兹子支切草木多益也蔇九利切草多皃蔫於焉切菸也驗也蕪亡孚切蕪薉也薉於吠切荒之惡也又

作藏　苛賀多切小草生皃又政煩也怒也妎也　落郎各切墮也草曰零木曰落又[illegible]也　蔽甫制切障也隱也暗也　蘂
於營切萎蕤也　茷符廢傅賴二切草葉多也　茀敷勿切茀離猶蒙龍也又草多　蔎舒列切香草也　蓆祥亦切大也　蕝
子悅子芮二切束茅以表位　蘺力計切易曰百穀草木麗乎地蘺麗附著也本亦作麗　蒛故殁切刷也　䔢康路切醋菹也　葴諸尸切菹
也　遙同上　茜丈例切草蒱綝或爲綴　蒪匹各切蘘何甘也　蓴常倫切蓴菜　䔂莊里切說文云葈菜也　萆婢亦
切雨衣一曰蓑衣　䕸青五切苴履也　菷炙久切俗帚字　茵於仁切茵蓐詩曰文茵暢轂文茵虎蓐　茹而預而與而諸三切柔也
貪也菜茹也度也飯牛也又相牽引皃易曰拔茅連茹　苣勤侶切苣藤胡麻也　𣂚之列切斷也今作折又常列切　𣃔同上出說
文　薶莫皆切薶也與埋同　菡舒理切糞也亦作矢俗爲屎　苟公后切菜也又苟且　蓸在勞切草也　范音犯
草名　蕕與周切草也　𧀖說文蕕　蓨市昭切草也　𦸝虛后切草也　蓩亡候切草也　苳丁彤切草也　蓍
齒允切雜也　茸而容切茸亂皃又草生也又而勇切不肖也　荈尺兖切茶葉老者　葆補道切草茂盛皃又羽葆也　茗冥頂
切茗二[illegible]　荼祁胡切苦菜也又爾雅曰檟苦荼注云樹小似梔子冬生葉可煑作羹飲又除加切　菆阻留切草也叢生也　茠呼毫又除

丹草　蕣同上出說文　莀奴久切古文農　蘾胡拜切烏猗草　莬惟鑾刀雀弁也　萰落見切白蘞也　蒐胡罪回二切懷羊
也　蘈閭遂切似蒲而細也　萴都領切蘈萴　䕭居韋切䕭蘐　蘐扶發切䕭蘐　芫胡唐切芫東蠡　蘱力蓋
切藾蕭也蒿也　莿同上　葟奴結切菜似蒔生水旁　薌許良切穀氣亦作香　莘所巾切眾也亦長皃又地名　薝丁敢切金
谷多薝棘　蒀扶文切蒀蒕盛皃又蒲昆切覆盆草　蒕於云切蒀蒕盛皃　茛胡墾切草名似蓍花青白　菣巨凶切萁葜實也　芀
郎得切蘿芀香菜亦云胡荽屬　藏慈郎切藏郎草名又隱匿也又才浪切庫藏　蔀步口切易曰豐其蔀王弼云蔀覆暖鄣光明之物也
芊七年切草盛皃　蔲呼候切荳蔲藥名　蘩輔袁切白蒿也　蕭蘇條切香蒿也　蒿呼豪切蒿菣也　䒾息夷切芋秀也
蘝力撿切白蘝也　蘞同上　蔜五高切爾雅蔜蕿注云今蘩蔞也一曰雞腸草　蕿素老切蔜蕿　蔞力主切蘩蔞　芩
渠炎渠今二切黃芩也詩云食野之芩　鑫同上　鷊魚激切小草有雜色似綬詩曰邛有旨鷊　鷊同上　芡渠斂切雞頭也
周禮加籩之實蔆芡㮚脯　䓈弋箠切方言云芡雞頭也北燕謂之䓈　芰巨寄切蔆也　茤說林云杜林說芰从多　蔆力升
切芰　⿱艹遴同上司馬相如說蔆从遴　⿱艹陵同上亦作芰　薢古諧庚買二切爾雅薢茩英光郭璞云英明也葉黃銳赤華實如山

茱萸或曰蔆也關西謂之薢茩茩古后切薢茩蘥余灼切雀麥也蔌桑十切菜茹之揔名藗桑鹿切白茅也芀都聊切葦花也苕徒彫切草也詩云邛有旨苕薔所力切澤蓼也一曰虞蓼又音牆薔薇也又東薔實如葵似蓬草子虛賦曰東薔彫胡蘠才良切爾雅曰蘠蘼虋冬一名滿冬又莖萸殺蘠一名曰蕒茢來桀切萑苕也禮記注云桃茢可以為埽除不祥也苘同上茚五唐切菖蒲也蘢盧功切馬蓼也爾雅云曰紅蘢古文又音龍⿱艹⿰亦阝與蛇切草名葥子賤子踐二切王蔧草可為帚又音煎薊同上莊阻陽切草盛皃又莊敬也又六達道曰莊⿱艹搷古文蓍舒夷切說文云生千歲三百莖易以為數天子九尺諸侯七尺大夫五尺士三尺⿱艹日古文菊居六切說文云大菊蘧麥蘜居六切說文云日精也似秋華蓻同上蘜居六切治蘠也爾雅注云今之秋華菊薠扶蕃切青薠也似莎而大⿱艹朮儲律切朮山薊與朮同⿱艹術同上菥思擊切菥蓂大薺又息移切葴菥草似燕麥子虛賦曰高燥則生葴菥⿱艹斯思移切草生水中其花可食菋無貴切荎藸也荎雉之切荎藸⿱艹皐功勞切如葛白華也葛功遏切蔓生也莕何梗切莕菜也俗呼為豬蓴荇同上⿱艹妾子葉切莕菨水草叢生水中葉圓在莖端長短隨水深淺江東食之蕛臺雞切蕛苵地生穢草也苵徒結切蕛苵⿱艹戜同上蔓亡怨切蔓

延也萊力灾切藜草也蘦來丁切大苦萊或云蘦似地黃芋禿畾禿禿霝二切芋蘩也蒟渠俱切蒟芋蘩芫牛袁切芫花藥

荑大奚切始生茅也又荑桑也又音夷荎荑也苽古胡切禮記曰魚宜苽鄭玄曰彫胡也菰同上蔣子羊切其實彫胡也

又子兩切國名莨來唐切草也亦粱也葽於燒切草也詩曰四月秀葽薖苦戈切草也又寬大皃蕈慈荏切地

菌也荆景貞切荆楚亦木名莿古文菌音隕切地菌萸而兖切木耳生枯木也菭徒來切生水中綠色也苔

同上萋且嵇切萋草茂皃菶補動切菶菶多實也蓁疾陳切衆也又草盛皃薿言紀切薿薿茂盛皃又牛力切葼子公

切木紅枝蓻子習切茅牙也又草木生皃蒔石至切植立也更種也又音時芼莫報切拔取菜藥與灼切說文曰治疾之草

總名蘀他落切落也蘀同上芃扶戎步同二切草茂盛皃藴紆文切積也聚也蓄也聚草以藝火也蘊於粉切藏也積

也聚也蓄也又菜也菸於去切臭草也楚辭曰葉菸邑而無色兮菸欝䆊也藑巨營切藑茅也荋讓之切草多皃又亭名

藪桑後切澤無水曰藪周禮有九藪大澤曰藪蔪疾斂切草相蔪苞裹也蘄同上菿都角切韓詩菿彼甫田毛

作倬又音到菑阻飢切一歲田也又子來切害也葘同上又側吏切輜入轂也莱來潰切耕多草芟所巖切除草也蓋

[?]切苦蓋也又古害切 苫 舒鹽切茅苫也 蔫 於蓋切腌蔫樹蘩莪 茨 疾資切以茅覆屋也 蓡 舒鹽切[?]苦也草自[?]

也或作苦 芻 楚俱切芻草說文云刈艸也俗作蒭 藙 魚既切禮記云三牲用藙鄭玄云煎茱萸也 [?] 同上 莜 徒叫切論語曰

以杖荷莜草器名 蕢 奇愧切爾雅云蕢赤莧又草器也又枯怪切 莝 且卧切斬草 茭 古爻切草可供牛馬又下絞切 [?] 古文

荹 蒲故切牛馬草亂藁也又音蒲 蔌 所革切以穀和草餧馬也又小言皃 蔟 青木切巢也亦蠶蓐也 蕘 乳燒切草薪也詩云

詢于芻蕘 薪 息秦切柴也 蒸 章繩切麤曰薪細曰蒸又炬也衆也君也塵也 [?] 同上 艽 勤牛切詩云至于艽野遠荒之野曰

艽 [?] 丘王切苗植也養蠶器也 茻 許冒許偉二切草總名 卉 同上 萑 與六切山韭也 蕇 丁珍切爾雅云蕇葶藶實葉皆

似芥一名狗薺 藶 力狄切葶藶也 莎 素戈切草也蒿雜樹也 蒚 胡鬲切蒚莎草一名莎侯 蕨 居越切菜也 虌 卑列

切蕨虌也紫綦也初生無葉可食 薻 子道切水中菜也 藻 同上 菉 閭燭切菉蓐也今呼鴟腳莎 茿 豬鞠切萹茿也

似小藜赤莖節好生道旁可食亦作竹 蘨 與招切荍也 藚 似玉切牛脣也詩傳曰水蕮也 [?] 時均切牛脣也 茆 閭酉

切[?]皃又鳧葵也詩云言采其茆或亡絞切 茆 同上出說文 蘬 丘非丘誄丘追三切大蘢古也 葓 古文 葒 胡公切葒蘢古

荺榮窘切荺蘱也今江東人呼荺根爲蘱說文曰茅根也蕃縛袁切滋也息也又甫煩切蕃屏也葝居政其聲二切勤山
韰又勤鼠尾可以染皁萆補位補婢二切萆鼠莞也纖細於龍須可爲席藺旅進切似莞而細可爲席蕼相利切董也藘
旅居切茹藘茅蒐芨居及切芨菫草即烏頭也蒐所留切茅蒐也又春獵爲蒐菧之履切蒻也茞實也書云敷重菧席孔安國曰
菧蒻苹也本作底苨奴禮切薺苨也苻輔俱切鬼目也蕍庾俱切澤瀉也蒫昨何祖邪二切薺實也蓼力鞠切詩曰蓼
彼蕭斯蓼長大皃又音了蓼同上蓫抽陸切詩曰言采其蓫牛蘈也又音逐馬尾草也蓄丑六切蓄積也蕢他雷切牛蘈也
江東有高尺餘葉長而銳花紫縹色可淋以爲飲蘵諸翼切蘵草葉似酸漿蘵同上蒩亡此切春草芏他護徒扈二切
生海邊似莞藺越人以爲席也蕎居妖切蕎高邛鉅大戟也又音喬蕎麥也蕺居逆切大蕺藥名萿古活切萿麋舌春生葉似舌
虇丘遠切江東人呼蘆筍爲蘆虇芛惟畢羊箠二切芛華榮也草木華初生者䒳古文葩普華切華也荂許俱妨俱
二切草華別名又荂榮也蔈芳燒切黄花也葟胡光切葟榮亦花之美也花呼瓜切今爲華荂字菝蒲達切菝葀瑞草又
蒲八切菝䓞狗脊根也葀古活切菝葀䓞苦八切菝䓞茇蒲達切草木根也又補末切蓽茇英猗京切華也榮而不

賈曰英蘤爲詭切華榮也蘧爲彼切蘧章楚大夫蒧敕展切解也備也左氏傳曰寡君願以蒧事蒧敕也蓽補密切以荊爲戶爲之華䓕他币切菜生水中也𦴑古文菴倚廉切菴蕳蒿也又音諳弇古文蕳呂居切菴蕳蕓禹軍切蕓薹菜蓾力牛切香草蕞存會切小皃蘧渠與切今之苦蘧江東呼爲苦蕒又音渠蔂力戈切盛土草器也或作蔂

葧蒲骨切蒡葧蘩母也又作蔜䓒公幸切芋莖也藈古睉苦睉二切鉤藈姑一名王瓜菇故吳切藈菇䒲竹亞切[illegible]兮也蘪亡悲切蘼蘪也植村餘切蓋禹俱切蓲蓋草似韭蒗力盎切蒗蕩藥蕩荼盎切蒗蕩藤達曾切藟也今揔呼草蔓延如藟者苰胡肱切藤苰胡麻也薱達遺切草木葳也蘺亡币切戶簾也蕎九出切草也

芓疾來切草也蓾力五切蓾蘆藥䔾舉魚切苴䔾草菼因纖切莘菜也蕩恥亮切草木葳莁武俱切莁荑一名白蕒蔛胡鹿切蔛菜生水中蔶子移切蔶菜生水中蘚口羊切菜也蘿力戈切菜生水中也蓋於亦切蓋母草本作益茺齒戎切茺蔚即益母也蔚烏貴於勿二切茺蔚藺餘鼈切葉似竹生水中蔓一丘切菜也葍孚陸切[illegible]子也可食蔪虔言切蔪于蕕草也生水中藷直居上余二切根似茅可食葾於元切敗也萎葾也萁音金

切草生水中根可以緣器藔力凋切草木莖葉疏也茈仕街切苷居包切秦艽藥艽同上莘呂橋切草
子甲葩呼角切草聲也葹乙卓切英蒻也蕒埋解切苦蕒菜苘口穎切草名亦作檾蔶同上䕛余憂切麻莖也
又音皆芩牛金切似蒜生水中䕎古文萳乃感切草長弱皃𦱫亡更切狼尾草蕍俞主切草名蓪他公
切藥草蕎餘世切似蘇而赤惹諸餌遠惹也蘇莫禮切蘇子菜莋才亦才各二切如草蘆力胡切蘆薈藥
蕐且巴切即蒹苛蕢下間切堅也莖餘草莖也又下辨切菤九轉切菤耳也荐古文蓮才千切草莪根芚徒昆
切菜似莧可食菗丈牛切菗茶菜薃餘割切似蕨生水中䒋與良切䒋葲藥名葲音泉䒋葲蓊烏公烏孔二切木茂
也葺似入切葺茵水草也葃以遮切枲屬皮可以爲索莘莫侯切草也䓘公玄切䓘明草著直閭切味莖著又中恕駐
略知略三切蔎下校古鮑一切江東呼藕根爲蔎也棐甫尾切江湖之間兄卒相謂之棐也蕌撫俱切蕌蕍花皃蕍庾俱切蕌
蕍蒮同上又蕫音育蔶亦同蕫上僕普莫切落也蓫徐類切禾秀與穟同苪秘永切明著也芺徐雉切蒿高也
蒦胡故切草名䕓子登切蕾曾草䔒徒篤切古文毒䓂魚鞬切草名莒居呂切草也亦國名芠古兇切芠光苣

明也花黃葓同上芫古黃切荬芫蓫力鞠切蔏蓫莌他活徒活二切草生江南蔙同上蒗力當切蒗毒草蒴

他甘切⿱艹慈也⿱艹桼且栗切葉似蘇藚甫俱切藚藥草蘀除格切蘀蒿藥蒘奴加切藷蒘蒵何雞切蘻菟葵也

⿱艹粦力振力因二切鬼火或作燐⿱艹燐同上蕉莊卓切蕉葵毒即附子也蒠去用切蒠蘭蘞虂力故切蔡葵蘩虂蔡

音終蔠葵苶奴結切莊子云苶然疲役而不知其所歸又乃英切蒃徐季切蘧蒢也亦作蘧蔦悅宣切蔦尾射干也蒿升諸

切魚薺也葳於歸切葳蕤也蒤達胡切蒤虎杖似紅草可以染赤⿱艹醜充受切拔括也⿱艹胃有貴切草也蘳他口切好

凡菱亡泛切草木無蔓也萪弋蛇切穗也菑積也又似嗟切蓺魚制切種蒔也⿱艹牒思俠切草名又徒協切蔱所憂

切似菜黃薆於戴切隱也茪許往切憔茪也又許永切茪草荳音豆荳蔻蓊他盍切蓊布也萿徒兼切蔡草蓇

彌紹切草細⿱艹幼於皎切草長⿱艹巢子了切似薺葉蒖之仁切茼也⿱艹桒音誂地名茏音龍古文蕫音童草名又多

動切葓音洪水草也⿱艹虎音虍草也又火角切⿱艹提音提草也⿱艹禔同上叢在紅切草叢生皃藂同上俗菈

音江茳蘺香草蓖音符蔦蓖菰荾音綏胡荾香菜荽並同上基音基蕠音如蕠藘草也亦作茹芘

防脂切番也 蕖音渠荷芺蕖 蒚香于切草華 蘛音孚花蘛 蒗古洽切蒗草 菩薄胡切菩薩又步亥切草

也 蒪音蒲雞有膊肉 茂莫遘切草木盛 莇音勆 蓖邊兮切蓖麻 䖩同上 薹音臺蕓薹菜名 莏素和切挼

莏也 蘋音頻大蓱也 薲同上 荄古采切草根也又音皆 莔音盲貝母也 蕒同上 蘁同上 𧄍得田切草

頭 蔕都計切草木綴實也 芼音毛藥名 藙音爻黃茅根煎取汁治消渴也 芰同上 蔯音陳茵蔯也 荲問良

切稻麥芏也 萄徒勞切蒲萄也 䒷苦過切䒷藤生海邊 莪五哥切草似斜蒿 荷乎哥切荷藨草又音柯荷澤名 蘿

盧多切女蘿托松而生 菖尺良切菖蒲也 藏慈郎切隱也又慈浪切庫藏 蕄莫耕切爾雅云存存蕄蕄在也 䕅同上本或

作萌 蓎徒郎切蓎蒙女蘿 莤余留切水草一名軒于又所六切苞茅莤酒也 蕕祥由切液也亦與糟同 芝止而切瑞草

蘲力垂切蔓也又音累 䔲音登金䔲草 菾徒廉切菜名 菠博何切菠薐 薐勒登切菠薐 苹火[illegible]切草

名一 芋武虞切草盛皃又王遇切 𦺛得盧切草 茣五姑切茣草 𦱤古懷切草也 䔄[illegible]良均切草也 蘹

戶乖切草 𦳊作才切草 菕律春切草 蘡於盈切草 𦬁古和切草 藷識余切草也 蒢祥余切草也 蕀

子隨切䔾英　𦵏洩隹切蘴𦵏　芜亡夫切　蒟許俱切芋　莁鋪悲切花盛　蒩鉏邪切水草也　藸羽鳩切　莌

同上　𧃲渠焉切草　苦苦妻切草　蘣徒侯切草　蔛力彫切草　蔢博葛切草　茱胡戈切草名　𦲿祝由切草　蒩蘇將

切青精子　萓魚飢切　蒻奴含切　蓍借清切仙草　萋居良切山草　蕶莫平切草　蕟昨寒切蕟草　莧

祇堯切　蓢都昆切　蓏都官切　萈古桓切　菣古文　蘪天字　蔌藥征切　蘯蘵菊花　藎上同　荓都蘭切

連魏草　蓶切草

蕫徒闌切　茂時盈切草　蕣余舟切草　苹魚丘切苹草　蘁杭姑切　蔉烏回切草　茴胡魁切茴香　蕀

得洪切　蓪遊隆切　莑苦龍切莑心草　芯辭龍切　蘷戌江切　薹古才切草　蘅胡監切草　荍古南切草

莉力奚切草　蘛與章切草　蓮徒頓切藥草　芸音袪草器　苁自容切古文從　蘵息离切蘵草　薵乃侯切草

萶防無切人姓　蕳時羊切　葔胡溝切葔草　蕛防夊切　葶夕頳切　蒴于矩切　芦胡古切　菓

莫後切草　芣私沼切芣草遠志也　蘾都郎切草　蓰息紫切草　蓄力瓦切蓄蕯不中見　蕯除瓦切蓄蕯　蕹遲至切草

蘵張里切　菇式止切草　蒠胥里切畏懼也　蘡九輦切蘡草　蓸胡了切草名　芐阻假切草也　蕈之兩切蕈

草薴奴領切葶薴薴毒草蘣蒲蠓切耗而勇切禁巨錦切蒷胡降切似葵也薣虛鬼切薣草
蘏胡感切又胡紺切䕦息觜切䕦草也蔏古郎切蔏草蔩史養切切草蔃渠兩切儉年人食其根茆語兩切草
出池水邊芠無分切芠草藰六九切藰劉音蘆苩渠救切芀舒小切芀芀草萀呼古切草苨奴低切草根處蓮
七選切蒙夕兩切草着于九切葤音紂蕃尸枕切蓷徒罪切草芀移齡切草蕩無粉切草朗但
切草苶畢衮切莽蒡草叢生也菭之少切菭子藥款苦管切款苳䔽亡匪切切草菲蒲梧切菲草蘡巨矩切蘡
草散蘇翦切草虋亡板切虋草蘟於謹切䒗莊巧切苴徒爛切苴草䓘亡典切草也蒼七狼
切春爲蒼天苗靡驕切田苗又夏獵曰苗苾蒲結切芬香也芳孚方切芬芳香氣皃荒呼黃切荒蕪也䔳仕耕切華
薴草薴狃耕切草亂也葻負弓切草動皃菜且賚切草可食者皆名菜芝孚劒切草浮出水皃薙託計切周禮薙
氏掌殺草謂以鉤鐮迫地芟之也蕺俎及切蕺菜也苴七閭切苴麻也又子閭切苞苴也又苴杖又子旅切履中薦也蒩資都
切茅藉封諸侯藉之言藉也藉牆亦切狼藉也又疾夜切荐在見切重也數也再也芮而銳切芮草生皃又芮國名𦭵

𦬊侯切徐氏脉訣云按之即無舉之來至兩傍實中央空者名曰芤 蘵與職切藕翹也 𦯀胡慣切草名 萺英報切草 䓘到

切夢䕸也 蕒古幸切草也 蕺煮扇切 𦳢舒戰切草 莚以扇切蔓莚 蔞俄个切蔞蔄也 蔄火个切蔞蔄

蘜居欠切蘜草時人取根呼爲蜀夜十合治喉痛 若徒閒切草名 蓓步鉛切蒩也 蕢居覵切草 葙子合切又音雜

草名 葺七入切修補也又子入切茨也 䓯奴佔切草名 莡麤各切草聲 蔡桑落色責二切草名 苲慈作切 苩草名

蘖渠列切 蕆千歷切 蒠古八切 𦵔楚戛切𦵔草 覔音覓 蓆先結切 䔾側刮切菜也 蔎

胡木切水草可食 蘚胡鹿切石草 蔍郎谷切蔍蹄草又蔍葱也 菝莫勃切 抹母卜切草也 蔔甫祿切草 蓍

子昔切 蔾力質切 蔤冥栗切 䖇於律切香草 𦸗伊立切草 𦱭於立切𦱭𦰡 𦰡尼立切𦱭𦰡 蘵

殖勒切草 蔔傍北切蘆蔔 𦬇普木切草生皃 蔡初戛切蔡草有毒用殺魚 菽升六切豆名也亦作尗 薁於六切蘡薁

薁也 菝莫卜切菜名 蒴始卓切蒴藋有五葉 藋仗卓切蒴藋 𦶇他華切𦶇葛 莢公協切豆莢也 蒴彼列

切種穊移蒔也 䕢胡眹切草也 茥許泆切草名 𦽗居胃切草名 𦯮渠立切冬瓜也 䔬於及切蓊鬱 菾

呼歷切草盛蔋徒的切詩云旱既太甚蔋蔋山川蔋蔋旱氣也本亦作滌薈烏會切草盛皃詩曰薈兮蔚兮茌莊之切草
盛皃濟北有茌平縣蔭於鴆切說文曰草蔭地也蘪音糜蘪蕪香草也蘳呼規切黃花又果實見皃薇音微菜也莅
力至切臨也與涖同薺才禮切甘菜也菣丘刃切爾雅曰蒿菣[艹堅]同上[艹釀]女亮切菜也菹也說文而丈切芬音紛芬芳
蕊如累切草木實節生荀相倫切草名亦姓荁音桓堇類艿而證切草芟陳者又生新者造又救切草根雜也蔄
方莧切姓也莬音問草木新生者菟音兎菟絲藥名又音徒地名葋音祇繰繰鉤緒也蒨悦吹羊箠二切說文
曰藍蓼秀也蒒色緇切草名蘾音機菭蘾草蔦音烏蔦蘁菻也蘔旱寒翰二音曰蘔草也苐音題說文草也
苮音仙草名似莞[艹猬]音猬葫荽實[艹熒]音瑲又草旋皃與蘮同艿音仍說文曰舊草不芟新草又生曰艿蓓薄亥
切蓓蕾又黃蓓草名蕾落猥切蓓蕾花綻皃[艹瓜]音樓安菰藪土瓜也蔉音衮蘼蔉壅養苗也[艹表]音表草名也蔓
音寑說文曰覆也[艹衞斤]音衞埤蒼云麥秀皃蔧才歲切爾雅葥王蔧王帚也藷音署藷藷蕷藥蕷音預藷蕷薤
胡戒切菜似韭亦作䪥韭音佩山䪥[艹豈]音匱說文曰菜之美者有雲夢之[艹豈]又音豈蘡千縛切蘡辛菜蕂詩證切苣蕂胡

麻也蘸又陷切以物内水中虃子廉切百足也藤蒠二同音悉上牛藤藥名薩桑葛切釋典菩薩也芆尺加切

玉篇卷第十四 凡二十七部

乳蜀蓐部一百六十三　莫朗茻部一百六十四　尸閏舜部一百六十五　知六竹部一百六十六

居疑箕部一百六十七　在來才部一百六十八　甫味巿部一百六十九　竹尼乇部一百七十

市規𠂹部一百七十一　火子𠌶部一百七十二　胡瓜華部一百七十三　五慨禾部一百七十四

古奚稽部一百七十五　且栗桼部一百七十六　仕角丵部一百七十七　方屋菐部一百七十八

胡感𢎘部一百七十九　胡感𠧪部一百八十　徒幺卤部一百八十一　七漬朿部一百八十二

匹刃𣎵部一百八十三　匹賣𣏟部一百八十四　莫加麻部一百八十五　書六尗部一百八十六

居有韭部一百八十七　古華瓜部一百八十八　胡故瓠部一百八十九　柯邁丯部一百九十

力才來部一百九十一

蓐部第二百六十三 凡三字

蓐 乳屬切，厚也，薦也。說文曰：陳草復生也。一曰蔟也。 薅 呼勞切，拔田草也。詩云：以薅荼蓼。或作茠。 𦽏 籀文

茻部第二百六十四 凡六字

茻 莫朗切，草木冬生不死。說文云：衆艸也。 卉 同上。 莽 莫黨切，草可以毒魚也。說文曰：南昌謂犬善逐兔於艸中爲莽。 莫 無各切，無也。今作莫。說文音慕。 葬 子浪切，藏也。 𦾮 古文

舜部第二百六十五 凡四字

舜 尸閏切，仁聖盛明曰舜。說文作𦰪，艸也。楚謂之葍，秦謂之藑，蔓地連華，象形。 𦱶 說文舜字。 𡕶 古文 䑞 胡光切，草木華榮也。

竹部第二百六十六 凡五百六字

竹 知六切。說文作竹，冬生艸也。象形，下垂者箁箬也。 箭 子賤切，矢也。 箘 奇隕切，竹名。說文曰：箘簬也。一曰博棊也。又音囷。桂也。 箬 同上。 箟 亦同上。楚辭上音古魂切。 簬 力固切，美竹中箭也。 簵 同上。 筱 先鳥切，筱簜也，小竹也。 篠 同上。 簜 徒黨切，大竹也。 籎 亡非切，竹名。 𥳮 籀文 筍 先尹切，竹萌也。 箰 同上。 又篡律以捕鳥也。 篔 古文筍。 簨 先尹切。簨虡，所以縣鍾鼓也。 簴 同上。 簴 其舉切，簨簴。 箁 蒲侯切，竹箬也。 箬

力各切籠箬也䈚徒改切筍皮也又竹萌也又音臺簩亡支切竹篾也籋同上笢亡忍切竹表也節子結切竹約也
竹木不通筡達胡切竹中空也亦析竹又丑於切笨蒲本切竹裏也䈵於孔切竹皃䉃子兩切剖竹未去節謂之䉃箋
子堅切表識書也與牋同䈎餘涉切葉籥也簡居限切牒也篰芳後蒲口二切竹牘也䈬同上笸居疑切機蝨枇
筴楚革切謀也筴時也又古協古洽二切箸也等都肯都怠二切類也輩也笵音范楷式也與範同符父于切符節也分欲兩邊
各持其一合之爲信笄古奚切婦人之笄則今之簪也女子許嫁而笄筟撫于切筳也籆于縛切所以絡絲也筳徒丁切小
破竹也小簪也籠也筦古短切說文曰筟也管古短切樂器如箎六孔亦作筦篝古侯切籠箬也簀側革切牀簀又棧也笮
側格切狹也迫也壓也矢箙也亦作迮又仄作切笮酒也簾力占反編竹帷也第壯几切牀簀也筵餘旃切席也簟徒點
切竹席也籧距於切籧篨竹席也江東人呼[illegible]也篨直於切籧篨籭所街所飢二切竹器也可以除麤取細簛同上
篩同上籓甫袁切蔽也亦箕也𥱍同上𥲑於六切炊奠所以漉米也箅補計切甑箅也筲所交切飯筥也筲
同上又斗筲竹器𥴧力緒切盛飯器也簠同上筥九呂切盛米器也方目筐圓曰筥簁山奇所綺二切簁箅竹器也筲

思吏切盛飯器圓曰簞方曰笥箪必匙必是二切江東呼小籠爲箪簞丁安切葦器也論語曰一簞食笿口各切栝也笿籠也⿱竹夆古弄切栝笿也箸除庶切筴也飯具也又陟慮切篿之緣切楚人謂折竹卜曰篿亦圓竹器也筤力桑切籃也籃力三切大籠也筐也籢力鹽切器名也鏡籢也列女傳云置鏡籢中籫子短切竹器也箸筩也籯弋成切箸筩謂之籯漢書云遺子黃金滿籯籯竹器也亦作籝⿱竹刪所間蘇干二切竹器也似箱而麤簠方武甫娛二切黍稷圓器簋古美切黍稷方器籩補堅切竹器也𥬠徒本切篅𥬠也篅市規市專二切𥬠也說文曰以判竹圜以盛穀筩徒東切竹筩用也簏力木切說文曰竹高篋也箓同上簜徒黨切竹器也可以盛酒箯婢連切竹輿也笯女家乃胡二切籠笿也楚辭云鳳皇在笯兮雞鶩翔舞笍陟衛切小車具也竿公安切竹竿也篧苦郭陟角二切魚籠也爾雅云篧謂之罩又仕角切籗同上箇古賀切凡竹筊也數之一枚也籠力分切竹籠也又力董切筰才各切竹索也引舟竹筊也又作笮筊胡交切小簫也十六管長尺二寸又竹索也⿱竹散同上箑所洽切扇也自關而東謂之箑自關而西謂之扇⿱竹妾同上⿱竹互胡故切可以收繩也⿱竹沾才田子田二切說文曰蔽絜簀也又昨鹽切籤同上⿱竹襄如張切⿱竹襄籅盛米竹器也⿱竹豦居諸切養蠶器也又飲牛筐也亦作筥篼丁侯切飼馬器也簍力甫切車弓籠也又落侯切

簏力胡切筐也籃也　箱思羊切車箱也竹器也　笭力丁切笭箵也籠也舟中牀也　⿱竹剡特甘切馬⿱竹剡也所以刮馬　⿱竹朱充俱
切⿱竹朱策也　笘丁帖切折竹箠也　簻竹瓜切箠也亦作檛⿱竹条　⿱竹条同上又徒果切竹名　笪丁但切笞也又丁達切籧篨也
楚革切馬箠也　箠之惢市委二切擊馬箠也　籣力單切所以盛弩矢人所負也　箙扶福切矢器也藏弩箭爲箙
笞丑之切擊也　籤七尖切貫也　篣大昆切榜也　⿱竹殷同上　箴之深切規也戒也剌也或作鍼　筒音洞簫無
底也又音同　箹於卓切小籥也籟也又乙孝切竹節也　箾山卓切以干擊人也又蘇堯切舜樂　竽禹俱切三十六簧樂
也　笙音生十三簧樂也　簧戶光切笙中簧女媧作也　⿱竹是上支切簧屬　簫先幺切仲呂之氣樂器象鳳之翼　籟
力大切三孔籥也　篎亡小切小管也　笛徒的切七孔筩也　篴同上　筑張六切拾也樂器也說文曰以竹曲五弦之樂也　箏
側耕切似瑟十三弦　箛公都切竹名又吹鞭也　篍七周七召二切吹簫也　䈏呼擊切籬屬形小而高　箷餘照餘昭
二切屋危也　⿱竹愛於載切隱也蔽也亦作薆　籌除牛切筭也筴也　簺先岱切行棊相塞謂之簺　簙補各切簙弈局戲也
謂行棊也亦作博　篳布質切荊竹織門也蔽也藩也春秋傳曰篳門圭窬亦作蓽　⿱竹嚴音嚴籞也翳也　篽魚呂切說文曰禁苑

也漢書注篽者折竹以繩綿連禁禦使人不得往來籞同上筭蘇亂切計筭也數也笇同上亦竹器算桑管切數也擇

也籔先后切十六斗曰籔又炊簞也箵同上⿱竹叜同上簢眉隕切竹中空⿱竹憗同上籮力多切竹器也籊他的

切詩云籊籊竹竿⿱竹媚美祕切竹長節深根筍冬生⿱竹粦力鎮切竹實中也篕去中去龍二切篕姑簍也卽車弓也⿱竹灼

又卓切篧帶籅翼諸切竹名⿱竹開口淺切⿱竹開⿱竹鮮戶籍也⿱竹鮮先遣切⿱竹鮮⿱竹開⿱竹鮮笆補雅切竹有刺⿱竹劉力周切竹名笳

古牙切卷葭葉吹之⿱竹早古酣切竹名⿱竹緘古斬切竹名⿱竹都丁胡切竹名⿱竹固莫耕切竹名箶護都切竹名⿱竹年

口禾切竹名⿱竹眞之人切竹箭也⿱竹敝苦怪切竹箭也⿱竹至弋林切竹名⿱竹利力之力兮二切織竹爲⿱竹利笆障也⿱竹燕於田切竹名

⿱竹然如旃切竹名⿱竹遆徒奚切竹名⿱竹耳如鍾切竹也頭有文⿱竹無莫胡切竹名⿱竹浮扶留切竹名⿱竹贛古禫切竹也又

⿱竹稍類⿱竹肥扶非切竹名⿱竹公之恭切節竹也⿱竹鍴丁丸切竹名⿱竹鉤古侯切⿱竹鉤⿱竹鍴桃枝竹屬⿱竹鐽公達切⿱竹鐽⿱竹鏾桃枝竹⿱竹鏾

蘇旱切⿱竹鐽⿱竹鏾又桑葛切⿱竹含胡男切⿱竹含⿱竹隋竹實中⿱竹盜同上⿱竹隋徒果切竹名⿱竹弗甫勿切輿後⿱竹弗詩曰簟⿱竹弗朱鞹⿱竹乘如玦

切竹[illegible]也⿱竹奇七見切棺車上覆也⿱竹閵力印切損也⿱竹蠶子含切⿱竹蠶⿱竹度也⿱竹度徒故切⿱竹蠶也篷步公切舩[illegible]帳也亦[illegible]

筓同上第徒計切次第也箵先鼎切笭也𥳝莊雅切岸庂籠京岸庂爲筌也又音䉀䉶所江切搼䉶也䇡直與

切織竽也亦作杼𥳈補丹切簸也又捕魚笱也笈楚洽奇立二切負書箱也籛子踐切姓也䈀於莽切䈀無色筬時盈

切竹名䈏甫六切織䈏也箳卑星切箳篂車䡝篂桑經切箳篂簹都郎切車簹篖又簹篖竹名篔王分

切篔簹竹簃余之切樓閣邊小屋爾雅云連謂之簃又音池𥳗子六切笛上逆搶也䇼同上笡七夜切𥳗笡也𥰭移㞢

切合根際笐胡庚切笐篖竹笪篖徒當切笐篖簥几妖切大管也笑私召切喜也亦作咲䈫口鎋切柷敔也亦作

楬𥵥之人切割木長尺櫟敔背爾雅曰所以鼓敔謂之𥵥笢他計切車笢簜徒郎切罜罩也䈂之若切盛米具篣

步庚切籠也笚都臘切竹相擊也𥵧于歲切箭也䈰山樞切說文曰飯筥也受五升秦謂筥曰䈰笏七忽切笑皃

篪除奇切管有七孔也箎同上筐去王切蠶筐方曰筐簂公誨切筐也亦作槶𥳑同上篲詳惠切掃帚𥲰

古文篲篋口叶切笥也𥮿丁殄切經也䈞豬六切古文築箌豬效切捕具也又作罩筏布達切箄也又音伐𥮹

都總切竹器也𥵪子公切木枝細笓毗利切次也又裨之步雞二切䉛也筃文例切以竹補缺也筁去玉切養蠶具也簙蒲各

切篚也大裴古切　篙古勞切竹刺舩行也　笄蒲變切竹器也　⿱竹袁禹煩切篗也亦作楥　⿱竹去丘於切關也山谷遮獸也又飯器也

筯直據切匙筯與箸同　簇楚角切矢金也又七木切小竹也　篧音住罩席也　筀古惠切竹名傷人則死　筌旦沿

切捕魚笱　篹先管切器名　篞奴結切爾雅曰大篪曰簥其中曰篞　箖力尋切箖箊竹名　箊殃魚切箖箊　箄曰佳

切箄筏　⿱竹健渠言切筋鳴也　⿱竹臺徒來切笠子　籬力支切藩籬　⿱竹言語軒切管長一尺四寸　⿱竹皮步悲切古又皮　篦

方迷切敍篦也　⿱竹思息茲切竹有毒傷人即死生海畔有毛　⿱竹胥息魚切竹也　⿱竹觔居勤切俗筋字　簝力彫切宗廟盛肉器又竹也

篻莫遥切竹門也　⿱竹卿力訖切竹名　⿱竹巢側交切大笙有十九簧　⿱竹舀託勞切牛筐也　⿱竹函胡南切竹名　簪側林

切冠簪也　⿱竹盲莫庚切竹也　笐姑郎切似琴有弦爾雅曰仲無笐竹瀕也　⿱竹甍莫耕切竹也　⿱竹并音并竹也　篘初婁

切酒籠　箜苦紅切箜篌樂　⿱竹隨辭爲切籠也　箔蒲涸切簾也　籥以灼切樂器似笛　簦都滕切⿱竹臺也　簷余廉切屋簷與檐同

⿱竹烝之升切竹　⿱竹棱梨登切竹　⿱竹曾慈棱切⿱竹甑⿱竹曾笠也　⿱竹曹音曹竹名　籐徒棱切籐器　笎

語袁切竹　箮虛袁切竹花也　筊胡交切管也　⿱竹尋寺林切竹長千丈爲大舩也生海畔　⿱竹終祝融切竹　篢古紅切笠名

笻古缸切 籠盧冬切筐也 𥴩胡公切引水也 篆徂紅切籠也 籦之容切竹也 𥬖户烏切竹也 笯
都宗切竹也 𥶒居希切竹也 筎倭余切竹筎以塞舟 𥷤力魚切竹 𥯍五姑切竹 箞七然切竹 篈府逢切竹
箃側鳩切竹黃也 𥫽相然切竹也 𥵣蒲包切竹 篓七和切織物 䉹魯丁切 籋莫篳切竹篾也 籕力求切竹
篼色求切竹 𥬔丑弓切竹 𥲰七和切竹 䉶蒲彌切籠也 箂魯台切竹 筃於人切竹 筟敷求切竹 筀尺之
切竹 簣杜回切竹筆也 筅穌典切筅帚 𥷗力中切篁 篕 □土羊 篃莫悲切竹 𥲤常式切箠 笌五加切箭
䇦余良切竹 䈠式余切竹 𥫳余軫切竹 𥷻扶願切竹作又持晚切 𥴭而兗切竹 䇔他頂切甌 箒之有切俗
耑字 簷土冉切竹 笑丘卞切竹 簅所簡切大籥 𥷅自移切竹 簨息卷切竹緣 笤之少切竹 䈧王委切箭
皮 簔魚綺切竹作也 筵兹耳切竹 𥴦直利切竹 𥰯女丈切筍初生 笖六委切生筍 䈐巨規切竹名 笠脂赤
切竹 笏呼骨切字書云笑也 𥵩有旻切如竹箭之有鉤 箷翼支切衣架 𥷏甫伐切籧篠 筧古典切以竹通水也
篤先夜切笞篤 篾亡結切竹皮也 箛古胡切破箛爲圓 𥷑力計切篤也 䈼莫伴切竹器也 笠形丑切著旨曰箋

七、九十四 篇中 三十八

𥶠同上簈說文笠笠力及切簦笠以竹爲也𥳑之厲切簞草也篗先果切竹名漢書有篗又縣本作蓌篭

亡匪切篕胡[illegible]切籧篨也筳直經切筳筸于鬼切竹簹徒朗切竹籭所解切瑟篦平罪切竹肤節篓力委

切佉也笶式氏切俗矢字筞思急切竹篚方尾切筐篚篗于眷切斷箁口魯切竹簋盧落切笏武粉

切一箸直遇切壇篡蔡竹簳各旱切簞箭簳笴上同又公但切篆直兗切史籀造篆書似符箹直柳切竹易根而死範

扶鋑切供也笅初雅切竹箎呼古切竹大高百丈笆丘巴切簞草箏之養切竹簬郎古切竹𥷕胡買切竹箸

只尹切𥶼七忍切小竹筩施忍切竹簀陟利切又之日切籑息亂切器也簝七養切竹簩力到切笔毛毛

初稅切臺擣也笊仄校切笊籬䈇陟孝切捕魚具貞角二箻貞衆切竹篵之利切竹篦其利切竹篏魚器切竹節

𥴨又又切衝也篨似醉切篵千弄切竹名簣其貴切土籠也𥳐失御切筐笱居遇切織具簰簿計切竹

簰也𥬣音豆禮器𥵼居偈切竹海邊𥳭匹賣切竹片也篂同上一𥴷疾外切竹𥳠又桑豆切小竹𥳝詰鹼切籠

𥶑力卧切淋𥬉胡很切竹竿𥶼府救切竹籠複以蓋也篼紺切竹𥳑胡諫切枯𥳑烏縣切竹扁式

篭丘卞切曲竹　箹奴感切竹弱　䈥古䀨切筋竹　笲虚誑切覔魚具　𥳑蘇見切竹　篟于見切竹　䈗滴嵓切嵒

䈵子線切　𥶂其句切　鈠之聖切竹　𥬇五各切桂　籋音躡鑷也又音捻　竻盧得切竹根　第尼嵓切竹

𥳀丑涉切　𥰭乃叶切　答徒合切竹　䉔殂匝切籭　䇨胡夾切竹　𥲐徒盍切窻　䇽慈緝切覆　𥷑伊入

切約　籰王縛切取魚具　篗同上絡絲具　籊池卓切竹　䈑呂恤切篰角以射鳥　箻同上　箤才恤切笭　𥫱丁律

切筍　䈉烏谷切　𥶃古木切簏　䉅胡谷切　簶音祿胡簶箭室　簤莫辟切篘簤傘帶也　𥰏七余切　𥵚

他各切竹䉯　𥫽音域　𥳾所力切篩𥳾　𥫩余織切竹索　䉝符木切　箬而灼切竹大葉　篛同上　筩江學

切椽　𥬸兵列切分　籍慈昔切簿籍也　䇾側格切屋上版亦作笮　䈮士洽切行書　箚竹洽切以針刺　䈀古忽切刷

也　筈口括切箭筈　笈普末切箄　𥷕音嚴殺　箝渠廉切鎮頭　銛同上　篸楚金切篸差不齊也又子紺切針篸　篁

音皇竹名說文云竹田也　籀直救切說文云讀書也又史籀周太史造大篆　篇匹連切篇什也　䈞徒敢切竹　𥸑力低切竹　箕

居其切竹名　笄同上

箕部第二百六十七　凡八字

箕　居宜切簸箕也　𠀠𠀡𥫗𠁡　並古文　𠀘　籀文　簸　補我切去糠也　𥳑　以獵徒協一切簸也

才部第二百六十八　凡一字

才　在來切說文曰草木之初也又才能也

市部第二百六十九　凡十字

市　甫味切韍市小皃說文普活切艸木市市然象形　𣎵　有未切草木𣎵字也　𣏟　同上　𠂔　嗟似切止也姊秭字從此　孛　步對切彗星也孛孛不明皃也　南　奴含切方名　𦍒　古文　𣏂　巨宜切木別生　𣓭　步背切紼紼取物曰𣓭　索　蘇各切散也又繩索又山責切求也

乇部第二百七十　凡一字

乇　竹戹切草葉也託宅字從此

𠂹部第二百七十一　凡二字

𠂹　市規切草木華葉𠂹象形今作垂　𥿆　古文

雩部第二百七十二　凡二字

雩　火于芳于二切草木華也　韡　禹鬼切盛皃

華部第二百七十三　凡三字

華　胡瓜切榮也三千五百里曰華夏也今作華又呼瓜切　𦻏　說文華　曄　于劫切草木花

禾部第一百七十四 凡三字

禾 五溉古兮二切說文曰木之曲頭止不能上亦作𥝌 𥞉 居是切爾雅有枳首蛇兩頭也又曲攴果今作枳 𥝩 居庚切木曲支也果名也今作棋

稽部第一百七十五 凡三字

稽 古奚切畱也治也者也合也計當也 𥡴 都角切說文曰持止也 𥢶 胡道切說文曰𥢶䂎而止也賈侍中說稽𥡴𥢶三字皆木名

桼部第一百七十六 凡四字

桼 且栗切木汁可以髤桼物今為漆 来 俗 髤 火尤切桼赤黑色也 𩐉 步交切說文曰桼垸已復桼之

丵部第一百七十七 凡六字

丵 仕角切說文曰叢生艸也象丵嶽相並出也 叢 在公切草木叢叢也俗作藂 業 魚劫切業業危懼也高大也動也又大版 𦘈 古文 對 都內切答也 對 同上漢文帝以為責對而為言多非誠故去其口以從士

菐部第一百七十八 凡四字

菐 方屋步十二切瀆菐也 𤕟 補顏甫尾二切賤事也 僕 步穀切駁車也 𦃃 古文

𢎘部第一百七十九 凡六字

𢎘 胡感切說文曰嘾也草木之華實未發函然象形 函 胡男切舌也 𢑚

周切草木更生條 甬余隴切鍾柄也又斛也 𢎘胡先切草木盛 㔷胡闇切會也

𣐺部第一百八十 凡三字 𣐺胡感切說文曰草木垂華實 𩏑于非切東也 𣐺斤公殄切小東也亦作茦

卤部第一百八十一 凡七字 卤徒幺切草木實垂卤卤然也 ⿱卤⿰卤卤籒文 ⿱卤米思録切穀也今作粟 ⿱卤⿰卤卤米古文 ⿰⿱卤米隹又萬切礦粟也舂米未精也 ⿱卤木九日切榛粟也今作栗 ⿱卤⿰卤卤木籒文

朿部第一百八十二 凡三字 朿七漬切木芒也 棗子老切果名俗爲棗 棘居力切急也棘箴也

𣎳部第一百八十三 凡十三字 𣎳四刃切說文曰分枲皮也今作木 枲司子切麻也有子曰苴無子曰枲 ⿰枲來籒又 ⿰枲致除利切⿰枲扁⿰枲致也 ⿰枲勞力到切施絞於編 ⿰枲卷渠眷切緣編也 ⿰枲失除栗切帆索也 ⿰枲真尺人切纏也 ⿰枲焦子由似由二切收束也堅縛也 ⿰枲取子侯切麻屬 ⿰枲扁扶善切履底編 ⿰枲隶徒改切及也說文与迨同

𣏟部第一百八十四 凡四字 𣏟匹賣切說文曰葩之總名也今作朩亦与麻同 𢻻先旦切分離也放也亦作散又先但切 ⿱𣏟糸口頼口過二切枲屬

麻部第一百八十五 凡十四字 麻莫加切枲屬也 𪎊大侯切𪎊屬一曰麻一絜也 𪎋同上 𪎌後

治績也 枲也 𪎎及留切麻莖也 𪎏古文 𪎐扶沸反云二切枲實也 𪎓先的切細布也亦作緆 𪎔步本切麻𪎔也 𪎕

切 五 𪎗許爲切指𪎗也亦作𪎘 𪎙丘久切 𪎚力牛切麻𪎚也 𪎛音宛

尗部第一百八十六 凡三字 尗書六切豆也 叔同上又叔伯也 𣪂市眞切以調五味也今作豉

韭部第一百八十七 凡七字 韭居有切菜名一種而久者故謂之韭 𩐁子兮切薑蒜爲之 齏同上

䪢胡戒切葷菜也俗作薤 𩐅唐對切藠藠 𩐆扶袁八切百合蒜 韱思廉切山韭或作韯

瓜部第一百八十八 凡二十六字 瓜古華切說文曰𦬼也 瓝蒲卓切小瓜也 𤬪同上 瓞大結切小瓜也 𤬩

同上 䌛尸姚切瓜名 𤬫于扃切小瓜也 瓣白莧切瓜中實 𤬭公侯切𤬭𤬮 𤬮力侯切王瓜也 𤬯渠立切冬瓜也

𤬬乃罪切傷熱瓜 𤬰力玷切瓜子 𤬱於鬼切𤬱瓜名 𤬲徒門切𤬲𤬳 𤬴扶田切白𤬴瓜 𤬵苦攜切𤬵子 𤬶古胡切瓜

也亦 𤬷婢饒切 當丁郎切瓜中實 𤬸蒲包切匏也 𤬹女良切瓜實也 𤬺魚偃切瓢也 𤬻落都切

茄字 瓜也

數𤓰弋主切瓜勞病也⿰瓜舌口括切瓜

瓠部第一百八十九 凡三字 瓠胡故切匏也 瓢婢姚切蠡也或作瓢

丰部第一百九十 凡二字 丰柯[illegible]切草丰也草莽也 ⿰丰各柯額切枝柯也

來部第一百九十一 凡三字 來力該切來麰瑞麥也行來也歸也又力載切勤也 来俗 ⿰來矣助紀切竢也

玉篇卷第十五 凡三十九部

麥莫革部一百九十二 黍式与部一百九十三 禾胡戈部一百九十四 秝郎的部一百九十五

耒力對部一百九十六 香許良部一百九十七 皀許良部一百九十八 鬯敕亮部一百九十九

米莫禮部二百 毇許委部二百一 臼渠九部二百二 倉且郎部二百三

㐭力甚部二百四 嗇使力部二百五 亼疾立部二百六 會胡外部二百七

亯部二百八 㫗胡苟部二百九 畐普逼部二百十 入如立部二百十一

莫歷冂部二百十二　亡保冃部二百十三　月部二百十四　力掌㒳部二百十五
婢出㡀部二百十六　於稼襾部二百十七　网部二百十八　俾密𠦒部二百十九
古侯冓部二百二十　丘於厶部二百二十一　羊據云部二百二十二　布墨北部二百二十三
先兮西部二百二十四　力古鹵部二百二十五　余占鹽部二百二十六　他并壬部二百二十七
明丙皿部二百二十八　五過臥部二百二十九　於機㐆部二百三十

麥部第一百九十二凡五十三字

麥莫革切有芒之穀也秋利夏熱　麦同上俗　麰莫侯切舂麥也亦作牟　⿺麥夋同上　⿺麥貨先果切麤麥屑　⿺麥差祚何切說文曰礦麥也一曰擣也　麧下沒切堅麥也孟康曰麥穅中不破者也　麩妨娱切麥皮也　⿺麥甫同上　⿺麥商徒赤切麥屑也　麪亡見切麥屑蜀以桄榔木屑以[illegible]麪　麵同上　麷芳充芳鳳二切熬麥曰麷　⿺麥殼古麥切餅麴也　麮丘舉切煑麥也　⿺麥穴禹八切麴麥　⿺麥卑鼻支切細餅麴　⿺麥屑先忽切麥屑也　⿺麥肖同上　⿺麥比婢之切⿺麥比⿺麥殳⿺麥贊　⿺麥彔力戶切⿺麥其⿺麥殳也　⿺麥各古額切麥碎也　⿺麥敖牛刀切亦熬字煎也　⿺麥山所諫切⿺麥殳⿺麥山也　⿺麥完胡昆切麥麴也又戶版切　⿺麥冢莫公切有衣麴

也以⿺麥逢力堅切⿺麥逢麵也麥⿺麥建餅也⿺麥婁力口切⿺麥婁⿺麥建麳力該切小麥也⿺麥來同上麲余諫切⿺麥末莫達切麵也今呼米屑爲⿺麥末⿺麥果胡瓦切⿺麥果麴也麴丘竹切麴蘖⿺麥鞠同上⿺麥㕣充小切糗也麨同上⿺麥音蒲口蒲沒二切⿺麥音⿺麥主餅也⿺麥主他口切⿺麥音⿺麥主⿺麥俞同上⿺麥孚芳無切俗麩字⿺麥胡户姑切俗黏字[illegible]殂來切[illegible]麴也⿺麥利力尸切麥酒也⿺麥睘胡關切⿺麥睘餅也⿺麥并愽頒切素⿺麥并也⿺麥賁古猛切大麥也⿺麥黃同上⿺麥戔初簡初鴈二切⿺麥戔麥也⿺麥曲丘竹切俗麴字⿺麥弋與力切麥⿺麥弋⿺麥空呼[illegible]切

⿺麥念乃帖切⿺麥念頭

黍部第一百九十三凡二十三字

黍式與切禾屬也香許羊切香芳也今作香⿸麻黍亡皮切穄也⿱臤黍口見口殄二切⿸麻黍也黏女廉切相著也䵗平懈必介二切黍屬⿰黍古户都切黏也⿰黍日女栗切黏也⿰黍㓞同上⿰黍力力兮切衆也亦作黎⿰黍畐步北切黍豆也⿰黍啇竹革切黏飯也⿰黍夫張俱切黏也⿰黍女而与切黏也⿰黍卷丘遠切博也⿰黍必步結切香也⿰黍易所懈切亦惟聽⿰黍离力支丑知二切黏也⿰黍斤居近切黏也⿰黍奉方奉切⿰黍農乃董切⿰黍尼奴禮切黏也⿰黍連旅典切⿰黍柬禾又音連

禾部第一百九十四凡二百三十五字

禾胡戈切嘉穀也秀思救切出也榮也稼古暇切樹五穀穡

所力切斂曰穡 穜除恭切先種後熟曰穜又音童 稙竹力切早種也 稑力竹切後種先熟曰稑 穋同上 稺除致切幼禾也 稚
同上 穉同上 穊居致切稠也 稹之忍切叢緻也又之仁切 稠直留切密也 䅥士結切禾也 稀香衣切稀踈也 穆
莫卜切和也古文作敹 𥞥說文穆 𥢶扶畏扶非二切稻紫莖不黏也 私息夷切不公也又禾也 稷子力切五穀長也 䄷古文
稌通古切稌稻也 穧子棨切黍稷在器曰穧亦作秶 秫時聿切說文曰稷之黏也 穄子曳切關西穈似黍不黏 稻徒老切稌
也 稬乃唤切黏也又乃卧秫名 穤俗 稴胡兼胡緘二切稻不黏 穬古猛切穬粟說文曰芒粟也 秏呼到切減
也敗也詩云秏斁下土又稻屬 秜力尸切小麥也 𥞦力該切或作麳 穟敘類切穟苗 稗蒲懈切稗秕也瑯邪有稗縣 穎役餅
切禾末也 移余支切易也說文曰禾相倚移也 秞同上 采徐醉切禾成秀也 穗同上 秒亡紹切禾芒也 䄪丁皎切禾危穗
亦懸物也 䅂丁丸丁果二切禾垂皃 䅼居薛居過二切長禾也 䅬同上 䅺亡紹切 穖居豈切禾也 秠披鄙切一稃二米
稃芳俱切穭也甲也 秨徐各徐故二切禾搖皃 穮彼調切耘也 秄兹里切壅禾本 租子乎切田賦也 穧子計才計二切
穧穫也 穫胡郭切刈禾也 𥠹在賚切積也 稇口本切成熟 秩除室切積也秩程也品也 秳胡括切舂粟不潰也 秅
也

下沒切[illegible]也穭公臥切又公外切穭麤穮穮也穛之約古督二切禾皮也又齊地名秙口凡切穀不成也稈古旱切稾也穰
謂之稈秆同上稾公道切禾稈也又稾草科口和切程也稭公八切稭稾也去其皮祭天以為席也鞂古八切祭
神席也秸同上䅌公㟁切麥莖也䅭步唐切䅭䅣穄名䅣胡光切䅭䅣⿰禾列良計切黍穰⿰鬲刂同上⿰禾焉同上穰
如羊切黍穰也豐也衆多也又如掌切秧於兩切禾苗秧穰也秦疾津切國名亦禾名秊奴顛切載也禾取一熟也年同上稔
如枕切年熟也穀古禄切五穀也又生也善也稅尸鋭切租稅也舍車也赦置也⿰禾巟呼光切凶年也空也果不熟也今作荒䆃
徒到切䆃一莖六穗瑞禾也秬渠與切黑黍也稍所教切漸也秋且周切說文曰禾穀熟也秌同上龝籀文程除京
切法也式也穌先乎切穌息也死而更生也秭咨李切數億至萬曰秭也稱齒證切又齒陵切說文云銓也种直中切人
姓亦稚也稯子公切禾束也稅籀文䄷視亦切百二十斤曰䄷鈞衡也四鈞為一䄷秅丁故切四百秉為秅穳在官切又在管
切禾穳也⿱算禾同上稘居之切稈也又周年今作朞種之勇切種類也又之用切種植也稰相吕切食也⿰禾各胡各切似
[illegible]黍而[illegible]一⿰禾龍力公切⿰禾龍穧也禾病也秿扶甫切禾積也⿰禾尃普胡切亘⿰禾尃也⿰禾豎時儒切小積也穙蒲木切稟積也秎

扶問切粉穪也稯息唯切禾四把也稕之閏切稕緣也束稈也⿰禾享同上䅻力支切長沙云禾把也⿰禾亶之善切禾束也

稹壯力切穡也⿰禾弗蒲骨切⿰禾弗禾秀不成聚向上皃稡子骨切⿰禾弗稡也⿰禾鬯丑向切⿰禾鬯穧也⿰禾朁士林切禾[illegible]秀秪竹尸

切穀始熟也秈息延切秔稻也⿰禾由餘周切禾黍盛也穚羈遥切禾長也秸口篤切禾大熟⿱巩禾巨恭切稰也⿰禾黑

亡禾切黒也禾傷雨也⿰禾賁蒲本切穩積穀[illegible]皺皃秛普波切禾秠也⿰禾胄直就切⿰禾胄稅也穩於本切持穀聚⿰禾廉

口郎切米皮也䄧如勇切稻稍也⿰禾空口東切稻稈也⿰禾芻士于切稷穰也穭力與切自生稻稂力當切粮童粱禾秀不成也

⿰禾开古殄切十把曰⿰禾开穢於吠切不淨也穱側角切小也又早熟亦作穛稸抽陸切稸聚也秷竹栗切秷穫也秣莫葛

切秣養也蕤同上秢力經切年也秲時至切亦作蒔秱徒龍切禾盛皃穠而容切花不盛也⿰禾昷紆云切香也

⿰禾臱博眠切籬上豆又方顯切⿰禾兆託勞切又廳耶切稻也⿰禾片胡戈戸卧二切棺頭也⿳亡口⿲月禾禾力科切穀積也⿰禾⿱罒禾同上稜

盧登切俗稜字⿰禾圭古攜切田器也⿱禾大而眞切欲結米秥女占切黍也穔胡光切野穀也⿰禾朋蒲庚切禾密也⿰禾如女魚

切臭草也⿰禾夫方無切再生稻⿰禾雚渠元切禾黄也⿰禾春[illegible]江切不秀⿰禾委汝雖切禾⿰禾支章移切秔古衡切秔稻也秄羽俱

切不秀也⿰禾此側移切禾死也⿰禾瓦於鄰切花[illegible]和⿰禾虎息吝切⿰禾虎治禾⿰禾頁先生切草⿰禾柔人久切粟⿰禾柔也⿰禾悤祖弄

切⿰禾此側買切禾[illegible]支用切龢古文⿰禾白匹各切⿰禾官苦椀切禾欉⿰禾非方尾切穗皃⿰禾卷丘院切相近⿰禾西他點切鄉

名⿰禾奐火貫切禾也⿰禾薦祖殿切草⿰禾致直利切稠⿰禾恩安很切草⿰禾昆戶袞切草秺得路切束稺勿利切饘稺也秙

口故切秙穮稧羌列切禾稈⿰禾劦力帝切長禾⿰禾截子計切⿰禾截穫也稄息俊切又阻力切草⿰禾禁時頳切草⿰禾倉七浪

切禾稔頃也稒古護切縣名穛日角切木先熟也⿰禾票子笑切物縮小也⿰禾存徂悶切秡蒲活切⿰禾曼莫半

切不蒔田⿰禾丞從卧切積也⿰禾出式聿切呪⿰禾昱余力切⿰禾昱蕃蕪⿰禾率力出切麤米也秴古蠟切秴秸也⿰禾咠子入切稠⿰禾咠也⿰禾屋

烏禄切芷⿰禾則初乙切稠⿰禾則也稪方木切又音復⿰禾啇丁歷切又直炙切⿰禾苦苦谷切禾熟⿰禾卽阻瑟切生稻也⿰禾㡀蒲結切禾

香⿰禾弋羊職切穀⿰禾骨居笏切莖⿰禾骨也稫丕力切稄滿皃⿰禾戎如叔切又如勇切⿰禾臿初立切種也稵子辭切稵益也與滋

同⿰禾亡武姜切或作芒⿰禾音於占切⿰禾音⿰禾音苗美也⿱罒米力疊切米名糜亡皮切糜粥也穲力支切穲苗也⿰禾或於鞠切茂盛⿰禾與

餘諸切美⿰禾疑言紀切擬然黍稷盛皃⿰禾夾居協切⿰禾夾⿰禾啇也秅直家切張開屋案於且切櫟禾也

秝部第一百九十五凡三字

秝郎的切稀疏秝秝然 ⿰秝麥(𥡓)昨鄰切籀文秦 兼古甜切并也兩也說文云兼持二禾秉持一禾

耒部第一百九十六凡五十三字

耒力對切耕曲木也 耕古萌切牛犂也 耦午后切不畤也又二耜也 耡俟據俟居二切說文云殷人七十而耡耤耤稅也 耤才亦切耤借也 ⿰耒圭古攜切田器也 ⿰耒員禹軍切除草也 耘⿰耒芸並同上 耜詳以切耒端不 耨乃豆切耘也 ⿰耒奄於劫切犁種也 耩公項切⿰耒麃也 ⿰耒睪余石切耕也 ⿰耒突徒兀切耕禾開 ⿰耒甾側飢切耕也亦田一歲也 ⿰耒異余力切耕也 ⿰耒局渠録切耕麥地 ⿰耒咅步溝切耜屬 ⿰耒啇他的切種也 ⿰耒曼亡旦切不蒔田也 ⿰耒責仕革切灰中種小高也 ⿰耒𡕒又江切種也 ⿰耒耆上祇切種麥 ⿰耒肖山校切⿰耒叟種 ⿰耒叟楚棘切耜也亦與畟同 ⿰耒麃方朝切⿰耒芸也 ⿰耒皮匹皮切亦作⿰目皮耕也 ⿰耒𦰩呼旦切冬耕也 ⿰耒合胡荅切耕也 ⿰耒委於爲切田器也 耬力兜切耬犁也 耰於尤切覆種也 ⿰耒幾音機耕也 ⿰耒平昌𪓐切耒也 ⿰耒爭側耕切犁上木 ⿰耒來六臺切耕也 ⿰耒昆骨本切 ⿰耒侖力尹切束禾也 ⿰耒囷臥尹切 ⿰耒尃伏路切 ⿰耒炎以斂切耕也 耔借以切壅苗本 ⿰耒頁力外切鮭皃 耗虎告切正作秏 ⿰耒會骨外切 ⿰耒⿰育攵上黠切又音徹 ⿰耒靡莫个切 ⿰耒乞祛乙

切⿰耒昜盈歷切耕⿰耒蒦戶郭切禾⿰耒畐符逼切禾⿰耒各庚伯切耕

香部第二百九十七 凡十七字 香許良切芳也與薌同 馨虛廷切香之遠聞也 馦許兼切香味 ⿰香合

呼含切香也 䭋於含切香氣 馥皮逼扶福二切香也 馝蒲結切大香也或作飶 馞蒲骨切大香也 ⿰香末匹結切小香 馛

扶末切大香 馤於蓋切香也 ⿰香蓋同上 ⿰香令步結切 馪匹民切香氣衝也 ⿰香㡀匹結切小香 ⿰禾㡀同上 馧於云切蒕馧今作蒀

皀部第二百九十八 凡四字 皀許良方立二切穀皀也 冟詩亦切飯堅柔調也今作適 即子弋切就

也今也食也今作即 既居毅切小食也又已也

鬯部第二百九十九 凡六字 鬯敕亮切香草 鬱於物切芳草也鬱金香也亦鬱陶 鬱同上 ⿰鬯吏

山吏切⿰口吏烈也 ⿱爫⿰鬯攴子削切竹器所以酌酒也今作爵 ⿺鬯巨音巨黑黍也今作秬

米部第二百 凡一百二十五字 米莫禮切粟實也 粱力羊切米名 ⿰米焦側角切早取穀也 粲且旦切鮮好皃

糲力葛切麤糲也 精子盈切說文曰擇也 粗在古米胡二切麤大也 粊鄙冀切惡米也 粒良揖切米粒也 粺蒲賣切精米也

糱魚列切麴也牙生穀也　糬式亦切漬米也　𥼶譜革妨亦二切飯半生也　糂息感切以米和羹　糝古文　糣籀文　糂

徒感切麋和也　䉶亡丁切漬米也交阯有䉶泠縣又音彌亦作麊　麊莫卑切見上注　糟子刀切酒滓　䊜丘六切酒母也今作麴

糒蒲秘切乾飯　𥹻同上俗　糗丘九尺沼二切糒也　臬縃九切舂糗米　糈先旅切祠神米　糧力畺切穀也　粮同上

粉甫憤切可飾面　粈女救切雜飯也　粶同上　糴徒的徒弔二切穀也　粖亡達切麪也或作麱　粹先類切精也　氣虛既

切說文曰饋客芻米也今呰既切氣息也　𥽋說文同上亦作餼　𥸤胡同切陳臭米也或作紅　粃補履切不成穀也俗秕字　𥼀丘遠切粉

也　𥺝同上　𥻃思列切𥻃𥽜也　𥽜先達切𥽜敖也書作蔡字　竊且結切竊盜也　𥼿二皮切碎也屑也　粻衛良切糧也　粔

其呂切粔籹膏環也　籹尼呂切粔籹　鬻同上俗　粥之育切糜也　𥺇匹頻切粉粺　籸山人切粥凝也又粉滓也　䊡亡原

切糒粉釋　𥻂亡畏切粥糅也　𥹹同上　𥹫時題切𥽻𪏭也　粖亡達亡結二切糜也說文作𩱺　𥼊力旦落旱二切爾雅注云飯相著亦

作爛　𥹥同上　粢在茲切稻餅又音咨祭米也　糠口郎切俗穅字　𥼚徒到切𥸨也　粕普各切糟粕也酒滓也　粰扶牛

切𥻨　𥹲且罪切𥻨𥹲粗也　䊍力的切雜糅食也　糦充志切與饎同　𥻆陟厄切𥻆粘也　粘女廉切與黏同　粳柯彭切不黏稻

亦作秔 ⿰米付 撫俱切與稃同 粣 丑厄切字書云糲粣損米又所責切餅相粘 頪 力外切鮮白也 ⿰米建 之延切亦作饘 ⿰米亶 同上 ⿱㓞米

力割切亦作挈 ⿱幵米 午堅切亦作[illegible] 粙 子又切亦糈字 ⿰米兼 胡兼胡緘二切亦稴字又赤黍 ⿱臤米 胡鷄切饘也 ⿰米㐬 力鳩切稃⿰禾㐬糈饊也

⿰米咸 胡減切⿰米咸塗也 ⿰米襄 女亮切⿰米雜也 糉 子貢切蘆葉裹米 粽 同上俗 ⿰米費 孚謂切失氣也 ⿰米必 亡結切粖也 ⿰米睘 音環餅也

粡 徒聾切 ⿰米曼 莫官切⿰米曼頭 糖 徒郎切飴也 粷 居六切粷粉也 粠 胡公切 ⿰米名 亡并切漬米也 糚 側莊切飾也 ⿱巩米

渠顯切⿱巩米精米 ⿰米每 莫杯切酒母也 ⿰米幾 巨希切小食也 ⿰米英 於迎切 ⿰米亘 呼官切白米也 ⿰米氏 渠梨切赤米也 糤 先旱切糤米 粄

補滿切米餅 粿 古火切淨米 糃 徒郎切精米 ⿰米蚤 息酉切又音脩 糞 夫問切穢也 糯 奴過切俗稬字 糙 七竈切粗米未舂

⿰米非 必媚切惡米 ⿰米冥 莫片切屑米 ⿰米丁 丁迪寗切米食 ⿰米孛 蒲鶻切米粰 ⿰米兌 徒頹切 ⿰米乞 胡骨切 ⿰米責 仕革切白米

⿰米肖 先結切碎米也 ⿰米隻 之亦切⿰米隻營也 ⿰米曷 胡達切白米也 粍 竹革切黏也 ⿰米剌 力達切麤也 ⿰米西 桑來切碎米又音西 糰

徒丸切糰糉 ⿰米追 得迴切 ⿱来米 音秘說文曰惡米也又地名 粊 同上

毇部第二百 凡二字

毇 許委切米一斛舂為八斗也 糳 子各切左氏傳云粢食不糳糳精也一斛舂為九斗也

○臼部第二百二 凡二十一字

臼 渠九切說文曰舂也古者掘地為臼其後穿木石象形中米也 舂 舒庸切雍父作舂黄帝臣也又擣也 䑐 普各切齊謂舂為䑐 舀 翼珠弋周二切杼臼也亦作揄又以沼切 臿 楚給切舂麥也 ⿰臼臿 同上 ⿰臼市 孚穢切舂穢暘 臽 音陷坑也 ⿰臼宂 同上 ⿰臼垂 之睡切杵擊也 ⿰臼耑 同上 函 胡耽切函鎧也又胡緘切函書也 ⿰臼壽 丁老切舂也亦作擣 ⿰臼差 才何切舂擣也 ⿱臼至 移鄰切古文也 ⿰⿱臼米産 初眼切小舂也 ⿰臽召 羊少切臼也 ⿰臼奏 七漏切半舂 ⿰臼專 匹各切舂也 ⿱𡗗臿 初夾切米去皮也俗臿字 ⿰臼昜 徒黨切舂也

○倉部第二百三 凡三字

倉 且郎切倉庚也 仺 古文 牄 七羊切鳥獸來食穀聲

○亩部第二百四 凡四字

亩 力甚切藏米室也亦作廩 稟 補錦切賜也 啚 逼几切啚嗇也 亶 都但切誠也信也厚也多穀也

○嗇部第二百五 凡六字

嗇 使力切愛也慳貪也又嗇夫農夫也 ⿱來田 古文 牆 疾羊切牆垣也 廧 同上 ⿰爿⿱來回 籀文 ⿰爿⿱𣠮回 古文

○亼部第二百六 凡八字

亼 疾立切說文云三合也 合 胡荅切同也又古荅切 僉 且廉切皆也 侖 力旬切思也 龠 籒文 今 居林切是時也 舍 舒夜切官也處也 畣 都合切當也對也然也今作荅

○會部第二百七 凡五字

會 胡外切歲計會也對也合也又古外切 𣉹 並古文 朇 婢支切增也益也又作埤 ⿸辰會 時真切日月會也今作辰又音會

○亯部第二百八 凡七字

亯 虛掌切覲也當也獻也孝經曰祭則鬼亯之今作享 亨 同上俗作享又許庚匹庚二切 𦎫 籒文 𦎫 市倫切熟也 𦎫 同上 ⿱⺮亯 都沃切厚也又作竺篤 𩫖 余鍾切今作庸

○㫗部第二百九 凡三字

㫗 胡苟切厚也 ⿱鹵㫗 大舍長味也今爲覃 覃 篆文

○畐部第二百十 凡四字

畐 普逼扶六二切腹滿謂之涌腸滿謂之畐 良 力張切良善也 㠯 筤 並古文

○入部第二百十一 凡八字

入 如立切納也進也 糴 徒的切入米也 全 疾緣切具也完也 仝

⿱入冊 同上 ⿱山入 古文 ⿱山入 士林切入山谷之深也 㒳 力掌切說文云二入也兩字從此 内 奴對切裏也

冂部第二百十二　凡五字

冂 亡狄切覆也以巾覆物今爲冪 冠 古完切冠冕也又古亂切禮記二十曰弱冠 ⿱冖同 徒籠切同

⿱冖又 息累切⿱冖又並頸圓蓋 ⿱冖託 丁故丁嫁二切周書曰王宿三祭三詫孔安國曰王三進爵三祭酒三奠爵本或作吒

冃部第二百十三　凡四字

冃 亡保亡救二切重覆也 同 徒東切共也 ⿱冖青 口江切又口握切幬帳也 冡 莫公切覆也

冃部第二百十四　凡十五字

冃 亡報切小兒蠻夷頭衣也或作帽 冐 莫得切突前也 ⿱冃木 側教切 胄 除救切兜鍪也 最 子會切齊也聚也 冕 靡蹇切冠冕也 冒 亡到切覆也食巾也 ⿵冂冒 古文 冔 况羽切覆也殷之冕也 ⿱冃卷 丘權切小兒帽 ⿱冃俞 羽句切⿱冃俞⿱冃施面衣 ⿱冃施 餘豉切⿱冃俞⿱冃施

⿱冃臿 口洽切帽也亦作帢 ⿱冃爾 市紙切古文修 ⿱冃多 同上

㒳部第二百十五　凡三字

㒳 力掌切再也今作兩 兩 同上易曰兼三才而兩之又匹耦也又二十四銖爲兩也 㒼 亡珍亡安二切平也欲明也當也

㡀部第二百十六　凡三字

㡀 脾世切敗衣也與敝同 敝 上同壞也敗也極也頓仆也或作獘 ⿱㡀廾 同上俗

襾部第二百十七　凡八字

襾 於嫁切覆也又許下切 覂 方腫切漢書大命將覂覂謂覆也或作乏 覆 孚六切反覆又敷救切蓋也又扶富

[殘]蒲北切農夫之賤稱也南楚罵賤謂之罷　⿱罒數胡葦切男老實車　⿱罒重穴覯切鄙也　覀莫盡切　⿱罒亞時注切又徒候切

网部第二百七十八凡九十三字

网無倣切羅罟揔名　䋄同上今作網　罔　罓並同上　⿵冂亡古文　罟故户切魚罔也或爲緍

罨烏荅於撿二切罕也以罔魚也　羂公縣切羂罔也一曰綰也　罕呼旱切罔也旌旗也又稀疎也俗作罕　罽居厲切魚罔也亦作□

罞亡支切罟也罝也　罙同上　⿱罒毋亡乳切雉罔也　⿱罒異先卷切罔也　罪祚隗切犯法也　罩都教切取魚具　罘同上　罾子登切取魚罔

罛公胡切魚罟也　罶力九切詩云魚麗于罶罶曲梁也　⿱罒婁同上　⿱罒卯同上　罜徒木切罜䍡魚罔　䍡力主切罜䍡也　罿尺容切幡車罔

罧力金切積柴於水中取魚又所禁切　罠亡巾切釣也　羅力多切鳥罟也　罬竹劣已劣二切連也幡車上覆罔　罦扶游切覆車罔

⿱罒包同上　罻於貴切小罔也　⿱罒互胡故切罔也　罝子邪切兔罔也　⿱罒組同上　⿱罒虘籀文　⿱罒舞亡娛亡矩二切幠中罔也　罯於感切覆也

罷皮解切休也又音疲極也　署常恕切置也書檢也部署也　置竹利切立也又安置　詈力翅切罵詈　罵莫霸切詈也　⿱罒辟補革切罿也

羈居猗切羈旅也寄上也又馬絡頭　⿱罒單說文同上　羇居宜切寄也　罺壯交切今之撩罟也又初教切　⿱罒齊子禮切手出其汁亦作擠

罥古泫切挂也係取也　⿱罒絹同上又罔張獸　⿱罒丁他領切⿱罒丁⿱罒令小空兒　⿱罒令力頂切⿱罒令⿱罒丁　罭爲逼切九罭魚罔也

罼畢蜜切罔小而長柄也　罭公肓切索也　䍦所羈切盝也　⿱罒巨渠與切罟也　羉力官切羉罟也　罠武[illegible]切[illegible][illegible]字

罳昔茲切罘罳屏樹門外也釋名曰罘罳復也罳思也臣將入請事於此復思也　罹力之切憂皃　罤徒犂切兔罔　罶落提切罾也

罛古吳切冊上罔　罞莫聾莫交二切麋罟也　⿱罒兼居廉切罔也　⿱罒兄古攢切罔滿也　⿱罒綈徒犂切罔繩也

⿱罒離力之切[illegible]離也　⿱罒無無魯切窻也　罱女感切夾魚具　罗穴絹切罗罥　罣古畫切罣礙也　⿱罒隹丁孝切說文曰覆鳥令不得飛也

⿱罒示莫厚切　⿱罒牙音牙兔罔　⿱罒呂郎據切　⿱罒雁奴旦吴切　⿱罒宣息戀切罔也　⿱罒戔千面切魚罔　⿱罒參所禁切罔也

⿱罒買徒穀切魚罔　罜同上　⿱罒弔丁歷切繫也　⿱罒幕莫歷切蓋食巾　⿱罒歷郎的切蓋食巾　⿱罒綽知校切小罔　[illegible]普蓖切罔也

⿱罒服蒲特切　⿱罒比房背切[illegible]

華部第二百十九　凡五字

華俾蜜切箕屬弃糞器又方千切　棄丘至切遺也古作弃　糞方問切除也物汚穢也　畢俾謚切弋也掩兔也又星名　畢說文畢

冓部第二百二十　凡三字

冓古候切交積材也　爯齒陵切舉也又尺證切與稱同　再子代切兩也重也仍也

厶部第二百二十一　凡一字

厶　丘於切飯器也

去部第二百二十二　凡六字

去　羌據切除也違也行也又丘輿切　㚎　說文去　𡙉　居力切又力縋切去也　朅　丘列切去也　⿰谷去　方丹切卻也　⿰去卑　方爾切羇客也

北部第二百二十三　凡四字

北　布墨切方名軍敗走曰北　冀　居致切冀州也北方州故從北　⿱北異　同上　乖　古懷切睽也戾也背也

西部第二百二十四　凡五字

西　先兮切方名　𠧧　說文西　卤　古文　卥　籀文　栖　音西鳥栖宿又作棲

鹵部第二百二十五　凡二十六字

鹵　力古切鹹也車駕出有鹵簿　⿱差鹵　在河切鹹也亦作鹺　滷　昌石切苦地也書曰海濱廣滷本亦作斥又音虜　鹹　乎緘切苦也爾雅注苦即大鹹　⿰鹵臽　公陷切鹹味也　⿰鹵夌　几陵切苦也　⿰鹵齊　才計切鹹也　⿰鹵昷　於昆切⿰鹵昷⿰鹵襄戎狄之鹽　⿰鹵襄　胡乖切⿰鹵昷⿰鹵襄也　⿰鹵鬼　同上　⿰鹵奏　且豆切夷狄鹽　⿰鹵占　竹減切鹹也　⿰鹵肖　思遙切煎鹽也　⿰鹵扁　扶殄切鹽也　⿰鹵最　士快切南方呼鹵　鹼　公瀐切鹵也　⿰鹵兼　同上　⿰鹵殳　音投鹵地　⿰鹵俞　同上　⿰鹵畏　乙乖切　⿰鹵昌　音昌　⿰鹵匋　力古切　⿰鹵亢　各黨切鹽澤

普魯沙也 [鹵監]工暫切 [鹵矞]巨聿切醬也

鹽部第二百三十六凡四字 鹽弋古切宿沙煑海爲鹽 [鹵皿]同上 塩同上俗 盬公户切鹽也又蒼辨也姑也不堅固也

壬部第二百三十七凡八字 壬他井切善也謟也召也成也驗也審也[illegible]也 現胡殄切炙坂也亦作現 徵陟陵切召也又陟里切宮徵也 望無放切說文曰月滿與日相望以朝君也 朢古文 [illegible]無昉切誣也今作罔 㸒余箴切淫貪也 重直冢切不輕也又直容切疊也

皿部第二百三十八凡七十一字 皿明丙切說文曰飯食之用器也 盇余救余九二切小甌也杅水器也 [illegible]同上 盂羽俱切飯器也 盧力胡切當盧酒肆也以土爲酒甕四邊爲盧也亦飯器也 [illegible]同上 盬公户切器也 [illegible]同上 盆步魂切盎也

[illegible]除與切器也 盨山縷切戴器也 盄諸姚切器也 盛時正切多也又時征切在器也 盌於卵切小盂亦作椀 [illegible]子犁切[illegible]

稷在器也 盎於浪切盆也 [illegible]胡巧公巧二切器也 [illegible]同上 盉户戈胡卧二切調味也今作和 [illegible]於赤切加也 盅除隆切器[illegible]

盧也 盈余成切滿也 盦於含切覆蓋也 盡疾引切終也又[illegible]忍切 [illegible]同上 盪徒黨切搖動也滌器也 昷於[illegible]切和

也或作溫 [illegible]說文昷 盥公緩切洗物曰盥又澡手也又公玩切 [illegible]渠驕切椀也 [illegible]莫加莫多二切梧也 盞壯限切杯也

盌於干切盞醆大盂也 醆[illegible]切盞醆 盃魚下切杯也 ⿱楊皿餘章切杯也 ⿱王皿丁田切椀也 ⿱乏皿扶淹孚梵二切杯也

[illegible] 盈 [illegible]同上 ⿱既皿渠既切獸似蝟毛赤 盤薄干切器名 ⿱畾皿力同切亦作櫑 ⿱宓皿莫公切豐盜滿也 ⿱留皿同上 ⿱壴皿

力瀆切瀝也竭也 盝同上 ⿱攸皿徒弔切草器與蓧同 盂公安切盤也 ⿱卷皿丘拳切盂也 盖故大切掩也覆也 葢同上

⿱⿸虍甫皿博胡切籒文鋪 盩張流切盩厔縣 盄之遥切器也 [illegible]徒回切 ⿱皇皿黃孤切器也 ⿱兮皿許奚切小盆器 盔苦回

切鉢也 盃補梅切盞也 ⿱牙皿火牙切 ⿱台皿呼改切器盛酒 ⿱去皿神夜切[illegible]器 ⿱上皿音起器 盭魯帝切綠色綬也 ⿱列皿力制

切器 ⿱贛皿空紺切 盍胡臘切何不也 ⿱畫皿許力切痛甚也 ⿱必皿彌必切說文云械器也

臥部第二百二十九　凡七字

臥魚過切眠也息也 ⿱臥食女戹切楚人謂小嬾曰⿱臥食 監公衫公陷二切視也

⿱臥言古文 臨力針切尊適卑也視也 ⿰臥虒他兮切臥也 ⿰臥⿸虎鹿同上

㐆部第二百三十　凡二字

㐆所沂切說文云歸也从反身 殷乙斤切樂之盛稱殷易曰殷薦之上帝又乙山切左氏傳曰左輪朱殷杜預云今人謂赤黑爲殷色

玉篇卷第十六 凡二十四部

巨林琴部二百三十一 欣里喜部二百三十二 竹句壴部二百三十三 姑戶鼓部二百三十四
羌顗豈部二百三十五 徒鬭豆部二百三十六 力弟豊部二百三十七 芳馮豐部二百三十八
欣宜䖒部二百三十九 直隴重部二百四十 丁冷鼎部二百四十一 午寡瓦部二百四十二
方負缶部二百四十三 郎的鬲部二百四十四 郎的䰜部二百四十五 丁口斗部二百四十六
市灼勺部二百四十七 居矣几部二百四十八 七也且部二百四十九 甫王匚部二百五十
丘玉曲部二百五十一 戶徒壺部二百五十二 之移卮部二百五十三 側持甾部二百五十四

○琴部第二百三十一 凡八字

琴 巨林切說文及新論云神農造也琴之言禁也君子守以自禁也風俗通曰琴七弦法七星也琴操云長三尺六寸法象三百六十六日廣六寸象六合也 珡 篆文 𨨠 並古文 瑟 所櫛切庖犧造也弦多至五十黃帝使素女鼓瑟哀不自勝破爲二十五弦也 𤨏 古文 琵 房脂切風俗通云琵琶近代樂家所制不知所造長三尺五寸象三才五行四弦象四時釋名

之推手前曰琵引手卻曰琶所以呼爲琵琶本胡家馬上彈也 琶 步巴切琵琶

喜部第二百三十二 凡四字

喜 欣里切樂也悅也 𡀔 古文 歖 古文出說文 嚭 普鄙切大也吳有太宰嚭

壴部第二百三十三 凡六字

壴 竹句切陳樂也 𧯛 且的切夜戒守鼓也又作鼜 彭 蒲衡切多皃又盛也 尌 雉具竹具二切立也又作駐 䵧 他郎切大声也 嘉 柯遐切美也善也

鼓部第二百三十四 凡二十一字

鼓 姑戶切瓦爲椌革爲面可以擊也 𪔋 籀文 鼛 公刀切大鼓也 鼙 步兮切騎鼓也 鼘 於巾於玄二切鼓聲也鼓節也 鼞 他堂切鼓聲 䵫 七立他叶二切鼓無声也 𪔠 他盍切鼓鼙声或作鞳 𪔣 口盍切鼓聲 鼖 扶云切大鼓也 鼗 徒刀切似鼓而小亦作鞀 𪔵 力弓切鼓聲 鼟 他登切鼓声 鼚 丑良切鼓声 𪔳 二音帖寬也 𪔮 七盍切鼓聲 𪔶 音鍇鼓寬 鼜 音戚守夜鼓也 𪔷 同上俗 𪔴 音帖鼓無聲也 𪔸 徒各切鼓声或作鼕

豈部第二百三十五 凡三字

豈 羌顗切安也焉也書云怨豈在明 𧯷 巨依切且也欲也危也訖事之樂也 凱 空改切凱樂也或作愷

豆部第二百三十六 凡二十五字

豆 徒鬬切量名說文云古食肉器也 𣅜 古文 梪 同上木豆謂之梪 薦 蕃菹醓也 𧯞 居隱切合𧯞瓢也 𧯝 於物於月二切豆飴也 𧯟 九免九媛二切豆𩞁也 𧯠 力刀切豆也 𧰇 同上 鼛 莫卜切豆箕也 豌 於丸切豌豆也 𧰍 力周切𧰍豍豆也 豍 方迷切𧰍也 𧯽 莫猥切碎箕也 䜶 胡江切䜶䝄也 䝄 所江切 𧰔 胡斬切豆出生 𧯸 又白切磨豆也 𧯷 七林切野生豆 𧯺 於林切𧯷豆也 𧯹 弋朱切豆也 豉 市寘切亦作敊 䜺 渠飢切豆䜺 𤼷 都騰切 䝂 音兜小裂衣 𧯿 初六切小豆也

豊部第二百三十七 凡二字

豊 力弟切行禮之器也 䞶 雉栗切爵之次弟也

豐部第二百三十八 凡三字

豐 芳馮切大也俗作豊 𧯷 古文 豔 弋贍切美也好色也俗作艷

䖒部第二百三十九 凡三字

䖒 欣宜切古陶器也 䖒 胡道切 䖒 除諸切器也或作盂 虘 士金也

重部第二百四十 凡三字

重 直隴切不輕也厚也又直龍切 量 力姜力尚二切說文云稱輕重也 𣥺 古文

鼎部第二百四十一 凡五字

鼎 丁冷切所以熟食器也 鼐 奴代切大鼎也 鼒 子思切小鼎也 𪔂 士狄

五十二　余左

切甑覆樽巾也又鼎蓋也 鬺式羊切煮烹也亦作䰞

瓦部第二百四十二凡一百五字

瓦午寡切土器也 瓬方往切周禮有瓬人為簋 甄居延切陶人作瓦器謂之甄土也又至神切 甍眉耕切屋棟也 ⿱亩瓦同上 瓵余之切小甖也 甗牛偃切無底甑也 瓽丁盎切瓫也 瓮於貢切大甖也 甕同上 甌於侯切椀小者 瓨戶江切長頸瓶 㼝烏緩切器也亦作盌 瓴力丁切瓴甋甓也 甋丁歷切瓴甋 瓿蒲後切瓿甊小甖也 甊力口切瓿甊 甂補玄切小盆大口而卑下 甓並的切甎也 甈丘滯切瓠壺也破甖也 ⿰壺瓦同上 甃側冑切井甃也 ⿰巾瓦古文 ⿰爽瓦所兩切半瓦也 ⿱梘瓦同上 甐力頻切甐甐踼瓦聲 ⿰瓦佥丘劍切又胡耽切似瓶有耳 ⿰卒瓦桑對切說文云破也亦作碎 瓪伯限切牝瓦也 ⿰亢瓦古郎切甖也大瓮也 甒無甫切盛五升小甖也 甇仕江切甖也 ⿰貞瓦除政切甖也 ⿰俞瓦與朱切瓶也 ⿰朱瓦是朱切小甖也 ⿱疑瓦牛志切大甖也 ⿰長瓦除向除香二切瓶也 甔丁甘切小甖也 ⿰禺瓦牛口切盎也 ⿱斯瓦思移切鉼也 ⿺是瓦徒啓切小盆也 ⿰幸瓦胡梗切執⿰省瓦鉼有耳 ⿰省瓦山梗切執⿰省瓦也 ⿰登瓦都滕切瓦豆也 ⿰考瓦丑口切瓶也 ⿱巩瓦居隴切鉼也 ⿱㓞瓦苦結切瓶受一斗 ⿰果瓦胡寡切大口也 ⿰荒瓦口郎切瓠也 ⿰康瓦同上 ⿰東瓦丁弄切⿰東瓦⿰毚瓦 ⿰毚瓦初鑑切器也 瓷在思切瓷器也亦作⿱姿瓦 ⿰谷瓦

徒果切甂也⿰肙瓦古縣切瓫底孔下取酒也⿰監瓦胡監切大盆也⿰亶瓦時扇切器緣也瓸補格切甋瓸井甃也⿰宅瓦徒河切瓦盌也⿰土瓦

徒古切甁也⿰番瓦普安切甋瓳大甂甎也瓳戶徒切甋瓳⿰麻瓦力木切甓也甎之緣切⿰麻瓦甎⿰丁瓦徒丁切甎也瓽丁桑

切起瓦也⿱龍瓦力公切築土礱今作龔⿱霝瓦力救切屋檼也⿰皆瓦古諧切牡瓦也⿰甬瓦徒公切牡瓦也⿰出瓦女刮切⿰出瓦也⿱取瓦同上

⿰夾瓦子協切半瓦也⿰兼瓦胡監切瓦屋也⿰妻瓦七計切⿰享瓦丁昆切器似甌也⿱厤瓦力的切瓦器今作鬲⿱夗瓦於浪切亦作盎瓶

蒲并切汲器也⿰嶲瓦胡圭古畦二切甗下空也亦作[illegible]⿰圭瓦同上瓨胡經切酒器似鍾而項長⿰巠瓦同上甇於耕切長頸甁也⿰廛瓦

徒郎切瓷也甑子孕切甗也⿰希瓦丑希切酒器⿰昌瓦下各切甖烏莖切瓨也⿰亞瓦余之切瓶也甀池僞切甖也⿰弟瓦

徒奚切瓷也⿰亘瓦勒當切器也⿰巟瓦呼光切器也⿰虛瓦許飢切⿰吾瓦五姑切甌也⿱䜌瓦力華切瓦⿰盧瓦力胡切酒器⿱瓦良扶⿰瓦几

切瓦甐力震切器也⿸厂瓦五化切⿱殼瓦胡谷切坯⿰容瓦⿰庸瓦並音容甖也⿰冘瓦丁感切瓦屬

缶部第二百四十三 凡四十三字

缶方負切盎也詩曰坎其擊缶缻同上㱿苦谷切未燒瓦器也罌於庚

切瓦器也匋徒刀切作瓦器也今作陶⿱垂缶是規文睡二切小口罌也⿰缶巠古文⿰缶咅步侯切小缶也亦作瓿又步後切罋於貢切器也

罋同上 䍃余周切瓦器也 䍡力丁切瓦器似瓶有耳 𦈢都簟切缺也 罅呼嫁切裂也 缺祛決切虧也破也亦作罊

缾蒲丁切汲水器 ⿰缶乏他盍切下平缶也缾也 缸胡江切與瓨同 罃於耕切長頸缾 ⿰缶或禹逼切瓦器 ⿰缶焉七鈍先見二切瓦器也

罊口計切器中盡也 缿胡講切如瓨可受板書笞用今密事亦受錢器也又大口切 罏力胡切罍罌也 ⿰缶交公的切吹缺也

罍力回切樽也 ⿱畾缶籀文 ⿰缶幵胡經切酒器似鍾而項長 ⿰缶單時扇切器緣亦作甎 ⿱次缶在咨切亦作瓷 ⿰缶是徒啓切亦作題

⿰缶亥羌呂切 ⿱暫缶戶暫切 ⿰缶戔側板切 ⿱虍缶大五切又五鎋切缺也 罇子昆切與樽同 ⿰缶崔蘇回切 ⿰缶圭華鞋切 ⿰缶只知駿切缺也

⿰缶否畢裴切缶也 ⿰缶周音帚 罄可定切盡也器中空也 罐古段切瓶罐

○鬲部第二百四十四凡二十三字

鬲郎的切鼎足曲也說文作鬲云鼎屬實五觳斗二升曰觳又音革平原有鬲縣亦作䃀

⿱瓦鬲同上 ⿱規鬲居垂切三足釜 ⿱兓鬲似林于心二切釜屬 鬳牛建切鬲屬 ⿱㗊鬲許朝切炊氣皃 融余終切長也說文云炊氣上出也

⿰䖵鬲籀文 鬴扶甫切鬲屬或作釜 ⿰鬲斗公禾切秦名土釜曰⿰鬲斗亦作䰛 ⿰鬲曾子孕切鬲屬亦作甑 ⿱羔鬲柯行切亦作羹 ⿱羔鬲式羊

切煮也亦作⿱𩰲鬲 鬺同上 ⿱弗鬲方朱切亦作䰽 ⿰鬲支魚倚切鬲釜也 ⿰鬲文亡分切摩也 ⿰鬲亥蒲悶切起也 ⿰鬲巠工定切鬲也 ⿰鬲圭胡圭古攜

三切甗下也䰞如之切熟也亦作臑䰞楚狡切熬也𩱻子公切釜屬

𩰲部第二百四十五凡二十一字

鬲郎的切歷也亦作鬲鬻朱錄切鼎實或作餗鬻楚絞切熬也或作𩱛

鬵似林切釜屬鬻戶徒切饘也或作糊鬻之六切糜也又以六切或作粥𩱙同上鬻亡達亡結二切涼州謂粥為鬻

或作𩱝鬻居言切粥也或為饘鬻諸延切粥也鬻羊六切鬻賣也又音祝說文又音糜鬻如至切粉餅也或作餌鬻

餗余灼切內肉及菜於湯中鬻步忽切釜湯溢鬻之與切或作者鬻同上鬻子孕切炊器亦作甑鬻如燭切大鼎也鬻古行

切煮也𩱶同上䰞側皆切敬也

斗部第二百四十六凡二十二字

斗丁口切十升曰斗𣁬俗𣁮古雅切斝也料力弔切數也理也又音寮

斞余甫切量也今作庾斠古琢切量也今作角斡烏活切轉也柄也又音管斟止任切取也計也酌也斜徐嗟切抒也散也不

正斢九娛切挹也此酌也料補叛切量物分半也斣丁豆切物等也角力競走也𣂔他幺切斛䰙古田器也亦音銚戽乎古火故

二切杼水器也𣃀九萬切杼也量也斛胡穀切十斗曰斛枓之庾多後二切有柄形如北斗星用以斟酌也詩云維北有斗亦飲水器也

[illegible]匹郎切又薄郎切量溢也　升舒承切十合爲升　[illegible]公洽切入也亦音恰　[illegible]呼活切又烏活切杅也　[illegible]丁秋切量也

勺部第二百四十七　凡二字

勺時灼切歙器也十勺爲升亦作杓　与羊舉切賜也許也子也亦作與

几部第二百四十八　凡五字

几居履切案也亦作机　凥舉魚切處也與居同　処充與切止也與處同　[illegible]瞿營切單獨也與煢同　凭皮冰切依几也又皮證切

且部第二百四十九　凡五字

且七也子余二切語辭又七庶切詩曰有萋有且　[illegible]古文　俎莊呂切斷木四足也肉俎也　[illegible]才布切且往也　亹亡匪切亹亹猶微微也

匚部第二百五十　凡二十九字

匚甫王切受物之器也　[illegible]籀文　匠似亮切木工也　匧口頰切緘也或作篋　匜弋支切沃盥器　匡公王切方正也飯器也筥也亦作筐也　匩同上　匴先管切淥米籔　[illegible]似沿切淥米籅也　[illegible]公棟切小棺也　匪甫尾切非也彼也又竹器方曰匪　[illegible]此郎切古器也　[illegible]徒弔切田器也　[illegible]羊式切大鼎也又田器　匬余主切器受十六斗　匱渠愧切匣也　匵徒鹿切匱也　匣胡甲切匱也　[illegible]呼骨切古器也　匛渠救切棺也亦作柩　匶籀文　匯胡罪口罪二切回也

器也　匰丁安切宗廟盛主器也　匭古鮪切匣也　匬同上　𠥐胡耽切船没也　㔸皮變切又作笲　𨟻補堅切竹豆亦

作籩　𨟻籀文　匧居疑切籀文箕　𠥂布廻切籀文桮　匚不古文　医方娱切又弗武切祭器今作簠　匩呼韋切亦古韡字

匨作郎切古藏字　匙補是切籠也今作箄　匳力占切盛香器亦作籢　匲同上　匴且緣切竹器也

曲部第二百五十二凡四字

曲丘玉切枉也章也不直也　乚籀文　𠚕丘玉切蠶薄也或作笛　𠙹他刀切古器也

壺部第二百五十三凡八字

壺戶徒切盛飲器也圓器也瓦鼓也　壼篆文　𡔷籀文　𡔹口盍切古

榼字酒器也　𡔸先廟切鼓柎也　壺於芬切壹壺　𡔺篆文　壹音一說文云專壹也

卮部第二百五十三凡三字

卮之移切酒漿器也受四升　䏳時兗切小耑之兗切又之卮有蓋也　卮紧切小卮也

甾部第二百五十四凡十五字

甾側持切缶也此古文今作甾亦作由　𠚒甾並古文　𡿺今文　疀楚洽

千廉二切古文臿　疀同上　盧力胡切飲器也　𥂖籀文　畚補袞切盛糧器也　畚同上　𤱈之庶切畚也　𤰞

口奚切𤱿大篨也　𤰿古惠切𤲷也　𤱋附娱切小畚也　𤱢蒲丁切竹器也

玉篇卷第十七 凡十四部

於蹇 㫃部二百五十五　無弗 勿部二百五十六　尸視 矢部二百五十七　居雄 弓部二百五十八
渠良 弜部二百五十九　居垠 斤部二百六十　莫侯 矛部二百六十一　古禾 戈部二百六十二
時殊 殳部二百六十三　所扎 殺部二百六十四　禹月 戉部二百六十五　都高 刀部二百六十六
口八 刧部二百六十七　如振 刃部二百六十八

㫃部第二百五十五 凡三十八字

㫃 於蹇切說文云旌旗之斿㫃蹇之皃又㫃蹇舞皃今爲偃 旗 巨基切熊虎爲之旗也又旗亭市門樓表也 旚 匹遥切旍旗旚搖之皃 旐 除矯切周禮曰龜蛇爲旐 旆 蒲貝切爾雅曰繼旐曰旆 旌 子盈切周禮曰析羽爲旌 旍 同上見禮記 旟 弋於切周禮曰鳥隼爲旟 㫍 與昭切旌旗之旒也 旖 於我切又於蟻切旌旗旖旎皃 旎 女綺切旖旎 旂 渠衣切縣旌於竿 旞 似醉切全羽爲旞 旞 同上 旝 胡外切左傳曰旝動而鼓 旃 之延切周禮曰通帛爲旃 旜 同上 旇 普皮切旗靡也 施 舒移切施張也又式豉切以豉二切 斿 弋周切旌旗之末垂者或作游 旒

力周切旌旗垂者　旄莫刀切旄牛尾也舞者持　旋徐緣切周旋也　旛妨園切旌旗捴名也　旅力與切衆也　𣄼古文　族徂鹿

切類也　旓所交切旌旗之斿　旝於業於儼二切掩光也　於央閭切居也又倚乎切歎辭也　𢏗竝古文　𣃘文　方屈

切州里所建旗也亦作勿　𣄰許非切動旗也亦作揮　旟居起切失容也　旚必姚切旌旗飛揚皃　𣄴於撿切　𣄠於了切旗屬

勿部第二百五十六凡三字

勿無弗切非也又旗也　昜弋章切飛也　𥝢吕至切古文利

矢部第二百五十七凡三十字

矢尸視切箭也古者牟夷作矢　𠂒俗　矦同上　侯胡鉤切射侯又君也侯也

何也　医古文　䠶時柘時益二切䠶弓今作射又亦夜二音　矯几兆切强也詐也揉箭箝皃　短丁緩切不長也　矤尸忍切況也

矧同上　𢼸同上　矰子登切結繳於矢也　𥏳式羊旦羊二切傷也　矲蒲楷切短也　知豬移切識也覺也　矣諧几

切已語辭也　𥎦牙冷切小皃　𥐚丘吠切𥏴豩呼吠切𥏴豩短小皃𥏴豩𥐚豩　矬才戈切短也　𥏹職劣切短也　𥏫必兮切𥏫

𥎿短小皃　𥎿子兮切𥏫𥎿　𥎵乎法切矢也　矱呼宮切短　矩拘羽切法也圓曰規方曰矩　榘同上　𥐖丁幺切犬短尾

𥏛於巳切短皃　𥏡徒了切矢也

弓部第二百五十八 凡七十五字

弓 居雄切黃帝臣揮作弓 弭 亡尒切息也忘也止也安也滅也又弓無緣也 ⿰弓見 同上 弴 丁幺丁昆二切天子弓也 弤 同上畫弓也又丁禮切舜弓名 弲 火玄切角弓也 弨 尺遥切弓弛皃 弧 戶都切木弓也

⿰弓萑 渠貣切弓曲也 彄 苦侯切弓弩端弦所居也 ⿰弓繇 弋招切弓便利 張 陟良切施弓弦也 彎 於關切引也 引 余忍以振二切說文云開弓也 ⿰弓人 羊忍切挽弓也 彏 九縛切張弓急 弸 悲矜切弓強皃又普耕切 彊 巨章切堅也說文云弓有力也又其兩切

強 同上 弙 於孤口孤二切弓滿也持也指麾也引也張也 弘 胡肱切大也 彌 亡支切大也偏也 ⿱彌玉 同上 弥 亦同上 弛 尸紙切去離也弓解也 ⿰弓虒 同上 彀 古豆切張弓弩也 弢 他刀切弓衣也 弩 奴戶切弓有臂者 彉 古鑊切張也說文滿弩也

彍 同上 彃 比益切射也 發 甫越切明也進也行也駕車也 ⿱幵弓 乎計午悌二切論語云⿱幵弓善射又作羿 彈 達旦切行丸也又達丹切 ⿰弓丸 ⿱弓弓 竝同上 㢰 皮僞切㢰發所以張弩也 ⿰弓委 女恚切㢰⿰弓委也 ⿰弓合 虛業切弓弽也 弰 山交切弓使箭 彋 禹萌切弸彋帷帳起皃

⿰弓𣶒 於玄切弓上下曲中 彇 先幺切弭頭謂之彇 ⿰弓㒳 甲結畢計二切弓戾也 ⿱折弓 同上 弽 尸涉切或作韘 ⿰弓是 豬吏切青州爲彈曰⿰弓是 弳 居掾切彃也 ⿰弓鬲 五責切束弓弩 弣 孚主芳夫二切弓也 ⿰弓勺 都狄切射也又作的 弦 奚堅切弓弦也

弶巨尚切施罝於道也 弙胡旦切史記拒弙關之口 弢司俊切彇也 弤古女切 張猪賓切施也 弙[illegible]切 [illegible]

去竟切引也 ⿰弓同徒東切弓飾 ⿰弓崩必耕切弓也 ⿰弓并普庚切又作絣 ⿰弓旁平怔切弸急 ⿰弓方同上 ⿰弓襄女兩切弓曲 ⿰弓晉

⿰歹巠敢切弓強 弫之忍切弓強 弮居阮切又去圓切古縣名 ⿰弓羊余章切弓曲也 弝必駕切弓弝也 ⿰弓爭陟迸切引搒也 ⿰弓渠

巨魚切 ⿰弓夬古穴切 ⿰弓巨巨勿切彊勇

弜部第二百五十九 凡六字

弜渠良切彊也又巨兩切 ⿲弓酉弓皮密切左輔右弼也 ⿰弓酉同上 ⿰弓敫古文 弼今文

⿲弓鬲弓弋粥切又扶袁切養生也

斤部第二百六十 凡三十一字

斤居银切斫木也又十六兩爲斤 斧方禹切刀斧也 斨且羊切方銎斧也

斫之若切刀斫 斪巨俱切鉏屬 斸竹足切斫也或作钃 斲竹角切斫也 ⿰晝斤同上 釿牛引切齊也 斮側略切斬

也斷也削也 所師呂切伐木聲也又處所俗作所 斯思移切析也又此也 ⿰亓斤古文 斷丁管徒管二切截也又丁亂切決也 ⿰亶斤[illegible]文

斷同上俗 ⿰耳斤力可切擊也 析思的切破也分也 新思人切初也 斬阻減切斷也 ⿰者斤知略切破也 [illegible]又刮又芮

二切斲也 斯同上 ⿰谷斤古額切亦作𢦨 ⿰齒斤時世切古文誓 斦魚斤切二斤也 ⿸厂斤他凋切斫也 ⿰片斤博棧切斸也 斸

其愚切 ⿰豕斤知朔切 ⿰區斤枯婁切

○矛部第二百六十一凡二十八字

矛莫侯切酋矛長二丈建兵車 鉾古文 ⿰矛良力當切矛屬 ⿰矛害口大

切矛屬 矠又白側白二切矛屬 ⿰矛贊千喚切鋋也 ⿰矛襄同上 ⿰矛丑女六切矛刺也 ⿰矛堇渠巾切矛柄也 矜同上又居陵切自賢也

⿰矛号呼的切長矛也 ⿰矛殳呼役切矛也 ⿰矛建几偃切矛也 ⿰矛豕文買切矛也 ⿰矛肖山卓切矛也 ⿰矛夆扶容切矛有二柄 ⿰矛逢

同上 ⿰矛茸如容切⿰矛夆⿰矛茸 ⿰矛虫大冬切矛刺矛也 ⿰矛施時奢切短矛亦作鍦 ⿰矛侵子心切矛錐也 ⿰矛瞿居縛切 ⿰矛重尺鍾切短矛也 ⿰矛悤

楚雙切矛也 ⿰矛㐌式之切 ⿰矛侯胡鉤切 ⿰矛号許逆切 ⿰矛勺去的切矛也

○戈部第二百六十二凡五十一字

戈古禾切平頭戟長六尺六寸 ⿱𢦏手弛綺切長也始也 戎如[illegible]切戎

文作戟兵也 ⿰車戈同上 戣渠隹切癸戟屬 ⿰𠦝戈古寒切戟盾也 戟居逆切三刃戟也雄也說文作戟有枝兵也 ⿰𠦝戔同上 戛

古札切戟也常也 戝在則切盜也傷害人也說文作賊敗也 賊同上 戍舒樹切守也遏也 戰之膳切鬬也 戚

切兵也又戲笑又虛奇切　或胡國切有疑也　戜徒結切利也常也國名也在三苗東　戭余忍余淺二切長槍也　截在節切齊

也治也斷也亦作截　𢦟苦耽切殺也　戕在良七良二切殘也殺也　戮力竹切辱也殺也　戡竹甚切小斫也又苦耽切　戔二

子廉切田器又盡也　𢦏子來切說文曰傷也　戩子踐切福也亦滅也　武亡禹切健也跡也力也　戢側立楚立二切聚也斂也

戠之力切　𢦾莫侯切古文矛　𢧐如欲切戟也　𢧢五勞切戟鋒也　𢦺充允切亦蠢字　𢧵余種切古勇字　𢦹子感切古

建字　戓古額切闕也　𢧆詞立切古襲字輕師不備也　戧楚良切古創字　𢧤莊略切古斮字　𢦰古獲切割耳也　𢦒

存安切傷也賊也　𢦿賊安切多　𢦬各何切　𢧔荒姑切　𢧜思廉切細也今作韱又山韭也　𢦽音誅戈也　𢧵與章

切弋也　𢨁余鍾切戣也　𢨊詰廉切矛也　𢦓巨尤切矛飾　𢦝胡瓦切說文曰擊踝也　戙徒弄切船板木

殳部第二百六十三凡二十八字　殳時珠切長丈二尺而無刃　杸時朱切軍中所持也　㱿空角切物皮空　毄

公狄切係也　𣪍巨今竹甚二切治也制也　祋丁外丁括二切殳也　𣪔市流切縣壽物毄擊也　𣪘同上　毆於口切搥擊也　𣪊口交口卓

二切擊頭也或作敲　𣪗市眞切喜而動皃又音蘇　𣪠徒亂切投物也　殽胡交切雜亂也和也　殹烏計切擊中聲　𣪍大宗切擊聲

毅魚記切致果也𣪏居又去流二切揉屈也㱾公才切㱾者剛卯也殿徒見切大堂也又丁見切[illegible]夫耕切推也[illegible]六
切亦作築⿰者殳息俊切⿰喬殳居小切⿰害殳居藝切[illegible]初万切[illegible]在各切穿鑿也[illegible]音䋚⿰豆殳徒透切遥擊也古為投

殺部第二百六十四凡六字

殺所札切斷命也又所界切疾也[illegible][illegible]並古文[illegible]籀文⿰杀式式吏切亦作弑

戉部第二百六十五凡二字

戉禹月切黃戉以黃金飾斧也又作鉞戚千的切戉也或作鏚

刀部第二百六十六凡一百九十六字

刀都高切兵也所以割也亦名錢以其利於人也亦名布分布人間也又丁幺切莊子
云刀刀乎亦姓俗作刀釗孚至切刀握也或為[illegible]㓵五各切刀劍刃也削思略切刻治也又思妙切所以貯刀劍刃⿰句刂古侯切鎌也
剞居蟻切刀曲也刻同上剴公哀五哀二切切也動也摩也⿰屈刂九勿九月二切剞劂也劂同上利力至切義之和也善也剡也銛也
剡以冉切削也又剡剡光皃初楚居切始也則子得切法也⿰員刂古文⿰鼎刂籀文刻苦則切鏤也怠也割也[illegible]古文割
柯曷切截也[illegible]古文刌忽混切切斷也切妻結切治骨也斷也急也又七計切一切也判普半切分散也[illegible]先列魚乙二切斷也
劌居衛切利傷也刉九祈切切刺也又公外切副普逼切坼也破也又芳富切貳也疈籀文剖普后切判也中分為剖列

为淮切說文作劉分解也　劉同上　劈普辟切裂破也　辦皮莧切具也又音片爾雅云華中絕謂之辦　剟竹劣切剟削也　剫達各切治木也分也

刋口千切削也定也除也　刖於玄切挑也剜也　𠟡古文劀　劀公八切去血也割也　⿱敎力力洛切剝也　⿱秎力同上　刷所刮切翦刷又

刷栻也　劃乎麥切以刀劃破物也　劃古文　刮古猾切摩也　刪所姦切定也剟也　刲口圭切屠也刺也　⿰奎刂同上　剽孚妙

切史記云行剽殺人也削也截也　刖五厥五刮二切斷足也　剉子臥士臥二切去芒角也斫也　劖士咸切斷也　劋子小切絕也　剿同上

⿰桼刂楚乙切傷割也又割聲也　刜扶弗孚弗二切斫也擊也　刓五元切削也　制之世切法度也裁也斷也折也　⿰𢂋刂古文　⿰占刂都忝切鈌也或

作玷　釗之姚切遠也剽也周康王名又古堯切　刺且利切殺也又七亦切針刺也　劓魚器切割也截鼻也　⿰臬刂同上　刵而至切截耳也　剞

物腸也判也屠也易曰刳木爲舟　罰扶發切罪罰也　刑戶丁切法也罰總名也　⿰井刂同上　剄古冷切以刀割頸也　⿰尊刂子本切截也斷也　剄

乙牙切剢也　券丘萬切契書也　創楚良切傷也又楚亮切始也　劉力牛切鉞也殺也陳也　劑才細切剪齊也　刎亡粉也割也　剾於講

切剜也　⿰俞刂徒構切剾也　刻下千切到也　剔丁盍切著也　⿰重刂尺庸切刺也亦作種　⿰寽刂力活切削也　剌力達切戾乖也聏也　⿰算刂

又亂又萬二切斷也　⿰栗刂力一切斷也削也　⿰車刂同上　剶丑全切削也去枝也　劙力支切解也分割也　剜於丸切剜削也　⿰巤刂力涉切鑯削

⿰巂刂胡圭切綷也削也　⿰率刂又律切劃斷　剅丁侯切小裂也　劂唯芮切籀文銳　划公臥公禍二切鎌也又刈例　⿰工刂古紅切鋻也　刺

補護切裁刀也　⿰監刂音監劖聚細切也　⿰孱刂旨善切攻也　刈魚廢切穫也取也殺也　⿰磊刂郎石切劙開也　劐呼鑊切裂也　⿰廣刂口號口郭

二切解也　⿰靃刂籀文　⿰聚刂才候切斷也細切也　朷莫鹿切朷桑也　劁才焦切刈穫也　剗楚簡切剗削也　⿰刀刂丁幺切斷取也　⿰召刂同上　劇

巨戟切甚也　⿰業刂魚劫七葉二切接續也　⿰崇刂仕弓切鍤屬　⿰亶刂都管切古斷字　剃他計切鬄也除髮也亦作鬀　⿰爽刂又丈切皮也　⿰各刂

力各切剔也　剔他狄切解骨也　⿰務刂同上屠也　⿰亶刂之善切伐擊也　⿰是刂丁奚切刲也　剭乙角切形也　尅口得切勝也　剠力向

切奪也亦作掠　⿰靡刂莫何切削也　劗子踐子九二切鬋髮也鬛也切也或作揃　剒且落切爾雅曰犀謂之剒亦作錯　⿰冊刂口怪切斷也　⿰周刂丁幺

切剮琢也　劍居欠切籀文劒　⿰朁刂徂感切劗劖也刺也　⿰差刂楚佳切劗劖　⿰頁刂力可切擊也亦作斫　剝北角切剝削也說文曰裂也　忉同上

⿰氺刂烏玄切與淵之　⿰黎刂力之切直破也　⿰犀刂素奚切劙也　剴多丸切齊也　劇居吉切剔也　⿰卑刂匹迷切削也　刨薄茅切削也

剹力竹切削也　剸徒官切截也又旨兗切　⿰兆刂他凋切剔也　⿰瓜刂古花切割也　⿰婁刂盧兜切穿也　⿰魚刂山俱切又公節切割也　⿰鹵刂

匹奚匹計二切⿰皀刂斫也又方蔑切　⿰粦刂力珍切削也　刕歷低切姓又力脂切　剛古郎切強也　⿰弇刂於嚴切刑也　⿰朋刂北朋切斫也　[illegible]

力丸切　刡莫忍切又莫賓切刡削　刊得草切割也　剄而兖切刺也　剠於景切刺也　剿古火切割也　剸青鎖切也　剮

匹銚切鍬也　剕符沸切刖也　剁丁臥切斫也　刋七見切切也　剦魚弔切削也　劍所鑑切刃劍　剗七鳩切㓹也　剬所劣

切刺也　劐去近切　劆力計切　剳丁盍切剳劍也　剨口八切與韧同　㔉貞角切刑也　剫魚乙切　刹初八切刹柱也　剒

而利切削也　刪北角切　剴古滑切去惡剴俗剴字　剡俗列切　剬仕鍇切斷草刀又直叶切　剟普末切剟刺　剸先活切

剈古穴切剔也　劊古活切斷也又古會切　劉所流切刈也　剽思銳切細切也　剷初洽切切聲　剩時證切不啻也　劂符

切剝也　剪俗翦字　剏慈戚切古文前　劉戶關切地理志樸劉縣在武威　剮古瓦切剔肉值骨古文作咼　刖五骨切船在木不安謂之刖也

韧部第二百六十七　凡四字

○韧口八切巧韧也　栔苦結切開也別也其約即作契　㓞力灼切今作略又籀文[illegible]公八切斷[illegible]割也

刃部第二百六十八　凡六字

○刃如振切刀刃也　釼居欠切軍器所帶兵也　刅布角切古文剏　刅楚良切刃傷也或作創　𠝹徒木切

丑 楚良切說文云傷也

○十七卷終

○玉篇卷第十八 凡十六字

居音 金部二百六十九 普卜 攴部二百七十 甫望 放部二百七十一

巨基 丌部二百七十二 臧可 左部二百七十三 古紅 工部二百七十四

知輂 珡部二百七十五 武俱 巫部二百七十六 布鹿 卜部二百七十七

除嬌 兆部二百七十八 俞鬧 用部二百七十九 戸交 爻部二百八十

力爾 㸚部二百八十一 尺奢 車部二百八十二 之由 舟部二百八十三

甫芒 方部二百八十四

○金部第二百六十九 凡四百七十三字

金 居音切說文曰五色金也黃爲之長久薶不生衣百鍊不輕從革不違西方之行生於土 鍂 古文 銀 語巾切爾雅云白金謂之銀 鐐 力彫力弔二切爾雅云銀美者謂之鐐 鋈 烏篤切白金也 鍚

思的切鉛錫又與也 鈏 羊刃切白錫也爾雅曰錫謂之鈏 銅 徒東切赤金也 鏈 力仙切鉛礦也 鍇 器駭古諧二切說文
云九江謂鐵曰鍇 鐵 他結切黑金也 ⿰金截 俗 銕 古文 鍊 力見切治金也 鋚 大幺切鐵也又轡首銅也 銑
先典切金也 録 力玉切說文曰金色也 鋻 古田古甸二切剛也 鑗 力脂切金屬 ⿱黎金 同上 鑄 之[illegible]切鑄
鑄也 銷 思樵切鑠金也 鑠 式灼切銷鑠 鑲 女羊汝羊二切鉤鑲兵名 鋏 古協切劒也 鋌 達鼎切說文曰銅鐵
撲也 鐼 扶分切鐵也又音訓 鍛 多亂切椎也 ⿰金曉 呼皎切鐵文也 鏡 居映切鑑也 鉹 尺爾切說文曰曲鉹也又
曰鬵鼎也 ⿰金氏 同上 鈃 胡丁切說文曰似鍾而頸長 鐘 職容切樂器也 鍾 之容切聚也酒器也 鋞 胡經下冷二切溫器
也 鑊 胡郭切鼎鑊 鑒 古銜古懺二切察也形也式也盆也 鑑 同上 鑴 呼規胡圭二切大鑊也 鐆 似醉切陽
鐆可取火於日中 鐩 同上 鍪 莫侯切鍑屬 鍑 方宥切似釜而大也 錪 他殄切小釜也 銼 才戈切銼鑹鍑也
鑹 力戈切銼鑹也 鉶 何經切羹器也 鎬 胡道切溫器也又鎬京 鏕 力木切鉅鹿郷名俗作鏕 ⿰金麀 於刀切說文曰
溫器也 銚 弋昭切温器也 鐎 子消切溫器有柄也 鋀 大口切說文曰酒器也亦作⿱宀豆 銗 呼后切小盆也 ⿰金𢼸 無非切鍏

也鍷于桂切銅器三足有耳也鉉胡犬切鼎耳也鋊余玉余鍾二切銅屑也鐪力古切釜屬鎣余傾切器也又烏定切錡宜倚切三足釜也又渠儀切鍤丑涉楚洽二切長鍼也鉥時橘切長針也鍼之林切說文曰所以縫也又渠廉切針同上鈹普皮切大針也又劒如刀裝者鑱仕衫仕懺二切剌也鏨也鏨才敢切小鑿也鑿在各切穿也鏨也又子各切鑿鑿並同上鈕女九切印鼻也銎夫恭切斤斧空也又銎銎擊皃又許顒切鐅普結切鐅刃銛思廉切銛利也錢子踐切田器也又疾延切財也鈐平潭巨廉二切耕類也車鈐也鐆大罪大果二切犁鎋也鏺浦末切鎌也兩刃有木柄可以刈草也鐮力詹切刈鉤也鎌同上鉏仕葅切田器又仕呂切鋤同上䥯彼皮切耙屬二鍥古節切鎌也又口結切鐑同上鉊之姚切鎌也銍知栗切刈也說文曰穫禾短鎌也又之一切鎭知刃切安也重也壓也鉆其沾切鐵銸也又敕淹切銸女輒切拔髮也鑷同上又車綦也鈦特計直賴二切鉗也鉗奇炎切以鐵束物又奴所著鋸居庶切解截也鐕子南切無蓋釘錐之惟切鋭也鏝亡干切泥鏝也大戟也鑽子亂子丸二切所以穿也鑢力庶切錯也鋁同上銖市朱切十二分也鋝力輟所劣二切量名鋢同上鈀補加

切候車也又普加切鍐平關切六兩也錘直危切稱錘也鈴力丁切鈴鐸也錙仄飢切八兩爲錙鈞古純切三十斤
也鋈古文鎔弋鍾切鎔鑄也鏞弋鍾切大鍾也銿同上說文與鐘同鐲文角切征也形如小鍾又音蜀鐃女交
切似鈴無舌鉦之盈切鐃也鉦以靜之鼓以動之鐸達洛切所以宣教令也文事木鐸武事金鐸鎛旁各切似鍾而
大四時之聲也又補各切鈁甫王切鍾也鑮布各切田器也又鑮解獸似人懸鍾橫木也鍠胡觥切鍾聲也亦作韹
鎗楚庚切金聲也錚同上鏜他當切鼓聲也鏓且公切大鑿平木器鑋丘并去政二切金聲也鐔徒含切劍
鼻又夕林時占二切鎩所界所黠二切長刃矛鏌靡各切鏌鋣劍名釾以蛇切鏌釾鋣同上鏢匹燒切刀
削末銅也鈒所及切鋋也又蘇合切鋋市然切小矛也鋭徒會切矛也又弋稅切鉈市邪切矛也鏦楚江
切矛也撞也鐌同上錟大甘切長矛也又他甘切鐏在困切說文曰秘下銅也鏐力幽切紫磨金鐓大對切鐏
也矛戟下銅也錞同上又市鈎切鍭乎溝乎豆二切鍭箭也鏑丁狄切矢鏑也鍉丁兮切鏑也鎧口代切甲
也錏乙加切錏鍜頸鎧也鍜下加切錏鍜也釬何旦切說文曰臂鎧也銲同上又銲器也鐗古鴈切車軸鐵釭古紅

古雙二切車釭　釳許乙切鐵孔也　銴時世切車程結又鋼生五色也　鑾力完切鑾和以金為鈴也　鐊餘章切鏤鐊馬面飾

鍚上同　銜下監切馬銜鐵　鉣居業切說文曰組帶鐵也　鑣彼苗切馬銜也　鈇方于方字二切鈇鉞又剉斫刀也　⿱埶金

先列切田器也椹也又之二切　釣都眺切釣魚也　鋃力當切鋃鐺鎖也　鐺音當鋃鐺　鋂莫回切大鐶一鐶貫二也　鍡

於罪切鍡鑸不平或作碨　鑸力罪切或作礧　鎎許氣切怒戰也　鋪普胡撫俱二切陳也張也　鐉此全切門鉤也又所劣切六兩

也　鈔楚教楚交二切強取也掠也　鍩他點切取也　鎝他荅切器物鎝頭也　⿰金亶之善切割也　鈌古穴於穴二切刺也

鏉山迤切鏉鉎也　⿰金肩力迤切鏉⿰金肩也　鍲眉巾切鍲業也筭稅也　鏃子木切箭鏃也　鎦力牛切古劉字　鉅強語

切大也今作巨　鎕徒郎切鎕銻火齊也　銻大兮切鎕銻　鈋五戈切削也　鐜徒對切千斤椎　鍒如周切說文曰

鐵之耎也　錭大刀切鈍也　鈰子奚祖奚二切刀利也　⿰金妻上同　鈍大困切頑鈍也　銶奇休切析也又鑿屬　鎃

普的普賜二切裁名也　鐕公兮切堅也　鏵胡瓜切鏵鍫也　釫上同　鍏于非切臿也　鍵奇蹇切牡也又

管鑰　鍵上同　釵楚街切婦人岐笄也　鏷步桔切鏷⿰金辜矢名春秋作僕姑　⿰金辜古胡切鏷⿰金辜也　鏔弋脂切戟無刃

鍴都丸切鑽也　鍨渠追切與戣同　鏸胡桂切鋭也　錣竹劣竹芮二切針也　鋝居列切鈞鋝也　錕古本切車

釭也　鉀古狎切鉀鑪箭　鍋古和公禍二切車釭盛膏器　鐹公卧切刈剈也　鍫七消切臿也　鐰同上又子勺切鐵剛折

鋡胡耽切受也　鍮他侯切鍮石似金也　鋀同上　鉐音石鍮鉐　鏳仕萌切玉聲也　鎢於胡切鎢錥小釜也　錥

余六切溫器也　鈳於河切鈳鏌小釜也　鈷柯魯切鈷鏌也　鏌莫凱切又莫補切　釜扶甫切鍑屬亦作鬴　鉽餘力切鼎

附耳外也　鑥力古切釜也　鑋方皮切鉏也　鏻力刃切鏻鑪鏻也　鏝莫鄧切鏍也　鋇布外切鋒也　鈶

辝理切亦作耜　鉿公合古洽二切聲也　鑖亡結切小鋌也　鉒竹句切器也送死人具也　鍱大頰切鋌也　鐴補狄切犂耳也

𨨏丁果切鈌也　釤山鑒切大鎌也　䥸亡支切青州人呼鎌也亦作鑈　鈑布綰切鉼金也　鐇甫園切廣刃斧也　鐇

力丁方仁二切健兒　鉜扶侯切鉜鏂鏉飾也　鏂於侯切鉜鏂也　鍝牛于切鋸也　鐝渠月切磨也　鎜步安切古文盤

鍂乃頰切小釵也　𨧫羊夜切鐼𨧫也　鏟丑善切長也　鎡子辝切鎡錤也　錤渠基切鎡錤也　錸力內切平板具

鏉口渙切燒鐵又　鉎所京切鏉也　鎒呼高切除草也又奴豆切　銃尺仲切銎也　鉠於良切鈴聲　鏆古喚切穿

也鉌胡戈切鈴也釧充絹切釵釧也鍌除㑡切除利也鈵彼病切固也鏊五高五到二切餅鏊也鉟匹眉切刃

戈也錌於劫切椎也鏗口耕切鏗鏘金石聲也⿰金身同上鐻渠呂切器名也钀魚傑切鑣也鑈奴頰切堅正也

鈴同上鉞于月切斧也亦作戉⿰金孱仕間切小鑿也鐲陟玉時燭二切鉏也⿱毒金都毒切餿舌也鐶胡關切鍸

戶徒切亦瑚字鍔五各切刀刃也鐖居衣切鉤逆鋩鉢補末切器也鐍古穴切環有舌與觼同鈘魚倚切釜也與

⿰鬲攴同鐯張略切钁也鉾亡侯切⿱厤金力狄切或作鬲鑘力囬切劒首飾也鑰餘灼切関鑰也鉍彼冥彼密二切

矛柄也鉄持桎切古文紩鈮奴禮切古文檷錎户監切古作陷鎖思果切鐵鎖也鏁俗鏟楚簡切平木器鉵

徒冬切鉏大皃鋺於元切鉏頭曲鐵也鍈於郷切鈴聲也鋒孚逢切刀刃也鉷胡聾切弩牙也鎚都雷切又直追切鐵

鎚也鏒思感切鋐戶萌切器也鉤古侯切鐵曲也⿰金姿息咨切平木器鐁同上錀力屯切鎊普忙切削也

銓七全切平木器又銓衡也鍗徒奚切鑌必申切鐵也鈿徒練切金花也又音田⿰金耆渠离切軸鐵也鑐

息吏切鎖鑐也鏤力俱切屬鏤劒名又音漏⿰金⿱亡虫莫庚切鐈渠驕切鐈鼎長足者鈱莫賓切鈱鐵葉鉋蒲茅切采

水器又防孝切⿰金會古麥切鐵器鍶司龍切又烏咢切鋹丑兩切利也鋩無方切刃端鋼古郎切鍊鐵也鐄

胡觥切鍾聲鋿時羊切磨也鏅宿由切鋌也釘的苓切又都定切⿰金舀吐切切釚渠牛切弩牙⿰金匕

匹犂切箭也⿰金叜師由切鏞也鎪同上⿰金后胡鉤切鏂⿰金后錏錣鈆役川切黑錫也說文曰青金也亦作鉛鑨盧冬切器

也鉖徒冬切鉤鉖鈚薄离切鐵也鈽方乎切金版⿰金奎五圭切錐也⿰金圭決倪切⿰金靡莫羅切金⿰金州

視由切切錨眉遼切器鈊思林切金名⿰金羌口觥切鎏力由切美金鑶昨郎切鈴聲鑅乎觥切鐘聲鑇

兹犂切切也錂力升切金名⿰金脣殊倫切器鋑七桓切鋑刀也⿰金冉而斂切鐵也銋如針切童雅云羹也又如甚切鍖銋

鍖丑甚切鍖銋錧公滿切車具也鏋莫短切金也鍽補輦卑連二切釩芳犯切拂也鎈相可切金光

鈰時以切鋓名釨祖里切剛也鋅同上又金皃鉙知駭切金也鋟七林子廉二切以瓜刻版也銫

魚鬼切以捩鋸齒也⿰金御宜呂切樂器也鋙同上⿰金匽於蹇切兩刃戟鉸古咬古效二切釰鉸鏾息讚切弩鉄食指切箭

頭錗竹瑞切鏙七回切鏙錯也鋄亡犯切馬首飾釥七小切美金也⿰金賞舒養切或作鋿鉼畢領切爾雅曰鉼金

謂之鈒　鉠色滓切鐶　⿰金事時廁切莊⿰金事也　鍡五罪切金鍡也　⿰金巳夕次切金子也　鋺於遠切秤鋺也　鍍音度金鍍物也
鐌徐兩切　鐬火外切鈐聲　錊子對切鍊　鑛古猛切鑛鐵也　鏴力故切刄　鐀徒鍊切　鋆平鈞切　鑫呼龍
切又許金切　鋥直孟切金磨鋥　鋠食振切圓鐵　鑈而稅切銳鑈　鋇本妹切柔鋌　⿱制金尺制切除草器　錝死[illegible]切金
毛也　鐩辭類切鏡也　鉺如志切鉤也　⿰金閭力頑切力魚切　⿱興金翌怒切　錮古路切錮鑄　⿰金冊所諫切　鋽
徒弔切燒器也　⿰金回呼內切金⿰金回　鑭力旦切金光見　鋀音豆　⿰金閏人絹切銀　鑕章溢切鐵鑕砧　鐱渠驗切金　釟
補戛切治金也　釛胡刻切金　鋉蘇祿切　鈺五錄切　⿰金粟思欲切金　銉余律切針　⿱削金音朔鐶⿱削金　⿰金屈區律切⿰金屈
鉞　銊辛律切　鉘浮勿切飾也　鈅魚厥切兵器也　鉑蒲各切金　鎍所革切鐵槍　鈼殂鶴切釜也　鍎徒骨
切　⿰金入得立切　鉻古額切鉤　鍚都盍切　鈉如盍切打鐵　⿰金希舒力切糊也　鑉他盍切鑉鑪箭　鋜仕朔切鎖
足也　鈠營歷切器也　鎰羊質切二十兩　⿰金奥音懊溫器　鎘盧的切釜　鋷祖誨切　⿰金齒初角切　鍱音葉鐵鍱
也　⿰金步時獵切　鋦君玉切以鐵縛物　鏘七良切鏘鏘聲　銆莫伯切銆刃軍器　鑞盧甲切錫鑞也　鍓祖立切　釙

普剝切金斜鎑于劫切又他盍切钁居縛切鋤钁鑺局虞切軍器也鈯徒鶻切鈍也錿徒分切器也鏊七昔

切又力宗切鈸音跋鈴也鏚于歷切于鏚鑯于廉切說文曰鑯器也一曰鑴也釦音口金飾器口也鈂直深切說

文曰臿屬鏇徐專切圓轆轤也又徐釧切轉軸裁器也鎋下戛切車鎋也錍匹迷切說文錍鍫斧也又音卑銘莫經切周禮曰凡有

功者銘於太常錯七各切鑪也雜也說文金涂也又音厝鏶音集說文鏶也鐙音登說文錠也又多鄧切錠徒徑都定二切

錫屬說文鐙也鏎必分切鏎釵也鈭子支子移二切鈭錍斧也

○攴部第二百七十凡一百七十七字

攴普卜普角二切小擊皃攵上同徹丑列切通也明也又直列切

徹古文敃眉隕切勉也暋同上敏眉隕切敬也莊也疾也啓口禮切說文云教也又開發也肇直皎切俗肇字

敀布格切附也敄無禹切強也𢻫舒枝切亦施字說文敷也效胡教切法效也政之盛切說文曰正也敷芳于切布

也亦作敟敟丁殄切常典也今作典⿰麗攵力米切數也數所屢所縷二切說文計也攽悲貧切分也敳五來切有所治⿰予攵

子辭切說文曰汲汲也敞昌掌切高也改公亥切更也敕丑力切誡也今作勑⿰耳攵而頻切使也變碑媛切變化也

更古孟切又古衡切代也歷也復也今作更敹力幺切簡也擇也斂力冉切收也略也又力豔切敿居表切繫連也敆
公荅切合會也敶除珍文刃二切列也亦作陳敵大的切對也敓徒活切強取也赦式夜切放也置也𢿱同上攸
余周切所也斁余石切厭也又都故切⿰氵攵亦攸字⿰亡攵孚甫切或作撫⿰韋攵于非切戾也敉武婢切安也撫也敡
弋章切亦作揚⿰羣攵巨云切朋也救居又切助也敦都昆切理也⿰褱攵胡怪切毀也又古拜切敗步邁切覆也壞也敗
也又補邁切⿰貝攵籀文⿰𤔔攵力館切揹也亂也寇口候切暴也敳竹几切刺也⿰畢攵卑蜜切盡也⿰度攵徒古切塞也
敜乃頰切閑也或作捻收式由切說文曰捕也鼓之錄切擊也又公戶切⿰句攵祛苟切或作扣攷口道切今作考攻古洪
切善也⿰兒攴五雞五禮二切⿰畀攴⿰兒攴⿰畀攴布計布采二切⿰畀攴⿰兒攴敲口交切擊也⿰豖攵竹角切擊也⿰㞷攴烏往切曲也今作枉
𢻰火之力之二切說文云圻也斀都角切說文云去陰之刑也敔魚呂切樂器名鈙巨林切持止也⿰𠷎攴視由切計也說
文曰棄也⿰壽攴同上牧莫六切畜養也敤口果口卧二切研理也畋唐年唐見二切平田也敇楚革切擊馬也⿰鳥攴又蔦
切小舂也敫公幺公的二切擊也⿰羍攴他達切古撻字或作達攺余止切大卯以辟鬼敘徐呂切次第也斆下孝切教也說

文與學同 教居孝切教令也 效𧥺並古文 ⿰豆攴充句切爲也 𢻫匹之皮芙二切器破也 敦除耕切敦撞也 敼

匹幺切又普交切擊也 𢾅余刃切擣也 𢼄丘含切𢼄敲也 敧丘儀丘蟻二切𢼄也 ⿰耑攴初委切試也 ⿰屯攴都鈍切亦作頓

⿰夌攴式陵切古勝字 ⿰甫攴匹胡切⿰皀攴⿰甫攴屋欲壞 ⿰皀攴匹尸切⿰皀攴⿰甫攴 ⿰皆攴口皆切摩也 ⿰番攴波卧切古文播 ⿰壴攴口大切伐也擊也

⿰羊攴余掌切古文養 ⿰夫攴附俱切今作扶 敡弋豉切侮也 ⿰甚攴知今切擣石也 ⿰弱攴女角切 ⿰喿攴千刀切亦操字 敼力小

切小長皃 ⿰氐攴丁禮切隱也 㪚先見切散也 ⿰匸攴大合切⿰匸攴⿰匸攴盡 敁多兼切敁敪稱量也 ⿰奄攴猗輒切⿰聑攴相及也 ⿰聑攴女涉

切敲⿰聶攴 敺丘俱切敺擊也 ⿰⿸厂𠬝攴力沒切⿰⿸厂𠬝攴不滑利 ⿰乞攴苦沒切⿰⿸厂𠬝攴⿰乞攴 𢿙山巧切攪𢿙也 ⿰𡵂攴陟陵切召也今作徵 ⿰可攴口餓

切擊也 ⿰早攴大可切 ⿱亼攴甲縣切 ⿰甬攴先孔切⿰甬攴擊也 ⿰𤔔攴扶勿切理也 ⿰兼攴口陷切貧也 ⿰盧攴力胡切斂也 ⿰谷攴

古伯切擊也 敢古膽切敢果也 ⿰𦘔攴⿰𠯑攴⿰𠮷攴並篆文出說文 ⿰尗攴丑叔切⿰翟攴⿰尗攴痛 ⿰翟攴丑角切⿰翟攴⿰尗攴也 敹力綜切 ⿰𠂤攴

巨宜切杈也 攲丘奇切禮器也 ⿰登攴都滕切 ⿰鬲攴武分切磨拭 ⿰肉攴賊安切殘也 ⿰朿攴子泥切箭射也 ⿰虘攴側加切取

也 ⿰空攴苦工切 [illegible]音祇又音弓硬 ⿰俞攴亦殊切投 ⿰虘攴徙年切 ⿰乖攴丈乖切 ⿰雷攴路回切摧也 ⿰辰攴石鄰切 ⿰㕣攴大何

切娘魯當切玟吉安切進也𣀮音靈打也炦多含切𢾺泊盲切打板聲𢾎職由切御禦也𢽾他果
切安也䜴多古切伴也豊攴盧啓切𢾴昌尹切𢿈於巳切𣁀何滿切敞直孟切磨光𢿢口觳切或
徒欠𢽮職刃切動𢿌武旦切𣀔他旦切無色𢿽市戰切治𢽳蒲沒切𢽸力谷力王二切𢼄口八切𣀍
息六切打聲𢼌扶勿切破也𣀓汝羊息羊二切𢼑匹卓切敕力見切𣀗市玉切𢻱自雪切枯故
古暮切說文曰使為之也敶直信切說文云理也

放部第二百七十一　凡四字

放甫望切弃也逐也去也散也又甫往切比也效也敫余灼切光景流
也又古了切敖五刀切遊也或在出部𢼛同上

丌部第二百七十二　凡十字

丌巨基切說文云下基也迈居意切今作記巽先寸切卦名說
文曰具也巺上同𢁉古文畀必未切賜也與也相付也奠大見切定也薦也其巨之切辭也事也亓古文
典丁殄切經籍也顨先困切說文曰巽也此易顨卦為長女為風者

○左部第二百七十三字凡四

左子可切助也亮也　差楚宜切叅差不齊也又楚佳切　𢀩同上　𢀩古文

○工部第二百七十四字凡六

工古紅切官也善其事　𢒄古文　巨渠呂切大也　𢀚古文

巧口卯切巧技也好也　式尸力切法也

○㠭部第二百七十五字凡二

㠭知輦切極巧視之也今作展　𡫳先則切窒也今作塞

○巫部第二百七十六字凡五

巫武俱切神降男為巫女為覡　𢒂古文　覡胡的切女巫也　靈力丁切神靈也　龔力容切龔巫也

○卜部第二百七十七字凡八

卜布鹿切龜曰卜蓍曰筮兆也子也　𠧒古文　卦古賣切八卦也

𠧞呼憒切外卦曰𠧞內卦曰貞今作悔　貞知京切正也　占之鹽切候也　卲市照切卜問也　卟公兮切卜以問疑也

○兆部第二百七十八字凡二

兆除矯切事先見也形也　𠧩同上

○用部第二百七十九字凡七

用余共切說文云可施行也　𤰃古文　甫方禹切始也大也我也

葡皮秘切具也今作備　庸余恭切用也常也功也　甯奴定切所欲也　由弋州切若也

爻部第二百八十　凡三字

爻戸交切易卦爻也說文曰交也　希許衣切摩也散也　楙扶表切蕃也

㸚部第二百八十一　凡四字

㸚力爾切二爻也又力計切　爾如紙切汝也　爽所兩切明也差也　𤕤同上

車部第二百八十二　凡二百四十八字

車尺奢古魚二切夏時奚仲造車謂車工也一云黃帝巳有車也　載籀文　軒虛言切大夫車　輪字書同上　輜側飢切輜輧　輧步丁部田二切以自隱蔽之車也輜車也衣車也　轀於昆切轀輬車　輬力羊切臥車也　軘徒昆切兵車也　軺余招切小車也　輕起盈切車也不重也又去政切　輶以帚以周二切輕車也　輣扶萌切兵車也　䡴昌容切戰車也　轈仕交切兵車若巢以望敵也　輠同上　⿰車曼無願切上車也　輿與諸切車乘也　軾尺弋切車前⿰車伏又兵車也　⿰車反方遠切車耳也　輯秦入切和也　較古學切兵車也又古孝切　⿰車爻同上　轛都憒追遂二切車飾也車橫軨也　輒竹葉切專輒也　⿰車川丑倫切下棺車　輴同上　輑牛隕切車軸也　軨力丁切車闌也　轜同上　軫之忍切車後橫木俗作⿰車尔　軸除六切杼木作軸也　⿰車憂眉隕切車伏兔下革　轐步篤切車伏兔　輻甫鞠切車輻也　⿱龸車

具營切輪車也輮如酉切車輞也輪力均切車輪也輥古混切轂齊等皃轊于歲切車軸頭軎同上軝巨支切轂飾亦

作軝軙同上軹之尒切說文曰車輪小穿也軑徒蓋切又徒計切轄也輨古緩切轂端鐵也轅禹元切車轅也輈

竹留切轅也𨐅籀文轐凡足切轐轐縛也𨐅子丸切直轅也軏魚厥切車轅端曲木也転同上軶於革

切牛領軶也亦作軛轙魚倚切車衡載轡者軥渠拘公侯公豆三切說文曰軶下曲者軜奴荅切驂馬內轡繫軾前者轑

力道切車輻也𧗱古縣切車搖也𨊨音拯軺車後登也𨊨同上𨏴午葛切車載高皃載了代切年也乘也又才代切

範音犯式也又法也轉知篆知戀二切迴也轉運也軔如振切礙車輪木或作杒輸式朱切委也更也盡也瀉也輖

之由切重載也輩布妹切類也比也軋於黠切輾也轢力的切車所踐也軌居美切法也車轍也𨎪子龍切車跡也

𨎪同上輊竹利切前頓曰輊後頓曰軒輊同上軖丘方切車戾也軧丁禮多履二切大車後也輟知劣切止也轚

古詣切往也軻口左切轗軻也又苦何切轗苦敢切轗軻亦作坎𨏯口耕切車堅也軵如勇切說文曰反推車令有所付也輇

市專切有輻曰輪無輻曰輇輲同上輗五兮切車輗也𨊻同上轃側詵切大車簀𨋎苦禮切嫛也轒扶云切轒輐丘

車 輐於云切車後獸也 輂居玉切輂載也 ⿰車差仕佳切輂連車也又七移切 ⿰車𢀡同上 輦刃翦切輓車也 ⿱長車
古文 輓無阮切引也 軭懼王切紡車也 轘胡串切車裂人又胡關切 轜如之切喪車 輀同上 轞音檻上車車行 輔
扶禹切相也 轔力陳切衆車 ⿰車嵏子孔切車輪⿰車嵏也 ⿰車伏皮祕扶福二切車軾也 輫步回切車箱 ⿰車工古紅切亦釭二 輰
餘章切輰⿰車遂車 ⿰車遂似醉切 ⿰車烏烏古切頭中骨也 輾豬輦切轉也 ⿰車㞋女展切說文曰轢也 輁巨恭切軸也 ⿰車旁
步盲切車也 ⿱㚘車扶遠步本二切車⿱㚘車 ⿰車黃古皇切車橫木 ⿰車卬牛向切轎軻 ⿰車元口莽切軏軻 輞亡往切車輞亦作⿰扌罔
⿰車豦巨於切輞也 輎山交切丘車 ⿰車卓丑教切車弓也 轇古爻切轇轕長遠 轕古曷切轇轕 ⿰車丣力久切載柩車
⿰車邪同上 ⿰車羞思流切轜上車⿰車坴載喪車 轓甫袁切車箱 ⿰車瞿九縛切車輞也 ⿰車谷弋足切車枕前也 ⿰車堯公弔切車轄也
⿰車隹他回切車盛皃 ⿰車自同上車 ⿰車疊大頰切車聲 輆口亥切輆軩不平 軩徒改切輆軩 ⿱𣎆車居冢切輞也 ⿰車皃亡校切引
也ミ 軲古胡切車切 ⿰車咸口咸切車聲 ⿰車㥯於近切車聲 軳步毛切戾也 ⿰車龍力公切轊也 ⿰車它大何切疾馳也 ⿰車堂
徒郎切 軤火乎切姓也 輚仕僴切載柩車 ⿰車孱同上 ⿰車敝徐列切車行迹 輤此見切或作倩 ⿰車賣力木切⿰車賣轤

𨏔同上轤力胡切轒轤　轁音坎輡轗車行不平　轗力感切輡轗　庫始夜切人姓　轎巨召奇朝二切小車也

輠胡罪胡瓦二切車脂轂又音禍　轠力回切漢書轠轤不絕　⿰車單仕連仕山二切輞也　輷呼萌切車聲　軥同轟上

同上　⿰車悤倉紅切車聲　軙直鄰切古陳字　⿰車匋徒年切車聲　⿰車爭側耕切車聲　⿰車咼古禾切車盛膏器亦作楇　⿰車尚徒郎

切鐵軸　⿰車肯口莖切車鞕　⿰車靈魯丁切車闌　⿰車秋七留切　軯必萌切車聲　輘魯鄧切車軸也　⿰車登都鄧切車羽也　⿰車巴

百家切兵車也　⿰車田徒年切　軞莫袍切車　⿰車辛息營切車也　⿰車公余封切車行也　⿰車容同上　⿰車眞之忍切　⿰車逢步紅切車

聲　⿰車于羽俱切　⿰車厶古甍切軑巾　⿰車皆戶皆切　軙吐支切　軭□口光切車□也　輢於綺巨義二切車輢　⿰車鬼戶罪

切轉也　⿰車斯息移切　⿰車章音章余切車　⿰車余似諸切軡　輧匹庚薄庚二切車聲　⿰車丁剔鈴切　轖所力切　軧丁禮

切　軓音范車軾前　⿰車亢而勇切　⿰車尼柅夷切　⿰車留力九切　輭而兗切車柔也　軟俗　⿰車民莫識切車伏兔　轓

步本布⿰忄夲二切車也　⿰車扁符善切車　⿰車尹戶犬切車弓　⿰車肙同上　輐虞遠切　⿰車遆陟利切車重　⿰車卂音震車也　⿰車曳

余制切　⿰車巾羊刃切車名　軳匹孝切　⿰車乍側下切車裂衣也　⿰車卷居援切　較蒲蓋反祭神道又蒲鉢切轉見　⿰車萬

力刃切車聲輅洛故切大車又盧各何格二切軴中戌切軴車轄口外切車聲又胡瞎切車鍵也𨊾章移切車器也輹

房六切篧也䡎同上軼夷秩切車相過也又徒結切轠盧各切車轉聲䡾同上𨋩力六切車軸也輂莫卜切轆也

䡈渠逆切轉輅戶格切車轢鄰吉切車軏魚厥切車釭輵口盍切車也轉蒲莫切車飾轆力谷切車聲轂

上邽切轊戶圭切輳倉豆切輻輳也轣音歷轉也軍居云切衆也篹山貟切篹輦車軸也輝音運說文曰輐

軥轂音轂車轂也輥音郎𨍋輥軳軨𨍋音唐𨍋輥

○舟部第二百八十三凡一百十字

舟之由切說文曰船也古者共鼓貨狄刳木爲舟剡木爲楫以濟不通象形

今或从舟者作月同俞弋朱切空木爲舟也又姓船市專切舟船彤余弓切爾雅云祭也又丑林切舟行也艂薄江切吳

船也舡火江切船也艒音冒又音目艒𦪒船名𦪒思六切艒𦪒艖楚加昨多二切小船艇音挺小船䑦渠恭切小

船也艓同上𦨣蒲故切艇短而深也艑步殄切船小也䑩古侯切䑩艛舟名艬仕巖切大船也𦨖丁計切𦨖艡戰

船也艡丁浪切𦨖艡舶補格切大船也䑬力木切舟名艞他刀切艛力侯切舟名𦪈布末切大船也舣音又

艄也 艐口計切舟也 䑴渠之切䑴艃舟名 艃力之切䑴艃 艀父尤切小艄舟也亦作桴 艅弋諸切艅艎船名 艎
音皇吴舟 艨莫公切艨艟戰船 艟尺庸切艨艟 艗魚狄切舟頭爲鷁首 舥音凡舥也 舷胡田切船舷 [舟隹]將鄰切古
律字 [舟聿]同上 [舟永]于命切 颿扶嚴切 航何唐切船也 [舟齊]音齊舟也 [舟蠡]音禮大舟 [舟周]音彫 [舟霝]力丁切
舲同上小船屋也 舴陟格切舴艋小舟 艋莫梗切舴艋 舸各可切船也 [舟邛]巨容切船也 艢疾良切 般步干
切大船也又樂也又北潘切 艐祖公切船著不行也又音屆至也 艆魯堂切海船也 [舟同]徒紅切[舟同]船 艚昨糟切小船也 [舟羞]以周
思由切進也 艫力胡切在船後 [舟侖]音淪[舟侖]船也 [舟尞]音遼船也 [舟鄉]音鄉船也 [舟叜]蘇刀切船總名亦作艘 [舟斿]以周切
[舟龍]音籠 艭所江切艂艭 [舟吳]五姑切船名 [舟豈]音獃船也 [舟番]甫元切舟飾也 [舟弟]徒禮切船也 [舟了]力鳥切小船也 艁
祖浩切天子船曰艁 艤魚倚切整舟向岸 艣音魯所以進船 [舟胃]韋貴切運船也 舵徒荷切正船木 [舟关]直挂切天子稱 舦
音大 [舟戚]七例切 舫府望切並兩船 [舟今]巨禁切船 [舟卒]同上 艜丁大切艇船 [舟畐]音富 [舟兼]居念切舟 [舟卓]直孝切[舟卓]船
[舟星]音星船也 [舟非]音敗鞋船 [舟青]七見切輕船 [舟复]房六切舟 [舟乞]音仡船行 [舟敫]色列切舟也 [龍舟]音習以竹業[龍舟]船也 舳

音逐𦨲五忽切船不安𦨻扶勿切大船也𦩃音活舟行䑪五合切船動皃𦪇蘇叶切舟行舣般二同舵吐盡切𦨴五忽切播舟䑽音搨大船艧烏縛切𦪙音胥子船𦨮音日舟飾𦪹音岁船行舠丁勞切小船艚尺夊切船名艦音檻版屋舟

方部第二百八十四凡四字

方甫芒切法術也說文云併船也汸同上斻何唐切方舟也万俗萬字十千也

玉篇卷第十九凡一部

尸癸水部第二百八十五

水部第二百八十五凡九百五十七字

水尸癸切流津也禮記曰水曰清滌儀禮所謂玄酒也汃彼銀切西方極遠之國名爾雅云西至於汃國河戶柯切河出崐崘山涪扶鳩切水出徼外南入漢又縣名潼大紅切潼水出廣漢梓潼北界南入墊江渽子來切渽水出蜀郡江古雙切山海經云水出嶓山沱達何切江別流也又滂沱沲同上俗池除知切渟水又差池也湔子田切水名出玉壘山又浣也又子賤切水湔也浙之列切發源東陽至錢塘入海沫亡活莫蓋二切水名

又水浮泳也 溫 於蒐切水名又顏色和也漸熱也善也 灊 似林切水出巴郡宕渠又昨鹽切 滇 丁田切滇池又徒年他見二切
淹 於炎切水出越嶲徼外東南入若水又久也漬也 沮 七餘切水名出房陵又千與子預二切 涂 達胡切涂水出益州又涂
涂露厚皃 沅 牛袁切水出蜀郡 瀏 力周切深皃也 濊 呼活切水聲又於衞於外二切多水皃 汪 烏光切水深廣也
漻 胡坊力彫二切浩漻水清 泚 且禮切清也 況 吁放切寒水也 渢 扶弓切水聲 汎 同上說文曰浮皃今爲汎濫字
孚梵切 沄 有軍切轉流也 沖 除隆切沖虛也 浩 胡道切浩浩水盛也大也 沆 何黨切滿沆廣皃 泬 古穴呼決二切
泬寥天氣清 濞 普秘切水暴至聲 滄 虛及於夾二切水疾聲 瀺 仕減切瀺灂水聲 灂 仕角切瀺灂 潐 子召
切水盡也 滕 大登切詩曰百川沸滕水上涌也 瀾 力安切大波曰瀾 灡 士旦切潘也亦同上 澐 禹軍切說文曰江水大波
謂之澐 漣 力纏切詩曰泣涕漣漣淚下皃 淪 力均切沒也 潏 古穴切水流皃又潏水在京兆又音聿 泓 於紘切水深也
洸 古皇切水皃 淙 在宗切說文水聲也 波 博何切水起大波爲瀾小波爲淪 漂 芳妙切流也浮也 浮 扶尤切水
上曰浮 氾 孚劒切普博也氾濫也亦作泛又扶嚴切 汜 詳子切水名 湋 音韋水名 潿 音韋蜀不流皃 測 楚力切測

度也廣深曰洞　洞達貢徒貢二切疾流皃又深遠也　激公的切感激也說文曰水礙衺疾波也　瀭呼袁切大波也　汹許拱切涌

也　涌俞種切水滕波　湧同上　洌力折切水清也易曰井洌寒泉　湁丑入切上林賦云湁潗鼎沸鼎沸謂水微轉細涌也　涳口江

口東二切直流也又女江切姓也　溶俞種切水皃楚辭須溶溢而滑蕩又音容　渾後昆後衮二切水濆涌之聲也　淑時六切說文曰

清湛也　瀓直陵切說文曰清也　澂同上　澄同上　淸且盈切澄也潔也　湜視力切水清也詩曰湜湜其止　⿰氵寔同上　潣

莫殯切說文曰水流浼浼皃亦音浼　滲色蔭切滲漉也　溷胡困切溷濁也楚辭云世溷濁而不分兮溷亂也　淈古沒切說文曰濁也一曰

淈泥一曰水出皃亦汩字　淵烏玄切水渟又深也　囦古文　漩似沿切回泉也　漼青罪切深皃　⿰氵萃同上　瀰莫爾奴禮二切

深也盛也　㳽亡爾切亦瀰字　潯寺林切旁深也　澹達濫餘贍二切水動皃　泙白明切谷名　泏知律切水出皃　瀳才寸

在見二切水至也　洊同上又仍也　⿰氵智直赤直謫二切土得水也　⿰氵衎同上見說文　滿莫卯切實也盈也溢也　滑戶八切滑

利也又古忽切滑稽也　濇所力切不滑也　泆余質切說文曰水所蕩泆也　澤直格切水停曰澤又光潤也　淫余箴切侵

淫潤也又久雨曰淫　溽如屬切濕暑也　瀸作廉切漬也　潰胡對切亂也　淺七演切水淺也又則前切水流也　沴閭計

切相傷爲之診又水不利也沵同上俗渻所景切減也一曰水門名淖女教切泥也又溺也潩且逐切下濕也又遵累切
汙潰也涅奴結切染也又水中黑土滋子怡切水名又長也益也液也洄呼潰切青黑皃又大清也今作溜溜同上浥
於立切溼潤也詩曰厭浥行露沙所加切說文曰水散石也又素何切沚說文同上瀨力大切說文曰水流沙上也汻呼古切水
涯也滸同上濆扶文扶刎二切湧泉也涘事几切水涯也氿居洧切仄出曰氿泉潨在公在宗二切水會也說文云小水
入大水也沼支紹切池沼也濬視均切河涯也浦配戶切水源枝注江海邊曰浦沚之以切小渚也亦作洔洔上同說文
曰水暫益且止未減也湀口決口攜二切湀間流泉沸方味切泉涌出皃濆同上派普賣切別水名濘奴定切泥也
漥烏華切牛蹄跡水也亦窊字洼同上又烏佳切汙也滎胡坰烏迥二切絶小水也瀅同上潢後光切潢汙也說文曰積
水池也又胡曠切染潢也湖戶徒切大陂也汥巨知之移二切水流湄莫悲切爾雅曰水草交曰湄瀷同上洫呼域切廣
八尺同洫溝古侯切廣四尺深四尺曰溝渠強魚切溝渠瀆徒鹿切爾雅云水注澮曰瀆又江河淮濟爲四瀆瀶力金切寒
也洐胡庚切溝水也澗古鴈切澗水出弘農又山夾水曰澗汕所諫切說文曰魚游水皃澳於六切隈也又於報切澩胡角

呼篤二切爾雅云夏有水冬無水曰澩　澩同上　灘他丹切水灘也又呼旦切　灘同上　決公穴切判也又呼抉切　灓力桓

切沃也清也　滴都歷切水滴也　適同上　㳻七故切所以擁水　澨視裔切水名又水邊地也涯也　注之裕徵儒二切灌也

[illegible]也　𣳚於酷切漑灌也柔也濆也　沃同上　津子鄰切潤也梁也又水渡也一作𦪋字　𣴎同上出說文　潢胡觥切方舟謂

之潢航也說文曰小津也一曰以船渡也　渡徒故切說文曰濟也廣雅去也過也　淜備矜切徒涉曰淜今馮字　沿余穿切從流而下也亦作

㳂　泝蘇故切逆流而上也或作遡　洄胡雷切逆流曰泝洄　泳為命切潛行為泳　潛慈廉切水名又水中行也藏也　淦

古南切說文曰水入船中又泥也淺也古暗切新淦縣名　泛孚劒切流皃　汓似流余周二切從也人浮水上也　泅同上　游

以周切浮也旌旗之游也　湊青豆切聚也競進也　砅理劚切水深至心曰砅今作厲　濿同上　淒且溪切寒風雨極也　湛直斬

切水皃又沒也又直林切　㴘古文　湮於神切沒也落也　㳅奴的切孔子曰君子㳅於曰小人㳅於水今作溺　沒莫突切溺也　濩

胡郭切煑也　滃於孔切滃鬱川谷吐氣皃　渨於回切水澳曲也沒也或作隈　泱於黨於良二切水深廣皃又弘大聲　澍之樹切時

雨澍生萬物　溟莫經切溟濛小雨莊子云溟者天也　溹所革切細雨落　澬字私子私二切涔澬又雨又水名　瀑蒲到切疾

風也沫也渻子立切雨下也沸也潦郎道切雨水盛也亦作澇又盧皓切涿豬角切涿鹿縣名亦作■瀧力公切方言瀧涿謂
之沽漬又音雙渿奴太切渿沛水波皃又水聲漊力主切雨漊漊也又飲酒不醉溦亡非切小雨也又亡悲切浞仕角切浞漬也
浽先悲切小雨也又奴罪切滖先悲切同上濛莫公莫孔二切微雨皃沈直林切沒也濁也上也又式枕切姓也沉同上
俗淊胡感切淊泥也洅子罪切雷聲震涵戶男切水澤多也或作涵涵同上又下啗切沒也洳如庶切漸濕也洳同上潅
口角公渥二切霑也漬也洽胡夾切合也霑也瀁余掌切瀁瀁無涯際也又古文漾湟胡光切水出金城臨羌縣汾扶■
切汾水出太源漢呼岸切漢書云漢水出漢陽縣東傳曰天河也渽古文汧苦田切汧水出扶風汧縣西北入渭又水不流皃又
水決入澤也浪力唐切滄浪水也又力宕切波浪也沔彌善切水出武都沮縣東南入江澇力高切水名廣雅云澇洗也漆
且栗切說文曰水出右扶風杜陵岐山東入渭⿰氵坐古文滻所簡切水出京兆又出涕皃洛力各切水出西山東北注河也潩夷記
切水出河南至密縣汝如與切山海經汝水出天恩山潞力故切水出上黨澮古會切澮水出平陽絳縣西爾雅云水注溝曰澮
洈牛爲切漢書洈水出高城縣沁先林七鴆二切漢書沁水出上黨穀遠縣沾知廉切益也說文他兼切漳至裳切水出南[illegible]臨

沮縣淇渠箕切淇水出林慮山蕩達郎切漢書蕩水出河内陰縣又音湯或作潒又廣皃沇惟沔切水名亦作流泲
子禮切水名今作濟溠側架千何二切水名又溠淅也洭墟狂切含洭縣洭水所出潓胡桂切說文曰潓水出廬江入淮濱
莫解切漢書云濱水出豫章灌古換切灌水出廬江漸慈斂切入也進也又子廉切泠郎丁切清也渒普計匹賣二切
說文曰水在丹陽淠同上⿰氵毘匹制切水聲溧理吉切溧陽縣又水名湞音貞湞陽縣又水名溱側銀切水出桂陽
湘思量切水出零陵溜力救切水出鬱林汨莫歷切說文曰長沙汨羅淵也屈平所沈之水漞同上深式針切水名又
邃也遠也又式鴆切潭徒耽切水出武陵油以周切水名又麻子汁也瀷余力昌力二切水出河南密縣潕無斧切水出南
陽⿰氵舞同上滶牛刀切水出南陽瀙且進切水出南陽舞陰滍直里切水出魯陽縣淮胡乖切水出桐栢山濯直角
切澣濯灃孚雄切水出右扶風澧力邸切水出衡山溳于墳切水出蔡陽縣澺於力切水出汝南⿰氵囟思計切水出新
郪縣潁餘頃切水出陽城縣潧側銀切水出鄭國亦作溱洧爲軌切水出陽城山濦於謹切水出少室山濄古訛切水
出扶溝縣泄弋逝切水名在九江又思列切漏也洩同上汴皮變切水名汳芳萬切水出浚儀縣北說文音卞淩力徵

切水出臨淮 濼力谷力各二切水在濟南又音粕陂濼也 濮補祿切水出東郡 渮古河切河澤水在山陽湖陵南 漷枯鑊切水
出合鄉縣 淨仕耕切魯北城門池也又疾性切 漯通合切水在東郡東武陽說文亦作濕 洹胡端切水出汲郡隆慮縣 沇同上
泡普交薄交二切水出山陽又流見 泗思至切水名又涕泗也 灉紆用切爾雅水自河出為灉又音雝 澭並同上 澶
視然切澶淵在頓丘縣南 沭時聿切今海州沭陽縣 洙時俱切洙水出泰山 沂魚衣切水出泰山琅邪縣 洋以涼切水
出崑崙山丗又音祥 濁直角切水出齊郡廣縣又不清也 溉柯賚切水出東海桑瀆覆甑山又灌注也 㶟力進切水出鴈門
洓亦之切水名 浯才都切浯水出琅邪縣 湡魚俱切水出襄國縣東今作虞 治除之除冀二切水出曲城縣陽曲山
又修治也 汶亡運切水出朱虛山東 濅子賃切濅水出武安縣東又濅瀆 浸同上 滮胡移切滮水出襄國縣 洨胡交
切水出常山石邑縣井陘山東 渚之與切水出中丘縣逢山又小洲也 泜丈脂切水中丘又小渚俗作沍 灅力水切水出俊靡縣南
濡音儒水出涿郡又濡潤也 濟子計子禮二切水出常山又渡也 洤古文 濟同上俗 沽公奴切水出漁陽塞外又音顧
沛普蓋普賴二切水出遼東塞外又滂沛 汭乃見切水石 浿普蓋譜賴二切水出樂浪 瀤乎乖切山海經曰獄法山瀤澤

之水出焉瀘且於切水出直路縣泒音孤水出鴈門湏蘇果切水名⿰氵虒枯偏切水出靈丘縣淶呂開切水出代郡東南入
河泥奴雞切水出郁郅縣又奴禮切濃露皃湳乃感切水出西河漹於虔切水出西河涶吐過切與唾同又土禾切
水在西河洵相均切過水中也涻舒夜切水出北囂山淔恥力切水名淁七葉子妾二切水名涺京於切水名湶
渠致切水名沋禹牛切水名涃苦頓切水名浝莫江切水名⿰氵乳乃口切水名滲之我切水名汘青田切水
名洍詳理切水名又汜字洪胡工切大也說文曰洚也洚胡公胡江二切水不遵其道又洚潰也澥戶買切勃澥海之別
名又澥谷漠摩各切寂也又沙漠海呼改切大也受百川萬谷流入兼同上溥怖古切大也徧也普也淖直遙切說文曰
水朝宗于海也潮同上濥餘刃切洪水演天說文云水脉行地中濥濥然滔土牢切書曰洪水滔滔涓古玄切小流皃潒
徒黨切水潒漾也今作蕩混胡本切大也又混濁潚桑郁切水深清也漦力之仕緇二切水名又涎沫也泌步必切俠流也
又音訟汭而稅切說文云水相入皃演弋展切計也長也延也長流也又水門也渙呼換切水盛皃活戶括古末二切詩曰北流
活活𣻔說文活濶同上湝戶皆古諧二切詩曰風雨湝湝泫胡犬胡涓二切泫流也滮皮留切水流皃淲同上濊

呼通切疾流皃滂普方切滂沱也瀀於留切渥也寬也漬也今作優濃乃東女容二切露多也亦作震涔字廉切魚栞入水又
仕林切涔陽地名渥烏角切厚也沾濡皃瀌扶彪切雨雪也又二音鑣泐力得切石散泐濂里兼里忝二切薄也大水中絕
小水出也又含鑒切溓同上滯直厲切凝也淹也亦作摕泜之是切著止也㶁古伯切水裂也瀱居又切井水也汽許訖切水
涸也涸平各切水竭也盡也澥同上漮苦郎切水虛也消思遙切消息也盡也渴口遏切頻飲也說文曰盡也亦作瀫
汀他丁切水際平沙也溼尸及切水流就溼也濕同上說文他合切湆去及切煑肉汁洿於徒切黃洿行潦也汙
同上又一故切湫子由切水名在周地又子小切湫隘也又疾久切潤如舜切水潤下也又州名準之尹切準平也俗作准沑
仁久切水吏也又女六女九切泥也瀵甫問切汾陰有水口如車輪瀵沸涌出其深無限名瀵濮說文瀵滜且罪切新也瀞
疾姓切無垢也瀎莫結切泧也又莫割切泧桑結切泧瀎也又呼括許月二切洝於旦切㬊水也洎巨記居器二切灌釜也肉
汁也湯他郎切熱水也又始陽切湯湯水盛㬊奴管奴館二切湯也涾徒荅切沸溢也洏音而不熟而煑又涕流皃涚
始銳切溫水也涫古亂胡亂二切沸也澗剛限切澗漸也汏徒蓋切洗也又敕達切過也淅桑激切洗也溲踈有切溲

麫也又所留切小便也溲同上滰巨仰切乾漬米也溋也⿰氵曆力的切漉也滴瀝木下瀝同上漉力木切竭也涸也滲
漉也⿱氵盝同上渌説文與漉同又音綠水澱徒見切垽也或作⿰黑殿浚思閏切深也濬同上𣿬古文潘孚袁切名
米汁又普寒切泔古三切潘也滓壯里切澱也滫思酒切米泔也淤於去切水中泥草又濁也淰奴感切濁也水無波也又
式稔切潐子小切醮酒也瀹弋灼余召二切煑也内菜湯中而出也⿱殸水口冷切出酒也湑思呂切清也美皃也溢也又零露皃
湎士兖切沈湎也涒他昆切歲在申曰涒灘漿子羊切飲也⿰爿水古文滒公娥士雅二切多汁也淡徒敢切薄味也
涼力匠切薄也又力漿切薄寒皃澆公堯切薄也沃也又五弔切寒浞子也溴同上液余石切津也灝公道公禫二切煑豆
汁瀋充甚切汁也溢弋質切盈也器滿也餘也洒先礼先殄二切濯也深也滌也今為洗又所賣切濈壯立切和也汗出也
汁之入切液也又時入切渳士俾切飲也去汁也又水皃滇息面須芮二切飲也歃也又吮也泂乎頂切遠也亦與迥字同
滄七郎切寒也又滄海也滏古文濪且定切寒冷也淬七内切深也染也寒也漱所又思候二切盪也亦作涑沐
莫卜切濯髮也斬樹枝也頮火内切洒面也沬同上又莫貝切水名湏古文洗先禮切今以為洒字又先典切澡子老切酒

手也給也汲居及切引水也湻之純是倫二切沃也清也湻淳漱也淳同上淋力金切水澆也又雨淋淋下漚於候切漚
麻也久漬也又音漚漬疾賜切浸也渫息列切除去也又仕洽切湩都貢切江南人呼乳爲湩澣乎管切濯也浣
同上澣說文浣染如琰切染色又如豔切潎孚妙切波浪皃今作漂又匹袂切普結二切漂潎也涑先侯切濯生練也又
先候切與漱同又先卜切㵞仕留切腹中有水氣汛思見所賣二切洒埽也灑所買切汎也大瑟也又所綺切澗余廉
切相汗也灒子旦切相汙灑也泰託賴切侈也驕也又滑也濺子賤切濺水也浼亡旦切汗也又亡罪切水流皃洟弋之
他計二切鼻液也古爲涕涕恥禮切目汁出曰涕潸所班所板二切出涕皃淚力季切涕淚也淚同上俗汗何旦
切小液也又古寒切餘汗縣名湅力見切煮絲絹熟也瀱魚列切議與讞同漕才到切水轉運也又才刀切渝弋朱切變
也汙也又水名減佳斬切少也輕也滅彌絕切盡也泮普旦切散也破也亦泮宮沜古文漏力豆切漏泄也湏胡動
切水銀謂之澒漪於宜切波動皃汩古沒切汩沒又爲筆切水流也流呂州切說文曰水行也涉是葉切徒行渡水也洲
之由切水中可居也濱補辰切涯也瀕蒲民切說文本作頻水厓也人所賓附頻蹙不前而止亦同上源語袁切水本也浟余周

刃水流皃瀼而章切露盛皃泿牛巾切水名又涯也亦作垠浹子協切徹也通也洽也⿰氵芳乎羊切水出箕山滏
扶甫切水名洱亡爾而志二切水出羅谷山滽音容水出宜蘇山⿰氵只諸是居爾二切水名溾於回切溾役也涹
於禾切山名也溾涹濁也溹所格切水名又溹溹雨下皃又桑各切滬胡古切水名⿰氵射徐夜切水出瞻諸山潬大亘切江
南人呼水中沙堆爲潬浼於秦切水出莫靴山法甫乏切法令也灋古文潺仕山仕連二切潺湲流皃湲于元于頑二切
潺湲潟齒亦切或滷字⿰氵亨許丁切水進也一音蔚涯五佳切水際也溘口合切水也奄也漫莫半切水漫漫平遠皃又散也
渫以世切葱渫也浢音豆水名沕亡弗切沒也繽紛軋沕不可分〻也瀣平代乎介二切沆瀣氣也湢音逼湢沢水驚涌皃淄
仄其切水名汄音仄流也瀦音豬水所停也瀍直連切水名瀛與成切瀛海也淟他殄切淟涊垢濁也涊乃殄切淟涊惡
醉皃漭莫朗切平也廣也野也⿰氵閱呼狄切⿰氵閱沐遑遽也⿱辟水俾義切水洲也沍胡故切閉塞也澠市陵切水名湃普拜
切滂湃水勢也⿰氵㚔平冷切溟⿰氵㚔水盛皃亦作涬澞遇于切陵夾水曰澞浰力見切倩浰疾皃漶胡館切漫漶不可知也
⿰氵尪於晃切大水皃溔弋沼切浩溔滉瀁水無際渟達丁切水止也濤徒刀切大波也泚將此切水出長沙沘音比水名

浘音尾浘浘水流皃　漨扶龍切池也澤也　洬先篤切洬洬雨聲　瀩大内切清也濡也　沌徒損切混沌也　溏
達郎切池也　湓丕寸切水聲也潰也又音盆　泊步各切止舟也　泣力二力計二切泣泣水聲也　澅許韋切蝎也　瀸
子昔子結子末三切水出也　澽巨庶切乾澽也　澫乙例切倩也　瀲离冉切瀲灩水溢皃又水波皃亦作澰又力驗切　澰同上
亦倩也　灩以冉切瀲灩也　㶁乎三切或也聲轉也　澆父于切水名　渚之余切水名　潷俱逸切泉水出皃　濆力益
切水名　浺昌戎切山泉下　澴胡消胡絹二切聚流　沰他各切落也礎也　湭才周切湭液也　淍之由切帀也或作周　洴
口冷切洴涏小水皃也漂流也　涏徒冷切洴涏又徒見切涏涏好皃　浧弋井切泥也澱也　瀡思累切滑瀡也　灕力支切水滲入地也
瀐才代切側也　注居況切往也　瀢弋水切瀢瀢魚行相隨又水流皃　潣亡本切潣也又音閔　潗七立子入二切湁潗水轉皃
潲山狡切臭汁也潘也　澻似類切所以通水廣二尺深二尺也　淝扶非切水名本作肥　澿子盈切水名　濋音楚水名　瀱
丘月切國名　洣莫禮切水在茶陵縣　洵弋旬九倫二切水名　潙音爲水名也　洺武盈切水名在新陽　涍呼交呼效二切
水在南郡　郡公困切水名又大水　濼余灼切水名　浭山吏切水名　渶音英水出靑丘山　滝莫高切水名　涀胡覓切水

出瀃胡𤄶布堅切水名滗音筆笮同去汁也𣺝上溞先勞切溞溞淅米聲又思酒切㵔力㢠切瀳也潩蘇困切噴
水也又先絹切溗市陵切水不流濞匹至切敗皃淰烏錦切古文歙浖力拙切山上水汢亡谷切溥補各切溥濼也
灆余廉切進也瀨力兊力活二切以酒祭地或作酹涎似連切口液也㳄同上亦作次洸呼光切水廣也洤古文泉字
瀀古文幽字涏恥京切也亦作㲌沠丑涉切沠湕纚有水湕子葉切沠湕也澉古淡切澉薄味也潶呼得切水名
漣力仙切水出王屋山浡蒲忽切渾也又海別名也漧古乾字猶燥也漺初兩切冷也瀿扶元切水暴溢也波也
澎蒲衡切水名又澎浡滂沛也濠乎刀切水名𣳼力章切古文梁濴猗拳切淵濴水深皃漻呂鳥切㵳澥小水刿
名也淕力鞫切凝雨也泯彌忍彌賓二切滅也又泯泯亂也瀜弋終切沖瀜大水皃𣲴力周切古文流漴柴融切水聲也
淞似龍切江名㴕居隆切縣名洢一移切縣名濰夷佳切水名漁語居切捕魚也泭芳無切編木以渡也又防
無切水上附漚漽大兮切研米槌亦作漽溪口兮切溪澗灈渠愚切水出汝南吳房瀘力吳切水名盓屋姑切盓
江項羽渡船處也浾側加切浾滓也又棠木汁潾力真力刃二切水清皃洇於鄰切水名濜助謹切濜溍水勢又慈忍切

瀊蒲槾切洄也沺徒蓮切大水也湍他端切急瀨也凜力甚切寒也溸于瞻切水流皃瀟思焦切水名潧

戶交切渾也濄古禾切濄水也溛烏瓜切濄也涐吾哥切水名𤄷力多切𤄷水名涂直都切涂塗也灡託藍

切水名冉同上湯式章切水流皃茫莫郎切滄茫也瀯音營水洄㶑呼肱切水聲也淜蒲冰切水聲也瀠烏營

切水泉皃瀠同上漎所葑切又色講切𣾰音盈魯大夫名也漻古爻切水名澌息咨切水名又音賜水盡泑伊糾切又

音幽山名添他兼切益也濫力甘切水清又力敢切葅也活音聒水流㶓虛宜切水名汯音宏深馮無舟渡水浤

音宏浤浤汩汩湍水騰涌貌湄防無切水名中有神古人也渀音奔水急又匹奔切㵘音貪水也潯辭林切深也淽

匹凡切深也渹虛觥切水浪渹渹聲洴毗名切水澼也㳜虛尤切水夫皃瀌甫休切水聲也澴胡關切水濨[illegible]詞切水

也㵹力舒切水名澊七昆切水名泘虎孤切水名㳖音衣水也㵢力堆切㵢澤也渢音馮水聲沖工胡公切水

聲灢音囊水聲𤁓禿龍切水聲也𤅩先公切水聲也𣳚音丘水也浵徒冬切水名滁直余切水名渘而舟

切水名泃古侯切水聲也泩音生水漲㴰奴登切水汼魚休切水泀音司湤音移又式之切水𣸬蒲巴切水名也

漟徒郎切渓渓也沶胡戈切水𣵀音羌水也㶏於斤切水淐尺羊切水澢都郎切水泇音加水也洀之游切水

文也㴓山佳切漉米一泚它時邪切水也澕呼瓜切水𣻬音斜水名澋戶猛切影也瀸音纖泥也𤂱戶工切大波也

滖余九切水也𣽎余瓦切泥水皃湲火管切弄水也𣸛方免切水皃渢火孔切水風也𣾀初瓦切泥也𣲗弋支

切水文又徒羅切𣲾初委切北方也渼莫彼切水波也涭音受水皃𣹰音軌水皃𣴼戶感切流皃又音門𤂔同上㴱

力感切剡汁也濎的領切水名漂匹眇切漼七悔切清也浽平表切水𤂢胡減切又音慊淖音阜水也滤

苦含切流也灦音顯水也漲陟兩切大水也清他果切水名也瀰莫比切水流皃港古項切水派也渺亡小切水長也

汞戶孔切水銀滓灄而涉切水也𤀏許鬼切流皃汻同上𤃉當預切溝也漵詞與切浦也㵰同上水名在洞

庭汀直與切滷音鹵鹹水澅戶卦切水湕居偃切湕水浶戶式切露光也灛赤善切水文𤁴蒲賣切水

滈戶了切流皃瀉思野切頃也又相夜切滉胡廣切滉瀁皺也𤂑烏感於錦二切大水至渰音奄雲雨皃詩云有

渏淒瀠烏迴切大水也瀼奴朗切不流皃澾他達切滑也泬呼決切泬寥空皃𤅫思翦切水𤃿芊來切藻

皃 [illegible]切輦切 ⿰氵輦力淺切水 灖文彼切流也 淏音昊清皃 泖音柳水皃 溤莫把切水 潽偏毋切水 潹只羕切水

⿰氵款音款 ⿰氵嬜戶斬切泉 瀴益精切水 漨府孔切水 瀧方買切水 ⿰氵罕音罕水也 潡徒損切大水也 ⿰氵貢古洞切水

灞布罵切水名 淠匹備切水聲也又匹計切 沮子御切濕也 汱音畎水也 汰音泰太過也 瀚音汗海名 澯七旰切清也

⿰氵虎音渡過江 浍古外切水名 淛之世切水也 漈節例切水涯也 濊火界切水聲 ⿰氵幵古旦切乾也又胡旰切 ⿰氵肖匹半切水流也

淀徒練切淺水也 㴐莫見切滇㴐大水皃 漱力淀切漱鐵 泅尼九切水在汝南 溴尺又切 ⿰氵佳於見切水大也

消七肖切淺波也 浛戶紺切水和泥 瀆音丘水也 ⿰氵壯側亮切⿰氵壯米入甑也 渣助訝切水名 瀘音飲冰也 湴蒲監切

消音削小水 ⿰氵圣古壞切水 ⿰氵戒古薤切水 溍音晉水也 潒羊庶切水 瀫匹茍切 ⿰氵弄力凍切水 湏音鼻涕也

濾力頓切濾水也 ⿰氵庶式預切水 ⿰氵篤所患切洗馬也 湠吐旦切大水也 渲音選小水 ⿰氵卷巨眷切水 ⿲辛氵辛皮戀切水波也

汌尺戀切水 灠盧瞰切濫泉也 灙多朗切水名 ⿰氵賀胡箇切水 淌音唱大波 ⿰氵㝹奴候切水漚⿰氵㝹 ⿰氵戈古卧切水

漚於候切罧也冬月以疊草水中 潁居詠切渟也 ⿰氵閵力刃切水 ⿰氵慶犮忽切水名 滊許氣切水 沎呼卧切水名 激

音教水也 渻 時及切影沿 瀼 奴朗切 漗 思力切水 潧 女立切水動皃 澪 音昨水也 瀫 胡谷切水聲也 澓 防斛

切澓流也 沇 池六切水名 漠 莫歷切淺水 涺 居六切水文也 澗 同上 滀 初六思六二切濕也 潮 音朝水也 𤃮 音雹

水激 瀥 許角切水激聲 滈 同上又音浩 洷 直失切水 洁 音吉水也 滵 莫筆切流皃 洐 音迷水在琅邪任緒鉤魚處 𤁷

烏割切水名 瀾 音闕水也 瀕 下刮切不淨 瀕 丑刮切瀕頒 漇 思列切瀎漇水流也 𤃘 口没切水深皃 濟 盈歷切水名

淬 桑没切没也 潑 浦末切水漏也 㵗 音輟注也 𣻇 矢甲切溢也 瀾 火麥切流 淂 都勒切水 淯 余熟切水名也

浴 余玉切洗浴也 溻 他盍切濕也 溚 竹洽切濕也 濇 虛劫切水 湏 音預濈湏水名 滀 仲六切滀滯也 沷 府伐切寒

也又音弗 𣲷 資悉切又音節水出也 滐 巨列切 淴 音忽汲也 沏 初乙切流皃 濊 火活切水聲 渤 蒲没切渤

海也 澀 所立切不滑也 澁 同上俗 澈 直列切水澄也 滆 下革切水名 滌 音迪洗也 汐 辭歷切水 澤 羊隻切水

流皃 湱 火麥切水聲 㵙 五各切 㵸 七雜切沸皃 𣲙 補木切水也 泣 去急切無聲出涕也 溭 士力切波 洦

莫百切水流皃 泐 郎得切泉聲也 湨 古壁切水名 𣿋 女狎切影動 瀔 古祿切水名也 涷 都龍切露白又水名又

切溥徐栢切詩云零露溥兮 滫息背切滑也 潫烏活切取水也 涸音粲水清皃 灨音感水也 漢音稹波也

玉篇卷第二十 凡二十七部

之水沝部二百八十六 公泫𡿨部二百八十七 古會巜部二百八十八 齒緣巛部二百八十九
子郢井部二百九十 自緣泉部二百九十一 似均灥部二百九十二 于丙永部二百九十三
四賣𠂢部二百九十四 古木谷部二百九十五 鄙陵仌部二百九十六 于矩雨部二百九十七
于君雲部二百九十八 甫融風部二百九十九 去乙气部三百 居尾鬼部三百一
甫勿甶部三百二 步陌白部三百三 如逸日部三百四 多汗旦部三百五
是人辰部三百六 公旦倝部三百七 子倩晶部三百八 魚越月部三百九
于九有部三百十 靡京明部三百十一 俱永囧部三百十二

沝部第二百八十六 凡四字

沝之水切二水也 㴇彌沼切淼㴇大水 𣶒力州切水行也篆文作流 𣸈

市葉切行渡水也篆文作涉

𡿨部第二百八十七　凡一字

𡿨　公泫切水小流皃深尺廣尺曰𡿨古文作𤰝篆文作甽

巜部第二百八十八　凡二字

巜　古澮切水流皃廣二尋深二仞亦作澮　粼　力因力刃二切獸名又粼粼清澈也水在石間也

巛部第二百八十九　凡一十三字

巛　齒緣切注瀆曰川也流也貫穿也通也古爲坤字　侃　可旦切和樂皃古文作侃又苦旱切　巠　古庭後鼎二切水脉也一曰水冥巠也　𡿯　胡國切水流皃　巟　呼光切及也至也　𡿳　禹乙切水流也　𢀖　力徹切𢀖𢀖水流皃　邕　於龍切四方有水自邕城池者　𡿪　籀文　𡿦　子來切天反時爲災今作灾災　州　止由切九州也時也宮也居也　𠁥　古文𠁥同上

井部第二百九十　凡六字

井　子郢切穿地取水也伯益造之因井爲市也法也　刱　楚向切造法刱業今作創

阱　才性切穿地爲阱以陷獸亦作穽　汬　古文　𤑔　於迴切澤地也　丼　者線切古文戰

泉部第二百九十一　凡三字

泉　自緣切山水之原也　灥　扶万切泉水也　厵　魚袁切泉水也今作源

灥部第二百九十二 凡二字

灥 似均切三泉也 厵 魚袁切水原本也

永部第二百九十三 凡三字

永 于丙切長也遠也引也 羕 弋上切長也 昶 恥兩切廣雅云通也

𠂢部第二百九十四 凡五字

𠂢 匹賣切說文曰水之衺流別也 覛 莫狄切邪視也 脈 亡革切說文 莫 脈 籀 貝文 衇 血

衇 莫華切血脈 𠂢 籀 也或作脉 血 文

谷部第二百九十五 凡二十九字

谷 古木切水注谿也又余玉切 豁 呼活切通谷也 𧮫 空也大度量也 書同 谷上 谺 且見月田二切望山谷谺谺青也或作阡 𧮾 力幺切空谷也 豅 力公切大長谷 谾 呼紅切深山谷之谾谾空也 谹 胡萌切谷空也 𧯈 莫九切𧯈𧮯亭名 𧮯 巨由切𧯈𧮯亭 容 思閏切深通川也古文濬 𧮰 下溝切谷名 𧯝 徒鹿切通溝也與瀆同 𧮲 扶云切谷 谷在臨汾 𧮷 渠六切谷名 𧯂 力葉切谷餘聚名 谼 胡東切大谷名 谽 呼含切谽谺谷也 𧯍 呼勞切𧯍谷深谷名 𧮛 力刀切𧮛谷 𧮘 側佻切谷名 𧯇 於京切谷名 谽 火含切谽谺谷空 谺 火加切谽谺 𧮝 士諫切谷名 𧯚 呼各切溝壑 𧯧 呼檻切谷名 谿 詰雞切與溪同 𧮿 直流切谷名 也與壑同

冫部第二百九十六 凡五十二字 冫 鄙凌切冬寒水結也 仌 上同 冰 筆膺切水堅也今筆凌切 凜
力甚切凜凜寒也 凊 七性切寒也冷也 凘 先兮切解冰也又息移切 測 古文凍 凍 都洞切孟冬北始凍又音東 凌 力丞
切冰室也又力證切 滕 上同 洞 古迥切冷也 凇 相龍切凍落也 凓 力質切凓冽寒皃 冽 力滅切寒氣也 浹 胡頰切冰凍相
著也 渫 徒頰切浹渫也 凗 昨回切霜雪皃 溰 五哀切 涇 巨井切寒也 凝 魚膺切成也堅也 汀 他丁切又盧打切 滄
楚亮切寒也 凄 七西切寒也 冶 余者切公冶復姓又妖冶 滆 他頂切 冷 力頂切寒也又力丁切 二 淟 他典切淟涊
涊 奴典切惡酒也 冬 都農切冬終也亦作备 太 他大切今作泰 洦潧 上彼孕切下匹孕切飛聲 冱 胡故切寒也俗
作冱 湳 奴含切 滭 畢吉切寒也 潰 之日切寒身動皃 洛 下各切洛澤冰皃 澤 大洛切冰也 凁 盧帝切术
淕 力竹切 泼 方勿切寒冰皃 潔 公節切俗潔字 𪷽 音嚴俗嚴凝字 凋 下聊切力盡皃 活 胡括切 凚 渠錦切寒
甚也 准 之允切俗準字 況 許誑切俗況字 冲 直中切俗沖字 决 古穴切俗決字 減 古斬切俗減字 凉 力張切俗涼字
雨部第二百九十七 凡一百五十字 雨 于矩切雲雨也 𠕲 古文 𦉰 亦古文出說文 霅 丈洽切又胡甲

切𩆷𩇓震雷皃一曰衆言也靁力回切陰陽薄動靁雨生物者也雷同上䨻𩃎並古文𩇕籀文霣爲閔切雷

起出雨也齊人謂雷曰霣𩆄古文霆大冷大丁二切電也霹靂也電大見切陰陽激燿也𩃬古文震之刃切動也

𩆜籀文䨮思悅切凝雨也雪同上霄思姚切雲氣也霰思見切暴雪䨘同上𩅸思移切小雨皃亦與

霰同雹步角切說文云雨冰也𩃯古文霝力丁切落也零同上又徐雨也䨕力各切雨零也或作落霢

亡戢切小雨曰霢霂霂音木霢霂𩃌所咸切微雨也又漬也又子廉切𩅰同上𩄔先丸切小雨也霃雉金切陰也

䨡胡耽切多雨也𩃭同上𩃚牛皆牛林二切霖雨也𩆟子夷切雨聲或作濱又才私切𩃵同上𩃤尤句切雨皃

𩅊子廉力韱二切小雨也霑知廉切濡也漬也𩅈如琰切濡也屚力豆切屋穿水入也與漏同霤力救切雨

屋水流下也䨣柯覈匹各二切雨也霽子計切雨止也霩呼郭切雨止雲罷也霋千兮切雲行皃又霽謂之霋露

力固切天之津液下所潤萬物也又露見也霜所張切露凝也霚武公武賦二切天氣下地不應也雺同上霿武賦切地

氣發天不應也霧同上雩宇俱切請雨祭也或作𦏸霾眉乖美拜二切風而雨土也霓五奚五結二切雲色似龍也

䨒右往切說文曰水音也霖力今切雨不止䨢丁頰丁念二切寒也早霜也需息俱切須也不進也又卦名䨨

豬惟切隱也雷也霏孚非切雪皃𩆑同上雱普唐切雪盛皃䨚同上霶普郎切霶霈大雨皃雭山立

切霎雭雨聲霫先立切霫大雨也雴丑立切雴霫䨙丑涉切䨙霎小雨霎子葉所洽二切䨙霎䨐胡夾切䨐

洽同𩃀徒的切𩃀𩃀雨𩆜土林切𩆜𩆜雨聲雰孚雲切霧氣也𩅦而章切露成皃亦作瀼𩅰徒丸切𩅰𩅰露多

𩆷乃東切𩆷𩆷𩆷露濃皃霞下加切東方赤䨮胡溝切霥莫公切霥霥雨皃亦作濛䨍芳尤切雪皃雵於黨

於良二切雵雵白雲皃霹普的切霹靂也靂郎的切霹靂𩃧許鬼切雷震䨄烏感切𩅧職隆切小雨也䨬

與章切古文霠於今切沈雲皃𩁼所感切小雨也霛魯丁切古文靈霙於京切雨雪雜下霟盧冬切雨聲靀

所江切雨皃䨥胡郭切霍䨥大雨又音隻䨜營隻切大雨也䨫力占切久雨也霦悲倫切玉光色霕徒昆切大雨也

霋七精切女神䨎苦顏許器二切說文云見雨而止息曰䨎霌職由切䨹因于切雨皃靊孚隆切霳

力中切豐隆雷師俗從雨䨽都宗切雨䨟古三切霜也𩃦疾夷切大雨又七資切䨑息佳切小雨皃雩敷臾切

也 霸北朋切大雨 霪余林切久雨也 䨨所板切 霁芳酉芳賦二切 霮徒感切霮䨴雲皃 䨴徒對切霮䨴

䨴 靃息委切露也又呼郭切飛聲 䨟巨殞切雨 霍呼郭切揮霍 霏非尾切雲皃 靄於蓋於曷二切雲狀 䨲

匹妹切大雨 霔之戍切霔霖 䨯阻櫼切水 𩃵胡卦切海船也 𩃎七鳩切雲行 䨶補孟切雷 䨥古候切大雨也 䨠

胡內切雨 䨓直容切雲 𩂢於厥切大露也 䨵他鄧切大雨也 𩃜於刃切氣也 𩅞徒紺切久雨也 霨乙位切起 𩅰

乃監切泥 霢莫獲切雨 䨦力谷切大雨也 𩅹直卓切大雨也 𩃬私盍切雨下也 霅士甲切大雨 𩅀匹各切雨

𩅀匹各切大雨也 霵側立切又七立切雨下也 𩄺上同 𩃷呼骨切雨下 𩅦色麥切雨又山責切 𩅐同上 𩆐

大今切 䨳雲

雲部第二百九十八 凡十一字

雲于君切山川之氣也古文作云 霒於林切今作陰 侌 𠑾並古文

靆徒戴切 靉於代切靉靆雲不明皃又於幾切 霼虛豈切靉霼雲皃 曇徒含切西國𩅰 芳味切 呼骨切𩅰切

皃 𩃀徒罪切 𩅰切 黮徒敢徒紺二切

風部第二百九十九 凡九十八字

風甫融切風以動萬物也風者萌也以養物成功也散也告也聲也凮

飌風並古文䬆力章切北風也又力讓切亦作䬆飄婢遥切旋風也又孚遥切飇俾遥切暴風也颮同上颯

思合切颯颯風飂力周切高風皃飀力周切風行聲䬍呼沒切疾風皃𩘻同上𩙱古文同上𩙬干貴切大風也飍

弋章弋尚二切風飛𩗓子筆切大風也𩗬力吉切颲颲暴風又力志切颲力哲切惡風也䬅力計切急風颫父娶

切風自上下爲之颫飄也颻餘招切飄颻䬕思六切𩗴呼出切風也颼所流切颼風聲颾同上𩙩力幺切風皃

䬐於回切風低皃𩗷尹轉切小風皃䫺胡盲切暴風也颹同上𩘺匹周切颮風吹皃䬙匹召切䬙飆颸楚飢切風也

𩙲丈流切颵怖結切小風也𩗷竹庚切𩖝丑交切颮颮吹皃䬘呼交切颮䬘颽古諧切疾風也𩗗甫勿切風也

飁似立切風也颰蒲活切又甫月切疾風颬呼加切𩖦蒲公切飋所乙切秋風䬀於柳切風聲𩙯香幽切䬢走

颵所交切風聲䬥奴多切古文儺飀蘇彫切北風也颴似緣切風轉飀力尤切飀飀風𩖼坎巖切古文𩗏

巨尤切小風也䬍呼肱切風皃𩖴楚交切𩖩戶工切風聲𩙭戶冬切風聲𩗕香公切又香幽切風聲𩗀羊脂切

⿰風英於京切　颹于歸切又于委切　⿰風支寺林切又姓也　⿰風今古藍切風　⿰風畀步迷切風　⿰厷風戶萌切大風也　⿰風貴杜回切風皃
⿰風羞息流切風　⿰風言呼䶐切風聲　⿰風夌魚登切大風也　⿰風唐徒郎切　⿰風令力丁切寒風　⿰宣風思兗切又祖緣切　颽苦海切南
風也亦作凱　⿰豈風同上　⿰風妥奴罪切風動　凨呼果切又徒泰切　⿰風兑徒會切　⿰風咅裴負切　⿰風周職救切風皃　⿰風甘戶紺
切　⿰風危於貴切又於歸切　⿰風夅可降切又可講切　⿰風栗力質切風　⿰風矞余律切急風　⿰風宿思六切風吼　⿰風畢賓栗切風吼也　凬
祛律切風也　⿰風出同上又呼聿切　⿰風畐冰力切風也　⿰風孛蒲沒切　⿰風夬呼決切　⿰風赤呼獲切熱風　⿰風或古獲切⿰風或⿰風赤赤氣熱風之
怪　颰呼劣切小風皃　⿰風甾楚持切颸風也　⿰風勿許勿切

气部第三百　凡八字

气去乙切求也說文去既切以為雲气字　氣去既切候也息也六氣謂陰陽風雨晦明也又
年有二十四氣　氛孚云切氣也祥也先見也或為雰又夫云切　⿹气盇俗　氳於云切氤氳祥氣　氤於人切氤氳元氣　⿰幾乞巨乞切危
也切磨也　⿰日气去既切古氣字

鬼部第三百一　凡六十九字

鬼居尾切天曰神地曰祇人曰鬼鬼之言歸也又慧也　⿰示鬼古文　⿰鬼失丑利切魑魅之

類也厲鬼也亦作殊魂胡昆切陽游氣也人始生化曰魂亦作䰟魄普格切人之精爽也說文曰陰神也又普各切亦作䰟䰤許居切秏
鬼也魃步末切旱神也䰡渠猗渠寄二切小兒鬼又鬼服鬽莫覲切老精物也䰠魅並同上彖古文㣇籀文
䰧灰乎切鬼皃𩴾居依切鬼俗也吳人鬼越人𩴾亦作𩲃䰰汝俞切䰰䰰鬼聲𩲡呼罵切鬼變也𩴿乃多切驚毆疫癘之
鬼也又見鬼驚也𩴵牛冀切懼也䰯必人扶人二切鬼皃魋杜回切如小熊也魍亡兩切魍魎水神如三歲小兒赤黑色魎
音兩魍魎䰱力丁切神名𩳐乎北切短狐狀如鼈含沙噀人𩴞士交切剽輕為害之鬼也疾也䰳魚貴切象魏闕也大名也
高也䰴視由齒由二切惡也𩲸眉祕切又無弗切𩲗魚乞切鬼也䰗丑知切鬼也𩳃武棱切鬼也䰼德洪切鬼
殺人𩴆巨希切星名䰞始人切山神也𩴐即委切鬼名魔莫何切魔鬼也魁口回切師也又北斗名𩳔五姑切
魒匹姚切[illegible]䰢火郎切鬼𩲱扶方切星名𩴈于嬀切𩲠力丁切𩳷皮彼切鬼衣服𩴨匹米切𩲃去拱切[illegible]
名𩴹古悟切𩴁胡硬切鬼𩲊丑吏切癘鬼𩴖力刃切鬼名𩳫五孝切醜皃𩴴初八切羅𩴴國𩳝桑目切鬼
䰨徒歷切醜𩳧五交切𩴓巨聿切無頭鬼𩴐陟目切醜頭𩴄于目切皃𩳊士甲切醜𩲖詞惜切又之石切

𩴾羊益切鬼使也𩳁縛尤切星名魙側減切䰉呼官切星名𩴯音畢䰧尺者切䰧鬼惡也醜昌九切可
惡也𩲡音甫星名

由部第三百二凡四字

由甫勿切鬼頭也畏於貴切驚也忌也懼也難也惡也𢼀古文禺牛具切獸似獼猴也目赤尾長又母猴屬也

白部第三百三凡四十三字

白步陌切西方色也明也告語也白屋茅屋也𠁧古文皢火了切明也日白也皎
公鳥切月白也亦皎也晳先的切白色也皤布何步何二切素也老也人白也皤皤衆良士也皠乎殼切皠皠白也烏白也又乎沃切皚
五哀切霜雪白皚皚也亦作溰皅普加切草華之白也𤾊去逆切壁際見白也皦公鳥切白也又珠玉白皃亦與皎同皭在爵
子笑二切淨皃也色皭皭白也皔何但切皔白也皏普幸切皏𤾣白也又淺薄色也𤾣呼曷切皏𤾣也皪來的切玓皪明
珠也皉且禮切色鮮絜也或作玼𤿏且罪切高峻皃皁才老切色黑也皂同上的丁激切遠也明也見也射質也𤾍直流切父
沒名皛胡了切又胡灼切明也顯也皖華板切皫孚沼切白色𤽇傍伯切白色又古了切𤾗爲委切華也𤾷[illegible]
切白色皧烏代切淨也皜胡老切皞同上皓同上𤿅丁歷切白𤽣普白切𤾳傍伯切𤾰直流切

[illegible]昌尹切白 [illegible]多肯切白 皣于輒切 皟側革切 [illegible]扶力切 [illegible]力各切白 [illegible]他朗切明也或作曭

○日部第三百四 凡二百四十字

日 如逸切陽之精也廣雅云朱明曜靈東君並日名日實也君象也羲和日御也 旻 眉巾切秋天也仁覆愍下謂之旻天 時 市之切春夏秋冬四時也 旹 古文 早 子老切晨也 昒 亡屈切旦明也 曙 常據切東方明也 昧 莫潰切冥也昧爽旦也 晰 之逝切明也 晢 晣 並同上 曉 火了切說文明也又曙也知也慧也 昭 之遙切明也光也見也又市遙切昭穆也 晤 五故切欲明也 晃 乎廣切光也 晄 同上 曠 苦浪切廣遠也空也 旭 呼玉切日始出昕旦之時 晉 子刃切進也 晋 同上 昏 呼昆切說文曰日冥也 昬 同上 啓 康禮切雨而晝晴也 暘 弋章切明也日乾物也 昫 欣句許宇二切暖也亦煦同 晛 奴見切日氣又戶顯切明也 曣 同上又燠也 晏 於諫切晚也天清也 暥 於見切日出也 景 箕影切光也照也 晧 戶老切日出也明也 暤 何老切太暤蒼精之君伏羲氏也又明也旰也 曄 爲輒切曄曄震電皃 曅 說文同上 暉 呼韋切光也或煇字 旰 古旦切晚也 暆 余支切暆暆日行也又縣名 晷 居美切以表度日也 昃 壯力切日昳也 昃 同上 晚 莫遠切後也暮也 𣊬 力完切日昏時 晻 於感切不明也 暗 於紺切不明也日無光也 曀 於計切陰而風 晦 呼潰

切昧也𣈜奴代切日無光也旱何但切不雨也㫐於了切望遠也或作杳窅昴莫絞切星名曏許兩切不久也少時

也曩奴朗切久也昨才各切一宵也昪皮彥切喜樂皃暇何嫁切閑暇也昄步板切大也善也暫才濫切不久也或作

蹔昱由鞠切日明也昌尺羊切美言也當也盛也明也𣅛籀文暀于況切美也昦女版切温溼也赤也暑式與切熱也

暍於歇切中熱也温也㬮奴旦切又奴達切温也安也𤏩呼殄切微妙也今作㬎暴步卜切曬也晞也又蒲報切暴

同上𣋡古文曝俗映於敬切明也又於朗切映曭不明也晞許衣切明不明之際也燥也暴也或作烯昔思亦切往也久

也昨也𦠔說文昔暬思列切侍也或作媟暱女栗切親近也昵同上否乙乙切不見也或作𣆉晐古才切備也咸

也兼也昆古魂切昆者同也并也兄弟也咸也晜音昆兄也與昆同亦作罤暖奴短切温也普丕古切包也徧也曈徒東

切曈曈日欲明皃曨力東切曈曨晫都角切明盛皃睹丁古切旦明也暠古老切白也暟口亥切美也照也昈乎古

切文彩也昂五郎切我也君之德也曒公了切明也暤同上曥力步切日欲入也暮謨故切日入也晲牛禮切日跌也

𣆆同上曭他朗切不明也暲之羊切明也與章同暵呼但切熱氣也暯莫朗切日無光曂呼晃切旱熱也暭

似盈切雨止也精明也無雲也晴同上曤呼郭切明也睆乎綰切明星也昝子感切人姓也昲孚未切乾物也⿰日肎

古鄧切乾燥也暳呼惠切衆星皃暡於孔切暡曚天氣不明也暈有慍切日月旁氣也晊之日切大也曖於代切晻曖暗

皃曜余照切照也亦作燿暿許巳切盛皃日乢多熱也暶似緣切美皃昚古惠古迥二切見也亦作炅⿰日乞去既切古

氣⿰日肖思遥切古宵字星先丁切列宿也古為曐⿱亓日巨基切古文期⿱日其亦古文期⿱日丌丁宗切古文冬⿱夂日同上曆

力的切象星辰分節序四時之逆從也數也本作歷古文作厤⿸厤日古文⿰日縣丘立切欲乾也⿰日聶女涉切小煗也晟是政切明也

暾他昆切日欲出旽同上晈公鳥切明也昧莫蓋切明也又斗柄昊胡老切昊昊元氣廣大也昉甫往切明也適也

春尺均切蠢也萬物蠢動而出也萅說文春曛許云切黄昏時晡布胡切申時也曃陀愛切曖曃不明皃暕古限切明

也昢滂佩切向晴也昚市刃切古文慎昺碑景切明也亦作昞曇徒含切曇曇曇黑雲皃昇式陵切或升字晁除喬

切晁陽縣名⿰日氐都黎切日暃府微切日色晭職由切日光也⿰日𠬶七林切日光也朞居其切後也昊徒來切日光又

於景切昌附夫切昐府文切日光曦許宜切日色也⿰日垂直韋切地名⿰日夫附夫切口⿰日吏色滓切明晅許遠切又

古鄧切明也⿰日且徒旦切⿰日差思可切又明削也暊孚武切又思主切明䁥五果切明⿰日更古杏切日高也⿰日良力黨切明昑

丘錦切明也⿰日監來甘切曮魚儉切日行⿱日叏乆永切日光也⿱日妟胡管切明也杲古老切日出也⿰日爲于鬼切日光也

暐同上晼於阮切曘奴侯切又日朱切日色昀羊倫切日光也暌去圭切違也⿰日盧力魚切⿰日羊與章切又子郎

切焦暄許圓切春晚也旼莫貧切和也⿱日貝必民切古文也暋彌賓切又眉殞切強也⿰日合以專切日行也⿰日刀他調切

暚余招切日光也晗胡南切欲明也⿱日見於京切明曚莫紅切曚曨也又亡孔切時也⿰日從七恭切電光⿰日冘丁含切㬉奴卯

切煴也亦作煗暖同上⿰日㒼莫本切晴⿰日麃匹表切旿吾古切明也晪他典切明也昫香羽切又香句切日光也昶

丑兩切明久⿰日名匹頂切⿱日廾俱冬切扶⿰日兄呼誑切暘明⿱日見許詠切日中風⿰日冊職救切光⿰日詹以贍切曬也肴許

切又許嚴切妨⿰日所所御切昪皮變切明也⿰日巨其女切噴⿰日孛防晦切又蒲沒切暣乞義切日⿰日蓋烏蓋切日色也晬

子對切周年也晙子峻切早也旰各汗切半乾也⿰日市布蓋切⿰日奐胡貫切古國名曞力制切又力達切日甚也晉烏調

切姓瞟匹妙切置風日中令乾瞀莫候切亂明昜才用切功人也旺王放切日暈⿰日匝以證切暝亡定切夜也

曔巨命切明也　昮五愛〻切　⿰日爵子肖切　昩莫割切星名　昳徒結切日昃　昷於殺切　⿰日内奴骨切

⿰日录力玉切日暗　曶呼骨切明　⿰日夬古穴切　⿱日合楚洽切日照水　昅其劫切乾　昕許斤切旦明也　⿱日丑丑減切日光照

也　曬所賣切暴乾物也亦作⿰麗羽

旦部第三百五　凡二字

旦多爛切早也朝也曉也詩曰信誓旦旦　暨其器切與也至也武一也爾雅曰暨不及也

晨部第三百六　凡七字

晨是人切早也明也昧爽也　晨同上　農奴冬切耕夫也厚也　農同上　⿱⿴臼囟辰　辳並古文

倝部第三百七　凡六字

倝公旦切日光出倝倝也用也　乾奇焉切健也天也君也又居寒切燥也　⿰𠦝舟知驕切早也凡也又除驕切　朝同上　幹柯旦切體也強也　⿰𠦝攵各汗切

晶部第三百八　凡五字

晶子丁切精光也　曐先丁切萬物之精也列宿也亦作星　曑所今切或作參　疊徒頰切古理官也亦作疉　曟市人切宿也亦作辰

月部第三百九　凡二十五字

月魚厥切太陰之精也夜見光謂之月月御謂之望舒　朔所角切月一日也北方也

朗力儻切明也亦作朖　脼古文　朏芳尾普乃普骨三切說文云月未盛之明　朓敕了切疾皃又晦而月見西方也　霸普白切尚書云哉生霸今作魄又布駕切霸王也　覇同上俗　⿱肉月古文　朒女六切縮朒不寬伸之皃說文日月見東方謂之縮朒　⿰月旋徐兖切短也便⿰月旋小皃　期巨基切會也當也要也時也契約也　朞古文　朦莫公切朦朧也　朧魯紅切　朎魯丁切朎朧

腄胡求切縣名在東萊又直端切　臘盧盍切臘蜡　臈同上俗　⿰月敫他敫切月光　朠於京切月色也　⿰月尋寺林切姓也

⿰月恒古鄧切弓去也　朊虞遠切　肮直遠切

有部第三百十凡三字

有于久切不無也果也得也取也質也寀也　戫於六切文章也亦作彧　⿰有龍力公切馬籠頭

明部第三百十一凡三字

明靡兵切察也清也審也發也　朙古文　盟靡京眉景二切諸侯莅牲曰盟又音孟盟津也

囧部第三百十二凡三字

囧俱永切大明也彰也　盟同上　⿱囧皿靡京切與盟同

玉篇卷第二十

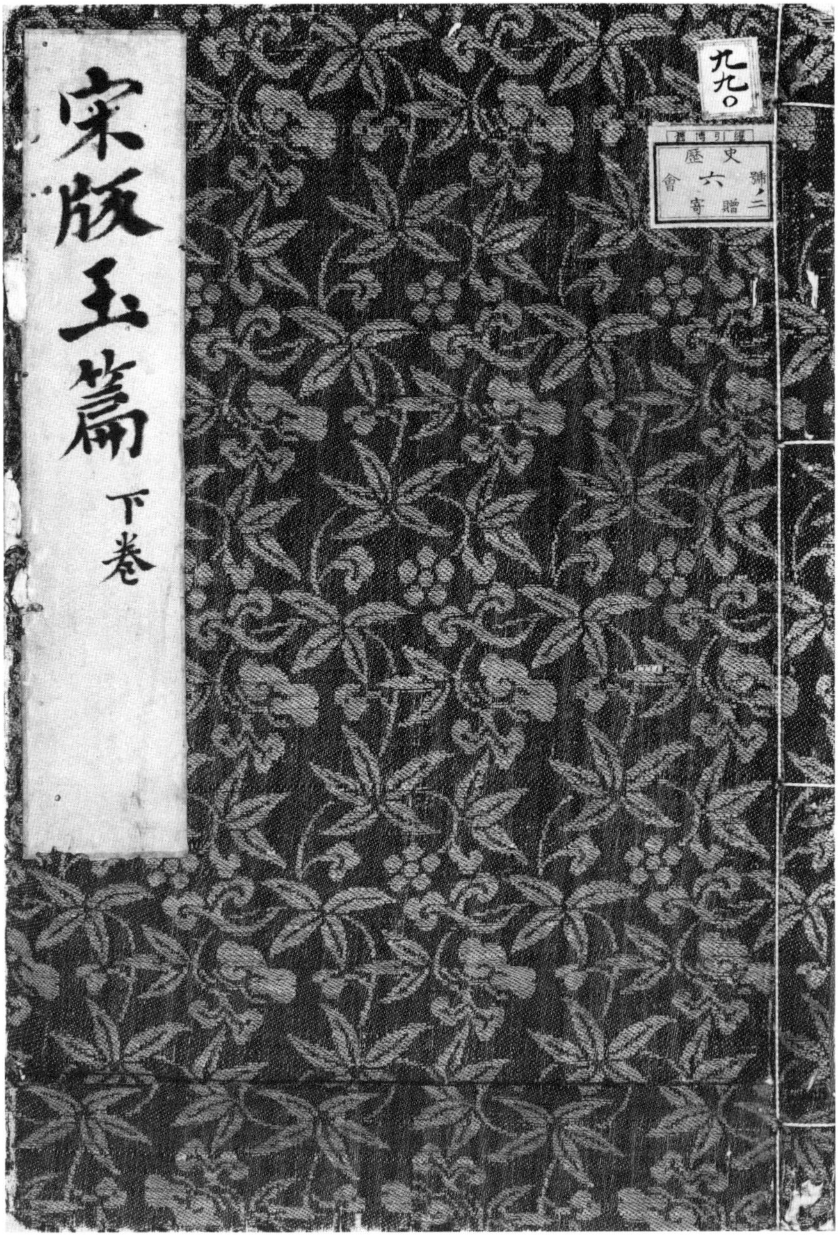
宋版玉篇
下卷
九九〇

第一、第二葉原闕

氺牛林切第四百四十九　共巨用切第四百五十　異餘至切第四百五十一　史所紀切第四百五十二　支章移切第四百五十三

𠬪平表切第四百五十四　肀廿涉切第四百五十五　聿以出切第四百五十六　書式余切第四百五十七　隶徒戴切第四百五十八

臤口閑切第四百五十九　帀子合切第四百六十　出尺述切第四百六十一　之止貽切第四百六十二　生所京切第四百六十三

耑丁丸切第四百六十四　毌公丸切第四百六十五　束舒欲切第四百六十六　㯻公混切第四百六十七　囗于非切第四百六十八

員胡拳切第四百六十九　齊在兮切第四百七十　干[illegible]切第四百七十一　幵五堅切第四百七十二　片普見切第四百七十三

𣏟[illegible]貞切第四百七十四　毋武俱切第四百七十五　克口勒切第四百七十六　丿普折切第四百七十七　𠂆余制切第四百七十八

弋與力切第四百七十九　乀以支切第四百八十　亅居月切第四百八十一　句俱遇切第四百八十二　丩居周切第四百八十三

乚於近切第四百八十四　亾武方切第四百八十五　匸下體切第四百八十六　兂側林切第四百八十七　旡居毅切第四百八十八

皃芼教切第四百八十九　兜公扈切第四百九十　先思賢切第四百九十一　秃吐木切第四百九十二　厶相咨切第四百九十三

單時闡切第四百九十四　彔力木切第四百九十五

卷第三十　凡四十七部

四 思利切第四百九十六　叕 知劣切第四百九十七　亞 於訝切第四百九十八　五 吴古切第四百九十九　六 力竹切第五百

七 親吉切第五百一　八 博拔切第五百二　釆 蒲莧切第五百三　半 布旦切第五百四　九 居有切第五百五

丸 胡官切第五百六　十 時入切第五百七　卅 先闔切第五百八　古 公五切第五百九　寸 千鈍切第五百十

丈 除兩切第五百十一　皕 彼利切第五百十二　甲 古狎切第五百十三　乙 猗室切第五百十四　丙 兵永切第五百十五

丁 多庭切第五百十六　戊 亡寇切第五百十七　己 居喜切第五百十八　巴 布加切第五百十九　庚 假衡切第五百二十

辛 思秦切第五百二十一　辡 皮免切第五百二十二　辛 [illegible]切第五百二十三　桀 奇列切第五百二十四　壬 而林切第五百二十五

癸 古揆切第五百二十六　子 咨似切第五百二十七　了 力鳥切第五百二十八　孨 子莊卷切第五百二十九　𠫓 他骨切第五百三十

丑 敕有切第五百三十一　寅 弋祗切第五百三十二　卯 亡絞切第五百三十三　辰 常眞切第五百三十四　巳 徐里切第五百三十五

午 吾古切第五百三十六　未 亡貴切第五百三十七　申 式神切第五百三十八　酉 弋帚切第五百三十九　酋 疾流切第五百四十

戌 思律切第五百四十一　亥 何改切第五百四十二

玉篇卷第二十一

凡三十部

莫庭 冥部三百十三　辭積 夕部三百十四　旦何 多部三百十五　思悄 小部三百十六

於條 幺部三百十七　伊蚪 丝部三百十八　胡淵 玄部三百十九　亡殄 丏部三百二十

達賴 大部三百二十一　式邪 奢部三百二十二　呼果 火部三百二十三　于詹 炎部三百二十四

弋贍 燚部三百二十五　之亦 炙部三百二十六　千亂 爨部三百二十七　楚江 囪部三百二十八

訶得 黑部三百二十九　齒亦 赤部三百三十　以石 亦部三百三十一　壯力 夨部三百三十二

倚茁 夭部三百三十三　古肴 交部三百三十四　烏光 尢部三百三十五　伊日 壹部三百三十六

職緣 叀部三百三十七　知村 丶部三百三十八　多安 丹部三百三十九　于丁 青部三百四十

承紙 氏部三百四十一　丁兮 氐部三百四十二

冥部第三百十三凡二字

冥莫庭莫定二切窈也夜也草深也爾雅曰冥幼也郭璞曰幼稚者冥昧也鼆亡耿切杜預曰魯邑又冥也又亡庚切

○夕部第三百十四凡十二字

夕辭積切暮也邪也亦作𡖍夜余柘切傳曰夜暮也君子有四時朝以聽政晝以訪問夕以脩令夜以安身然則夕之夜猶盡也說文曰夜舍也天下休舍也⿱莫夕亡客切寂也夢莫忠切夢夢亂也不明也又莫貢切今以為寢想字

夗於遠切說文云轉卧也⿰夕生疾盈切說文曰雨而夜除星見也又作晴夤弋人切進也天也又惕也⿱夕寅籀文夙思六切早也旦也𠈅古作佪佪⿰夕氏說文夙外午會切說文云表也遠也夘古文

○多部第三百十五凡二十六字

多旦何切衆也重也大有也夛古文夥胡果切楚人謂多也⿱多坙古懷切大也⿰多委於果切多也⿱尚多丑加切說文云厚脣皃又緩口也⿰多農奴孔切⿰多農⿰多農盛多皃⿰多邕於孔切大多多也或作勨

⿰多灰苦回切大也⿰多亥口才切多也大也亦作參[illegible]公戸切多債利也⿰多吉丘二切多也⿰多辛[illegible]陳切姓也又多也或作莘騂[illegible]

甡⿰多冊奴多切哆也⿰多句苦侯切多也⿰多尤丁含切多也⿰多孚扶留切多也⿰多支章移之豉二切多也⿰多周丁幺切多也大

也亦作奝⿰多羊余章切多也亦作洋⿰多占昌古多切⿰多冉女鹽切⿰多勻音匀多茵⿰多婁力口切多也⿰多卩尺戢切大多有應也⿰多貴口罪切多也

小部第三百十六凡六字

小思悄切物之微也細也少尸沼切不多也又始曜切幼也𡭔子列切小也尖子廉切銳也⿰尒乚乃口切小皃⿰堇少其靳切對也或作僅廑

幺部第三百十七凡七字

幺於條切幼也郭璞云後生也幼伊謬切稚也少也麼亡可切小麼也⿰幺攵思此七紫二切又云波切亦作徜小皃盭力計切背也說文云弼戾也亦作戾⿰幺少乙肖切急戾也⿰幺少小皃也⿰幺曷乙刎切說文云不成遂急戾也

𢆶部第三百十八凡四字

𢆶伊虯切微也幽伊虯切不明也深遠也微也古作𢆷幾居衣切動之微也吉凶之先見也期也時也危也尚也又巨衣切幾多也又巨衣切𢆻巨乙切埤蒼云𢆻𢆻也𢆻音譏

玄部第三百十九凡五字

玄胡淵切幽遠也妙也又黑色𢆯古文玆子貍切濁也黑也或作滋⿰玄黑來□切□□玅彌詔切今也或作𪏻作妙精也

○丙部第三百二十九凡一字

丙亡殄切不見也賓竊字從此

○大部第三百三十凡五十六字

大達賴切易曰大哉乾元萬物資始老子曰道大天大地大王亦大　奃公鼎切大也　夾古洽切近西廂也又古協切　夸苦華切奢也或作姱　奄猗撿切大也覆也大有餘也息也　查禹安禹踠二切奢查也大口也

奯許活切空也大目也　奅普教切大也　𡚁雉慄切說文云大也　会魚吻切大也　𡗻火計切奢盛皃埤蒼云肥大也　契口計切券也大約也又口結切　奃丁計丁奚二切大也　奈飢薤切大也　𡘋猜紫切直大也說文火介切瞋大聲也　𡙁分勿切又扶勿切大也

𡚁同上　奄視均切說文云大也　羔火幺四幺二切長大皃　夷弋脂切明也平也常也滅也易也蠻夷也或𡰥字　奓竹加切下大也又舒邪切　奔匹萬切上大也　查才邪切查查大口也　𡙡孚尾切大也　奊方結切大也亦斷字　奓口才切大皃

奝丁幺切大也多也　𡚈九縛切健皃　哭古文軍字　𡘟口大切擊也今作𣪠　奯麾域切方也大也　奓仕下切奓奓目大

太他大切甚也　𡙴乙獻切大皃　奕弋石切奕奕大也美容也行也　奘昨郎切大也盛也　臭公老切又昌石切大白澤也古文以爲澤字　奚下雞切大腹也　奰皮祕切不醉而怒也壯也迫也　耎而兖切又作瓦柔也　奫猗筠切水皃吳都賦曰泓澄奫潫

於拳切 奇巨宜切今作竒 尖子廉切小細也 奚音奚獸跡 □朱切邪視皃 奩力鹽切香奩也 𡙁音兹不正 奞

蒲罪切大也 奆求阮切 套他皓切長也 奮多又切 𡘋音務大也 奈奴太切正作柰 𡚁子隨切 奪

徒活切 奪同上

奢部第三百二十二凡二字

奢式邪切侈也泰也張也亦作奓 奲丁可充者二切大寬也

火部第三百二十三凡二百九十三字

火呼果切燬也燧人造火於前黃帝烹食於後也火者化也隨也陽氣用事

萬物變隨也 炟丁達切火爆也 㷄麾詭切火也烈火也 燬煋並同上 燹先踐切野火也 焌子閏子寸倉聿三切

然火也 爇而悅切燒也 焫同上 燒尸遥切爇也燔也 炪丑出許出二切火光也爩也 尞力弔切祡尞祭天也

烈力折切火猛也熱也光也威也業也餘也 然如旋切燒也許也如是也應言也 燃俗為燒然字 燔扶藩切燒也 熚

卑吉切火聲也熚炥火皃 烕甫勿切火盛皃 爂說文烕 熯而善切火盛乾 烝之承切火氣上行也進也冬祭也衆也又

之孕切 炥扶勿切火皃 熮力酒切火皃又燒也爛也 閃力振切火皃 □五旦切火也 熇許酷切熱也燒也 煩

古迥苦迥二切火光也或作耿炯公迥戶頂二切烱明察也光也烱爚弋灼式灼二切光也電光也熛必遙切火飛也烄
公巧切交木然以燎祡天也[illegible][illegible]並同上[illegible]徒甘切燎也小熱也炭他旦切燒木也炮也火也[illegible]徂[illegible]切又才和切束
炭也炦步結切氣上也又步葛切燋子藥子消二切炬火也所以然火也灰呼回切死火也炱大來切炱煤煙塵也煤莫杯
切炱煤煨烏回切盆中火爊也熄相力切畜火滅也烓口迥烏圭二切烓也煁市林切竈也烘許公切燒燎也
燀尺善切炊也[illegible]子奚才悌二切炊釜炊尺垂切爨也烰音浮烰烰火氣盛也[illegible]在陵子棱二切置魚筩中
炙也熷同上熹許疑切熱也烝也炙也熾也亦作熙暿熺同上熙火疑切光也廣也爍也[illegible]於根切炮炙也以微
火溫肉也[illegible]同上煎子連切火乾也火去汁也熬五高切煎熬也炮白交切炙肉也炰同上焙皮逼切火乾也
[illegible]同鬲同黍上爆步角布角二切爆落也灼也熱也又北教切煬余尚切炙也對火也熱也[illegible]胡沃切灼也爢
明皮切[illegible]同爛熟也[illegible]上尉於貴切申帛也按也又紆物切熨同上[illegible]子姚切灼龜不兆也[illegible]同上灸居又居有二切
灼也爇也灼之藥切灼灼花盛皃又熱也明也煉力見切治金也今亦作鍊[illegible]青公子孔二切然麻烝也熅也燭之欲切照

灺因者切燭夷也㶳才進切火餘木也灺也薪也燼同上焠倉對切堅刀刃也火入水也㶴也煣而九切以火屈木曲熑力兼切絕也⿰火曹子刀切焦也燒也焚父云切燒也燌同上炃同上⿰火皀都狄切望見火燎力弔切火在門外曰燭於內曰庭燎國之大事樹以照衆也又放火也熛匹姚切火飛也㶾同上今亦作票⿱雙火子姚切火燒黑也又炙也焦同上灾子來切天火也害也又作巛烖同上災籀文抷古文煙於賢切火氣也烟同上又音因𩡖籀文焆於玦切火光也燂似廉似林二切火爛也火熱也燖同上熅於文切烟熅也氣也熅也焞徒門切焞焞無光耀切又他雷切焞焞盛皃又他門切煦吁句切烝也恩也赤色也溫也潤也熱也亦作昫炳彼皿切明著也亦作昺焯之藥切明也煒于匪切明也赤盛皃照之曜切明也炤同上⿰火多充爾切盛也煜余六切火焰也又盛皃⿰火育同上熠以立切盛光也燿弋照切光也與曜同煇許歸切燿光也炫胡絢切燿光也爗為輒切盛也或作曅燁為輒切火光皃炗古黃切炎朶也今作光炗古文爓與廉切火焰也煌乎光切光明也熿同上焜胡本切煌也光也熱如折切煖也煗乃管切溫也煖火園切溫也亦同上熾尺示切盛也㷢古文炕口盎切乾極也炙也燠於六切煖也熱也[illegible]

同上 炔 古惠切煙出皃 炅 同上又古迥切 燥 先道切乾燥也 燺 古老切燥也 焅 苦告切旱氣也 熭 于歲切曝乾也

烕 許悅切滅也 熹 徒到切覆照也 爟 古亂切舉火也 烜 況遠切火盛皃 熢 孚逢切熢燧表也有驚急則舉之 爝

子藥切炬火也 燧 似醉切以取火於日亦作鐩 ⿺遂火 同上 [illegible] 同上 熂 許氣切燎除旁草也 ⿰火杲 呼隗切楚人呼火爲⿰火杲也 ⿱取火

初絞切火乾也 煼 炒 並同上 煓 他丸切火熾也 熸 子廉切火滅也 焮 許勤許靳二切炙也 炘 同上又熱也 煆

許嫁切熱也乾也 炖 徒昆切風與火也赤色也 爊 於刀切溫也 ⿰火賴 力達切毒也 ⿰火离 丑知切火焱也 煟 于貴切光皃

煽 尸戰切火熾也 ⿰火阜 扶久切火熾也 ⿰火夜 余石切火光也 ⿰火甫 怖古切火皃又把火行也 燣 力感切黃色也 烔 徒東切火熱皃

⿰火聶 女涉切煠也或作[illegible] ⿰火内 乃困切熱也 炵 他冬切火焱也 焪 丘仲切盡也乾也 烴 古頂切縕也 熑 力兼切熑

熪火不絕 熪 以支切燫熪 ⿰火絲 力善切小然也 ⿰火萬 毋伐切⿰火萬⿰火萬燒起也 ⿰火宛 於活切又於伐切⿰火萬⿰火宛也 爌 苦謗切光明亦作曠

炴 乙井乙丈二切火光也 ⿱任灬 而甚切亦餁字 煝 亡利切焃也 焃 許赤切光也又呼麥切 炬 其呂切火炬亦作苣 炁 去既

切古氣字 熚 毗支切⿱缶灬也 爁 力暫切火焱行 ⿰火乇 竹亞切火焱也 烯 欣衣切亦晞字 ⿰火節 子曰切又子力切火熟也炪也 ⿰火豕 許勿

切煴也㷞炢火煨 炢丈出切㷞也 爩於勿切煙出也 烗口戒切熾也 燩口角切火乾物 燍思移切焦氣也 熵餘上

切光皃 炴烏來切烗也熱也 焴戶灰切光色 煑之與切亦作鬻 炈唯辟切陶竈窓 焬於歇切中熱也 烑

弋招切光也 煠弋涉切又丑涉切爚也 灱許交切乾也暴也熱也 焇思遥切乾也亦作銷 炶胡甘切火上行皃亦作黏 煮

訓云切火上出也亦作熏 焟思亦切乾也亦腊同 燈都騰切燈火也 ⿰火而如之切煑熟也亦作胹 熻許及切熱也 煪

自留切熮也 ⿱酋灬同上 ⿰火巽子規切亦作巂 ⿰火巂同上 燉徒昆切火盛皃 爍式灼切灼爍 煥呼換切明也亦作奐 爞

徒冬直中二切熏也熱也 缹音缶熟也 火丸市六切烹爛也 烋火虯切美也福禄也慶善也又火交切 ⿰火夅戶東切⿰火夅火也 爖

魯紅切 灴戶公切火盛 煩父袁切千煩也 ⿱臣灬弋之切然也 爐洛乎切火爐也 𤓠力魚切燒也 烊亦章切炙也

烐職由切火行 熧子從切火行 煶弋支切火燒皃 熡勒侯切 ⿰火咸徒廉切鉗 ⿰火卯力又切 灯的庭切火 炛

之戍切燈炷也 爙如養切火 熩呼古切光也 煄之隴切 ⿰火宁中呂切熫 烶徒頂切 ⿵几火呼果切 熽蘇弔切火熾也

炓落嘯切火光皃 ⿰火風非鳳切 燇子巽切火 ⿱敄火武遇切 燐力刃切鬼火也亦作粦 炑莫卜切 ⿰火莫〼〼切火

七八十　篇下

⿰火即子悪切 ⿰⿱士⿱冖火殳火各切日出赤皃亦作穀 ⿰火恚虚計切 爅莫北切火皃 熼與力切 爀呼格切火色也 ⿰火孛蒲没
切煙起皃 ⿱艹⿱冖火莫割切不明也 熆胡臘切 炠胡甲切 ⿰火臿丑涉切 ⿰火雀咨略切 勲許云切功勳也 ⿰火閔呼回貞亡賄二切
⿰火閔⿰火閔爛也 燆去竟切火行也 ⿰火僉火賤切火皃 爔許其切火 炣口我切 ⿰火奎去弭切火皃 ⿱⿱丷大長丑水切 ⿱臤火署與切
⿱野火署與切 煍子了切又慈糾切變色也 熰烏侯切炮熰也 焵古浪切火刃也 ⿰火冒孚訓切火乾也 炌口介切明火也 ⿰火蓋
口蓋切火也 焝火困切火也 烇七選切火皃 焰以贍切光也 燮力焰切火 灷土倦切火種 ⿰火隺户沃切灼也
⿱臤火亡結切不明 焀火哭切火皃 ⿰火革下革切燒也

炎部第三百二十四凡十字

炎于詹切熱也焚也說文曰火光上也 燄弋贍切火行皃 ⿰炎甘胡甘切火
行皃 ⿱炎高力甚切火皃 燚古文光字 粦力仁切又力振切說文曰鬼火也兵死及牛馬血爲粦 燅似廉切溫也 坴湯中瀹肉也
亦作⿰炎录 欻許勿切暴起也 ⿰炎占胡甘切又天念切火光也 ⿰⿱炎高乙以灼切

焱部第三百二十五凡三字

焱弋贍呼昊二切說文曰火華也 熒胡坰切燈之光也熒熒猶灼灼也亦熒陽

縣
燊所臻切炎盛和皃

炙部第三百二十六凡七字

炙之亦切熱也又之夜切 ⿰炙柬籀文 ⿰炙番父園切熱肉或作膰
⿰炙尞力照切炙也 ⿰炙巢同上 ⿰炙彖似廉切湯爚肉 ⿰炙兼平濫切肉也亦作⿰月臽

爨部第三百二十七凡四字

爨千亂切竈也齊謂之炊 爂籀文 釁許靳切以血祭也瑕隙也動也罪也兆也或作衅 𦦻巨容切所以支曰鬲也又方奉切

囪部第三百二十八凡六字

囪楚江切說文曰在牆曰牖在屋曰囪又千公切通孔也竈突也 窗同上 四古文 悤千公切悤悤多遽也 忩俗 悤古文

黑部第三百二十九凡八十八字

黑訶得切韓康伯云北方陰色說文云火所熏之色也 黸胡切齊人謂黑曰黸也 ⿰黑旦多達切白而黑也漢書五原郡有莫⿰黑旦縣 ⿰黑箴之林切說文曰雖皙而黑也古人名⿰黑箴字子皙又音緘 黲于敢切淺青黑色也今謂物將敗時顏色黲黲也 ⿰黑昜式羊切赤黑色 黤烏敢烏檻二切青黑色也 黗他孫切黃濁色 黝於糾

切玄也黑也微青色也黚巨炎切淺黃色又黑也又巨今切⿱算黑又刮切黃黑而白也一曰短皃黅記林切黃黑如金也黦
於勿於月二切黑有文也黦同上黔巨炎切黑色也⿱亜黑于殄切黑皴也黕丁感丁甚二切黕點垢濁黠閑八切慧也堅也黑
也黨丁朗切周禮曰五家爲比五比爲閭四閭爲族五族爲黨黨五百家也又朋黨也助也接也黷徒卜切數也垢黑也蒙也黑也點
丁敢切大污皃又黑黴也黴明飢切面垢也又黴敗也又莫佩切⿱般黑步安切⿱般黑姍下色皃黜丑律切退也貶也下也去也放也絕也⿰月黨
徒載切畫眉黑也深青也黛同上儵他狄切又大的尸育二切儵儵禍毒也青黑繒也急疾也⿰黑典徒見切亦作澱淀也黟郁咨切黑
木也丹陽有黟縣黮敕感都甚二切黭黚不明淨也黭於甘於敢二切果實黭黯也深黑色也⿰黑或爲逼切羔裘黑之縫亦⿰革或字⿰黑喜
許極切赤黑色也黥巨京切墨刑也⿰黑刂同上黓余力切爾雅太歲在壬曰玄黓又黑也⿰黑尨莫江切冥暗[illegible]曰陰私也⿰黑冥亡狄
切草木叢也亦作覵⿰黑覓同上⿰黑來力該切⿰黑來⿰黑臺大黑也⿰黑臺丁來切黑也黰之忍切美髮也⿰黑乙於既切深黑也[illegible]亡姦切畫
車輪⿰黑尤于流切亦晄字⿰黑辱如欲切垢黑也⿰黑兹子辭切黑也黧力兮切黑也亦作黎⿰黑屋乙角切刑也或作劓⿰黑惠亡八切黑
也⿰黑敢於敢切⿰黑敢然忘也黬五咸切釜底黑也黫於顏於仁二切黑也亦作煙⿰黑甑余證切面黑也⿰黑業力頰切竹裏黑⿰黑皆

丑合切晉書有黵伯黳於兮切小黑也⿰黑奔百昆切黑⿰黑奔也⿰黑屏得名切又音屏黊烏圭切汙黊也⿰黑灰呼恢切⿰黑庸五凶

切黑穴也黅巨今切黃色也⿰黑鳶大登切黑皃⿰黑農女容切黑⿰黑農也⿰黑㐱之刃切黑也⿰黑僉居奄切黑也⿰黑干各旱切黑也

黈知柱切點黈也點丁簟切檢點也黶烏忝切黑子也黯烏減切黑也⿰黑者之夜切黑也⿰黑予常與切黑也⿰黑昏

火袞切黑也⿰黑會於史切淺黑也⿰黑彖徒對切黑雲行⿰黑彖⿰黑彖也⿰黑業普木切色暗也⿰黑卜同上⿰黑髮紆弗切黑皃⿰黑督莫北

切黑也墨亡北切以松煙造黢七戌切黑也⿰黑律呂位切黑墨色⿰黑最七活切黑也⿰黑桼初八切黑也⿰黑寽力活切黑

也⿰黑元踈士於巳二切不明

○赤部第三百三十凡十八字

赤齒亦切南方色也朱色也灻說文赤赨徒冬與弓二切赤色⿰赤㐱同上

⿰赤殳呼木切日出赤赧女赧切面慙赤也俗作⿰赤皮赮下加切東方赤色也亦霞䞓丑貞切赤色也赬⿰丁赤並同上⿰赤余古[illegible]女赤[illegible]

色也赭之也切赤土也赩喜力切赤白又怒皃⿰赤需羊朱切色落也又作渝⿰赤畐呼域切絳似雀頭色赫呼格切赤皃盛也旱也

⿰赤尾無匪切赤⿰赤屖也赥許狄切赤也

亦部第三百三十一 凡二字

亦 以石切臂也胳也今作掖此亦兩臂也又書云亦行有九德 夾 胡頰切說文曰盜竊懷物也亦持也又音閃

夨部第三百三十二 凡八字

夨 壯力切頃頭也今並作側 ⿱亠吳 公節切說文曰頭傾也蒼頡云佹佹也 奊 胡結切說文曰頭衺骫奊態也 ⿱⺷夨 力結切⿱⺷夨集也 吳 午胡切說文曰姓也誤也亦郡也又大言也 ⿱甘大 古文 ⿱隹夨 具眉切顧也古字謂左右視也 ⿰矢前 俾折切今作⿰弓前弓戾也

夭部第三百三十三 凡四字

夭 倚苗切少長也舒和也說文於矯切屈也又折也 喬 巨嬌切高也又喬木爾雅云如木楸曰喬又居喬切 𡴘 戶耿切遇也吉而免凶曰𡴘故死謂之不𡴘又天子所至也御所親愛也或作婞今作幸 奔 布昆切走也以罪走出他國曰奔今作奔

交部第三百三十四 凡五字

交 古肴切共也更也合也道也或作詨 𡴝 于非切說文云衺也 絞 古卯切絅絞繩索也切也縊也又乎交切殺也 ⿱交大 火干切古盰字 ⿱隹交 許維切恣也或爲睢

尣部第三百三十五 凡三十三字

尣 烏光切跛曲脛也又僂也短小也俗作尢 尫 同上 尳 乎沒切膝疾也 ⿺尢皮

布左切蹇也今爲跛⿺尢左子賀切行不正⿺尢昆余昭弋照切行不正尲佳咸公炎二切尲尬行不正尬公拜公鍇二切尲尬⿺尢包
平交力弔二切牛行後脛相交⿺尢奚達奚切不能行爲人所引⿺尢巂戸圭切不能行爲人所⿺尢是⿺尢巂⿺尢是都兮切⿺尢是⿺尢巂尪於于切股尪也
⿺尢畾刀卧力爲二切膝疾也⿺尢重市腫切足⿺尢重也亦作瘇⿺尢童同上⿺尢區烏潰切⿺尢區⿺尢妥病痱⿺尢妥他潰切⿺尢區⿺尢妥⿺尢危丘僞切⿺尢虛
也⿺尢奇飢蟻切一足曰⿺尢奇也今爲踦⿺尢卓丑孝切蹇也或作踔⿺尢奄烏感切蹇也⿺尢虫呼恢切⿺尢虫尵馬病尵徒隈切馬病也⿺尢貞
同上⿺尢坐在果切⿺尢委丘委切⿺尢果郎卧切⿺尢果不止⿺尢音步卧切仆也又步候切⿺尢豕呼恢切豬⿺尢豕地⿰谷尢巨逆切倦⿰谷尢⿺尢乙於干
切辛苦行不得皃⿺尢呈丁卧切⿺尢呈尢也

○壹部第三百三十六字　凡三

壹伊日切專壹也聚也合也皆也誠也⿰壹乚倚秩於既二切貪也壹也懿於冀切美也大也專久而美也

○叀部第三百三十七字　凡六

叀職緣切自是也小謹也擅也獨也業也壹也今作專⿱屮卣並古文疐竹利
切跲也仆也礙不行也或作躓一本作疐惠玄桂切愛也仁也從也慈也恩也賙之衣食曰惠又作憓⿱卉惠古文

○丶部第三百三十八字　凡五

丶知柱切點丶也有所記而識之主之乳切家長也典也領也君也守也天子之女曰公

主也 咅 妨走他豆二切相與語唾而不受也 音 同上 卞 皮變切法也又縣名

丹部第三百三十九 凡七字 丹 多安切朱色 同 彤 古文 雘 於縛切山海經云雞山其下多丹雘說文云美丹也 彤 徒多切丹飾也赤色 蚒 同上 般 補姦切古班字賦也

青部第三百四十 凡四字 青 千丁切東方色四時春爲青陽 岑 古文 䨼 呼故切青䨼又青䨼山名 靜 疾井切審也謀也息也

氏部第三百四十一 凡二字 氏 承紙切巴蜀謂山岸欲墮曰氏氏崩聲也又[illegible]氏 氒 居月切本本也今作厥

氐部第三百四十二 凡四字 氐 丁兮切至也本也又丁禮切 垔 於進切又竹四切仆也 跌 知栗大結二切觸也 𣅀 平孝切聲類云誤也

玉篇卷第二十二 凡十四部

所閑 山部第三百四十三 所因 屾部第三百四十四 午回 嵬部第三百四十五 牛桀 屵部第三百四十六

宣檢 广部第三百四十七 呼旦 厂部第三百四十八 古刀 高部第三百四十九 牛爲 危部第三百五十

時亦石部三百五十一　口定磬部三百五十二　多回𠂤部三百五十三　扶九阜部三百五十四
扶救𨸏部三百五十五　力捶厽部三百五十六

山部第三百四十三　凡二百九十六字

山所姦切高大有石曰山山宣也産也散氣以生萬物也　嶽牛角切五嶽也王者巡守所至之山　岳同上　𡶦同上　𡵨古文出說文　岱徒載切泰山也　峱奴刀切山名又犬也　巙同上　巎同上
島丁了多老二切海中山可居也　嶧余石切山在魯國鄒縣　嵎牛俱切山山在吳越也　嶷魚其切九嶷山舜所葬在零陵營道縣也又魚力切亦作㠜　岷武巾切山名山江水所出　崏同上　峈同上　𡶃居擬切女𡶃山　崋戶瓜切西嶽又戶化切　巀才結切山高陵也　嶭五結切巀嶭也　嵏子公切山名　嵕同上　嵉音霆山在鴈門　崵余章切首崵山在遼西又才葛切
岵胡古切山多草木　屺去几切山無草木　嶨苦卓切山多大盤石也亦作礐又音學　嶅午刀切山多小石亦作磝　岨七居切石山戴土也　岡古郎切山脊也俗作崗　岑士今切山小而高也　崒才律切峯頭巉嵒也　巒力丸切楚辭云登石巒以遠望兮　密眉筆切山形如堂　峃同上　岫似又切山有巖穴　嶘士眼切危高皃　𡶴同上　峻思俊切嶮峻也　𡾊同上　嶞天果

切小山也又徒果切崟宜金切高也崛魚勿切山短高山皃又特起也崇士隆切重也尊也衆也積也高也立也崈同上[illegible]

才賄切山皃峼口沃切山皃嶞他果切山皃巁力制切山巍也巖午衫切積石皃也峯也嵒宜咸切山巖也[illegible]

力罪切[illegible][illegible]山死又力水切[illegible]同上嵯才何切嵯峨高皃峨五何切嵯峨[illegible]口耕切石谷也崝仕耕切崝嶸高峻皃

崢同上嶸戶萌切崝嶸嵤同上岊子結才結二切高山皃岪扶勿切山皃嶅士刀切丘也或作嶅岣古后切岣

嶁衡山也嶁力后切山頂嶃仕咸切山石高峻皃或作嶄峑七全切山巔嶚力幺切嶚巢山高巢士交切嶚巢

嶟子昆切山皃岬古狎切山旁也亦作碑崆口公口江二切山皃崱仕力切崱嶷也[illegible]他罪切山長也[illegible]平古切山廣皃

嶠巨苗切峻也形似橋[illegible]比吉切南山道巇許[illegible]切嶮巇巔危也嶭方賣切阮嶭山形嵐下圭切姓也複父六切[illegible]

也豳悲貧切公劉邑峭七肖切嶮也亦作陗[illegible]巨支切山名古郊字岐同上崤戶交切晉要塞也峞牛罪切又牛回切高

皃亦作嵬峗[illegible]五虧切人在山上今作危[illegible]同上[illegible]才卜切古族字崨才接切山皃[illegible]所几切古使字[illegible]古刀切[illegible]嶨亭

崪力刀切嵲崪巋丘追切山小而衆崧思融切中岳也嵩同上崴烏乖切崴嵬衺猶崔嵬不平也[illegible]戶乖切崴褱

嶓布佐布何二切山名⿰山單丁安切⿰山單孤山岟於兩切山足也嵐力含切大風也又嵐山名岬方爾切峽岬山足也又步

考切[illegible]岬崀力唐切冬至日所入峻崀之山也岭力丁切岭巆山深小皃巉士衫切巉巖高危岌魚及切山高皃嶫魚怯

切岌嶫崌音居山名崐古魂切崐崘山名崘力昆切崐崘巘魚偃切爾雅曰重甗隒謂山形如累兩甗皃崦衣廉衣檢

二切山海經云鳥鼠同穴山西南三百六十里曰崦嵫山嵫子思切崦嵫山峘戶官切大山也嶢午幺切高嶢皃巃

力孔力空二切巃嵸嵯峨皃嵸即孔即空二切巃嵸嶜子心切高大皃嶙力因切嶙峋深崖皃又力忍切亦作粦峋思遵

切嶙峋岻直夷切山名峛力爾切峛崺山卑長也或作邐迤崺弋爾切峛崺岝士百切岝峉山皃峉五百切岝

峉崳弋朱切山名嵁五男苦男五感三切嵁嵒見魏都賦⿰山取子于切⿰山取嵎高崖也山石相向⿰山邑丘利切高皃嶔[illegible]金

切嶔崟山勢也嵰丘儉切嵰嶮也嶮魚檢切山嶮也嶼似與切海中洲嵇戶雞切山名摧子罪切山林崇積之皃

嵔於鬼切嵔[illegible]高也山高下盤曲皃嶉子謀切嵬嶉也巑在丸切巑岏銳上也高也岏牛丸切巑岏[illegible]仕皆切山在平

林也嵃魚蹇切殿臺之勢也屼五骨切巋屼禿山也嵽徒結切嵽嵲小而不安皃嵲[illegible]結切嵽嵲⿰山窟苦忽女⿰山窟屼

嶰胡買切山不相連也 嶺力井切坂也嶺或作岭 崩布朋切壞也毀也厚也亦堋字 崚力升切崚嶒山皃 嶒疾陵切山崚嶒

峵五江切山名又五東切 嵣徒郎切山名 嵌口銜切坎傍孔也又 嵺力幺切又洛邑切山名 嶕昨焦切嶕嶢山高

嶲同上 嶑似兩切山名 岞虛語切山也 𡶰直主切山名 㟇子臥切山動也 𡾫姑戶切又古胡切 崀五很

切山名 嵔於鬼切 峴戶顯切山也 𡾊其展切嵼山屈曲又九輦切 嵼所簡切嵼嵼 峙直里切峻峙 嶅

水愛切又音磑 崺與支切山名 嵿丁冷切山名 㟏河滿切山在南陽縣 𡵆當口切山名 嶝都鄧切小坂也 岠

其呂切大山也 㟨於元於阮二切山名 嶫必小彼嶠二切 岾平老切 𡵘音父山名 𡿊音蘚山名 𡼈於已切山 巃

無匪切 𡶔踈士切山 𡾏徒對切 𡶌徒外切山 𡹶七計切山名 峒達貢切又徒董切山 崽山皆切 岺

古文 崍魯台切山 嵦五來切山 嵋武悲切峨嵋山 巏巨角切山名 崎去奇切崎嶇山路不平 嶇音區崎嶇

倉字 岴同上 嵠戶佳切嵠谷名亦與溪同 崠得紅切山名 嶠巨肖切山銳而高 峮丘貧切山名 崷秦由切崷崒山

皃 𡷉戶經切山 峆火含切大谷也 𡹇紀力切山名 峐古來切山名 岯符悲切山再成也 嶈七良切 嶅

宜今切兩山向峵戶萌切山嵾楚岑切𡵓仕今切說文云入山之深也岓巨希切山傍石巐力魚切山名
嵢千郎切峿五乎切嶇峿山峸示征切山𡶛古含切山𡷐於緣切山曲也岹徒聊切山𡹠徒凋切山嶗
力刀切山名岒宜今巨今二切𡾟莫波切山岈火加切峆岈山深之狀㟴胡溝切岍口弦切山名嵅古暗
切又古南胡耽二切嵐嵅山名㠉徒紅切巔多田切山頂也嵘莫紅切山崶府容切山名一名龍門山在封州大魚上即化
爲龍〻上〻不得點額流血水謂之丹色也𡾰孚隆切山山名嵱與封切山名嵭布庚切崩嵭也嶆昨遭切山𡽗
五咸切𡶜莫郎切山㠝茲錦切又音審山名𡺛知勇切山崼成紙切山𡿳莫彼切山巇宜崎切山名嵄
眉否切山𡵽即李切山𡼏魚舉切山嶾於謹切嶾嶙山高亦作𡾙𡶹托果切又音朶𡿺力罪切山𡾳同上㞜
詡詆切山𡾈苦謗切山𡺪巨亮切山巏古亂切山𡶓牛仲切山𡽹之義切山名𡶁無沸切山名㠢力御切山
名𡽍去智切山崹大兮切崥崹山皃㟗音晉山名岕音介山名𡽝子入切太白山名嶯子千切山岝仕革
切山崿五各切山名𡶒音直山名峪余蜀切嵱峪山名𡺦音栗山名嵑苦葛切山𡿇同上岄魚厥切山名𡵸

許月切山𡶃口骨切山屹魚乙切山兒岦力入切岦岌山兒崞音郭山名峇口合切山窟也屈同上堂音眹堂覓
山兒嵲魚結切堂覓嶭宮並同上岁古文會字峌音侹山名峭倉龍切日夜峯孚容切高尖山仚
許延切人在山上𡾰戶刀切山戶巊烏頂切山名𡺛亡頂切巊𡺛山崱仕力切山名嶠丑小切山兒崔寺回
切崔嵬高兒又音催𡶡莫郎山切

○屾部第三百四十四凡四字
屾所因切說文云二山也𡸇古文躋字𡴭音疑古文嵞達胡切書娶于嵞山今作塗

○嵬部第三百四十五凡三字
嵬午回切崔嵬高也不平也或作峞又五罪切巍牛威切高大也傀公回切大
兒又美也戚也偉也又怪異也

○屵部第三百四十六凡八字
屵牛桀切又牛割切說文云岸高也嶤女交切悴也廫力幺切廫廓空也崢
嶸也亦作寥崖牛佳切高邊也岸午旦切水涯而高也魁岸雄桀也高也𡶤午旦切厚也嵟徒罪切高也亦作陮嶏
普昧切崩聲又皮鄙切毀也或作圮

广部第三百四十七　凡一百六十七字

广 宜檢切說文云因广爲屋也 廙 余力切行屋下聲又謹敬也亦作翼 庭 大丁切堂堦前也周禮閽人掌埽門庭 霤 力又切中庭也屋霤也又作霤 庉 大本切樓牆也屯聚之處 廬 力於切寄也屋舍也 廦 布覓切屋牆也垣也今作壁 廱 於容切和也 [illegible] 上同 府 方禹切本也聚也文書也取也藏貨也 庠 徐章切禮記云有虞氏養國老於上庠養庶老於下庠上庠右學大學也下庠左學小學也 序 似呂切學也舒也東西牆也又長幼也 廣 力古切府也齊也 廣 古晃切大也又古曠切 庌 五嘏切廡也舍也 廡 無禹切堂下周屋也幽冀人曰庌 ⿸广舞 籀文 庖 步交切廚也 廚 直朱切庖屋也主也 廏 居又切二百六十匹馬也 廐 俗 [illegible] 古文 㢋 昌爾切廣大也 庫 苦故切庫藏也 廥 古外切廐庫名又倉也 庾 俞主切大曰倉小曰庾 ⿸广俞 古文逾又徒樓切行圊也木槽也 廁 測吏切圊溷也雜也次也側也 庰 卑井切蔽也薄也或作[illegible]屏 廛 直連切居也市邸也百畝也 [illegible] 平關切屋牝瓦下也 ⿸广悤 子孔七公二切屋中會也 廉 力霑切清也堂廉也棱也又箭有三廉也 庢 知栗切礙也止也 龐 步公步江二切高屋也又力谷切縣名 廮 於井切安止也又縣名 底 丁禮切止也滯也下也 ⿸广犮 步達切草舍也[illegible]也今作茇 庳 [illegible]音婢短也卑下屋也 庀 甲冀切覆蔭也 庤 丈紀切儲也具也或作跱

峙庶式預切衆也幸也冀也侈也庶幾尚也又之預切周禮有庶氏掌除毒蠱廔力侯切屋廔也春也⿸广隹徒回切頹也或作隤廢
方吠切退也滅也止也殺置也大屋頓也廇余周切朽木也臭也久屋朽木也廑奇靳切少劣之居也廑也或作觀⿸广咼烏遝切屋迫也
⿸广虒思移切地名㡿齒亦切痡也稀也大也候也不用也䟱遠也充滿也又充夜切亦作斥廟靡召切宗廟也庿同上廞
欣金切陳也興也廫力幺切空虛也廖同上又姓也又力救切庥許鳩切庇庥也廓苦莫切大也空也廂思章切序
也東西穹也庬亡江亡項二切也豐也有也厚也席音夕安也說文籍也⿸广朿千積切下屋也廲力兮切廲廔綺窻庘於甲
切笮欲壞也⿸广査仕加切屋欲壞也廝思移切使也賤也或作⿰亻斯廋所留切隱也求也索也隈也亦作搜⿸广馬莫嫁切⿸广馬也
⿸广章之讓切蔽也亦作障廁力昌切庵也廯思淺切倉也廩也廘力木切庾也倉也⿸广侌於禁切庇⿸广侌亦作蔭
⿸广番方安切峙屋也廊力唐切廡下也廈胡假切今之門廡也店丁念切反爵之處或作坫⿸广矣仕几切待也廜大胡
切廜⿸广穌庵也⿸广穌息胡切廜⿸广穌庲力才切舍也庈巨今切人名庛七漬切耕具也長尺一寸庋居毀切閣也
庪同上亦祭山曰庪縣⿸广禹于甫切今作宇⿸广于籀文庵烏含切舍也廁也庱恥拯切亭名見吳志庨許交切庨豁宮

殿形狀㢏徒紅切舍響背床仕莊切俗牀字㢂音畏倉也𢊁在奚切美皃廅安盍切山旁穴𢈻扶宜切一

𢋈音莫空也庯布吾切屋上平𢈢秦昔切縣名在清河𢈞作惟切姿也又許惟切𢌊其俱切倉也㡸古洽切

切𢊁也𢈸都回切屋邪也廮於景切長廊也𢉌苦悶切倉也庁他丁切平也𢉷音偏庳也廳他丁切客廚

𢋰音憂地名㢈音求偏廋𢈴於今切地𢋛丘召切高屋㢁音炎𢈡音覃陰也庄音任𢈋魯丁切懸

通良𢈘音倚庋也庎古拜𢈜音荼康也庄作郎切𢋺音離慶也𢉖於其切急也𢈝七侯切崩聲庀

西嫖切具也廩力荏切倉廩也廠尺兩切馬屋也𢋱王委切㢊牀史切𢋧魚錦切大屋也𢈆离與切㡲

土雅切𢊁子孔切衆皃痯古丸切玩也𢈿方登切崩也𢈅魚掩切𢈶火犬切究廆胡罪切𢊍廆也𢈽居吻

切積也庑所近切𢈾音亶偏舍庍之氏切𢇰布体切𢋁郎古切㢃力當切高也𢈏音佃平也庡

方豈切排佪也𢈁色何切廨居賣切公廨也𢇼弋勢切食廡也㢑綏醉切𢈰尸位切㡯所訝切𢋊都蓋

切邪𢋊也𢇷音布𢈛徒候切𢊍魚欠切𢈃得案切小舍也𢈔符沸切隱也𢈈七賜切度唐故切法度又過也

⿸厂合口合切⿸厂合帀　⿸厂弋音弋屋頭　⿸厂或音或字　⿸厂念音捻壓也　⿸厂斤方卦切到別　⿸厂坐才貨切　⿸厂敞先見切舍也　⿸厂敫同上

厂部第三百四十八　凡五十六字

厂呼旦切說文云山石之厓巖人可居　厈籀文　⿸厂金其禁切石地也　居胡古切美石也

厓五佳切水邊也或作涯　厰五敢五今二切山石下　厜是規切厜㕒也巇也又姊宜切　㕒才奇切厜㕒也　厴居鮪切水盡也

厥居月切其也短也發[illegible]也或作身欮　厎之視切致也至也均也平也又石聲　厱來甘切厱王或作礛　厤力的切埋也也亦作秝

厲力世切虐也附也近也危也作也高也上也磨石也　⿸厂萬同上　⿸厂異弋里切石利也　厗徒尼切唐厗石又古銻字　⿸厂立力合切石聲亦拉字

⿸厂[illegible][illegible]的切石地也　⿸厂甫芳俱切石文見也　厝千故切厲石　厖莫江切石大也　⿸厂夾詰夾切⿸厂夾廦也　厞浮沸切隱也陋也　廦

匹亦切也陋也　仄壯力切陋也傾側也　⿸厂昃同上　厌古文　厧丁田[illegible]也亦作顛　猒於舟於葉二切合也伏也又於豔切飫也　产

之嚴切仰也屋梠也又顏監魚軌二切　厒口合切山夾有岸　⿸厂長於愷切滅也　厐步項切周邑也　⿸厂段徒亂切古文段　⿸厂囷似亦切古

席字　厇竹格切亦作磔開厇也　⿸厂拏乃乎切古砮字　⿸厂隹都回切亦推字　厚胡苟切不薄也重也山陵之厚也　⿸厂享同上　⿸厂今

宜今切古文吟　⿸厂酉以周子由二切　⿸厂开音溪倒地　⿸厂刺此芮切地　⿸厂叟所柳切老人也　⿸厂坐古文猛字　厥徒到切古文　⿸厂劂居例切

厙尺夜切姓又尺舍切㕎司夜切又音寫厗音磾張幕也又石名厠古洽切厔式質切室也𠪚口合切又苦後
切閉口聲也厄於華切俗厄字

○高部第三百四十九凡九字

高古刀切崇也上也遠也長也髙空井切小堂也亭大丁切民所安定之爲除
害也漢書大華亭里一亭有長鄉也亳步莫切殷地名𩫕來到切𩫕高皃𩫖[illegible]先[illegible]切[illegible]鼎高足髜仕交切[illegible]高切𩫺苦高切毛莫高[illegible]切髛[illegible]髛高也

○危部第三百五十凡四字

危牛爲切不安也𢀚丘知切傾低不正亦作敧𡰠五結切𡰠卼不安也亦作隉卼午忽切𡰠卼也

○石部第三百五十一凡二百七十二字

石市亦切山石也又厚也斛也磺古猛切強也銅鐵樸也礦同上碭
大浪切文石也又縣名碝而兖切石次玉也亦作瑌砮乃乎切石中矢鏃也礜弋庶切石出陰山殺鼠蠶食則肥磏力兼切赤厲石碣
其列切特立石也又碣石山名𥗐古段切又都亂切文石礪石也[illegible]居勇切水邊石礫力的切小石也磧千的切水渚有石水淺
石[illegible]也𥓐徒對切[illegible]墮也[illegible]山指切[illegible]不墮[illegible]碑[illegible]皮切石又[illegible]石碩[illegible]切落也磤尤粉切石聲也硞苦角切堅也硈口黠切矻
同硍力唐切硠礚石聲礚苦蓋切礚礚口角切石聲也山磿力的切磿
上石聲又力蕩切石也又苦闔切碞多大石也亦作嵒磿歷石小聲碞

口耕切堅也砢力可切磊砢衆小石皃磊力罪切磊砢磦同上磛仕咸切磛礹山皃礹五咸切磛礹也亦作巖磽
苦交切堅頑也确胡角切磽确亦作埆⿱㱿石同上礒宜綺切礒崟崎礒石巖碞牛咸牛今二切僭差碎先潰切散也破也亦座字
破普餓切解離也碎也壞也硩天歷丑列二切石也矢也礙五代切止也亦作閡礱力公切磨礱也穀爲礱硟思煎切以石衦
繒也研午田切摩也亦作研檗研五硯亦與研同礳莫卧切磑也所以礳麥磨同上磑午對居衣公哀三切堅石也磨也
碓丁潰切所以舂也⿰石沓徒荅徒感二切再舂也磻補左補何二切以石維繳也碆同上⿰石著知略切研也砭甫廉切刺
也以石刺病也⿰石之同上硯午見切石滑所以硯墨⿰石禹丁年切石也埳也砠且居切土山有石亦作岨磋千河切治象也磷力鎮
切薄也雲母之別名又音鄰硌力各切山上大石又石次玉砥之視切磨也亦作厎[illegible]恩六切黑砥石又先鳥切砌千計切危也階
砌也⿰石妻且對切石磑也⿰石詹丁敢切石⿰石詹出蜀中⿰石𧴪先果切小石也硫力尤切黃藥名砬力執切石藥礪力勢切崦嵫礪石可
磨刃磫于龍切磫⿰石瞿礪石⿰石瞿巨俱切磫⿰石瞿礛力甘切礛䃀治玉之石也青礪也或作礆⿰石諸之余切礛䃀青礪也砡牛六切齊也
磅匹庚切石聲也矺竹格切磓也磓丁回切亦作塠⿱誰土⿰石啇丁狄切磓也矸乎旦切磓也碕巨衣切曲岸頭磯居衣

切水中磧也摩也硧方宇切硧磧磑磧子呂切硧磧硾丈僞切鎮也笮也亦作縋碏赤略切大脣皃碌力木切碌⿰石族多沙石⿰石族

千木切碌⿰石族也礬扶袁切石也磁疾兹切石似鐵磍苦轄切輵磍揺自吐舌也盛怒也碬下加切磍碬碬高下也碨烏罪切碨硃不平

⿰石委同上礨力罪切碨礨亦山名硃同上礎初呂切柱礎也磶思亦切石柱礩也礩之逸切柱下石又音致磌之仁切礩也音

響也又大堅切碥方顯切將登車履石也亦作扁礥下研切難皃礏子合才盍二切礏礏高也䃗午合午闔二切礏䃗也礢

人丈切惡雌黃⿰石坐又瓦切好雌黃也硟思賢切石次玉磃思移切磨也⿰石冓古候切石也碥也⿰石圼乃結切礬石也磤衣謹

切雷聲亦作轠礓居良切礫石也磐步安切大石也磝午交切或作嶅⿰石圣古拜切石次玉確口角切堅固也亦作塙碻

同上⿰石習力合切⿰石習礏破物聲也硨尺遮切硨磲石次玉磲鉅於切硨磲砊口唐切硠砊也⿰石連力煎切亦作鏈鉛屬⿰石蓼

力竹切礁鳥垂硐同大公切摩也⿰石參力竹切磟碡田器碡徒篤切又音逐⿱隆石力中切⿱隆石⿰石宮石聲又力冬切⿰石宮丘中切⿱隆石

文户參切碊子田以千二切棧也移也⿰石虎四貲切名或作⿰石虒⿰石窒之纊切石室同磂力牛切亦作鎦硍諧眼切石聲也硥步項

切亦作蚌碮故本切周禮曰凡聲高聲碮磾丁泥切漢書有金[illegible]磾碼音馬碼碯石次玉也碯乃老切碼碯⿰石韱子林切又先念

切礛磹雹光也磹徒念切礛磹硶亠人切硊午委切硊硊足曲也硱口本口冰二切硱磳石皃磳子登仕冰二切硱磳

卜下瞎切石皃硂七泉切度也亦作銓量也次也碏七昔七略二切敬也左氏傳衞大夫名碏石礣莫轄切礣砎堅也礹戈咸

切䫺習也[石甲]古狎切山側亦作岬砰披萌切石大聲硑同上硭無方切硭硝藥也硝思焦切硭硝砉呼覓切砉

然皃莊子硎苦耕切臨硎山見吳郡硜口耕切小人硜皃又口定切[石戎]如充切石也[石有]於宮切又音雄[殹石]於兮切黑石

礊口革切堅也硿苦東戶宋二切石聲碪知林切擣石砧同上硆音怡石也[石半]音磻石也磎音溪石也

碁音其圍碁也亦作棊硡音宏石也[石襄]胡□切石也砒房脂扶迷普兮三切石也硇女交切硇沙藥碉音凋石室

磴丁鄧切嵓巖磴砯普冰切水擊石聲[石崩]普耕切擊石也[石亞]烏加切石名碖音輪石也硼西耕切石名磞同上

[石虔]巨焉切磌也[石欽]去金切石名[石爻]音爻[石虛]七邪切石[石康]音康石聲硄口光切石聲[石訇]呼宏切石聲碢

徒禾切礫輪石碃同上又飛甎戲也砣同上石也[石酓]魚兼切山石[石縈]於京切石[營石]二同呼宏切石營營碐力登切又

呂升切碤音英水中石也硐苦扃切石聲也砱魯丁切石碽古紅切擊聲[石夅]戶工切石崩聲[石夋]祖琮切石[石工]古石雙

切石橋也　磐音班　碘亦殊切石　硧同上　砇音叙石名　碏音昔山石　硾音具石山　䃗與魚切石　砂色加切俗沙字　碒

宜今切石　[名石]居麻切石　[石晉]子林切石　[石爭]仕耕切破聲　[石孚]音浮破聲　[石舟]之由切石　[石冋]音洞摩石　[石冬]多動墜石　[石禁]

居歈切石名　矷音子石名　碔音武浮石　礧洛罪切不平也　磈口罪切礧磈石　[石褭]乃了切砒石也　[石嵬]五罪切石　砲匹卯切文

音雹　[石卓]音掉石名　[石兆]同上　硗丘仰切　[石犮]匹忽切石　[石爽]測兩切石　[石果]硊上烏火切下五火切石皃　磣硢上張下切

下女下切　[石戈]竹甚切用石力　[石力]上聶切徒下石　[石家]所戰切石落聲　砋音止礪石　磣初甚切食有沙　䃊音我砐碱山高皃　砐

五合切砐碱　[石毋]音毋藥名　[石史]音史石名　磆水磆　硬五鬲切堅硬小石　硋五亥切止石　矴丁定切矴石　[石汙]於故切石碓

研　䂬仕亞切砰石也　[石付]音符白　[石最]遠外切小石　[石親]初水石也　礉口孝切磽礉也　碃千定切　[石霸]音霸　研音訶

光　[石失]音迭砲硃　硃音朱砕石　[石帝]扶切石名　[石巒]音巒山石皃　[石韋]丁郎切硊危石　矹五忽切硉矹　[石祭]七曷切[石麤]

石　[石有]音滑磆硝也　[石畾]音畾石也　[石蜀]音獨石名　[石豕]音都歷切石　[石卜]音朴硝石　[石埶]音槷石名　碱音戚礇碱石次玉也　[石般]音

落石　[石莫]音莫沙磌也　[石巠]音鑿石力　硌音客石墜　硆玉合切石硆硆　[石崩]音崩石墮　砝音劫砝硬也　[石兵]

音讀石名礉四皀切礉石𥑮□切石碶音□玉也𥗊音□石也砐音殷石也硎盧盍切石砮音略石碶

侯夾切砍石縣名礹嶻可切磆辛可切司馬相如□□磆硎不□礀音闌石也碅口獲切石碅聲

磬部第三百五十二凡九字

磬口定切以石爲樂器也或作硻殸籀文又口耕切䃘巨嬌切爾雅云大磬曰䃘𣪠力京切多聲也磬能曾切□聲𡔎徒到切年九十曰𡔎䃗力多切聲也𣫌同上磬口丁切不可近也

𨸏部第三百五十三凡二字

𨸏多回切小塊也𡴯魚結切高危也

阜部第三百五十四凡一百九十三字

阜扶九切大陸也山無石也盛也肥也厚也長也𠂤同上𠳋丘善切小塊也𨽌胡木切大阜也土山也防來得切地脈理也陵力升切大阜也犯也冢也慄也馳也陵遟也或作夌𨹹陰於今切默也影也水南山北也闇也營天功明萬物謂之陽幽無形深難測謂之陰今作陰陽余章切陰陽二氣也好日也山南水北也傷也清也雙也陸力竹切厚也道也星也無水路也陸離猶參差也離亂也𨻵籀文古文作𨽎阿烏何切倚也大陵也北也曲也水岸也邸也丘也阪甫晚步坂二切陂也山脅也險也陂彼皮切澤鄣也池也又碑僞切傾也邪也又普何切陂陀靡迤也陬子侯側流二切陬隅也爾雅曰正月爲陬隅

牛俱切廉也角也隙也險義檢切高也邪也惡也難也危也阻也限諧眼切國也界也度也阻也齊也阻壯舉切險也疑也陮
徒罪切陮隗不平也阢余剸切高也丠名也隗午罪切高也又狄姓隊力罪切磊也陖思俊切險也高也亦作峻陗
七肖切險也隱也亦作峭隥丁鄧切險阪也仰也或作蹬陋力豆切醜猥也隱小也阨陝也陝諧夾切不廣也亦作狹陟知直
切登也高也升也陷乎監切墜入地也沒也墮也隤也或作錎隰似立切下濕也[阝習]同上[阝區]丘俱切崎嶇或作嶇隤徒回切壞
隊下也或作頹墤隊池類切從高隊也失也又徒對切部也百人也降古巷切落也下也歸也又下江切降伏也亦作夅隕爲愍切落
也墮也墜也隉午結切危也不安也或作𨼁陊徒可切落也壞也小崩也阤除爾切小崩也毀也落也[阝頁]丘營切危也亦作傾阬
口盎口庚二切虛也埳也池也亦作坑隫徒木切通溝也亦作瀆竇防扶方切備也部也禁也隄也或作坊隄丁兮切塘也橋也限
也又徒兮切阺古文阯阯之市時止二切基也或作址阺直梨丁兮二切陵也阪也理也下也陘下丁切山絕也限也又縣名阢
午回切崔也亦作嵬隒魚險切重甗也崖也山方也又方檢切阸於賣切險也塞也隘上同又陋也急也陝也隔几扈切塞
也又障也障之尚之羊二切隔也或作𢅭隩烏到切浦隩也水涯也又藏也亦作墺澳附扶付切依也近也著也益也說文以附益爲坿

从此附作步口切婁小土山也今作附隱於謹切不見也安也度也匿也隈烏回切水曲也𨼇胡買切小溪也亦作澥隴力冢

切大坂也陝式冉切弘農陝縣在虢國陔楚衰切坂名⿰阝丁多庭切丘名⿰阝無亡俱切陝東縣⿰阝卷其院切河東安邑縣陭

於奇切陭氏縣⿰阝貞知京切丘名隃式注式朱二切北陵西鴈門山⿰阝告苦篤切大阜也阮牛遠切山名又關名⿰阝武方句切丘

名又小阜⿰阝爲爲說許爲二切鄭地坂名⿰阝至之曬切界埒也陼之與切丘也說文曰如渚者陼丘水中高者也陳除珍切列也布也或作敶

塵⿰阝申古文陶大刀切丘再成也鬱陶哀思也竟也陶丘有堯城以堯居之故號陶唐氏又陶甄亦作匋文音搖陔古臺切階也隴也亦

作垓阽余占切危也除直余切去也開也疾愈也殿階也又直御切階古諧切登堂道也上也進也梯也級也阼才故切主階也

作酢東階所以荅酢賓客⿰阝彖丈轉切道邊庳垣也陛蒲禮切天子階也隙丘戟切閑也穿穴也壁際也裂也陾耳升切築牆聲

陙時均切小阜也際子例切接也壁會也方也合也陪步回切貳也隨也加也助也益也家臣也陴婢支切城上女牆也隍乎光

切城下坑也城池也有水曰池無水曰隍阹去居切依山谷爲牛馬圈也亦作[illegible]隝於古切小障也陲市規切危也院胡官切堅也周

垣也亦作寏又王眷切陯力均力昆二切山阜陷也亦作崘隌烏感切闇也與晻同阠所陳所陣切東陵也阰婢支切山名在楚

隆力中切中央高也隆盛也陀大何切陂陀險阻也俗作陁陞式陵切上也進也與升同陎丁戈切小堆也亦作陎[阝段]丁亂切人

名或作鍛碫阾力井切阪也與嶺同[阝虖]呼嫁切裂也或作鏬墟阡青田切阡陌也道也南北曰阡東西曰陌或作谸杆[阝咸]

於歸切隇夷險阻也[阝庸]弋龍切城牆也或作墉[阝或]胡逼切古域字[阝詹]尺焰切陷也[阝菐]布木切今作濮[阝耆]丈加切丘也

隚徒郎切今作堂隝丁了丁老二切今作島隯同上[阝業]魚劫切險也危也今作業[阝序]辭旅切今作序[阝肯]平犬切坑

也䧪似林切小阜[阝冉]他玷切亭名在京兆[阝夬]音逼切地裂也[阝畐]同上陠普胡切哀也[阝唐]徒郎切長沙謂隄曰[阝唐]

陒巾毀切山名亦作垝毀也陓於于切陽陓秦藪也[阝句]呼矩切鄉名[阝崩]古崩字壞也隑巨愷切又五哀切梯也企立也

不能行也[阝共]戶[illegible]切阬[illegible][阝單]尺善切魯邑名陌莫百切阡陌也隧似醉切羨道也掘地通路也或作鐆隓許規切廢也毀也指

也亦作墮隋徒果切落也懈也[阝壹]同上又許規切[阝齊]子計子兮二切氣也登也升也陣直鎮切師旅也本作陳[阝焉]古化切益

也[阝戲]音羲險也隁於建切以畜水也[阝豪]胡刀切城下道[阝婁]力侯切縣名隀音重地名[阝風]房中切地名陑

汝之切地名[阝殳]火哀切隅語俱切地名[阝成]市征切山地名[阝欽]丑申切地名陻於仁切塞也[阝敕]直珍切列也[阝盧]

許魚切　陖音毀國名　⿰阝正丑貞切丘　阞如陵切地名　陕以之切地名　⿰阝田達堅切地名　⿰阝合音沿　⿰阝凡音凋山穴

陁音坡陁不平　𨻶音裴山名　陝力開切階陝也　隯音周　陾音雖地名　⿰阝子咨以切地名　⿰阝楚音楚阪也　⿰阝見呼典切

陡當口切地名　⿰阝朋步等切山　⿰阝里音里亭名　隬乃禮切地　⿰阝兗音兗高皃　⿰阝旁步浪切附⿰阝旁也本作傍　陷徒罪切高名

⿰阝虒池爾切地名　⿰阝專市兗切地名　阧當口切阧峻也　隢音遶地名　⿰阝蚩音蚩地名　⿰阝豤口很切遲也　⿰阝瓜音姑地名

⿰阝丂音巧地名　⿰阝惠音恵陲名　⿰阝吞他根切　⿰阝亞音鬭峻也　⿰阝朁士禁切⿰阝毚⿰阝朁也　⿰阝念音念遇在岸　⿰阝毚仕銜切地

⿰阝乞音蓋又音屹　⿰阝复符逼切蹦山也　⿰阝冗居六切古岸也

𨺅部第三百五十五凡四字

𨺅扶救切說文云兩阜之間　⿲𨸏㒸𨸏似醉切延道也今作隧　⿲𨸏𦥑𨸏所異切阜突也　⿲𨸏益𨸏於懈切陃也今作隘

厽部第三百五十六凡三字

厽力捶切累墼爲牆壁也尚書以爲參字七貪切　參千含切相參也相謁也分也即三也又所今切星名亦作曑又楚今切參差也亦作篸　垒力揆切絫也亦作壘

玉篇卷第二十三 凡二十九部

莫把 馬部三百五十七　魚留 牛部三百五十八　莫交 犛部三百五十九　余章 羊部三百六十

式延 羴部三百六十一　乖買 𦍌部三百六十二　胡官 萈部三百六十三　苦泫 犬部三百六十四

牛斤 㹜部三百六十五　式爾 豕部三百六十六　徒昆 豚部三百六十七　徒計 㣇部三百六十八

居例 彑部三百六十九　敕又 𢑚部三百七十　直倚 廌部三百七十一　力木 鹿部三百七十二

七胡 麤部三百七十三　丑略 㲋部三百七十四　他故 兔部三百七十五　仁九 禸部三百七十六

徐姊 兕部三百七十七　似養 象部三百七十八　奴登 能部三百七十九　于弓 熊部三百八十

力恭 龍部三百八十一　火乎 虍部三百八十二　呼古 虎部三百八十三　胡犬 虤部三百八十四

直爾 豸部三百八十五

馬部第三百五十七 凡二百七十七字

馬 莫把切黄帝臣相乘馬馬武獸也怒也　𢒉 籀文　𩡧 古文　騭 之逸

切壯馬也定也升也⿰馬八布莧切馬八歲⿱馬一乎關切又爲萌切馬一歲也駒九于切馬二歲也駽胡見切青驪馬今之鐵驄又火
涓許衒二切駣徒高丈小二切馬四歲也⿰馬閒乎閒切馬一目白驪力支切盜驪千里馬也騩京媚切馬淺黑色又山名⿰馬开
力田切赤馬黑鬣騢胡加切赭白色似鰕魚也騏巨基切馬文也騅之誰切馬蒼白雜毛色也駱力各切白馬黑鬣⿰馬雒同上
駰一人於巾二切泥驄馬也驄千公切青白雜毛色驈余橘切驪馬白跨⿰馬聿同上駹莫江切馬黑白面也驃毗召匹妙二切
驍勇也漢有驃騎將軍騧假華切黃馬黑喙⿰馬冎同上驖徒結他結二切馬如驖赤黑色駓普悲步悲二切黃白色今之桃華又
駓駓走皃⿰馬否同上⿰馬岸五旦切馬白額至脣馰丁狄切馰顙白顙馬也或作的馼亡云切馬不純驔徒點切驪馬黃脊騽
似立切驪馬黃脊又馬豪骭馵之喻切馬縣足左後左足白驠於見切馬白州也⿰𠦝⿱人馬乎旦切馬毛長又音寒騛不韋
切騛兔古之駿馬也驁午刀切駿馬以壬申日死乘馬忌此日驥居致切千里馬⿰馬豈同上騵魚袁切騂馬白腹也駿子徇切馬
之美稱也速也騋力才切馬高七尺已上爲騋驍古幺切勇急捷也良馬也驕几妖切壯皃又野馬也亦逸也⿰馬垂子垂之累一切馬小
皃也重騎也⿰垂馬籀文駂布老切驪白雜毛今之烏驄也騜胡光切馬黃白騂思營切馬赤黃驓才陵切馬四骹皆白見爾雅騚

才田切馬四蹄白騇尸夜切驔馬騴於諫切馬尾本白騝奇連切騝馬黃脊駩七全才緣二切白馬黑脣騄力足切騄駬駿馬

駬如始切騄駬驌思六切驌騻古之良馬騻所良切驌騻馻唯臠切又余準切馬毛逆驎力振切馬黑脣驩火丸切馬名

⿰馬休許牛切馬名也駿也騕於皎切騕褭良馬⿰馬夭同上褭奴了切騕褭亦作⿰馬褭⿰馬此七爾切馬名⿰馬隺五角切馬白額⿰馬犁力兮切桃

驊馬驊下瓜切驊騮駿馬駜皮筆切馬肥壯皃⿰馬寑同上駥而弓切馬八尺也雄也⿰馬⿱人次牛窒切馬名又銜也鐙也駁布角切馬

色不純今作駁駫古熒切馬肥壯盛皃駉同上又收馬苑也騯百庚步庚二切騯騯馬行皃今作彭⿰馬卬五唐切⿰馬卬⿰馬卬馬怒皃又五浪五郎切

馬搖頭也驤思良切駕也超也低卬也驀明白切上馬也駕格訝切乘也行也上也陵也騑孚微切驂馬也騑騑行不正也疾也⿰馬皆

平皆切馬和也駊布可切駊騀馬搖頭騀五可切駊騀騊他刀切馬行皃騤巨追切馬強行篤丁毒切馬行頓遲也⿱與馬弋魚弋庶

二切馬行徐而疾駸七林子心二切駸駸驟皃行疾皃馺先合切馬行皃馮皮冰切乘也相視也陵也也登也又扶風切姓也⿰馬几女頻

切馬行也疾也騃午駭切馬行也又無知也䯄居過切馬疾走驟仕救切奔也颿扶泛扶嚴二切馬疾步也風吹船進也亦作颿驅

丘于切逐遣也隨後也驟也奔馳也古作敺又丘遇切駈同上俗馳丈知切走奔也天子道也駝大何切駱駝駞同上俗騖亡句

切奔也疾也駾他外切馬行皃䮜力世切次第馳也奔走也騁丑領切直驅也走也駃大結弋吉二切馬疾走也徼也駻何但切馬
突也馯干同馬上駧同大貢切馬疾走驚居英切馬駭也懼也逸也騜呼光切馬奔也駐丈具竹具二切馬立止也或作住尌騫丘焉
切馬腹縶也虧也或作騝馴似均切從馬也善也驇竹利切馬很也駗章忍知鄰二切駗驙馬載重難行驙知連切白馬黑脊也騆
巨六切馬曲脊駶同上騬食陵切犗馬也馻古拜切結馬尾驏竹扇切馬轉臥土中馽知立切絆也今爲縶騷先刀切動
也愁也摩也駑乃乎切最下馬也駘也駘大來切駑馬也馬銜脫也又大宰切駘蕩廣大意駔在古切駔儈麤也又子郎切駿馬也會兩家之
買賣如今之度市也呂氏春秋云段于木晉之大駔也驡音龍馬也騶側留切騶虞義獸至德所感則見馬之屬又養馬人名驛余石切譯
也道也馹而逸切馬傳也馹同上騰大登切躍也奔也駮上交甫角二切獸似馬身白尾黑一角有爪哮聲如鼓食虎豹出中曲山亦駁字駪
所巾切馬衆皃又作牲辞馭魚據切古御字使馬也駃古穴切駃騠馬也生七日超其母騠丁奚切駃騠又音啼驘力戈切驢父馬
母所生也驘同字騊大刀切騊駼獸如良馬又北狄良馬也駼同都切騊駼驢力余切似馬長耳也驒大何丁年二切驒騱駿馬
騱下雞切驒騱也駂步忽切馬牛尾一角䮝胡昆切獸名驝他閣切驝駝有肉鞌也行百里負千斤而知水行駝

同上駴胡揩切雷繫鼓也駭胡騃切驚起也駎除救切競馳也騥而丘切青驪[illegible]驪馬見爾雅⿰馬步盆故切習馬今作步⿰馬樊
扶元切⿰馬樊駤止也或作樊駤竹利切⿰馬樊駤駛山吏切疾也⿰馬冢亡東切驢子驜魚劫切壯皃驨胡圭切騏驥也騉古魂
切騉蹄馬名秦有騉蹄苑⿱學馬於角切馬腹下聲也⿰馬坴力竹切健馬也⿰馬歲於吠切⿰馬歲⿰馬覓馬怒⿰馬覓莫狄切馬多惡⿰馬真丁年切馬
白額⿰馬壽于老切馬祭亦作禂⿰馬巤力涉切馬也亦作躐⿰馬賁布昆切馬今作奔⿰爿馬及亮切古壯字驡步公切驡驡充實皃騣子公
切金騣馬冠也馬鬣也⿰馬夌力亘切⿰馬夌⿰馬登馬病也馬傷穀也⿰馬登徒亘切又天登切⿰馬舌士洽切⿰馬舌騄也⿰馬禺魚容切大皃亦作顒
⿰馬韋千老切壯馬也驫風幽香幽二切走皃⿰馬東德紅切馬⿰馬昷於魂切⿰馬昷驪駿馬驂倉含切驂馬⿰馬蔡音蔡字⿰馬瞿
音瞿馬行皃⿰馬平平悲切馬名馶巨支切勁也又居企切強馬也⿰馬衣力魚切又音慮⿰羽馬音劬馬後足皆白亦作翑駏音巨駏驉
獸似騾驉音虛駏驉騮音流紫騮馬騟羊朱切紫色馬驫所臻切衆馬行皃⿰馬玄胡涓切馬一歲馱徒賀切馬
負皃⿱高馬烏高切馬行皃駫呼光切⿰馬咸音咸馬名⿱殹馬音翳黑色馬⿰馬回戶雷切馬名⿰馬旬相倫切又音旬⿰馬奔直昆切馬
走皃⿰馬寒戶安切馬多皃⿰馬亭直耕切馬往皃騆音周神馬⿰馬昜音羊馬名⿰馬婁音婁馬類⿰馬凡音凡馬行皃又音梵⿰馬春音春鈍馬

駯音誅馬口黑　⿰朱馬時俱切朱色也　⿰馬𡈼音脛馬行皃　⿱罷馬音習獸似馬　⿰馬宜音宜馬名　⿱閂馬靡京切仟馬也　駀音尤馬尤

馬名　⿰馬夷音夷馬名　⿰馬思息兹切馬　⿰馬幾巨希切馬　⿰馬离音离驢子　⿰馬春尺尹切馬文也　⿰馬叵匹可切馬行皃　駚以兩切人姓也　⿱奮馬

甬其切馬走也　⿰馬元五黨切馬頭高　⿰馬宰作亥切　駺力唐切馬尾白　⿰馬禹音驅古文　騳徒鹿切馬走也　⿱契馬音懊馬名　⿰馬父音

牡馬也　⿰馬者音者馬名　馬音姥馬行皃　⿰馬典音燕馬行　⿱馬馬五豆切又合麥反　⿰馬半博慢切駢馬行也　騗匹扇切上馬也　⿱萬馬

力際切馬馳　騎巨義切乘也又巨宜切　駙扶遇切駙馬官　⿰馬斤音釁馬重　⿰馬希音餼馬走　⿰馬本音步馬名　⿰馬監音陷馬走　⿰馬喜

許力切馬走　驋音醱白額馬　⿰馬或于逼切馬名又音洫　⿰馬宋莫割切馬走皃　驋北末切馬走又音潑　⿰馬商陟革切馬切獸　⿰馬沓徒合

切駁騇馬行皃　⿰馬昜吐盍切⿰馬扇⿰馬昜馬行不進　⿰馬業士甲切馬行也　⿰馬逐音逐馬獸名　⿰馬質音質馬名　⿰馬卓竹角切馬行　⿰馬屈區勿切屈產良馬

⿰馬伏房六切馬名　⿰馬骨古忽切⿰馬骨⿰馬出獸出北海　⿰馬出都忽切⿰馬骨⿰馬出　⿰馬犮音跋⿰馬犮驕蕃中馬也　⿰馬吉去吉切馬色也　騔⿰馬葛二同

音葛馬行皃　馲陟格切馲駱驢父牛母　⿰馬百莫百切馲⿰馬百　⿰馬莫亡各切馬切　⿰馬害火麥切⿰馬畐音逼馬行不正　⿰馬畐音逼馲騙　⿱列馬力薛切馬名

⿰馬賣徒谷切馬行皃　⿰馬蜀同上　駟悉利切四馬一乘也　⿰姦馬請閒切今作閑　⿰馬喪先郎切馬尾白

牛部第三百五十八

凡一百四十四字

牛 魚留切大牲也黄帝服牛乘馬 牡 莫后切飛曰雌走曰牝牡 犅 古郎切特牛赤色也 牝 毗忍脾死二切牝牡也畜母也 犢 徒木切牛子也 特 徒得切牡牛也又獨也 犆 同上又池力切見禮記 犻 布外切牛體長又二歲牛 犙 山含切又且含切三歲牛 牭 四思二切四歲牛又牛很也 𤛓 籀文 犗 加敗切騬牛也騰也 牻 莫江切亂也雜色牛也 ⿰牛京 力薑切牻牛也 ⿰牛萬 力勢力大二切牛白脊也 ⿰牛余 達乎切黄牛虎文也 犖 力角切駁牛也 ⿰牛寽 力拙切牛白脊 ⿰牛平 普耕切牛駁如星也 犥 普沼扶表普高三切牛色不美澤又牛黄白色 犉 而純切黄牛黑脣也 㸰 五角切白牛也 ⿰牛翟 同上又五沃切 ⿰牛畺 居良切白牛也 ⿰牛叜 他刀切牛徐行也 ⿰牛各 古訝切⿰牛各車也籀文駕 犨 尺由切牛息聲又牛名又出也 犫 同上 牟 亡侯切牛鳴也又姓也大也愛也取也奪也過也佸也進也首也 ⿰牛産 史簡切畜牲⿰牛産 牲 史京切三牲牛羊豕 牷 疾緣切體完也 牿 古督切牢也 牽 口田切引前也又挽也速也連也 牢 來刀切牲備也亶廩倉也又堅也 犓 測俱切養牛羊也今作芻 犕 皮祕切服也以鞌裝馬也又牛八歲也 ⿱非牛 所胃切兩壁耕 犁 力兮切耕具也 ⿰牛壽 徒刀充刀二切牛羊無子 牴 丁禮切觸也略也大牴言大略也角牴雜技樂也或作觝 ⿰牛韋 凡綴切牛蹄也 ⿱臤牛 五殄胡結二切牛很不從又大皃 牼 胡耕口耕二切牛膝下骨 ⿰牛今 巨禁切牛舌病也或作⿰舌今 犀 先兮切獸似牛也堅也棲遲或作屖 ⿱辟牛

眉隕切獸似牛蒼黑出黃山物亡屈切凡生天地之閒皆謂物也事也類也牣而振切滿也益也犧欣宜切純色牛⿰牛乍子各切牛

肉重千斤出華陰山犘陌瓜切牛名犦步角切封牛也犤平稭平媧二切牛名又音陂犑公覓切牛名見爾雅犩牛威畏二切

牛名犣力涉切牛名⿰牛由徐救切牛眼黑犚於貴切牛名犈奇貟居辨二切牛耳黑犌古瑕切牛有力⿰牛褱爲乖切獸似牛四角

人目⿰牛庸余鍾切牛胅領⿰牛累力追切求子牛⿰牛川似訓切牛行遲⿰牛那奴多切獸似牛犎甫容切野牛也⿰牛飛方韋切獸似牛一目犍居言

切犗也獸似豹人首一目⿰牛虔同上牠徒和切或作駝⿰牛啇徒的切特牛犃步后切雄也短頭牛⿰牛舍式夜切馬名亦作騇⿰牛業普角切特

牛也⿱㓞牛示勢切一角仰也或作觢牸疾利切母牛也⿰牛科苦戈切無角牛⿰牛句呼口切牛鳴也亦作呴⿰牛内如壘切水中牛⿰牛堇几隱切善

也柔也⿰牛豆徒東切無角牛亦作⿰馬重童⿰牛辛思營切赤牛亦作騂⿰牛原魚袁切獸似牛三足牥甫防切良牛名日行二百里又云駞駝

犇補門切牛驚⿱夆牛書尤切牛⿰牛敦音敦牛也⿰牛奏音奏牛名⿰牛唐徒郎切牛名⿰牛堂同上⿰牛軍音暉犎牛頭⿰牛會音繪

牛⿰牛隹赤唯切牛⿰牛亢古郎切水牛⿰牛倉七岡切牛名⿰牛力居求切牛大力⿰牛求音虯牛角皃⿰牛嬰音嬰牛也⿰牛尋音尋牛也⿰牛冘

直深切水牛⿰牛令郎丁切牛名⿰合牛⿰合牛二同呼今切出神呪⿰牛夒而小而照二切牛柔謹也從也安也又馴也尚書擾而毅字如此⿰牛夒同上

⿰牛夆音峯牛也 ⿱㓞牛音初牛角 ⿰牛堯魚小切獸名又音鐃 ⿰牛俞音史黑牛 ⿰牛虫呼乖切獸名 ⿰牛丕符悲切使牛聲 ⿰牛孚音浮牛黑脣

⿰牛壹七古切使牛也 ⿰牛區烏口切牛也又去句切 ⿰牛后烏后切又烏講切 ⿰牛口同上又音口 ⿰牛母莫厚切牛 ⿰牛嬰烏猛切喚牛聲 ⿰牛侯音侯牛

⿰牛鬼於鬼切牛 ⿱去牛音去 ⿰牛古姑戶切牝牛 ⿱生牛音究牛也 ⿰牛吉同上牛聲 ⿱學牛音秩人姓 ⿰牛非音非人姓 ⿱类牛苦叅切牛鼻棬

犒苦到切餉軍與犒同 ⿰牛半牛眷切牛件也 ⿱丯牛音䩐匹計切牛具 ⿰牛匡切牛 ⿱殸牛古候切取牛乳 ⿰牛氣音餼牛病 ⿰牛介音介牛四歲也

⿰牛夭他見切餧牛草 ⿰牛劦音叶牛健 ⿰牛岳大果切又音岳 ⿰牛㝵音特牛也 ⿰牛習音拉牛牴 ⿰牛敝音撇 ⿰牛骨音骨牛也 ⿰牛角昌欲切牴久也

⿱䩞牛巨六切牛

犛部第三百五十九 凡三字

犛莫交切獸如牛而尾長名曰犛牛又力之切又牛黑色 氂莫袍切犛牛尾或作旄

斄力之切強曲毛也丁豪也古文作㾐或作氂又力才切

羊部第三百六十 凡六十七字

羊余章切豕屬也禮云凡祭宗廟之禮羊曰柔毛 芈彌爾切羊鳴也又姓楚先也

羔古刀切羊子 羜丈與切未成羊 ⿱殳羊士具切六月生羊 羭與朱切牡羊也 羍他達切小羊也 ⿱大羊同上 ⿺走羊

丁兮切羝羊 䍬雉矯切夷羊又羊一歲 羒父云切牝羊也 牂子唐切羝羊也 羖公戶切羖䍽羊 ⿰羊古同上俗 䍽音歷羖䍽

⿰羊句居謁巨謁二切羖犗羊也 羯同上 羠因以以脂二切⿰羊疑羊也騬羊也 羳扶元切羊黃腹 ⿰羊皆揩間切羊也 ⿱執羊子谷切子名又直名

在前 ⿰羊垔於間切黑羊也羣羊相積也 羸力為反弱也病也瘦也劣也 ⿰羊委於僞切羊相⿰羊委積也或作委 羵子漬切⿰羊委羵 羣

巨云切朋也輩也 ⿱此羊七移切羊名蹄皮可以割黍 美亡鄙切甘也善美或作媺 羷力冉切羊名 羑弋九切導也進也善也今作誘 [illegible]

同上 ⿰羊慶丘向切陳公子名 羌去央切西方國也楚語辭也卿也反也章也強也 羶式然切羊脂也羊氣也或作羴 ⿰羊咸午咸瘰炎二切

羊六尺也又獸名 ⿰羊戠同上 ⿰羊惠胡關切又胡慢切句山有獸名之曰⿰羊惠其狀如羊禀氣自然也不可殺之 ⿰羊東都弄切泰山有獸狀如牛一角 [illegible]

古衡切常所食美也 ⿰羊原魚袁牛九二切⿰羊原羊大角西方野羊也 ⿰羊余似余切野羊 羫口弄口江二切羊肋 ⿰羊賁扶云扶刎二切雌雄未成也 ⿰羊平

晉耕切使也亦作抨 ⿰羊市方味切人姓也 羦胡官切獸似羊惡也 ⿰羊尃布莫切⿰羊尃⿰羊宅獸也似羊九尾四耳目在背上或作愽 ⿰羊宅乇何切⿰羊尃⿰羊宅也 ⿰羊替

予令切羊鮑也 ⿰羊叕九劣切病也跳皃也 ⿰羊巽九兖切羊也 ⿰羊晃安奚切羺⿰羊晃胡羊也 羺奴溝切羺⿰羊晃 ⿰羊婁力侯切似羊四角也 [illegible]公候切取

羊乳汗也 ⿰羊希音希地名又音蟻也 ⿰羊爭音爭羊子也 ⿰羊童大紅切無角羊 ⿰羊巠口莖切羊也 羚魯丁切羊子也 ⿰羊睘戶關切獸似羊無

𦎗丑練切尾長也𦏲音頵羊也𦍩音洋又音翔𦏵音獨羊也𦏶音厥羊也𦏁紀力切

羴部第三百六十一　凡二字

羴式延切羊氣臭也亦作羶　羼初莧切羊相廁也相出前也

𦫳部第三百六十二　凡四字

𦫳乖買公瓦二切羊角也𦫳𦫳兩角皃　𦫴古懷切戾也睽也邪也背也差也離也今作乖

芇亡殄切相當也又亡延亡褰二切　𦫶苦蛙切不正也

萈部第三百六十三　凡一字

萈胡官切山羊細角也寬字從此

犬部第三百六十四　凡二百九十三字

犬苦泫切狗之有懸蹄　狗古后切家畜以吠守　獶女江乃刀二切多毛犬也又女交切　獀所留切犬名又秋獵也亦作蒐　𤜳同上　狵莫江切犬多毛也　尨同上　𤢺許謁切𤢺獢犬短喙也又許曷切相迫懼也亦作猲　獢許驕切𤢺獢也　狡古卯切獸名少狗也猾也疾也健也獪也　獫力驗切犬長喙也又力儉虛檢二切　𤝈之句切黃犬黑頭也　猈步買切狗短脛　猗於宜切歎辭也犗狗也又倚氏縣名　狊呼闃切犬視也　𤟹於陷於咸二切竇中犬聲也　猝且沒切犬從草中暴出也言倉猝暴疾也突也今作卒　㺌胡斬切又胡忝切犬吠不出也兩犬爭也　猩所庚切猩猩如狗面似人也又音星犬吠聲　狌同上　默亡北切[illegible]犬暫逐也亦

獡嘿靜字𤢕胡鑑切小犬又鄉名猥於隗切犬聲又犬生三子也獿呼交胡狡二切犬擾駭也獪也猱乃刀切獸也獶同上又女

獑山監切又山林切犬容頭進也賊也獎子養切助也成也欲也譽也嗾犬厲之也今作獎㹽又板切齧齒也犬食也𤞤所姦切惡健犬狠

五閑切犬鬭聲獖扶元皮眷二切犬鬭聲也獡式略切驚也獡獡犬不附人而驚皃狋魚肌切犬怒也兩犬爭也又狋氏縣又音權犷牛佳

語斤二切犬聲狺同上獷鈎猛切犬不可附也狀仕亮切形也又書狀奘阻良阻亮二切強犬獒午刀切犬四尺也如人心可使者

獳乃候切犬怒也𤠋他蠟切犬食也亦作碟𤞞狧並同上狎下甲切易也近也習也狹同上今爲闊狹狃女久切狎

也習也就也復也狐狸等獸跡也獪古邁切狡獪也又音澮犯扶錽切抵觸也𤝱古文猜千才切疑也恨也懼也犺口盎

切健也猬也怯去業切多畏也今作怯猛麻獷切健也嚴也惡也害也獜力丁力仁二切獜獜聲也亦作鏻獧古懸切跳也急

也狷同上狟乎官切桓武皃也咸也今作桓𤝬牛吉切犬怒皃又步內切犬過猲竹厄切犬張耳戾力計切來也至也待也勢也止也立

也法也定也利也虐也著也獻古文猌牛僅切犬張齗怒皃犮步末切犬走皃與䟦同𤞑古卜余玉二切獸名獨大卜切犬相得

而鬬也故羊爲羣犬爲獨也又獨俗獸名出山海經𧈧狒二古文獮思淺切秋曰獮殺也亦作獼獼同上獵力涉切犬取獸

也狩式又切冬田也獠力弔切宵田也又力道切夷名臭尺又切香臭之揔稱也犬逐獸走而知其跡故字從犬猲呼艾切犬臭也狣

雉矯切絕有力獲爲麥切得也辱也婢之賤稱也旌也獻許建切奉也進也上也聖也賢也奏也豣午見午晏二切獟犬也逐虎之犬也

獟雅弔切狾狗也狂狗也狾居世切狂犬也狛古文玃居縛切狙也亦作貜⿰犭瞿同上狂具王切癲癡也猙疾井側耕二切

獸名獘婢世切獸名也頓仆也俗作斃類律位切獸名種類也法也狄徒的切北狄也猴乎溝切獮猴也狻先丸切狻猊師子一

走五百里亦作䝜猊午兮切狻猊亦作貎麑猶以周切玃屬也猶豫不定也尚也可也詐也言也又以救切猷余周切圖也亦與猶同

狙且余切玃屬也犬暫齧人也犬不絜也殼呼木切似犬惡獸也上黃下黑獌莫旦切犬獸也長百尋又狼屬或作⿰豸曼狼來當切獸似犬

獾火丸切牡狼犿同上獥公弔切狼子獥狛白駕切獸如狼⿰白犬同上移余支切獸名狐戶吾切媚獸也又狐疑猶豫也

猵普年布眠二切獺屬獺他達切如猫居水食魚也獱婢賓切獺屬猨于元切似獼猴而大能嘯也亦作蝯猿同上俗猫

眉驕切夏田也食鼠也或作貓㹞於結切㹞獸名也⿰犭翟除卓切似獼猴而黃又作蠗⿰犭也時爾切獸如狐白尾猎秦亦切獸名或作[illegible]

⿰犭軍胡昆切獸如犬人面見人即笑犳之藥切獸豹文獹來胡切韓獹天下駿犬⿰犭足旦藥切宋良犬獖扶粉切羊名[illegible]切

大也又烏八切猰貐獸名狢巨表切獪也𤢖才癸切雖狢也㺥充山切噬也獢許苗切犬黃色也猾爲八切亂黠也小兒多詐也

猇胡包切虎欲齧人聲也又許交切𤞣余成切似狐也獦古曷切獦狚獸名狚丁旦切獦狚犽午亞切獸名似貛也獚胡光

切犬也𤢪力延切𤢪猭兎走又直山切猭丑船切𤢪猭猳古瑕切玃也𤢐之喻切鄉名又亭名獋胡刀切犬呼也鳴也咆也

或作噑狤居一切狂也𤢏弋恭切猛獸也或作鏞狒父沸切似人形被髮迅走猓古火切猓然獸猋卑遥切犬走皃猣子公切犬

生三子也㹪大丁切猭也狍步交切獸也猖尺章切狂駭也獑巨衣切犬生一子玁喜檢切玁狁北狄也狁余準切玁狁

𤞙音濁猛犬㺇音力犬爭皃狨如充切狭音夷𤞲五胡切狴邊兮切獸名獼武移切獼猴猕同上𤢃音窮

似虎獈音翁豬也𤡿音余歎聲又豬兒聲狸音离似猫𤞑音織獸也𤞻力朱切豬求子猍力開切狸也𤟉得紅切㹷

音柴犲狼獑士咸切獑猢獸名似猿猢戶吾切獑猢𤢂府隆切𤢂𤝔獸有尾小打即死因風更生𤝔音母𤢂𤝔獂音丸豕屬又音元

猚音壘又音柚似獼猴猯音湍野豬𤢆五間切又音簡犬爭皃狿丑延切又音延獸名狑郎丁切犬名𤣃同上猧烏和切犬

名𤞷同上猿音袁犬名𤠖莫屏切小豕𤢹直闔切獸走皃𤞤火交切犬驚𤢚呼光切狠𤠳火交切獅

音師猛獸也貐與魚切獸似兔⿰犭開音開獸也狆丑珍切狂也⿰犭胥音胥猨屬⿰犭咸古禫切⿰犭乎音乎犬吠聲猻思昆切猴

猻也⿰犭是音覲犬也⿰犭奚音奚犬戎⿰犭雋音攜獸名猄九卿切⿰犭雍烏江切⿰犭雍⿰犭夅犬不伏牽⿰犭夅音降⿰犭雍⿰犭夅⿰犭氐音抵⿰犭差七何

切⿰犭蚩音蚩狩也⿰犭毚士銜切大聲⿰犭當音當⿰犭彭音彭⿰犭皮⿰犭庚上音披下音庚⿰犭邪音邪⿰犭皆⿰犭邪獸也⿰犭沓他合切犬食⿰犭伊

於止切[illegible]姓也⿰犭豸且買切又音雅俗豸字⿰犭乚音吼似犬⿰犭監音檻虎聲⿰犭幼於絞切獸名⿰犭育以[illegible]切⿰犭思音⿰犭悤⿰犭比音婢似豕⿰犭几

音凡似兔⿰犭畏力為力水二切⿰犭希音喜楚人呼豬聲⿰犭癸音葵又音悸獬何買切獬豸也獠力弔切老獠⿰犭憂奴巧切犬驚皃犾

魚近切犬怒⿰犭龍魯紅切⿰犭畾力為切又力水切⿰犭從猔二同子宋切犬生一子⿰犭弁皮戀切犬爭皃⿰犭壴許器切⿰犭史生仕切

猬音胃毛刺也⿰犭制音制⿰犭穴⿰犭窊二同羊就切黑猿也犹尤豆丁角二切⿰犭羕音漾獸也⿰犭素桑故切獸也⿰犭帶尺世切狂

犬也⿰犭豦音據⿰犭豆音豆犬吠聲⿰犭夬音決⿰犭焦阻纖切獻音遁道犬⿰犭卓豬孝切狩⿰犭厲音賴狂也⿰犭馬音罵⿰犭竟居命

切獸名⿰犭嬰音即犬生三子狘許月切獸走皃⿰犭厄音厄豕也⿰犭疌所甲切豕母也⿰犭啇許必巨聿二切狂也⿰犭匊居六切獸名⿰犭及音[illegible]

犬[illegible]音弗[illegible]走犬皃⿱兔犬丑略切犬似兔亦作⿰犭兔獯許云切獯鬻狽布蓋切狼狽也狢下各切狐狢⿰犭肖思焦切狂病獎[illegible]肥切

㹜部第三百六十五凡三字　㹜牛斤切兩犬相齧齧也　獄息利息梨二切辨獄官也察也今作伺覗　[illegible]牛欲[illegible]切二
[illegible]有獄夏曰羑里周曰囹圄又謂之牢又謂之圜土也

豕部第三百六十六凡八十字　豕式爾切豬彘之總名　𢑚古文　豬徵居切亦作睹　豶丑凶切土豬也　[illegible]
昔尤豕也　𧰸他丁他定二切豕皃　𧱂息工切豕也　豰許十切豰子也或作㲉　豯下雞切豕生二月曰豯　豵子公切豕生三子也　豝
布家切牝豕也　豣公田切豕一歲　豜同上　豶扶云切犗也　豭古瑕切牡豕也　[illegible]羊捶切豕俗呼為積豬也　隊同上　[illegible]營隻
切齧豕　豤口珍口很二切豕齧地　豷於計切豕息　豧芳于芳又二切豕息　豢乎串切養豕也　豠才余切豕屬　豲乎官切豕
屬又縣名　[illegible]同上　豙牛既切豕怒毛豎　豱於昆切豕名見爾雅　豦强於切封豦豕屬也又居御切　豥胡來古來二切豕四足白也
[illegible]於隅切豕五尺　[illegible]同上　[illegible]徒公切似豕出泰山　[illegible]莫丁切小豚也　[illegible]力人切似豕身黃出泰山　[illegible]力俱切求子豬　[illegible]女午盖切老
豬　[illegible]山甲切老母豕　[illegible]士俱切小母豬　[illegible]同上　[illegible]之涉切上良豬　[illegible]呼回切豕䗲地　[illegible]九物切豕䗲地　[illegible]二秋切白
豕黑頭　豞呼逅切豕鳴也　[illegible]力涉切長毛豕也或作鬣　[illegible]莫公切似豕牡豕也　[illegible]子宋切　[illegible]同上　[illegible]火類切　[illegible]呼恢切豕

豪戶刀切猪毛如笄而端黑也又俊也帥也此籀文小篆作豪　貒音端豬也　𧱳音雄豕狩　𧳆音韋豕也　䝡呼九切野豬也　豘徒昆切豬皃也　猵音便豬也　𧳋音倫獸也　𧲸音先豕也　𧴀音為委切豕𧴀也　䝏莫厚切豕　豨火豈切豕也　豯音奚古懷切又丘睊切七　䝐空旱切　𧳲許氣切　𧲫音孝豕　𧴌音衛豕　𧲧音裙又九云切　𧲂音卓龍車　𧴑音雹小豕

𧱓女滑切豕　𧴃音閑豬名　𧲖已劣切豕也　𧱠章移切豕高五尺丁角切山　豛音役　𧰽音忽　䝀音唐徒郎切　豳古文邠字

豚部第三百六十七字凡四

豚徒昆切豕子也或謂之豯　豘文　䝁籀文　𧱺為劂切豚屬也　𧱺同上

㣇部第三百六十八字凡八

㣇徒計余利二切𧱬子也脩豪獸也又豬也　𧰲古文　𧱯呼骨切豕屬　𧰣胡刀切亦作豪

彙胡貴切蟲似豪豬也或作蝟又類也茲皃也　彙同上　𢑏相利切豕聲上𢑏也俗作隸　𢑌古文

彑部第三百六十九字凡三

彑居例切彙類也　𢑏除厲切猪也　彖他亂切才也豕走悅也

嘼部第三百七十字凡二

嘼救又切六嘼牛馬羊犬雞豕也養之曰嘼用之曰牲今作畜又許又許六二切　獸舒救切四足有毛走者謂之獸

廌部第三百七十一凡五字 廌直倚宅買二切解廌獸似牛而一角古者決訟令觸不直者見說文或作觟豸 薦
子見切獸所食草也又進獻也陳也 灋方業切則也今作法 𢊁交孝呼教二切解廌之屬 𢊆仕提切速也

鹿部第三百七十二凡五十六字 鹿力木切麞屬 麚古瑕切牡鹿 麟力眞切仁獸也大麚也麒麟也 麔
麔上並同 麒渠之切麒麟 ⿸鹿速先卜切麞鹿之跡也 麀於尤切牝鹿 ⿸鹿幽古文 ⿸鹿耎奴亂切鹿麛也 麛亡辟切鹿子也
麉古田切鹿絕有力也又音磬 ⿸鹿幷同上 麋亡悲切鹿屬 麔巨久切牡麋也 麎市眞市軫二切牝麋也 麇乙鈞切麞
也 麏同上 麕籀文 麞之羊切鹿屬亦作獐 麃白交普表二切獸似鹿 麈之庾切獸似鹿 麑五兮切鹿子或狻麑師子也又
作猊猊 麙五咸切山羊也 麢力丁切麢羊也角入藥 麝市亦市夜二切麝香 ⿸鹿圭居攜切鹿屬 ⿸鹿與似與切似鹿而大
麗力計切偶也施也華綺也好也數也 丽丽並古文 丽篆文 麌牛矩切牝鹿也 麜力一切牝麢也 ⿸鹿丸胡官切鹿一歲
⿸鹿隹之惟切鹿二歲 麠所京切獸似鹿 ⿸鹿委於皮切攢⿸鹿委也 ⿸鹿言語斤切獸名似貉而八目出山海經 ⿸鹿夭於道切麋子也 ⿱夂鹿千胡
切踈也本作麤 麆仕居切麕子也 麡才兮切麡狼獸似鹿 ⿸鹿票音瓢鹿屬也 ⿸鹿速莫兮切 ⿸鹿比房脂切 麅步交切

麠几英切大麃　麖同上　䴋胡官切　䴎音流鹿屬　䴢音諸　麌音夫鹿屬　麔居履切爾雅云麔大麢旄毛狗足　麂同上　䴡烏口切

麤部第三百七十三　凡四字

麤七胡切不精也大也踈也或作麁　𪊾同上　𪋻雉珍切埃𪋻也今作塵　𪋾籀文

㲋部第三百七十四　凡七字

㲋丑略切獸似兔而大也　𪊽同上　㲌同上　㲏士咸切駿兔也狡也　㲍古穴切獸似貍　㲎胥野切獸名　㲑生冀切獸似貍

兔部第三百七十五　凡九字

兔他故切毛可為筆　菟同上又音圖地名　逸以一切過去也奔也縱也逃也里也　冤於元切屈也不理也枉曲也煩冤思念也　娩亡萬切兔子　䨲乃侯切娩也　㕙子狗且倫二切狡兔　𠑷芳句切急疾也今作趨　𨓊丑劣切兔子

禸部第三百七十六　凡一十二字

禸仁九切說文曰獸足蹂地也或作狃又女九切　厹同上　离丑支切山神也猛獸也或作螭又力支切　禽其林切二足而羽也亦鳥獸惣名　萬亡願切十千也又蟲名　𥜻古文　禼思列切蟲名　𥝌古文　禹于矩切蟲也舒也夏禹也　𥜺𥜹並同上　𥝖扶沸切獸名亦作狒𥝖

兕部第三百七十七　凡三字

兕　徐姊切兕似牛見爾雅　𠒋　同上　兕　古文

象部第三百七十八　凡三字

象　似養切獸巾最大也象胥官名也亦與像同　𤉢　古文　豫　弋庶切悆也安也敘也佚也早也逆備也或作預又獸名象屬

能部第三百七十九　凡二字

能　奴登切多技藝也工也善也又奴臺切三足鼈也　䏾　乃何切獸似鼠食之[illegible]

熊部第三百八十　凡五字

熊　于弓切說文曰獸似豕山居冬蟄　[illegible]　古文　羆　鄙爲切似熊黃白色　[illegible]　並古文一

龍部第三百八十一　凡八字

龍　力恭切能幽明大小登天潛水也又寵也和也君也萌也　靇　力丁也龍也又作靈神也善也或作䰜　龗　同上　龕　苦含切龍皃也受也聲也盛也　䶬　古田丁篋二切龍鬐　[illegible]　同上　龖　達荅切飛龍皃　[illegible]　音龍圭爲龍文　龖　音沓龍行龖龖龍也

虍部第三百八十二　凡一十五字

虍　火乎切虎文也　虙　浮福切虎皃又虙戲太皞也　虞　牛俱切有也助也樂也望也度也專也備也誤也安也又掌山澤之官名　虔　哥連切虎行皃又殺也恵也欺也端正皃也固也𢿱也榩也強取也少也　虐　魚約切殘也

⿸虍几同上　⿱耂古古文　虡渠呂切鍾磬之柎以猛獸爲飾也亦作鐻　⿸虍共同上　⿸虍殳古文　𧆫胡甲切今作狎　虖荒烏切哮虖也又虓

名　虘昨何才都二切虎不柔也　虨補閒切或作玢　虙房七切愁皃

虎部第三百八十三凡三十字　虎呼古切惡獸也　⿰虎勿古文　虒思移切委虒虎之有角者　甝胡甘切白虎也

虪式六切黑虎也又音育　䖘亡狄切白虎也　⿰虎騰徒登切黑虎亦作䲢又音彤　⿰土虎虛暫切甝屬也又虎怒皃　虥士板昨閑二切貓也

彪悲蚪切虎文[illegible]魚廢切[illegible]虎皃　⿰虎乞牛乙切虎皃　⿰斤虎牛斤切虎聲　虓許交切虎聲　⿰虎毄公厄切虎聲　虩許隙切恐懼也

又蠅虎蟲　⿰虎兔大乎切烏⿰虎兔即虎也　⿰虎鳥音烏楚人呼虎爲烏菟俗從虎　虣步到切今作暴　⿰虎冥音覓俗䖘字　⿰虎完去[illegible]切[illegible]　虠音交蛟

虎聲　號音豪哭聲又與号同　⿰虎古古呼切虎息也　⿱殸虎所祿切虎行入林　⿰虎且昨古切生虎也　⿰阝虎音押虎也　⿰出虎[illegible]切虎行皃

⿰虎周織牛切虎習皃　⿰虎索音索虎皃

虤部第三百八十四凡三字　虤胡犬切又五閒切虎　⿱虤曰雉栗牛巾二切二虎爭聲　⿱虤貝平犬切虤貝有力見爾雅

豸部第三百八十五凡六十六字　豸直爾切無足屬又獸之長豸豸然也　豹布孝切似虎也　貙敕朱切似貍又[illegible]也　[illegible]

步戶切猛獸也[illegible]同上貚大丹切貙屬也豺仕皆切似狗也貜九縛切貑獸名⿰豸契烏黠切⿰豸契貐類貙見爾雅貐翼乳切⿰豸契貐貘

莫格切白豹也⿰豸庸與恭切猛獸或作⿰犭庸貈何各切似狐也⿰豸𦨕⿰豸虖並同上貆胡官切貈子貆見爾雅貁與呪切猨屬貍力之

切似貓也貛火丸切野豚也貒他丸切似豕而肥又他畔切貗力朱切貒子也豻午旦午諫二切胡狗也亦作犴貂丁幺切鼠如犬貉莫格

切蠻貉也亦與貊同⿰豸同他公切獸名貅況牛切猛獸⿰豸來力才切貍別名⿰豸丕倍悲切貍屬⿰豸央乙郎切爾雅注云今江東呼貉為⿰豸央⿰豸央貄

山吏切貄貄也或作⿰豸隶貓眉朝切俗作猫⿰豸夋息丸切或作狻貎五兮切狻猊或作猊⿰豸佥於華切鼠屬亦作⿰鼠佥⿰豸曼亡旦切大獸亦作獌貀

女滑切似豹無前足⿰豸内同上⿰豸立音立獸名⿰豸雍音邑似猨⿰豸渠音渠獸名⿰豸冬都宗切獸似豹有角豿音苟熊虎之子⿰豸逢步紅

切獸⿰豸丰魚容切獸似豕⿰豸隹音惟獸名⿰豸左作可切獸⿰豸芻市照切又音鄒獸名⿰豸尞張絞切夷別名與獠同又盧皓切⿰豸卒此觜切獸也

⿰豸此平表切似狐善唾⿰豸周音帚猛獸⿰豸瓜側巧切豸⿰豸嚴音嚴獸名⿰豸乍中板切豸⿰豸胃云貴切毛刺也⿰豸卓張皃切豸⿰豸隶

余至切貍子也貊盲百切蠻貊也⿰豸旱何滿切猛獸也⿰豸日音鷂獸名⿰豸禿音禿獸名⿰豸出平表切似羊善睡⿰豸肖相邀切見史記

⿰豸衆織戎切獸如豹⿰豸犮傅末切豸⿰豸畀皮寄切

玉篇卷第二十四 凡一十三部

於乎烏部三百八十六 是俞几部三百八十七 於秩乙部三百八十八 於見燕部三百八十九

丁了鳥部三百九十 之惟隹部三百九十一 先進奞部三百九十二 後官雈部三百九十三

忌俱䀠部三百九十四 市由雔部三百九十五 市于雥部三百九十六 語居魚部三百九十七

語居䲆部三百九十八

烏部第三百八十六 凡四字

烏 於乎切孝烏也又語辭 ⿰糸⿱羽十 古文 焉 於連切鳥名也安也疑也又矣連切語巳之詞也是也 舄 七雀切䧿也又思亦切今爲履舄字

几部第三百八十七 凡四字

几 是俞切鳥短羽而飛也 㐱 之忍切說文曰新生羽飛也 ⿱今彡 同上今文 鳧 父俱切鳥名

乙部第三百八十八 凡三字

乙 於秩切玄鳥也或作鳦 孔 口董切商姓又嘉也甚也竅也通也空也 乳 如庾切以養子[illegible]生也字也鳥[illegible]子曰乳

燕部第三百八十九凡二字　燕於見切乙也白脰鳥也又於先切國名　鷰於見切俗燕字

鳥部第三百九十凡四百二十字　鳥丁了切飛禽總名也說文曰長尾禽總名　鸞力丸切鳥似雉見則天下安寧　鳳浮諷切靈鳥也雄曰鳳雌曰皇有五采栖梧桐食竹實　鵬步崩切大鵬鳥　鶠於幰切鶠鳳也　鸑午角切鸑鷟鳳之屬　鷟仕角切鸑鷟

鷺來故切白鷺也頭有長毛　鸕亦音鷺　鷫思六切鷫鷞西方神鳥　鷞同上　鷞所良切鷫鷞　鵾古魂切似雞而大也　鶴何各切水鳥也　鶖七由切水鳥也　鶫同上　鴚古俄切鴈屬鴚鵝鳥也　鴚鴐並同上　鵞午何切鴚屬亦作鵝　鴈五諫切大曰鴻小曰鴈　鳫同上　鴻户公切鴻鴈也　鶩亡府切鴨屬又音目　鴨鳥甲切水鳥亦作鴨　䳂同上　鵪古文　鷖烏兮切鳧屬

鵠胡篤切黃鵠仙人所乘楚辭曰黃鵠之一舉知山川之紆曲再舉知天地之圓方　鶚五各切雕鶚也　鷣以箴切鷂也　鸇之然切鷂屬　鷏鸎二同上　鷐市真切鷐風　鸉與章切鸉鷹白鷹似鴈　鷢巨月切似鷹尾白　鶽思尹切祝鳩也急疾之鳥也或作隼

鴿古合切似鳩而大也　鳩九牛切鳥名或作勼　鶌九勿切似鵲而小黑色也　鶻乎忽切鷹屬又音骨班鳩也　鵃止遥丁交切鶻鵃也　鴶古黠切鴶鵴即布穀也　鵴居六切鴶鵴也　鵴同上　鳱苦汗苦曷二切鳱鴠似雞冬無毛晝夜常鳴名倒懸　鴠音旦鳱鴠　[illegible]莫彪

巨幽切鷚天鸙鶪公覓切伯勞鵯音匹鵯鶪亦名鵯鳥也又音卑鸒羊處切鸒斯鵯鶋也鷽猗角切山鵲也鴂古穴切寧鴂亦
名飛桑亦名巧婦鶭芳往切鶭澤虞常在澤中見人輒鳴喚不去有象主守之官見爾雅鴋同上鴩余日切鋪豉鳥鸔布族切鵅烏鸔
水鳥也鸔同上鴛於元切鴛鴦匹鳥也鴦烏郎切鴛鴦亦音央鵽知刮切鵽鳩一名冠雉、鵱力竹切鵱鷜野鵞鷜力俱切又
音婁鷿步覓切鷿鷉水鳥鷉天兮切鷿鷉鸕力乎切鸕鶿水鳥鶿才茲切鸕鶿鷀同上鷧郁秘於計二切鸕鶿鴇
布老切鴇性不止樹鳵同上鴺徒兮切鷩鴺山雞鵜徒兮切鵜鴮鸅好食魚又名陶何鳥鶘戶徒切鵜鶘鶬千唐切麋鶬今呼鶬
鴰亦作鶬鴰公活切鶬鴰鷒大丸切鸛鷒也鳶以專切鴟類也鳶同上鴡且余切王鴡亦作雎鴝具愚切鴝鵒也鸜同上
𪀁古文鵒音浴鴝鵒鸛巨員切鸛鵒亦鴝鵒也鶡何葛切鳥似雉而大青色有毛角鬬死而止鸎於耕切鸚鵡鳥鵡亡禹切禮
記曰鸚鵡能言不離飛鳥䳇同上又亡后切鷮居苗切鷮似雉也鳪音卜雉也鴳於諫切鵪鶉也鵧步丁切鳥曰鳭丁幺切又作幺切鷦
鷯剖葦似雀青班居蘆葦又竹交切鵖子席切鵖鴔戴鵀鶺同上鴒力丁切鶺鴒鷅巨於切雝鷅亦作渠鴢於鳥切魚鵁也
鸀徒角切山鳥也又音燭鸀鳿鳥鳿丁欲切鸀鳿鷏大堅切爾雅云鷏蟁母鴷音列斲木也口如錐長數寸鷔古的切鳥似烏

一名鷵屠 鸍式之式支二切鳥似鳧而小背上有文 鴸音朱鳥似雞 鸆五俱切鳥似梟人面四目有耳見則大旱 鵵徒兮切鳥如雞赤

鴖音珉鳥名 鸛同上 鴗力及切天狗也亦名水狗 鴚哥輢二音鳥名也 鷾必昆切鳥如鸛白身赤尾六足出太行山 鵚徒賴切鳥

似鳥三目有耳音如豕食之亡熱也 鷔五高切有此鳥集即大荒國亡 䴁於遥切鳥如山雞尾長赤身其鳴自呼也 鳷居是切鳥如加鳥赤

足名駅駼 鷓之夜切鷓鴣鳥其鳴自呼常南飛似雉 鴧于九切白鷢也 鵫竹教切白鷢亦名白雉 鴣古乎切鷓鴣鳥 鳛似立切鴣

鸛古亂切鸛鳥鸛屬 鷤達詣切布穀也又達兮切 鴂古惠古穴二切鷤鳺也 鶗大戾大兮二切鶗鴂應仲春化為鳩 鷉同上

鳲音尸鳲鳩也 鳺甫鳩切鳺鳩也或 鴥音域戴鵀鳥 䳌巨惟切小鳩也 鵩音浮鵩鳩也 鸁力戈切飛桑也 鸝力知切鸝

黄又楚雀也 鶖同上 鵌大吾切鳥鼠同穴又弋居切 鶤古魂切雞三尺或作鵾 鵴公六切鳥名 鷙之利切猛鳥也

鷲同上 鷲二同似又切鳥名 鶐思律切鳥名 鵲子列切小鷄也 鶔䒕栗切鳥名 鴵鳥道切鳥名 鶹力牛切鶹

鶔鳥又名鸓鷆 鷦子姚切巧婦也又鷦鷯鳥亦作鳭 䳋亡消切鷦鷯 鷯力幺切鷦鷯小鳥在葦 鶨丑弁徒頓二切俗呼凝鳥又徒困切

鴥弋拙切水鳥也 鴹地口天口二切水鳥黑色 鴲至几切鳥鷇未生毛也 鸏莫公切水鳥也亦曰鸏鳩 鵅柯額切鵙鳩也又音洛鳥鵅也

鶻古屑切鶌鳩鷞鶌鳧屬　鶪上同　鶻古鎋切鶌鶌　鷸餘律時律二切鷸鷸似燕紺色生鬱林知天將雨鳥也故知天文者冠鷸　鶐上同

丑及比涉二切鴉鵖戴鵀鳥今呼戴勝　鵖皮及切鴉鵖　鷗水鳥也　鳥侯切　鴃皮達切大鳥也　鷫羊恭切鷫似鳧一名鷫鷞　鵜五華

五田二切鳽鵁鶄似鳧腳高毛冠　鳽午的切水鳥善高飛又五兮切　鷊赤鷊　鶂上並同　鵁古爻切白鵁鳥尾如雌鷄又鵁鶄鳥尋飛　鵁

子盈切鶄　鸏似鵰　鷀止深切鷀鷲水鳥似魚虎而黑色　鷲子奚切鷀鷲鳥　鷳平間切白鷳也亦作鷴　鸛火丸切鳥鸛鷢鵜　鳥同　鵻上

鶇伐沉切鶇鶇　鷂以招切五色雉又以照切鷹鷂　鴥以出切飛疾皃　鷩於耕切鳥有文　鷩必列切鷩雉可為皃又立冬入水化

為鵔思俊切鳥狀如鴟赤足哈鳥直喙黃文見則兵旱也　鸃牛奇切鵔鸃鳳屬又鷩鳥雉也秦漢之初侍中冠之　鷊鳳屬鷫鷞鳥　鶘知革切雉　唯鳥以追切雉

鳴鵅何于何旦二切也　鶾雞肥皃今為翰　鴆除禁切毒鳥食蛇其羽畫酒飲之即死　鷇苦豆切生哺鷇鳥子須母食之　鶹力追切鷹又名飛

生又力鵴切　鸓文　鳴莫兵切聲相鳴命也嗥也　鶱許言切飛舉也　鳻扶云切鴿雀似鷂　鳹同上又鳥皃又飛皃　鶬

丑倫切鶉鶞春鳸也　鳸平古切鳸鳥名　鶚上　鳥同　鵝做居切鵝鶴也　鶢于元切鶢鶋海鳥　鶌舉魚切鶋鶌　鷐壯真壯

二切東　鳥音導又音遂　鳥亡云切　鶻古諸切　鶹丈留切　南鳥同　鳥許衣切

方雉名　鷷西方雉名　文鶉子也　鵲鶬鶓也　鶹方雉名　鷗上　鷭方雉名

䲬巨支切雉別名　鶼古兼切比翼鳥　䳁九彼切布穀也　鷩方列切鷩鵂鳥　鳺方于切鵂鷩鵂　鸓大類切如鸓赤黑色兩首

四足　鴜子次切鳥青黃色即鶺鴒也　鸇多敢切鳥青黃　鵃步千切鳥形人面名般鵃鶻首飛責代　鶜音冒般鶜鷂　鷿嗤辟

切小鳥　鵻步昆切　鶡眉解切鶡　鵴巨六切　鵖力唐切　鶇千賴切　鴯音婦

鳩也益鵖鳩鳥　鶪鵒子舊也　鶒殺鳩也　䳌鸓鳩也　鷔鳩也　鶠雀也

鷗于亮切女鷗巧婦也又名鷗雀　鷦亡結切鷦蔑雀亦巧婦　鵐亡俱切雀也　鶹力周切鶹鷂飛鶹　鵊除諷切鷂鵊　鴾

眉筆切鷂鷀羽繼鵊　鶧於京切鳥名　鶤古刀切鶤鶤鳥　鷃匹部切吾鳥名　鶘午胡切鶘　吾鼠或作鼯　鷝比吉切鷝鵊鳥

鴱五大切巧婦也　鵀女林切戴勝也又音壬　鵖方六切畐戴勝也　鴊市亦切石鵖鳥精列　鶝大侯切鵖頭鵊鵊　鷯女交切鵊

鷬黃鳥　鵋其記切　𪀦去其切鵋鵙惡鵙鶀鳥　鶀鶀亦作鷀　鴭余周切鴭鼠也　鵵大胡切鵵切　鵩扶福切鳥似鶅而大　鸗

力恭切梟也　鶆莫枯切鶆鸈也　鴄音匹鴄也　䳇丑力切溪䳇也　鶩同鶩弋灼切上鷂天鷂也　鵺音夜鳥名　鷨胡瓜切雉

別名　鵟鳥光切雉名　鵌徒忽切鵌鶟胡鳥　鸒亡本切即比翼鳥也　鸐亡姦二切　鶶徒當切鶶鷵鳥　鶋大乎切鶋鶋鶋　鵓步忽切鵓鵓

鷖鳥先瓦切　鶗莫飢切　鶇千兮切鶇鷅鳥　䳵方于切鵂鳩也　鶅東夷鳥名　䳵鳩鳩也　鷍雉容切鷍鶅鳥　鶾市羊切鶅

鳥　孛鶉鶉鶉　眉鸓鵊　鵜東夷鳥名　䳵鳩鳩也　鶅鵊鶅鳥常切鶅

鵂許牛切鵂鶹鳥鶓莫交切舊鶓鶓鸏莫項切鸏也鴟充尸切鳶鴟鵄同上鸎於耕切黃鳥也鴔

弋占切鳶離鳥自爲牝牡鵹力支切鵹鶹鴝許𨓍切鶻鴝小鳥鵍許元切鶣鵍鶊古行切鶬鶊鳥鶷胡達切鶷鶡伯

鷬下鍇切鸙鷬鵌大乎切鵌鳩也鵛古形切鵛鸄鶁鴅乎官切鳩鸛鳥喙蛇尾也鸆魚俱切鴳鸆鶌鴮於乎

切鸊鷉也鵧匹免切鷹鵧鵧二年色鵳古田切鶣鵳鷐鷹於陵切鷙鳥鶆力才切鶆鳩也鵚天谷切鵚鶩也鵃

布乎切鶝鷂鶝也鸜九縛切鸜鳥似白鷂鶽奚侯切鵂毋即鷂也郭璞云青州呼鵂毋鷄古奚切知時鳥又作雞鶵仕于切鳥

子初生能啄食鵰丁幺切鷲也鵪烏含切鵪鶉也鶕同上鶉音淳鵪也鷏匹仁切鳥或作鷏鸛乎圭切飛鸛鸛或

作鳿鳿戶工切鳥肥大也或作鴻鸐力盍切鸐鶵飛起皃鷃他臘切鳥名鳭呼幺切或作鵰鵰鸅音擇鸅鸅鸆鸆

于三切雕也鴒求炎切鳥啄人鴆乎利切鳥鴉於牙切鳥也今作鴉鷅力的切鳥似鷹而大梟古幺切之鳥也不孝鷙蔡聲

鳥也鳦於秩切燕鳦也亦作乙鯸戶鉤切鳥雕也鵲七雀切或作䧿鴊之盛之成二切鶴肩也鵑古玄切鵑鳩也又名鸝

杜鵑鵊古洽切陰陽家有鵊冶一篇鴼力灼切鳥鳷之移切鳷鳥名鵷於元切鵷鶵鳥鴤大冬切鳥名鶮烏而

切鳥鳴也鵬靡京切鳥似鳳䳒音元鳥⿱規鳥古隨切鳥⿰寓鳥語俱切似鳧鶖鳥見則兵起⿱舂鳥式容切鳥名鶲烏紅切鳥
也鷭府袁切又音煩鴅呼丸切人面鳥喙鳱古安切鳱鵲也亦作鳽鷐時眞切鷐風鳥鶇德紅切鵍名美形也⿱尚鳥
同上鶓音苗鳥名鸉與章切鳥名鵟巨王切鳥有冠鷾於記切鷾鳾玄鳥鳾汝施切鷾鳾鵮知咸口咸二切鳥啄
食⿰鳥幾居希切鳥⿰監鳥魯甘切⿰監鳥⿰繼鳥鳥今之郭公⿰繼鳥音縷⿰監鳥⿰繼鳥鳥鵨失余切鷠音臾鳥名鵐音無鵐鶩鳥⿰鳥多
弋支切⿱從鳥在容切鳥名⿰農鳥女冬切⿱枝鳥音支鳥似鳫一足也鴑音奴鳥名⿰鳥台音苔鳥名⿱然鳥音然鳥名鷒音
又音端鶞齒旬切鳥⿱戔鳥音殘鳥名⿰䙴鳥息連切鳥名⿰員鳥音員鳥名⿰酋鳥音酋⿰酋鳥鷰鳥舞則天大雨出字統⿰羊鳥[illegible]音章切[illegible]
⿰零鳥郎丁切鳥名⿰荒鳥呼光切雀⿰生鳥音生鳥也鴴戶庚戶孟二切荒鳥也⿰肖鳥音消鳥名⿰回鳥音回鳥長一尺五色文⿱胃鳥
音相鳥名⿰鳥羌去良切鳥名⿰鳥心胥林切鳥黑色⿰章鳥之羊切鳥名⿰鳥寺音詩鳥名⿰鳥非音非鳥名⿰戌鳥⿰咸鳥上音戌下音咸⿱敄鳥
音菘[illegible]屬⿰鳥戉同上鷥息夷切鷽鷥雅烏也⿰鳥馬音馬鳥名⿰巧鳥音巧鸋婦本作巧⿰寶鳥布老切鳥⿰賈鳥音賈鳥名⿰鳥齊
音鈴鳥也⿰帚鳥音婦鳥名⿰父鳥音父鴔鴔越鳥⿰夏鳥乎馬切鳥⿰票鳥匹昭切鳥[illegible]一⿰目鳥音昊鳥⿰目鳥似鳩有冠⿱鳥鳥如了切鳥名二

鳥志之餌切鳥名　鶍音巳鳥名　䳑余制切鳥名　鷏之刃之鄰二切鷺鳥　鷧音懿水鳥　鴳音晏鴳雀　鶔音桑鳥名

鷶古亘切鷶鷣鸖也　鷪郤據切鳥水　鶺思積切水鳥也　鶆音賴鶆鳥　鷌音介　鵖音沓鵖息　鶬音息　鶲許及切鳥名

鳨音力鳥似鳧而小　鳧同上鳥名　鵦盧谷切鳥名　鵩房六切　鶈音積鳥名　鶋居立切　急切鳥　鸈上音業下音僕

音業鳥名　鵲子略切與雀同　鷟側八切鳥雜毛色　鵙女軛切鳥飛皃　鵎美畢切鳥名　鳸同上鳥如鸛　鶝巨業切

鸉奴丹切說文鸉鳥也與難同　鵅音落鳥如鶥黒文赤首

隹部第三百九十一

凡七十五字

隹之惟切鳥短尾之總名　鳺鳩也又　雅午下切楚烏也一名鸒一名鵯烏又

正也儀也素也嫺雅也　雀子略切依人小鳥也又鷺黃爲楚雀即摶黍也　雉直理切野鷄也又城高一丈三尺爲雉又陳也理也　鴺古文

闍力進切含闍鳥似鸖鴿而黃　䧿古文　雊古候切雄雌鳴　雛仕于切鳥子生自食　𨾡力又切雉之晩生子爲鷚　雃尺氏之

切惡鳴之鳥亦作雖　䧳烏含切雞亦作鶴　雜市均切亦作鶉　巂胡圭切即布穀又思弭切　雗甫誰切鳥名　雅五佳切水名又鳥名

也　雈何于何旦二切白鳥也　翰雗也又云鷽也　雞結兮切司晨鳥亦作鷄　離力知切亦作鸝倉庚也又散也去也明也麗也遇也兩也判也

陳也羅也又力智切雝於容切雝渠也亦作雝䧹於陵切今作鷹雕丁幺切鷙鳥也能食草⿰垂隹示規市惴二切子雟嶲也雃

苦田苦莖二切雃渠也雂古含巨林二切傳有公子若雂又巨炎切⿱黎隹力奚切⿱黎隹黃楚雀其色黎黒而黃亦作鵹雁五諫切鳥也霍

乎郭切鳥飛急疾皃也揮霍也翟汲居切翟鶋母即離也或作鶋雇乎古切亦作鳸令以為雇僱字古護切⿰阝崔七垂切飛也

⿰支隹志移切鳥也度也武帝造⿰支隹鵲觀在雲陽⿰工隹戶工切傭也鳥肥大也⿰散隹先旦切飛散不聚也或作散又先但切⿰弋隹余力弋纖切

射飛鳥也⿱弋隹同雄有弓切鳥父也雌七移切鳥母也⿱罒隹竹教切覆鳥令不飛走也或作罩雋徂兗切肥肉也長沙

有雋縣⿱秋隹子由切雞雛隼思尹切祝鳩也⿱敄隹士付切雀子難奴丹切不易之稱也說文又作鷬鳥也𩁠難古難

並古文雎七余切王雎也又次雎行䧳也雜徂沓切糅也又同也廁也倅也最也⿰亻從才恭切雞也⿰于隹古丹切雅雗鵲也⿰告隹古篤切鳥

也⿰余隹與居切雞子名⿰重隹充葦切雀雀也⿰夂隹人中切人姓也⿰爽隹仁卷切𪂺雞鵲七略切雉雛⿰夫隹居爾切子雉子鴙鳥

子心切雛雞也瞿古迷切谷名⿰具隹古覓切或作鶪䳉千郎切䳉庚也或作鶬⿰䖵隹弋屬切或作雗雤弋去切雤斯鳥或作鸒

集秦立切合也隻之石切奇也一枚也⿰缶隹余招名切雒力各切鵋鵙鳥⿰東隹德紅切鳥名⿰氐隹昌耳切⿰咠隹徐立

切鳥⿰咢隹五各切⿰賓隹音賓小雀⿰巾隹胡廣切田器也⿰止隹似垂切又音佳

奞部第三百九十二凡三字

奞先進切鳥張羽自奮奞也奮方愠切翬也飛也動也朋也奮奞也振也

舒也奪徒活切取也不與也易也怒也諍也

雈部第三百九十三凡六字

雈後官切老兔似鵂鶹有角夜飛食雞鳴人有禍雚公換切水鳥今作鸛

舊巨又切故也又許流切舊鶹今作鵂⿱大雈呼丸切化也蒦紆縛於白居莫二切高視也蒦視皃也度也彠上同

瞿部第三百九十四凡二字

瞿忌俱居遇二切鷹隼之視也一瞿僉鷩懼之皃也矍九縛切矍矍視而無所依

之也鷹隼得逸志也遽視也

雔部第三百九十五凡三字

雔市由切雙鳥也又除尤切靃呼郭切飛聲也又綏彼切靃靡草隨風皃

亦作霏雙所江切兩也偶也又飛鳥二枚也

雥部第三百九十六凡三字

雥才币切羣鳥也又走合切⿱雥鳥於緘切羣鳥雧秦立切聚也今作集

魚部第三百九十七　凡三百二十一字

魚語居切水中蟲　鰖大果弋朮二切魚子已生　⿸阝⿱左魚籒文　鮞人之切魚子也　魼丘於切魚也亦作鰈又他臘切　鰈他臘切比目魚　鮶同上　⿰魚納奴荅切魚似鼈無甲　魶奴臘切鯨也　鱒慈損切赤目魚　鱗力因切魚名　鰫弋恭切魚名　⿰魚胥思於切魚名　鮪爲鬼切鮥魚名　⿰魚亘公登公贈二切⿰魚亘鱛鮪也　鱛武登武亘二切⿰魚亘鱛　⿰魚衣說文鱛　鰥古頑切魚名又老而無妻曰鰥　鯀古本切大魚也　鯉力耳切今赤鯶　鱣知連切鯉也大魚也領下無鱗　⿰魚廛同上　⿰魚亶籒文　鱄市壽切魚名　鮦直壟切鱧魚也又直久切　鱶力啓切鮦也　鱧同上　⿰魚婁力侯切大青魚　鱺力兮切魚似蛇無鱗甲其氣辟蠹蟲也　鰜公嫌胡兼二切⿰魚婁也　䱏他口切魚名　鯈徒堯切白鰷魚也似雞赤尾六足四目又直流切　鯾卑連切魴魚也　鯿同上　魴扶方切赤尾魚　鰟籒文　鱮似呂切魚名　⿰魚予同上　鰱黑然切魚名　鮍匹皮切⿰魚咼魚也　⿰魚幼於堯切鱮魚也　鮒扶句切鰿魚　⿰魚巠巨成切魚名　鱏徐林弋林二切鮪也　鱨市羊切黃鱨魚　鯢五兮切大魚似鮎四足聲如人　鰼似立切泥鰌也　鰌七由切狀如鱧而小　鯇戶本切魚似鱒而大　魠他各切魚名黃頰　鮆前啓切刀魚也　短也　鮎乃兼切鰋也　鰋於幰切魚名　⿰魚晏同上　⿰魚臽公念切魚也又音陷見山海經　鮷大兮切大鮎也　鯷大計切鮎也

鯻力大切又他達切魚名　鰭子林切魚名　鱖居月切魚大口細鱗班彩　鰷徐垢切白魚也　鱣市演切魚似蛇　鱓
同上　鮸眉辯切魚名　魵逢粉切魚名　鱸力古切魚名　鰸於于切魚名　鯜七接切魚名　鯑布賴切魚名　魦
所加切鮫魚　鮮思連切生也善也好也又思淺切少也　鱻思連切鳥獸新殺曰鱻亦作鮮　鮈居六切魚也　䱡同上　鱳
力各切魚也　鰅嫚容切魚名　鰂疾得切鰞鰂也　鱡同上　鰞音烏鰞鱡魚本作烏　鱅與恭市恭二切魚似鰱　鮊手亞
切海魚也　鮐[illegible]切魚也　鰒步角切海魚也又音伏　鮫古爻切鯌屬皮有文　鯨巨京切魚之王　鱷同上　鯁古杏切魚骨也
鱗力因切魚龍之鱗也　鮏先丁切魚臭也　鯹同上　鱢先刀切鮏鱢也　鮨巨梨切魚名又鮓屬　鰭同上　鮓古文　鮺
仄下切藏魚也　鮓同上　鱋籀文　鯵才枕才箴二切大魚為鮓小魚為鯵　鯵同上　鮑步巧切漬魚也今謂裛魚　魿力中力丁
二切魚連行也　鰕何加切魵也長須蟲也　鰝乎老切大鰕也　鮥更白切海魚也　魧乎郎切魚名又音剛　鮩步梗切蚌也　鮚
巨栗切魚也　鰻莫安切魚也　鰿子亦切鮒也　鰿鯽並同上　鱯乎花切似鮎而大　魾步悲切大鱯也又敷悲切　鯉
乎瓦切鱧也　鰃于貴切魚似蛇四足　鱬而朱切鳥似魚　鰩與照切魚身鳥翼常從西海飛夾東海　鰠先刀切魚似鱣　魮頻奏切魚

也音如鱳祖道切魚名鮯公币切鰈澤有魚狀如鯉六足鳥尾鮡治矯切大鱯也鱵之深切魚名鰔公禫切[illegible]魚也

[illegible]括切小鮦也鮂似由切魚也或作鰌䱻胡八切魚如鳥鰦子夷切鯉鰦也鯩力均切魚也鰧大曾切魚似鱖蒼文赤尾

[illegible]之利切魚名鮤力結切鮆魚也鮉丁高切鱴鮉魚也鱦弋證切小魚也[illegible]同上鱀巨既切魚名似鱏也鱁雉六切鮧

鱁也鮧音夷鱁鮧又魚名鯤古門切大魚又魚子鮇方娛切鮇鯕魚也鯕巨基切鮇鯕鱊古八切爾雅曰鱊鮬鱖鯞小魚

也似鮒子而黑鮬蒲故切鱖鯞也鯞之酉切鱖鯞也[illegible]於八切魚名鯙達丁切魚也[illegible]所巾切魚尾長魟呼工切魚

名[illegible]壯耕切魚名鱍市活普活二切尾長皃鯆夫禹切大魚也魺戶多切魚名鯪力承切鯪鯉魚也有四足鯼子公

切石首魚鯳尺尸切鯒鯳也[illegible]口六切鯒也[illegible]記冢切魚也[illegible]口換切[illegible]鮩步杏切白魚也又音並鱐息六切鮐

毋也魢居乞切斷魚也[illegible]子律切鯈也[illegible]步佳切黑鯉也鮋直留市由二切魚名[illegible]方韋切魚似鮒鰑與章切赤鱺也

[illegible]扶各切魚似鯉䱌普乎切䱌[illegible]魚一名江豚欲風則踊[illegible]覆浮切䱌[illegible]也鱲力涉切魚名[illegible]與專切魚名鯧齒揚

切魚名鰲午刀切魚名[illegible]力當切[illegible][illegible]胡哀切[illegible]鱎奇兆切白魚也鰹古田切大鮦也鯸胡溝切鯸

鮧鮐也食其肝殺人鮧亦之切鯸鮧鰲於報切小鰌也𩽐力戈切魚有翼見則大水鯔壯其切魚名鰪於臘切鰪

鱂魚鱂子羊切鱃鱂鯅式延切魚醬鰬巨連切魚也鮇莫括莫結二切海中魚似鮑也鱴同上鱱力的切魚名

䱘同上鮈記于切鯃鮈魚名鯃乎胡切魚名鰞火嬀切大魚也又音爲鮹思幺切魚名鯛丁幺切魚名鱟

胡講切山海經云形如車文青黑色十二足長五六尺似蟹雌常負雄漁者取之必得其雙子如麻子南人爲醬鮠午戈午回二切魚名鮿

竹涉切膊魚也鹽漬魚也魽呼甘切似蛤有文如瓦屋鮭古迷切魚名䲥大當切魚名䲡人用切鮎魚魳徒合切又所其

切魚也𩹓胡買切鮦也𩸷魚檢切𩸷鰅魚也鰅魚容切𩸷鰅鯘奴罪切魚敗也魡丁叫切亦作鈎餌取魚魪

假邁切兩魪即比目魚也鱷午各切魚名鰐同上鰶子裔切魚名鯑大兮切魚四足音如嬰兒食之無疾𩻮語居切捕

魚也魰漁並同上又作瀲魚名鱸洛乎切魚名鰊洛見切魚名鯬音犂魚名鮀大何切魚名䰳同上俗

魤五回切鮃音平魚名鰍七由切與鰌同鰷音條魚名𩻛無非切魚名鰔戶巖切魚𩹹烏紅切魚𩶘

莫侯切魚䲥音求魚名𩸁音葵魚名鰤音師魚名鰓相來切魚頰也鱕甫煩切又音煩魚名𩿍音讎魚名鱑

戸光切魚名鯖倉經切魚名又音征鰡音流魚名⿰魚耶音耶魚似蛇長一丈鮏于巨切魚⿰魚當都郎切又都浪切鰓
於鬼切魚⿰魚牛上同又音牛鯄音求魚名魨音豚魚名⿰魚㑴七尋切魚名⿰魚著音著魚名⿰魚乎音呼魚⿰魚無音呼又音
無鮶音君蟲似魚也⿰魚斿以周切魚名鰄於非切魚⿰魚義義奇切魜而真切魚鮢諸儒切魚⿰魚余與魚切魚鱙
仕咸切又音陷⿰魚舟音舟魚名⿰魚虫肝鬼切魚魮父脂切魮魚狀如覆銚鳥首魚尾音如磬石出山海經魶莫六切魚名⿰魚蹇居偃
切魚鰢莫下切魚名鱌音象魚名⿰魚遺以水切又音唯⿰魚巴疾里切魚也⿰魚巽音巽魚名⿰魚小音小魚名⿰魚宁音宁魚名鯖
音妥魚名⿰魚遺音唯鱭音薺鱝防吻切盤尾毒魚也口在腹下⿱敷魚音敷魚名鮌音縣魚名魬音飯魚名⿰魚先先顯切魚
鯶乎衮切魚鰾毗耿切魚鰾可爲膠⿰魚忿府吻切⿰魚志之利切魚名⿰魚重直勇切魚⿰魚券時正切魚⿰魚互音互魚名⿰魚列力際切
⿰魚朋匹亘切魤音化魚也⿰魚斬初陷切魚鮄音佛海魚⿱尉魚音尉魚名鯡音沸魚子也⿰𠦝魚胡幹切魚⿸嚴魚音嚴魚名
⿰魚音於陷切⿰魚柰音柰魚名⿰魚步音步魚名⿰魚局居六切魚⿰魚畢布蜜切魚鮥音洛大魚鯥力竹切魚狀如牛陵居蛇尾有翼
出山海經⿲彳魚攵火韋切徽魚絕有力鯠洛該切魚鮜胡鬬切魚⿰魚桼親悉切魚⿰魚彔力玉切魚⿱⿰魚魚魚音業魚盛⿰魚業魚怯切與

西魚同呼鮅卑吉切魚魥營隻切鮇音未魚名鯌倉合切又音錯鮛直律切魚鰏彼力切魚名鰈音[illegible]又畫

頭魚鱉并滅切俗鼈字鰵莫浮切魚鮡先了切魚䲟一刃切魚如印𩸾於業切鹽漬魚也鰊德紅切魚名似鱧鯣呼蓋切魚名

𩺰部第三百九十八凡二字𩺰語居切說文云二魚也𤄧言居切捕魚也與漁𢿘同

玉篇卷第二十五 凡十部

式與鼠部三百九十九 余赤易部四百 盱鬼虫部四百一 古魂䖵部四百二

除中蟲部四百三 託何它部四百四 居逵龜部四百五 眉耿黽部四百六

力管卵部四百七 布外貝部四百八

鼠部第三百九十九凡五十八字

鼠式與切穴蟲之總名𪕹父元切白鼠也一名鴍底蟲𪕰胡各切鼠

出胡地皮可爲裘也鼢扶粉切地中行者一曰鼴鼠也鼮步丁切鼮䶅鼠鼶思移切鼠名𪕒力久切似鼠而大𪕊如勇切鼲

鼠也鼸胡簟切鼣田鼠也鼫市亦切形大如鼠頭似兔尾有毛青黃色見爾雅鼨之弓切豹文鼠鼤籀文䶐[illegible]鼠名

⿰鼠亘巨干切小鼱鼩鼠也⿰鼠瞿同上鼱子盈切鼱鼩⿰鼠金胡貪切又公含切蜥蜴也⿰鼠含同上鼷下雞切小鼠也螫毒食人及鳥獸皆不痛今之甘口鼠也鼬弋救切鼠名郭璞云今鼬似鼦赤黄色大尾啖鼠江東呼為鼪⿰鼠勺之若切鼠屬鼲胡昆古本二切鼠名可以為裘也⿰鼠胡戶吾切⿰鼠戠⿰鼠胡鼠也黑身白脣⿰鼠戠任緘切⿰鼠戠⿰鼠胡鼣扶廢切郭璞曰山海經說獸云狀如鼣鼠然形則未詳

⿰鼠發同上⿰鼠亘人市切鼠名鼯午胡切鼯鼠飛生或為⿰鼠巨鼳吉役切鼠身長須秦人呼為小驢也⿰鼠頁胡的胡姪二切似鼠而白鼵徒忽切鳥鼠同穴也鼮徒廳切鼠名漢武帝時有此鼠文如豹終軍識之賜絹百疋鼤亡云亡運二切班尾鼠⿰鼠圭視之切鼠名⿰鼠隹之惟切南陽呼鼠為⿰鼠隹鼪所敬切鼠名⿰鼠殸公祿切鼬鼠也⿰鼠業補木切鼠名⿰鼠唐徒當切⿰鼠唐鼠名⿰鼠𡕒布各切鼠也鼧大何切鼠鼠也⿰鼠回公熒切班鼠也⿰鼠令力丁切⿰鼠回鼠屬⿰鼠彖于衛切⿰鼠厄鼠也⿰鼠此子移切似雞而鼠毛見即大旱⿰鼠畐於蓋切⿰鼠畐⿰鼠畐小鼠相銜而行⿰鼠离力知切小鼠也鼴於巘切大鼠也鼦丁幺切古文貂字鼠也毛可為裘⿰鼠見音見鼠鼠也⿰鼠並步靈切鼠也⿰鼠從即容切鼠⿰鼠宂以救切似鼠亦作鼬⿰鼠冑除又切⿰鼠攴普木切鼠⿰鼠易音惕鼠鼠也⿰鼠雀音雀鼠鼠也⿰鼠刃音刃

易部第四百 凡二字

易余赤切象也異也轉也變也又以豉切不難也⿰易益於革切鼠屬或作⿰易益又作⿰鼠益

虫部第四百一　五百二十五字

虫 吁鬼切一名蝮博三寸首大如擘象其臥形也物之微細或飛行或毛甲皆以象之此古
文虺字 蝮 孚六切毒蛇也蝮螫手則斷 螣 徒登直錦二切神蛇也 蚺 如鹽切大蛇也肉可以食 螼 丘忍切螼螾仄行即寒蚓
也 螾 弋忍切螼螾也 蚯 音丘蚯蚓 螉 於公切小蜂也又螉蜙牛馬皮中蟲也 蜙 子公切螉蜙也 蠽 子外所芮二切蟲也
蠁 許兩切禹蟲也說文云知聲蟲也 蚼 同上 蛁 丁幺切蟪蛄也即蛁蟧蟲也 虭 同上 螝 胡對切蠶蛹也 蛕 胡恢切人
腹中長蟲也 蚘 蛔 並同上 蛹 與種切老蠶也 蛹 同上俗 蟯 如消去消二切腹中蟲也 蜼 息葵切似蜥蜴又詞兩設也又
推也 虺 呼鬼切戶虺令以注鳴者亦爲蝮蟲也 蜴 先的切蜥蜴蠑螈也 蜥 羊益切蜥蜴 蠑 永兵切蠑螈 蚖 魚袁切蠑
螈 螈 同上 蝘 於甗切蝘蜓在壁曰蝘蜓在草曰蜥蜴 蜓 大典切蝘蜓又音廷蟪蛄別名也 蠸 巨袁切食瓜蟲 螟 亡丁切食
苗心蟲也 蟘 徒得切食苗葉蟲也 蟘 並同上 蛖 莫江切蛖螻蛄類 蝚 如由切蛖螻也 蛣 去吉切爾雅曰蝎蛣蟩木中蠹
蟲 蟩 丘勿切蛣蟩 蠇 力制切蚌屬也 蟫 大含弋針二切白魚蟲也 蛵 呼丁切負蟧又蜻蛉 蜭 胡感切毛蠹蟲也 蛅 如占切爾
雅曰蟔蛅蟴蛓屬也 蟴 息移切蛅蟴 蟖 同上 蛓 七吏切毛蟲也 螆 螄 螅 蚝 並同上 䖯 口圭反蠆也 蚔 巨支切土

蝱也亦作蝱蠆丑介切螫蟲或作蠆蝎胡葛切桑中蠹蟲也蝤疾尤切蝤蠐蝎木中蟲也蠐才兮在梨二切蠐螬蟲亦作蠐
螬徂刀切蠐螬蟦扶非切蠐螬也蠀在資切蠀螬也強巨羊切米中蠹小蟲蚚巨衣切強蚚蟲蠋市燭切桑蟲也亦作
蠋蠲古玄古迷二切蟲也明也除也又疾也蜉呂說切蟲名蟣居豈切蝨蟣也蜫補兮切牛蝨也蠖於縛切屈伸蟲蝝
惟船切蝝也亦蝗子蜪他刀切爾雅曰蝝蜪蝗子未有翅者又音陶螻力侯切螻蛄也蛄古胡切亦螻蛄也虰丑經切蠪虰也蟶
同上蠪力公切蠪虰蟲亦獸名蠜父袁切阜螽也即蚣蝑又負蠜蜚也蛾五何切蠶蛾也蚳丈飢切蟻卵也螘宜倚切蚍蜉也
蟻同上⿸广⿱坙土⿸广⿱坙土並同上⿱卂虫所蜜切蟋⿱卂虫蟲蟀同上蟋思栗切蟋蟀⿰虫瑟同上蛬古勇切蟋蟀也亦名蜻蛚又[illegible]邛
蛩同上蝒爾緣切爾雅曰蝒馬蜩蜩中最大者⿰虫丏同上蟷多郎切蟷蠰蟷蜋之別名⿱黨虫同上蠰乃郎思亮詩尚三切齧桑蟲
蝸古臥古禾二切蟷蠰也螳徒郎切螳蜋有斧蟲一名石蜋蜋力當切螳蜋又音良螵毗支切螵蛸螳蜋子也又撫昭切蜱同上
蛸思幺切蜱蛸也蜣丘良切蜣蜋啖糞蟲也⿰虫卻同上又其虐切蛢步丁切甲蟲也蟥胡光切蟥蛢也⿰虫矞市律切⿰虫矞蟥也蟹
移式豉二切中黑甲蟲蜆戶千戶典二切蜆縊女小黑蟲蜰父非切蠦蜰即負⿱般虫臭蟲蠦力胡切蠦蜰也蠕魚晉丁切螴蠕桑蟲也

蝑古火切蝑蠃細胥蜂即蝑蝓也蜾同上蠃力果切蜾蠃也又力戈切蜂屬蜨山頰切蜨蛺也蛺古協切蛺蝶也蚩尺之
切蟲也又癡也笑也亂也蟠扶元切鼠婦蟲又步安切大也紆迴而轉曲也螌布薠切螌蝥毒蟲也蝥莫交切螌蝥也又莫侯切食木
根蟲又蚰蛛也蛑說文云古文蝥又音牟蝤蝥也蟅之夜切鼠婦負蠜也䗪同上蛜音伊蛜蝛委黍也蚜同上蝛於歸
切蛜蝛也蜙先恭切蜙蝑斯螽蚣同上又古紅切蜈蚣也蝑思閭思呂二切蜙蝑蝗胡光切禮記蟲蝗為灾蛚力結切蜻蛚蟋
蟀蜆牛結五兮二切寒蟬蟬市然切蜩也以旁鳴者蟬連系續之言也蜩大幺切蟬也蚒同上蜻疾性切蝨也蟬也又子盈
切又蜻蛉六足四翼蛉力丁切蜻蛉螇胡雞切螇螰即蟪蛄一名蛁蟧亦蜓蚞也螰力木切螇螰蛈胡決古穴二切蜂蛈亦蟪蛄也
蛥上列切蛥蚗蠓亡孔切小飛蟲蠛亡結切蠛蠓也蟟力約切蜉蝣渠蟟朝生夕死也蜹汝銳切含毒蛇又蚊蚋又音蓺蝡
如兖切動也蠕同上蠨先幺切蠨蛸喜子蛸所交切蠨蛸蛶力輟切螪何也蛆子魚切蝍蛆也又且絮且余二切蠅蛆也
亦作胆蚑去豉切蚑行喙息鹿之類行也又音岐蛂步結切蟥蛢也蛵呼鈴切乘飛皃蝙尸戰切蠅醜蝙蚩丑善切蟲伸行
螸弋朱切蠭醜螸蛻尸銳始悅二切蛇皮也蠚丑略切又呼各切螫也痛也亦作蠚螫式亦切蟲行毒螫同上蝁於各切蝮

蠆也　蛘弋掌切蛘搔也又音羊　蠊胡緘切小蛘可食　蝕時力切日月蝕也　蠗丈卓切小蜃或擢字　蛟古爻切蛟龍也　虯
奇樛切無角龍　螭丑支切無角如龍而黃　蜧力計切神蛇也　蜦同上　蜄市忍切大蛤也亦作蜃又市刃切　蜌步禮切蚌長者　蛤
古合切雀入水爲蛤亦作⿱亼虫　螔弋支切蝸螺螔蝓也　蝓餘珠切螔蝓也　蠯扶幸步支二切蛤也　蝸古華切蝸牛即螔蝓　蛭之吉
丁結二切水蛭　蚌步項切蜃也　蜎於犬於沿二切蜀皃　蟺市衍切蜆蚯蚓也　⿰虫幽於虯切蚴蟉龍皃又於糾切　蚴同上　蟉力幽
巨糾二切蚴蟉　蚨父俱切青蚨水蟲也　蟄直立切藏也秋集也又蟄蟄多也又亦粒切　⿰虫匊巨六切蟾蠩也　蝦下加切蝦蟇　蟇莫加
切蝦蟇亦作蟆　蟼居丙切蝦蟇也　蠵弋規切觜蠵似蝳蝐而薄有文　蝮同上　螹才廉切螹⿰虫離也　蛫九毀切獸似龜白身赤首說文
云蟹也　蟹諧買切螯八足　蜮胡國切似鼈含沙射人爲害如狐也　蟈古麥切螻蟈蝦蟇又音國　蝁五各切似蜥蜴　蝄武兩切木
石之精如小兒赤目美髮或作魍　蜽力掌切蝄蜽或作魎　蝯于元切蝯猴或作猨　蚼呼口巨俱二切蚍蜉　蜼余季余救二切似猴而鼻
仰尾長五尺雨則自懸於樹以尾塞鼻　蛩巨恭切巨虛也又蟬蛻也　蟨居月切比肩獸　蝙布田切蝙蝠亦名蟙蠌又名仙鼠又名服翼　蝠
蝙蝠　螮丁計切螮蝀虹也　蝃　蚚並同上　蝀丁孔切螮蝀　虹胡公切螮蝀也又音絳縣名　⿰虫申籀文　蠻馬蝥

切南方也蟲也慢也傷也閩冒貧切東南越蠥宜列切歌謠云草木之怪謂之妖獸禽蟲蝗之怪謂之蠥或作孽蜉扶牛切蜉蝣也
螗大當切蜩螗也⿰虫焉猗然切蟲名蜚扶貴切獸如牛白首一目蛇尾見山海經又蜚蠜也又音飛螜平木切爾雅曰螜天螻螻蛄也
夏小正曰螜則鳴蜟余六切蝮蜟蟬皮蜏思又弋久二切朝生暮死蟲也生水上狀如蠶蛾一名孳母蚅於革切螐蠋也螐
於胡切螐蠋也蠋之欲切螐蠋又音蜀蠾同上⿱龹虫居袁切⿱龹虫蠨蛸蟰蚆普加布加二切貝也爾雅曰蚆博而頯蜬古含乎甘
二切小蠃見水穴蜠巨隕去筠二切貝也爾雅曰蜠大而險蟾之廉切蟾蠩也蛈他結他計二切螲蟷也亦蛈蝪蝪恥郎切蛈
蝪蟒莫黨切大蛇也又莫更切蟅蟒也⿰虫奇巨綺切蟬也蜿於阮於元二切蜿蜒龍皃又蜿螾又於九切⿱夗虫同上蛒
古額切蠐螬也蟜居兆切毒蟲也蟙之力切北燕呼蝙蝠爲蟙䘃⿰虫式同上䘃亡北切蟙䘃蝭丁兮大兮二切蝭蟧蟬也蟧
力幺切蝭蟧蟟同上蛓仕板切馬蛓也蚹父句切蚹蠃也螖胡八切似蟹而小蠌大各切螖蠌蟲螲知栗切螻蛄也
⿰虫麗所奇切螺也又力支切蚰蜒也⿰虫丑女六切⿰虫丑蚭班蝥蚭女尼切蚭⿰虫丑⿰虫長雉良切蚰蜒也蠟力闔切蜜滓蟪胡桂切蟪
蛄螏才一切螏蟍蝍蛆能食蛇亦名蜈蚣蟍力支切螏蟍虴竹百切虴蛨蟅蟒蟲也蛨亡百切蛨虴蝍子力切蝍蛆螃

北[illegible]方並二切似蝦蟇而居陸 蠂步木切蠂⿰虫速蟲 ⿰虫速音速蠂⿰虫速 ⿰虫尃布莫切⿰虫尃蟭蜱蛸也 蟭子饒切⿰虫尃蟭蟲 蝹於筠於云二切

蝹蜿龍皃 ⿰虫應於凝切寒蜩也似蟬而小 蝜扶缶切蝜⿰虫布蟲大如蜆有毒 ⿰虫布補故切蝜⿰虫布 蟦子亦切貝狹小 蚵胡多切蚵蠪蜥

蜴 ⿰虫少亡消切蠶初生 ⿰虫區香句切⿰虫區子幺蠶 ⿰虫霆大丁切蠶蟲二眠 蚡扶粉切亦作鼢伯勞所作 螪户楊切螪蚵也 蛙胡媧切蝦蟇也

又烏瓜切 ⿰虫便婢沿切⿰虫便蠻沙蝨 ⿰亻⿱更虫同上 蜒似緣切⿰虫便蜒 蜒同上 蜸口殄切蜸蚕也 蚕天殄切蜸蚕蛩蟺也 ⿰虫盍公盍切廣

雅云羊⿰虫盍⿰虫沓 ⿰虫沓徒合切⿰虫盍⿰虫沓 ⿰虫束先狄切蝜蛩也 ⿰虫衆之戎切蝗也亦作螽 蜘竹奇切蜘蛛亦作鼅 蛛竹于切亦作鼄 ⿹戊虫

七狄切蟾蠩 蚤子老切齧人跳蟲也又作⿱叉䖵 蠙步田切珠名 蟡於爲切形似蛇又音詭 蝂百限切⿰虫尃蝜也 蟞俾滅切亦

作鼈 蝐亡代切蝳蝐亦作蝳蝐又莫沃切 虷於于切蚨虷蚰蜓也 蚞莫卜切螇螰子 螔思移切螔⿰虫侯似蜥蜴 ⿰虫侯音侯螔⿰虫侯 ⿰虫逐

直六切馬蛭也 蚰與周切蚰蜒又曰入耳也 蝣同上 蜒以然切蚰蜒也 ⿰虫阜扶久切螽也 蚚蚩亦力的二切螇蚚也 蟿口悌切蟿

螽螇蚚似蚣蜙 螓疾鄰切螓蜻蜻 蜈五呼切蜈蚣也 蟓似兩式亮二切桑蠶也 ⿰虫㐬力由切蜉⿰虫㐬也似蛣蟯又弋留切 蝽式容切蝽黍蜙

蝑 蝳徒篤切蝳蜍肥大蛪蚕又徒耐切 蜍與諸切蝳蜍 ⿰虫疌子栗切蜻⿰虫疌也 蚱莊額切蚱蟬七月生 ⿰虫笄古奚切又甘田切馬

筭螢火也蛾也　蝖許元切蝖螬也　蟚步庚切似蟹而小　蟛同上　蜝巨宜切蟚蜝也　蛝平間切馬蠲也　蚊亡云切齧人飛

蟲亦作蟁蚉　蛷巨由切蛷螋亦作蛷　蚢胡唐切蠶類食蒿葉　蛔古迥切蛔蝻似蛙而小觸之腹脹一名胮肛　蝻乃泠切蛔蝻

蟯於昭切毒蛇名　螑古姪切蠸螑　蟌千公切蜻蛉也　蚿胡田切馬蚿也　蜢莫梗切蟲名　蚥方父切蟾蠩　蝰口圭切蝰

螝也　蠍許謁切螫人蟲　蝩丈恭切蠶晚生者　蟺直連切蠦蟺守宮也　蝶徒頰切胡蝶也　蜅方武切蜅蝑蟹　蚟禹方切蜻

蛚也　蜲於詭切蜲蝚也　蝚式與切蜲蝚　蜫古魂切蟲衆名也或作䖵　螒胡旦切天雞也一名莎雞　蠊力占切飛蠊也　螿

子羊切寒蟬屬　蠭音范蜂也　蛙力竹切䖥蛙也　蝟于貴切蟲也亦作彙　蚍音毗蚍蜉大蟻　蛪古頡切蛪蛁似蟬而小　螢

公戾切蠮螉　蛞胡括切蛞蠹　蝘於結切蝘蜓　蠮同上　䖪徂移子䶅二切蟲也蹈也　毒徒酷切古文毒字害也惡也毒

也　蜳他敦切蜳蠋蟲似蠶而長味辛美可食又名青蚨　蝺牛俱切蜳蝺　蚲皮兵切蚲蠵也　蠵以季切蛘也蚲也　儵大幺

切狀如黃蛇魚翼見則大旱出山海經　蜜彌畢切蜂所作　蚻側轄切蜻蜻也　蝵七由切蝵蠀蝥蚕　蜷奇貟切蜷局也連蜷形

螯五刀切蟹螯或作蟞　蹴子六切蝍蝛尺蠖也步屈也　蟂古幺切水蟲　蟦余雖切肥蟦蛇名一首兩身六足四翼見則天下大旱陽

時見陽䖳除嫁切形如蠶並從常浮隨水亦作膾蝜扶九切鼠蝜也螢乎駉切夜飛腹下有光腐草所化蠑同上
蜂房中切蟲窟也蜈午乎切似鼠亦作鼯蜮息弓切蟲名赩羽弓切赤蟲名蠻力員切蟲名蚷強魚切蟲蜊音梨
蛤蜊蠼音瞿蠼螋螋所由切亦作蝬蛦以脂切蟧蛦蟲名又蟻嶬山雞也蚉音甫蟲名蠉戶絹切蟲名蝝音泉貝也蟹
乃多奴來二切俗能字蠪屬螣徒登切蟲食禾葉蟮是演切曲蟮也衍以淺切蟺衍蜒同上繭古典切蠶繭也蠒同上
俗蝑音詡蟲蠋丑主切蟲名蚥方禹切蟲名䗯色江切蟲名䠶以謝切蟲名蚄戶決切蟲名螬音造
蟲名蟦音賁蟲名蝥音務蟊蟲名又音牟蝥同上螠音縊蟲名蝞眉祕切蝞似蝦蟦丘貴切蟲名蛓且利
切似蜘蛛蟃無敗切螟蛉蟲蟁彌民切蟲名蟔音異又音弋蟲𧊸音麗蠎力刃切螢火也螱於胃切蟲螱同上
𧏿音瀉又音寫蟲蟨居月切井中蟲蜡子亦切蟲名又與䄍同祭名也䗖大西切蟲名蟆莫格切小蚊蟲蚖五忽切似蟹
蜜毗必切黑蜂蝃知劣切又音拙蝃蝥也蠽子結切又音截似蟬也蜇陟列切蟲螫也又作蛆蚇音尺蠖蟲蜠竹蛤
切斑身小蟲䘌女力切蟲食也蟙於力切小蜂也蜐音劫石蜐似龜腳蠈音賊食禾根蟲覓音覓蟲名蚼九劬切又

音的鼠也⿰虫嗇音色蟲名⿰虫殳營隻切⿰虫殳⿰虫殳蟲⿰虫日音日蟲名蠘同上螰音禄蟲似蜥蜴蛐音曲蛐蟢蜶素殳切螝

食遮切毒蟲亦作蛇螺音騾蜯類蠆大西切蟲名蝌苦禾切蝌蚪蝦蟇子也蚪當口切蝌蚪⿱加虫古牙切米中蟲蛄

火甘切蜂屬蠺自含切俗蠶字⿰虫畺記良切⿰虫畺蠶⿰虫匡去王切大蟲也螂魯當切⿰虫康音康蜻蛉也蝱陌庚切蟲名

⿰虫咸火咸切似蛤⿰虫不普流切似蟹二足蝚音柔蟲名⿰虫空苦紅切蟬脫⿰虫空皮也蠝音雷蟲名⿰虫聚音叢蟲名⿰虫熏許云

切蟲蜡而容切蟲蛬音支蟲名蝔古諧切蟲名蟗胡求切蜘蛛也⿰虫難音難蟲⿰虫脩音肅又音脩蟲名⿰虫刑音刑

⿰虫夸音袴蟲名⿰虫琶步加切蟲⿰虫留音流蟲名⿰虫畝⿰虫某二同音舞⿰虫朋步登切蟲⿰虫彎音彎蟲名蠽昨仙切方言云鳴蟬也

⿰虫臾以朱切蟲⿰虫旬詳遵切蟲⿰虫民音文蟲名虮居脂切⿰虫畏音逶水⿰虫畏也⿱如虫仁余切蟲名蝬音㚇蛤名蚜火牙切蟲

⿰虫張音張蟲名⿰虫哥音哥蟲名⿰虫亥音該蟲名蛵薄碑切蟲名⿰虫弇烏合切蟲名⿰虫里力之切蟲蚾薄碑切蟲蠘子廉

切蟲名⿰虫鮮息淺切蛇也⿰虫允音尹蟲名⿰虫官音官又音綰⿰虫典他典切蟲⿰虫㬎呼典切⿰虫取側尤切蟲名蛃兵永切

⿰虫旨職以切蟲⿰虫更古杏切蟲名虸即李切蟲名蚷音巨又音渠⿰虫虎呼古切蟲⿰虫養音養蟲名蟢許紀切蟢子螯音贅

蟲名　蟜居表切又音告　螞莫下切蟲　蜯步項切蚌蛤也　蚌上同　蟚音野蟲也　螦先各切蟲　蝮芳伏切蟲名　[illegible]

音略蟲名　⿰虫華胡瓜切大蛇　蛆奴葛切痛也蠆也　蝪戶尚切俗蠰字　⿰虫憲許偃切寒蠵即蚯蚓　⿰虫晉即刃切海蟲也　⿰虫進同上　⿰虫同

音同蟲也　⿰虫達音達蟲名

○蚰部第四百二　凡四十二字

蚰古寬切蟲之總名亦作蜫　蠶在含切吐絲者　⿱我䖵五何切蠶蛾也亦作蛾　⿱叉䖵

子老切⿱叉䖵蟲也亦作蚤　螽之戎切蜙蝑屬也　⿱衆䖵古文　⿱展䖵知蹇切蟲名　蝨所乙切淮南子曰大廈既成鷰雀相賀湯沐既具蟣蝨相

弔　蠽手列切蜩似蟬而小俗請茅蠽　蟊亡侯切蠿蟊也螣也燕曰⿰虫壽蜍齊曰松公也或作蚉　蠿之悅切蠿蟊　⿱寍䖵乃丁切寍蟲也　⿱曹䖵

在刀切蠐⿱曹䖵今作螬　⿱害䖵戶瞎切螻蛄也　⿱卑䖵部移切⿱卑䖵蛸亦作蜱　蠭孚容切螫人飛蟲也亦作蜂　⿱夆䖵古文　⿱巨䖵巨於切⿱巨䖵蟝也　蠠

亡吉切勉也又⿱宓䖵甘飴也今作蜜　[illegible]同上　蟁亡云切齧人飛蟲也今作蚊　⿱昏䖵同上　蝱莫庚切蟁蝱也俗作虻　蠹丁護

切木中蟲也又白魚也　⿱太䖵古文　蠡力兮力底二切蠡蠡行列皃薄之而欲破也瓢也又力戈切　⿱求䖵巨牛切亦作蛷蠷螋多足蟲　[illegible]父尤

亦作蜉大蝗也　⿱雋䖵子兖切蟲食也　⿱辰䖵時忍切亦作蜃大蛤也　蠢尺尹切動也作蠢也或作截偆　⿱匽䖵於甗切⿱匽䖵蜒也或作蝘　⿱能䖵

乃北乃代二切似蝱而小班色齧人 蠆丑介切毒蟲也或作蠆 䗇於力切小蟲也 𧖄於貴切飛蟲也 𧕻女乙切小蟲也 蠚

胡監切瓜蟲也 𧓿步幸切蚌也蛤也或作蠯鲕 𧕅牛袁切蛻蟲也 𧖎徒何切狀如人羊角虎爪 𧖰音巴蟲也

䖵部第四百三 凡七字

䖵除中切有足曰䖵無足曰豸 蠱公戶切事也毒也或也穀久積變爲飛蠱也 𧒒莫侯

切與蚊同 蜚扶畏切大䖵也或作蜚 𧕴婢脂切蠶蜉大䖵也或作蚍 蟲上同 𧔎力刃切䖵也

它部第四百四 凡三字

它託何切蛇也上古草居而畏它故相問無它乎又非也異也今作佗 蛇同上它或從虫今市遮切又弋支切詩云蛇蛇碩言 䖘恥支切今作螭

龜部第四百五 凡五字

龜居逵切文也進也外骨內肉天性無雄以蛇爲雄也又貨貝之寶也 𠁴古文 𪚳而三切龜甲邊 或作䴘 𪛈之戎徒冬二切龜名 𪛆烏郎切臨海水土氣背似鵝指爪

黽部第四百六 凡一十八字

黽眉耿切蝦蟇屬似青蛙而大腹又名土鴨 𪓑籀文 鼈卑滅切龜屬或作蟞

鼇魚表切似鼈而大也 鼃胡媧切蝦蟇也今作蛙 𪓕上同 鼉徒何切江水多以蜥蜴大者有鱗采皮可以爲鼓也 𪓰七由切又

七秋切去鼀蟾蠩似蝦蟇也　鼅音知鼅鼄也或作䵹　鼄音株或作蛛　鼂中橋切[illegible]鼂蟲名　[illegible]古文　鼇午高切傳曰有神靈之鼇背負蓬萊之山在海中　蠅余陵切青蠅蟲　鼷胡雞切鼷水蟲　鼩其拘切黽屬又音鉤　𪓿同上　鼊音壁𪓿鼊似龜而大文如瑇瑁可飾物

卯部第四百七凡五字

卵力管切凡物無乳者卵生　⿰卵賣徒木切卵內敗也　㲉口木切卵空也　⿰卵孚芳于切卵化也　毈大亂切不卵成子曰毈

貝部第四百八凡一百四十三字

貝布外切海介蟲也大貝如車渠貝中肉如科斗但有頭尾又貝甲也古貨貝而寶龜　𧴪先果切貝聲　⿰貝爲凡僞切賭也亦古貨字　⿰貝危同上　財在來切所以資生者納財謂食穀也貨貝也賂也　賄呼罪切贈送財也　⿰貝每同上　贎亡怨切又力制切貨也　貨呼臥切賣也金玉曰貨貝布帛曰賄　賑之忍切富也　⿰貝㐱同上　資子夷切取也用也　賢下田切有善行也多也益也能也持心也又下見切義見考工記　臤古文　賁彼寄切飾也微也又布門切虎賁勇士人扶非切人姓　賀何佐切以禮物相慶加也　賂力故切遺也　貢公送切通也獻也上也稅也賜也　贊子旦切佐也見也助也具也　⿱兟貝說文贊　賫

訪

才刃切財貨也賸弋證切相贈也以物加送也齎子兮切行道所用也持也備也給與也付也又子斯切歎辭⿱亣貝俗貸他代
切施也假也借盈也以物與人更還主也貣他得切從人求貱悲僞切益也贈在鄧切以玩好相送也又助生送死贛古送切賜也又
古禫切縣名賞尸掌切賞賜有功之人也賚力代切与也賜也勞賚爲勑字今作賚賜思漬切惠也施也空盡也貤余豉切駁
也益也贏余成切緩也利也溢也有餘也負浮九切擔也置之於背也違恩忘德也或作偩貿亡侯切市賣貳而志切副也代
也敵也竝也離也畔也賓卑民切敬也客也服也從也協也賔說文賓賓古文賖始遮切不交賣也貰也貰待夜切賖
也貸也貺詡誑切賜也贅之銳切賣人子與人爲贅子又以物質錢也最也得也聚也定也屬也質之逸切信也主也平也樸
也軀也又知鼻切費孚味切損也用也惠也散也耗也又扶味切姓也責壯革切求也賷古文貦午亂切亦作玩好也
賈公戶切通物曰賈居賣曰賈也聚也又古雅切姓也⿱商貝尸羊切通四方之珍異謂之賣人也亦作商買亡蟹切市買也賤才箭
切價少也卑下也不貴也賦方務切稅也布也量也賦斂擾動也貧皮旻切乏財也貪他含切欲也惏也貶碑檢切減也損也
賃女禁切借傭也賕巨留切以財枉法相謝也貨也請也購古候切以財有所求償⿰貝胥使呂切以賣財卜問也貲子离切小

罰以財自贖也財也貨也賨在宗切蠻賦也稅也賣余六切衒也或作粥鬻賣古文贖市燭切又市注切質也以財拔罪也賙
之由切給也贍也收也貴居謂切高也尊也多價也⿱臾貝說文貴賻扶句切以財助喪也贈季鄧切贈死也⿵几貝同上貽弋之
切玄貝也亦作詒遺也⿰貝侯乎豆切龍目出南海贍市豔切周也假助也賭丁古切賭也⿰貝匽於獻切物相當貾除基切余貾貝
⿰貝粦卑遥切貝居陸⿰貝粦也⿰貝黹竹几切當也贇於倫切美也⿰貝耎彼兗切小有財⿰貝宛烏款切⿰貝宛⿰貝耑小財皃⿰貝耑平管切⿰貝宛⿰貝耑⿰貝竝
胡猾切今作衒賆步田切益也賝丑林切寶色亦作琛⿰貝睿思徇切益也賲布老切有也亦作宲寚藏賅乎改古才二切奇也非常
也亦作侅⿰貝寸都勒切今作得⿱敝貝婢世切今作弊⿰貝寺直几切或作偫庤古文作畤⿱敫貝古玩切裝具也穿也今作貫賢羊閑切嬽
拏也或作譧⿰貝吝力振切貪也難也或作遴⿰貝京力竟切⿰貝京賦也賺徒陷切錯也重賣也⿰貝斂力豔切市先入⿰貝卒思醉切亦作粹⿰貝勺
眉巾切本作錉筭稅也⿰貝央於兩切無訾言⿰貝生山敬切財賰式尹切賱賰富有也賱於尹切賱賰⿰貝居姜魚切賣也貯知呂
切盛也積也福也藏也贓作郎切藏也⿰貝戠子寺切⿰貝句古候切稟給⿰貝臱音綿⿰貝匽也⿰貝青疾盈切賜也⿱非貝皮祕切壯貴也
⿰貝乍于惡切⿰貝典他典切富也贔平祕切贔屭作力也屓虛器切贔屓⿱覃貝徒感切入錢也販方万切賤買貴賣

贄脂利切執玉帛也亦作摯 贚良用切貧也又龍皃 䝭先臥切骨䝭 貗力侯切貧也 賏於耕於庚二切飾也 賧吐濫切蠻夷以財贖罪也 賗同上 䝮火監切有賄賧也 䝹而晉切牢也 䞋音櫬䞋錢 ⿰貝貞丑政切賣不得 賶士浪切 ⿰貝主音註財駐 ⿰貝卜音朴 ⿰貝矞巨律切 ⿱癹貝音協財也 貼天叶切以物質錢 ⿰貝血先筆切分賑亦卹字 ⿰貝安烏邁切貯⿰貝安也 賊昨則切劫人也 贆方廟切散匹帛與三軍或褾字 賽先再切報也 ⿱發貝市肺切賦斂 贗五晏切不直也 ⿰貝旬火營切貨也

玉篇卷第二十六 凡一十六部

羽于詡部四百九 飛方違部四百十 習似立部四百十一 卂思進部四百十二
非方違部四百十三 不甫負部四百十四 至之異部四百十五 毛莫刀部四百十六
毳齒芮部四百十七 冄而琰部四百十八 而人之部四百十九 角古岳部四百二十
皮被奇部四百二十一 䰯而兗部四百二十二 革佳核部四百二十三 韋于非部四百二十四

羽部第四百九 凡一百二十三字

羽于詡切鳥毛羽也北方名羽音在冬時又王遇切 翨居豉切鳥翮也鳥之強羽猛也

翨同上翡扶畏切鳥似翠而赤翠七遂切青羽雀出南方翰胡旦胡干二切飛也又天雞也翟徒的切山雉也又樂吏之賤者
翁於公切鳥頸下毛人飛皃又老稱或作顊翅外豉切翼也翄同司同上翮上翰也羽也翮古責切翍羽初生皃翭乎溝切羽
祇姚切尾長羽也舉也翹翹遠羽皃翘同上翮諧革切羽本也羽莖也翑巨俱切羽曲也又馬後足白又俱禹切羿胡計牛計二切羽也
又羿善射人𦐊說文羿翥之庶切飛舉皃翕許及切合也斂也聚也炙也翕上翴同䎉他臘切䎉䎃飛皃翬許韋切飛
舉皃翏力幼力要二切高飛皃翜山立山甲二切捷也飛疾也翩匹然切翩聯翩也翊余力切飛皃亦輔翊𦑣他盍切高飛皃䎓
尺之切翗午刀切羽盛皃翱翱翔也翔似良切𦒉布翅飛翯胡角切翯翯肥澤皃翌胡光切羽舞名翇分勿切舞者所執也𦑞二字切今
作翿徒刀他刀二切纛也翪子公切竦翅羽飛也亦作翪翴力仙切羽飛皃翿徒到切翿翳也𦒎羽上翾並同翾先忽切肖羽羽翼
作翍皃亦翛尸祝切疾也或作翛又音蕭翗呼榮切羽飛皃翓乎結切飛上下翓也或作頡翸匹仁切飛皃翁䎋胡公切飛聲翌
同翐許出切飛走皃翐許月切翐飛走皃翾許元切𦑥飛也翲匹姚切飛皃翃胡萌切蟲飛也翐余勢切翐飛也䍐
呼横切鳥弄翅也翍呼麥切翍飛皃𦐤巨妖切翹飛皃翸奴坎切下弱羽也翮禹俱切飛皃或作雩翋力仁切翍飛皃

⿰霍羽呼伯切飛也　⿰惠羽胡桂切六翮之末　⿰彗羽同上　⿰曾羽子登切飛皃　翈胡甲切羽翈也　⿰辛羽所巾切羽多皃　翻孚元切飛也

⿰包羽布交切五采羽　翂孚云切翂翍飛皃　翍普皮切張羽也亦作披　⿰羽立力合切⿱沓羽⿰羽立飛皃　⿱沓羽他合切⿱沓羽⿰羽立　⿱羽力竹力

切今作勢　翼余力切翅也又輔也敬也助也　⿰羽戈同上　翣山甲切⿱羽縣也見禮記　翽呼外切翽翽羽聲衆皃　翦子踐切勤

也羽生也采羽也齊斷也俗作剪　⿰羽戔莊善切鳥摯擊勢也　⿰亢羽胡郳切飛高下皃或作頏　翳於計切鳥名也鳳屬也屏蔽也華蓋也又

障也　⿰召羽許堯切或作鳭　⿰肅羽恩六切飛皃又飛聲　翎魯丁切箭羽也　⿰羽尃音孚紙毛　⿰亶羽許延切飛皃　⿰羽飞古文飛字　⿰羽支巨移

切也　⿰羽中直中切飛上天　⿰羽朱丑俱切飛皃　⿰彖羽音宣切飛皃　⿰多羽巨何切飛皃　⿰舟羽纖牛切急也　⿰否羽芳好切　⿰重羽入勇

切羽　⿰卓羽丑卯切毛多也　⿰羽干五板切飛皃　⿰羽廷五奏切又音廷　⿰开羽魚典切飛皃　⿰羽爰火卯切火亂切　⿰杀羽初巴切飛皃　⿰亥羽音亥飛皃

⿰賁羽匹本切飛皃　⿱大羽音消　⿰羽曳⿰羽也二同羊制切飛皃　⿰告羽苦到切　⿰羽奄於劒切　⿰董羽音董又達貢切飛皃　⿰羽蓳音孚[illegible]

切飛皃　⿰羽皃匹各切飛　⿰羽足初六切　⿰巤羽音臘飛皃　⿱羽叉音遲飛皃　⿰羽失音秩飛皃　⿰矞羽音聿飛皃　⿰羽敝芳滅切　⿰羽畐芳逼切飛

⿰羽臿音插飛皃　⿰羽耴女法切　⿰羽史許勿切小鳥飛　翾許緣切小飛皃

飛部第四百十　凡三字

飛 方違切鳥翥　𩙪 余力切籀文翼字　飜 孚元切飛也亦作翻

習部第四百十一　凡三字

習 似立切飛也串也又詩云習習谷風　⿰習元 五亂切習也厭也又貪悅也　⿰習欠 盧合切[illegible][illegible]不滑皃

卂部第四百十二　凡二字

卂 思進切疾飛也亦作迅　⿱𤇾卂 具營切單也無兄弟也無所依也憂思也或作惸嬛

非部第四百十三　凡六字

非 方違切不是也下也隱也責也　靡 眉彼切無也好也罷也累也𩇯靡布帛之細好也又修靡𩇯奢侈也　⿱非巳 孚匪孚利二切別也　靠 口告巨篤二切靠理相違也　⿰阝⿱非土 方戒方切陛牢也所以拘罪人也　⿱天非 在臘切惡也

不部第四百十四　凡三字

不 甫負府牛二切鳥飛上翔不下來也又弗也詞也　⿱不一 古文否　否 方久切可否也又彼儁符彼二切

至部第四百十五　凡一十字

至 之異切極也通也善也達也大也到也　𡉀 古文至　到 多報切至也　臻 側巾切至也及也聚也衆也　臺 往來切四方高也閣也　⿱吉至 烏解切舍也　⿰癸至 丑利切忿戾也　臶 才適切古人名　臸 而力而吉二切到也　⿱至⿰至至 音室

毛部第四百十六　凡七十八字

毛 莫刀切眉髮之屬也　⿰毛隹 而勇而允二切衆也聚也　⿰喬毛 同上　⿰𠦝⿱𠆢毛 胡旦切長毛也獸毫也　毨 先殄切毛更生也又整理也　𣯌 莫昆切以毳為罽也數也　㲲 徒叶切毛布也　⿰罪毛 同上　氈 之延切毛為席　⿰丞毛 大幺

切毭毹或作𥓓䃰 𣰦先幺切毭𣰦 𣯚他臘切𣯚毲席 𣰖都能切𣯚𣰖也 𣯌扶殄切𣯌毛𣰖也 𣰽扶木切𣯌𣰽也 𣱉力于切毛

布也亦作氀又力主切 氍巨俱切氍毹毛席也 氍同 毹山于切氍毹 毹同𣰆上唐 毹大當切毹毦𣬛曲文者 毦仁志

切以毛羽爲飾 𣯫子凶切𣯫𣯫氍毹罽者亦作罽𦄽 𣱼毛凡例切方文 𣰋女紅切髮多亦作𩯲 𣯳如羊切被髮亦作𩯲 𣰊力才力𠀤二切

強毛也亦作氂𦃃 毫胡刀切長毛也 氌力葉切亦作𩯲 毪芳俱切乳毪也 毼古牙切毼毪 毱所加切毼毱 𣯕

思錄切𣰋罽也 𣰋人鍾切𣰋𣰋也 𣯎方云切𣯎頭罽 毭音豆毭也 𣯫思連切𣯫𣯫罽 毤之移切毤毤也 𣯩子姚切𣯩𣯩

毛孚云切 毵毛落也 𣭯布蒔切𣭯罽方文者 𣰉來丁切長毛也 𣯼胡割切罽也 𣯻力外力拙二切色斑 𣭵他臥切𣭵落毛也 𣯉

𣯭妨非切紛 毿先含切毿毛長皃 𣯬女於切犬多毛 毬巨尤切毛毬也 𣰅音搜氍𣰅織 毟同 毧音戎細毛 毯

音披毛也 𣯓汝占切又音藍𣯓毿 𣯯女庚切犬多毛皃 𣰎胡回切𣰎毸鳳舞皃 毸蘇來切毸毸 𣯵思巡切毛 𣯶於景切

𣰆湯果切 毯他敢切氈毯也 毰中板切毛初生 氅昌兩切鳥毛 𣭴奴帶切𣭴毛 毮布蓋切𣭴毮 𣯤蘇到

切毛 毧傷遇切毛越也 𣯎居拜切細毛也 𣯸音謁多毛 毱巨六切毛也 毴音闢毛毴 氇音辱氇氇 毦多則切毛少也

毣士角莫卜二切思皃一曰毛濕也 ⿰丑毛同上 ⿰毛乚籀文秀字 氂音毛又音犛牛又音貓 ⿰韭毛七芮切毳也亦作𣰄

○毳部第四百一十七 凡二字

毳齒芮切罽衣又毛之細縟 ⿱非毳芳非切紛也

○冄部第四百一十八 凡一字

冄而琰切又而鹽切毛冄冄也行也進也侵也亦作冉

○而部第四百一十九 凡二字

而人之切語助也乃也能也又頰之毛曰而今作髵 耐奴代切能也任也說文曰辠不至髡也

○角部第四百二十 凡一百六字

角古岳切獸頭上骨出外也男女未及冠笄爲總角又角力也 觿許元先芮二切揮角皃又亭名 觻力的力木二切觻得縣名 䚡先來切角中骨 觠居轉切曲角也又音權 觢之勢切一角仰也或作挈 ⿰觢角同上 觬午兮切角不正也又縣名 觭丘奇居倚二切牛角一俯一仰 ⿰角虒除倚切角中 觓奇幽居幽二切角皃 觩同上 ⿰爿角仕角切訟文角長皃 捔助角切攙捔也又古樂切 ⿰角攴同上 觪思營切角弓調利也用角便也 ⿰角厥居月切角有所觸發 觸昌燭切牴也據也 ⿰牜角同上 ⿱角丅古文 ⿰角公職容切舉角也 ⿰角工古缸切舉角也 ⿲彳角亍仕庚切牛角長豎皃 衡平庚切橫也平也斤兩也持牛令不牴也衡門橫木也又肝衡舉眉揚目也 ⿱角大古文 ⿰角耑丁丸切角⿰角耑獸似豕 觰竹加切觰拏獸也下大也角上長也或作奓

⿰角㐱同上　觤嫣彼切角不齊也或作𧣾　觡居額切麋角有枝曰觡無枝曰角　觜子移切觜蠵大龜也又星名又子鬼切　觿許規

切形如錐以象骨為之以解結也　觵古橫切兕角為罰酒爵　觥同上　觶之豉切酒觴也　觝觗二同上　觴式羊切飲器也

實曰觴虛曰觶　觷籀文　觚古胡切禮器也　解諧買居買二切緩也釋也說也散也又諧懈切接巾也又古隘切署也吳都賦云解署棊布言

一非一　⿰角亙欣奇欣元二切角匕也　觷乎的切以角飾箭本末也伏出角也　觼古穴切環之有舌者或作鐍　⿰角喬同上　⿰角弱女卓

切調弓也摩弓也　⿰角弓同上　⿰角發方吠扶沫二切射收繳具　⿰角市同上　觳胡族切盡也盛酒卮也族也　觱有勿切角可以

吹又甲盆切觱沸濫泉或作滭　⿸厂觱同上　觺五其牛力二切觺觺猶岳岳也　⿰角桀丑列切角也　⿰角叉楚加切⿰角桀也　⿰角是徒兮丁兮

二切國名又⿰角是觷也角不正也　觷口角切治角也或作𥳒又音學　⿰角喬居小切角不正　⿰角翏力悠切角不正　觖窺瑞古穴二切觖望猶怨

望也　⿰角卓女卓切握也　⿰角卒在兀切角初生　⿰角卑方迷切橫角牛　⿰角居渠語切雞⿰角居或作距　⿰角巨同上　觟胡瓦切角皃　觝

丁礼切觸也或作牴　⿰角昆胡本切古𢮦字　⿰角戔莊限切亦作錢　⿰角隋徒和切牛無角亦作牠　⿰角豕丈爾切獸名　⿰角麃彼妖切亦作鑣

馬銜也　⿰角巾所巾切一十枚也　⿰角戢阻立切牛多角又角堅皃或作戢　⿰角酋自尤切雄射收繳角　⿰角鬲女隔切角似雞觡　⿰角少又枝

切角上也⿰角睘音鐶角皃⿰角因似秋切角鰚音喧揮角⿰魚甘巨炎切觜也⿰角化音訛角也⿰角它音陀⿰角炎音談⿰角同音

止尤治尤一切龍角⿰角多音杷角曲⿰角黽力兮切角⿰角宜音宜角⿰角毚仕咸切角皃⿰角刂音喧角毛⿰角尤音覃角觫

多改切角心也⿰角廣音獷角刺觛丁但丁爛二切小危也⿰角先音銑角也⿰角氣許記切好角也⿰角帝丑戾切⿰角尋多改切⿰角監

音儖⿰角巴音霸又音巴⿰角四音四角⿰角叕初角切⿰角告音楷治象牙⿰角發紀劣切角觸⿰角國古獲切今作摑

皮部第四百二十一 凡四十一字

皮被奇切剝得獸革也強取也⿱竹皮古文⿱𠂤皮籒文皯古但古旦二切面黑

氣也皽之善切皮也皸居云切足坼裂也皰步孝切面皮生氣也⿰巤皮力盍切⿰巤皮皵皮瘦寬皃⿰奄皮都闔切寬皮皃皵

思亦切又七亦切皴皵也未皮甲錯也今作棤⿰暴皮布角切䮩皺皮起也又步角切亦作⿰月暴肉膹起也⿰勺皮扶卓切皮起也⿰皮曼無阮無願二切皮悗也亦

作晚⿰且皮干胡切皸⿰且皮也今作⿸麻皮⿰皮丸胡官切皽⿰皮丸箭器也病也⿰兑皮他活切皮剝也⿰差皮楚累切粟體也⿰民皮亡忍切皮理細皺皵皻

莊加切皰也今作齇皾徒木切所以貯弓或作韇皴七旬切皵也⿰央皮於亮於明二切青皃⿰者皮徒古切桑白皮也今作杜⿰旱皮乎旦

切射韝或作捍⿰賁皮扶分切鼓也⿰比皮音披器破⿰自皮口咸切⿰赤皮奴版切慙而面赤今作赧⿰繭皮吉典切皮起也皺側救切面皺也

皷俗　𤿺乎遣切石蜜膜　㿭音荅皮䵘也　皯丑革切皴皯也　皵居質切黑皵也　㿥苦角切皵皮乾皃　㿬乎角切㿬鼓　𤿬七吉切𩊚皮也　䟦爭義切䟦皺皮不伸　皵七絕切皮斷也　𪃀畢吉切畫韋韌鞁

甍部第四百三十二凡四字

甍而兖切柔皮也韋也亦作㼱　𤿺籀文　𪇆文𤘼韋袴　𩋘子徇切羽　𩏷而家切又人尹切亦作鞲毹

革部第四百三十三凡二百字

革居核切獸皮也上毛也老也改也　𠦿古文　鞹去郭切皮去毛　䩣力各切生革縷　鞄普角步敎二切柔革之工也　韗禹愠況萬二切作鼓工也或作韗　鞣如周切乾革也　䩠多達之列二切柔革也甍也　韇同上　鞼古回巨伭二切繡革也亦作鞼　鞏居龍切固也以革有所束也以火乾物也或作巩　靸先盍切履履也或作𩋐　鞶步安切大帶也　鞔莫安亡阮二切履空也　鞮丁奚切單履也　䩕午唐切絲履也鞮屬　䩡公洽切鞮屬　𩌏所綺所解二切鞮屬　𩍐同上　䪏同上　鞵胡街切革鞮也革底麻枲　鞋同上　靪丁冷切補履下　鞠居六切推也告也養也　𩍐同上　鞀徒刀切如鼓而小有柄賓主搖之以節樂也　鞉同上　䩩於元切量物之䩩也又於阮切　𩋾同上　鞞布頂切詩曰鞞琫容刀上

篇下　五十五

曰鞞下曰琫也劒削也刀室也又毗移切 ⿰革咅必孔切刀下飾亦作琫 鞎乎恩切輿革前 鞃革薨切軾中靶也 ⿰革厷同上 ⿰革弓同上

⿰革贊子完切車衡三束也或作轒 ⿰革襄同上 ⿱𣪊革亡解切曲轅束也亦作綮 ⿰革必皮畢切革車束也 ⿰革旨之二切蓋杠絲也 ⿰革至同上

鞥於合切轡鞥也籠頭繞者 靶布訝切轡革也 韅呼見切鞥在背 ⿰革㬎同上 ⿰革蚩丑井切又丑善切騎具也 ⿰革官古緩切車轂具 ⿰革豆

徒鬭切車轂具 靷余振切以引軸 ⿰革真籀文 靳居覲切固也當膺也又戲而相愧曰靳 ⿰革尃布各切車下橐也或作轉 靬宇夫切鞾

內環靼也 ⿰革奄於合於劫二切車上具也 ⿰革叕知劣切車具也 鞌惡丹切馬鞌亦作鞍 ⿰革茸如用切毳飾也革也或作縙 ⿰革毛同上 鞊

佗篋切鞌鞊也 鞈公洽公市二切櫜也以防捍也 勒理得切馬鑣銜也刻也 靦亡善切勒靻靦係也 ⿰革丏同上 鞭卑綿切笞也馬策也

鞙胡畎切大車縛軛靻也 ⿰革見呼結切繫牛脛 鞅於兩切頸靻也強也對心也 靲巨今切靲鞻也 鞬居言切以藏矢 ⿰革蹇同上

韇徒木切以藏矢或作𣫍 韄乎故切佩刀絲也又於虢切 ⿰革巂思危切鞌邊帶 鞚口送切馬勒也 ⿰革亟居力切急也亦作亟 鞻

力鉤力豆二切鞮鞻氏掌四夷之樂宮也 靾以勢切以馬贈忘人 鞇於人切亦作茵車中重席 鞜他帀切鞮也 ⿰革業補目切絡上頭 ⿰革索

先各切⿰革索⿰革睪履也⿰革索之鈌前雍 ⿰革睪大各切⿰革索⿰革睪履 ⿰革乞呼突切急擷 ⿰革區於候切胡弓 ⿰革胃右律切 ⿰革它大何切馬靳也 ⿰革盍

古狎切鞳靸履靸所加切䡴徒東切鞁具飾靯他古切靯鞲鞇鞲步谷切靯鞲也鞷牛格切履頭也⿰革殳楚宜楚加二切

箭室也⿱臤革口閒切堅也⿰革尼乃米切戀垂皃⿰革兌徒外切補具飾⿰革舄似足切鞮也⿰韋殳呼角切急束也⿰革長持亮丑亮二切

弓發也亦作韔⿰革伏皮祕房福二切車鞦亦作紱𩋯軷鞲同上鞮巨支切飾亦作軝⿰革嗇所力切車革也亦作韇⿰革喬同

起躡切亦作橇鞧七流切今作緧韁居羊切馬紲亦作繮鞾盱戈切鞮也亦履也⿰革華同上⿰革賁扶分切鼓也或作鼖⿰革申尸仁

切革帶亦紳⿰革意於力切五綵絲條鞢履下也或作繶⿰革奇荆倚切鞿也亦古文羈字絡頭也⿰革危居委切角不齊⿰革叚胡加切履跟亦作𩌦

⿰革古姑戶切今作鼓鼛籀文⿰革舄思亦切履也亦作舄⿰革或為逼切羔裘縫亦作緎黬⿰革俞與朱切餘⿰革尊也⿰革參所銜切旌旗旒也亦

作縿⿰革芰同上⿱冑革除霤切今作胄⿰革折之逝切刀鞞⿰革延大嬾切馬帶也⿰革夗於院切履優也靮丁狄切韁也所以繫制馬鞗六幺

切轡也亦作鋚⿰革棘古核切靶也勒也亦作革⿰革棘同上韊力丹切藏弩矢服也亦作闌鞕牛更切堅也亦作硬⿰革幾居衣切韁在口

⿰革買莫佳切鞋也鞓他丁切皮帶鞓⿰革呈同上鞘音宵鞭鞘⿰革易音羊馬頭上靼韆去戰切䙴帶韆⿰革句其俱切兵器也

韉音牋鞍韉也⿰革戔同上靬居言切乾靬又去汗切盛矢器著弓衣韝恪侯切射韝臂捍也又古侯切⿰革叜速侯切鞦皮也

鞦同上 䪊盧紅切䪊頭也 ⿰革皆戸皆切履也 ⿰革夷音夷 ⿰革需而庚切鞋⿰革需也 ⿰革帝音提常也 ⿰革瓜步包切 鞦七由切車鞦也

又鞦韆繩戲也 韆音遷鞦韆 ⿰革旁布剛切⿰革旁鞋 鞤布剛切鞋革皮 ⿰革逢符容切鼓聲 鞝音掌扇安皮 ⿰革取初九切⿰革取束也

⿰革崩同上 鞛方奉切軍器也 ⿰革忍奴典切車⿰革忍也 ⿰革并布頂切 鞖徒果切履跟緣也 ⿰革采同上 ⿰革坒步禮切 ⿰革卦方奉切軍

人皮 ⿰革貢古孔切生皮也 ⿰革曳余制切以韋贈亡人也 靿於孝切靴靿也 靽音半與絆同 ⿰革𡿺奴到切 ⿰革鬼音槐鬼布 ⿰革毚

士感士陷二切鞍⿰革毚 ⿰革夋私潤切 ⿰革宣許願切履⿰革宣也 ⿰革章諸羊切⿰革章泥也 ⿰革白匹革切⿰革爭也 靺亡達切靺鞨蕃人出北土 鞨

胡□切靺鞨 ⿰革羊音養治皮 鞁皮彼切鞍上被 ⿰革致除利切履底 鞮都計切鞮鞋也 鞴音步⿰革少也 ⿰革遺以佳以貴二切

鞢思叶切鞊鞢鞍具也 ⿰革復音伏箭⿰革復 ⿰革司居竹切問鞫也 ⿰革朿所責切堅硬 ⿰革昜音楊兵器 鞊音詰 鞿亡代切屩鞿也

⿰革言火結切急繫也 ⿰革室音室刀⿰革室 鞳他合切兵器也 ⿰革丹戸犬切車⿰革丹也 ⿱毄革音決 ⿰革夆扶封切 ⿰革崔素回切⿰革崔鞍皮 ⿰革玄戸犬切刀鞞也

韋部第四百三十四　凡五十八字

韋于非切說文曰相背也獸皮之韋可以束枉戾相韋背又姓 ⿱韋大古文 韠

畢蜜切所以蔽前也 韎莫概莫拜二切茅蒐染草也又赤黃染 ⿰韋赤古文 韢詞季在芮二切囊裏網也 韜他刀切義也寛也劒衣也

又韜杠也 韝古侯切結也臂沓也 韘尸涉切決也指沓也 韔丑亮切又持亮切弓衣也 韣徒木切弓衣也韜也又尺欲切 ⿰韋叚胡加
切履根亦作鞎 ⿰韋段大卯切履後帖 韤亡發切足衣亦作襪 ⿰韋尃扶豆切又扶武切尻衣又作鞲 韏力轉切中片也詘也曲也 ⿰韋焦
子由似由二切收束也堅縛也亦作⿱焦韋揫 ⿱焦韋同上 韍甫勿切今作市 ⿰韋及蘇紺切屩也亦作靸 韐古荅切韎韐也亦作恰又古洽切 韞
於昆切赤黃之間色也裏也 韗吁萬切又于問切靴也 ⿰韋僉呼斂切胡被也 ⿰韋内奴荅切軜耎也 韌如吝切柔也又作肕 ⿰韋貴巨貴
切讀也 ⿰韋鬼同上 ⿰韋甫布古切車下鞴 ⿰韋橐同上 ⿰韋溥同上 韛皮拜切韋橐也可以吹火令熾亦作橐 ⿰韋伏皮祕切又扶卜切車軾也
⿰韋詹尺廉切屏也 韄於白切鞸刀飾 ⿰韋崔素回切 ⿰韋睪直白切韄韡也 ⿰韋番芳袁切韋鞶也 ⿰韋交音交橐囊殼 ⿰韋柬于非
切束也 韋于非切戾敵 ⿰韋艮口恩切束 ⿰韋彗徐醉切橐囊組名 ⿰韋肖私妙切刀鞘也 ⿰韋主音注皮袴 ⿰韋犬平祕切車軾也 ⿰韋宣虛願
切作鼓工赤鞸 ⿰韋䜌居願切 ⿰韋竹巨竹切裏衰也 ⿰韋斤音斤圻 ⿰韋荅音荅 ⿰韋或音域衰也 ⿰韋害下瞎切 ⿰韋弗音弗引棺繩 ⿰韋亦
音亦 ⿰韋包步交切 ⿰韋必音祕弓絏也 ⿰韋弱都盍切熱韜韜

玉篇卷第二十七 部凡七

亡狄糸部四百二十五　下計系部四百二十六　先故素部四百二十七　先貲絲部四百二十八

丁雉黹部四百二十九　所律率部四百三十　蘇各索部四百三十一

糸部第四百二十五　凡四百五十九字

糸亡狄切細絲也微也幺也　[illegible]古文　繭古殄切蠶繭也　絸古文　繅

先刀切繹繭出絲也又子老切雜文也　繰同上又子老切帛如紺色也　綶古文　繹以石切陳也抽絲也理也終也大也　緒似呂切絲

耑也　緬彌善切微絲也思皃也輕也　𥿮同上又亡結切細也　純市均切絲也美也大也又之閏之允二切緣也又徒損切　綃思焦切生絲也

素也緯也　緒口皆切大絲也　𦂓呼光切絲曼延也　紇戶結下沒二切絲下也左氏傳有臧孫紇　絓胡臥切止也有行礙也懸也持也

紙丁分切絲滓也　纅余灼切絲色也　繀先對切維車亦名轂車亦名軌車著絲於筟車　經古丁切常也經緯以成繒帛也法也義也　織

之力切作帛布之總名又之異切織文錦綺之屬　[illegible]綕並古文　紝如林切又女林切機之縷也　絍同上　綜子宋切持絲交　綹

力九切緯十絲曰綹　績丘謂切紐續也　緯于貴切橫織絲　紀居擬切十二年也緒也絲別名也天有五紀歲月日星辰歷數　緷古本切大

束也　繈居兩切錢貫也　纇力對切絲節不調也　紿徒愷切疑也欺也　納奴荅切內也或作衲軜　紡孚往切紡絲也　絕才悅

切斷也滅也最也 𢇍古文 續似錄切繼也連也又似屢切 纘子卯切繼也 [illegible]徐翦切又昌善切偏緩也 紹市紹切繼也急

糾也 緊古文 縕他丁切綖也 綎同上 縱子容切縱橫也又子用切恣也放也緩也置也 [illegible]式居切緩也解也或作紓 繎如延切絲

縈也 紆於于切曲也詘也 緈胡冷切直也 緈同上 繙扶元切冤也 纖思廉切細小也亦作纖 細思計切微也小

也 緢莫交切旄絲也 縒且各切參縒也亦作錯 紊亡愠切亂也 縮所六切退也止也蹙也亂也 級几立切階級也又次

第也 [illegible]几足切纏也連也 綢直留切綢繆也纏綿也又他刀切 總子孔切合也聚束也皆也結也衆也 約於略切少也儉也薄也束

也纏也又於妙切 纏除連切約也 繞而小切纏繞也 紾徒展切紾轉也又音軫 繯于善切又于串切環也說文落也 辮

步殄切交也 縎古忽切結不解 結古姪切要也 締徒計切結不解 繃彼萌切束也 縛扶玃切束縛也 絿巨鳩切急

也 絅古營切引急也 纙力臥切相足也不紃也不均也 給居及切供也備也足也 綝丑林切善也止也 緝市一切結二切止也

冠縫也 紌巨周切引急也 緁似接子立二切緶衷貨也 終之戎切極也窮也死也 𠔟古文 紈胡端切累也結也 繒

似陵似登二切帛也 綃仙叫切綺絲之數也 綺祛技切有文繒 縠胡木切細縳也紗縠也 縑古廉切絲繒也 縳直轉切爾雅曰

十羽謂之縛也緷上同綈徒兮切厚繒也縞古到古倒二切練也白色也練力見切煮漚也紬除留切大絲作纚始移
切又思移切粗細經緯不同者[糸爾]絁並同上綮苦禮切緻繒也戟衣也綾力升切文繒也繡思又切五綵備也繢胡貴
切繢緒也縵莫旦切大文也繪胡檜切五彩畫也絢許縣切遠也又文皃約同上緀且兮切文皃[糸米]莫禮切畫文若聚米
絹居掾切生繒也緑力足切帛青黃色也縹匹妙切青白色[糸育]余祝切青經白緯也絑之俞切純赤也纁許軍切淺絳也綴
知衛切緝也絀式出切絳也紩也絳古巷切赤色也綰烏版切貫也羂也縉子燼切帛赤白緹他禮切帛赤色也又音提
綪千見切染草名縓七絹切紅也赤黃也紫子爾切色也紅工胡公切色也繱千公切青白色也紺古憾切深青也綦
巨箕切又巨記切雜文也綦同上緇側其切黑色也紂同上[糸剡]他敢切騅色今作菼[illegible]纔初銜仕緘二切雀頭色也微黑色也
又疾來切綟力計切緑也或作莀草名紑孚負孚浮切鮮絜皃緂他甘切衣綵色鮮也又衣皃繻汝俱切細密之羅也繻也又思
俱切帛邊也古者過關以符書帛裂而分之若今券也縟如欲切飾也纚山綺切冠織也又颯纚長袖皃縰同上紘為萌切冠卷維也冠
飾也紭同上紻於兩切纓也紞丁敢切冠垂也纓於成切冠系也緌而佳切繼冠纓也緄古本切織成章也繩也紳

式貟切大帶也束也亦作鞢繸宜戟切紱繸綬也綬絲也繟充善切繟帶也寬綬也綬時帚切組也綸也紱也又音售緺
古華古蛙二切綬紫青色也組子古切其小者可以爲冠纂子緩切組類也纗同上紐女九切結也束也綸力窅切又公頑切綬
也緌也又寬也綎大丁切絲綎綬也⿰糸亭同上絙胡官切組綬也⿱暴糸不各切領連也亦作襮繐思惠切細布也⿰糸彗同上紟
巨今巨禁二切單被也結衣也亦作衿絵籀文緣余泉切緣也因也又余絹切邊緣也絝口故切脛衣也又絆絡也緥布老切小
見衣亦作褓繜子昆切布衣名纀布木切裳削幅也亦作襆紴布何切又怫靡切水紴錦文也絛他刀切纓飾也緟除恭切增
也疊也益也複也或作褈今作重纕思羊切帶也援臂也收衣袖絭纗允恚切卦二切維紘中繩也縜于貧切維持綱紐細者⿰糸戉
于月切緥繐也紃囚遵切絛紃也纖思廉切細也縫綫也黑經白緯也⿰糸穴胡決切縷一枚也縈也亦作袕縷力主切貧無衣醜褻
也綫思箭切可以縫衣也線同上縫扶容切以鍼紩衣也又扶用切緁且立切縫也亦作緝緝同上紩持栗切縫衣也
又納也索也也古作鉄緛如兗切[illegible]縮也[illegible]繕[illegible]善也絬思列切堅也纍力佳切繫也綸也得理也
黑索也又力偽切延及也又力棰切十黍也亦作絫累同上緉力丈切[illegible]也繄於兮切青黑繒縿所銜切旌旗之游也

繁方結切編繩也世銅也　繳許䒤切…也緊纏也大也亦作…　紉女巾切又女鎮切緶續也展而續之　繩市升切索也直
也度也　繩同上俗　縈於營切繞也收卷也　縺直□切…索也　綦…切王胥縞　緘古咸切束篋也索也　縢
達曾切繩也約也　編卑綿切又□典切編織也繩編以次物也邅也　維翼隹切紘也繫也隅也　絥扶福切車紙也亦作鞦軑　⿰糸正
之成切乘輿馬飾也　綊胡篋切縫也　繁扶元切多也盛也說文…也　緐扶元切馬髦飾　絣同上　繮居羊切紲也　紛
孚云切亂也緩也馬尾韜也　紂除柳切馬緧也　緧七由切牛馬緧也亦作鞧　⿰糸秋同上　絆補畔切羈絆也　絤先酒切絆前兩足也
紖直忍切索也　絼紲並同上　縼夕絹切以長繩繫牛馬放之　⿰糸多余至切重也　縻亡爲切牛縻也　纆亡北切索
也　⿰糸黑同上　絠弋宰切彈彄也弦也又解繩也　紲思列切馬韁也凡繫牛馬皆曰紲　緤同上　絙公會切急也駃疾也或作𢭃
繘居律切綆也用以汲水也索也　綆古杏切汲繩也繘也　紡同上　繳之若切繒矢䠶也生絲縷也絧也纏也　繳同上　繴
北激切罿也今作𦊅車網以捕鳥或作䍁　⿰糸咅芳王切治絮也　緡亡巾切絲緒釣繳也旒也　紙支氏切蔡倫所作也　絮思據切敝緜也
又丑慮切調和食也　絡力各切繞也縛也所以轉籆絡車也　絮女於切緼也塞也或作袽又女下切縿絮相著皃　纊苦浪切細緜也絮也

綂同上又八十纏也　繫古詣口奚二切約束留滯也惡絮也又胡計切　⿰糹虒力奚切繫⿰糹虒也一曰絓⿰糹虒也　絘七利切績也所以緝也

紨豐扶切粗紬也　緝七入切績也亦緶也　績子狄切緝也　纑力乎切布縷也　綌去逆切粗葛也　絺丑飢切細葛也

⿰糹罽仄又切綢布也纖也　絍俗同上　絟七全切又千劣切細布也葛也　紵丈呂切麻屬所以緝布也　緈古文緦　緦音思三月服也布也

緆先狄切治麻布也亦作裼　緰大侯切布也　縗七回切喪服也　絰徒結切麻帶也　緶婢連切交枲縫衣也　⿸尸糸平瓦切扉屨也

絜公節切結束也緕也　⿰糹封方孔切枲履也小兒履也　緉力掌切絞也履緉頭也　絣方莖方幸二切無文綺也　縕於忿切枲

也舊絜也縣也亂也　紼甫勿切引棺索也車索也亂也亂麻也　⿰糹茀同上　綍同上　⿰糹爽所兩切屨中絞　紕必二扶規二切冠緣邊飾也又匹毗

纇也　⿰糹罽凡例切毛布也或作[illegible]罽　縊於豉切自經也　緎于力切縫也　絾或作[illegible]　綏先唯切止也安也說文曰車中靶也　綷子內切周

也　繼公第切續也紹繼也　継俗同上　綢大刀切紏絞繩索也　絝古文繾　繾去善切繾綣不離散也　綣口阮切繾綣也　紗

所加切紗縠也　繶於力切絛也或作⿰韋意　綖余戰切又余旃切冕前後垂　緻馳二切密也[illegible]補敝衣也　繽匹仁切繽紛盛也　綵

七改切五綵備也　綽昌灼切寬也或作繛　⿱敄糸亡[illegible]切縛也　⿰糹虔[illegible]　⿰糹勿七忽切索也　紽大何切絲數也　縺

力延切縺不解縶竹立切絆也縶也連也緅乙尤切青赤色綡力口切紗也今縿力冉切懸薄横也纀思縣切懸

縋索繘巨於切繘名也履緣也綪如用切亦作緋甫韋切絳練也纗丘貴切績也縚敕高切亦作韜糾他口切亦

作字[糸焦]子堯切生枲未漚也亦作蕉綑口本切亦作絪緵子公切縷也緞平加切履跟亦作鞎緒才各切亦笮字

竹繩網無兩切亦作罔羅也[糸來]力之力于二切強毛也或作𣯉纖子六切縮也緦巨記切遣錘也縛口華切紩也繬所力

切縫也綡力羊切冠纚也纆於近切纆衣也絎行孟切縫紩也給力丁切縰絲繐紲步狄切又必役切裳左幅也繝

以冉切續也繶亡狄切索也𦃃山卓切縅也[糸毛]亡到切刺也綄乎官乎管二切候風五兩也[糸尋]似林切續也今

作尋縝丑仁之忍二切絲縷縷也縃自遵切繞縃也[糸栗]力一切繅絲色[糸辰]普賣切散絲也絽力與切紹紩衣也[?]

力若切紩衣也[糸力]居業切紩繟續縫[糸業]牛輒切紩繟也絯公才切挂也中約也[糸祭]思曷切綃縠也[糸坒]必奚切縷并也亦

綩於遠切絃也絅口迥切布名縡子代切事也戴戰也[糸耳]如止切繼盛皃綐大外切紬細也絧徒弄切相通皃綏

乎卯切[糸頁]乎善切綴也又遥緩也[糸頁]口迴切襌也絔古千古兩二切成公四年鄭伯絔卒[糸夏]一九切笄之中央髮也絻亡運切喪服或作免

縻丘殞切束縛也緗思良切桑初生色纜力暫切維舟也緫呼骨切微緫也縲力追切縲紲也緝七入切補也緝

烏何切細繒也繖思但切繖蓋也綀所於切紡纑絲繀□到切紝也縸亡句切縸淹餘也繵自連切約繵謂之襌也

縕去月切縕袂衣也亦作闕紆公旦切亦作衦摩展之也綖□除所去二切亦蹟字繂力出切井索也絪於仁切易曰天地絪

縕萬物化生絪縕元氣也紱甫勿切紱綬也𥿻同上䋻乃心切結織也縯余忍切絞乎交切緣色也嫁者衣也絨

如充切細布也綿亡鞭切與緜同緰相俞切絆前兩足也縄烏迴切五色絲飾紜于分切數亂也緐扶袁切亂絲也紋

音文綾紋也縴音牽惡絜也緒力仁切綸也繑去喬切絝紐也緣音篆出漢書綱古郎切大繩也[糸爭]

側耕切結縈也[糸禺]五侯切又偶也繆眉鳩切綢繆也又眉救切亦謬字繽音頻襦衣緮弋入切又音福[糸科]口和切[糸區]

癸侯切[糸霜]色壯切[糸唐]徒郎切大繩也緘市征切繊緘也[糸辰]丑人切紳帶也[糸里]力支切[糸舟]音舟切文綿也[糸丁]陟庚切切引

也[糸酬]音酬紞也紶去魚切紶繼也束也[糸豊]音體纏也[糸奏]阻近切水急也[糸享]音雜刺繂針縫也絞古卯切繞也綠

多果切冕前垂縿□下切緣繁相著皃糾飢黝切告也緹音提帶也[糸吾]音魚舉切統他綜切又音揔揔也縱子用切緩

五十九

呈春

八百五

繸徐醉切繸凶具 繢以貴切織餘纊 紁初訝切 𦆝音戾綬也又音操 絡音髻絲結 緆於計切急也一曰不成也

絇俱遇切絇絢也又音衢屨頭飾也 綧之閏切綧亂也 紒戶計切心不了也 繐音歲布也 縤桑故切生帛也 ⿰糸禁

音紛絲也 縹音要縹纓 ⿰糸幼於孝切亦作㘭 ⿰糸十之聿切一也 縖音鍇束物也 ⿰糸夬古邁切細絲也 綫音泄繫也 ⿰糸聿音

長帛 絉音術紩繩也 ⿰糸屬之欲切纗帶也 ⿰糸蜀同上 ⿰糸乍音昨索也 ⿰糸禹下革切生絲 ⿰糸粟音粟綢文 ⿰糸華輕華切鉄也織緯也

絔音百補也 緁子葉切緁續也 ⿰糸夺同上 ⿰糸萬音臘繒也 ⿰糸龠音藥絲也 纈胡結切綵纈也 繴步革切絲為帶也 織 繓

子括切結繓也 繣呼麥切乖戾也 絈音粕紛絈 ⿱具糸舉禹切 ⿰糸蔑亡結切細纖也 ⿱封糸方孔切小兒履也又布莊 緊居忍切縬

緊也 ⿱朝糸音朝封也 ⿱斩糸普蔑切結 ⿰糸奄於業切 ⿰糸薦子千切正作纗

系部第四百二十六凡五字

系下計切繼也說文繫也籀文作𦃃 緜彌然切新絮也纏也緜緜不絕

今作綿 繇與招切用也隨也過也又以周切 䌛同上 纛徒到切羽葆幢也亦作翿又音毒

素部第四百二十七凡九字

素先故切白也本也廉也白緻繒也 ⿱𦥑糸同上出說文 ⿱殺糸同上 ⿱幾糸

凡足切素屬 ⿰素勺 弋灼切縞也又綍也 ⿰素率 力出切紼也索也或作⿰素率繂 ⿰素卓 尺約切緩也今作綽 ⿰素爰 乎管切綽也今作緩 ⿰素并 弋之切尊也又常也今作彝

絲部第四百二十八

凡七字

絲 先資切蠶所吐 ⿱爫絲 下計切籀文系 轡 碑愧切馬轡也 ⿱絲廾 古環切織緝以絲貫杼也 ⿰絲繘 古遺切汲綆也亦作繘 ⿰繘絲 同上 ⿰彑絲 弋之切古文彝

黹部第四百二十九

凡七字

黹 丁雉切紩也或作⿰衤黹 ⿰黹卒 子內切會五綵 ⿰黹虘 初呂切詩云衣裳⿰黹虘⿰黹虘今作楚 黺 方憤切黺絑也 黼 方宇切白與黑相次文 黻 方物切黑與青相次文 ⿰氏黹 方千切黹纏也

率部第四百三十

凡一字

率 小律切循也將領也尊也說文云捕鳥畢也象絲网上下其竿柄也又力出切

索部第四百三十一

凡三字

索 思各切盡也又糾繩曰索又法度也散也又所格切求索也 ⿰索率 力出切舉船索也或作繂⿰糸索 ⿰索各 力各切亦作絡纏絲也

玉篇卷第二十八 凡一十二部

巾部四百三十二几銀切　巿部四百三十三甫勿切　帛部四百三十四步百切　衣部四百三十五於祈切

裘部四百三十六巨留切　卪部四百三十七子結切　印部四百三十八扵刃切　卯部四百三十九子兮切

辟部四百四十必亦切　茍部四百四十一居力切　勹部四百四十二布交切　包部四百四十三布交切

巾部第四百三十二　凡一百七十二字

巾几銀切佩巾也本以拭物後人著之於頭　帉孚云切拭物巾　帉同上　帨始銳切巾也　帥同上今爲將帥字即山律山類二切　帗布達切一幅巾又方勿切　𢂿之利切禮巾也　𢃇而震切拭巾也　幋步丸切覆衣大巾也　帤女於切大巾也又幣巾也　幣婢制切帛也　幅甫六切布帛廣狹　𢃠火光莫非二切幪也幭也　幘側革切覆髻也　帶多大切紳也　𢂋丁兼丁頰二切衣領耑也或作𧛾　㡋於劫切幧頭也囊也　帔披爲切在肩背也又普皮切披也　帴所黠切又思且切帬也帗也　常市羊切恒也下帬也今作裳　𢃰古䰟切幒也又作褌　幒且勇職茸二切褌也　𢄐同上　𢅡力甘切無緣衣也亦作襤　幎亡狄切大巾也幔也簾也覆也　冪同上　幔亡旦切帳幔也　幬直流切禪帳也　𢄎同上　𢅅力沾切帳也施之戶外也　帳知亮切帷也張也幬也　帷于眉切幕也帳也　幕亡各切覆上曰幕亦作幙　𢁬皮鄙切𧝓裂衣也

幯先列切殘帛也又音雪　㡏思俱切正端列　帖他頰切帛書署　帙除乙切小囊也書衣也或作袠　幖俾消切幟也幡也

⿱翦巾子田切幡幟也或作萴幟　⿱夗巾於元切⿱夗巾幡也　幑火韋切幟也幡也　⿱剌巾力末切拂也　⿰巾韱子廉切⿰巾戈也　幝

充善切車敝皃　幏莫紅切衣巾也覆也蓋衣也　幭亡結切帊幞也蓋幭也禪被也　幠火胡切大也有也幠也覆也張也　飾尸食

切著也章表也　幃吁韋切香囊也又音韋　帣居瑗切囊也　帚之酉切埽除糞穢也　席似赤切牀席也　幐大亘

切囊也兩頭有物謂之幐擔又大登切　⿰巾奮扶忿切以囊盛穀大滿圻裂也又弓筋起　⿰巾盾丈旬切褚旬二切載米䉼也　幩扶云切飾

也　⿰巾夒奴回奴昆二切著也塗也　帑乃胡切金布所藏之府又他朗切　布本故切枲織也又陳列也　⿰巾家公亞切蠻布也　⿰巾玄

公田切布也出東萊　⿱敄巾亡遇切又莫卜切髮布也覆頭衣也　⿱辟巾莫狄切髮布也　幄於角切帳也　幢直江切翳也或作橦

帞莫格切絡頭也　⿱夂巾七旦七見二切幧頭也幨也　幧七消切幧頭也斂髮也　⿱秋巾上同　帟余石切平帳也又承塵也　帕

口給切帽也縜幘也或作冐　⿰巾夾　帢上二同　⿰巾国乎玦切髮耳也或作[illegible]　⿰巾卑俾移切今作裨　幗古誨切幘也覆髮上也或

作簂又古獲切　⿰巾見亡教切⿰巾見幗也　⿰巾多乃可切宬也　⿰巾[illegible]亡宇切古[illegible]也　幡口妖切[illegible]也　⿰巾宁竹與切[illegible]衣也亦作褚　⿰巾著

同上幞扶足切巾幞也帊匹嫁切幞帊也帪之仁切[illegible]囊也馬[illegible]帾丁古切[illegible][巾今]巨炎切綸[巾今]也[巾巫]武俱切欲空也
[巾弗]芳勿切髴髮也[巾畫]呼麥切裂帛聲[巾炎]尺占切車[illegible]也或作[illegible]𢅺匹仁切[illegible]皃[illegible]方迷切車[illegible]也又車[illegible]也[巾列]
力制切帛餘也[列巾]同上[折巾]尹勢切[列巾]也[此巾]子移切[illegible]布也[熒巾]舒瑩切覆也[巾句]口侯切指杳也[illegible]似廉切覆也巾
也[亡巾]呼光切巾也[巾勺]丁皎切[巾勺]須繒頭也[須巾]思俱切[巾勺]也亦作繻幰許偃切車幰也[巾干]同上又音幹布袋[巾式]尸力
切亦作拭[巾夫]方于切衣[巾夫]亦作袪[巾冓]古侯切甲衣或作褠帽莫到切頭帽也[巾亶]徒亶切衣不束也亦作袒[巾卒]子內切五
綵繒[巾免]亡運切亦作絻括髮也[非巾]父畏切隱也亦作扉幟尺志切巾也又始志切[巾志]同上[巾亏]於乎口孤二切投也亦作
[illegible][巾隱]於靳切[illegible]也又裹也[巾鬩]許格切[巾鬩][巾虎]亦紙也[巾虎]大兮切[巾鬩][巾虎]又[巾虎]帷也帺巨基巨記二切巾也亦作綦[氏巾]之幽
切亦作紙帍乎古切婦人巾[巾敫]公了切[巾敫]脛行縢也[巾曹]早刀切籍也[巾焦]子小切拭也帿胡鉤切射帿也古作侯[巾節]
子結切拭也[巾妾]所甲切[巾妾]㬎面衣也幨尺占切帷也亦作襜裧[巾彡]蘇甘切衫破皃[巾比]房脂切布[巾比]也[巾召]丑朝切細絲也
帆扶嚴扶汎二切船上帆與舥同[巾冬]徒冬切巾[巾冬]也[巾通]他紅切帬音羣與裙同[巾宗]粗冬切帛[巾宗]又布名[巾少]音沙

細絲　⿰巾空苦工切巾也　⿰巾貢古紅切　⿰巾夷羊脂切　⿰巾某音牟女人衣巾　⿰巾布音怖巾也　⿰巾頁思丁切　⿰巾瓜側巧切　⿰巾是

音是巾也　⿰巾癸音揆　⿰巾景居永切帛　⿰巾玄戶犬切　⿰巾鳥都了切綃鳩也　⿰巾疑音擬巾也　⿰巾介音介幘也　⿰巾戚同上　⿰巾逢音俸巾也

⿰巾胥音扇　⿰巾遇虞樹切　幌戶廣切帷幔也　⿰巾危此芮切巾　⿰巾同他紅切　帒徒戴切盛物囊　帓亡撥莫瞎二切帓巾也

⿰巾及古合切席載穀　⿰巾乍音昨⿰巾乍⿰巾虎　⿰巾或火或切被風也　⿰巾日人質切[illegible]巾也　⿰巾夬音決　⿰巾沓他合切帳上⿰巾沓　幬音註

囊也　⿰巾韋五伯切又音客鉄也亦作縛　⿰巾面彌兗切幕

巿部第四百三十三　凡二字

巿甫勿切韠也亦作韍　⿰巿合古洽古沓二切巾也或作韐

帛部第四百三十四　凡六字

帛步百切繒帛也　錦几飲切錦綺也　⿰帛舌下刮切細紬也　⿰帛炎他敢

切青黑繒亦作幓　⿰帛見亡孝切綵雜文　⿰帛彔力口切今作緑

衣部第四百三十五　凡二百九十四字

衣於祈切上曰衣下曰裳衣者隱也又依也所以形軀依也

又於氣切以衣被人也　裁在來切制衣也裂也[illegible]斷也　袞古本切衣畫爲龍文　⿴衣㠭知彥切丹縠衣也又王后衣也　襢同上

又與衵同　褕余招切畫雞雉於王后之服又弋朱切𧚖褕短衣也又襜褕直裾也　袗之忍之刃二切玄服也[illegible]也又單衣也　裖同上　章耳力

切衣內也　表碑矯切衣外也上衣也書也廠儀也明也標也　𧘤同上　䙌古文　襁居兩切襁褓負兒衣也織縷爲之廣八寸長二尺以

負兒於背上也　襋几力切衣領也衣衿也　[illegible]又同[illegible]上　褗於幰切襋也𥜌也隱被也　襮布各切領也衣表也亦作㵍　裺於劍

於檢二切緣也被也　衭方于切襲袴也或作𢁬　衽而甚切裳際也衣裣也　裣居吟切交衽裣衣領也　襟同上　褄且立切緝緣上

也　褸力侯切衣裣裳際也衣壞也　襺公殄切袍也　褋徒頰切禪衣也　𧞞同上　襲似立切左衽袍也入也重衣也因也還也掩其

不備也古文作𢧜　𧟌籀文　褘許韋切畫翬雉於王后之服也蔽膝也　褧苦迥切衣無裏也詩云衣錦褧衣　袤莫候莫侯二切南北

曰袤東西曰廣也帶以上也長也　𧟀籀文　襘公外切領會也　衹丁兮切衹裯也　裯丁勞切衹裯又丈流切禪被也牀帳也　襤

力三切衣無緣也　䘠他臥切又徒臥切衣無袂也　𧝋同上　袪丘於切袂也衣裏也舉也　裻先鵠切新衣聲也又都梏切　𧜀

都鵠切衣背縫也　䙚𧝍二同上　𧝬似又切袂也又余久切色美皃也進也　袖同上　[illegible]彌銳切袖也　袥他各切廣大也

衸也　褱爲乖切苞也抱也在衣曰褱在手曰握留裣藏物也　𧞤同上　𧟂同上　袍薄褒切長襦也　袌同上又步報切衣前裣也

衸戶界古拜二切衣裾也刺膝也又衣長皃　襜尺占切蔽膝也又襜襜摇動皃　襝裧二同上　袁尤夫切衣袍也　衧同上

襑似林似敢二切衣博大也　裾羌魚切衱也袪也衣褏也　袉大可切裾也又大何切袉袉美也俗作袘　褰起焉切袴也又褰褰衣也

𧞄同上　襗余石切又除革切袴也說文大各切　袑市兆切袴也襠也袴上也　襡市欲切長襦也連署衣也　襩[illegible]上　襱

除龍力公二切袴襠也踦袴也　𧙕同上　褍丁丸丁火二切正幅衣也　褒布刀切揚美也衣博裾也　褺徒頰切重衣也又縣名

複方復切重衣也厚也衣有著也又複除不役稅也　襛女容切厚衣也　褆時爾切衣服端正皃　袳尺爾切長衣皃　𧝓

同上　裴步回切長衣皃又姓　袁宇元切衣長皃又姓　裔余制切裾也表也蠻夷之總名也邊也地也　兖古文　衯孚云切長衣也

䙚丁了切短衣也　襡大口上局二切短衣也又衣袖　𧟄多木切衣至地也補也　襐似丈切首飾也　襦人朱切短衣也　𧞑

同上俗　褊卑善切急也狹也衣小也　袷古洽切衣無絮也　裌同上　襌多安切衣不重也　襄思良切上也除也駕也成

也　𡢁古文　被皮彼切[illegible]也[illegible]也又皮僞切加也及也　衵女栗切近身衣也日日所著衣　褻思列切私服也　衷知沖切善也正

也當也　𧜁敕細切褋也　袾尺朱竹朱二切[illegible]好[illegible]也　袓[illegible]與切尊好也又子邪切縣名　褽於貴切[illegible]衣也　襞卜役切襞衣[illegible]

裨補移切接也益也又婢移切副將也亦姓或作䘩　裕羊句切饒也寬也道也　衮同上　衦公但切摩展衣或作紵　䘿

力祭切殘也繒餘也或作例　褩古加切敝衣也　袒大亶切袒衣也肉袒也或作襢又除莧切縫解也　𧝓竹几切紩衣也　褫直爾敕爾

二切奪衣也徹也　補布古切治故也　臝力果切袒也亦作倮躶　裸同上　裎除貞切袒也衣揚也又敕領切禪衣也　裼

先的切袒也脫衣見體也　衺似嗟切姦思也圍也　襭下結切袺也以衣袺扱物也亦作擷　裝組良切束也裹也　袺公日古頡二切執衽

也　褿七刀才刀二切帴也袿也　裹古火切苞也又古臥切　裛於及切囊也纒也衣𢃇也　褞於侯於部二切頭衣也欲衣也　𧞤

子梨切裳下緝也疾也緶也　齌同上　裓古得切衣裓也　𧛓七入切襟緣也　裋市主切裋褕也豎衣布長襦　𧞲同上　褐

何葛切袍也馬被袓衣也　衰先和切雨衣也今作蓑又史追切微也衣初危切等衰也　卒作沒切衆也隸人給事也又千忽切急也又行鞭也又

子律切終也今作卒　卒同上　褚丑呂切又張呂切官也卒也裝衣也　袚芳末切蔽膝也又蠻衣也　𧞓同上　衾去林切大

被也　褭烏幺切褭衣也又纖夷衣也　襚似醉切綴也死人衣也　裞式芮切贈終者衣被　褮胡坰於營二切衣開孔又鬼衣也　袕

胡決切鬼衣也　䘰式然切車溫䘰又帣巾也　袢扶元切衣無色　褌古魂切或作幝　裱方廟切人領巾　襣毗二切犢襣以全三尺布

作形如牛鼻相如所著也袸疾見切襄臂衣⿰衤矞古穴切袖襎扶元切䙛襎韤也幞也䙛九遠於元二切䙛襎䘹子憒切襌衣也

⿰衤𢦏牛勢切袚也⿰衤胃子孕切汗襦也⿰衤充尺終切襌衣也⿰衤屈渠物切⿰衤充⿰衤屈也袼力各切⿰衤區袼褔也即小兒次衣也又古洛切腋不縫

也⿰衤交古鳥切⿰衤交⿰衤了小袴也⿰衤了力鳥切⿰衤交⿰衤了⿰衤定除莧切解也或作袓褖他亂切褖衣見周禮褶徒頰切衣有表裏而無絮也又

似立切袴褶也袡如廉切緣也婦人上服也襈士眷切緣襡也重繒也襓如招切劍衣也製之世切作也說文曰裁也襬

彼皮切關東人呼裙也裂力折切坼破也袧口豆切喪服也褈市容尺容二切褈褣襜襬也褣以恭切褈褣⿰衤肖山交

切袑也衿力井切衣衿也宦衿婦人初嫁所著上衣也袽女居切所以塞舟漏也袾袽敝衣也又袽絮也亦作絮⿰衤臿又入切重

緣也衪與支切緣也衣袖也袨胡絹切黑衣也[illegible]切[illegible]服也[illegible]總也襆布木切裳衣削幅也褯才夜切褯小兒衣

古侯切襌衣䙐力買切[illegible]人上衣也[illegible]褸[illegible]切[illegible]也⿰衤青此見切衣[illegible]亦作蒨綪裿丘蟻切好也亦

作婍⿰衤凡丁兼丁頰二切領端也亦作⿰衤凡袩[illegible]褈除恭切[illegible]也增[illegible]也褓布老切小兒衣⿰衤冒

亡報切小兒頭衣本作冃⿰衤冓口革切[illegible]也又[illegible]三刃切裘裏也或作[illegible]衣袠除栗切亦作袟袟同上⿰衤悤且勇切俥也或作[illegible]

裳市羊切障也所以自障蔽也　裀於人切衣身也　[illegible]　襠多郎切裲襠其一當胷其一當背也　襉公限切暈衣又

希襉　[illegible]于歸切裏也　[illegible]且庚切襋膝襜也　裛於業切衰衣皃亦作褚　裹奴可切包裹衣奇皃　衲奴荅切補也或作納　裞

牛芮五細二切衣裞也　䙏步各切襮衣也黼領也菲也沾也大也今為薄　襘古外切衣上帶又繪領也　襤同上　褕公緩切褕襛也　[illegible]

力狄切　襋之涉切謚也幕也　䘤力牛切衣纏一　袽何箇切衣袖也　襀同上　襗之赤切衣被下也袖也又音亦　褸戶

急纏　標必了切袖也　衫同上　衲方結切衣衱也　袥竹真切衣也　褣子蒙切褌衣也　衺匹未切衣袂也　䙕

也　褾衣衱也　袗上　䙔方結切衣衱也　衸竹真切獻衣也　襎褌衣也　衴衣袂也

尺羊切披衣不帶　袓子賀切衣包囊　袿古攜切裾也婦人之上服也袿也　褚子亦切襞積也　䙊戶孤切衣被也　䙚

襝也佩紟也　衩差賈切衣衩　䙒弋勇切衣長皃　䙅巨括切衣領也縫也衣游縫也　衿巨禁巨今二切亦作衿褌衣也綴也結帶也

衱居業切裾也又衣領　袀之若切褌衣　䘤丁敢切衱緣也　衹之移切適也又音岐　袪章移切衹袪胡衣也　襳所銜所

圭表飾也小襦也襌衣　衫同上　襸作旦切亦作襸襸也斯也　䘨巨云切裳也亦作裙　袴口護切脛衣也亦作絝

襴音蘭彡也　䙜音遲又音知　裒扶溝步九二切減也聚也　襹所宜切襳襹毛羽之皃　袻況于切大袑衣　衳公音鍾小褌

䘵同上又息拱切小袴也 ⿰衤兹子絲切 袈白牙切袈裟胡衣也亦作袈毠 裟所加切袈裟 ⿰衤侯户溝切⿰衤侯衫小衫也 ⿰衤工

音江衣帶 ⿰衤要烏消切⿰衤要襻也 ⿰衤盾音旬 ⿰衤亘古登切又音亘 ⿰衤黄音横⿰衤黄褡小被 褡都盍切⿰衤黄褡 裶芳非切衣長皃

襙千到切衣 ⿰衤蒙莫紅切衣 ⿰衤畏音煨垢衣 褵力支切衣帶也 ⿰衤過音朶好也 ⿰衤斗當口切衫袖也 襖烏老切袍襖也 ⿰衤豦

音據衣也 ⿰衤受音受衣也 衶直勇切袴 ⿰衤厭於琰切 ⿰衤費芳未切服 ⿰衤固音故 ⿰衤賴落蓋切 ⿱高衣金倒切 襯

初覲切近身衣 袋徒戴切囊屬亦作帒 ⿰衤執女介切紩布襦又牛祭切複襦也 褟丁塔切衣 ⿰衤肙居緣切褊也 ⿰衤殺所拜

切衣袢縫 襻普患切帥下系 ⿰衤育與六切車覆 ⿰衤嬰烏迸切褰襉也 ⿰衤弋以力切衫 褥而欲切氈褥 ⿰衤幵古莧切衣 ⿰衤宛

於阮切襪也 ⿰衤函胡坎切⿰乇垂耳或作⿰巾函

裘部第四百三十六 凡四字

裘巨留切索也招也𢆶也務也又皮衣也 ⿱求衣同上 求同上

用也見也也索也 ⿰裘殳口革切裘也鬲裘也或為福

卩部第四百三十七 凡一十二字

卩子結切瑞信也今作節 ⿰卩卩仕轉切二卩也巽字从此 卮

子候切說文云闕 令力政切命也發號也 卪皮筆切輔信也比也今作弼 卶充豉或豉二切有大度也 卲市招市照二切高也

厄牛果牛戈二切科厄切節也厄果也無肉骨也 厀思栗切脛頭卪也或作膝 卻去略切又居略切節卻也俗作却 卷九免力媛二切收也或作𢍏文作捲又渠圓切曲也膝曲也 ⿳宀共㔾羈展切難也𡨄産齞曲也又其偃切 卸先夜切舍車也又馬解也

印部第四百三十八凡二字

印伊刃切執政所持之也又信也印謂之璽也 ⿰𠂎日於直切按也亦作抑

卯部第四百三十九凡二字

卯子兮切事之制也說文音卿 卿去京切漢置正卿九太常光祿太僕衛尉廷尉鴻臚宗正司農少府

辟部第四百四十凡三字

辟婢亦切法也理也歷也又畀益切君也 ⿱辟乂魚吹切理也亦作乂 ⿱辟廾必益切治也

茍部第四百四十一凡三字

茍居力切急也自急敕也亦作亟 ⿱⺈茍古文 敬居慶切恭也慎也肅也

勹部第四百四十二凡三十五字

勹布交切裹也 𠣾巨六丘六二切曲脊也 匍步乎切匍匐伏也于行盡力也顛蹶也 匐步北切伏也路也 匊居六切兩手也滿手也四指也手中也物在手也亦作掬古文作臼 勻弋旬居旬二切少也齊也

勼 居流切聚也解也今作鳩 匀 亡粉切覆也 匬 力古切匬匬也 旬 似均切十日也徧也均也 㔑 古文 匈 肝容切膺也匈奴獫狁也匈匈沸撓聲或作胷肖

復 扶又扶福二切重也今作復 𠣞 同上 匊 之由切帀徧也或作周洲 冢 知隴切大也神鬼舍也高墳也丘也陵也山頂也大社也

匌 公合切帀也或作佮合 匓 居又切又乙庶切飽也猒也謀也 𠢜 同上 匑 丘六切又丘弓切匑匔謹敬皃

匔 巨弓切匑匔 [illegible] 口怪切太息也或作嘳喟 [illegible] 七倫切伏退也止也或作踆竣 匃 古曷古害二切乞也行請也取也

巧 同上 [illegible] 音州又音歡 [illegible] 烏合切[illegible]緌婦人頭花髻飾也 [illegible] 於交切深目皃 [illegible] 音女人名也 [illegible] 且烏切伏行也

[illegible] 都合切[illegible]匌重疊皃見海賦 [illegible] 伊誘切 [illegible] 古文 [illegible] 古文繇字 [illegible] 二同居先切又音瓊式獨也[illegible]拜也

包部第四百四十三 凡二字

包 布爻切裹也[illegible]人褢妊元气巳於人子形未成也今作胞 匏 步肴切匏也取其圓圓可包藏物也

玉篇卷第二十九 凡五十二部

除良長部四百四十四 [illegible]部四百四十五 以必匕部四百四十六 以必比部四百四十七

疾人从部四百四十八 [illegible]部四百四十九 用共部四百五十 餘至異部四百五十一

所几 史部四百五十二 章移 支部四百五十三 單表 叏部四百五十四 女涉 肀部四百五十五

以出 聿部四百五十六 式余 書部四百五十七 徒戴 隶部四百五十八 口閑 臤部四百五十九

子合 帀部四百六十 尺遂 出部四百六十一 北貽 之部四百六十二 所京 生部四百六十三

丁丸 耑部四百六十四 公丸 毌部四百六十五 舒欲 束部四百六十六 公混 㯻部四百六十七

于非 口部四百六十八 胡拳 員部四百六十九 在兮 齊部四百七十 各丹 干部四百七十一

五堅 幵部四百七十二 普見 片部四百七十三 仕良 爿部四百七十四 武俱 毋部四百七十五

口勒 克部四百七十六 普折 丿部四百七十七 余制 乀部四百七十八 夷力 弋部四百七十九

以支 乀部四百八十 居月 亅部四百八十一 俱遇 句部四百八十二 居周 丩部四百八十三

於近 乚部四百八十四 武方 亡部四百八十五 下體 匸部四百八十六 側林 兂部四百八十七

居毅 旡部四百八十八 茅教 皃部四百八十九 公盧 兜部四百九十 思賢 先部四百九十一

吐木禿部四百九十二　相者⿱厶乂部四百九十三　時闡⿱吅早部四百九十四　力木录部四百九十五

長部第四百四十四　凡十六字

長　直良切永也久也常也又知兩切主也又除亮切多也　𠑊　镸　并古文　肆　思利切次也陳也緩也放也列也遂也恣也踞也量也　镾　弋支切長久也今作彌　镻　大結切蝁也蛇毒長也　镺　於倒於到二切趹跳長也猝也　⿰镸兆　乃倒徒到二切長也　镽　力小切镽⿰镸喬長皃　⿰镸喬　奇小切镽⿰镸喬　⿰镸敖　午刀切長大皃　⿰镸差　子邪切今作⿰镸差嗟憂歎也或作⿱差言　⿰镸左　古文　⿰镸幼　於皎切⿰镸幼⿰镸隶長不動　⿰镸隶　乃鳥切⿰镸幼⿰镸隶也　⿰镸支　巨支切長⿰镸支國名髮長於身

𠤎部第四百四十五　凡五字

𠤎　呼罵切變也今作化　眞　之仁切不虛假也又仙人變形也　⿱乚眞　古文　⿰匕矣　魚其切未定也亦作疑嫌也恐擬也又古文矣　化　詩罵切易也教行也以變化成作傀

匕部第四百四十六　凡十字

匕　必以切匙也矢鏃也　⿱匕十　布道切相次也　⿱匕早　竹角切的也⿱匕早⿱匕早高皃也今作卓　⿱匕亭　古文　⿱目匕　故恨切山也堅也很也今作艮　⿰匕支　丘婢丘翅二切顬皃又頃也　卬　魚兩切望也欲有所冀及也高也恃也向也犄卬今爲仰又五郎切卬卬君之德也　匙　上支切匕也或作提　⿰匕是　同上　匘　奴道切頭也髓也或作腦亦作⿰月𡿺

比部第四百四十七　凡三字　比必以切類也方也按也並也又脾至切近也親也吉也阿黨也備也代也又步之毗

吉必至三切　𣬉古文　毖彼冀切勞也慎也毖也又泉流皃

从部第四百四十八　凡五字　从疾龍切相聽也今作從　𠓜同上篆文　徔疾龍切本作從逐也行也重也

幷俾盈切併也雜也兼也合也相從也同也專也　并同上

㐺部第四百四十九　凡四字　㐺牛林切又丘林切衆也　衆之仲切多也　聚才縷切會也斂也居也積也六也又才婁切邑落名　臮巨冀切與也古文暨字

共部第四百五十　凡三字　共巨用切同也皆也衆也　𢍏古文　龔居龍切奉也給也今亦作供　𢀜居勇切固也或作鞏

異部第四百五十一　凡三字　異餘志切殊也恠也分也奇也尤也　戴多代切奉也在首也事也　𢦔籀文

史部第四百五十二　凡三字　史所几切掌書之官也周宣王太史籀作大篆　事仕廁切奉也又職事也營也　叓古文

攴部第四百五十三 凡七字

支 章移切持也舉也載也充也離攴自異 𢻋𣍥 二古文 攱 九毁居宜二切持去也今作不正之攲 攲 丘知切戲攲丘奇切 𢻐 傴不正 𢼊 巨支切横首皃 鈘 几虧切 文垂

受部第四百五十四 凡一十二字

𠬪 平表切物落上下相付也今作摽孚 寽 力拙切撮也 爰 于元切爲也於也曰也爰 受 時酉切容納也承也盛也相付也得也 爭 組耕組迸二切引也訟也或作諍諫也 𤔌 古文 𤔌 於謹於靳二切所依據也今作隱 寽 力栝切五指也亦作捋取也摩也 𠭖 古膽切進取也籀文作𣪘今作敢 𢽼 古文 𤔔 力換切理也亦作亂兵寇也 𤕰 古文

𦘒部第四百五十五 凡六字

𦘒 女涉切手之捷持也 肄 余至切習也勞也而復藏生也 𦘦 文 肆 篆文 肄 籀文 肅 思六切敬也嚴也疾也 𦘟 古文

聿部第四百五十六 凡三字

聿 以出切遂也述也自也筆也循也所以書也楚謂之聿吳謂之不律燕謂之弗秦謂之筆 筆 碑密切不律也 𦘔 于忤切飾也

書部第四百五十七　凡十字

書　式余切。世謂蒼頡作書，聊黄帝史也。象形、指事、形聲、轉注、會意、假借，此造字之本也。書者著也，似類象形謂之文，形聲相益謂之字，所以明於萬事紀往知來也。書之如也。　書　說文。書　畫　胡卦切。形也，繪也，雜五色綵也，俗作畫。又乎麥切，分也，計也，策也，界也，止也。　[illegible]　古文。又作劃。　畫　說文。畫　晝　知又切。日正中。　[illegible]　籀文

聿部第四百五十八　凡四字

聿　徒戴切，又余二切。及也。亦作逮。　隸　徒改切。及也。亦作迨。　隸　力計切。附著也。　隷　同上

臤部第四百五十九　凡五字

臤　口間、戸千、口賢三切。堅也。　緊　居忍切。纏絲急也，糾也。又作紾。　堅　古田切。固也，強也。　豎　殊主切。立也。　竪　俗

巿部第四百六十　凡三字

巿　子合切。周也，徧也。　師　所飢切。範也，教人以道者之稱也，象也，人也。　[illegible]　古文

出部第四百六十一　凡十二字

出　尺述切。去也，見也，進也，遠也。又尺季切。　𧷸　麥卦切。出物也，粥也。今作賣。　糶　他弔切。賣也，出穀米也。　𢾃　午刀切。遊也，勞也。今作敖。　[illegible]　丘愧切。里名。　[illegible]　五結切。不安皃也，斷也。亦作[illegible]隉。　𡴈　五骨切。[illegible]

䖶也亦掘斷也 ⿰出骨 口骨切亦作窟地室也 屈 丘勿切曲也亦作詘 ⿱出歲 之芮切山名 ⿰祟又 之芮切卜問吉凶 ⿱出爲 佳角切遠也

之部第四百六十二 凡三字

之 止貽切是也至也往也發聲也出也 㞢 古文 𡳿 古文封字說文云草木妄生也从之在土上尸光切

生部第四百六十三 凡八字

生 所京切產也進也起也出也 𤯓 古文 產 所限切生也 隆 力弓切高也說文隆 丰 孚恭切豐滿也草盛也階梯也或作丯草丯也 甤 如壘切甤甤草木實今作蕤又儒佳切 甡 所巾切衆也或作莘

耑部第四百六十四 凡一字

耑 丁丸切說文云物初生之題也上象生形下象生根也廣雅云耑末也小也今爲端

毌部第四百六十五 凡三字

毌 公丸切特穿也 虜 力古切服也獲也戰獲得虜也今爲虜 貫 古亂切事也條也穿也行也古文作𧶠

東部第四百六十六 凡九字

東 舒欲切束縛也从口木又約束又錦五匹又尸注切无藏之束 柬 古眼切分柬也从束入 ⿱柬束 公殄切小束也或作耕禾十把也 ⿰束它 大多切馬上連囊也 ⿰韋束 于非切[illegible]也 ⿰束戒 古得切病也⿰束戒⿰束得草生也 ⿰束得 音得

弱皃 軱各皃切 轈仕交切 蒜束

櫜部第四百六十七 凡一十字

𣝗公混切橐囊也 𣝜說文橐 櫜古刀切弓衣也 㯻公悶切滿也或作[illegible] 𣝋普到切又普刀切囊張大也 橐他各切小橐囊也 囊奴郎切大曰橐囊小曰橐 壼苦本切宮中道 𡔬說文壼

𣝍蒲拜切吹火囊

口部第四百六十八 凡六十一字

口于非切回也古圍字 圜于拳切天體也天圜而地方 圓王爲拳切周也 團徒丸切團圓也 囩于巾古元二切田十二頃也又回也 圓似沿於沿二切規也 圌市全時規二切圌也或作篅 回胡瑰切回轉也又邪也 𡆧古文 圖大胡切畫形也又河圖八卦也 𡈝古文 圛余石切說文云回行也商書曰圛圛外雲者半有半無 國古或切小曰邦大曰國 囷丘倫切囷倉也稟之圜者 圈權免切牢也 囿于六于救二切苑有垣也 𡈅籀文 㘝女洽女立二切手取物也 園于元切園圃也 圃布五補五二切菜園也 因於人切就也緣也 囹力丁切囹圄獄也 圄魚呂切禁囚也 囚訡留切繫也 固古護切堅固也 圁魚巾切圁陽縣 圍于非切守也繞也就也 困口鈍切窮也匱也極也 圂胡困切厠也豕

所居也囮余周五戈二切鳥媒也圝同上圞口本切束也囥他各切古文橐卣音酉中樽器也又音由[illegible]曰萬切邑名圊且盈切圊圂也𡇢彼力切姓也閉也𡇨假狎平甲二切亦作押园万丸切刓也亦作刓囤徒本切小廩也圝落官切圝圞也囦烏緣切囦水古文淵圓須緣切面圓也圅音欲空也𡇃莫兮切地名圉魚舉切養馬也𡇅言宂切因刑周囨匹玄切唾聲也圚音闠𡈑苦角切㱿聲𡇫陟栗切下入也𡇸陟華切圓硬皃𡇙侯閤切會也國女洽切手動圔烏合切㕎聲下𡈀音莫見文䮴音繫囚古文日字𡇮圀古文國字𡈁魚欲切古文獄字

貟部第四百六十九凡三字

貟胡拳切物數也一云官數也又乎軍切鼎籀文𧴩音云又音運貟物數亂也

齊部第四百七十凡四字

齊在兮切齊整也亝古文齋且題切等也𪗐音齊病也

干部第四百七十一凡三字

干各丹切犯也求也觸也干戈也𢆉如甚切稍甚也屰宜戟切說文曰不順也今作逆

幵部第四百七十二凡一字

幵五堅切平也又音肩

片部第四百七十三凡三十九字

片普見切半也判也開坼也牑普逼切判也版布限切戶籍也判也牘

…木切牘版也 牒 徒頰切札也譜也 牑 布然切牀上版 牅 余受切牕牅也 牏 之句切築牆短版又音頭 牉 普半切半也分也 ⿰片妾 先協切⿰片妾牒小契 牓 譜朗切牌也 牌 扶佳切牌牓 ⿰片柬 力見切木解理也 ⿰片朱 是朱切所以過水也 ⿰片婁 力朱切⿰片朱⿰片婁 ⿰片咅 扶來切版也 ⿰片業 魚劫切今作業 ⿰片崔 且回切⿰片崔牘屈破狀 ⿰片貴 徒回切⿰片崔⿰片貴 ⿰片斥 恥格切今作坼 ⿰片奄 於檢切屋⿰片龍雀 ⿰片甫 步秘切牑摸也 ⿰片禾 胡戈切棺牀也 ⿰片瓜 普麥切或作劈 牕 楚江切牕牖也與窻同 ⿰片多 除姚切凡 ⿰片戔 子田切表也亦作箋 ⿰片召 直遥切 ⿰片也 余之切 ⿰片非 步皆切 ⿰片女 音莊畫⿰片女 ⿰片凡 音梵 ⿰片賁 扶忿切 ⿰片良 力可切⿰片盧別名 ⿰片壽 音受⿰片壽棺 ⿰片毚 仕𡿪切版也 ⿰片習 徒協切 ⿰片責 仕革切 ⿰片欠 音坎板也

爿部第四百七十四 凡一字

爿 仕良切身所安也易曰巽于牀下

毋部第四百七十五 凡三字

毋 武俱切莫也今作無 毐 於改切人無行也古嫪字秦始皇母與嫪毐婬坐誅故世罵婬曰嫪毐 ⿱圭毋 戸圭切姓也

克部第四百七十六 凡四字

克 口勒切能也獲也勝也 [illegible] 並古文

丿部第四百七十七 字凡五

丿普折切右戾也乀甫勿切左戾也弗甫勿切撟也不正也說文云撟也亜古文乂魚廢切芟草也亦作刈

厂部第四百七十八 字凡一

厂余制切拕身皃虎身字並从此

弋部第四百七十九 字凡四

弋夷力切橛也所以桂物也今作杙又繳射也亦作隿弑徒棟切船左右大木戕子郎切繫船太弋也又牂牁郡亦作牂戨各何切戕戨即牂牁也

乁部第四百八十 字凡三

乁以支切流也丂也移也彵也也余爾切又余者切亂也斯也所以窮上成文也乜說文云秦時刻石也字如此

亅部第四百八十一 字凡二

亅居月切鉤逆者謂之亅也說文衢月切乚知衛切鉤識也說文居月切

句部第四百八十二 字凡九

句古侯切曲也不直也又九遇切止也言語章句也又古候切句說文句鉤古侯切曲也所以鉤懸物也引也拘矩娛切執也止也拘撿也𠣖古𥔲切則也笱古後切所以捕魚也豆句丁候切裂也亦作剅砶

時召切倒縣鉤 訽 巨俱切脯也亦作朐

丩部第四百八十三 凡四字

丩 居周切相糾繚也又瓜丩起 㠯 說文丩 茻 居稱切草之相繚也 糾 居黝切止也舉也督也絞也戾也急也三合繩也收也繚也絲也

乚部第四百八十四 凡四字

乚 於近切匿也今作隱 直 除力切不曲也準當也侍也 直 今文 矗 丑六切齊也草木盛也吳都賦曰橚矗森萃

亾部第四百八十五 凡六字

亾 武方切死也去也逃也無也作亡同 望 無放切遠視也覬也伺也又無方切 乍 士嫁切暫也止也 乍 今文 無 武于切不有也古文作橆 无 同上虛无也

匸部第四百八十六 凡九字

匸 下體切衺徯有所挾藏也 㔷 力候切側㔷也又箕屬亦作陋 區 去娛切域也藏匿也又烏侯切受一斗六升也 匿 女直切陰姦也亡也隱也 匽 於見切匿也 医 於計切所以蔽矢也盛弓弩矢器也或作翳 匹 普謐切配也四丈爲匹又一馬也輩也二也 㔸 他兮切匾㔸薄也 匾 補典切匾㔸

兂部第四百八十七 凡二字

兂 仄林切首笄也今作簪　兓 子心切兓兓鋭意也

旡部第四百八十八 凡五字

旡 居毅切飲食逆氣不得息也　𠑹 古文　旤 戸果切說文云逆驚辭也神不福也今⿰旡京同作禍　⿰旡京 力尚力章二切事有不善言⿰旡京上⿰旡京也又⿰旡京薄也悲⿰旡京酸楚也

皃部第四百八十九 凡六字

皃 茣敎切容儀也說文从白下儿也　貌 籀文　覍 皮彥切弁也攀也所以攀持髮也以鹿皮爲之說文曰冕也从皃象形　弁 同上　𥄉 籀文　⿰元皃 牛遠切小皃

兒部第四百九十 凡二字

兒 公扂切壅蔽也从人象左右皆蔽也　兜 當侯切說文曰兜鍪首鎧也从兒皃象人頭也

先部第四百九十一 凡三字

先 思賢切又思見兟丑鄰切覘也先所巾切進也又切前也早也⿱青冂譯也亦作偵先兟兟衆多皃

禿部第四百九十二 凡二字

禿 吐木切無髮也从儿上象禾粟之形　穨 杜回切暴風　⿰禾尢也亦作穨

厶部第四百九十三 凡四字

厶 相咨切姦邪也今爲私又士后切厶甲也　羑 以九切訹誘也或爲羑誘　篡 初患切取也奪也逆而奪取曰篡　厸 力神切古鄰字近也親也五家也

單部第四百九十四 凡二字

單 時闡切大也又丁安切 ⿰單展 丑理丑忍二切⿰單展然笑皃

录部第四百九十五 凡一字

录 力木切刻木也

玉篇卷第三十 凡四十七部

思利 四部第四百九十六 知劣 叕部四百九十七 於訝 亞部四百九十八 吴古 五部四百九十九

力竹 六部五百 親吉 七部五百一 博拔 八部五百二 蒲莧 釆部五百三

布旦 半部五百四 居有 九部五百五 胡官 丸部五百六 時入 十部五百七

先闔 卅部五百八 公戶 古部五百九 千鈍 寸部五百十 除兩 丈部五百十一

彼利 皕部五百十二 古狎 甲部五百十三 猗室 乙部五百十四 兵永 丙部五百十五

多庭 丁部五百十六 亡寇 戊部五百十七 居喜 己部五百十八 布加 包部五百十九

假衡 庚部五百二十 思秦 辛部五百二十一 皮免 辡部五百二十二 綺虔 𢆉部五百二十三

哥列桀部五百二十四　而林壬部五百二十五　居佚癸部五百二十六　咨似子部五百二十七

力鳥了部五百二十八　莊卷孨部五百二十九　他骨𠫓部五百三十　敕有丑部五百三十一

弋祇寅部五百三十二　亡絞卯部五百三十三　常真辰部五百三十四　徐里巳部五百三十五

吴古午部五百三十六　亡貴未部五百三十七　式神申部五百三十八　弋帚酉部五百三十九

疾流酋部五百四十　思律戌部五百四十一　何改亥部五百四十二

四部第四百九十六　凡三字

四　思利切數也次三也　亖古文　𦉪籀文

叕部第四百九十七　凡三字

叕　知劣切連也　⿰叕出同上吴人呼短物也　⿰叕自側律切雞兒聲

亞部第四百九十八　凡六字

亞　於訝切次也就也配也　⿱亞口烏訝切姓也　凹　烏合切又烏交切凹凸也

凸　凸上徒結切起也下他骨切起皃　⿱宀兀古文終字

五部第四百九十九　凡二字

五　吴古切數也次四也　ㄨ古文

六部第五百 凡一字

六 力竹切數也

七部第五百一 凡一字

七 親吉切數也

八部第五百二 凡十四字

八 博拔切數也 㒸 似醉切從意也今作遂也 分 甫墳切隔也半也施也別也賦也与也徧也又扶問切限也意深也又刈禾分齊也 尒 而紙切語助也別也詞之畢也亦作爾 介 居薤切甲也大也助也紹也說文云畫也 曾 子登切則也又才登切經也 尚 時樣切上也庶幾也且也曾也高也加也 公 古紅切方平也正也通也居也 余 弋諸切身也我也語之舒也 [illegible] 同上 个 柯賀切枚也也亦作箇 必 俾吉切極也果也然也敕也專也 詹 之鹽切至也詹詹多言也 𠔁 補徹切分也古文別

采部第五百三 凡七字

采 蒲莧切辨別也象獸指爪分別也 𢎘 古文 番 扶元切獸足也或作蹯又普丹切番禺縣名又步丹切番和縣名 悉 思栗切盡也詳也審也和也 宷 尸甚切定也詳也諦也信也悉也宷知諟也 審 同上 釋 式亦切廢也放也解也除也

半部第五百四 凡二字

半 布旦切物中分 叛 步旦切離也去也不与也背也別也背邑曰叛

九部第五百五凡三字

九居有切數也　馗巨眉切九逵道也亦作逵　⿺九邑古文

丸部第五百六凡四字

丸胡官切圜也假而轉也　⿺丸咼於詭切鷙鳥食已吐其毛如丸也　⿺丸亟胡官切又如之切丸屬也　⿺丸皮芳萬切說文云其義闕也

十部第五百七凡八字

十是執切天九地十數之具　廾如拾切二十并也今直為二十字　千且田切十百為千也　肸許乞切蠁布也今為肸　⿰咠十慈立切辭之集　卙子入充入二切卙卙蟄蟲盛也又會聚也　⿰十力力德切十人也　博布各切廣也通也

卅部第五百八凡三字

卅先闔切三十也　卌先入切四十也　世尸制切父子相繼也又三十年曰世

古部第五百九凡二字

古公戶切古文之言也伏羲為上古文王為中古孔子為後古古始也　嘏加下切大也固也長也

寸部第五百十凡十字

寸千鈍切十分也　寺以吏切司也嗣也官也　尋似林切繹也理也重也用也從也　專之船切六寸簿也又紡專亦為叀　射市柘切矢也又作䠶以近窮遠也又以柘羊益二切　尃撫俱切徧也布也或作敷　導徒到切通也引也教也　尉於貴切武官之稱也　𡬠須全切修也　將子羊切行也欲也或也送也奉也大也助也養也扶侍為將又子匠切師也又七羊切

小五之五

丈部第五百十一　凡三字

丈　除兩切十尺也又丈夫也長也扶也長扶萬物也　受　丁報切姓也　𩠐　他禮切橫首杖也

皕部第五百十二　凡二字

皕　彼利切二百也又音逼　奭　式亦切盛也鷩視皃也

甲部第五百十三　凡五字

甲　古狎切六甲也太歲在甲曰閼逢　⿰甲冉　如甘切甲邊　⿰甲毒　且戴切⿰甲毒⿰甲冒也亦作瑇瑇　⿰甲冒　莫代切亦作瑁蝐　⿰甲夾　下甲切甲相著也

乙部第五百十四　凡六字

乙　倚室切甲乙也太歲在乙曰旃蒙　亂　力貫切理也兵寇也或作𤔔也　乨　書以切今作始　乩　古奚切今作稽　乾　巨焉切又柯丹切乹竭也燥也燋也　尤　于留切過也怪異也責也多也怨也

丙部第五百十五　凡一字

丙　兵皿切辰名太歲在丙曰柔兆又光明也

丁部第五百十六　凡二字

丁　多庭切強也壯也太歲在丁曰強圉又竹耕切丁丁代木聲也　⿰亍丁　他丁切亦作汀

戊部第五百十七　凡三字

戊　亡寇切戊茂也太歲在戊曰著雍　成　市征切平也畢也就也　𢦩　古文

己部第五百十八　凡四字

己　居喜切己身也太歲在己曰屠維　⿱一己　古文　巹　居隱切卺也巹身有所承也　㠱　奇己

切長跪也或作跽也

巴部第五百十九　凡二字

巴　布加切國名又巴蛇吞象三年而後吐其骨𦙵之無心腹病又三巴記云閬白水東南逺如巴字

𢀳　市招切帍擊也

庚部第五百二十　凡一字

庚　假衡切庚猶更也太歲在庚曰上章

辛部第五百二十一　凡八字

辛　思人切辛辨也太歲在辛曰重光

辠　在磊切犯公法也今作罪

辜　古胡切罪也古作𣦸

辥　娷亦切死刑也罪也說文私列切

辤　似咨切不受也別也去也字從辛辛宜不受之辭也

辝　籀辭亦文𤔲同上理獄爭訟之辭也

辣　力達切辛辣也痛也

辡部第五百二十二　凡三字

辡　皮免切辡罪相與訟之言又方免切

辯　皮免切慧也正也理也

辦　普面切爾雅云革中絕謂之辦直轡勒也

辛部第五百二十三　凡[illegible]字

[illegible]　綺虔切辛辠也亦作愆過也失也又作僁

童　徒東切男有罪爲奴曰童

使也獨也文童章盛皃今用僮䆖籀文妾揍切不娉古字从辛

計也覆也守也一也㚇古文乗今文磔竹格切張也爾雅祭風曰磔

𣎵部第五百二十四凡五字

桀奇列切磔也或作裂賊民多累曰桀

椉是升是證二切勝也四馬也升理也

○壬部第五百二十五凡一字

壬而林切太歲在壬曰玄黓

○癸部第五百二十六凡三字

癸古揆切太歲在癸曰昭陽

癸籀文癸

𤼾古文

○子部第五百二十七凡四十字

子咨似切兒也滋也愛也男子之通稱也

𢀈古文

𡿺籀文

孕弋證切妊子也含實也古文作𦙶

𡥀靡辯切生子𡥀身也

字疾恣切愛也養也生也飾也

㝅奴豆切又公豆切乳也㱿也

孿所患切又力負切變也又雙產也

孺如喻切稚也孑少也乳子也

𡦹同上俗

季居悸切稚也少也小稱也

孟莫更切長也子也始也

乑古文保字

孽魚列切夏憂也孽孽盛飾皃

孶疾利子思二切孶產也

𡥬籀文

孥怒乎切子也亦作帑

孤古乎切特也少無父也獨也

孠似利切今作嗣

存在昆切恤問也有也察也在也

𡦜魚其切嫌也恐也不定也亦作疑

斈公孝

切效也說文又音交孝呼效切說文曰善事父母者孡敕來切孕也亦作胎孩胡來切幼稚也孷力辭切孷孖雙生也孖

子辭切亦作滋蕃長也亦作孶或辭恣切孷孖孆音纓孩也孛蒲背切星也又音勃孜音兹厚也⿰子禹音矩孤也孲

古文好字⿰子斤之列切皇也⿰子祭音祭二女也⿰子弟音體小兒也⿰子人丑證切川也學爲角切受敎也覺也斆也穉音季

古文孢平巧切⿰子予音敘

了部第五百二十八凡四字

了力鳥切挂也訖也慧也說文曰尥也从子無臂象形𠄏丁了切懸物皃也

孓九月九勿二切無左臂也短也孑居折切遺也餘也後也短也無右臂也

孨部第五百二十九凡四字

孨莊卷旨兖二切謹也孤見也孱士連切不齊也懊弱也又士限切孴

牛起切盛皃又衆多之皃⿱孨日籀文又奇字晉子刃切

𠫓部第五百三十凡五字

𠫓徒骨切不順忽出也此亦作突說文他骨切⿱𠫓灬古文今作突育余六切長

也養也生也養子使從善也撫也毓上同䟽所居切稀也闊也遠也通也理也分也非親也又所去切檢書也

丑部第五百三十一 凡四字

丑 敕久切[illegible]猶紐也 羞 思留切滋味也熟食也進也辱也恥也 [illegible] 夫元切今作番數也 [illegible] 布賀切今作播揚也

寅部第五百三十二 凡二字

寅 弋咨以真二切演也瞚也敬也強也 𡩟 古文

卯部第五百三十三 凡三字

卯 亡絞切茂也冒也二月萬物冒地出 丣 篆文 [illegible] 古文

辰部第五百三十四 凡三字

辰 市真切震也時也三辰日月星也房星也或作曟 [illegible] 古文 辱 如燭切恥也惡也汙也

巳部第五百三十五 凡三字

巳 徐里切嗣也起也又弋旨切退也止也此也弃也畢也又訖也 䢅 丁角切日月會于龍䢅也 㠯 余始切用也意也實也今作以

午部第五百三十六 凡三字

午 吴古切牾也分布也交也 啎 五故切相觸也逆也 忤 同上

未部第五百三十七 凡一字

未 亡貴切未味也六月建也未猶不也未有不即有也

申部第五百三十八 凡九字

申 式神切身也伸也重也甲申容舒也 𦥔 籒文 [illegible] 古文 𨋴 弋振切小

鼓在大鼓上擊之以引樂也
臾欲朱切須臾俄頃也
曳弋勢切申也牽也引也
暢丑亮切達也通也亦作暘
⿰申勺音苟句也
⿰身申敕龍切⿰身申直也

酉部第五百三十九凡一百七十一字

酉弋帚切飽也酋也就也
丣古文
⿰酉冡莫公切麴生衣也細骨也或作⿰麥冡
酒洛有切杜康所作禮云凡祭宗廟酒曰清酌也
⿰酉甚余心才心二切熱麴也幽也
釀女帳切作酒也
醞於運切釀酒也
會芳萬切酒麴也釀一宿也
酴大乎切麥酒不去滓飲也
釃所宜所綺二切下酒也醇也或作麗
⿰酉鬲郎狄切⿰酉侖也釃酒也
⿰酉俞公[illegible]切以孔下酒也
醪力刀切汁滓酒也
醴力弟切甜酒也一宿熟也醴泉美泉也狀如醴酒可以養老也
醹如庾切厚酒也
醇時均切粹精也尊也厚也不澆酒也
酎除又切醇也醲也
醠莫公切濁酒也
醲女容切厚酒也
⿰酉耳仍吏切重釀也
酤胡古切一宿酒也又古胡切又古護切賣酒也
[illegible]猪宜切酒厚也
⿰酉監力暫切徒⿰酉監齊行酒
醰古禫余膽二切酒味苦也
酷口梏切熟也酒味厚也或作酷
酓於黍火含二切酒苦也
醰徒紺切酒味不長也又大含切
⿰酉市普未切酒色也
⿰酉弋徒戴與職二切酒色也甘也
配普對切匹也媲也對也當也合也
酌之若切盛酒行觴也挹也斟也取也益也估也
醮子肖切冠娶妻也禮祭也或作穛字
酳余振切少飲也
⿰酉肖

同州市周切勸也醻同醋才各切報也進酒於客曰醓亡一切飲酒俱盡
上酬報也厚也酉上酉獻客荅主人曰醋今音措酏也醬酳也或作醳
釂子曜切飲酒盡酣胡甘切樂酒也不醉也或作佄酖都含切樂酒也醧於據切私也酒美也醵其庶其虐二切合錢飲酒
醵會巨同也酺步胡蒲故二切說文上酺曰王德布大飲酒也醉子遂切卒也卒度也其量不至於亂也醺許軍切醉也醺醺和悅皃
也化不安也醅匹才切醉飽也未靡之酒醟于命切酗也酗許具切酒曰酗醟酗同上醒陳貞切病酒醉未覺也
莤所六切沛酒去滓也又榼上塞也䤁且冉切酢也又初減切酸先丸切酢也𨡎古文酨昨載祖代二切酢漿也釋米汁也醶
又爁切酢漿也酢且故切酸也醶也今音昨爲酬酢字也酏余支切米酒也甜也清酒也醬子匠切醢也𤖨同上見說文酒
古文醢籀文醢訶改切醬也𨢶亡候切醬也醳也醶大侯切醬醯醬醳蒲桂切檮榆醬醞巨出切醠醬也
酹力昧切餟祭也以酒祭地也䣼力醬切雜味也醦昨冉切醦醰味薄也䣸而琰切醰醰醶在計切酒有五齊之名見周禮或作
齊醬也醍他禮切酒紅色又音提𨣍同上醷於力於里二切梅漿也酪力各切漿也乳汁作醳夷石尸石二切酋酒醆
仄限切酒濁微清也一曰爵也醒思廷思領二切醉除也醩子刀切籀文糟醩上同亦作醩醙使鄒切白酒也酉南奴敢切

也亦作腩 𨡕彌兗切飲酒失度也或作湎 醂力感切藏柹也 醝在何切白酒也 醠烏浪切濁酒也 𨣈許角切酢也 䤉

工狄切䤈𨣐酪滓 𨣐力的切䤈𨣐 𨢦下袞切醨相沃 𨡼所檻切酢也 𨣭莫割切𨣭醏醬也 醏當孤切𨣭醏也

𤏲似由切酒色也 𨢩亡兮亡安二切 醛乂劣切鹹葅也 酮徒董切酢欲壞 醏視利切亦作嗜 酭于救切報也或作侑 醓

於娛切能飲者飲不能飲者止 醔自流切亦作酋酒官也 醆巨氣切朮酒名 醠呼嗁切酸味也 醘同上俗 酦竹

切今作餟祭酹也亦作䄌 醑似呂切美皃亦作藇 酘徒鬭切酘酒也 酡徒和切飲酒朱顏皃 酏同上俗 醨力支切薄

酒也 醎音咸俗鹹字 𨣃音𨣃 醐戶吾切醍醐也 醾無悲切酴醾酒 醽魯丁切醁酒也 醁力玉切 𨢜側射

切造酒也 醡同上 䤃士倫切美也 酵戶茅切 𨡲於今於南二切 醚音彌醉也 酓於林切又於琰切酒 𨢻音醫

𨣎音征醋煑魚也 𨣎同上 酐音干飲也 酥音蘇酪也 𨡾音媒醋名 𨠂䣭上音离下音秖乳腐名 䤆音諳又音

哈酒色也 醔音搊出酒 醙音桑乳酒 酐火郎切苦酒也 𨠥與久切酒名 𨠖口下切苦酒也 𨤁音覽醋味也𨤁醶

𨣈音揆醥也 醃於炎切又於紺切葅也 𨣸旨善切苦酒也 𨣙醥上音了下匹眇切酒清也 酩酊上莫迥切下多

領切醉甚也　醜尺久切皃惡　⿰酉非皮美切酒色　醑相呂切美酒也　醓音毯醢也酸也　⿰酓音於咎切　⿰酉周音抽酒名

⿰酉簡音簡鹹也　醼於見切設也　⿰酉制音制魚子醬也　⿰酉包平孝切面上瘡　⿰酉夅古孝切酒酵　⿰酉暴步報切酒名　⿰酉昜音傷

者酒也　⿰酉巢士孝切醉⿰酉巢也　⿰酉隹倠錐切肉酒　⿰酉犮蒲撥切酒氣也　醘口盍切酒器也　醭匹卜切醋生白　⿰酉此音雌糟也

⿱殸酉音斛濁酒也　⿰酉巠五鼎切醒也

○酋部第五百四十　凡四字

酋疾流切長也酒官也熟也醳酒也液也或作䣭　尊子昆切敬也重也亦酒器也或作樽　⿱酋廾同上　僔同上

○戌部第五百四十一　凡一字

戌思律切誠也

○亥部第五百四十二　凡二字

亥何改切荄也依也　𢁺說文亥與豕同意

玉篇卷第三十

新加偏傍正俗不同例

丶知柱切　厂漢音　厽累音　几殊音　巿弗音　匕化音　从從同　匕比音　丿瞥音

厶私音　幺於條切

類隔更音和切

它駞何切今他何切　碥方顯切今卑顯切　愎符逼切今皮逼切

分毫字樣　凡二百四十八字

還還　上徒荅反合也　下胡關反返也

刀刀　上都勞反刀斧　下的聊反人姓

閍閆　上布盲反宮門　下側銜反立何人

袖柚　上似祐反衣袖　下徒救反果也

誄誅　上力癸反視辭　下致娛反誅斬

閟悶　上比冀反慎也　下莫困反惛也

痤座　上徂和反短也　下徂臥反座席

窰窐　上[illegible]音遥燒瓦也　下[illegible]遥空也

台台　上湯來反星也　下羊支反我也

禗楒　上蘇臺反檯禗　下相慈反木也
槯摧　上作迴反摧節　下昨迴反摧折
熊羆　上于躬反獸也　下彼皮反獸名

窴寘　上徒賢反窴塞　下支豉反置也
謟諂　上天牢反疑也　下丑冉反媚也
滔淊　上天牢反水也　下胡感反深也

槄掐　上楚交反取也　下苦洽反掐也
挼桵　上奴回反擊也　下而隹反木名
雎睢　上七余反關雎　下息唯反人姓

緌綏　上而隹反冠也　下息隹反安也
推椎　上尺隹反推讓　下直追反鎚也
絰經　上徒結反孝絰　下古刑反經書

冷泠　上魯打反寒冷　下力丁反泠水
打朾　上都冷反擊也　下摘莖反朾聲
屛屏　上必郢反屛障　下薄名反屏風

晴睛　上疾盈反晴明　下七盈反目睛
否丕　上方久反臧否　下符鄙反屯丕
桶桷　上他孔反器也　下古岳反椽也

凍涷　上都弄反水凍　下得紅反暴雨
巃寵　上力董反孔巃　下勑勇反寵愛
揀棟　上古限反揀擇　下都弄反屋棟

揔楤　上作孔反揔集　下千弄反楤檐
楥援　上許願反鞋楥　下韋元反援引
嵕峻　上子公反九嵕　下蘇㥶反山峻

狻猣　上素官反狻猊　下子公反犬子
種穜　上之隴反本也　下之用反耕種
樅摐　上七弓反木名　下七江反打鐘也

橦撞　上徒東反花為布　下宅江反打也
憧幢　上尺容反往來　下宅江反幡也
梔扼　上章移反木也　下烏革反車軛

帷惟　上于眉反帷幔　下以隹反辭也
貽眙　上與之反遺也　下丑吏反視也
攘㨾　上汝羊反攘竊　下音褱屋揀也

時時　上市之反時節　下時吏反儲也
箕萁　上居之反箕山　下巨疑反苣萁
笞苔　上丑之反笞責　下堂來反青苔

纂綦　上作管反纂集　下巨疑反履也
笑笶　上思妙反喜笑　下天計反邊到
捐損　上余專反棄也　下蘇本反傷也

焌煗　上七律反火焌　下奴緩反溫煗
潛潸　上昨廉反潛藏　下所蔹反淚下
筧莧　上古典反竹通水　下侯辦反莧菜

現垷　上胡硯反出也　下古典反塗也
綆緶　上古杏反井索　下婢連反緶縫
塤琄　上許袁反樂也　下胡犬反玉名

燃撚　上人善反束也　下奴典反指也
檀擅　上徒干反木也　下市戰反自專
搌榐　上知演反束也　下女彥反破也

瑑琢　上音篆璧上文　下陟角反琢石
梗楩　上古杏反桔梗　下符善反木名
鞕鞭　上五幸反堅鞕　下卑連反打鞭

奓爹　上陟加反張也　下徒可反父也
治冶　上直吏反理也　下而者反人姓
舜斝　上詩閏反堯舜　下古雅反醆斝

灺地　上徐者反火灺　下途利反天地
槎搓　上鉏加反水中浮木　下七阿反手搓
絮絮　上思據反綿絮　下抽據反調絮

歁欺　上苦感反能言　下去其反屈也
檬橡　上莫紅反木也　下詳兩反木也
敃敗　上武巾反和也　下蒲拜反亂也

駇駁　上武云反馬名　下魚去反駕也
[illegible]眹　上沉袠反自大　下以緩反熱也
揮楎　上許歸反指揮　下戶昆反祭服

髡髠　上丁感反髮垂　下苦昆反去髮
根拫　上古痕反根本　下戶恩反急根
捾棺　上烏活反捾船　下古丸反棺椁

禪襌　上市戰反禪讓　下都寒反襌衣
菅管　上古顏反菅茅　下公短反人姓
販眅　上方萬反販賣　下普班反目白

甬甪　上余隴反花發　下古岳反牛角
畧晷　上力著反簡略　下居洧反日出
箄箅　上博彌反取魚　下博計反甑箄

杫祉　上思志反枏机　下勑里反福也
杷把　上白麻反木杷　下百馬反執把
暑署　上商呂反熱暑　下時據反省署

褚楮　上丑呂反人姓　下知呂反木名
樁椿　上卓江反木椿　下丑屯反木也
咀咀　上茲治反罵也　下慈呂反咀嚼

柱拄　上直縷反梁柱　下之與反拄杖
枸拘　上俱羽反木名　下舉于反拘執
祐祜　上于救反助也　下胡古反福也

摞樏　上洛戈反理也　下力癸反食器
湎洒　上免音沉湎也　下先禮反洒浣
揩楷　上客皆反模也　下古諧反木名

浽涹　上息遺反小雨　下奴罪反穢濁
毐毒　上於改反無行　下徒木反惡毒
陪倍　上薄來反陪從　下蒲罪反多也

荀筍　上祖倫反人姓　下思尹反竹萌
言言　上去偃反下語　偃反並脣皮皃
敞敝　上昌兩反開也　下必計反[illegible]也

汗汘 上胡幹反熱汗 下七賢反水名　挺挻 上他鼎反挺持 下拭然反取也　揣椯 上初委反度也 下市緣反木名

挑桃 上土凋反挑撥 下徒刀反果也　皁早 上昨早反黑色 下作皁反早晚　杲果 上公老反日色 下公禍反果福

⿴囗入囚 上得立反動也 下似由反禁人　脛脛 上五鼎反直視也 下胡定反脚脛也　甲甲 上古狎反兵甲 下女洽反取物

明朋 上眉兵反清也 下薄登反黨也　未末 上无貴反不也 下莫撥反木上　天夭 上他前反天地 下於嬌反折也

蒲滿 上薄胡反草名 下莫旱反盈也　杳沓 上伊鳥反冥也 下徒合反人姓　恩思 上烏痕反澤也 下息兹反念也

豎堅 上臣庚反立也 下古賢反固也　子孑 上即里反人姓 下居列反單也　且旦 上七也反語辭 下得晏反早也

林材 上力尋反人姓 下昨哉反木挺　東柬 上德紅反東西 下古限反擇也　北比 上博墨反南北 下毗至反黨也

祖阻 上昨胡反往也 下側呂反隔也　枝技 上章移反人姓 下渠綺反藝也　辨辦 上平免反別也 下蒲莧反具也

己已 上居里反身也 下羊已反止也

五音聲論

東方喉聲　何我剛鄂謌可康各

西方舌聲　丁的定泥寧亭聽歷

南方齒聲　詩失之食止示勝識

北方脣聲　邦尨剝雹北墨朋邈

中央牙聲　更硬牙格行幸亨客

四聲五音九弄反紐圖并序

沙門神珙撰

夫文物之國假以書詩七步之才五音爲首書與文字反切爲初一字有訛餘音皆失四聲之體與天地而齊生宮商角徵羽之音與五嶽而同起且天地生於混沌之初君子生於嬰兒豈與嬰兒同類夫欲反字先須紐弄爲初一弄不調則宮商靡次昔有梁朝沈約創立紐字之圖皆以平書碎尋難見唐又有陽寧公南陽釋處忠此二公者又撰元和韻譜與文約義詞理稍繁劣之徒尋求難顯猶如匕匕三〻之字寫人會有改張紐字若不列圖不肖再傳皆失今此列圖曉示義理易彰爲於韻切之樞機亦是詩人之鈴鍵也譜曰平聲者哀而安上聲者厲而舉去聲者清而遠入聲者直而促傍紐者皆是雙聲正在一紐之中傍出四聲之外傍正之目自此而分清濁也故列五箇圓圖者即是五聲之圖再圖皆從五音字行皆左轉中有注訣之文列二箇方圖者即是九弄之圖圖中取一字爲頭横列爲圖首自題傍正之文以別之

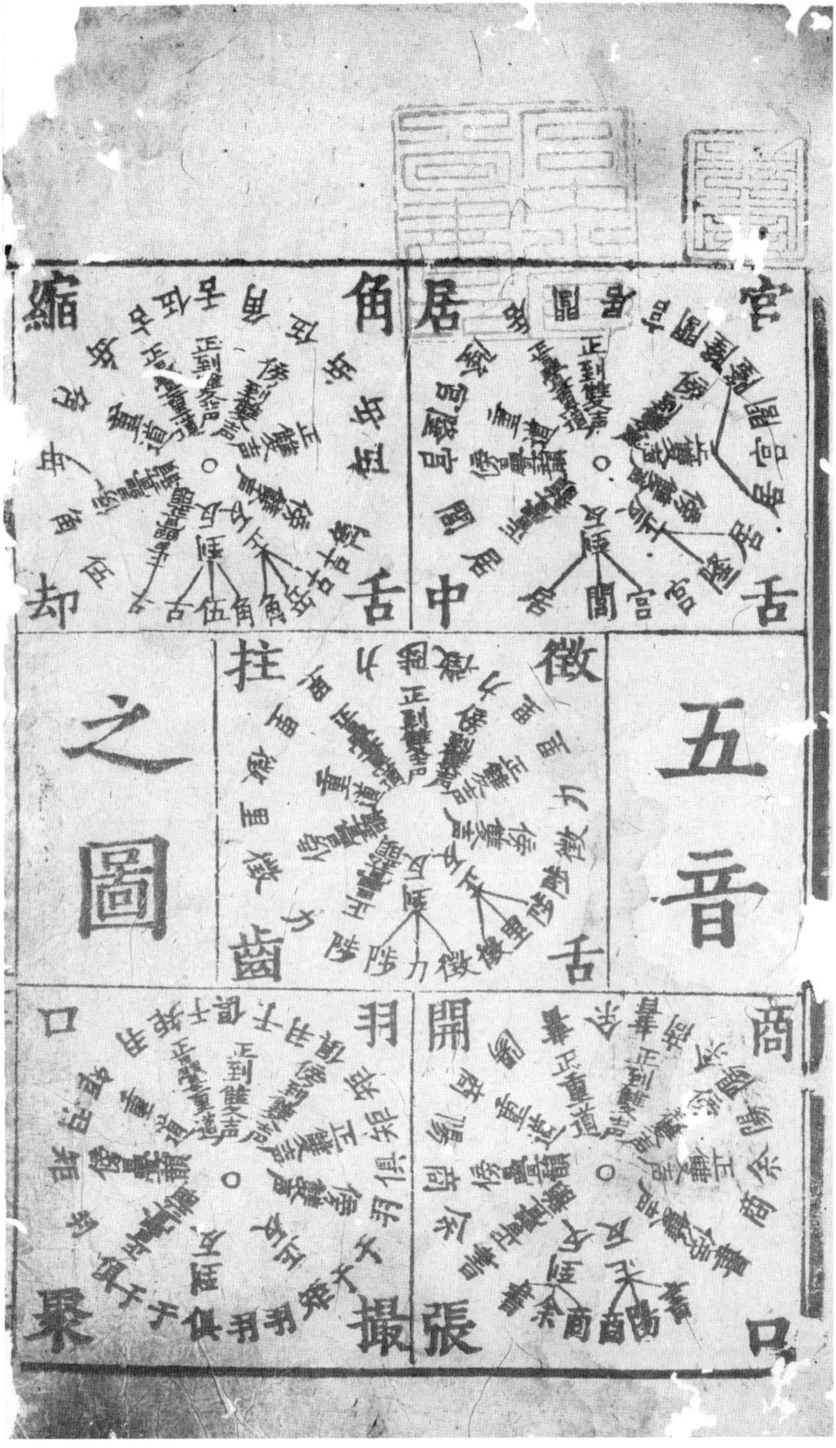
五音之圖
宮舌居中
角舌縮却
徵舌拄齒
商口開張
羽口撮聚

四聲五音九弄反紐圖

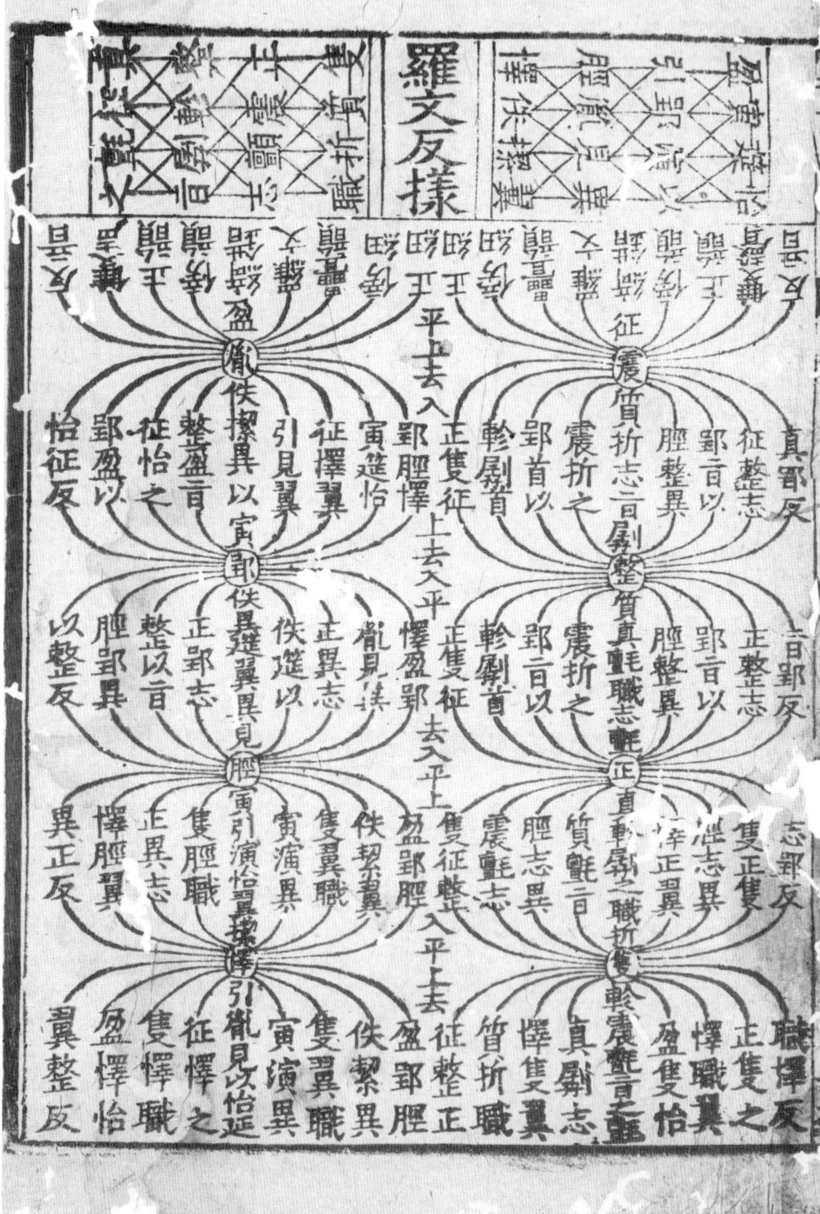

此本間有元時補刻字畫自
鮮明可一目而知矣今与廣韻
一對雙璧正成最可貴
重也

庚辛辰冬日

天真道人